本书获得河北师范大学历史文化学院双一流文库学科建设经费资助出版

河北师范大学历史文化学院
双一流文库

崇实与求是
——颜李文化研究及其他

陈山榜 著

Advocate Simplicity and Seek Truth:
The Study of Yan Yuan and Li Gong' Culture and Others

中国社会科学出版社

图书在版编目(CIP)数据

崇实与求是：颜李文化研究及其他 / 陈山榜著 . —北京：中国社会科学出版社，2021.7
（河北师范大学历史文化学院双一流文库）
ISBN 978-7-5203-8782-8

Ⅰ.①崇… Ⅱ.①陈… Ⅲ.①颜元(1635-1704)—评传 ②李塨(1659~1733)—评传 Ⅳ.①B249.5

中国版本图书馆 CIP 数据核字（2021）第 147048 号

出 版 人	赵剑英
责任编辑	宋燕鹏
责任校对	王 龙
责任印制	李寡寡

出　　版	中国社会科学出版社
社　　址	北京鼓楼西大街甲 158 号
邮　　编	100720
网　　址	http://www.csspw.cn
发 行 部	010-84083685
门 市 部	010-84029450
经　　销	新华书店及其他书店
印　　刷	北京明恒达印务有限公司
装　　订	廊坊市广阳区广增装订厂
版　　次	2021 年 7 月第 1 版
印　　次	2021 年 7 月第 1 次印刷
开　　本	710×1000　1/16
印　　张	45.25
插　　页	2
字　　数	755 千字
定　　价	239.00 元

凡购买中国社会科学出版社图书，如有质量问题请与本社营销中心联系调换
电话：010-84083683
版权所有　侵权必究

《河北师范大学历史文化学院双一流文库》编辑委员会

主　任　贾丽英　杨　峰
副主任　王　坚　王向鹏　贺军妙
委　员（以姓氏笔画为序）
　　　　　王文涛　邢　铁　汤惠生　武吉庆　陈　丽
　　　　　张怀通　张翠莲　吴宝晓　杨晓敏　赵克仁
　　　　　徐建平　倪世光　崔红芬　康金莉　董文武

《河北师范大学历史文化学院双一流文库》
序　　言

　　河北师范大学历史学科学脉源远流长，底蕴深厚，1952年独立建系。1996年由原河北师范学院历史系、原河北师范大学历史系合并组建成河北师范大学历史文化学院。

　　在长期的演进中，张恒寿、王树民、胡如雷、黄德禄等曾在此弘文励教，苑书义、沈长云等仍耕耘在教学科研第一线，这些史学名家为学科发展奠定了坚实基础。多年来，几代学人筚路蓝缕，以启山林，学院一直呈现良好的发展态势。

　　目前，学院拥有中国史、考古学两个一级学科博士学位授权点、世界史一级学科硕士学位授权点，设有中国史博士后科研流动站。本科开设历史学、考古学、外国语言与外国历史三个专业。历史学专业是河北省强势特色学科、教育部第三批品牌特色专业。钱币学二级学科博士学位授权点为国内独家。考古学专业拥有河北省唯一涵盖本、硕、博的考古人才培养完整体系。2016年，我院中国史入选河北省"国家一流学科建设项目"，考古学入选河北省"世界一流学科建设项目"。2019年，历史学入选国家一流本科专业。

　　河北师范大学历史文化学院作为学校的重点学科，秉承"怀天下，求真知"校训，坚持学术立院、学术兴院的基本精神，瞄准国际和学科前沿领域，做真学问、大学问。以"双一流"建设之契机，本院决定编辑《河北师范大学历史文化学院双一流文库》，出版我院学者的学术论著，集中展示河北师范大学历史文化学院的整体学术面貌，从而更好地传承先辈学者的治学精神，光大学术传统，进一步推动学科和学术的发展。

《河北师范大学历史文化学院双一流文库》编辑委员会

目 录

颜元评传

前 言 ……………………………………………………………（3）
绪 论 ……………………………………………………………（6）

上 篇

第一章 身世与家事 ……………………………………………（14）
 一 出身 ………………………………………………………（14）
 二 家事 ………………………………………………………（17）
第二章 业师与朋友 ……………………………………………（25）
 一 业师 ………………………………………………………（25）
 二 朋友 ………………………………………………………（28）
第三章 设学与执教 ……………………………………………（33）
 一 "思古斋"与"辛兴学规" ………………………………（33）
 二 "习斋"与"习斋教条" …………………………………（34）
 三 主教漳南书院 ……………………………………………（38）
 四 桃李芬芳 …………………………………………………（41）
第四章 东寻与南游 ……………………………………………（43）
 一 东出寻父 …………………………………………………（43）
 二 南游中原 …………………………………………………（44）
第五章 著述与创作 ……………………………………………（49）
 一 专著类 ……………………………………………………（50）

目 录

　　二　评注类 ……………………………………………………（55）
　　三　诗文类 ……………………………………………………（56）
　　四　抄录类 ……………………………………………………（58）
　　五　散佚类 ……………………………………………………（58）

中　篇

第六章　颜元学术思想概论 ……………………………………（61）
　　一　颜元学术倾向的演变历程 ………………………………（61）
　　二　颜元学术思想的特点 ……………………………………（66）
　　三　颜元实学思想之成因 ……………………………………（66）
　　四　颜元实学思想的影响及后人对颜元的研究 ……………（68）

第七章　颜元的政治思想 ………………………………………（69）
　　一　以"民命"为旨归,是颜元政治思想的重要特色 ………（69）
　　二　借"封建"而倡民治,且以精简机构 ……………………（70）
　　三　建言废科举,而借"乡举里选""公课"以倡民主 ………（72）
　　四　颜元政治思想中的糟粕 …………………………………（74）

第八章　颜元的经济思想 ………………………………………（76）
　　一　均田亩 ……………………………………………………（76）
　　二　兴水利 ……………………………………………………（78）
　　三　教以济养 …………………………………………………（79）

第九章　颜元的义利观 …………………………………………（80）
　　一　颜元义利观的主要内容及其成因 ………………………（80）
　　二　颜元义利观的成因 ………………………………………（82）

第十章　颜元的军事思想 ………………………………………（85）
　　一　颜元军事思想的主要内容 ………………………………（85）
　　二　颜元军事思想的成因及影响 ……………………………（89）

第十一章　颜元的礼仪思想 ……………………………………（91）
　　一　颜元对礼的重视 …………………………………………（91）
　　二　颜元与程朱礼学的决裂 …………………………………（92）

第十二章　颜元的崇儒思想 ……………………………………（95）
　　一　颜元对非儒学派的认识与批评 …………………………（95）
　　二　颜元对儒的认识与尊崇 …………………………………（98）

三　对颜元崇儒思想之认识 …………………………………… (101)
第十三章　颜元的哲学思想 ………………………………………… (104)
　一　理气皆天 …………………………………………………… (104)
　二　格物致知 …………………………………………………… (106)
　三　体用一致 …………………………………………………… (109)
　四　实践:认知的手段、目的与标准 …………………………… (112)
　五　人的觉醒 …………………………………………………… (116)

下　篇

第十四章　颜元的人性理论 ………………………………………… (120)
　一　"性不可以言传"而却又非言不可:为不言而言
　　　——颜元言性之目的 ……………………………………… (120)
　二　"心之理曰性"
　　　——颜元对人性本义的理解 ……………………………… (122)
　三　人性皆善,气质非恶,恶由引蔽习染
　　　——颜元对气质性恶论的批判 …………………………… (124)
　四　颜元人性理论的实践意义 ………………………………… (128)
　五　人性善恶争议的历史演化
　　　——兼论颜元性善论的历史地位 ………………………… (130)
第十五章　颜元的教育目的论与培养目标论 ……………………… (133)
　一　教育目的论 ………………………………………………… (133)
　二　培养目标论 ………………………………………………… (136)
第十六章　颜元教育内容论 ………………………………………… (140)
　一　独树一帜的唯实德育观 …………………………………… (141)
　二　对智育内容的彻底变革 …………………………………… (143)
　三　对体育的高度重视 ………………………………………… (146)
　四　对艺术及艺术教育的偏见 ………………………………… (147)
第十七章　颜元教学方法论 ………………………………………… (151)
　一　远其志而短其节 …………………………………………… (151)
　二　因其材而专其业 …………………………………………… (154)
　三　少讲读而多习行 …………………………………………… (155)
　四　慎批评而重奖掖 …………………………………………… (161)

第十八章　颜元的师道观 ……………………………………（163）
　　一　树师道之尊严,恪尽师责 ……………………………（163）
　　二　倡师生之平等,相责善而共习艺 ……………………（164）
　　三　尊师,可以不遵其道,而不遵其道,却不能不
　　　　尊其人 ………………………………………………（167）
　　四　颜元的性教育思想及其启迪意义 ……………………（168）
附　录 ………………………………………………………（171）

李塨评传

前　言 ………………………………………………………（187）
第一章　李塨生活的社会环境 ………………………………（188）
　　第一节　李塨家族述略 ……………………………………（190）
　　附录　李塨家族谱系一览 …………………………………（196）
第二章　李塨的学习经历与经验 ……………………………（197）
　　第一节　李塨的学习经历 …………………………………（197）
　　第二节　李塨的学习方法与学习经验 ……………………（202）
第三章　李塨的科考与仕宦生涯 ……………………………（206）
　　第一节　李塨的科考生涯 …………………………………（206）
　　第二节　李塨的仕宦生涯 …………………………………（208）
第四章　李塨的游幕生涯 ……………………………………（212）
　　第一节　李塨游幕生涯概述 ………………………………（212）
　　第二节　郭金汤幕 …………………………………………（216）
　　第三节　温益修幕 …………………………………………（223）
　　第四节　杨慎修幕 …………………………………………（225）
第五章　李塨之教育贡献 ……………………………………（234）
　　第一节　李塨之教育教学实践 ……………………………（234）
　　第二节　李塨之教材编写 …………………………………（252）
　　第三节　李塨对教育体制的思考与设计 …………………（254）
　　第四节　李塨对教育历史经验的总结 ……………………（259）
第六章　从颜李的两个学规看颜李教育思想之异同 ………（264）

第七章　李塨所涉之刑事风波及其迁居梦想 (272)
　　第一节　李塨所涉之刑事风波 (272)
　　第二节　李塨的迁居梦想 (275)

第八章　李塨著作考略 (277)
　　第一节　论治类 (278)
　　第二节　教学类 (284)
　　第三节　诗文类 (286)
　　第四节　传注类 (292)
　　第五节　礼乐类 (296)
　　第六节　其他 (298)
　　第七节　散佚类 (301)
　　后记　李塨著作点校整理与刊刻出版情况述略 (306)

附　录 (310)
　　李塨年表 (310)

张之洞《劝学篇》评注

张之洞和他的《劝学篇》(代前言) (333)
　　一　张之洞其人 (333)
　　二　《劝学篇》其书 (338)

劝学篇·序 (342)

劝学篇·上(内篇) (347)
　　同心第一 (347)
　　教忠第二 (353)
　　明纲第三 (360)
　　知类第四 (362)
　　宗经第五 (365)
　　正权第六 (370)
　　循序第七 (375)
　　守约第八 (377)
　　去毒第九 (387)

劝学篇·下(外篇) ……………………………………………………（391）

  益智第一 …………………………………………………（391）

  游学第二 …………………………………………………（395）

  设学第三 …………………………………………………（398）

  学制第四 …………………………………………………（402）

  广译第五 …………………………………………………（404）

  阅报第六 …………………………………………………（406）

  变法第七 …………………………………………………（409）

  变科举第八 ………………………………………………（412）

  农工商学第九 ……………………………………………（418）

  兵学第十 …………………………………………………（421）

  矿学第十一 ………………………………………………（425）

  铁路第十二 ………………………………………………（427）

  会通第十三 ………………………………………………（429）

  非弭兵第十四 ……………………………………………（434）

  非攻教第十五 ……………………………………………（436）

跋　张之洞《劝学篇》与福泽谕吉《劝学篇》之比较研究 ………（440）

附录 ……………………………………………………………………（457）

  第一篇　智慧小语 ………………………………………（457）

  第二篇　论人与人平等 …………………………………（457）

  第三篇　论国与国平等 …………………………………（458）

  第四篇　论学者的职分 …………………………………（458）

  第五篇　明治七年元旦献词 ……………………………（458）

  第六篇　论尊重国法 ……………………………………（459）

  第七篇　论国民的职责 …………………………………（459）

  第八篇　勿以自己的意志强制他人 ……………………（459）

  第九篇　分述两种学问的主旨

      ——赠中津旧友 …………………………（460）

  第十篇　赠中津旧友（续前）……………………………（460）

  第十一篇　论名分产生伪君子 …………………………（460）

  第十二篇　论提倡演说 …………………………………（460）

  第十三篇　论怨尤之害 …………………………………（461）

第十四篇　内心的检查 …………………………………………（461）
第十五篇　论怀疑事物与决定取舍 ……………………………（461）
第十六篇　论保持本身的独立 …………………………………（462）
第十七篇　论人望 ………………………………………………（462）

《河北省志·教育志》

（节选）

第六编　师范教育

第一章　中等师范教育 …………………………………………（471）
　　第一节　学校设置 ……………………………………………（471）
　　第二节　培养目标 ……………………………………………（490）
　　第三节　教育教学 ……………………………………………（493）
　　第四节　学生 …………………………………………………（505）
第二章　高等师范教育 …………………………………………（513）
　　第一节　学校设置 ……………………………………………（513）
　　第二节　培养目标 ……………………………………………（521）
　　第三节　教育教学 ……………………………………………（522）
　　第四节　学生 …………………………………………………（525）
第三章　在职教师进修教育 ……………………………………（528）
　　第一节　学校设置 ……………………………………………（529）
　　第二节　培训任务 ……………………………………………（535）
　　第三节　教育教学 ……………………………………………（537）
　　第四节　学员 …………………………………………………（542）

第十一编　教师队伍

第一章　来源任用 ………………………………………………（546）
　　第一节　初等学校师资的来源与任用 ………………………（546）
　　第二节　中等学校师资的来源与任用 ………………………（547）
　　第三节　高校师资的来源与任用 ……………………………（549）
第二章　培训　考评 ……………………………………………（552）
　　第一节　资格考核 ……………………………………………（552）

第二节　培训 …………………………………………… (557)
　　第三节　职称评聘 ……………………………………… (559)
第三章　社会地位与经济待遇 ……………………………… (562)
　　第一节　社会地位 ……………………………………… (562)
　　第二节　经济待遇 ……………………………………… (565)
第四章　表彰与奖励 ………………………………………… (570)
　　第一节　特级教师 ……………………………………… (570)
　　第二节　园丁奖 ………………………………………… (578)
　　第三节　其他表彰奖励 ………………………………… (579)

史志作品拾零

义利之辨与董仲舒的不白之冤 ……………………………… (591)
《诗经·葛覃》的主人公和主题 ……………………………… (598)
《离骚》"替"字辨 ……………………………………………… (604)
《张协状元》之我见 …………………………………………… (609)
严复教育改革思想探析 ……………………………………… (622)
清初以来河北(直隶)省教育行政机构之置革及教育
　　行政长官之任替 …………………………………… (629)

前言、后记和随笔

张之洞教育文存·前言 ……………………………………… (643)
颜元全集·前言 ……………………………………………… (650)
李塨全集·前言 ……………………………………………… (657)
颜李丛书·整理说明 ………………………………………… (669)
颜李师承记·点校说明 ……………………………………… (672)
颜氏学记·点校说明 ………………………………………… (676)
教师课堂赘语琐议 …………………………………………… (678)
编辑是谁? …………………………………………………… (685)

夏的赞礼 …………………………………………………（688）
诸葛亮经济管理得失谈 ……………………………………（689）
诸葛亮的政治品德修养 ……………………………………（698）
《红楼梦》的思想内容和艺术成就…………………………（702）

颜元评传

前　言

一

2004年农历九月初二，是颜元（1635—1704）逝世300周年纪念日。

颜元是值得研究、也是需要研究的。

诚然，作为一名学者，颜元的"学位"仅仅是个庠生，也就是我们平常所说的秀才，是当时社会士人阶层中较低的一级，然而，当那些"春风得意马蹄疾，一日看尽长安花"的状元大多已成明日黄花、被历史所遗忘，而颜元却在中国教育史、中国哲学史以及中国思想史上都赫然占有一席之地。颜元执教47年，除晚年曾短时间主教漳南书院外，其余绝大部分教育活动基本未离开博野、蠡县一带，并且其执教的学校都在农村，属乡村私塾性质，类似于当今之私立学校。但颜元又是一位伟大的哲学家。他的理气皆天、体用一致、重视理性而又唯实践是崇的哲学思想，在那乌云密布的封建社会，实为暗夜中的一颗光辉灿烂的明星。

颜元是一位伟大的思想家。他深得辩证逻辑之精髓，以其深邃的思想提倡难以为时人所接受的概念，如"学校""实践"等，都被数百年后的近现代中国所广泛采用，而被他所坚决否定的事物，如"科举""时文"等，则无一不被历史所淘汰。

颜元更是一位伟大的教育家。他对当时盛行的"科举教育"的批判，鞭辟入里，而他对新教育的设计思想，历数百年仍不过时，特别是他创办的学校——习斋，可视作中国新式教育的取材范例。

颜元提倡实文、实行、实体、实用，目的是为天地造实绩、为生民谋福祉。他的思想和主张，对其后的中国社会影响巨大。

以上所述，都是研究颜元的意义，但促使我下决心对其进行研究的动因还远不止此，更因为他那时刻关注社会民生的知识分子情怀。李塨在《存治编序》中写道：

> 先生自幼而壮，孤苦备尝，只身几无栖泊；而心血屏营，则无一刻不流注民物，每酒阑灯炧，抵掌天下事，辄浩歌泣下。

的确如此，在政治、经济、军事、文化、教育等任何一个领域，颜元所提出的主张无不以便民利民为宗旨。他为学为教，目的在于致治，而他致治的根本目的是促进社会的发展和进步，造福于黎民百姓，而不只是为了巩固一家一姓的封建专制政权。虽然他的乌托邦式的理想国不可能实现于当时，但他时刻想造福于民的出发点却是难能可贵的。颜元对程、朱理学批判最激烈的时代，已是清廷将程、朱理学定为国学、文字狱开始荼毒学界的时代，他是冒着生命危险而与之战斗的。颜元在《上太仓陆世仪先生书》中说：

> 仆妄论宋儒，谓是集汉、晋、释、老之大成者则可，谓是尧、舜、周、孔之正派则不可。然宋儒，今之尧、舜、周、孔也。韩愈辟佛，几至杀身，况敢议今世之尧、舜、周、孔者乎！季友著书驳程、朱之说，发州决杖，况敢议及宋儒之学术、品诣者乎！此言一出，身命之虞所必至也。然惧一身之祸而不言，委气数于终误，置民物于终坏，听天地于终负，恐结舌安坐，不援沟渎，与强暴、横逆内人于沟渎者，其忍心害理不甚相远也。

这种为解百姓于倒悬，为了真理之发扬，为了信仰之实现，我不下地狱谁下地狱的献身精神，才是最可歌可泣、可书可传的。

二

颜元虽然值得研究，但是，要为他写一部带学术评传性质的研究著作，在我看来却是颇为困难的。其难有二：一是传主没有轰轰烈烈的事业可资撰述，书中无法写出令普通读者难以释手的情节；二是传主的思想较为深刻,作者思想稍涉浮乏,就可能写成令智者不忍卒读的语录汇集。

在结构上,我将本书分为上、中、下三篇。

上篇重在记人叙事,基本属于述行状范畴,旨在通过这些看似琐屑的记述,让读者对其人其业其背景有一些较为具体的认识。

中篇几章主要述论颜元的政治、经济、军事、哲学以及义利观等方面的思想,基本属于致治范畴,是其理想国之所在。

下篇则主要述论颜元的教育思想。重点在于他对传统理学教育的批判及对"科举教育"的变革。

在这里,有几点需要说明:一是"颜元的人性理论"一章,既可以放在"中篇",也可以放在"下篇"。因颜元的人性理论中,已隐含了教育哲学和教育心理学的一些萌芽,对其教育理论和实践带有基础性和前提性意义,所以我最终还是将它放在了"下篇"。二是按照形式逻辑,教育思想应是与其政治思想、经济思想、军事思想、哲学思想等相提并论之一种,不应上升为篇级。但鉴于我们写的是一位教师,其教育思想又极为丰富,并且我著此书之本意,主要是想为现今之素质教育的实施,提供一个历史的借鉴,所以就权变一权变,将其升列为篇。三是关于言、行之关系。在著作本书时,记述行状则不避言论,而述论思想,也每以行为做论据。当然,这样做合适与否,可以探讨,在此权作一种试验吧。

绪　　论

一

1687年，李塨与张文升"推衍《存治》，文升著《存治翼编》，塨著《瘳忘编》，先生订正之。"① 这是最早有文字记载的对颜元学术思想研究。1689年，李塨撰《存治编序》，1696年，郭金城撰《存学编序》，这些都是在颜元在世时进行的。

由于李塨等人的努力，颜元的学术思想迅速传扬到大江南北、长城内外，不仅深受学界重视，并已受到政界的关注。李塨应邀讲学、拟聘为皇室教师及颜派学人的被召幕，就是这种受关注的反映。可以说，颜李"学派"的确立过程，其实就是对颜元学术思想研究的第一次整理。

对颜元学术思想的研究，在其两代弟子之后开始逐步冷落下来。至于冷落的原因，陈登原归结了几条：一是其道太苦，人多不能承受。二是学界义理消歇而词章烦发。三是正统学派即考据学派之威胁。其实，最关键的还是清政府禁锢学人思想的愚昧的文化专制政策所致。

19世纪60年代，戴望著《颜氏学记》，对颜元的学术思想做了概括介绍。戴望是清朝晚期对颜元学术思想研究较力者。但其书一出，便马上受到"正统学派"的猛烈攻击，形成了晚清学界"尊颜"与"反颜"之争。当时有个叫程仲威的人以卫道士自居，著《颜学辩》，以极其浅薄无聊之文字，既诋颜元，亦毁戴望，可为反颜派之代表。请看其中部分文字：

---

① 李塨撰，王源订：《颜习斋先生年谱》卷下。见《颜元集》，中华书局1987年版，第760页。

> 自来国家将亡,必有妖孽。元生于崇祯八年,洵明季之余疹。幸入国朝,光天化日之下,岂容魑魅魍魉之肆行,故以处士终而其说以渐熄。刊其书者,究不知是何肺肠,然固知其说之必不行也。①

晚清洋务派如曾国藩、张之洞等人,虽不力倡颜元学说,但已不再诋毁之。

20世纪20年代前后,颜元学术思想研究出现了又一个高潮。学界力倡之人当推梁启超,政界力倡之人当推徐世昌。梁启超著《中国近三百年学术史》,辟"实践实用主义"之专章以介绍颜李学派之学术思想,并予以极高之评价曰:

> 有清一代学术,初期为程朱陆王之争,次期为汉宋之争,末期为新旧之争。其间有人焉举朱陆汉宋诸派所凭藉者一切摧陷廓清之,对于二千年来思想界,为极猛烈、极诚挚的大革命运动。其所树的旗号曰"复古",而其精神纯为"现代的"。其人为谁?曰颜习斋及其门人李恕谷。②

当时,正值杜威的教育思想开始在中国传播,梁启超著《颜李学派与现代教育思潮》,对颜李学派的教育思想做了较系统的介绍。其文开门见山地写道:

> 自杜威到中国讲演后,唯用主义或实验主义(Pragmatism)在我们教育界成为一种时髦学说,不能不说是很好的现象。但我们国里头三百年前有位颜习斋先生和他的门生李恕谷先生曾创一个学派——我们通称为"颜李学派"者,和杜威们所提倡的有许多相同之点。而且有些地方象是比杜威们更加彻底。③

---

① 陈登原:《颜习斋哲学思想述》,中国大百科全书出版社1989年版,第235页。
② 梁启超:《中国近三百年学术史》,天津古籍出版社2003年版,第121页。
③ 梁启超:《饮冰室文集》之四十一,见《饮冰室合集》(5),中华书局1989年版,第3页。

应该说，梁启超对颜元的研究介绍是较适时的，评价也较中肯。他把颜元与杜威相提并论，也很有见地，因为这两人颇具可比性。六十年后，台湾学者郑世兴遵循这一思路，著作《颜习斋和杜威哲学及教育思想的比较研究》一书，可视为梁启超这一思想的继承与发展。

徐世昌对颜元学术思想的研究也贡献不菲。在他的倡导下，创设了"四存学会"、《四存月刊》、四存中学并出版了《颜李丛书》，使颜元学术思想研究一时发展得如火如荼。由于国内研究热潮的影响，颜元的学术思想开始受到国际重视。1926 年，有位叫曼斯菲尔德·弗利曼的学者就著作了《颜习斋：17 世纪的哲学家》。[1]

徐世昌去职后，颜元研究高潮才渐趋低落。后有刘声木者，认为此事是直系借乡贤以护政。徐世昌倡颜元学说，或许可能有此目的，但直隶历史上并不乏名儒，如荀况、董仲舒以及差不多与颜元同时代的孙奇逢等，而徐世昌为什么不选他人，唯选颜元呢？其实是民国初年的时代背景，已经初具颜元实学思想生存和发展的条件了。

对于徐世昌，世人亦多讥评。其人文而兼武，出身进士却又练兵有成，曾追随袁世凯，却又不肯屈从帝制，作为政府首脑，实难说是优秀者。他既然推崇颜元，或许其思想也有些务实可爱处。把这样的人说得一无是处，恐非的论。

20 世纪 30 年代，国民党政府政治腐败，国事日非，外侮日亟，民不聊生。这时，一些有良知的学人便借颜元的学术思想以儆国人，陈登原当为这类人士之代表。陈氏著有《颜习斋哲学思想述》，他在该书的"自序"中说：

> 余自 1931 年以来，重客南京，始得披览颜氏诸书。会值家国多故，朝市更易；四海困穷，三边沦没。知人论世，益有取于崇实笃行之意。于衰世清谈之俗，诚深恶痛绝，而不知其已甚者。良以虚言蠹世，溢辞乱真；种族兴亡，事已可痛。至如上也者以新说自文其漏失，下也者以旧学自鸣其雅古。虚骄之气，导国民而扇之以浮竞，愚诬之技，率学子而教之以无用。则雄关半圮，辽沈新亡；江南《燕

---

[1] Mansfield Freeman, "Yen Hsi-CHai, A 17th Century Philosopher", *Journal of the North China Branch of Royal Asiatie Society*, 1926（17）.

子》之曲，海上门户之争，有怀往昔，殊不能不太息于明季也。

感惧之余，因成是书，略分部居，区为十篇。抚物感时，语不自禁。故于习斋造学之环境，则述之不厌其详。于明季士夫之恶习，亦记之不厌其冗。盖所认著当时之过，为后世之鉴。明源寻流，可资警惕。苟闻之者足以为戒，则言之者可以无罪。吾书亦不至于虚作。故属比词文，不自嫌其枝蔓矣。

昔胡天游自谓功业瑰玮，难逃速朽；唯能文章，庶几不死。每闻此言，辄思掩耳。当今之世，功业重乎？文章重乎？吾文固陋，吾书固疏，但有其文者，不必有其行；有其行者，不必有其用。吾将执此而自勉。而世之诵我书者，亦当于考核得失之外，另具九方皋之慧眼；深体习斋之学，而思所以自策也。①

陈登原一部学术著作，自难警醒国人，纸上的颜元，也不能改变政府的腐败，更不能抵御日本的飞机大炮——当然也就不能救民于水火。

20世纪50年代中后期，颜元学术思想研究出现了又一个高潮。1957年，古籍出版社出版了王星贤标点的颜元的代表作"四存编"；1958年，中华书局出版了刘公纯标点的戴望著作的《颜氏学记》；1956年，湖北人民出版社出版了杨培之所著《颜习斋与李恕谷》；1957年，商务印书馆出版了郭霭春著作的《颜习斋学谱》。这些都是当时较具代表性的成果。

此后，由于极"左"思潮的干扰，对颜元学术思想的研究又出现了二十多年的低潮。

改革开放后，对颜元学术思想的研究重新活跃起来。1984年，人民教育出版社出版李国钧先生的《颜元教育思想简论》。这是一本从教育方面研究颜元学术思想的著作，篇幅虽不大，仅5万多字，但对颜元的教育思想做了较为全面的探讨和评价。1987年，中国社会科学出版社出版姜广辉先生的《颜李学派》。此书规模亦不太大，18万多字，其中将近半数的内容是对颜元学术思想的研讨，堪称这一时期对颜元学术思想研究的力作。

1987年，中华书局出版《颜元集》。该书不仅全录了迄今所能见到

---

① 陈登原：《颜习斋哲学思想述》，中国大百科全书出版社1989年版，第1页。

的颜元所有著述，而且收录了钟錂编撰的《颜习斋先生言行录》和由李塨撰稿、王源订正的《颜习斋先生年谱》，这就为颜元学术思想的研究奠定了坚实的资料基础。另外，中华书局还于1985年和1992年两次出版了《颜习斋先生年谱》的单行本，前者题书名为《颜习斋先生年谱》，后者题名为《颜元年谱》。可以说，中华书局为颜元学术思想的研究和传播做出了很大贡献。

2000年，上海古籍出版社出版颜元的代表作"四存编"，取名《习斋四存编》。该书不仅为颜元学术思想的研究和传播提供了新版本，其书前所附陈居渊先生撰写的约两万字导读，还为初学者提供了进入颜学的路径。

专门著作之外，改革开放后出版的一些分类人物传记著作，如《中国古代著名哲学家评传》《清代人物传稿》等，也都对颜元作了评介。

这期间，各类杂志也发表了大量研究颜元学术思想的论文。论文选题，涉及教育、哲学、经济、礼仪等诸多方面，其中以教育类为最多。在1986年举办的颜元学术思想研讨会上，有多名海外学者提交了相关学术论文，可见海外对颜元学术思想的研究也在进行着。

可以说，在改革开放新时期，颜元学术思想研究掀起了又一个高潮。

新中国成立后出版的相关历史巨著，如《中国思想通史》《中国哲学史》《中国教育史》《中国古代教育史》《中国教育通史》《中国教育思想通史》等，都对颜元设专门章节予以介绍。

二

综观三百多年来对颜元学术思想的研究，可谓成就巨大而且成果丰富，但在研究、介绍以及评价当中，也存有一些误区。这些失误，有的属于资料方面，有的属于文化方面，也有的属于认识方面。

资料方面的误区，其原因在于难以考证。如李国钧先生在《颜元教育思想简论》中说，"颜元六十二岁时，在今河北肥乡县主持漳南书院，虽时间不久，却是他教育活动史上的一件大事。"[①] 这个漳南书院

---

① 李国钧：《颜元教育思想简论》，人民教育出版社1984年版，第4页。

所在地,村名屯子堡,清初确属肥乡县,村在解放前就已划归广平县,今仍属广平县。我经过再三努力,才在肥乡、广平两地许多同志的帮助下,搞清这个问题。

再如,中华书局出版的《颜元集》中,有"尽以南王滑村民田让晃"①语。其初,我在古、今蠡县地图中,怎么也找不到"南王滑村"。后经多方调查考证,才发现"南王""滑村"乃不同村名。"滑村"在《畿辅通志》称"三滑村",今为"西滑村""中滑村""东滑村"。"南王"在《畿辅通志》称"南王庄",今有"南南王"和"北南王"二村。

文化方面的误区,其出现多因对传统文化的不够注意。如《清史列传》及《清代七百名人传》在记述颜元出关东寻父之事时,都有"负骨归葬"语。②而事实是,颜元并未挖掘其亡父之墓,殓骨以归,而是仅树一神主,车载而归。主,乃一木牌,非骨也。

再如,关于颜元及其父亲的名字,也是多有疏忽。其父在颜家时名"贾",在朱家名"昶"。朱九祚为其次子,即亲生儿子取名"晃",昶,古亦写为日上永下,这"昶""晃"属同一个文化系统,在冀中一带称之为兄弟排名。这种文化传统其他地区也有存在。而在《河北教育史》等书中,作者武断地说其父为"颜昶",似有未妥。而有的书在介绍颜元时,也说"姓颜名元,字易直",这乍看无甚不妥,其实则极为不妥。李塨在介绍颜元提到"易直"之称时,赶紧附加说明,说这是颜元在朱家时的字。事实是,颜元幼姓朱,名园儿,进学时才取学名"邦良","易直"是与"邦良"相呼应的"字";而与"元"相对应的应是"浑然"。汉魏以后,中原诸省人士取名、字,多相呼应,如"亮"——"孔明","操"——"孟德","飞"——"翼德"、"鹏举"等,都属此类。只有明白了这种文化现象,对颜元才不会误称。

以上所述,虽能反映出学人之疏忽,但却皆属细枝末节,较严重的失误还在认识方面。例如,从 20 世纪 50 年代出版的《颜习斋与李恕

---

① 李塨撰,王源订:《颜习斋先生年谱》卷上。见《颜元集》,中华书局 1987 年版,第 715 页。

② 王锺翰:《清史列传》,中华书局 1987 年版,第 5325 页;蔡冠洛:《清代七百名人传》,中国书店 1984 年版,第 1547 页。

谷》，80年代出版的《中国古代著名哲学家评传》，直到2003年出版的《河北教育史》，均把颜元划归"地主阶级"，这就是一个认识方面的失误。

颜元"年五十，贫无立锥"①，"平生非力不食"②，故在经济上不属地主阶级；他不与清政府合作欺压百姓，故在政治上不属地主阶级；在思想意识上，他代表了"新方向"③，而清初社会代表新方向的不是地主阶级的意识形态。所以无论从哪个方面看，这些著作给颜元划定的"阶级成分"都是站不住脚的。

再如，颜元是在"复古"的"旗号"下宣传"现代的"思想，是在借古喻今，这一点，梁启超、侯外庐等均已初步论及，可是而后出版的许多著作，却认识不到这一点，而是望文生义地认为颜元是在复古。认识方面的失误，多因于作者的认识水平，这是毋庸讳言的。当然，有的是后人因袭了前人的错误观念，但这种因袭本身也在说明着作者的认识水平。

鉴于上述失误，我在著作本书时，将尽力做到以下几点。

首先，对于历史资料，凡有疑问的，尽量予以核对，凡需实地考察而又力所能及的，尽量去实地考察，这样，虽不敢说能做到让"流言止于智者"，也努力做到不以讹传讹，争取让历史成为信史。

其次，在研究著述过程中，尽量顾及中华民族的传统文化及冀中地区的地域文化，尽量避免重蹈不关注文化传统的覆辙。

最后，尽力做到以辩证唯物主义和历史唯物主义的世界观和方法论，对颜元做一较深入系统的研究，力争做到思想方法对头，研究思路清晰，研究结论正确，理清颜元学术思想的形成发展过程。

三

本书的"上篇"，拟从颜元生平写起，通过对他的身世、师友、游历、教育生涯和著述情况的介绍，让读者对其人有一个概括的了解，同

---

① 王锺翰：《清史列传》，中华书局1987年版，第5325页。
② 阎国华、安效珍：《河北教育史》（一），河北教育出版社2003年版，第476页。
③ 阎国华、安效珍：《河北教育史》（一），河北教育出版社2003年版，第469页。

时，让读者还可从中体味出颜元实学思想产生的社会根源。

"中篇"拟介绍颜元的"理想国"。先对其学术思想做一概括介绍，然后分别从政治、经济、军事、文化等方面，逐一进行评价，最后以其哲学思想总结本篇。

"下篇"拟重点介绍这位从教47年的"民办教师"的教育思想。首先介绍其"人性论"，其次分别评介其教育目的论、培养目标论、教育内容论、教学方法论以及师道观等，最后以"习斋"的历史定位结束全篇。

三百多年来，对颜元的研究成果已有很多，但对他个人进行全面而系统研究的著作并不多。《颜氏学记》和《颜习斋学谱》，稍侧重对其学术思想的介绍，《颜习斋与李恕谷》及《颜李学派》，则侧重学派角度的研讨，《颜习斋哲学思想述》及《颜元教育思想简论》，则是从某一侧面对他的研究，迄今尚无一部关于他的学术评传问世。本书试图填补这个空白，力争通过较为全面、系统、深入的研究，写出一部稍具特色的学术评传。最终结果如何，只能是写成后留待读者评判，但是对于这个努力方向，我则不敢有丝毫的犹豫。

上　篇

第一章　身世与家事

　　颜元虽然是一位历史上知名的教育家、思想家，可是历来极少有人对其身世和家事做深入研究，故后人对他的介绍也就往往不够全面，甚至有误，特别是对实学思想的形成，更是难以找到其根源。为此，本章对其身世和家事加以考究。

一　出身

　　崇祯八年（1635）三月十一日，蠡县刘村。

　　天刚蒙蒙亮，有人看见村民朱九祚家宅院上空有一团云气，一会儿像麒麟，一会儿又像凤凰，飘飘忽忽，变幻不定。就在这时候，从其家中传出一阵极为响亮的婴啼，一个男孩来到了人间。

　　孩子出生之日，正值朱家在园中施工，于是便给这个男孩取乳名"园儿"。这个朱园儿就是传主颜元。

　　上述故事，详见于李塨撰，王源订《颜习斋先生年谱》中。2004年4月，我赴蠡县做过一次实地考察，发现刘村离河不远，且朱家就住在一个大池塘旁，阳春三月之清晨，偶有云气，不足为怪，至于如麟似凤之变幻，则不过是时人的幻觉而已。

　　颜元祖籍博野县北杨村（今地名）。其曾祖父姓颜名子科。其祖父名发，娶妻张氏，因家贫，赁居王庄。明万历四十五年（1617），其父出生，取名颜贾，因生后卜者云其难育，便由房东王老汉介绍，于天启元年（1621）过给蠡县刘村朱九祚为子。三年后，颜发与张氏又生一子，取名愉如。颜发客死王庄，张氏改嫁。愉如进京谋生，清康熙十九年（1680）四月二十四日逝于北京。

颜贾过继蠡县刘村朱九祚为子后，遂改姓朱，朱家又为他改名叫朱昶，他就是颜元的生父。而朱九祚则为颜元的养祖父，颜元得知自己非朱家血脉后，在书中称之为"恩祖"。

关于朱九祚，颜元曾有记述，载《习斋记余》：

> 巡捕公，蠡县刘村人，姓朱，讳九祚，号盛轩。少倜傥。启、祯间邪教蜂起，有九门传头高应贤者，倡妖言，蛊惑燕、蓟，民群趋之，出则壮骑云绕，居则弓刃环席，伪封刘福山等为国公，会谋不轨。公忧桑梓，欲讦之，计洩，贤遂欲杀公，逊言得脱；乃讼之马令。贤挺身不跪，称中宫懿旨且至，令不敢问，亟申六院；而易州道王为保官计，隐其事。公乃游都下，见言官辄陈之，事得上，发羽林捕获。怀宗皇帝亲鞫，御批"魅魑昼行"，毙之狱。
>
> 戊寅之役，朝廷以国事日非，特遣大府持节保定，招集草泽智勇，无论山林隐逸，里甲士民，俱许陈筹。公应幕上言："今日之兵皆市井滑徒，顶名食粮，出则抢掠，战则奔逃；且逃后并不知其为谁，此所以仓库日空，而战无一卒也。某有不费粮饷，不事招募，可战而不可逃之兵数万，居则八府无警，出则两难可平。"大府惊异召问，则曰："编各州县富民子弟习弓马者，十家共一兵，复其杂役；马甲器刃令自备，居常训练。每兵一副卒，正兵伤，则提副卒补。伍兵土著不可逃；且一身勤王，十家安枕，其孰肯逃？兵利粮给，取之不穷。"大府悦服，然竟不奏闻。
>
> 甲申，君崩吏走，村落大乱，交相劫掠。公曰："急矣！长此不辑，行即近城。"乃纠同志生员张祚、（原书为逗号，本书著者改为顿号）王熙中焚香歃盟，有财者捐资，有力者捐身，有马匹、甲胄、戈矛、弓矢者出列街前，束成一队。令鄙野有盗立刻报，出捕。事平后或有祸，吾自当之。于是捕斩渠魁王三好，胁从者皆鸟兽散，一邑遂安。丁亥，蒋公子兵起，公率众守里亦如之。后驻蠡姬兵备下车，授公巡捕官。故事：捕厅公案建衙，出则武夫前导，仪仗赫然。公曰："父母乡亲友所在，谁与施此，尽去之。"步行趋道，夜巡，纸烛一提而已。顺治初，刘里被圈，旗奴韩某恣横，率意耕田，失产者日众，公患之，伺其窝盗，围而擒之。鸣于县

府,解按部律斩,虽遇赦苏脱,讫弗敢肆,而里闬穷民不受满人侮,得各租祖田至今日者,公之力也。迨卯辰之际,地方粗安,裁革省南道,公遂谢任;继遭飞祸,告耆。

同里杨平,富家裔也,以泺水屡灾,鬻妻山右以疗饥,遗一女,夫妻子母分割,号哭彻昼夜。公曰:"伤哉!而祖父之大家,莫保其媳也。顾吾亦乏,奈何?"怆嗟薄暮,已而曰:"得之矣。"市大青碓以周之,而人之骨肉完聚。

有乡人乘水盗园蔬瓜者,公谓养孙颜元曰:"汝知盗可得乎?"元对不知。公曰:"鲍未可瓢,亦难作羹,弃物也。水落,汝游曲巷,果得之何人之户,以授地方。"居数日,请宥者不至,翼日当讼之吏。公忽夜起,召元曰:"吾悉其情矣,鞫渠于厅,固数世盗案,渠倩解者,亦一世盗名,渠不来,是也。已矣,吾不忍以数管瓜菽盗人也。"逾年元旦,夜有叩门者,启之,则其人贻双鲤而去。

二十年来恬退自牧,不入城市,教其子晃及养孙元耕读是事,不与世局,晚节尤称有守云。①

朱九祚虽不是颜元的亲祖父,但颜元自小生长于朱家,且由朱九祚将其培养成人,朱九祚对颜元的影响是不容低估的。从颜元的记述中亦可看出,颜元对这位养祖父是颇具敬仰之情的。

朱九祚妻刘氏,即颜元的养祖母,为人善良,未生子女。颜元出生后,身体茁壮,七日便能翻身,其食量自然比一般婴孩要大些。不巧的是,数月后,其母生疮,损一乳,乳缺,祖母刘氏就抱着他乞乳于邻妪,不得,就嚼枣肉、胡麻薄饼以哺之,颜元才得以成活。

颜元四岁,其父离家出走。颜元六岁那年,闹天灾,人相食,朱九祚纳一妾杨氏。颜元十一岁那年,杨氏生一子,取名晃。颜元十二岁,其母改嫁。但颜元仍留在朱家。颜元二十九岁时,朱九祚让颜元与养祖母刘氏离开朱家正院,至别院居住。颜元三十四岁时,刘氏病故。

朱家在蠡县刘村属于有田有产的殷实人家。朱九祚任公职时,曾移居蠡县城内居住数年,卸任后因诉讼而家道中落。这时,颜元向其养祖父建议:"时辈招筵构会,从之丧品,不从媒祸;且贫不能支城费,不

---

① 《习斋记余》卷十。见《颜元集》,中华书局1987年版,第583—584页。

如旋乡居。"① 朱九祚采纳了颜元的建议，举家迁回刘村。颜元时年二十岁，回村后，耕田灌园，劳苦淬砺，食薯咽粗，甘之如饴。为养家糊口，颜元二十二岁学医，二十四岁时开始为人治病，并同时开始了教书生涯。从此一身三任，长年不辍。

二　家事

关于其父亲的生平，颜元亦有《父颜长翁事迹》一文，载《习斋记余》，谨摘录如下：

> 翁名昶，显曾祖考叔翁子科之孙，显祖考次翁发之长嗣也。形貌丰厚，性朴诚，膂力过人。尝与人较跌，时称猛悍者莫及；一肩所胜，二夫不能起。上唇微短，语艰如也。好种树，所植必成，尝云："欲实又欲深，棒椎也扎根。"幼为后于蠡东刘村朱氏。娶随东王翁喜亮女。于崇祯乙亥，翁年十九岁，而举子元。尝治圃于朱茔之阴，构土房井畔，因乳名子曰园儿。因不得所后欢，愤愤有遁行志。闻满洲兵好挟人，恨曰："乘虓乎，盍速来！"迫戊寅子月，东信迫，乃连夜与元母赌绩，以素课上所后，积其余市江青布为新腰囊、梅花网巾。预为栽笠，缝履于袜。初六夜，谓元母曰："昔有人不得于父，自创二刃不死，鞅鞅出披剃为僧。其后二子皆登第，擢显职，访求得之。恳还，卒不许，诰封亦不受，曰：'吾既不得于父，焉用家？焉用子？'"盖托言以相诀，而元母不悟也。明日东兵至，遂出从之去。噫！父东时，元方四岁，弟二元随殇。
>
> 父所从而东者，镶白旗董千总也……董公曰："他人皆刃劫来者，阿弟愿从我同居，系往生凤缘，岂可奴视？"所得细软悉附之。房男妇，夜锁晨开，悉令父主之。抵沈，配之王妻，给数十金，坐糖店于城市……王继母无出。适本朝中外一统，将归视儿，路遇鬻妇者，遂娶刘而还，生银孩，三载又生金孩。乃谓王母曰："若既无男，妾又好女，吾决归视儿矣。"过山海关，司关者例搜带参，

---

① 李塨撰，王源订：《颜习斋先生年谱》卷上。见《颜元集》，中华书局1987年版，第711页。

事发，成狱，久之，得不死。还韩英屯，素产尽落，妻妾继殁，遂不复为家计，遣二少女各归舅姑，唯友羽衲，游山水。至康熙壬子四月十一日病剧，金四老视于八王寺，已不能言，指榻头褥囊，四老探之，得江青布二封，次日卒。葬之文陵之侧。寺僧争金而讦，乃知囊中尚有白金三十两云。①

我们之所以不惜篇幅而节录上文，一是因为它清楚地记明了颜元同父兄弟姊妹的情况，而更重要的是，它清楚地记述了颜元之父出走关东的前因后果及具体过程。颜元此记，言之凿凿，前因后果，清楚明了。可是在后人的著作中，却有说其父是被掠而去的。如颜元弟子王源在其所撰《颜习斋先生传》中就写有"戊寅畿内兵，先生父被掠去辽东"语。近人郭霭春所著《颜习斋学谱》中亦有"清兵至蠡，先生父被掠，去辽东"② 之说，实不知其根据何在。而《清史列传》等书竟说是"明末，父戍辽东，殁于关外"③。更不知所本为何。

颜元十二岁那年，生母王氏改嫁了，嫁到随东村一户杨姓人家。是在朱九祚侧室杨氏生朱晃的第二年。

朱九祚头年得子，随之便是王氏改嫁，其改嫁原因虽没有记载，但从这个时序关系上看却值得推敲。冀中一带，往昔曾有男孩十二岁开锁之俗，意思是十二岁之前，尚未成人，要靠神灵锁定护佑，十二岁之后，便长大成人，不再需要神灵加锁了，所以在十二岁那年，要在神前举行一次开锁仪式：一般于生日前后，在神前供一公鸡，挂锁于孩子脖颈，用钥匙将锁打开，同时告知神灵即可。

颜元的妻子本系博野县王家庄（今地名）李芬润的女儿。因年景荒乱，抚养不起，遂丢弃野外，被蠡县人张宏文收养为女。女长颜元一岁。在颜元七岁那年，朱九祚任兵备道禀事官，张宏文任道标巡捕官，门当户对，遂订亲联姻。

颜元十五岁完婚。当时他刚读过寇氏《丹法》，正在学运气术，故娶妻而不近。直到十六岁，知仙不可学，乃谐琴瑟，却一发而不可收，

---

① 《习斋记余》卷十。见《颜元集》，中华书局1987年版，第585—586页。
② 郭霭春：《颜习斋学谱》，商务印书馆1957年版，第1页。
③ 王锺翰：《清史列传》，中华书局1987年版，第5325页。

"遂耽内"。

颜元二十五岁时，发妻为他生了个儿子。因孩子降生之时，正值颜元即将赴易州参加岁试，遂为儿子取名"赴考"。小赴考聪慧可人，可惜年仅六岁便因病夭折。关于这个儿子，颜元也有段文字留世：

> 自汝之稍有知也，不詈人，不与群儿斗。吾表弟三祝时与儿斗，辄引曰："无然，恐长者嗔。"自汝能执箸也，遇我之贫，蔬精者，面白者，以奉祖、祖母，我夫妻食其粗黑，汝孩赤，当同老食，汝每推取粗黑，祖母强以分，辄辞曰："奶老矣，当食此。"自尔能举止记忆也，每晨、午饭后至我前，正面肃揖，侧立诵名数歌三遍，认字三四句，乃与我击掌唱和，歌三终，又肃揖始退。汝所欲为者，畏吾即止，所不愿为者，顺吾即起。入人之家，玩好不取，饼果之赐，辞而不受。遭吾不德，与叔异产，少汝者寸草知私，汝无分毫为吾累。未病一二日，犹同三祝行礼于祖，又至东院拜祖母，且笑三祝不揖而叩，傍鞠躬伏兴以示之。尔以六载之身，于曾祖父、母称孝孙，于父、母称顺子。呜呼痛哉！①

颜元朴直，极少虚伪，那么，此文所记，亦当属实情。若果然如此，则笔者至少有两点看法：其一是，颜元重视孩子的早期教育，是其得；其二是，颜元对孩子的管束过分严格，有伤天性，是其失。

孟子有言，"不孝有三，无后为大。"② 故后儒多重子嗣。颜元视此尤重，曾立有不得子嗣不远游之志。然而天公偏不作美，其妻总是不能再度怀孕。在颜元三十八岁那年冬天，其妻染病，坚决不服药。她说："妾既不育，夫子有年，坚不置再醮，而处女又不轻为人贰，不如妾死，使相公得一处女，犹胜于待绝也。"③ 经颜元反复劝导，强迫之下，她才服药。

为得子嗣，颜元终于开始纳妾。四十岁时，他买一田氏女为婢，被

---

① 李塨撰，王源订：《颜习斋先生年谱》卷上。见《颜元集》，中华书局1987年版，第719—720页。
② 《孟子·离娄上》。见《十三经注疏》，中华书局1980年版，第2723页。
③ 李塨撰，王源订：《颜习斋先生年谱》卷上。见《颜元集》，中华书局1987年版，第738页。

媒人欺骗，该女是个矮子。四十六岁时，他又买一石氏女，再度被媒人欺骗，该女既"痴且颠"。后来颜元将此女退还给了媒人，且索回了原金。但因后事发展出现波折，颜元又出钱为该石氏女赎了一次身。这件事，《颜习斋先生年谱》是这样记载的：

> 先生自二月买石氏女为侧室，以身有疾未纳，女痴且颠，为媒欺也。至四月，让媒氏返得原金。六月，媒转鬻之旗下，先生悔之。七月，塨往谏。先生泣曰："吾过矣！吾父无处所，而年四十余，先人血嗣未立，住与行罪皆莫逭。前拟有子即出，后迫于时晚，以为但见子产即出，后更不及待，但见有孕即出。乃天降罚，老妻不育，置一婢，为人所欺，短；又置一侧，为人所欺，痴。故眩乱之极，遂欲将此原金再图一人，而不知其过戾至此也，敢不速更！"尽出原金赎女归其父，不责偿。①

这段记载，活画出了一位旧儒的形象：因循守旧而又心地善良，自以为有学问却处事无能、"眩乱之极"。但是，无论如何，颜元终归还是为那石氏女办了件好事。

颜元五十八岁那年，田氏卒，未生养。五十九岁，颜元又置侧室姜氏。姜氏亦未生养。

赴考之外，颜元再无亲生儿女。他曾于三十三岁那年养一朱家本族男孩为义子，取名叫"䚡言"。颜元认祖归宗之时，也将䚡言归还了其生父。

归宗颜氏之后，颜元于四十七岁那年，养一同高祖侄为子，为其取名曰"尔榡"。九年之后，五十六岁的颜元又养一族孙为孙，为其取名曰"保成"，第二年又易其名曰"重光"。

颜元二十九岁前，还不知道他的身世。"朱翁及侧室杨子晃，与先生（指颜元）日有间言。先生不知其父非朱氏子，第以为翁溺少子耳。奉翁命，与朱媪刘别居东舍，尽以南王、滑村民田让晃。"②直到三十

---

① 李塨撰，王源订：《颜习斋先生年谱》卷上。见《颜元集》，中华书局1987年版，第750—751页。
② 李塨撰，王源订：《颜习斋先生年谱》卷上。见《颜元集》，中华书局1987年版，第715页。该书以"南王滑"名村，非。"南王"、"滑村"系不同村之村名。

四岁那年，养祖母刘氏病逝，颜元遵朱氏家礼，极尽哀道，"过哀病殆"，一朱氏老翁怜之，才告诉他，"汝祖母自幼不孕，安有尔父？尔父，乃异姓乞养者。"①颜元闻言大惊，不敢相信，遂往问家母，才知此系真情。

这时朱晃挑唆朱九祚驱逐颜元，颜元乃买屋居随东村。是后，颜元通过为其父作过继介绍人的王庄王老汉之子，找到了他的祖籍博野县北杨村。当时其亲生祖母张氏尚存，年已八十。

颜元虽然得知自己并非朱家血脉，但仍然对养祖父朱九祚恪尽孝道，并将朱接到随东村与他共同生活。同时将朱氏田产悉数交给朱晃，且代朱晃偿债百余缗。朱晃又欲谋夺颜元自置田产，颜元也不与他计较，只请人解劝，不肯与朱晃断绝往来。

颜元三十九岁时，朱九祚病故，颜元乃请求认祖归宗，获学院批准。当年十一月十九日，博野北杨村颜氏族人来迎接颜元。而蠡县刘村朱族及刘村、随东村诸亲友饯送，有的送到村头，有的送到蠡县城内，有的甚至送到北杨村，皆哭泣不忍离去。

颜元初姓为朱，乳名园儿。十九岁中秀才时，取学名邦良，字易直。三十七岁那年除夕，自易名为"元"，以"元""园"同音之故。古人名、字多同时取命，其"浑然"之字，则可能也是这时所起，与"元"相呼应之字。因为根据古文化传统和古人命名、取字之法，元者，始也，天地万物始于混沌。所以以"元"为名，而以"浑然"为字，是顺理成章的。后人不知底里，多是简单介绍说，"姓颜，名元，字易直，又字浑然"，其实是不太妥当的。"易直"是与"邦良"之名相呼应的"字"，李塨在提及此事时，就给人以说明，说这是颜元在朱家时的字。

另外，颜元还有两个号：先为"思古人"，是他办学之初，将自己所办学校称作"思古斋"，而自号"思古人"；后来他将"思古斋"易名为"习斋"，故又以"习斋"为号。复颜姓后，人们便将他的姓与号连称，称他为"颜习斋"。为行文方便，我们在本书中，不论时段早晚，都称他为"颜元"。

---

① 李塨撰，王源订：《颜习斋先生年谱》卷上。见《颜元集》，中华书局1987年版，第725页。

中华民族在相当长的时期内，对尊敬的人有字不称名，有号不呼字，而自呼时则以名为自谦，故这里也就随俗，直以颜元相称，从俗也，非不敬也。

颜元在其六十八岁那年，曾患小便闭塞，差点殒命。病危时，他将生死置之度外，只是"书命（李）塨，勉力益光圣道"。七十岁高龄时，他仍在坚持给弟子们上课。当年八月十二日夜半，他左肋下病发，但仅记有"儿时积也"四字，余情不详。九月二日辰时，他洗了个热水澡，申时，才让学生将他从学舍迁到寝室，到酉时，即两个小时后，他便在一片抽泣声中，永远地离开了他心爱的弟子们。当天，他还在鼓励他的弟子们说："天下事尚可为，汝等当积学待用。"[①] 一代名儒，就这样安详地逝世。

颜元逝后，诸弟子及众乡绅为其举行了隆重的追悼仪式，并公推李塨为尸祝，其词曰：

> 呜呼！秦火焰而大道隐，讲坛盛而学术歧，悠忽者千余年，昧瘤者数百载；乃今始得一先生，而先生又忽逝也，悲哉！天之于人，其有意耶，其无意耶！先生崛起侧陋，直以圣道为己任，以为圣人必可学而至，希贤则已卑。方总角，即能干师门内难。及长，躬灌园，事恩祖，甘毳随欲敬进，虽劳不怨。日五漏起，坐必直首端身，两足分踏地，不逾五寸，立不跛，股不摇移，行折必中矩，周旋必中规，盛暑，终身未尝去衣冠。尊长，恤族里。与王法乾十日一会，纠日记，记详十二时言行，时下圈黑白，别欺慊。好言论，行尝忤俗，然生平无一言非道，无一事不以尧、舜、周、孔相较勘。朔望谒家祠，二时祭以及冠昏，力行古礼。居丧倚庐垩室，衰麻无时哭，三年不懈，虽功、缌皆如礼，无少假。待妻如君，抚子如师，屋漏独居，身未尝倾欹，是为先生之躬行。非其有，一介不取，一钱赠必报。邑令约车骑造斋下拜，惟遣弟子答。士民公举德学苦孝，学使者李公、巡抚于公，将交章上荐，先生力阻若伤之，乃止，是为先生之守。慨然谓周、孔之道，在六德、六行、六

[①] 李塨撰，王源订：《颜习斋先生年谱》卷下。见《颜元集》，中华书局1987年版，第794页。

艺，后儒以静坐致良知，参杂异端，篡吾心之德，且乡党自好，遂负高谊，罕见一一考行古道，丝发不苟者；至攻诗文，篡章句，群趋无用，而先王兵、农、礼、乐之艺，嗒然丧失，以致天地不得位，万物不得育。乃定课外整九容，内顾明命，一致加功，自终日迄夕，乾乾惕若。家礼学规，酌古准今，务曲当。帅弟子分日习礼、习射、习乐、习数、习书，考究兵、农、水、火诸学。学堂中洒扫洁甚，琴竽、决拾、筹管森列，众生揖让进退其间，已有歌讴舞蹈。唐、宋后儒室久不见此三代威仪矣。于是著《存性》《存学》《存治》《存人》以立教，是为先生之学术。而谓先生之生徒然也，天无意耶！故尝谓先生之力行为今世第一人，而倡明圣学，则秦后第一人。海内文士无论，即称笃儒致行者，与先生疏密，固大有间。而至于秦火之余，如董仲舒、郑康成、文中子、韩昌黎、程明道、张横渠、朱晦菴、王阳明，其于学术，皆襭此蹛彼，甚至拾沈捉风，侵淫虚浮，以乱圣道。呜呼！千余年于兹矣。先生生亦晚近，居蓬荜，孰传之，孰启之？一旦爬日抉月，尧、舜、周、孔之道，拾之坠地，而举之中天，奚其然耶！岂天道运会，一盛一衰，尧、舜盛以至于周、秦衰，而逦迤至明，自此以后，乾旋坤转，圣道重明，斯民蒙福，故特生其人耶！乃少困以患难，中陁贫贱，内苦于家庭，外之闻者，或疑或信，或谤且滋，而且奄忽以去。抑天地之气，如烛炧火烬，已成灰滞，后转萤点，红艳炯然自照，而竟熠耶！呜呼！吾无以知天矣。呜呼痛哉！凡我同人，皆有后死者之责，其何以不负先生？其何以终邀福于天？先生之神，万世不磨，矧兹旦夕，而不予临。呜呼哀哉！尚飨！①

李塨的这篇悼词，对颜元的生平、言行、道德、学术，都给予了高度概括，其评价乍看有溢美之嫌，其实也基本公允中肯。

追悼会上，弟子们纷纷向恩师敬献挽联，以志纪念。李植秀联云：

持身矻矻，备历错节盘根，大德行，二千年后无双士；

---

① 李塨撰，王源订：《颜习斋先生年谱》卷下。见《颜元集》，中华书局1987年版，第794—795页。

树议岩岩,直排迷途歧路,真学术,十八代来第一人!

钟錂联云:

手著四存,继绝学于三古;
躬习六艺,开太平以千秋!

颜尔俨联云:

关外寻亲,辽水东西钦大节;
洛中辩道,嵩山南北识真儒!①

---

① 李塨撰,王源订:《颜习斋先生年谱》卷下。见《颜元集》,中华书局1987年版,第795页。

第二章 业师与朋友

颜元的成长，受师友影响颇深，故研究其师友，对于理解其思想及性格的形成，很有帮助。

一 业师

颜元入门受业之师计有三人：一为吴持明，一为贾珍，一为贾珍。

颜元八岁外出就学。蒙师姓吴，名持明，字洞云。吴持明不仅仅是书生，而且能骑射、擅剑戟，并曾潜心钻研方略，撰成有关战争方面的著作两部。他梦想效力于明朝政府，可惜不被起用，遂以医隐。然所学既不能用，他又不忍就此罢休，于是便在家斋设科，以授弟子。颜元在吴持明处就学五年，深受其影响。其后来之关心时政、研读兵书、苦练骑射、精于技击，以及儒而兼医，与吴持明的影响当大有关系。

颜元离开吴持明师门，事出偶然。"吴师洞云纳婢生子，妻弃之枥下，先生连血胞抱至家，告朱媪刘乳之。吴妻怒捶其婢，婢逃，复道之朱家匿之，乃缓颊，洞云夫妻，卒还养子，遂成立。然终以吴妻怨怒，不得从吴游矣。"① 这时的颜元年仅十二岁。成年后的颜元，每到蠡县都要去拜望恩师，聆听教诲，亦可见其师生情谊之深。

1672 年，颜元三十八岁，吴持明逝世。颜元不仅捐资助葬，并且撰文以祭。祭文曰：

> 惟师颖颖其聪也，杰杰其雄也，岩岩其丰也。幼博才艺，壮怀

---

① 李塨撰，王源订：《颜习斋先生年谱》卷上。见《颜元集》，中华书局 1987 年版，第 709 页。

韬钤。伤世途之益狭，致奇才之莫伸。幡然改志矣，取术惟仁。或起衰叟于垂暮，或苏稚子于死邻。

所学不忍其无传人也，家斋设科，指蒙童以渡津。某也不才，幼沐陶薰。麟凤呈祥，濡兆师尊。今三十有八，尚犹夫人。愧无以光子之道，愧无以慰子之心。时而如邑，辄承切谆。忽接讣报，惊悼消魂。薄祭在案，水醴在樽。阿师载鉴，既格既歆，哀诔以侑，神其右闻。

钟异灵以生兮，散灵还元。学有某绍兮，业有子传。寿八袠而望赫赫兮，兰桂绵绵。虽未大行兮，棱棱气节，莫少屈研。人生何负兮，应无憾怨。独奈萎我梁木兮，颓我泰山，生者之情如何以解兮，悲鸣泪咽！哀哉，尚飨！①

从这篇短短的祭文中，我们不难看出颜元对吴持明的衷心敬仰以及吴持明其人其学对颜元的深刻影响。

颜元的第二位业师贾珍，字金玉，是一位庠生，颜元替他辑有《美惠方集》。生年不详，卒于1702年，时年颜元六十八岁。关于贾珍的情况，颜氏书中记述较少。颜元十二岁被吴持明妻逐出吴斋，十三岁开始从学贾珍。至于何时何故离开贾珍，未见有关资料。而《颜习斋先生年谱》中记有在颜元十九岁那年，"从贾端惠先生学"。就是说，颜元从十三岁到十八岁的六年中，未曾拜师他人，到十九岁才改从贾珍。这六年中，颜元可能一直从学于贾珍。

颜元从十三岁到十八岁的六年间，做过许多荒唐事。十四岁，"看寇氏《丹法》，遂学运气术。"十五岁，"取妻不近，学仙也。"十六岁，"知仙不可学，乃谐琴瑟，遂耽内，又有比匪之伤，习染轻薄。"十七岁，"浮薄酣歌如故"。十八岁，"习染犹故也"。直到十九岁从贾珍学，才"习染顿洗"。②

这长达六年的轻薄浮躁，从内因讲，是颜元正值青春期，正是个性尚未成熟、心浮气躁的时期，而从外因讲，是否与贾珍的教育和影响有

---

① 《习斋记余》卷七。见《颜元集》，中华书局1987年版，第536—537页。
② 李塨撰，王源订：《颜习斋先生年谱》。见《颜元集》，中华书局1987年版，第709—710页。

关，颜氏书中，未见明言。颜元及门受业之师共三人，对吴持明、贾珍，颜元都有专文记述绍介，对吴持明，颜元撰文以祭，对贾珍，颜元作传以传，甚至对未曾直接受业的"私淑"，亦多有记述，唯独对师从长达六年之久的贾瑝少有记述评价，从中亦可推测一二。在师从贾瑝期间，其养祖父朱九祚还曾"为先生（指颜元）谋贿入庠"，只因"先生哭不食曰：'宁为真白丁，不作假秀才。'乃止。"① 从中亦可看出当时官场和官学的腐败。

使颜元"习染顿洗"的第三位业师贾珍，字袭什，他去世后颜元对他的私谥为"端惠"。

贾珍有文名，为人庄重诚恳，且洁身自好。"每馔，市饼四枚，蔬一盂，外设皆不箸。""贫东筵，皆不登，曰：'一筵，小家半月费也，奈何以半月费供我一餐？'""弟子入学，不效俗人索谢。谷待聘入学，谢甘余缙，知其家适乏，即尽还之。"然而在学术问题上，他却知有善守，不为俗迷。"国初士子文竞怪险，字不可识，辞不可句，一时标榜如狂。处士仍循平易，曰：'吾在近路候诸公矣。'既果大惩夙弊，严正文体，人乃服先生见焉。"虽身为庠生，却不攀权贵，不屈官场。县令有请不见，遗匾致仪亦不答谢。其姻亲赵翁，于捕厅有讼，得其只字即可免役，然而贾珍坚辞不肯，说，送钱可以，只字不可。捕厅大惊，叹曰："倘蠡士尽如贾相公，小官岂不易为哉！"②

贾珍厌恶蠡县城内的纷嚣，遂"野栖于邑之西北，徙而就者二十家，因命曰'甘家庄'。"后来其弟因"子弟无所模范，力挽回邑授徒"，他才重回蠡县城内设教。颜元就是在这时拜他为师的。贾珍"以身率人，训迪有方""因志引人，不强语以高深，故学者之趋亦各不同。""随材施教，宽严适宜，尝轻箴片语，令人泣恨，不能自已。"他严禁从学之人结社酣歌及子弟私通馈遗，颜元也因其而痛改前非。贾珍曾自作两副对联以明志。一联曰："不衫不履，甘愧彬彬君子；必信必果，愿学硁硁小人。"另一联曰："内不欺心，外不欺人，学那勿欺君子；说些实话，行些实事，做个老实头儿。"他不仅将此二联出示给颜

---

① 李塨撰，王源订：《颜习斋先生年谱》。见《颜元集》，中华书局1987年版，第710页。

② 《习斋记余》卷五。见《颜元集》，中华书局1987年版，第475—476页。

元,还让颜元将后联用大字书写,挂在中堂。① 贾珍去世,颜元为其"持心丧五月",并为其作传以志纪念。可见颜元对贾珍的尊崇之情。

业师之外,颜元还私淑孙奇逢,奇逢字启泰,号钟元,容城县人,生于明万历十二年(1584)卒于清康熙十四年(1675),享年九十二岁。明天启间,左光斗、魏大中、周顺昌等遭诬陷,孙奇逢不畏魏忠贤之淫威,倾身相救,一时义声满天下。1636 年,清兵入关掳掠,他亲率子弟和学生登城坚守,清兵攻城不下,只好离去。后来,他又组织地主武装,对付明末的农民起义。由于明清两朝累征不就,故又被称为孙征君。清初,讲学于夏峰(今河南辉县百泉山),从者甚众,故学者又称之为夏峰先生。

早先,颜元有个弟子彭好古,好古父名通,喜陆、王心性之学,经常去孙奇逢处。颜元因彭通而知孙奇逢其人及陆、王心学之旨,于是对孙奇逢学行皆慕。1664 年五月,颜元曾约王养粹,打算共同去拜访孙奇逢,然因事未果,遂以私淑弟子师事之。后来颜元学术有变,不再尊崇程、朱、陆、王,始对孙奇逢的学术思想稍有微词。1670 年,颜元致书孙奇逢论学,概言自己《存性》《存学》二编要旨,并对孙奇逢的调和朱、陆直接提出批评。但直到晚年,颜元对孙奇逢的为人则始终敬仰如一。1691 年,颜元南游中州,亲至夏峰,具鸡酒哭祭奇逢。

颜元十六岁写出《弭盗安民策》,二十四岁写出《王道论》(后更名《存治编》),明显是受到吴持明入世思想的影响。而二十五岁以后主敬、存诚之主张,"虽耕稼胼胝,必乘闲静坐"②,笃信程、朱、陆、王,倾心向学,显然是受孙奇逢的影响。直到三十八岁,他还书挂孙奇逢"学未到家终是废,品非足色总成浮"之联。

业师与私淑之外,颜元的朋友对其成长也产生了重大影响。

二 朋友

颜元十九岁之前,曾在蠡县城内交了些酒肉朋友,"时辈招筵构会,

---

① 《习斋记余》卷五。见《颜元集》,中华书局 1987 年版,第 475—476 页。
② 李塨撰,王源订:《颜习斋先生年谱》卷上。见《颜元集》,中华书局 1987 年版,第 713 页。

从之丧品，不从媒祸。"① 其"时辈"可能指的就是这些人。以其养祖父当时任省南道"公安局长"的地位，这些人可能多是与其养祖父当时身份相差不多的那些小官吏及乡绅子弟。

十九岁后，颜元的交往方向才彻底改变。

促成其转变的主要原因大致有三：一是其养祖父朱九祚失官后，"继遭飞祸"，惹上官司，家庭"告蠢"。这使颜元的酒肉之交失去了与之游玩的意愿。二是这时颜元改师贾珍，而贾珍"禁及门结社酣歌及子弟私通馈遗，先生（颜元）遵其教，故力改前非"②。三是颜元十九岁中秀才后，二十岁便离开蠡县城，回刘村"耕田灌园"，生活环境发生了较大改变。这些原因，不仅使颜元改变了交往对象，而且改变了交往方式。

随着学问的日益增加，影响力日益扩大，颜元的交游也越来越广。从记载看，其中既有贫苦农民和手工业者，也有朝廷命官如巡抚、御史等，甚至还有民间豪强与侠客。但真正被颜元视为至交，且对他产生重大影响的，则为数不多。在这方面，颜元的弟子钟錂在他所撰《习斋先生叙略》中说："先生尝自言：'又所父事者五人：曰张石卿、曰刁蒙吉、曰王介祺、曰李晦夫、曰张公仪。兄事者二人：曰王五修、曰吕文辅。友交者三人：曰郭敬公、曰王法乾、曰赵太若。'皆有以修先生。"③

我们不妨具体看一看，这些被颜元如父如兄以尊以交的都是何等人，而颜元又为什么仅将郭敬公、王法乾、赵太若三人视为挚友。

张罗喆，保定府清苑县人。主张性善论，认为义理寓于气质，对程、朱持否定态度。颜元在笃信程、朱时，曾与之反复辩难，但其人对颜元影响很大。颜元说，他一见石卿，"矜狭态若为一洒"，再接颜容，"琐小较量之态，又因之一减，"而三炙德辉，石卿便对他说，"性即气质之性，更无二性，有尧、舜气质即有尧、舜之性，有呆獸气质，即有

---

① 李塨撰，王源订：《颜习斋先生年谱》卷上，见《颜元集》，中华书局 1987 年版，第 711 页。
② 李塨撰，王源订：《颜习斋先生年谱》卷上，见《颜元集》，中华书局 1987 年版，第 711 页。
③ 钟錂：《习斋先生叙略》，见《颜元集》，中华书局 1987 年版，第 620 页。

呆獸之性，而究不可谓性恶。"① 并告诫颜元说："人性无二，不可从宋儒分天地之性、气质之性。"② 当时颜元能接受其人而不能接受其理，到颜元后来丧中悟性，发现程、朱理学远非孔、孟之学时，才深感张石卿性善论的正确，于是在著《存性编》附录同人语时，他首先附录的就是张石卿的上述言论，且认为这是千余年来独见之言。张石卿对颜元的影响，于此可见一斑。

刁包，直隶祁州（今河北安国）人，明天启举人，对《诗》《书》《易》均有研究，并著有《用六集》等，是一位较典型的道学家，尝言"作时文不作古文者，文不文；作时人不作古人者，人不人"。甲申变后，树主哭崇祯于居室，李自成屡征不至，几至被杀，遂坚志不仕，致力于程、朱理学。谋面之前，颜元曾两度致书问学，俱有书答。后颜元入祁拜谒，得其《斯文正统》，方知有道统一说，颜元归后才立道统龛，正位伏羲至周、孔，配位颜、曾、思、孟、周、程、张、邵、朱，外及先医虞、龚。颜元说："予初从陆、王入手，继见《性理》周、程、张、朱之书，又交先生，遂专主程、朱。"③

王余祐，保定新城人，孙奇逢的弟子。他雄略博识，才兼文武，崇尚实学，教人以忠孝。其父辈皆在晚明为官。甲申，李自成攻克北京，崇祯帝自缢煤山，王余祐树帜复仇，聚众千人，与李自成军对抗，且传檄海内云："生成佐命勋，生固荣耀；死作忠义鬼，死亦芬芳。"清军入关后，隐居五公山双峰，故又号五公山人。每登峰顶，慷慨悲歌，泣下数行。据说其诗文脍炙人口，记述富逾五车。颜元曾多次前往拜谒请教。王余祐逝后，颜元曾撰文以祭。文中说："某质性孤戾，最少可人，一谒先生于郫口，再弔于双峰，又数叩于瀛郡，亦蒙先生累顾救止。春风淑气，化我乖棱，巨量阔怀，荡我褊隔，伟识雄略，启我庸顽，使固陋之子不容不心折也。刁文孝捐客，石卿、公仪弃世，某所敬仰倚望如师如父者，独先生一人。气数赖以维持，士风赖以砥柱，后进赖以裁成者，亦惟先生一人。呜乎！天胡不弔，而促之逝哉！"④ 从这段祭文中，

---

① 《习斋记余》卷七。见《颜元集》，中华书局1987年版，第534—535页。
② 《存性编·附录同人语》。见《颜元集》，中华书局1987年版，第34页。
③ 《习斋记余》卷六。见《颜元集》，中华书局1987年版，第508页。
④ 《习斋记余》卷七。见《颜元集》，中华书局1987年版，第530页。

亦可清楚地看到王余祐对颜元的深刻影响。

李明性，蠡县人，明季诸生，是颜元最得意的弟子李塨之父。他性质朴，学宗程、朱，极重孝悌，事兄如父，有文名而又兼重武术，直到晚年仍不辍弯弓习射。颜元不断前往求教，起初晦夫嫌其轻浮，不报，颜元事之以父道，不报犹往，特别是在他尊崇程、朱的那几年，访问最勤。李明性对颜元的孝悌品行的形成和耿直性格的养就，影响较大。李明性后来让自己的儿子李塨去师从颜元，可见其交之神。

张公仪是宁晋学人。李自成定都北京后，三征三却。李自成感其志，称其为志士，封为防御使。真定府尹以槛车送其北上，途中，李自成败，解者破槛将他释放回家。后更名"起鸿"，自号"石史"，以诗、文自娱，撰有《字存》《五芳井诗》等。闻颜元名，曾主动将其著作《颐生微论》寄颜元。颜元与他通书信，有往来，还以著作互质。逝后，颜元曾撰文以祭之。

再看如兄之二人。

王五修，新安人，号寻乐子，孙奇逢的门生。颜元说，"某之有友，自兄始矣。"可见他是颜元认识较早的朋友，颜元因他而认识了不少学界人士。与颜元声气应求，是其"二三知己"之一。在瀛州一孔姓副镇家作馆师时，不慎坠马而早逝。

吕申，保定府清苑县人，习天文，讲经世，不信程、朱。颜元曾向他学习过天文学方面的知识。他的思想对颜元对程、朱由褒至贬，起到了一定的引领作用。

最后看友交者三人。

郭靖共，蠡县庠生，曾与颜元等十五人共结文社，性端恪。他与颜元之间不仅能商质经史，而且能劝善规过，但郭敬公从来不当面折过，或以隐语规劝，或以书信告失，深投颜元所好。颜元曾为其子赴考聘郭敬公次女。

王养粹，蠡县北泗人，少狂放，十六岁入定州卫庠，曾从学于李塨之父李明性，十九岁立志作圣，遂焚八股而诵五经。崇儒遵礼，居必衣冠，力抵异教，投佛像于井。而颜元与王养粹的交往，亦因此而投契。对于王养粹的行为，当时蠡县人讥之曰"颠"。而颜元听说之后，却感叹道："士皆如此颠，儒道幸矣。"于是驰书王养粹，予以褒奖。二人遂深相结纳，砥砺学问，为莫逆交。约定各立日记，十日一会，考究得失。有时二人争得面红耳赤，相互指责，而稍顷则相敬依然。争论的焦点往往是王养粹批评颜元"杂霸"，而颜元则批评王养粹"腐旷"。后颜元尊孔、孟而抑斥程、朱，王养粹则仍尊程、朱。王养粹后来连遭妻子丧事，心灰意冷，专嗜《南华》，但亦不反孔学。

赵太若，蠡县刘村人，性粗直，少学问，他与颜元的交谊，从颜元写的这段祭文中即可以看出究竟：

> 呜呼！某生为天绝，吝惜以伦，只朋友、夫妻耳；兼直狂性成，人鲜我堪，交游虽广，真朋友亦甚难也。由蠡城还刘里，同侪数人，情比交亲，皆不俟世友，而褊急直率，惟我两人为最。自旁人觑吾两人，交不终朝，而吾两人之交，正以直率深，正以直率久。某未得法乾前十年，行已赖以不坠，异乡所借，惟敬公郭姻丈，同里所资惟兄。当有过言过举，呵谪如父兄之训子弟，某不敢拂也。某即效愚诚，兄亦未尝以为隙。兄富而我贫，假借酒食频仍，兄不以为惠，而某亦不以为歉，道义深也。①

从上述情况不难看出，颜元所谓如父如兄之称，乃以年龄为别，而引赵太若等三位为友交，则是因为乃同龄朋友中能劝善规过者。其实，颜元之交，远不止此十数人而已。仅在《颜习斋先生年谱》《颜李师承记》等书中有姓名记载的就多达百余人。如安平诸生杨计公，知兵，精技击，且通西洋数学，颜元就经常前往请教，而杨计公也将颜元引为忘年交。

颜元交往的人中，既有道学家，也有务实学者，更有懂自然科学的人，颜元说："予当恭庄时，辄思刘焕章；矜庄时，思吕文辅；坦率时，思王五修；恳挚时，思陈国镇；谦抑时，思张石卿；和气包括英气奋发时，思王五公。嗟乎！使诸友皆在，其修我岂浅鲜哉！"② 可见朋友们从不同方向给颜元施加着自己的影响。颜元的成长变迁，与他们的影响关系很大。

---

① 《习斋记余》卷八。见《颜元集》，中华书局1987年版，第544页。
② 李塨撰，王源订：《颜习斋先生年谱》卷下。见《颜元集》，中华书局1987年版，第766—767页。

第三章　设学与执教

颜元从 1658 年开始设学执教，到 1704 年逝世于习斋，其教育生涯长达 47 年。四十多年的辛勤耕耘，他培养了大批学生，成就了一个学派，现将他的教育生涯做一扼要评述，顺便也对个别误传做些简单辨正。

一　"思古斋"与"辛兴学规"

颜元的教育生涯始于 1658 年。那年颜元二十四岁，虽已考中秀才，却决心放弃举业。在种地和行医之外，他又选择了"开家塾，训子弟"[①]。这时的颜元，刚读过《资治通鉴》，复古思想成为他的主导意识，所以他给自己所创办的学塾取名"思古斋"，并自号"思古人"。学生不多，只有王之佐、彭好古、朱体三等三人。

1660 年，颜元又"设教于西五夫村，徐之琇从游"[②]。这是颜元的第二次设学。看来这个教学点学生更少，开始只有徐之琇一个学生。但这仍不失为颜元教育事业的一个发展阶段。

1667 年二月二十日，三十三岁的颜元被"新兴村延往设教"。新兴村的教馆规模稍大，学生较多，载于《颜习斋先生年谱》的，就有石鸑、石鸾、孙秉彝、齐观光、贺硕德、张澍、李仁美、王恭己、宋希廉、李全美、石继搏等十一人。颜元为弟子订立"学规"，其内容是：

[①] 李塨撰，王源订：《颜习斋先生年谱》卷上。见《颜元集》，中华书局 1987 年版，第 712 页。

[②] 李塨撰，王源订：《颜习斋先生年谱》卷上。见《颜元集》，中华书局 1987 年版，第 714 页。

每晨谒先圣孔子揖；出告、反面揖；揖师，不答；朔望率拜先圣，揖师，师西面答揖；节令拜师，师答其半；朔望，令诸生东西相向揖，节令相向拜。①此时的颜元正笃信理学，崇尚道统，极重礼仪，这个"学规"反映出的正是这种思想倾向。该"学规"也没有反映出颜元在培养目标、教育内容及教学方法上有何与众不同。由此可见，当时颜元的实学教育思想尚未形成。时间不久，到当年九月，颜元便辞去了新兴村的教职。至于辞职的原因，《颜习斋先生年谱》未予记载，他处亦未见相关信息，不宜妄揣。

需要说明的是，"新兴村"应为"辛兴村"。"新兴村"系李塨在《颜习斋先生年谱》中所用。中华书局1985年出版此书时，用的就是"新兴村"。1987年，中华书局将《颜习斋先生年谱》放在《颜元集》中出版时，仍沿用此名。而此村当时就叫"辛兴村"。颜元在《习斋记余》卷六有"既而馆辛兴"之语，②而在《存学编》卷三中亦有"丁未，就辛里馆"之说，③可见"新兴村"应为"辛兴村"。该村在《畿辅通志》之蠡县地图中亦名"辛兴村"，今称"辛兴镇"。

二 "习斋"与"习斋教条"

就在1667年年底，颜元开始对程、朱理学产生怀疑，发觉宋儒关于天理之性本善、气质之性有恶的"理气论"以及与此相应的人性善恶说与孟子有所不同，且"不及孟子"。④

第二年，也就是颜元三十四岁，养祖母葬礼毕后，差点儿因遵奉《朱子家礼》而导致病饿而死的颜元，照古《礼》考校《朱子家礼》，发现《朱子家礼》与古《礼》有不合，这使他对宋、明理学产生了反感。这时的颜元认为，周公、孔子之教，方是正学，"静坐读书，乃程、朱、陆、王为禅学、俗学所浸淫，非正务也"。于是在三十五岁那年的

---

① 李塨撰，王源订：《颜习斋先生年谱》卷上。见《颜元集》，中华书局1987年版，第724页。
② 见《颜元集》，中华书局1987年版，第514页。
③ 见《颜元集》，中华书局1987年版，第74页。
④ 李塨撰，王源订：《颜习斋先生年谱》卷上。见《颜元集》，中华书局1987年版，第725页。

正月，颜元便著《存性编》，"原孟子之言性善，排宋儒之言气质不善。"①

哲学观的发展，使颜元对人性有了自己独到的见解，而人性论之于教育思想，又具有基础性的意义。所以这方面的进步，使颜元对教育有了较为清晰的认识。他初步认识到"思不如学，而学必以习"的道理，于是便将"思古斋"更名为"习斋"。② 为了向社会系统地阐明自己全新的教育思想，这年十一月，颜元著《存学编》。"大要谓：学者，士之事也，学为明德亲民者也。《周官》取士以六德：知、仁、圣、义、忠、和；六行：孝、友、睦、姻、任、恤；六艺：礼、乐、射、御、书、数。孔门教人，以礼、乐、兵、农。心意身世，一致加功，是为正学。不当徒讲。讲亦学习道艺，有疑乃讲之，不专讲书。盖读书乃致知中一事，专学之则浮学，静坐则禅学。"③

斋名的更改，《存学编》的问世，既是颜元教育实践的转折点，也是他教育思想发展的里程碑，这标志着颜元的教育思想和实践，从此开始脱离宋、明理学，而走上实文实行实体实用的道路。为了更好地实践自己的实学教育思想，颜元于农、医、教三业之余，不仅习书、习射、习舞、演练拳法，还开始学习数学。是后，凡有聘作馆师者，虽高薪坚辞不就。他曾口占一诗云：

> 千年绝业往追寻，
> 才把工夫认较真，
> 吾好且须从学习，
> 光阴莫卖与他人。④

三十九岁颜元认祖归宗，回到祖籍博野县北杨村（今地址），习斋

---

① 李塨撰，王源订：《颜习斋先生年谱》卷上。见《颜元集》，中华书局1987年版，第726页。
② 李塨撰，王源订：《颜习斋先生年谱》卷上。见《颜元集》，中华书局1987年版，第726页。
③ 李塨撰，王源订：《颜习斋先生年谱》卷上。见《颜元集》，中华书局1987年版，第730页。
④ 李塨撰，王源订：《颜习斋先生年谱》卷上。见《颜元集》，中华书局1987年版，第731页。

也随之迁到北杨村。这时的学生中,以颜氏子弟为多,据《颜习斋先生年谱》记载,此时有九名学生是:颜士俊、颜士佶、颜士钧、颜士侯、颜士镇、颜士锐、边之藩、夏希舜、王久成。

随着颜元声望的不断提高,习斋影响的日益扩大,前来就学的人也越来越多。颜元于是"申订教条,每节令读讲教条,诸生北面恭揖,令一长者立案侧,高声读讲毕,又一揖而退。有新从游者,必读讲一次。"① 这个"教条"的诸多内容在今天看来或已不觉新奇,甚或已成糟粕,但在当时来说,却是一个创举。它涉及教育内容、教学方法、学生管理、师生关系等许多方面,很具历史价值和借鉴意义,故不惜篇幅,将其转录于此:

一、孝父母。须和敬并进,勿狎勿怠,昏定、晨省,出告、反面各一揖,经宿再拜,旬以上四拜,朔望、节令俱四拜,惟冬至、元旦六拜,违者责。(有丧者不为礼,但存定、省、告、面,父母有丧者亦然。)

一、敬尊长。凡内外尊长,俱宜小心侍从,坐必隅,行必随,居必起,乘必下,呼必唯,过必趋,言必逊,教必从,勿得骄心傲气,甚至戏侮,干犯者责。

一、主忠信。天生人只一实理,人为人只一实心,汝等存一欺心,即欺天,说一谎话,即欺人,务存实心,言实言,行实事,违者责。

一、申别义。五伦若父子之亲,君臣之义,长幼之序,朋友之信,其义易晓,独夫妇一伦,圣人加以"别"字,洵经纶大经之精义也。七年男女不同席,行路男子由右,女子由左,叔嫂不通问,男女授受不亲,此皆男女远嫌之别也。至于夫妇相敬如宾,相戒如友,必因子嗣乃比御,夫妇之天理也,必斋戒沐浴而后行。"别"义极精,小子识之。

一、禁邪僻。自圣学不明,邪说肆行,周末之杨、墨,今日之仙、佛,及愚民之焚香聚会,各色门头,皆世道之蟊蠹、圣教之罪

---

① 李塨撰,王源订:《颜习斋先生年谱》卷上。见《颜元集》,中华书局1987年版,第742页。

人也。汝等勿为所惑，勿施财修淫祠，勿拜邪神，勿念佛，勿呼僧道为师。若宗族邻里惑迷者，须感化改正。至于祖父有误，谕之于道，更大孝也。违者责，罪重者逐。

一、勤赴学。清晨饭后，务期早到，一次太迟及三次迟者责。

一、慎威仪。在路在学，须端行正坐，轻佻失仪者责。

一、肃衣冠。非力作不可去礼衣，虽燕居昏夜，不可科头露体。

一、重诗书。凡读书必铺巾端坐，如对圣贤，大小便后，必盥帨洁净，方许展读；更宜字句清真，不许鼻孔唔唔，违者责。

一、敬字纸。凡学堂街路，但见字纸必拾，积焚之，或不便，则填墙缝高处。

一、习书。每日饭后仿字半纸，改正俗讹，教演笔法，有讹落忘记者责。

一、讲书。每日早晨试书毕，讲《四书》或经，及酉时，讲所读古今文字，俱须潜心玩味，不解者不妨反复问难，回讲不通者责。

一、作文。每逢二、七日，题不拘经书、史传、古今名物，文不拘诗、辞、记、序、诰、示、训、传，愿学八股者听。俱须用心思维，题理通畅。不解题、不完篇者，俱责。

一、习六艺。昔周公、孔子，专以艺学教人，近士子惟业八股，殊失学教本旨。凡为吾徒者，当立志学礼、乐、射、御、书、数及兵、农、钱、谷、水、火、工、虞，予虽未能，愿共学焉。

一、六日课数，三、八日习礼，四、九日歌诗、习乐、五、十日习射。

一、行学仪。每日清晨饭后，在师座前一揖，散学同。每遇朔望、节令，随师拜至圣先师四；起，北面序立，以西为上，与师为礼；再分东西对立，长东幼西相再拜。

一、序出入。凡出入斋班，上、中、左鱼贯论前后。行辈异者，以行辈叙，相遇相别皆拱手。出学隔日不相见，见必相揖；十日不相见，见必再拜，皆问纳福。

一、轮班当直。凡洒扫学堂，注砚，盛夏汲水，冬然火，敛仿进判，俱三日一班。年过十五，文行成章者免；惟有过免责，则罚执小学事一班，随有善可旌者，即免。

一、尚和睦。同学之人，长幼相敬，情义相关。最戒以大陵小，以幼欺长，甚至殴詈者，重责。

一、贵责善。同学善则相劝，过则相警；即师之言行起居有失，俱许直言，师自虚受。至诸生不互规有成，而交头接耳、群聚笑谭者，责，甚至戏嘲亵侮者，重责。

一、戒旷学。读书学道，实名教乐地，有等顽童，托故旷学，重责，有事不告假者，同罪。①

将此"教条"与颜元在辛兴村设教时所订之"学规"加以比较，其长足进步和巨大差别显而易见。"教条"中关于请假制度，轮班当值制度，要求同学团结友爱等内容，较此前学规更加务实；"教条"中"近士子惟业八股，殊失学教本旨"，是对当时教育切中时弊的批判；当然，"教条"中有关礼仪方面的内容，有些在当时已属过分，遑论今日。

三　主教漳南书院

在颜元晚年的教育生涯中，有两项举动值得重点记叙。一是南游中原，一是主教漳南书院。关于南游中原，我们在下章要作专门论述，这里只述论其主教漳南书院。

漳南书院位于肥乡县之屯子堡（今属广平县），原是遵中丞于清端令所建的一所义学，有学田百亩。当时主办人郝文灿，字公函，是个有所作为的人。他用学田的收入，与乡人杨计亮、李荣玉等协力经营，以所得扩建了校舍，使学校初具规模。从此，该义学就定名为"漳南书院"，学生也逐渐多了起来。

1694年农历二月，经陈子彝介绍，郝文灿来到博野县北杨村颜元的家中，请年已六十的颜元前往主教漳南书院。颜元推辞不就。过了几天，郝文灿再来北杨村，留宿十日，陈说百端，颜元仍然固辞不往。

---

① 李塨撰，王源订：《颜习斋先生年谱》卷上。见《颜元集》，中华书局1987年版，第742—744页。

过了半年多，郝文灿具聘仪遣人再请，颜元再度推辞。这次聘请，李塨所撰《颜习斋先生年谱》记在十一月："郝公函具币帛舆仆，遣苗生尚俭来聘，主漳南书院，先生又辞。"而载于《习斋记余》卷二的《漳南书院记》则记为："明年又假张文升以币聘，予再辞。"在这两种记载中，借张文升介绍，派苗尚俭前来，尚无甚矛盾，唯时间似有差池，一记为当年"十一月"，一记为"明年"。也或许是苗尚俭春节前去博野，春节后才返回肥乡，亦未可知。

第三年（即1696年）的四月，郝文灿三请颜元。这次郝文灿派的人是当时漳南书院中一个叫苗尚信的学生。苗尚信到博野北杨村后，"进聘仪，掖起复跪者十日"，颜元才"不得已，告先祠行"，带着他的养孙颜重光和弟子钟錂等，于五月初一动身，前往肥乡。五月初四，颜元一行到达肥乡县屯子堡。由于漳河水涨，郝文灿率村民用船将他们迎接进村。进村后，先住在郝文灿家，卜取吉日，颜元与乡父老及诸弟子见礼。礼毕，颜元当众宣讲"习斋教条"。

本着宁粗而实、勿妄而虚的原则，颜元意在建设一所全新的学校。具体规划是：

自北朝南盖正庭四楹，取名"习讲堂"。在东、西两厢，相向各盖学斋两个。东侧第一斋取名"文事斋"，课礼、乐、书、数、天文、地理等科目。西侧第一斋取名"武备斋"，课黄帝、太公和孙、吴五子兵法，并攻守、营阵、陆水诸战法，以及射、御、技击等科目。东边第二斋取名"经史斋"，课十三经、历代史、诰制、章奏、诗文等科目。西边第二斋取名"艺能斋"，课水学、火学、工学、象数等科目。院门朝南，门上仍挂许三礼所题"漳南书院"牌匾。院门两旁各建一斋，坐南朝北。门东的取名"理学斋"，课静坐、编著、程、朱、陆、王之学。门西的取名"帖括斋"，课八股举业。以上六斋，斋有长，科有领，专业虽不同，但都要开设相同的公共课，即"通贯以智、仁、圣、义、忠、和之德，孝、友、睦、姻、任、恤之行"。颜元还解释说，"置理学、帖括北向者，见为吾道之敌对，非周、孔本学，暂收之，以示吾道之广，且以应时制。俟积习正，取士之法复古，然后空二斋，左处傧价，右宿来学。"①

---

① 《习斋记余》卷二。见《颜元集》，中华书局1987年版，第413页。

主要斋舍之外，颜元还对后勤设施等做了具体规划。"门之左腋房六间，榻行宾；右腋厦六间，容车骑。习讲堂之东北隅为仓库、厨灶，西北隅积柴炭，后为厕。"院前门东建更衣亭，供来宾拂洗更衣饮茶之用，门西建"步马射圃"，即体操场。建院用土，从院前挖掘，顺便挖成一池，引水植莲，建亭其中，供郝文灿居住办公。

对于这个规划，郝文灿深表赞同，于是他便组织施工，屯子堡的百姓纯朴好义，纷纷前来义务做工，且昼夜不息。因洪水泛滥，无法购得砖瓦，他们就以木为架，以板为墙，覆苫为顶，先盖草堂为用。不久，习讲堂竣工。堂高两丈有余，颜元为之书联一对。联云：

聊存孔绪励习行，脱去乡愿、禅宗、训诂、帖括之套；
恭体天心学经济，斡旋人才、政事、道统、气数之机。①

于是颜元开斋授业。课程内容除平时所课读书、作文而外，主要有习礼、歌诗、习数、书计、举石、超距、拳击等。教学方式亦灵活多样，不惟讲读而重习行。师生之间，也相互交流，讨论兵农，辨商今古。因适逢涝灾，大水汪洋，骑、射诸科，暂未能开课。

书院规模初具，颜元亦雄心勃勃。他不仅在院教学，还在肥乡周围四处奔波，一边宣传自己的学、教主张，一边延访人才。无奈天公偏不作美，漳河洪水三个多月，泛滥五次，初横二十里，继至七十里，赤泥盖过了稻穗，房倒屋倾。屯子堡的百姓只好搭建席铺以居住。漳南书院也未幸免于难，同样被洪水所淹，"书斋皆没"。面对这样的情景，颜元颇觉无可奈何，也只好仰天长叹，告辞还乡。八月十六日，屯子堡一带的乡父老及诸弟子为之饯别，泣涕相送。颜元亦泪流满面。郝文灿当众宣布："是院也，定为颜子书院。颜子生为漳南书院师，殁为先师。灿以祖产赠宅一所，田五十亩，合院原田共百五十亩，生为颜子产，殁为颜子遗产。"立图券为质，且许诺曰："田少获，即延先生还。"②

颜元返乡后，郝文灿多次来信，促请重返漳南。但因一则水患未

---

① 李塨撰，王源订：《颜习斋先生年谱》卷下。见《颜元集》，中华书局1987年版，第778页。

② 《习斋记余》卷二。见《颜元集》，中华书局1987年版，第414页。

解，二则老病缠身，颜元终未能再行南渡，饮恨作罢。后作《漳南书院记》以志其始末。

四　桃李芬芳

从漳南书院返回博野后，年逾花甲的颜元再也没有外出执教，而只是一心一意地经营他的习斋。

颜元晚年声望日高，习斋的声望益增，由于这些弟子的共同努力，才使得颜元实学思想的影响得以迅速扩大，终于形成了一个学派。

从1658年开办"思古斋"开始，到1704年逝世，颜元执教长达四十七年，及门弟子很多，迄今有姓名记载的尚达百余人。其中以直隶、中原人居多，但也南及湖广，北及关外，可谓桃李满天下。到他晚年，甚至逝后，尚有政府官员称私淑，执弟子礼。从民族看，有汉人，亦有满族。其中也有因李塨而拜在颜元门下的，如王源、李毅武等。颜元的学说，因李塨而发扬光大，其学派，亦因李塨而发展壮大，所以后人将颜、李并提，王源在拜师颜元后就曾赋诗二首以抒怀，其一诗曰：

> 离迷禾黍问南村，
> 渐愧担簦五柳门。
> 十载低颜随燕雀，
> 半生孤眼横乾坤。
> 先生有道青云上，
> 今日从游皂帽尊。
> 虞夏高歌人未老，
> 无边风雨正黄昏。

二诗曰：

> 藜羹麦饭话情亲，
> 今古兴亡赖有人。
> 破屋寒飞宵练影，
> 荒篱远隔夕阳尘。

> 直将文武传洙泗,
> 未许安危系洛闽。
> 山势东蟠沧海尽,
> 应知燕赵自生申。①

弟子对颜元的崇敬之情,跃然纸上。

写到这里,需附一辨。《中国教育思想通史》第四卷第六章第一节中写道,"(颜元)毕生从事教育活动培养了众多学生,有记录可查者达一百多人,主要有李塨、王源、恽皋闻、程廷炸(应为'祚')、钟錂等。"② 其中程廷祚似不应列为颜元弟子。程廷祚,初名默,又名石开,字启生,后更名廷祚,号绵庄,生于1691年,祖籍新安,后迁江宁,寄籍上元县。因结识了恽皋闻而始知颜、李之学的。是后他致书李塨,表示愿学之意。1720年,李塨南游金陵时,廷祚方过从问学。而这时颜元已去世16年矣。

---

① 李塨撰,王源订:《颜习斋先生年谱》卷下。见《颜元集》,中华书局1987年版,第790页。

② 李国钧、金林祥:《中国教育思想通史》(第四卷),湖南教育出版社1994年版,第224页。

第四章　东寻与南游

所谓东寻，是指颜元赴关东寻父，而南游，则是指颜元南游中原。终颜元一生，其行踪主要集中于以蠡县、博野为中心的直隶中部及京兆地区，即今河北和北京一带，超出这个范围的远足，基本只有东出寻父和南游中原这两次，故将其集于一章以论述。

一　东出寻父

颜元的生父朱昶，自颜元四岁那年离家出走，随清兵去了关东，而后音信全无。颜元长大成人，便立志寻父。但在三十九岁之前，因养祖父朱九祚不同意颜元外出寻找生父，且因养祖父、母年老多病，不忍离开，一直未能成行。直到颜元年届五十，他再也等不及了，于是便决定立即出关东寻父。

1684年，颜元五十岁，决计去关东寻父，并发誓，找不到父亲不回家。他决定先去辽东，不得，则寻之乌喇。再不得，则寻之蒙古各部落。还不得，则委身四方，不获不归。

本年四月八日，他只身起行，经涿州，于四月十七日到达北京。到京后，刻寻父报帖，贴于四城门及内城各处，以求消息。不得。五月十五日，出朝阳门而东，二十日抵山海关。遇海啸，水暴涨，又阻于关卡无法出关。到六月初四，颜元遇到一位叫曹梅臣的人，曹为颜元谋取到一个通行证，才得以出关。这位曹梅臣，其实就是当时的城关负责官员，其堂兄曹君佐，当时任沈阳北陵千总，正巧从北京返沈阳，于是便约颜元一路同行。在沈阳，颜元住在自己堂兄家中。其堂兄名希汤，时已入旗籍。

转眼秋去冬来，关东冰天雪地，颜元不能远行，便在沈阳周围寻觅。期间他曾北到铁岭，东至抚顺，都毫无音信，更不见踪迹。到第二年的正月末，听说在盖州之南，有音容相似者，于是颜元便南下海城（今辽宁省海城市）、盖州（今辽宁省盖州市）寻访，均不得。当年当地多湿地，颜元曾身陷泥潭中，几不得脱，后侥幸得出，返回沈阳。返回沈阳后，颜元再度广贴寻父海报。

后经辗转，颜元终于在1685年3月与自己同父异母之妹银孩相见，二人一一核对父亲的名字、相貌、年龄、斑痣以及出关岁月等，一一俱合。于是兄妹相认，相向痛哭。颜元问父安在，妹答已于康熙十一年四月十二日去世，埋葬在韩英屯。于是兄妹再次痛哭。这天是1685年的三月初四。此去朱昶出走，已四十七载，距其去世，也已十三年了。

三月初七，颜元赴韩英屯谒父墓。三月十一日再去祭墓，且题一神主还，安其堂兄家中，以供哭祭。四月初一，载主西归，颜元亲自驾车而还。一路风餐露宿，礼仪频频，无须细述。五月初五返回博野，五月十三日葬父主于祖坟。

对于此事，《清史列传》与《清代七百名人传》都记为"负骨归葬"，[①] 看来与颜元自己所记，稍有未合，关于这次关东寻父，颜元作有一篇《寻父神应记》，载《习斋记余》卷二。

经过一年多的辛苦辗转，颜元总算实现了他多年以来的寻父夙愿，虽然迎回的不过是一木神主，但他到底是因此而知道了生父出走后的基本情况，也尽到了做儿子的义务。

二　南游中原

颜元以儒学为己教，以天下为己任，其志不在小。儒者常说，达则兼济天下，穷则独善其身。而颜元认为，只有利济天下、普救苍生，才是儒者的真正使命。正是这种豪情壮志，才促成了他五十七岁那年的出游访学。

关于其目的和动因，李塨所著《颜习斋先生年谱》中有两处记述，

[①] 王锺翰：《清史列传》，中华书局1987年版，第5325页；蔡冠洛：《清代七百名人传》，中国书店1984年版，第1547页。

透露着其消息,一在颜元临行前,原话是:

> 三月,先生将出游,曰:"苍生休戚,圣道明晦,敢以天生之身,偷安自私乎?"于是别亲友,告家祠,十六日南游中州。①

另一处记述是在游历之中,《年谱》是这样写的:

> 五月,至河南开封府,张医卜肆以阅人。思今出游,即"用九"也,必见"无首",乃为善用。②

这次南游,他于1691年的三月十六日从家乡博野北杨村出发,到十月初五返回故里,历时七个月又二十天(当年农历闰七月)。其行进路线大致为:博野—安平—深州—顺德—安阳—回龙—浚县—延津—开封—杞县—鄢陵—上蔡—商水—奉天峙—淇县—汤阴—磁州—临城—博野。

从现有的记载看,颜元这次出游的第一要务是宣传自己的政见学旨。每遇他人,他总是针对不同对象而以不同的方式来进行交流。颜元过顺德府时,和自己的老朋友、时任邢台县教谕的贾聿修见面,便说道:"人言教职为闲署,不知人才为政事之本,而学校尤人才之本也。"③

而当颜元到夏峰拜望孙奇逢的儿子和学生时,他的交流方式就完全变了一个样子,他不仅不敢"讲",甚至于不敢"论",而是以请求批评指正的方式,将其《存学编》出示孙奇逢的弟子。《颜习斋先生年谱》较为具体地记述了这次学术交流。

在开封,颜元又遇到了孙奇逢的一个弟子,此人姓张名天章,字灿然,虽年事已高,却筋骨甚健。颜元向其请教常功,同时以《存学编》

---

① 李塨撰,王源订:《颜习斋先生年谱》卷下。见《颜元集》,中华书局1987年版,第768页。
② 李塨撰,王源订:《颜习斋先生年谱》卷下。见《颜元集》,中华书局1987年版,第769页。
③ 李塨撰,王源订:《颜习斋先生年谱》卷下。见《颜元集》,中华书局1987年版,第768页。

质之,两人还讨论了礼仪、水政诸方面的问题。张天章劝颜元著有关礼仪、水政方面的书,颜元便借机宣传自己的学旨,他说:"元之著《存学》也,病后儒之著书也,尤而效之乎!且纸墨功多,恐习行之精力少也。"张天章说:"学者须静中养出端倪,书亦须多读,著书亦不容已。"针对后儒的不重习行,颜元接着批评说:"后儒以文墨为文,以虚理为礼,将博学改为博读、博讲、博著,不又天渊之分耶!"最后说得天章心悦诚服,拜手称善。①

南游途中,如对方是值得与之争辩的学者,颜元便与之争辩,如在上蔡他与张沐的争辩。

张沐字仲诚,进士,做过内黄县知县,有惠政。张沐论学,大旨宗陆、王而变其面貌,以一念常在为主,弟子很多。颜元一到上蔡,便去拜访他。张沐对颜元的学旨可能早有耳闻,所以一见面就开门见山地表明自己的治学主张。他说:"修即在性上修,故为学必先操存,方为有主。"颜元听后辩道:"是修性,非修道矣。周公以六艺教人,正就人伦日用为教,故曰'修道为教'。盖三物之六德,其发现为六行,而实事为六艺,孔门'学而时习之'即此也,所谓格物也;格物而后可言操存诚正。先生教法,毋乃于《大学》先后之序有紊乎?"讨论到取士之法,张沐说:"如无私,八股可也。"颜元则说:"不然,不复乡举里选,无人才,无治道。"

就这样,颜元与张沐师徒讨论了将近一个月。临别前,颜元又重复申明自己的观点,说:"学原精粗内外,一致加工。近世圣道之亡,多因心内惺觉,口中讲说,纸上议论,三者之间见道,而身世乃不见道。学堂辄称'书院',或曰'讲堂',皆倚'学之不讲'一句,为遂非之柄,殊不思置'学之'二字于何地。孔门是为学而讲,后人便以讲为学,千里矣!"张沐笑着回答说:"向以为出脱先儒藩篱,不知仍在其寰中也。"及行,张沐率门人远送,颜元拜手道:"承教不敢自弃,勉加操存;先生操存有年,愿进习行,以惠苍生。"张沐拜手许诺。长达近一个月的辩论,就这样不了了之。后来,在张沐的学生向颜元请教明德、亲民问题时,颜元又对操存事宜说了自己的看法,他说:"修六德,

---

① 李塨撰,王源订:《颜习斋先生年谱》卷下。见《颜元集》,中华书局1987年版,第769—770页。

行六行,习六艺,所以明也;布六德、六行、六艺于天下,所以亲也。今君等在仲诚先生之门,从未以此为学教,然则何者为若所以明之、亲之者乎?闭门静坐,返念收心,乃二氏之学,非吾儒之操存也。"看来颜元答应的以后要勉加的操存,仍是习行,而迥异于张沐等所谓的操存。①

颜元南游中州的另一主要目的是寻访人才。"思今出游,即'用九'也,必见'无首',乃为善用。"这是颜元在开封时的自我表白。为此,他曾在开封府开医卜摊位以阅人。当然,颜元所要寻觅的人才,不仅仅指读书人,更包括那些习武艺讲经济的有志经世济民的豪杰之士。在开封街上,颜元遇一青年,颇不寻常,于是颜元便叩问其人姓名,并约该青年来寓所相会。该青年姓朱,名超,字越千,志在经世,如约而至。颜元便与他沽酒对酌,谈论经世。论毕,颜元提剑而舞,唱道:"八月秋风凋白杨,芦荻萧萧天雨霜,有客有客夜徬徨,徬徨良久鸲鹆舞,双眸炯炯空千古,纷纷诸儒何足数,直呼小儿杨德祖,尊中有酒盘有餐,倚剑还歌行路难,美人家在青云端,何以赠之双琅轩。"其时正值暑天六月,又在中州之河南,歌中之词,显然不是即自然之景,应是在抒内心之情。第二天,颜元报青年一名刺,题曰:"吴名士拜",便离开了开封。

到商水,颜元又以"吴名士"之名刺,拜访一位名叫李子青的地方豪强,与之讨论经世济民之道。子青基本同意颜元的观点。李子青见颜元佩有短刀,于是便又讨论武艺。之后,先是子青为颜元演示拳法,随后两人又折竹为刀而对打。不数合,颜元击中李子青手腕,李子青对这位文人的武艺之精熟大为吃惊。颜元又与深言经世,李子青倾倒下拜。第二天,便令其三个儿子拜颜元为师,"执贽从游"。

重返鄢陵时,颜元拜访了学人李乾行。论学之间,乾行说:"何须学习,但操存功至,即可将百万兵,无不如意。"颜元闻此,悚然而惊,深为后儒之虚学诬罔而感到恐惧。于是颜元便以古人兵间二事向李乾行请教对策。第二天,又问及此事,李乾行说:"未之思,亦不必思,小才小智耳。"至此,颜元再也客气不起来了,便直截了当言道:"小才

---

① 李塨撰,王源订:《颜习斋先生年谱》卷下。见《颜元集》,中华书局1987年版,第771—772页。

智尚未能思，大才智又何在？岂君操存尚未至耶！"说得李乾行张口结舌。①

出游途中，访豪杰人士，颜元便拜以"吴名士"之名刺，而遇文教界人士，则以《存性》《存学》诸作相质相赠，而对李乾行这样的练"操存"功的虚学之人，则出言讥刺。

颜元这次南游，历时二百多天，途经二省数府之州县，接触了社会各色人物，应当说，其收获还是不小的。

首先，在当时那种传播手段极为落后的情况下，这种出游，在更大范围内宣传了自己的政见学旨，使自己的实学思想得以广泛传播。其次，结识了一些同志，并顺路招收了不少愿以实为学的人为门生。再次，由于视野的扩大，使其对社风民情有了更多更深的了解，而其结果则是更加坚定了他的实学信念："予未南游时，尚有将就程、朱，附之圣门支派之意，自一南游，见人人禅子，家家虚文，直与孔门敌对，必破一分程、朱，始入一分孔、孟，乃定以为孔、孟、程、朱，判然两途，不愿做道统中乡愿矣。"②

---

① 李塨撰，王源订：《颜习斋先生年谱》卷下。见《颜元集》，中华书局1987年版，第772页。

② 李塨撰，王源订：《颜习斋先生年谱》卷下。见《颜元集》，中华书局1987年版，第774页。

第五章　著述与创作

颜元天资聪颖，好学不倦，并且勤于实践，他的学术著作和文学作品，一般都具有较高的思想价值和艺术美学价值。在他十六岁时所写之《弭盗安民策》中，就有以下的内容：

> 淫邪惰肆，身之盗也；五官百骸，身之民也。弭之者在心君，心主静正，则淫邪惰肆不侵，而四体自康和矣。乱臣贼子，国之盗也，士农工商，国之民也。弭之者在皇极，皇建其极，则乱贼靖息，而两间熙皡矣。①

文章一出，便被当时县令幕客孙明明大为赏识，"迎见如上宾，骑遇辄下"。②

中年以后，颜元认为，"道寄于纸千卷，不如寄于人一二分"，③ 于是他便潜心于执教育人，而吝于著述和创作。他曾赋诗嘲讽朱熹道：

> 充却百栋汗千年，
> 大儒书卷递增修。
> 闻道金人声势重，
> 紫阳斋里泪横秋。④

---

① 李塨撰，王源订：《颜习斋先生年谱》卷上。见《颜元集》，中华书局1987年版，第710页。
② 李塨撰，王源订：《颜习斋先生年谱》卷上。见《颜元集》，中华书局1987年版，第710页。
③ 李塨撰，王源订：《颜习斋先生年谱》卷下。见《颜元集》，中华书局1987年版，第788页。
④ 《习斋记余》卷九。见《颜元集》，中华书局1987年版，第565—566页。

所以，每当他同朋友讨论某一问题，而朋友们劝他将自己独到的思想整理成书以行世时，颜元总是回答说，我著《存学编》，批判程、朱之只重讲、著而不重习、行的做法，我自己怎么能说一套而做一套呢？然则其著作量虽不大，但其思想内涵却极为丰富。对于其思想内涵的研究，我们留待后二篇进行，这里先将颜元著述和创作的基本情况予以简要介绍。

一　专著类

颜元的专著，主要指"四存编"。所谓"四存编"，乃其《存性编》《存学编》《存治编》《存人编》等四部著作的统称。这四部著作既各自独立，又有一定的思想联系，是颜元的代表作。故"四存"与"习斋"一样，已成为颜元的代名词。前后时差达二十多年。

这四部著作中，最早问世的是《存治编》。《存治编》写于1658年，当时颜元年仅二十四岁，书初名《王道论》，后改为今名。颜元生长于明清政权更替、战乱频仍的年代。战争和动乱，使本已贫苦不堪的百姓生活雪上加霜。颜元不仅目睹了百姓流离失所、鬻妻卖子的艰难生活，而且他自己也备尝艰苦，所以素有救世济民之志。"先生自幼而壮，孤苦备尝，只身几无栖泊，而心血屏营，则无一刻不流注民物，每酒阑灯炮，抵掌天下事，辄浩歌泣下。"① 正是这种情感的驱使，导致了他的《存治编》问世。

现通行本的《存治编》，分为"王道""井田""治赋""学校""封建""宫刑""济时""重征举""靖异端"等九章，另附有李塨的"序"和"书后"。

"井田"一章，意在借恢复古之井田制之名，倡行均田制，以使耕者有其田。

"治赋"一章，旨在阐述其"民皆兵"思想，中心为"九要"与"九便"。

"学校"一章，批判当时教育，"将朴钝者终归无用，精力困于纸笔，聪明者逞其才华，《诗》《书》反资寇粮。"为使天下群知所向，

---

① 李塨：《存治编序》。见《颜元集》，中华书局1987年版，第101页。

"人才辈出"，而提出了"家有塾，党有庠，州有序，国有学，浮文是戒，实行是崇"的教育主张。

"封建"一章，借改郡县制为分封制之名，以倡地方自治和民主政治。实则依旧主张复古。

"宫刑"一章，主张恢复宫刑，以便妇寺有源而不再宫无罪之人。

"济时"一章，建议为君者应"充五德之行"而"为九典之施"。九典即"除制艺，重征举，均田亩，重农事，征本色，轻赋税，时工役，靖异端，选师儒"，而五德则为"躬勤俭，远声色，礼相臣，慎选司，逐佞人"。认为君主这样做，虽然尚不能致位育，追唐虞，却也可以驾文、景之上。

"重征举"一章，旨在批判科举取士，而主张乡举里选从实践中甄拔人才。

"靖异端"一章，讲如何灭佛、老而使儒术独尊。

对于上述主张，在当时，颜元最得意的弟子李塨就提出一些质疑，认为有些失当。如"井田""封建"等，或行之难，或不宜行。

不难看出，《存治编》勾勒出了颜元的理想国，虽然这个理想国几近于乌托邦，是无法实现、也不可能实现的，这部《存治编》，是我们研究颜元政治、经济、军事、教育以及宗教思想的重要资料。

"四存编"中，第二问世的是《存性编》。《存性编》著于1669年正月，颜元时年三十五岁。《存性编》比《存治编》稍长，分两卷。卷一共五章，依次为"驳气质性恶"、"明明德"、"棉桃喻性"、"借水喻性"和"性理评"。卷二主要以图解性。颜元原有性图九幅，后李塨为之缩为七幅。章次为"性图"、"图跋"和"附录同人语"。最后载有李塨撰写的"书后"。

颜元认为性不可以言传。那颜元为什么又著作此书呢？用颜元自己的话说，就是因为当时有"荀、扬、佛、老、程、张之性道"，所以他才"不得已而言才、情、气质之善也。"就是说，他的论人性，与孟子一样，是不得已而为之的。这种立意本身就决定了本书必然是一部以驳论为主要手段的批判性哲学著作。

《存性编》的著作目的是批判荀、扬、佛、老、程、张等的心性论，其实是颜元在除人心中之贼，用今天的话说，就是要从哲学的角度，也就是从根本上清除唯心主义的心性论，借以弘扬其带有朴素的唯物主义实学理论。

程、朱学派认为，人性之所以有善、恶，是因为在人性中，有天理之性，有气质之性，天理之性纯是一善，而气质之性则有恶，性之恶源于气质。这既是其"存天理，灭人欲"口号的理论基础，也是他们为维护天理和束缚世人思想而进行的理论"建树"。颜元认为这是错误的。他认为，人性无恶，纯为一善，恶乃由后天之"引、蔽、习、染"而成。他认为，"若谓气恶，则理亦恶，若谓理善，则气亦善。盖气即理之气，理即气之理，乌得谓理纯一善而气质偏有恶哉！"①

颜元著此书的最终目的是使人性论"息争"，即为了以后大家都不必再言性道。他说：

> 即使天下后世果各出其心意以会乎仆一线之意，遂因以见乎孔、孟之意，犹非区区苦心之所望也。仆所望者，明乎孔、孟之性道，而荀、扬、周、程、张、朱、释、老之性道可以不言也，明乎孔、孟之不欲言性道，而孔、孟之性道亦可以不言也，而性道始可明矣。②

那么将何以体性道、尽性道呢？颜元在"图跋"中回答说：

> 吾儒日言性道而天下不闻也，日体性道而天下相安也，日尽性道而天下相忘也。惟言乎性道之作用，则六德、六行、六艺也；惟体乎性道之功力，则习行乎六德、六行、六艺也；惟各究乎性道之事业，则在下者师若弟，在上者君臣及民，无不相化乎德与行艺，而此外无学教，无成平也。如上天不言而时行物生，而圣人体天立教之意著矣，性情之本然见，气质之能事毕矣，而吾之七图亦可以焚矣。③

颜元认为性道之论是徒托空言，但它却是行为的理论基础，所以在编次"四存编"时，他把《存性编》放在了最前，而紧接着的就是

---

① 《存性编》卷一。见《颜元集》，中华书局1987年版，第1页。
② 《存性编》卷二。见《颜元集》，中华书局1987年版，第32—33页。
③ 《存性编》卷二。见《颜元集》，中华书局1987年版，第33页。

《存学编》与《存治编》。

《存学编》的问世，晚《存性编》十个月。"四存"之中，《存学编》篇幅最大，计四卷。现行本前有郭金城之序。李塨在《颜习斋先生年谱》中介绍《存学编》时写道：

> 十一月，著《存学编》，共四卷。大要谓学者，士之事也，学为明德、亲民者也。《周官》取士以六德：知、仁、圣、义、忠、和；六行：孝、友、睦、姻、任、恤；六艺：礼、乐、射、御、书、数。孔门教人，以礼、乐、兵、农，心意身世，一致加功，是为正学，不当徒讲，讲亦学习道艺，有疑乃讲之，不专讲书。盖读书乃致知中一事，专为之则浮学，静坐则禅学。①

《存学编》为书虽长，但后三卷都是"性理评"，旨在分析诸儒教育思想之得失。唯第一卷体例不一，其中包括"由道"、"总论诸儒讲学"、"明亲"等三篇文章和"上征君孙钟元先生书"（与孙奇逢论学）、"上太仓陆世仪先生书"（见前）两封书信以及"学辨"两篇。

"由道"篇在纵论古今教育得失中，提出了自己的教育主张：

> 彼以其虚，我以其实。程、朱当远宗孔子，近师安定，以六德、六行、六艺及兵农、钱谷、水火、工虞之类教其门人，成就数十百通儒。朝廷大政，天下所不能办，吾门人皆办之；险重繁难，天下所不敢任，吾门人皆任之。吾道自尊显，释、老自消亡矣。
>
> 今彼以空言乱天下，吾亦以空言与之角，又不斩其根而反授之柄，我无以深服天下之心而鼓吾党之气，是以当日一出，徒以口舌致党祸，流而后世，全以章句误乾坤。上者只学先儒讲著，稍涉文义即欲承先启后，下者但问朝廷科甲，才能揣摩皆骛富贵利达。浮言之祸甚于焚坑，吾道何日再见其行哉！②

---

① 李塨撰，王源订：《颜习斋先生年谱》卷上。见《颜元集》，中华书局1987年版，第730页。
② 《存学编》卷一。见《颜元集》，中华书局1987年版，第40页。

不难看出，此篇主旨在于讨论教育内容。而"总论诸儒讲学"则旨在探讨教学方法。于此颜元提出以"习、行"为主的教学方法论主张。他说，"讲之功有限"，而"习之功无已"，所以主盟儒坛者若"垂意于习之一字，使为学为教，用力于讲读者一二，加功于习行者八九，则生民幸甚，吾道幸甚！"①

"明亲"一篇，旨在探讨教育目的和培养目标。目的在于"明德"与"亲民"，而目标则在于实用人才的培养。以通才难成，可使人各专一艺，由此而生出"专业"教育思想。

两封书信，虽都是在宣传自己的实学教育主张，但目的截然有别："上征君孙钟元先生书"，意在动员名儒孙奇逢加盟实学教育阵营而举起帅旗；而"上太仓陆世仪先生书"则意在表明自己不顾身家性命之虞而献身实学教育之目的——"为天地造实绩，而民以安、物以阜"，且以此而求正于同志。

"学辨"两篇，乃假作者与好友王法乾对话之形式，以阐述自己的教育思想，兼及哲学与性道。文前有一小序，道出其旨：

> 性亦须有辩，因吾友法乾王子一言，彻底无纤毫龃龉，莫有能发吾意者，遂有待。今《存学》之说，将偕吾党身习而实践之，易静坐用口耳之习，为手足频拮据之业，非《存性》空谈之比。虽贤者不能无顾惜故窠、惮于变革之意，幸相举辩难，不厌反复。予撮其大略如左，病中亦多遗脱，不能尽述也。②

对话之中，颜元旁征博引深入浅出地进一步阐述了自己的实学教育主张。

《存人编》之主旨在教人莫信佛、老及其他宗教，全书计四卷，含"五唤""一解""一议说"。卷一含"三唤"：第一唤，"唤寻常僧道"，"此篇多为不识字与住持云游等僧道立说"；第二唤，"唤参禅悟道僧道"，"此篇多为参禅悟道、登高座发偈律的僧人与谈清静、炼丹火、希飞升的道士立说"；第三唤，"唤番僧"，"此篇是唤醒西域真番僧

---

① 《存学编》卷一。见《颜元集》，中华书局1987年版，第42页。
② 《存学编》卷一。见《颜元集》，中华书局1987年版，第49—50页。

者"。卷二为四、五两唤：第四唤，"唤惑于二氏之儒"，"是专为名儒而心佛者立说"；第五唤，"唤乡愚各色邪教"，号召百姓莫信邪教。卷三为"明太祖高皇帝释迦佛赞解"，借解说明太祖的《释迦佛赞》以辟佛。卷四载文三篇，乃因一事而成。锦州北关有一"念佛堂"，束鹿人张鼎彝奉旨督学奉天，建议锦州太守将其改建为书院。这卷的第一篇文章就是张鼎彝的建议——"束鹿张鼎彝毁念佛堂议"，颜元将其"录为唤迷途助"。

第二篇文章是颜元自己的"辟念佛堂说"。"京兆方构前议，未成稿，予适入衙，欢然诏予曰：'辟异端，浑然素志也。念佛堂之设最为不经，盍为我辟之？'予退，草此以进。"其始末昭然，勿庸复赘。

第三篇文章是颜元代拟的"谕锦属更念佛堂"。"既呈前说，京兆遂出所议示予。予曰：'经世之文也。'然窃念议之辟之，不若直行文更之，遂草此以进。"这就是第三篇文章的来龙去脉。但颜元的建议与张又有不同，他不是建议改念佛堂为书院，而是建议改为"乡约所"，"仰承天子制，选老成德望，朔望讲读圣谕，训正斯民，无俾终恶。"于此亦可见颜元与一般官吏儒生的区别。

《存人编》之成书，历时约三年。颜元于四十八岁那年七月，著"《唤迷途》，后又名曰《存人编》。"而此时之书中，仅有一、二卷之"五唤"。第四卷则成于五十岁那年的七月，乃颜元关东寻父时所为。唯第三卷之"明太祖释迦佛赞解"写作最早，是在四十七岁那年十二月。看来，这四卷书之三大内容，写非一时，最早的在1681年，最晚的为1684年，而将其编次成今式之四卷著作，当在1684年七月之后无疑。

二 评注类

这类著作主要有两部：一部是《四书正误》，一部是《朱子语类评》。《四书正误》其实不是正"四书"之误，而是正"朱注"之误，是颜元借此以批判朱熹的理学思想。全书共六卷，《大学》《中庸》各一卷，《论语》《孟子》各二卷。唯缺《孟子》之上卷，即第五卷。是未著，还是散佚，尚不得而知。

《四书正误》属读书笔记类著作，乃平日读书之偶笔。1692年七月成书："七月，录《四书正误偶笔》，皆平日偶辨朱子《集注》之误者，至是命门人录为卷。"①

《朱子语类评》立旨、手法均与《四书正误》相近,唯著年未详。中华书局编辑部根据李塨所撰《颜习斋先生年谱》中在六十四岁和六十五岁两年有读《朱子语类》的记载推断,此书可能写于这段时间或稍后。

上述二书以外,颜元的评注类文章尚有《读刁文孝用六集评语》,计评其九卷,故文分九篇,未单独结集成书,而是放在了《习斋记余》中。颜元与刁文孝有同好,属密友,故这些文章自不同于批评朱熹一类,而是以研讨为主。

三 诗文类

由于颜元对艺术存有偏见,所以其所著诗文数量不多。颜元对艺术存有偏见,并且对自己的偏见相当执迷。在诸多艺术门类中,他对音乐和舞蹈较为认可并重视。他之所以重视音乐,一是因为音乐具有独特的教化作用,二是因为孔子把音乐列在了六艺之中;而他之所以重视舞蹈,一是因为舞蹈可以使音乐"动"起来,二是因为"文舞武舞"可强身健体,且可以配合军事教育。而对于艺术中的诗、文、字、画等,他不仅不予提倡,且贬其为"乾坤四蠹"。②他要求学生要"痛戒诗、文、棋、画",并说这也是他自己"所终身勉之而深愧宽假者"。③

颜元这一偏见的形成,与其身世和志向大有关系。他出身寒门,并生当乱世,从青年时代起便耕田灌园,行医卖药,舌耕笔作,辛苦劳淬而生活艰难。同时他还耳闻目睹了广大贫苦百姓离乡背井,鬻妻卖子,甚至人相食的惨剧。吟诗歌赋,行棋作画,何益于这些百姓?他立志救世济民,故自己不以此为业,也不希望弟子们以此为业。他说,"韩、柳猥以文名,李、杜仅以诗著,将在下而修身齐家仪风式俗,在上而致

---

① 李塨撰,王源订:《颜习斋先生年谱》卷下。见《颜元集》,中华书局1987年版,第774页。
② 李塨撰,王源订:《颜习斋先生年谱》卷下。见《颜元集》,中华书局1987年版,第766页。
③ 《习斋记余》卷十。见《颜元集》,中华书局1987年版,第588页。

治拨乱康济民命，安所用之？"①

正是基于其偏见，颜元未将自己的诗作结集。现在所能见到的颜元的诗歌，大多散存于《颜习斋先生年谱》等著作中。因其散文多系往来书信及不得不为的祭、祝、箴、铭等，较少为文而文者，所以他将散文作了结集，题名《习斋记余》。对此，颜元曾解释说："家藏俚帙数百，亦不过往来书札，祭、祝、箴、铭，不得不为者，殊无簪笔苦力雕刻若韩、欧之为者。名之曰《记余》，明非正业也。"②

颜元的诗文虽然不多，但颇具个性，这与他的相关理论大有关系。他说：

> 作诗者皆仿李、杜，作史者皆仿班、马，作文者皆仿韩、欧，作人者偏不仿孔、孟，是可异也。仆亦为诗，不李、杜，无憾也，即以为颜某诗也可；仆亦为史，不班、马，无憾也，即以为颜某史也可；仆亦为文，不韩、欧，无憾也，即以为颜某文也可；惟至于为人，不敢不仿孔、孟也，以为舍孔、孟无以为人。③

颜元的诗文，个性极其鲜明，即由于此。至于其艺术水平，颜元说因自己心存偏见，所以他的诗文"无能比于人，固庸谫不及也"，④乃过谦之词。他的诗文，无造作，无雕琢，信意写来，浑然天成，很具艺术价值，不仅其散文大都俊秀隽永，其诗作亦不乏脍炙人口者。如其"望荆轲山"之诗就堪称咏史诗之佳作：

> 峰顶浮图挂晓晴，
> 当年匕首入强嬴。
> 燕图未染秦王血，
> 山色于今尚不平。

---

① 《习斋记余》卷三。见《颜元集》，中华书局1987年版，第442页。
② 《习斋记余》卷三。见《颜元集》，中华书局1987年版，第443页。
③ 钟錂：《颜习斋先生言行录》卷上。见《颜元集》，中华书局1987年版，第643页。
④ 《习斋记余》卷三。见《颜元集》，中华书局1987年版，第443页。

四　抄录类

抄录类，近似于今之所谓杂抄，根据某一主题，而选择前人相关著述录以成书。颜元抄录类作品，今存只有《礼文手钞》，计五卷。卷一为"通礼"，卷二为"冠礼"，卷三为"昏礼"，卷四为"丧礼"，卷五为"祭礼"，"通礼"而外，基本以人生"冠—婚—丧—祭"之途程编序。书前有颜元"自序"，书中有颜元"按语"，抄录内容主要是礼仪及先儒之礼论。

从序中可知，此书抄于康熙三年，即公元1664年，时年颜元三十岁，正值其笃信程朱理学之时，故书中思想无多创意。但凡"按语"均称"元按"，则知现行本非定稿于康熙三年，因为颜元在那时还叫朱易直，"元"名之用，始于三十七岁那年的除夕，故无论为何人改定，均当在此时之后。

颜元在三十六岁时还抄有一本《会典大政记》，现未见到其书，可能已散佚。李塨之《颜习斋先生年谱》中有相关记载："五月，著《会典大政记》，摘《大明会典》可法可革者，标目于册。"①

五　散佚类

《居丧别记》著于1668年，颜元时年三十四岁。据李塨之《颜习斋先生年谱》记载，此书源起于颜元为养祖母之居丧，其基本倾向是辨朱子《家礼》与古《礼》之未合。《谱》中记曰："先生居丧，一遵朱子《家礼》，觉有违性情者，校以古《礼》，非是，著《居丧别记》。"②是书虽佚，但《习斋记余》卷十中有四篇相关文章，分别是《居恩祖妣丧读礼救过》《居忧愚见》《明吊奠礼》《置木重不用魂帛说》，其著作时间及文章内容均与《年谱》所述之《居丧别记》有合，这些或许

---

① 李塨撰，王源订：《颜习斋先生年谱》卷上。见《颜元集》，中华书局1987年版，第733页。

② 李塨撰，王源订：《颜习斋先生年谱》卷上。见《颜元集》，中华书局1987年版，第726页。

就是《居丧别记》之内容，或是其中一部分，因书无明言，不宜妄断。

《农政要务》著于1669年，时年颜元三十五岁。据李塨《颜习斋先生年谱》记载："八月，为王法乾书《农政要务》：耕耘、收获、辨土、酿粪以及区田、水利，皆有谟画。"① 自然科学类图书向不被传统中国社会所推重，此书之散佚，乃情理中事。

《宋史评》著于1696年，颜元时年六十二岁。1987年中华书局出版《颜元集》时，据《颜氏学记》而录两段该书佚文于书末。其实，这两段佚文在李塨之《颜习斋先生年谱》中已有。《谱》中记道："十二月，著《宋史评》，为王安石、韩侂胄辩也。"以下所记，与《颜氏学记》大同而微异。李塨写《年谱》是在颜元逝后不久，而戴望《颜氏学记》则作于十九世纪中叶，二文近乎雷同，可见戴文即源于李文。但《宋史评》的其他内容，因未见其他资料，尚不得而知。

颜元自康熙三年开始写日记，每岁不下七八十页，共存七十多帙，"嘉言卓行，不可胜收。"② 加以节录，也可得"五六编"以传世。可惜未能成书。李塨著《颜习斋先生年谱》，"甲辰三月以前，本之先生追录稿及塨所传闻，以后皆采先生日记。"③ 这使得颜元日记的部分内容得以保存至今。另外，钟錂所撰《颜习斋先生辟异录》和《颜习斋先生言行录》二书，亦是根据"见""闻"所为，不知是否有摘自日记者，但根据其时间及情形，则不无可能。

著述与创作而外，颜元曾于1671年，改订删补了王应麟所编之《三字经》，并将其易名为《三字书》。"补六艺、六府于开蒙《三字书》内，端蒙识也。"④ 关于对此书的改订目的及删补情况，颜元曾作《删补〈三字书〉序》以述之。此序写于1690年，内容如下：

　　三事、六府，尧舜之道也；六德、六行、六艺，周、孔之学

---

① 李塨撰，王源订：《颜习斋先生年谱》卷上。见《颜元集》，中华书局1987年版，第727页。
② 李塨撰，王源订：《颜习斋先生年谱·凡例》。见《颜元集》，中华书局1987年版，第699页。
③ 李塨撰，王源订：《颜习斋先生年谱·凡例》。见《颜元集》，中华书局1987年版，第699页。
④ 李塨撰，王源订：《颜习斋先生年谱》卷上。见《颜元集》，中华书局1987年版，第736页。

也。古者师以是教，弟子以是学；居以养德，出以辅政，朝廷以取士，百官以举职。《六经》之文，记此簿籍耳，况无用诗文乎！汉、宋来天祸儒运，章句之学行，而古圣之道亡矣。

即如此书，当蒙养之初，岂可徒以书文名色聋瞽其耳目，不令习行圣人之道，并不令知圣人之道乎！故补之，正本也。不出圣手，何为"经"？改名"书"，恶僭经也。本《礼运》，订十仪，旧文不明也。详《周礼》，补《仪礼》，以记为传，恶乱经也。褫五子，正学也。首补三皇，后续元、明，备史也。尊蜀汉，黜二国，正统也。删梁皓、老泉，励童无取也。削诗文女子，进罗、晏，重有用也。述尧、孔，期作圣也。或于端蒙之功少有助乎！[1]

这篇序言，对删补《三字书》的目的、意义以及删补改订的主要内容，都作了基本交代。该书曾于1697年，由定兴人刘棻（字旃甫）刊印行世，但此后散佚。

---

[1] 《习斋记余》卷一。见《颜元集》，中华书局1987年版，第401页。

中 篇

第六章 颜元学术思想概论

一 颜元学术倾向的演变历程

颜元学术思想倾向的演变，依其对道学的态度，大致可分为四个阶段。这四个阶段依次为：求学阶段（二十四岁以前）、信奉道学阶段（二十四—三十四岁）、怀疑道学阶段（三十四—五十七岁）、反对道学阶段（五十七—七十岁）。下面我们就按时间之先后顺序予以述论。

（一）求学阶段

少年时期的颜元，首先接触的是神仙道术之学。他十四岁读寇氏《丹法》，便开始学习运气之术。因期于学仙得道，十五岁婚后竟"娶妻不近"。直到十六岁，知仙不可学，乃谐琴瑟，却一发而不可收，耽内，有比匪之伤，且习染轻薄。

据前文可以看出，青年时期的颜元既有其轻薄浮躁的一面，至其十九岁后，逐渐开始扎根实学，学习史学、兵学、医学等知识，唯不对道学感兴趣。他在总结自己这一阶段之思想状况时说：

> 予世之罪戾人也。少长城市，轻薄不检，十九岁从端惠贾先生游，始改酗废行。未几，遭飞祸，困窘中思立品，退而居野鄙，甘贫服粗，劳身以事亲，以为不坠贪污窘窨即人矣。廿一岁始阅《通鉴》，以为博古今，晓兴废邪正即人矣。曾不知世有道学名也，况知有朱陆两派之辨争乎？况知朱陆两派俱非尧舜三事周孔三物之道乎？[①]

[①] 《习斋记余》卷一。见《颜元集》，中华书局1987年版，第397页。

早年的学习对颜元的一生有怎样的影响？他的少年杂学是否诱使其学术庞杂？

（二）信奉道学阶段

1658年，颜元二十四岁，开始"开家塾，训子弟"。他的学生彭好古的父亲彭通，乃道学中人，与当时的道学家孙奇逢、刁包等人有往来，时作道学语。颜元与之交游后。彭通于是将《陆王要语》给颜元读，并向他介绍了孙奇逢、刁包等人的行迹。颜元自此深喜陆、王之学。

二十五六岁时，颜元得见《性理大全》，"遂深悦之，认为圣人之道又在是，学得如周、程、张、朱乃人矣，从而肆力焉。"[1]

二十七岁，颜元赴祁州拜谒刁包。刁包曾言"作时文不作古文者，文不文；作时人不作古人者，人不人。"[2] 而这时的颜元也极为崇古，所以两人思想深相契合。颜元此行得刁包所辑《斯文正统》一书，于是方知有道统一说，回家后便立道统龛，正位伏羲至周、孔，配位是颜、曾、思、孟、周、程、程、张、邵、朱，外及先医虞、龚。朔、望拜礼，出告返面，事如父师。尽管农圃忧劳，每日必静坐五六次，必读《近思录》《太极图》《西铭》等书。倘有谁敢说程、朱半句不好，颜元就像骂自己的父母一样难受。对于他的痴迷，"有笑为狂者，有鄙为愚者，有斥为妄者，有訾为迂阔、目为古板、指为好异者，甚至望而讥，迎而拒，呼朋引类而辱笑之"[3]。其养祖父朱九祚甚至误认为他要"弃身家"。而颜元则"人群讥笑之，不恤也"[4]。三十岁时，颜元的静坐功夫已不同寻常。当年五月，正值麦熟季节，颜元披着棉袄，带雇工赶着牲口驮麦。当雇工垛麦子时，颜元独坐柳下，居然入境。连听到苍蝇绕飞之声亦如听《九韶》奏鸣，因之而写《柳下坐记》以记其时之心境。二十七年后，颜元自录此事时写道："暑期披棉驮麦，贫且劳矣，犹能

---

[1] 《习斋记余》卷一。见《颜元集》，中华书局1987年版，第397页。
[2] 李塨撰，王源订：《颜习斋先生年谱》卷上。见《颜元集》，中华书局1987年版，第714页。
[3] 《习斋记余》卷四。见《颜元集》，中华书局1987年版，第446页。
[4] 李塨撰，王源订：《颜习斋先生年谱》卷上。见《颜元集》，中华书局1987年版，第713页。

自娱，不谓之穷措大微长不可，然即生许多妄想，为如许大言。尝论宋儒之学，如吹猪膀胱，以渺小为虚大。追录之，自惩自勉也。"①

这期间，颜元还作有《大盒歌》《小盒歌》《求源歌》等，亦多幻妄虚骄之情。其《大盒歌》略曰：

> 盒诚大兮诚大盒，大盒中兮生意多。此中酿成盘古味，此中翻为叔季波。兴亡多少藏盒内，高山拍手士几何。此处就有开匣剑，出脱匣外我婆娑。②

《小盒歌》略曰：

> 盒诚小兮盒诚小，小盒生意亦不少，个中锦绣万年衣，就里佳肴千古饱。如何捧定无失却，如何持盈御朽索，忽而千里向谁觅，返而求之惟孔老。识得孔叟便是吾，更何乾坤不熙皞，呜呼！失不知哭，得乃知笑。③

《求源歌》略曰：

> 六经注脚陆非夸，只须一点是吾家，廿史作锹经作镢，诚敬桔槔勿间歇。去层沙壤又层泥，滚滚源头便在兹，溉田万顷均沾足，涤荡污尘如洗卮。小子勿惊言太远，试为阚塞负一畚。④

颜元曾将《求源歌》示门人，而到他五十七岁后追录此歌时，已将它作为反面教材了。对此，颜元写道：

---

① 李塨撰，王源订：《颜习斋先生年谱》卷上。见《颜元集》，中华书局1987年版，第718页。

② 李塨撰，王源订：《颜习斋先生年谱》卷上。见《颜元集》，中华书局1987年版，第713页。

③ 李塨撰，王源订：《颜习斋先生年谱》卷上。见《颜元集》，中华书局1987年版，第713页。

④ 李塨撰，王源订：《颜习斋先生年谱》卷上。见《颜元集》，中华书局1987年版，第715页。

此与《大小盒歌》，乃予参杂于朱、陆时所作也，几许虚骄，几许幻妄，周、程所谓"孔、颜乐处"，陆、王所谓"先立其大"，"致良知"，与释氏之洞照万象，自谓"极乐世界"者，想皆以此也。一追忆之，堪羞堪恨，使当日而即死也，岂不为两间妄诞之鬼哉！尧、舜、周、孔，自有正途，录之以为同病者醒。而彼三途者，亦不得以此误人矣。①

总之，从二十四岁到三十四岁这十年期间，颜元逐渐沉迷于道学，并由陆、王而崇尚程、朱，从喜爱道学到笃信道学，其学术思想始终为道学所左右。但颜元的学术思想并非偏执于道学，其实学思想也有所抒发。例如颜元二十四岁所著《王道论》中，即有"浮文是戒，实行是崇"的教育主张。同时，他还向吕申学习天文知识，同与程、朱理学持不同见解而倾向实学之士交往。三十四岁时，颜元的思想又一次发生了转变。

（三）怀疑道学阶段

三十四岁那年的农历二月十四日，颜元的养祖母刘氏病故。在居丧期间，颜元完全遵照朱子《家礼》行事，"尺寸不敢违"。尽管颜元已感到这其中有拂戾性情者，但"第谓圣人定礼如此，不敢疑其非周公之旧也"②。

颜元本来打算代其离家出走的父亲为祖母守丧三年，但因为一朱姓老翁看到他被折磨得死去活来，便悄悄告诉他的身世，颜元到嫁母处证实后，便不再执丧。年末，颜元再次取阅《性理》《气质之性总论》《为学》等，开始觉悟到宋儒之言性并非孟子本旨，而宋儒之为学，更非尧、舜、周、孔之旧道，于是便著作了《存性编》和《存学编》。

《存性编》著于三十五岁那年的正月。颜元试图通过讨论人性，从学理上与程、朱理学划清界限。而同年十一月所著之《存学编》，则是在批判理学教育及科举教育的同时，阐明了实学思想关于教育的主张。

这时期的颜元，为批评理学而提倡实学，做了大量工作。一是致书各

---

① 李塨撰，王源订：《颜习斋先生年谱》卷上。见《颜元集》，中华书局1987年版，第716页。

② 《习斋记余》卷一。见《颜元集》，中华书局1987年版，第397页。

地学者，宣传自己的实学主张，批评程、朱理学，他甚至致书当时名儒孙奇逢，希望孙奇逢也转向实学，成为实学阵营的盟主。二是变革教育，将其学舍由"思古斋"易名为"习斋"，并订定"习斋教条"，将实学列为主要教育内容，将习、行作为主要的学习方法。三是其后凡有欲聘作馆师而教授时文者，一概推辞，而专心做正学之业，正如其诗中所说："千年绝业往追寻，才把工夫认较真，吾好且须从学习，光阴莫卖与他人。"①

这个阶段的颜元，虽对道学，特别是对程、朱理学展开了全面批评，但仍有将就程、朱，把程、朱理学当作儒学一个支脉来看待的认识。这种"欲扶持将就，作儒统之饩羊"的"本志"，②到他五十七岁南游中原后，就彻底改变了。

（四）反对道学阶段

五十七岁那年，颜元南游中原。他本来打算通过这次南游，宣传自己的实学主张，寻觅有志于经济、实学的同志。孰料数月所见，"人人禅子，家家虚文"，③训诂、禅宗成了学界发展的主流。严酷的现实，使颜元认识到，必"去一分程、朱，方见一分孔、孟，不然，则终此乾坤，圣道不明，苍生无命矣。"④他提出：

> 盖学术者，人才之本也；人才者，政事之本也；政事者，民命之本也。无学术则无人才，无人才则无政事，无政事则无治平，无民命，其如儒统何！其如世道何！于是始信程、朱之道不熄，周、孔之道不著，圣人复起，不易吾言矣。乃断与之判为两途。⑤

这时期的颜元，写有大量读书笔记，以批判程、朱理学，《朱子语

---

① 李塨撰，王源订：《颜习斋先生年谱》卷上。见《颜元集》，中华书局1987年版，第731页。
② 《习斋记余》卷一。见《颜元集》，中华书局1987年版，第397页。
③ 李塨撰，王源订：《颜习斋先生年谱》卷下。见《颜元集》，中华书局1987年版，第774页。
④ 《习斋记余》卷一。见《颜元集》，中华书局1987年版，第398页。
⑤ 《习斋记余》卷一。见《颜元集》，中华书局1987年版，第398页。

类评》就是他这个时期的著作。

颜元对道学的批判，区别在于他的全面性和彻底性。清初诸儒，或尊程、朱而贬陆、王心学，或尊陆、王而贬程、朱理学，名儒孙奇逢试图调和朱、陆。唯颜元独树一帜，无论是程、朱还是陆、王，统统在其批判之列，其彻底性则在于他不仅从理论上，特别是从认识论的高度对程、朱、陆、王之虚浮进行了摧陷廓清。

二 颜元学术思想的特点

颜元的实学思想，较显著的特点有三个：一是它的平民性，二是它的实践性，三是它的战斗性。

所谓平民性，试观颜元的政治、经济、教育等思想，无一不以"民命"为出发点，亦无一不以"民命"为归宿。在中国历史上，称得上思想家、教育家的人不胜枚举，而具此思想感情和立场观点的则不多见。

再说实践性。颜元则不仅提出了著名的"知无体，以物为体"[①]这一朴素唯物主义的实践论，时人多将经书看得至高无上，而颜元则认为，这些经书，不过是古人为治的经济谱而已，充其量不过是记载尧、舜之三事、六府，周、孔之六德、六行、六艺的"簿籍"罢了。

最后说说它的战斗性。颜元的实学思想，充满着强烈的战斗精神。其批判矛头所向，无论是宋学还是汉学，也无论是程、朱理学还是陆、王心学，更无论是义理之学还是即将考据之学，都在其扫荡之列。他也知道"此言一出，身命之虞所必至"，[②] 但他认为，只要他的学术思想是正确的，"生死元不计也"。[③]

三 颜元实学思想之成因

导致颜元实学思想形成的原因，无疑是多方面的，但主要应在于以

[①] 《四书正误》卷一。见《颜元集》，中华书局1987年版，第159页。
[②] 《存学编》卷一。见《颜元集》，中华书局1987年版，第48页。
[③] 李塨撰，王源订：《颜习斋先生年谱》卷下。见《颜元集》，中华书局1987年版，第769页。

下几个方面。

（一）时代背景

清初的中国社会，封建的生产方式已开始走向衰落。西学东渐也已渗透到华北大地，在安平，就已有精于西洋数学的诸生了。[①] 在这样的社会背景下，统治者祭出程、朱理学来维持日暮途穷的封建体制，其实亦属无奈。而颜元所提出的削君权以推行民选民治的政治主张、轻赋税的经济主张，自然自由的人文思想以及实用主义哲学思想、义利并重的义利观等，其实就是当时刚刚发展起来的工商业主及手工业工人等社会阶层要求在思想意识领域的反映。所以，颜元的实学思想是时代的产物。

（二）历史源流

其一是颜元继承了历代务实士大夫的优良传统。如他所反复褒扬的历史人物，除先秦"诸圣"外，再就是萧何、张良、韩信、诸葛亮、王安石等实务官僚，是这些实干家的务实思想影响着颜元的实学思想。其二是，颜元在对宋、明两朝覆灭原因的研究中，认为程、朱理学与陆、王心学对此负有不可推卸的责任。程、朱、陆、王之徒，无事袖手谈心性，临危一死报君恩，看似忠心可嘉，实乃无用之辈。而颜元的实学思想，正是在对程、朱、陆、王之学的批判中形成的，所以，从这个角度讲，它也是历史的结晶。

至于颜元学术思想的承继渊源，今人姜广辉先生的研究结论是可取的。颜元的实学思想，不是源自心学，而是与事功学派的胡瑗、陈亮、王安石等有一定的承继关系。

（三）身份背景

颜元家世寒微，他无时无刻不关注百姓的疾苦，他的思想及主张，多以解决百姓的苦难为出发点。例如，他的"民皆兵"的思想虽得于其养祖父朱九祚，但他与朱九祚就有明显的差异。朱九祚主张"编富民

[①] 李塨撰，王源订：《颜习斋先生年谱》卷上。见《颜元集》，中华书局1987年版，第747页。

子弟"为伍，很显然是组建"富农子弟兵"，而颜元"民皆兵"的主张中，则没有"富人"味道。就连其思想的偏失处，也无不体现出他的草根意识。例如，他贬斥一些艺术创作，认为"诗、文、字、画"是"乾坤四蠹"，要求弟子们要痛戒之以务实学，其原因就是这些东西不是解决百姓苦难的当务之急。这当是颜元迥别于一般思想家、教育家的显著特色之一。

四 颜元实学思想的影响

颜元的实学思想，在中国历史上产生过巨大影响。

早在颜元晚年，其弟子或前来就学，或捐资刻印有关书籍，致使颜元思想的影响，迅速扩延到大江南北，并最终形成了学术界的颜李学派。

颜学不为清朝所重，再传之后，式微百多年，其原因有二：一是颜元实学思想与清代学术潮流截然不同，所以不被文人所重视乃情理中事。二是颜元之主张与科举之业有悖。到了晚清，戴望著《颜氏学记》，颜学重新抬头，实乃当时社会对实学已有所需要使然。

民国初年，颜学大行。从表面形式看，似与直系掌控北京政权紧密相关，而实质上是社会土壤已较适宜实学思想生长。

第七章 颜元的政治思想

儒家与释、道的最根本的不同，就在于它的入世、用世，即积极介入社会生活。颜元自幼受其养祖父朱九祚以及蒙师吴持明的影响，用世思想比一般儒者更为积极。三十二岁时，他作自我检讨，认为出仕可任谏议、参谋，而不可任宰政、总师。五十五岁时，他对张文升说："如天不废予，将以七字富天下：垦荒，均田，兴水利；以六字强天下：人皆兵，官皆将；以九字安天下：举人材，正大经，兴礼乐。"① 直到去世的那一天，弥留之际，他还叮嘱众弟子："天下事尚可为，汝等当积学待用。"② 可见终其一生，积极介入社会生活的思想始终未变。用颜元自己的话说，就是"仆抱禹、稷之心，而为沮、溺之行，如函剑而欲露寸光者；法乾谓不如全函，刚主谓不如多露，皆非仆志也。"③ 他就是在这样一种矛盾心理的境况下度过了一生。他的一系列关涉政治的言论，构成了他的政治思想体系。现仅择几个主要之点予以评述。

一 以"民命"为旨归，是颜元政治思想的重要特色

在近两千年的中国封建社会中，文人政客谈政论治，大都以维护一家一姓甚至一人的封建专制统治为旨归。如西汉前期之"削藩"，李唐

---

① 李塨撰，王源订：《颜习斋先生年谱》卷下。见《颜元集》，中华书局1987年版，第763页。

② 李塨撰，王源订：《颜习斋先生年谱》卷下。见《颜元集》，中华书局1987年版，第794页。

③ 李塨撰，王源订：《颜习斋先生年谱》卷下。见《颜元集》，中华书局1987年版，第764页。

王朝柳宗元议郡县与封建，皆无出此窠臼。而颜元之谈政言治，无不以"民命"为旨归，这既是其政治思想特色之所在，更是其政治思想先进性之所在。

对于颜元政治思想的人民性，其弟子李塨了解最切。李塨在《存治编·序》中写道：

> 先生自幼而壮，孤苦备尝，只身几无栖泊；而心血屏营，则无一刻不流注民物，每酒阑灯炧，抵掌天下事，辄浩歌泣下。一日，与塨语，胞与淋漓，塨不觉亦堕泪。先生跃起曰："此仁心也，吾道可传矣！"是以比年从遊，勤荷启示，塨因得粗知其略，以为贤君相用之自有润泽，而大纲所在，足为万世开太平者，则百虑不易也。①

颜元个人生活艰难困苦，而李塨所说，其心血屏营，无一刻不流注民物，亦非虚语。颜元自己也说，他生存一日，就要为生民办事一日。这种一切为平民百姓着想的意识，在颜元的政治思想中，到处都在闪现着。颜元将教育列为其为治之要务，主张"教以济养，养以行教，教者养也，养者教也。"② 颜元是要通过办教育使百姓得"养"。

二 借"封建"而倡民治，且以精简机构

在秦之前，中国社会曾长期沿袭分封制政体。秦始皇统一中国后，废除了分封制而改行郡县制，当时政界就曾引起不少争论。汉初，大封同姓王，行郡国并行制，出现了吴楚七国之乱。所以后来每当社会政治有尾大不掉的苗头，就会有人出来批评"封建"政体。柳宗元总结历史经验，作《封建论》，抑封建而倡郡县，认为分封制是私天下，而郡县制是"公天下"。颜元提倡恢复"封建"体制，是想借此达到两个目的：一是削君权而行民治；一是通过精简机构而提高行政效率和减轻人民负担。

---

① 李塨：《存治编序》。见《颜元集》，中华书局1987年版，第101—102页。
② 《存治编》。见《颜元集》，中华书局1987年版，第104页。

就在《存治编》的"封建"一章中,颜元就明确地指出,他之建言"封建",是"师古之意",而不"袭古之迹"。他说:

> 第妄谓非封建不能尽天下人民之治,尽天下人材之用尔。后世人臣不敢建言封建,人主亦乐其自私天下也,又幸郡县易制也,而甘于孤立,使生民社稷交受其祸,乱亡而不悔,可谓愚矣。①

在上一节中,我们已经阐明,颜元政治思想之终极目的,在于"为民"。正是从这一视角,颜元看到了当时官僚机构叠床架屋之弊端。他说:

> 太守即古方伯,州县即古五等诸侯也,何事分道、布、按司,又重之以巡抚,加之以总督,倍加六等方伯乎?贤者掣肘多,而才能莫展,不肖者效媚多,而剥民益重。故曰:治世之官详于下,乱世之官迭于上。②
>
> 治世之官详于下,乱世之官迭于上,详于下则教养举,迭于上则掣肘成。下多一官,则民多一亲,上多一宪,则官多一畏,多亲而政事成,多畏而贿赂通。③

不难看出,颜元"建言封建",就是要削君权而行民治,精简机构而造福民众。

在清朝初年,许多带有启蒙色彩的思想家都参与了关于"封建"问题的讨论。颜元、黄宗羲主张"封建",顾炎武主张寓封建于郡县,陆世仪主张传贤不传子,等等,其实,这些人根本不是要复古,这种思潮的出现,正是已经萌芽的资本主义生产关系在政治思想领域的反响。其矛头所向,在于当时的宗法专制统治。清朝统治者也觉察到了这一点,以至于后来雍正皇帝亲自干预此事,御撰《驳封建论》,把"以复封建为言"的人定性为"叛逆之人",这股思潮才被打压下去。④

---

① 《存治编》。见《颜元集》,中华书局1987年版,第111页。
② 钟錂:《颜习斋先生言行录》卷下。见《颜元集》,中华书局1987年版,第673页。
③ 钟錂:《颜习斋先生言行录》卷上。见《颜元集》,中华书局1987年版,第655页。
④ 辛冠洁、丁健生、蒙登进:《中国古代著名哲学家评传》(第三卷),齐鲁书社1981年版,第937页。

三　建言废科举，而借"乡举里选""公课"以倡民主

颜元虽也曾是科举场中人，但他很快就对科举制下的八股取士，深恶痛绝。他说：

> 天下人之入此帖括局也，自八九岁便咿唔，十余岁便习训诂，套袭构篇，终身不晓习、行、礼、义之事，至老不讲致君泽民之道，且无一人不弱不病。灭儒道，坏人才，厄世运，害殆不可胜言也。①

他推论道：故八股行而天下无学术。无学术则无政事，无政事则无治功，无治功则无升平矣。故八股之害，甚于焚坑。②

因此，颜元把八股与僧、道、娼相提并论，认为都是社会垃圾，并提出，为治要去"四秽"：时文也、僧也、道也、娼也。③ 在颜元看来，科考制不仅害事业，而且不人道：

> 近自唐、宋，试之以诗，弄之以文，上辄曰选士，曰较士，曰恩额，曰赐第；士则曰赴考，曰赴科，曰赴选。县而府，府而京，学而乡，乡而会；其间问先，察貌，索结，登年，巡视，搜检，解衣，跣足，而名而应，挫辱不可殚言。呜呼！奴之耶，盗之耶？无论庸庸辈不足有为，即有一二杰士，迫于出仕，气丧八九矣，宜道义自好者不屑就也。④

颜元对统治者设科考选士的意图认识得也很清楚：

---

① 钟錂：《颜习斋先生言行录》卷下。见《颜元集》，中华书局1987年版，第678页。
② 钟錂：《颜习斋先生言行录》卷下。见《颜元集》，中华书局1987年版，第691页。
③ 李塨撰，王源订：《颜习斋先生年谱》卷上。见《颜元集》，中华书局1987年版，第748页。
④ 《存治编》。见《颜元集》，中华书局1987年版，第115页。

第七章 颜元的政治思想

> 今之制艺,递相袭窃,通不知梅枣,便自言酸甜。不特士以此欺人,取士者亦以自欺,彼卿相皆从此孔穿过,岂不见考试之丧气,浮文之无用乎,顾甘以此诬天下也。观之宋、明,深可悲矣。①

颜元反对科举取士,而他也知道政府不能不补充官员,于是他就设想了"乡举里选"的选拔人才的方法。在他二十四岁所著之《王道论》中,他是这样设计的:

> 窃尝谋所以代之,莫若古乡举里选之法。仿明旧制,乡置三老人,劝农,平事,正风,六年一举,县方一人。如东则东方之三老,视德可敦俗、才堪莅政者,公议举之,状签某某深知其才德,兼以事实之,县令即以币车迎为六事佐宾吏人。供用三载,经县令之亲试,百姓之实征,老人复跻堂言曰,某诚贤,则令荐之府,呈签某令深知其才德,亦兼以事实之,则守以礼征至。其有显德懋功者,即荐之公朝,余仍留为佐宾三载,经府守之亲试,州县之实征,诸县令集府言曰,某诚贤,则府守荐之朝廷,呈签某守深知其才德,亦兼以事实之,则命礼官弓旌、车马征之京。其有显德懋功者,即因才德受职不次,余仍留部办事,亲试之三载。凡经两举,用不及者,许自辞归进学。老人、令、守,荐贤者受上赏,荐奸者受上罚,则公论所结,私托不行矣,九载所验,贤否得真矣。即有一二勉强为善,盗窃声誉者,焉能九载不变哉!况九载之间,必重自检饬,即品行未粹者,亦养而可用矣。为政者复能久任,考最于九载、十二载或十七八载之后,国家不获真才,天下不被实惠者,未之有也。②

是后颜元又多次讨论这个问题,其思想大致相同。如钟錂《颜习斋先生言行录》中记颜元有关言论道:

> 治道不必文武分途,亦不必举人进士,只乡里选举秀才。秀才

---

① 《存治编》。见《颜元集》,中华书局 1987 年版,第 115 页。
② 《存治编》。见《颜元集》,中华书局 1987 年版,第 115—116 页。

长于文德者充乡约耆德之职，长于武略者充保长之职，其显有功德者擢大乡长，大乡长之显有功德者升邑令郡守，或备参辅，以至三公，皆通为一体，或次递，或超擢，而又立里史、邑史、郡史以谨戒之。①

李塨之《颜习斋先生年谱》中，也记载有颜元六十五岁时对学生李植秀、钟錂讲的有关用人的一段话：

为植秀、錂言用人：自乡约保长，与州县吏胥同禄，更代任用，三年，乡里公课其功德，而上之邑宰，邑升府，府升监司，监司登之朝，以至公卿。②

颜元是一个政治理想主义者。他所提出的这些选拔官吏的方法，在当时是根本不可能实行的，但这并不妨碍其思想的进步性。在这些方法中，既体现着"以事实之"的唯物主义思想路线，更具有着诸如"百姓之实征""选举""公课"等朴素的民主思想的萌芽。这在清初，应属于超前意识了。

四 颜元政治思想中的糟粕

颜元的政治思想，具有极强的先进性、人民性，正如前所述，但同时也应当看到，他的政治思想，不仅不是十全十美的，相反，其中也具有不少的糟粕，理应予以批评。

但是，颜元政治思想中的糟粕，重心不在"王道"、"封建"、"学校"以及"宫刑"等，其政治思想中最需要批评的，是他在其《存治编》之"靖异端"中所提出的一些思想和措施。

首先，"靖异端"本身就是错误的。

颜元之所谓"靖异端"，是要在中国大地上根绝佛、老及一切非儒

---

① 钟錂：《颜习斋先生言行录》卷上。见《颜元集》，中华书局1987年版，第647页。
② 李塨撰，王源订：《颜习斋先生年谱》卷下。见《颜元集》，中华书局1987年版，第784页。

之教,这已不是"独尊儒术",而是发展成为"只许儒术存在"了。这是极端的思想文化专制主义,是极不利于社会发展和人类进步的。思想解放、文化多元、信仰自由,既是社会发展之前提,也是社会文明进步之标尺。颜元主张只许儒家和儒术生存,其他学派和思想一概剿灭,这不仅不利于社会发展和进步,其实也不利于儒家思想的发展和进步,所以是应当首先受到批评的。

其次,是在其所提"靖异端"的策略中,多有失当。

颜元为达其"靖异端"之目的,以"人其人,火其书,明先王之道以教之"为主旨,提出了九大方略。在这九大方略中,多有不当之策。例如,其九大方略之一,便是"绝由",其内容是"四边戒异色人,不许入中国"。这不就是要闭关锁国吗?宗教的渗透,只是文化交流的一部分,而文化交流的根本载体则是经济的往来。为防宗教的渗入而闭关锁国,是因噎而废食,将严重妨碍正常的经济、文化交流,大不利于中国社会的发展和进步。他如"有为异言惑众者诛""有窝佛、老等经卷一卷者诛"等等,这简直比秦始皇的焚书坑儒更为严厉,因为秦始皇"坑"的只是"儒",并且只有几百个人,而颜元此策若行,将有千百万人头落地。这比历朝的文字狱范围更宽,因为"文字狱"还仅仅限于"文字",只能"狱"读书人,而颜元所要"诛"的则是"异言惑众者",这是"言辞诛",它比"文字狱"涉及的面宽得多,而且处置得严厉得多,因为"狱"尚不完全等同死罪,而"诛"则就非"狱"可比了。此策若行,言论自由将荡然无存,以言获诛者将狼藉村、野,而人们也就只好"道路以目"了。这些政策一旦实行,国人将丧失起码的自由,岂止是宗教信仰的自由,其结果将是"万马齐喑",岂不"可哀"!

第八章　颜元的经济思想

本章题目中之"经济"一词，系现代汉语之经济概念，与本书所引颜元等古人所使用的"经济"概念不同。颜元及其他古人所使用的"经济"一词，多是"经世济民"之意，颜元出身寒微，深知民间疾苦，故在其"经世济民"的思想中，对生产、交换、分配、消费等现代意义上的经济活动，亦较关注，如提出了"均田亩""重农事""征本色""轻赋税""时工役""兴水利""教以济养"等经济主张，其中不无真知灼见，这里仅择其要予以述评。

一　均田亩

主张"均田亩"，是颜元经济思想的主要内容之一。这一主张，在颜元经济思想中占据着重中之重的位置。李塨曾向颜元请教，出仕后第一件事做什么。颜元的回答是：

> 使予得君，第一义在均田。田不均，则教养诸政俱无措施处，纵有施为，横渠所谓终"苟道"也。①

均田制的思想，颜元在其《王道论》中既已提出。在这部后更名为《存治编》的著作中，第一章"井田"便是专门讨论这个问题的。在讲到均田制的理由时，颜元说：

> 天地间田宜天地间人共享之，若顺彼富民之心，即尽万人之产

---

① 钟錂：《颜习斋先生言行录》卷上。见《颜元集》，中华书局1987年版，第654页。

而给一人，所不厌也。王道之顺人情，固如是乎？况一人而数十百顷，或数十百人而不一顷，为父母者，使一子富而诸子贫，可乎？①

在有人提出恐怕在均田过程中发生乱动问题时，颜元说：

无论至公服人，情自辑也，即以势论之，国朝之圈占，几半京辅，谁与为乱者？②

这不仅阐明了均田不会生乱的理由，并且矛头直指清朝贵族的圈地行为。

在"井田"一章中，颜元也讨论到，因地形问题，机械划"井"往往不成，所以他说："可井则井，不可则均。"就是说，能不能都画成"井"字而分之并不太重要，重要的是达到"耕者有其田"的目的。

颜元知道，井田制，或均田制，乃国家大政，非居上位者不能定之，不是普通百姓和下层官吏所能为者，但他认为下层官吏可师其意而为之。所以，在他的好友张文升应武彤含之邀去任盐城幕僚时，颜元送之曰：

是行也，将择汉、唐、宋、明之美政，而且远法古圣治一邑之三代，文升能事也；虽然，非今日所能为也。是必佐盐城政和绩著，天子特擢武公于上位，方可请复唐、虞、三代之旧，而非今日事也。然未尝不可推此意，以惠盐民也。盐之田即不得如古井田，苟使民之有恒业者得遂其耕获，无恒业者能免于饥寒，家给人足焉，即谓之今日之井田可也。③

因为土地是最基本的生产资料，所以，土地制度是一项带根本性质的社会制度。原始公社时期，还谈不上什么所有制。在中国的奴隶制社会中，土地基本属奴隶主所有，因为当时的政体是分封制，官贵合一，

---

① 《存治编》。见《颜元集》，中华书局1987年版，第103页。
② 《存治编》。见《颜元集》，中华书局1987年版，第103页。
③ 《习斋记余》卷一。见《颜元集》，中华书局1987年版，第405页。

所以从表面看，与国家所有制没有多少区别，"普天之下，莫非王土，率土之滨，莫非王臣"，① 是为这种制度的写照。

自奴隶制解体，畜耕及冶金的发展，使以一家一户为单位的生产劳作成为可能，便导致了土地的私有。私有的结果，往往导致富者田连阡陌，穷者贫无立锥，所以均田的呼声也就往往响起。封建中晚期的农民起义，大多也带有这种要求。颜元的均田主张，亦是这种要求在农民中间的反映。

二 兴水利

颜元对水利事业极为关注。他用以"富天下"的七个字中，就有"兴水利"三字，可见他对水利事业的关注程度。这可能与他的家乡在洪泛区有关。他曾著有《农政要务》一书，其中就有关于水利的内容。可惜此书已佚，至今未见其具体内容。他还以民间人士之普通身份，组织领导过规模浩大的治水工程。这在一般书籍中亦无具体记载。在钟錂所编《颜习斋先生言行录》中，有一则主题关于用人而非治水的言论中，透露着这一消息。其文是：

> 才不必德，德不必才，才德具无，一长亦不忍弃。且人各自成，势难强同。昔蠢人某，恶人也，吾欲治河以救一方，驰寸纸，立集夫五百名，赴吾于数里外，限时不爽也。脱鄙而远之，数十乡为水国矣。②

颜元在他将自己所办学校由"思古斋"易为"习斋"之后，便将"水学"列为教育内容。直到七十岁时，他还在向弟子们讲授有关兴水利的知识。他说："吾事水学，不外'分、浚、疏'三字。"并批评北方人说："北人只思除水患，不思兴水利，不知兴利即除害也。"③ 他还

---
① 《春秋左传正义》。见《十三经注疏》，中华书局1980年版，第2047—2048页。
② 钟錂：《颜习斋先生言行录》卷上。见《颜元集》，中华书局1987年版，第654页。
③ 李塨撰，王源订：《颜习斋先生年谱》卷下。见《颜元集》，中华书局1987年版，第792页。

提出了具体的治理蠡河的方案：

> 治水之法，五要必备，而莫愚于防塞。盖善治水者不与水争地，因其流而导之，即因以歧为二，且水利可兴也。尝观于蠡河，以为当自上流依古河道分疏。自蠡城西南王哥庄来，又歧为二，使潆绕城之左右，至城阴而合，迤逦达杨哥庄，以通白洋淀入于海。一可为险守，一可来下流鱼、盐、苇、藕之利。且东河势杀，两河沿滨灌园植蒲，水利大兴，不可尽言也。①

三　教以济养

"教以济养"的思想，既是颜元教育思想的一个亮点，也是颜元经济思想的一个亮点。他主张"教以济养，养以行教，教者养也，养者教也"，②即通过教育，提高人们的生存能力，使人民群众的生活好起来，让人民大众富起来。而生活水平的提高，社会经济的发展，反过来又会促进教育的发展和人民思想文化道德水平的提高。

颜元关心民众疾苦，以救世济民为己任，提出了许多经济主张，具有丰富的经济思想。他的经济思想，"垦荒，均田，兴水利"之七字方针是主线，而其基本思想，则在于他对其友王叙亭所说的一段话中。他说：

> 天无旷泽，地无旷力，人无旷土，治生之道也。家无三旷则家富，国无三旷则国富。③

---

① 钟錂：《颜习斋先生言行录》卷下。见《颜元集》，中华书局1987年版，第688页。
② 《存治编》。见《颜元集》，中华书局1987年版，第104页。
③ 钟錂：《颜习斋先生言行录》卷下。见《颜元集》，中华书局1987年版，第662页。

第九章　颜元的义利观

一　颜元义利观的主要内容

颜元的义利观，内容极为丰富，而其中值得首先论述的，则是他不仅初步认识到了正常的逐利行为对社会发展的促进作用，而且同时认识到了"乐善好施"会给社会造成负面影响，并大胆提出了"君子贵可常，不贵矫廉邀誉"这一命题。

逐利行为，长期以来为文人所不齿，而乐善好施则受到人们的普遍赞扬和提倡。颜元发现正常的逐利行为对社会发展具有促进作用，而乐善好施可能对社会具有一定的负面影响。因此，他不顾世俗的非议，勇敢地将自己的见解和主张向社会公开。在《颜习斋先生年谱》中，有一则关于颜元拒谢仪的记述，将颜元的这一思想表述得淋漓尽致：

> 有求文者，谢以仪，却之。语门人曰："君子贵可常，不贵矫廉邀誉。昔子路拯溺人，劳之以牛而不受，孔子责之曰：'自此鲁无拯溺者矣。'今蠢无医，自朱振阳施方医始也，博人无师，自吾家先三祖施馆教食学者始也。小子识之：吾之却此，有谓也，不可法也。"①

倡言"欲富"，鼓励致富，是颜元义利观的又一可贵之处。

中国历代学者，虽大多竞奔于名利场中，却也大多是高唱着"富贵于我如浮云"而去争名逐利的，极少有人敢公然倡言"富贵，吾所欲

---

① 李塨撰，王源订：《颜习斋先生年谱》卷上。见《颜元集》，中华书局1987年版，第745页。

也"。而颜元则不然，他不仅不避忌富贵之言，还公然断言："圣贤之欲富贵，与凡民同。"鼓励人们努力致富。在其弟子钟錂所编《颜习斋先生言行录》中，记有一段颜元与其好友赵太若的对话，清楚地阐明了他的这一观点：

> 赵太若居家富有，事烦劳攘，问曰："古云：'浊富不如清贫'何如？"先生曰："不然。'广土众民，君子欲之'，圣贤之欲富贵，与凡民同。古人之言，病在一'浊'耳。人但恐不能善用富也。大舜富有天下，周公富有一国，富何累人？今使路旁忽遇无衣贫老，吾但存不忍人之心耳，兄则能有不忍人之政矣，富何负人？要贵善施，不为守钱虏可乎！"①

在这里，颜元提出，欲富贵之心，不仅平民有，君子有，就是圣贤也同样具有。在这个问题上，他提出了两个原则：一是不能"浊"，即在致富和用富两个方面，都不能违背法律和伦理道德；二是要善于用富，不能做守财奴。以义为利，义利兼重，道功并收，是颜元对义利关系的基本主张。

从上述两节不难看出，颜元是较为典型的重利学派。然而，颜元重利却不轻义，他主张以义为利，义利兼重，道功并收。在其所著《四书正误》中，他对自己的这一观点做了精彩论述：

> 以义为利，圣贤平正道理也。尧、舜"利用"，《尚书》明与"正德"、"厚生"并为"三事"。"利贞"、"利用安身"、"利用刑人"、"无不利"、"利者，义之和也"：《易》之言"利"更多。孟子极驳"利"字，恶夫掊克聚敛者耳。其实，义中之利，君子所贵也。后儒乃云"正其谊，不谋其利"，过矣！宋人喜道之，以文其空疏无用之学。予尝矫其偏，改云："正其谊以谋其利，明其道而计其功。"②

---

① 钟錂：《颜习斋先生言行录》卷上。见《颜元集》，中华书局1987年版，第639—640页。
② 《四书正误》卷一。见《颜元集》，中华书局1987年版，第163页。

在《颜习斋先生言行录》之《教及门第十四》中，记有颜元与郝公函的一段对话：

> 郝公函问："董子'正谊明道'二句，似即'谋道不谋食'之旨，先生不取，何也？"
>
> 曰："世有耕种而不谋收获者乎？世有荷网持钩而不计得鱼者乎？抑将恭而不望其不侮、宽而不计其得众者乎？这'不谋''不计'两'不'字，便是老无、释空之根，惟吾夫子'先难后获'、'先事后得'、'敬事后食'三'后'字无弊。盖'正谊'便谋利，'明道'便计功，是欲速，是助长，全不谋利计功，是空寂，是腐儒。"
>
> 公函曰："悟矣。请问'谋道不谋食'。"
>
> 曰："宋儒正从此误，后人遂不谋生，不知宋儒之道全非孔门之道。孔门六艺，进可以获禄，退可以食力，如委吏之会计，简兮之伶官可见，故耕者犹有馁，学也必无饥。夫子申结不忧贫，以道信之也。若宋儒之学不谋食，能无饥乎？"①

可以看出，在义利关系问题上，颜元的基本主张就是"以义为利"。他是义、利并重，道、功兼收，既反对重义轻利者的虚妄，也反对见利忘义之徒的贪鄙。这在将程、朱理学钦定为官学的年代，确属难能可贵。他举《尚书》《易》以为己证，在那非儒不可崇的时代，应是适宜的理论根据，但这同时也说明，颜元终究未能脱出儒学的窠臼。

二 颜元义利观的成因

言行一致是颜元在义利关系方面的又一难能可贵处。在义利关系上也是这样，他不仅有正确的认识，而且还始终践履着自己的准则。于此颜元可资述论的行为主要表现在三个方面：一是取利并严守一个"义"字，即李塨在给颜元所致悼词中所说的"非其所有，一介不取"；二是如他自己所说的，"要贵善施"；三是在利益和事业发生冲突时，他能舍利益而重事业。

---

① 钟錂：《颜习斋先生言行录》卷下。见《颜元集》，中华书局1987年版，第671页。

在取利方面，颜元严守其自定的"以义为利"的准则，从不贪求不义之利、分外之财，他认为"有一钱不义得，亦贪恶"①。1676 年的正月二十七，颜元到集市，买麻不成，"信手拈麻一丝，将作鞭提"，但他转念一想，"麻未买而用其一丝，非义也"。于是他便将这丝麻还给了卖麻人。

1691 年，在颜元南游中原时，深泽县有位叫李柱的举人具币仪前来问学，因颜元不在，便放下币仪回深泽，颜元南游返乡后，立即将币仪归还李柱，并驰书问候。

颜元不仅自己洁好自守，他还经常教育自己的学生及后人也这样做。有一个雪夜，他与自己的养孙烤火取暖，别人家的柴草近而自家的柴草远，其孙本想就近取些来烧，但一想这不是自家的，不能取，就到远处取了自家的来烧。对养孙的这种思想和行为，颜元大加褒赏，说这有三好：一是暗夜不欺；二是义利分明；三是举念能断。并以此为教，鼓励学生和孩子们都这样做。

"要贵善施，不为财虏"是颜元的一大理财主张。他虽反对矫廉邀誉，但对确有经济困难而需要资助者，他则能做到解囊相助。如在他南游中州时，"过淇县，访王余严柔之，五公先生弟也，老病，留金于其孙世臣为养资。"②"至临城，拜乔百一，耄耋清苦，布衣单敝。馈以金，力却，出酒食，寒舍论学。"③其师友亲朋有难，凡能相助者，他都给予帮助。

视事业高于利益，即在谋利益与干事业发生矛盾时，颜元能为事业而弃利益，这是他的不俗之处。初设馆授徒，本为谋取生计而为，"解正学"后，恐教时文费功，有聘作馆师者，则辞之。如定州某人欲聘其为馆师，聘仪甚厚，颜元终不往就。"千年绝业往追寻，才把工夫认较真，吾好且须从学习，光阴莫卖于他人。"④这首小诗，把颜元中年以

---

① 李塨撰，王源订：《颜习斋先生年谱》卷下。见《颜元集》，中华书局 1987 年版，第 767 页。
② 李塨撰，王源订：《颜习斋先生年谱》卷下。见《颜元集》，中华书局 1987 年版，第 772 页。
③ 李塨撰，王源订：《颜习斋先生年谱》卷下。见《颜元集》，中华书局 1987 年版，第 773 页。
④ 李塨撰，王源订：《颜习斋先生年谱》卷上。见《颜元集》，中华书局 1987 年版，第 731 页。

后为事业而弃利益的宏图壮志表现得淋漓尽致。

　　在处理义利关系问题上，颜元还有一项非常值得记述的事，那就是他在处理与养祖父、养叔的利益关系时，做得大度而且妥当。其养祖父朱九祚，在亲生儿子与养孙之间，似有偏袒儿子的倾向，但颜元对此从不计较。朱九祚年老时，此行更甚，直到父子俩要加害颜元，而颜元则仍然无怨无悔地对养祖父尽扶养之责。颜元将朱家所有田产都交给了养叔朱晃，并替朱晃偿还了许多债务，自己则离开养祖父所在的蠡县刘村，到蠡县随东村另置田产度日。后来朱晃还要夺颜元在随东村的自置田产。尽管如此，颜元仍然以叔父待朱晃，不肯与之交恶。颜元在乡里口碑极佳，当与他的这些言行不无关系。

　　颜元以其智慧和博学，吸收并继承了中国历史上重利不轻义学者的求实思想，并清晰地认识到了重义轻利主张的乏用和无奈，同时，他又以其清醒的头脑和敏锐的洞察力，对社会现实有着深刻的认识。在颜元展开学术活动的清朝初年，程朱理学被定为国学，康熙皇帝还亲颁《性理精义》诸书，以禁锢学者思想和牢笼知识分子，同时，入主中原的满洲贵族又肆意圈占民田，毫无顾忌地侵占平民百姓赖以养生的田产。而一些敢于直言的人，有的被抄没，有的被诛杀，有的甚至被凌迟处死。在这种背景下，颜元敢于向程朱理学发起攻击，批判其存天理灭人欲的重义轻利思想，并贬斥那些不择手段侵人财富的行为，从中可以窥见其中的胆略和豪情。

第十章　颜元的军事思想

颜元一生，既未介入官场，亦未投身行伍，但他却给我们留下了一笔宝贵的军事思想财富，特别是他的"民皆兵"的思想，对近现代的中国军事影响重大。所以，对颜元的军事思想，决不可等闲视之，而对他的军事思想做一探索，或许有益于我们现今的国防建设。

一　颜元军事思想的主要内容

自孟子提出"善战者服上刑，连诸侯者次之，辟草莱、任土地者次之"①之后，许多儒者不屑于谈兵事，认为兵家讲诡道，不合儒家之"信"，兵家讲杀伐，不合儒家之"仁"。颜元生活的年代，孟子已被尊崇为儒家之亚圣，其学说也与孔子的学说一起，并称为"孔孟之道"，且被钦定为官方的学问，成为学子必修之课程。颜元虽自命真儒，恪守儒道，但在军事思想方面却提出了一个与孟轲截然相反的命题，那就是"善战者加上赏"：

> 草莱自是合当辟得。孟子恨他贪土地、佐军兴，便欲加次刑。又云孟子定三项人罪案矣。予则曰：善战者加上赏，连诸侯者次之，辟草莱、任土地者又次之。且以为孟子与予易地则皆然。盖七国皆周先王伯叔甥舅也，若非三等人启诱搬唆，便不至争城争地，致杀人盈城野之惨也。近世之祸，则在辽、金、元、夏。傥有三等人，生民不犹受干城之福哉！②

---

① 《孟子注疏》。见《十三经注疏》，中华书局1980年版，第2722页。
② 《四书正误》。见《颜元集》，中华书局1987年版，第232—233页。

有人问他:"兵术获罪圣门乎?"

颜元回答说:

> 然然,否否。今使予治兵三年而后战,则孙、吴之术可黜,节制之兵可有胜而无败。若一旦命吾为帅,遂促之战,则诡道实中庸也。此阳明子所以破宸濠,擒大鬃也。何也?率不择之将,以不教之民,畀之虎狼之口,覆三军,丧社稷,曰吾仁义之师,耻陷阱之术,此不惟圣门之腐儒,而天下之罪人矣!君子何取焉。①

对于时人重文轻武之偏见,颜元深为痛心。他说:"衣冠之士羞与武夫齿,秀才挟弓矢出,乡人皆惊,甚至弟子骑射武装,父兄便以不才目之。长此不返,四海溃弱,何有已时乎?"②

颜元认为,凡兵必诈,而兵之诈,并非不合儒之信,而恰恰合乎儒家倡导的"智";为了正义事业而英勇杀敌,并非不仁,而恰恰符合儒家的"仁""勇"之德。这样,他就把儒家倡导的三达德——"智""仁""勇",与军事紧密联系了起来。他说,汉高祖正是集中了张良之智、萧何之仁、韩信之勇,才成就了汉朝的一统事业,这就是仁义。基于此,颜元得出的结论是:"军者,天地之义气,天子之强民,达德之勇,天下之至荣也。"③他认为,古代童子荷戈以卫社稷,战死者以成人之礼葬之,这就是为了表示从军的光荣。他同时批评明朝政府将罪犯充军,这是把军人与罪犯同等看待,如此看待军人,疆场上怎么还会有同仇敌忾的将士呢?

颜元认为,中国之弱,就弱在兵农不一。"慨自兵农分而中国弱,虽唐有府兵,明有卫制,固欲一之。迨于其衰,顶名应双,皆乞丐、滑棍,或一人而买数粮。支点食银,人人皆兵,临阵遇敌,万人皆散。"④像这种情况,有兵等于无兵。"即其盛时,明君贤相理之有法,亦用之一时,非久道也。况兵将不相习,威令所摄,其为忠勇几何哉!"⑤要

---

① 钟錂:《颜习斋先生言行录》卷下。见《颜元集》,中华书局1987年版,第689页。
② 《存学编》卷二。见《颜元集》,中华书局1987年版,第58页。
③ 钟錂:《颜习斋先生言行录》卷下。见《颜元集》,中华书局1987年版,第688页。
④ 《存治编》。见《颜元集》,中华书局1987年版,第106—107页。
⑤ 《存治编》。见《颜元集》,中华书局1987年版,第107页。

解决这些弊端，颜元认为最好的措施就是建立"民皆兵、官皆将"的兵农合一的军事国防体制。这个体制，有九"要"：

> 一曰预养。饥骥而责千里则愚。上宜菲供膳，薄税敛，汰冗费，以足民食。
> 一曰预服。婴儿而役贲、育则怒。井之贤者为什，什之贤者为长，长之贤者为将，以平民情。
> 一曰预教。简师儒，申孝悌，崇忠义，以保民情。
> 一曰预练。农隙之时，聚之于场。时，宰士一较射艺；月，千长一较；十日，百长一较；同井习之不时。
> 一曰利兵。甲胄、弓刃精利者，官赏其半直，较艺贤者庆以器。
> 一曰养马。每井马二，公养之，仿北塞喂法。操则习射，闲则便老行，或十百长有役乘之。
> 一曰治卫。每十长，一牌刀率之于前，九人翼之于后。器战之法具《纪效新书》。
> 一曰备羡。八家之中，四骑四步。供役不过各二人，余则为羡卒，以备病、伤或居守。
> 一曰体民心。亲老无靠不卒；老弱不卒。出戍给耕，不税；伤还给耕，不税。死者官葬。[①]

颜元认为，这种兵农合一的军事国防体制有九"便"：

> 一曰素练。陇亩皆阵法，民恒习之，不待教而知矣。
> 一曰亲卒。同乡之人，童友日处，声气相喻，情义相结，可共生死。
> 一曰忠上。邑宰、千百长，无事则教农、教礼、教艺，为之父母，有事则执旗、执鼓、执剑，为之将帅。其孰不亲上死长！
> 一曰无兵耗。有事则兵，无事则民，月粮不之费矣。
> 一曰应卒难。突然有事，随地即兵，无征救求援之待。
> 一曰安业。无逃亡反散之虞。

[①]《存治编》。见《颜元集》，中华书局1987年版，第107页。

> 一曰齐勇。无老弱顶替之弊。
> 一曰靖奸。无招募异域无凭之疑。
> 一曰辑侯。无专拥重兵要上之患。①

在《颜习斋先生言行录》中，还记载有颜元关于作养将才方略的主张。他说：

> 武，凶事，不比文，当以历练为作养乃可用。以武生为乡落保长，其能守御捉贼者，即擢为郡邑关口守将；其守将之能守御捉贼者，即擢为总帅、参副之职。庶历练之干略，不比纸上之韬钤矣。不然，即尊崇一同科甲，恐亦如无用之文人而已。②

颜元是一个重实用的理想主义者。官员的擢升黜贬，恐怕是官场最复杂的事情了，要实行他的设想，谈何容易！但颜元所提供的思路又是较为正确的，即上级军官应当从下级军官中择优选拔。且所选拔之人，不应是那些仅仅能纸上谈兵者，更不应是那些蝇营狗苟者，而应是那些确实能"守御捉贼者"。

颜元极其重视军事教育，他认为，"学校也，教文即以教武"，③ 而不应当重文轻武。基于这种认识，他在自己所开办的"习斋"中，始终坚持对学生进行军事教育，并把军事课程列为学生的必修课。在他所拟"习斋教条"中，射、御、兵等不仅写进了"教条"，成为必修课，并且每十天中就有两天"习射"。六十二岁那年，颜元应聘主教漳南书院，他更是将"武备"与"文事"、"经史"、"艺能"等相提并论，列为四大主课之一。他不仅为武备单设一斋，排在"经史"与"艺能"之前，而且还为书院设计了"步马射圃"，以供师生习武练兵之用。尽管校舍尚未建好，学校在雨中开学，但学生的军事教育并未停止，而是积极进行。"读书、作文如常课，而习礼、歌诗、学书计、举石、超距、

---

① 《存治编》。见《颜元集》，中华书局1987年版，第107—108页。
② 钟錂：《颜习斋先生言行录》卷上。见《颜元集》，中华书局1987年版，第628页。
③ 《存治编》。见《颜元集》，中华书局1987年版，第107页。

击拳，率以肄三为程。讨论兵、农，辨商今、古，惟射以水不得学。"①从这些记载可以看出，颜元把军事教育课程放到了十分重要的位置。

颜元的军事教育课开得很实在，根本原因还在于他是一位终身习武的儒者，他善骑马、射箭、舞刀，中年以后还习用双刀。他经常与学生或朋友们比武，比赛项目有骑马、射箭、刀法等。他还经常因学生中没人能胜过他而深感不安。他希望学生们胜过他，使青出于蓝而胜于蓝。

技艺功夫而外，颜元对阵法也颇有研究。他说，虽然诸葛亮八阵之法失传，古良将成法难觅，但大体原则当如下述：

> 八千长率之于前，四邑将督之于后。左战而右翼之，则左正而右奇；右战而左翼之，则右正而左奇。前后之相应，内外之相接。无非前，无非后，无非左，无非右，无非正，无非奇。如循环，如鬼神，如天地。分张之，可围敌之弱，合冲之，可破敌之坚；敌攻之不可入，入之不可出；居则为营，战则为阵；亦乌可测其端，乌可穷其用也哉！②

这段阵法论，虽稍显虚空，却基本符合于军事辩证法。

二 颜元军事思想的成因及影响

促成颜元军事思想形成的因素主要有以下几个方面：

首先是家庭因素。我们知道，颜元虽是博野人，却是在蠡县刘村之朱家出生并长大成人的。他在朱家生活长达三十多年。颜元四岁时，其父便离家出走，是养祖父朱九祚将他教养成人的。而这位朱九祚颇有些军事才智，并在清初出任过兵备道的巡捕官。明朝末年，鉴于国事日非，朝廷曾派特使到保定，征集军事良策，无论草泽智勇、山林隐逸、里甲士民，俱许陈筹。朱九祚便应幕上言道：

> 今日之兵皆市井滑徒，顶名食粮，出则抢掠，战则奔逃，且逃

---

① 《习斋记余》卷二。见《颜元集》，中华书局1987年版，第413—414页。
② 《存治编》。见《颜元集》，中华书局1987年版，第108页。

后并不知其为谁,此所以仓库日空而战无一卒也。某有不费粮饷,不事招募,可战而不可逃之兵数万,居则八府无警,出则两难可平。①

特使见言惊异,便召他前来问以究竟,朱九祚回答说:

编各州县富民子弟习弓马者,十家共一兵,复其杂役,马甲器刃令自备,居常训练。每兵一副卒,正兵伤,则提副卒补。伍兵土著不可逃,且一身勤王,十家安枕,其孰肯逃?兵利粮给,取之不穷。②

明廷虽未采纳此策,但在而后的明、顺、清政权更替之际,社会极度动荡,朱九祚用他组织的乡勇,曾两度发挥了作用:一次守住了蠡县城,一次稳定了其乡里。颜元是在朱九祚身边长大成人的,朱九祚的这一思想对他提出"人皆兵、官皆将"的主张当不无影响,只不过颜元的主张已比朱九祚有着明显的发展。颜元心目中的兵源,已不只限于富家子弟,而是要"全民皆兵""凡官必将"了。

其次是蒙师因素。颜元的启蒙教师吴持明,不是一个酸腐书生,而是一位颇想在军事上有所作为的干才。他不仅"能骑、射、剑、戟",而且曾"潜心百战神机,参以己意,条类攻、战、守事宜二帙"。只因晚明政府不肯起用,他才以行医、设馆为业而隐遁民间。颜元在他身边就学5年,吴持明好兵尚武的思想,自然会对颜元产生不小的影响。李塨在《颜习斋先生年谱》中于此曾感慨地说:"盖先生之学,自蒙养时即不同也。"③

再次是历史因素。颜元自青年时代起便决心弃八股举业而务实学,故对《资治通鉴》、历代史籍、兵书等从实用角度多加潜心研究,这对他的军事思想的形成当影响重大。

---

① 《习斋记余》卷十。见《颜元集》,中华书局1987年版,第583页。
② 《习斋记余》卷十。见《颜元集》,中华书局1987年版,第583页。
③ 李塨撰,王源订:《颜习斋先生年谱》卷上。见《颜元集》,中华书局1987年版,第708页。

第十一章　颜元的礼仪思想

礼是中国传统文化的重要内容。在中国历史上，最为重礼的学派是儒家。颜元自认真儒，故他对礼极为重视。他不仅出言重礼，而且行必遵礼。众所周知，颜元对教育进行了大刀阔斧的改革，然而，唯独在礼仪方面，却保留甚多。而颜元在学术上与程、朱理学之分道扬镳，其肇端居然也是在礼的问题上。因此，本章准备讨论三个方面的问题：一是颜元对礼的重视，二是礼的本质及其历史演化，三是社会转型与礼仪重构。

一　颜元对礼的重视

颜元极为重礼。他说：

> 道莫切于礼，作圣之事也。今人视礼之精巨者曰不能，粗细者曰不必，是使圣人无从学也。有志者，先其粗，慎其细，学得一端，亦可。即如出告、反面，苟行之，家道不亦秩，孝悌不亦兴乎！①

在这里，颜元将行礼与作圣联系了起来，从中不难看出他对礼的重视程度。

颜元重礼的思想意识，在他的教育思想和教育事业中也有着充分的表现。1667年，三十三岁的颜元应邀到辛兴村设学任教，当时他为该

---

① 李塨撰，王源订：《颜习斋先生年谱》卷下。见《颜元集》，中华书局1987年版，第788页。

校制订的"学规",完全是有关礼仪方面的内容。该"学规"中写道:

> 每晨谒先圣孔子揖,出告、反面揖,揖师不答。朔望率拜先圣,揖师,师西面答揖。节令拜师,师答其半。朔望令诸生东西相向揖,节令相向拜。①

之所以立这样一个"学规",是因为当时的颜元认为,人"得仁则富,行礼则贵"②。

二 颜元与程朱礼学的决裂

两年后,著作《存性编》和《存学编》,开始了对程、朱理学的批判。同时,将所办学校名称也由"思古斋"易为"习斋",在学校中开始进行实学教育。但从其1675年制订的"习斋教条"看,他在进行实学教育的同时,却未放弃对礼的重视。该"教条"规定,每逢三、八的日子为习礼日,即每十天中,要有两天"习礼"。不仅如此,该"教条"还对师生及同学之间的礼仪作了进一步的规范,同时,还将礼仪规范从学校内扩展到了学生家中,甚至路上,关系范围也从师—生、生—生扩展到学生与父母以至夫妻之间。这些都凸现出颜元对礼仍极为重视。颜元的重礼,当时在北方已颇负盛名,有的人不远数百里前来拜在门下,就是为了向他学礼。

颜元重礼,还表现在他个人的行为上。他致书朋友说:"仆不自揣,勉力于礼,尝率三五庸俗弟子习行于敝斋。凡家中冠、婚、丧、祭,不敢不如礼。"③ 其实岂止冠、婚、丧、祭,颜元居家处世,无不尽力循礼而为。对此,李塨在给颜元所致悼词中有一个基本概括。李塨说:

> 先生崛起侧陋,直以圣道为己任,以为圣人必可学而至,希贤

---

① 李塨撰,王源订:《颜习斋先生年谱》卷上。见《颜元集》,中华书局1987年版,第724页。
② 李塨撰,王源订:《颜习斋先生年谱》卷上。见《颜元集》,中华书局1987年版,第724页。
③ 《习斋记余》卷四。见《颜元集》,中华书局1987年版,第458页。

则已卑。方总角,即能干师门内难。及长,躬灌园,事恩祖,甘毳随欲敬进,虽劳不怨。日五漏起,坐必直首端身,两足分踏地,不逾五寸,立不跛,股不摇移,行折必中矩,周旋必中规,盛暑,终身未尝去衣冠。尊长,恤族里。与王法乾十日一会,纠日记,记详十二时言行,时下圈黑白,别欺慊。好言论,行尝忤俗,然生平无一言非道,无一事不以尧、舜、周、孔相较勘。朔望谒家祠,二时祭以及冠、昏,力行古礼。居丧倚庐垩室,衰麻无时哭,三年不懈,虽功、缌皆如礼,无少假。待妻如君,抚子如师,屋漏独居,身未尝倾敧,是为先生之躬行。①

李塨的叙述和评价,看似溢美,实无过誉。生活中的颜元,确能曲尽其礼。例如,为了寻找自己离家出走的生父,颜元每遇东出山海关的人,都拜传寻父报帖。到他五十岁时,尽管"贫无立锥"②,他不惜借贷求助,决计只身东出山海关寻访生父。行前,他辞生奠亡,以不负亲友,归后,以隆重之礼葬父主。为尽孝道,他特向教谕报了丁忧。而当教谕不愿为他上报丁忧时,颜元坚决不易服应考,并因此连仅有的一个诸生身份,也放弃了。

颇耐人寻味的是,颜元与程、朱理学的决裂,肇其端者居然也是因"礼"而起。1668年,颜元的养祖母刘氏病故。颜元一则因养祖母深恩,一则因生父出亡在外,便决计代父尽孝道。于是,在治丧期间,他完全按照朱子的礼仪行事,差点儿被折磨致死。颜元觉得,礼本缘情而设,如此之礼,似有违人之性情,于是他便将朱子之礼与古礼相比较,竟发现朱礼并非先圣古礼。颜元因此而著《居丧别记》以述原委,同时也因此而觉悟到,周公之六德、六行、六艺,孔子之四教,才是正学,静坐读书,乃程、朱、陆、王为禅学、俗学所浸淫,不是正务,并因之而著《存性编》和《存学编》,展开了对程、朱、陆、王之学的批判。

颜元也重礼,然而颜元对礼有着自己的全新的理解。颜元认为,

---

① 李塨撰,王源订:《颜习斋先生年谱》卷下。见《颜元集》,中华书局1987年版,第794页。
② 王锺翰:《清史列传》,中华书局1987年版,第5325页。

"礼为圣人之道"①，而圣人制礼，是要借万物之理以调剂人性，目的是为了"使生民、天地皆尽其性、践其形"。颜元说：

> 天之生万物与人也，一理赋之性，一气凝之形。故吾养吾性之理，尝备万物之理以调剂之；吾养吾形之气，亦尝借万物之气以宣洩之。圣人明其然也，是以画衣冠，饬簠簋，制宫室，第宗庙，辨车旗，别饮食，或假诸形象羽毛以制礼，范民性于升降、周旋、跪拜、次叙、肃让；又镕金、琢石、窍竹、纠丝、刮匏、陶土、张革、击木，文羽籥，武干戚，节声律，撰诗歌，选伶伃，以作乐，调人气于歌韵舞仪，畅其积郁，舒其筋骨，和其血脉，化其乖暴，缓其急躁，而圣人致其中和以尽其性、践其形者在此，致家国天下之中和、天地之中和，以为位育，使生民、天地皆尽其性、践其形者，亦在此矣。②

不难看出，颜元之借礼以尽性践形的思想与程、朱之借礼以"灭人欲"的思想已是别同天渊。

---

① 《习斋记余》卷四。见《颜元集》，中华书局1987年版，第458页。
② 《习斋记余》卷四。见《颜元集》，中华书局1987年版，第457—458页。

第十二章 颜元的崇儒思想

宋朝以后，尊孔崇儒实际已经变成尊崇宋儒，即颜元所说的，"宋儒，今之尧、舜、周、孔也"①。并且由于接受并吸收了释、道两家的一些思想，儒学也已有所改变。到明末清初，由于社会的动荡不安，民间的一些其他宗教也多有抬头。鉴于此，颜元提出了他的崇儒思想。其基本主张可用"崇儒辟异"四个字来概括。稍作扩展，则可以说是"变儒而崇，辟异有异"。所谓"变儒而崇"，是指颜元所崇的儒并非当时传统之儒学，而是经他改造过的一个全新的学派，而所谓"辟异有异"，则是指颜元对非儒学派虽一律都予以批判，但他也考虑到了对不同学派的区别对待。本章拟先谈颜元对非儒学派的认识与批评，再谈颜元对儒的认识与尊崇，最后对颜元的崇儒思想做些分析研究。

一　颜元对非儒学派的认识与批评

颜元将儒学视为圣学，而将所有非儒之学统统称之为"异端邪说"，并予以严厉批判。如他说：

> 迨秦汉而降，数千载之大防尽坏，数圣人之制作尽湮，不惟无礼、乐之陶淑，风俗之薰沐，且有诗、文、曲、赋一切浮华奇巧之技，以蛊耗人之心思，仪、秦、申、韩、杨、墨、佛、老一切诡诞异端之徒，以蒙惑人之学术。②

---

① 《存学编》卷一。见《颜元集》，中华书局1987年版，第48页。
② 《习斋记余》卷四。见《颜元集》，中华书局1987年版，第446页。

不难看出，颜元不仅将儒以外的各家学者都斥为"异端之徒"，并且连诗、文、曲、赋等文学艺术也都视为"浮华奇巧之技"。颜元的矛头所向，连民间的一些会道，也难免其诛。颜元说：

> 自圣学不明，邪说肆行，周末之杨、墨，今日之仙、佛，及愚民之焚香聚会，各色门头，皆世道之蟊蠹，圣教之罪人也。①

基于这种认识，颜元便以圣教卫道者的战斗姿态，对"异端"、"邪说"进行了不懈的斗争。对此，其受业门人钟錂记述说：

> 异端之教，煽惑人心，蟊蠹世道，为害巨矣，其谁不宜辟之，而谁则肯辟之、能辟之乎！我习斋先生崛起儒林，躬任圣道，深忧异端之害，毅然以辟邪卫正为己任，著有《唤迷途》一书行世。每见异端，谆谆启牖，告以伦常，引之日用，则虽不必人尽返正，世尽去邪，而言距之功，自非浅鲜。②

诚如钟錂所说，在辟异方面，颜元的确做了大量批判。

首先，是撰文辟异。

颜元认为，凡异端之徒，皆属误入迷途，为使他们迷途知返，极厌著作的颜元特地著作了《唤迷途》一书，苦口婆心，试图唤那些误入迷途之人重归正道。此书后来加以充实、修订，易名为《存人编》，成为颜元"四存编"之一编。

其次，颜元认为僧道皆为异端，则应自定戒律，不有大故，不入寺庙，平日不交僧道，而遇僧道则劝其还俗。经颜元劝说而还俗的僧道，不乏其人。《颜习斋先生年谱》中记有这样一个典型事例：

> （颜元入京）寓白塔寺椒园，有僧无退者，大言曰："念经化缘僧，犹汝教免站营田秀才。参禅悟道僧，犹汝教中举、会试秀

---

① 李塨撰，王源订：《颜习斋先生年谱》卷上。见《颜元集》，中华书局1987年版，第742页。

② 钟錂：《颜习斋先生辟异录序》。见《颜元集》，中华书局1987年版，第601页。

才。"先生（指颜元）曰："不然，吾教中中举、会试秀才，正是汝教念经化缘和尚。吾教自有存心养性秀才。"僧又侈夸佛道，先生曰："只一件不好。"僧问之，曰："可恨不许有一妇人。"僧惊曰："有一妇人，更讲何道！"先生曰："无一妇人，更讲何道？当日释迦之父，有一妇人，生释迦，才有汝教；无退之父，有一妇人，生无退，今日才与我有此一讲。若释迦父与无退父，无一妇人，并释迦、无退无之矣，今世又乌得佛教，白塔寺上又焉得此一讲乎！"僧默然兆页首。逾日复来，先生迎谓之曰："无退参禅悟道，连日何轻出禅关也？"曰："僧之削发师即生父母，参禅师即受业师。今悯众寺和尚，某削发师也，将归西矣，贫无葬具，力募竣事耳。"先生曰："吾知汝不募缘久矣，今乃为即生父母破戒，非即孝亲之意乎？"曰："然。"僧绍兴人，因诘之曰："绍兴有父母否！"曰："无。""有墓否？"曰："有。""孰拜扫乎？"曰："有兄。"先生曰："即生父母，尚多一'即'字，遂破戒以尽孝。真父母宜如何？乃舍其墓于数千里外而不省，舍汝兄于数千里外而不弟，此际不当一思欤？"僧俯首泣下，长叹曰："至此奈何！"曰："未晚也，足下年方富，返而孝悌何难？"先生行后，无退南归。①

诸如此类的案例，所记无多。
再次，颜元将辟异思想贯穿到了其教育事业之中。
为贯彻其辟异思想，颜元严令习斋学生曰：

> 禁邪僻。自圣学不明，邪说肆行，周末之杨、墨，今日之仙、佛，及愚民之焚香聚会，各色门头，皆世道之蟊蠹，圣教之罪人也。汝等勿为所惑，勿施财修淫祠，勿拜邪神，勿念佛，勿呼僧道为师。若宗族邻里惑迷者，须感化改正。至于祖父有误，喻之于道，更大孝也。违者责，罪重者逐。②

---

① 李塨撰，王源订：《颜习斋先生年谱》卷上。见《颜元集》，中华书局1987年版，第713—714页。
② 李塨撰，王源订：《颜习斋先生年谱》卷上。见《颜元集》，中华书局1987年版，第742—743页。

这条禁令，系"习斋教条"中之一。"习斋教条"共有二十条，许多条都有责罚条款，但其他条中之责罚，多是"违者责"，至多也仅是"重责"，唯独此一条列有"逐"——开除学籍的处罚，从中亦可见颜元对禁邪僻之重视。

颜元对异端虽一律予以批判，但他终究认为诸异端之间还是有区别的。如《习斋记余》记其言曰："吾尝论邪说矣：杨、墨、仙、佛，皆异端也，必不得靖，宁使杨、墨行世，犹利七而害三也。"① 在《朱子语类评》中，颜元也评说道：

> 霸术之盛者拟于王，即不王矣，而其霸业犹足以持气运，福生民。杨氏之精实似义，墨氏之博爱似仁，即不仁义矣，而其"为我""兼爱"犹足以自全庇物，而生民亦犹食其福，气运犹受其持。刑名家不仁不义矣，而火烈鲜死，威力把捉，而生民亦犹受其不仁中之仁，不义中之义，而阴受祸中之福，气运亦犹降而不降。②

于此可见，对于儒外诸子百家，颜元虽都视为异端邪说，多予批判，但尚能辩证对待之，看到其可取的一面。而唯独对宋儒，颜元则深恶痛绝，他接下去写道：

> 惟至宋儒，积乾坤百害之成：其闭目静坐，禅宗也；著书、讲解，训诂也；集撰，古文大家也；吟咏，诗人也。衮缠至此，一无习行本领，而尧、舜、周、孔之真斯尽亡矣。生民何赖，天地何依哉！③

不难看出，颜元认为，儒中之程、朱比异端还异端，那颜元为何还崇儒呢？

二 颜元对儒的认识与尊崇

颜元虽极为崇儒，把儒学称为圣学，将儒教尊为圣教，并认为他教与

---

① 《习斋记余》卷九。见《颜元集》，中华书局1987年版，第555页。
② 《朱子语类评》。见《颜元集》，中华书局1987年版，第306—307页。
③ 《朱子语类评》。见《颜元集》，中华书局1987年版，第307页。

儒相比,"远若天渊,判若黑白,反若冰炭",① 是不可同日而语的,但颜元所崇之儒,迥非当时传统之儒,而是经他改造过的儒。他论儒者说:

夫儒者,学为君相百职,为生民造命,为气运主机者也。②

颜元认为,"儒之处也惟习行",而"儒之出也惟经济","离此一路,幼而读书,长而解书,老而著书,莫道讹伪,即另著一种《四书五经》,一字不差,终书生也,非儒也。幼儿读文,长而学文,老而刻文,莫道帖括词技,虽左、屈、班、马、唐、宋八家,终文人也,非儒也。"③ 儒不在诗书而在"实地","求之实地,虽六德之一德,六行之一行,六艺之一艺,不自失为儒也",④ 若不务实,虽"读尽天下书而不习行六府、六艺,文人也,非儒也,尚不如行一节、精一艺者之为儒也"⑤。

基于对儒的这种认识,颜元对一些历史人物进行了评判。他认为,从远古诸圣一直到周、孔,他们"率皆实文、实行、实体、实用,卒为天地造实绩,而民以安,物以阜"⑥,所以他们是为生民造福、为气运主机的真儒。秦、汉以后,诸如张良、萧何、韩信、曹操、诸葛亮、王安石、岳飞一流的人,虽不免杂于霸术,但仍不失为有功于生民、世道的贤才,故也都有功于儒教。唯独从事于汉之章句训诂、宋之集撰注疏的那些文人,虽自称为儒者,其实都是伪儒。但如果比较汉、宋,则"汉儒强似宋儒"⑦。对此,颜元说:

吾尝论儒术矣:汉之滥觞,宋之理学,皆伪儒也;必不得已,宁使汉儒行世,犹虚七而实三也……宋人则有事外之理、行外之文,且牵释、老附会《六经》《四子》中,使天下迷酗,弃尧、舜之道,亡孔子之业,卒致普地庠塾无一可用之人才,九州职位无一

---

① 《存学编》卷二。见《颜元集》,中华书局1987年版,第57页。
② 《习斋记余》卷三。见《颜元集》,中华书局1987年版,第440页。
③ 《习斋记余》卷三。见《颜元集》,中华书局1987年版,第440页。
④ 《存人编》卷二。见《颜元集》,中华书局1987年版,第138页。
⑤ 《存学编》卷一。见《颜元集》,中华书局1987年版,第50页。
⑥ 《存学编》卷一。见《颜元集》,中华书局1987年版,第47页。
⑦ 《朱子语类评》。见《颜元集》,中华书局1987年版,第258页。

济世之政事，是以莫之御而儒统至此也，莫之御而世道至此也。①

为此，颜元说：

> 仆妄论宋儒，谓是集汉晋释老之大成者则可，谓是尧、舜、周、孔之正派则不可。②

颜元认为，伪儒的危害是相当大的。故他说：

> 世宁无儒，不可有伪儒，无儒犹可望世之有儒，有伪儒则世不复有儒矣，此君子所以恶夫文人、书生也。③

而对于宋儒的危害，颜元论之曰：

> 迨秦火之后，汉儒掇拾遗文，遂误为训诂之学。晋人又诬为清谈，汉唐又流为佛、老，至宋人而加甚矣。仆尝有言，训诂、清谈、禅宗、乡愿，有一皆足以惑世诬民，而宋人兼之，乌得不晦圣道、误苍生至此也！仆窃谓其祸甚于杨、墨，烈于嬴秦；每一念及，辄为太息流涕，甚则痛哭。④

而在政治上，颜元则痛斥道：

> 宋儒为金、辽、元、夏之功臣。⑤

至于儒学内部的朱、陆之争，颜元说：

> 章句之惑，陆轻于朱；禅寂之妄，朱减于陆。遂各立宗传，标门

---

① 《习斋记余》卷九。见《颜元集》，中华书局1987年版，第555—556页。
② 《存学编》卷一。见《颜元集》，中华书局1987年版，第48页。
③ 钟錂：《颜习斋先生言行录》卷下。见《颜元集》，中华书局1987年版，第686页。
④ 《习斋记余》卷三。见《颜元集》，中华书局1987年版，第439页。
⑤ 《朱子语类评》。见《颜元集》，中华书局1987年版，第281—282页。

户，以相角；而其支分蔓引者，见地更不及前人，而争辩诟詈益甚。起端者如耽诗画说闲嘴之子弟，堂构耕耘之不恤也；继角者又如兄弟争詈斗殴，干戈辞讼日循焉。世世相袭而益甚，所惑者偏聪明雄特之人，坐罪者偏圣贤自命之子，家声乌得不废坠，祖产乌得不荡败也哉！①

颜元认为，朱、陆之争，无论孰胜孰败，都无济于世，而遭殃的都是"斯世斯民"，他说：

> 果息王学而朱学独行，不杀人耶！果息朱学而独行王学，不杀人耶！今天下百里无一士，千里无一贤，朝无政事，野无善俗，生民沦丧，谁执其咎耶！吾每一思斯世斯民，辄为泪下！②

明末清初，孙奇逢拟调和朱、陆，息斗罢争，颜元则致书论之曰：

> 某殊切杞人之忧，以为虽使朱学胜陆而独行于天下，或陆学胜朱而独行于天下，或和解成功，朱、陆合一，同行于天下，则终此乾坤，亦只为当时两宋之世，终此儒运，亦只如说话著书之道学而已，岂不堪为圣道生民长叹息乎！③

总之，颜元认为，清初之学术，无论是程、朱理学，还是陆、王心学，都不是儒学真传，只有那实文、实行、实体、实用的实学，才是儒学真谛，才能造福生民，有利世道。只有那务实之儒，才是真儒，也才是颜元所尊崇的儒。

三　对颜元崇儒思想之认识

颜元的崇儒思想，颇具特色，对它做些分析研究，似很有必要。首先，我们看一看颜元崇儒思想的本质。

---

① 《习斋记余》卷六。见《颜元集》，中华书局1987年版，第496页。
② 《习斋记余》卷六。见《颜元集》，中华书局1987年版，第494页。
③ 《存学编》卷一。见《颜元集》，中华书局1987年版，第47页。

如果我们透过现象看其本质，可以看出，颜元之崇儒，不过是崇"实"而已，他是在打着"儒"的旗帜，宣传自己独特的实学思想。而颜元之"辟异"，从本质上看，也只是在辟"虚无"，辟"浮华"。针对"佛道说真空，仙道说真静"，颜元提出要"以实药其空，以动济其静"[1]，这无疑是可取的。并且，颜元矛头所向，主要集中在程、朱理学和佛、道二教，而这些对象不仅为当时大多数人所认可，而且还是清初统治者所提倡和尊崇的。颜元也已认识到，"此言一出"，就有可能成为"天下罪人"，但是为了"斯世斯民"，他"愿为罪人而不惶恤矣"[2]。

其次，我们探索一下颜元崇儒思想产生的根源。

颜元这种思想的产生，虽不无历史学术渊源，但是我们认为最主要的还是根源于颜元的艰苦的生活和劳动的生涯，以及由此而决定的他的劳动人民的立场和由此而产生的他的唯实主义的思想方法。这种条件，既决定了颜元思想的实用优势，同时也决定了颜元思想中或多或少存在的偏激和狭隘。

再次，我们将颜元的崇儒思想与董仲舒的"罢黜百家，独尊儒术"做一简单比较。

同样是具有狭隘性的学术主张，颜元的崇儒思想与董仲舒的"罢黜百家，独尊儒术"有着本质的不同。这不同，首先表现在内容上。颜元所崇之儒，乃实学之儒，而董仲舒独尊之儒，是纲常之儒。这不同，还表现在目的上。颜元的出发点在"生民"，而董仲舒的出发点在统治者。所以两个浑然相似的主张具有截然不同的性质。

最后，我们对颜元年轻时提出的"靖异端"的具体方略予以分析批判。

颜元二十四岁时，曾著作《王道论》，后更名《存治编》，列为其"四存编"之一编。在该书之"靖异端"一节中，颜元提出了用于靖异端的九个方略，其内容如下：

    一曰绝由。四边戒异色人，不许入中国。
    二曰去依。令天下毁妖像，禁淫祠。

---

[1] 《存人编》卷一。见《颜元集》，中华书局1987年版，第125页。
[2] 《习斋记余》卷六。见《颜元集》，中华书局1987年版，第494—495页。

三曰安业。令僧道、尼姑以年相配，不足者以妓继之，俱还族。不能者各入地籍，许鬻寺观瓦木，以易宅舍；给香火地或逃户地，使有恒产。幼者还族，老而无告者入养济院，夷人仍纵之去，皆所谓"人其人"也。

四曰清孽。有为异言惑众者诛。

五曰防后。有窝佛、老等经卷一卷者诛，献一卷者赏十两，讦窝者赏五十两。

六曰杜源。令硕儒多著辟异之书，深明彼道之妄，皆所谓"火其书"也。

七曰化尤。取向之名僧长道，令近正儒受教。

八曰易正。人给《四书》《曲礼》《少仪》《内则》《孝经》等，使朝夕诵读。

九曰明法。既反正之后，察其孝行或廉义者，旌表显扬之，察其愚顽不悟者，责罚诛戮之，皆所谓"明先王之道以教之"也。[1]

颜元认为，只要施行他这套方略，"则群黎不邪慝，家户有伦理，男女无抑郁之气而天地以和，兆姓无绝嗣之惨而生齿以广，征休召祥，蔑有极矣"[2]。如果颜元的这套方略得以实施，不仅不会达到他所设想的目的，并且还会适得其反，导致社会的衰落和人民的不幸。为什么呢？

因为社会的发展速度与广大劳动人民的自由程度和社会开放程度呈正相关。这里的自由，既包括政治经济的，也包括思想文化的。而思想文化专制本身，即已是政治经济不自由的反映。所以在思想文化专制的前提下，社会不可能有根本的繁荣和快速的发展，广大劳动人民的生活也就不可能得以根本改善。

总之，颜元尚实的思想是可取的，辟异的主张也有可借鉴之处，而其靖异端的九个方略多不可取。国门不可关，自由不可无。世界文化多元化已成定势，清一色再无可能。最自由开放的民族才是世界上最有希望的民族。

---

[1] 《存治编》。见《颜元集》，中华书局1987年版，第116页。
[2] 《存治编》。见《颜元集》，中华书局1987年版，第117页。

第十三章　颜元的哲学思想

探讨颜元的哲学思想，首先有两个问题需要说明。

其一是，在颜元所处的时代，中华学术分野，尚无如我们现今所谓的哲学科目，当时学人的哲学思想，多是在讨论一些具体问题的过程中顺便表达出来的。所以，即使在哲学史上较为知名的颜元，也没有典型意义上的哲学著作，他的哲学思想，也多是在论学、论教、论治、论人性等过程中顺便表达出来的。因此，我们讨论颜元哲学思想的时候，相关论据也往往是与他的学、教、治以及人性学说分不开的。

其二是，颜元的哲学思想，既建筑在宋、明理学的基础之上，又是通过批判宋、明理学而建构起来的。所以在讨论颜元哲学思想时，离不开对程、朱理学及陆、王心学的追寻。

一　理气皆天

"理"与"气"这对哲学范畴，可以说是宋、明理学的最重要的哲学范畴。特别是程、朱之学，对此尤重。其学称为"理学"，这名称本身便透出了两个信息：一是在诸多范畴中，对"理"与"气"这对范畴的重视；一是在"理"、"气"二者之中，对"理"的特别重视。程、朱学派认为，气是形而下者，而理则是形而上者，并且，理、气还有先后之别，那就是理先气后，先有理，后有气。

颜元则认为程朱学派的理先气后、理上气下的理论是极其错误的。他明确提出："气即理之气，理即气之理"。[①] 理气是"融为一片"[②] 而

[①]《存性编》卷一。见《颜元集》，中华书局1987年版，第1页。
[②]《存性编》卷二。见《颜元集》，中华书局1987年版，第21页。

不可分的。他说："若无气质，理将安附？"①

颜元认为，世间万物之形，都由此气凝结而成，而理之在物，即物之性也。性与形的关系也同理与气的关系一样，是不可分割的：

> 形，性之形也；性，形之性也。舍形则无性矣，舍性亦无形矣。失性者据形求之，尽性者于形尽之，贼其形则贼其性矣。②

近世论者对颜元的理气观多有误解，甚至对程、朱理气观的判断也有失当。如《颜习斋学谱》《颜习斋与李恕谷》等书中都认为程、朱是二元论者。程、朱既然认为理在气先，基本同于黑格尔的"绝对精神"说，则"二元"之说恐有失当。

对颜元的理气观的误解就更明显了。他们认为颜元理气观中的"理"，指的是"精神"，而"气"则指的是"物质"，这有不妥。颜元说："理气皆天。"③ 其理气观中的"气"的概念，近似于现今哲学所讲的"物质"范畴，而颜元理气观中"理"的概念，却根本不是现今哲学所讲的"精神"范畴。对此颜元、李塨都有过说明：他们所讲的"理"，指的是物"则"④，如同"木之纹理"⑤"玉之脉理"事之条理。（参见《中国古代著名哲学家评传》第三卷，第946页）而这些概念，不与"精神"同，如欲在现今哲学中寻觅与其相近的概念，则应是物质的"运动规律"之类。而物质的"运动规律"，并不属"精神"范畴。"运动规律"，只有被人反映之后，它才形成"精神"，而"运动规律"本身不能等同于"精神"。颜元的理气观，从相通（而不是相同）的意义上说，倒应是近似于马克思主义哲学的"没有物质的运动和没有运动的物质都是不可能的"这一判断。物质就是"气"，而运动则是物质的存在方式，即物之"则"。当然，这只是就通类而言，颜元还远未认识到这么深刻。但无论如何，将颜元理气观的"理"解作"精神"也是不当的。因为"物"之"则"不等于"精神"，它只有被人认识之

---

① 《存性编》卷一。见《颜元集》，中华书局1987年版，第3页。
② 《存人编》卷一。见《颜元集》，中华书局1987年版，第128页。
③ 钟錂：《颜习斋先生言行录》卷上。见《颜元集》，中华书局1987年版，第642页。
④ 参见《存性编》卷一。见《颜元集》，中华书局1987年版，第14页。
⑤ 《四书正误》卷六。见《颜元集》，中华书局1987年版，第246页。

后,才能变成"规律"。而如何去认识"物"与"则",如何获知与求知,则是我们下节所要讨论的内容。

二 格物致知

"格物致知"本是《大学》中的用语,经颜元一发挥,便成了他讨论认知与求知的基本用语。的确,就在对这组用语的理解上,体现了不同学派关于认知与求知的不同风格。也正是通过对这组用语的理解、阐释和使用,颜元把自己实践第一的观点表达得淋漓尽致。他说:

> 按"格物"之"格",王门训"正",朱门训"至",汉儒训"来",似皆未稳。窃闻未窥圣人之行者,宜证之圣人之言,未解圣人之言者,宜证诸圣人之行。但观圣门如何用功,便定"格物"之训矣。元谓当如史书"手格猛兽"之"格","手格杀之"之"格",乃犯手捶打搓弄之意,即孔门六艺之教是也。①

"格"是"手格猛兽"之"格","手格杀之"之"格",那"物"又是指什么呢?颜元说:"吾断以为'物'即'三物'之物。"②

所谓"三物",是"六德"(智、仁、圣、义、忠、和)、"六行"(孝、友、睦、姻、任、恤)、"六艺"(礼、乐、射、御、书、数)的统称。颜元说:

> 周先王以"三物"教万民,凡天下之人、天下之政、天下之事,未有外于物者也。二千年道法之坏,苍生之厄,总以物之失耳。秦人贼物,汉人知物而不格物,宋人不格物而并不知物,宁第过乎物,且空乎物矣。③

---

① 《习斋记余》卷六。见《颜元集》,中华书局1987年版,第491页。
② 《四书正误》卷一。见《颜元集》,中华书局1987年版,第159页。
③ 《习斋记余》卷九。见《颜元集》,中华书局1987年版,第555页。

他又说：

> 思周公、孔子当逆知后世离事物以为道、舍事物以为学，故德、行、艺统名之曰"三物"，明乎艺固事物之功，德行亦在事物上修德制行，悬空当不得，他名目混不得。《大学》"三纲领""八条目"何等大？何等繁？而总归下手处，乃曰"在格物"。谓之"物"，则空寂光莹固混不得，即书本、经文亦当不得；谓之"格"，则必犯手抟弄，不惟静、敬、顿悟等混不得，即读、作、讲解都当不得。如此真切，如此隄防，犹有佛、仙离物之道，汉、宋舍物之学，乾坤何不幸也。①

"致知"在于"格物"，而"格物"就是亲手实做其事。颜元对认识来源于实践这一观点，坚定不移，他的名言是：

> 手格其物而后知至。②

颜元认为，你要想知道帽子暖不暖，一定要往头上戴一戴，你要想知道某种蔬菜是什么味道，一定要亲口尝一尝。③他多次批评那些轻视实践的人，"通不知梅枣，便自言酸甜"④。当学生李植秀向颜元请教"格物致知"这一问题时，颜元的解答是：

> 知无体，以物为体，犹之目无体，以形色为体也。故人目虽明，非视黑视白，明无由用也。人心虽灵，非玩东玩西，灵无由施也。今之言"致知"者，不过读书、讲问、思辨已耳，不知致吾知者，皆不在此也。⑤

既然认识来源于实践，那么，要想学得真知，也不可离开习、行。

---

① 钟錂：《颜习斋先生言行录》卷上。见《颜元集》，中华书局1987年版，第652页。
② 《四书正误》卷一。见《颜元集》，中华书局1987年版，第159页。
③ 《四书正误》卷一。见《颜元集》，中华书局1987年版，第159页。
④ 《存治编》。见《颜元集》，中华书局1987年版，第115页。
⑤ 《四书正误》卷一。见《颜元集》，中华书局1987年版，第159页。

颜元对朱熹等提倡的"半日静坐，半日读书"的方法，提出了严厉的批评：

> 吾夫子之道，合身心事物而一之之道也；吾夫子之学，"学而时习之"之学也。习礼、习乐、习射御、习书数，以至兵、农、钱、谷、水、火、工、虞，莫不学且习也，故曰"博学之"。朱子则易为"博读之"。观其言曰："不读一书，则一书之理不明。"又曰："凡书须读取三百遍。"考其功，曰："半日静坐，半日读书。"是看理都只在此书矣。①

颜元指出：

> 朱门一派，口里道是即物穷理，心里见得，日间做得，却只是读书讲论。他处穷事理之理说教好看，令人非之无举，此处（指专重读书讲论。陈注）现出本色，其实莫道不曾穷理，并物亦不能即。"半日静坐，半日读书"，那会去格物？②

对二程，颜元也曾予以批评。如有人问二程，"如何学可谓有得？"二程的回答是：

> 大凡学问，闻之知之皆不谓得。得者须默识心通。学者欲有所得，须是诚意烛理。③

颜元对此分析道：

> 程、朱言学至肯綮处，若特避六艺、六府之学者，何也？如此段言"闻之知之皆不为得"，可谓透宗语矣。下何不云，"得者须履中蹈和，躬习实践，深造以六艺之道，乃自得之也"？乃云"须

---

① 《习斋记余》卷六。见《颜元集》，中华书局1987年版，第490—491页。
② 《习斋记余》卷六。见《颜元集》，中华书局1987年版，第493页。
③ 《存学编》卷四。见《颜元集》，中华书局1987年版，第94页。

默识心通",不仍是知之乎?①

是"默识心通"、"诚意烛理"还是"履中蹈和,躬习实践",可以说是颜元实学与程、朱理学在认识论上的不同。

针对程、朱、陆、王轻视实践实习的教学方法,颜元提出,学射箭就要拉弓习射,学弹琴就要亲手弹奏,只读琴谱不等于学琴,更是学不会弹琴的。这也像走路一样,看路线图不等于走路,而那些轻视实践的人,恰是把看路线图当成了走路,一程一程看过,觉到好像都到过了,其实一步未行。圣人之言,也只是路引,如果不重实践,则路引越增越多,而大道上行人却越来越少。颜元说,"'有圣贤之言,可以引路',今乃不走路,只效圣贤之言便当走路。每代引路之言增而愈多,卒之,荡荡周道上鲜见其人也。诗云,'如匪行迈谋,是用不得于道',此之谓矣。"②

针对程、朱唯静坐读书的教学方法,颜元提出了自己的教学方法,即,用于讲读者十之一二,用于习行者十之八九。就是说,学生只有通过实习、实践,才能学取真知。宋儒不重实践,明儒不重实践,清儒也多不重实践,即使在颜元的高才朋友中,不重实践的也大有人在。对此,颜元慨叹道:

> 以张仲诚、王法乾二贤友之高才卓识,一则言操存明理,然后把明白心到物上去,是知至而后物格矣;一则知宋儒为不学无术,而口口只道明理,是知当格物而不愿出穷理之套矣。圣道不几亡乎?③

三 体用一致

颜元于学术、于理论,特别强调一个"用"字。他认为,学术的价值,理论的价值,关键就在于它的有用。他认为,没有实用价值的理

---

① 《存学编》卷四。见《颜元集》,中华书局1987年版,第94页。
② 《存学编》卷三。见《颜元集》,中华书局1987年版,第86页。
③ 《四书正误》卷一。见《颜元集》,中华书局1987年版,第159—160页。

论，其本身就不是真理论。因而他说：

> 无用之体，不惟无真用，并非真体也。①

颜元认为：

> 吾儒起手便与禅异者，正在彻始彻终总是体用一致耳。②

自宋至明，儒者中除事功学派外，多不重实用实行。他们认为先以"功业为事"，是"代大匠斫"。而颜元则认为，《大学》之道，才言"明德"，就说"亲民"，这本身讲的就是要以功业为目的。入学就是要作大匠，学道艺就是要作"转世人"，就是要以改造世界为己任。③ 圣道之亡，就亡在了那些"注疏章句立宗传讲学之儒生"，他们"误认删述为圣，则注疏孔子之所删定为贤，不知孔子之圣不在删述也，删述者孔子之不得已也。孔子所留，经世谱也，而竟以文字读解为学，胥天下人而纳之无用，胥圣贤经传而玩为空文，袭经侮圣，莫此为甚。"④

颜元认为，"尧、舜名其道曰'三事'，周、孔名其道曰'三物'"，就是断定凡理都是源于"事"、"物"的"实理"，都是为了解决实际问题的有用之理，所以，凡理均不应脱离"事"与"用"，否则理就会成为象释家一样的"虚理"。他说：

> 宋儒偏处只是废其事。事是实事，他却废了，故于大用不周也。人皆知古来无无体之用，不知从来无无用之体，即为无用之体，则理亦虚理。⑤

正是因为不重"实事"与"实用"，宋儒已与佛教没有多少区别

---

① 《存学编》卷二。见《颜元集》，中华书局1987年版，第70页。
② 《存学编》卷二。见《颜元集》，中华书局1987年版，第55页。
③ 《存学编》卷四。见《颜元集》，中华书局1987年版，第95页。
④ 《习斋记余》卷六。见《颜元集》，中华书局1987年版，第495—496页。
⑤ 《朱子语类评》。见《颜元集》，中华书局1987年版，第285页。

了。佛是"谈虚之宋儒",而宋儒则是"谈理之释氏","其间不能一寸"①。颜元说:

> 释氏、宋儒,有伏而无作,有体而无用。不能作之伏,非伏也;无所用之体,非体也。②

这就明确断定,宋儒与佛一样,其理论就是因为无"作""用",才不具真理性。

颜元认为,儒之衰,世之坏,皆因不重实文实行实体实用所致。他说:

> 宋人则有事外之理,行外之文,且牵释、老附会《六经》《四子》中,使天下迷酣,弃尧、舜之道,亡孔子之业,卒致普地庠塾无一可用之人才,九州职位无一济世之政事,是以莫之御而儒统至此也,莫之御而世道至此也。③

颜元极重"实学"二字。他所谓实学,就是指来源于实践而又用于指导实践的实际有用的学问。颜元认为,中国两千年来学术界最严重的问题就是不重实学。"实学不明,言虽精,书虽备,于世何功,于道何补!"④他认为,程、朱、陆、王之学,正是因为脱离了实践,一是镜花水月,一是画饼望梅,都无补于事:

> 两派学辩,辩至非处无用,辩至是处亦无用。盖闭目静坐、读、讲、著述之学,见到处俱同镜花水月,反之身措之世,俱非尧、舜正德、利用、厚生,周、孔六德、六行、六艺路径;虽致良知者见吾心真足以统万物,主敬、著、读者认吾学真足以达万理,终是画饼望梅。画饼倍肖,望梅倍真,无补于身也,况将饮食一世哉!有

---

① 《朱子语类评》。见《颜元集》,中华书局1987年版,第285页。
② 《朱子语类评》。见《颜元集》,中华书局1987年版,第284页。
③ 《习斋记余》卷九。见《颜元集》,中华书局1987年版,第556页。
④ 《存学编》卷三。见《颜元集》,中华书局1987年版,第76页。

志者苟得吾《存学编》之意，两家之是非总可勿论，直追"三事"、"三物"，学而偏者贤，全者圣，一切故纸堆，宜付祖龙矣。①

当然，颜元重实用，却绝不是不重理论，他只是反对那些脱离实际的空洞说教而已。他说，他的《存学编》之作，就是为了解决这个问题的：

> 吾《存学编》之作，只为二千年纸上有《四书》《五经》，口上有《四书》《五经》，吾人身家、朝廷政事、海域边疆上全不见《四书》《五经》也。②

可见其目的就是想将理论与实际结合起来。对此，颜元曾举医学以为例证而加以说明：

> 辟之于医，《黄帝素问》《金匮》《玉函》，所以明医理也，而疗疾救世，则必诊脉、制药、针灸、摩砭为之力也。今有妄人者，止务览医书千百卷，熟读详说，以为予国手矣，视诊脉、制药、针灸、摩砭以为术家之粗，不足学也。书日博，识日精，一人倡之，举世效之，岐、黄盈天下，而天下之人病相枕、死相接也，可谓明医乎？愚以为从事方脉、药饵、针灸、摩砭，疗疾救世者，所以为医也，读书取以明此也。若读尽医书而鄙视方脉、药饵、针灸、摩砭，妄人也，不惟非岐、黄，并非医也，尚不如习一科、验一方者之为医也。读尽天下书而不习行六府、六艺，文人也，非儒也，尚不如行一节、精一艺者之为儒也。③

四　实践：认知的手段、目的与标准

"实践"一词，在颜元的著述中数次出现，而从他的哲学思想范畴来分析，"实践"有着三重价值：获知的手段、认知的目的以及检知的

---

① 《习斋记余》卷六。见《颜元集》，中华书局1987年版，第493页。
② 《习斋记余》卷六。见《颜元集》，中华书局1987年版，第507页。
③ 《存学编》卷一。见《颜元集》，中华书局1987年版，第50页。

标准。

关于实践是获知的手段,我们在"格物致知"一节实际已经论及,这里再补充一点,那就是颜元认为不经过实践的"知"不是真知,是靠不住的。比如我们平常所说的"静功修炼",颜元是既有亲身体验,也有目睹与耳闻,所以他对其中的虚妄也认识较深。在《存学编》卷二有这样一段文字:

> 静极生觉,是释氏所谓至精至妙者,而其实洞照万象处皆是镜花水月,只可虚中玩弄光景,若以之照临折戴则不得也。吾闻一管姓者,与吾友汪魁楚之伯同学仙于泰山中,止语三年。汪之离家十七年,其子往觅之,管能预知,以手画字曰:"汪师今日有子来。"既而果然。未几,其兄呼还,则与乡人同也。吾游北京,遇一僧敬轩,不识字,坐禅数月,能作诗,既而出关,则仍一无知人也。盖镜中花,水中月,去镜水则花月无有也。即使其静功绵延一生不息,其光景愈妙,虚幻愈深,正如人终日不离镜水,玩弄其花月一生,徒自欺一生而已,何与于吾性广大高明之体哉!故予论明亲有云:"明而未亲,即谓之明,非《大学》之明也。"①

颜元不仅见多识广,而且既曾学仙家之修炼,亦曾效程、朱之静坐,故于此较具发言之权。颜元认为,不仅"修炼"之功不可靠,即使是从书本上读到过的知识,若不经过"习""行",也往往难以形成真正的能力。他举例解释说:

> 吾尝谈天道、性命,若无甚扞格,一著手算九九数辄差。王子(指王法乾)讲冠礼若甚易,一习初祝便差。以此知心中醒,口中说,纸上作,不从身上习过,皆无用也。②

颜元自己多有这方面的经验,如"书房习数,入市便差",所以,他反复强调"学必以习,习又必行"的重要性。他深知,书上读过,

---

① 《存学编》卷二。见《颜元集》,中华书局1987年版,第69—70页。
② 《存学编》卷二。见《颜元集》,中华书局1987年版,第56页。

心里想过,口里说过,都不如身上习过,因为临事往往是所习者出。

关于实践的目的价值,颜元所使用的中心概念在"位育"。颜元认为,所谓"位育",就是使天地得位,万物得育,生民蒙福。而要达到这个目的,人们就必须行动起来,去做"费力事"。针对宋儒"不作费力事"①的主张,颜元说,天下事皆吾儒分内事,儒者不费力,谁费力乎!孔子自儿童嬉戏时就习俎豆、演升降,稍长便多能鄙事,成年后周游列国,席不暇暖,这都是费力事。贵如周公,尚且一餐三吐哺,一沐三握发,谦恭接士,制礼作乐以教万民,这也是费力事。所以辅世济民,参赞化育,是不能不费力的,不肯作费力事的,不是真正的儒者。"若夫讲读著述以明理,静坐主敬以养性,不肯作一费力事,虽曰口谈仁义,称述孔、孟,其与释、老之相去也者几何!"②

要认知,要获知,要作事,就要动起来,故颜元极倡"动"之一字。他说,先前的圣人,都是教人以"动"的,一身动,则一身强,一家动,则一家强,一国动,则一国强,天下动,则天下强。因为只有通过"动",人们才能在实践中获取真知,只有动,人们才能在实践中践形尽性,而尽人之性同时也是在尽物之性,故这才是期于位育的唯一正确途径。

体会到实践的标准价值,是颜元哲学思想的又一高明处。颜元说:

> 德性以用而见其醇驳,口笔之醇者不足恃;学问以用而见其得失,口笔之得者不足恃。③

> 读得书来,口会说,笔会作,都不济事,须是身上行出,方算学问。④

> 学问有诸己与否,须临事方信,人每好以所志认作所能,此大误事,正是后世泡影学问也。⑤

---

① 《存学编》卷二。见《颜元集》,中华书局1987年版,第58页。
② 《存学编》卷二。见《颜元集》,中华书局1987年版,第59页。
③ 李塨撰,王源订:《颜习斋先生年谱》。见《颜元集》,中华书局1987年版,第747页。
④ 《习斋记余》卷四。见《颜元集》,中华书局1987年版,第466页。
⑤ 钟錂:《颜习斋先生言行录》卷上。见《颜元集》,中华书局1987年版,第632页。

不难看出，这些语录透露着一个共同的核心信息，那就是一个人是否学到了某种知识，掌握了某种本领，具有了某种素质，不能以口、笔或思想为凭，也不能以书本甚至是经书为准，而应当通过实践来考察、检证。颜元讥刺宋朝衰弱时说：

> 何独以偏缺微弱、兄于契丹、臣于金、元之宋，前之居汴也，生三四尧、孔、六七禹、颜，后之南渡也，又生三四尧、孔、六七禹、颜？而乃前有数圣贤，上不见一扶危济难之功，下不见一可相可将之材，两手以二帝畀金，以汴京与豫矣！后有数十圣贤，上不见一扶危济难之功，下不见一可相可将之材，两手以少帝付海，以玉玺与元矣？多圣多贤之世，而乃如此乎？①

颜元在评价二程学派的"政绩"时说：

> 二程在朝而宋不加治，龟山就征而金人入汴，谓之学成用行，吾不信也。②

面对朱熹的政绩，颜元则嘲讽说：

> 立朝全无建白，只会说正心诚意，以文其无用。治漳州全无设施，只会半日静坐半日读书，闻金人来犯宋，恸哭而已。③

颜元认为，只有那些能斡旋乾坤、利济苍生的人，才称得起圣贤。所谓的圣贤，应当一坐下来就商讨兵、农、礼、乐，一行动便是要富民教民，即行走坐卧都不忘苍生。颜元对王安石虽有"保留意见"，但仍称他为三代后第一人，是有宋之第一有用宰相。王安石素被理学家骂为"小人"，而颜元则认为，与王安石相比，程、朱之流是远为逊色的。他说：

---

① 《存学编》卷二。见《颜元集》，中华书局 1987 年版，第 67—68 页。
② 《存学编》卷四。见《颜元集》，中华书局 1987 年版，第 95 页。
③ 《朱子语类评》。见《颜元集》，中华书局 1987 年版，第 275 页。

世有恶衣菲食，昼夜焦劳，为社稷生民办边疆选兵将之小人乎？世有袖手呻吟，不习行一业、不斡旋一事，间谈间著，在下在上皆苟安忍耻，岁币媚敌之君子乎？①

　　颜元认为，不仅宋朝的败于金、元与程、朱理学相关，就连清兵的入关，明朝学术与教育之偏颇也是有责任的："真失学宗以误斯人，则近代之祸，吾儒焉得辞其责哉！"②

　　正是基于实践的标准，颜元找到了自己的人才标准。

　　聪明不足贵，只用工夫人可敬；善言不足凭，只能办事人可用。③

　　实践是获知的手段，又是认知的目的，并且还是验知的标准，颜元能有如此认知，实属不易。

五　人的觉醒

　　中国社会自明中叶以后，资本主义的生产方式初步萌芽。与之相应，在城市便出现了以手工业工人及小商人等为主体的市民阶层。这个阶层的人，具有了相对自由的身。于是，他们就希望放飞相对自由的心。这种要求，反映在文学艺术领域，就是大量的言情作品的涌现。而颜元的关于人的觉醒的理论，则是新兴市民阶层的相关意识在思想理论领域的反映。

　　首先，颜元认识到了世界的自然属性，并同时认识到，人，就是这个大自然的组成部分。对此，他有一段精彩的言论，见于《习斋记余》：

---

① 《朱子语类评》。见《颜元集》，中华书局1987年版，第309页。
② 《存学编》卷三。见《颜元集》，中华书局1987年版，第82页。
③ 钟錂：《颜习斋先生言行录》卷下。见《颜元集》，中华书局1987年版，第665页。

> 太极肇阴阳，阴阳生五行，阴阳五行之清焉者，气也，浊焉者，形也。气皆天也，形皆地也。有天中之地，若山树出地上入气中，及星陨皆成石，日、月、星、辰皆出地下是也。有地中之天，若穴井泉脉入地下，通形中，及蒸蒸成云雾，发生草木者是也。天地交通变化而生万物，飞潜动植之族不可胜辨，形象运用之巧不可胜穷，莫非天地之自然也。凡主生者皆曰男，主成者皆曰女，妙合而凝，则又生生不已焉。其生也，气即天气，形即地形，其为生也皆纳天气，食地形。天地者，万物之大父母也；父母者，传天地之化者也。而人则独得天地之全，为万物之秀也。得全于天地，斯异于万物而独贵；惟秀于万物，斯役使万物而独灵。①

在这里，上帝、神均不存在，宇宙就是一个大自然，而人就是这大自然的一部分。这个大自然，就是哲学上所谓的"天"，所以，颜元说："人之性，即天之道也。"② 人性既然就是天道，那么，由人性而出的人欲自然也就是合理的了。所以颜元认为，人欲是合理的。比如富贵之欲，俗人有，圣贤同样也有，这是无可非议的。即如性欲，也完全是合理的。他说：

> 禽有雌雄，兽有牝牡，昆虫蝇蜢亦有阴阳，岂人为万物之灵而独无情乎？故男女者，人之大欲也，亦人之真情至性也。③

宋儒倡灭人欲，意在抑杀人的个性、欲望，颜元则与之针锋相对，大胆突出了"我"的地位。颜元对陆子之学，多有批评，而对其"六经皆我注脚"这一名言，却大加赞赏，颜元讨论"我"的言论，就是在评陆九渊"六经皆我注脚"时提出的。他说：

> 此是陆子最精语，亦最真语。我者，天生本体也，即"万物皆备于我"之"我"，《六经》是圣人就我所皆备者画出，非注我者

---

① 《习斋记余》卷六。见《颜元集》，中华书局1987年版，第511页。
② 《存性编》卷二。见《颜元集》，中华书局1987年版，第22页。
③ 《存人编》卷一。见《颜元集》，中华书局1987年版，第124页。

何？武承（指张烈。陈注）亦执以为罪案，轻视"我"字乎？抑重视《六经》乎？有不必注脚之我，尧、舜、五臣是也，有读尽注脚，全不干于我，历代文人是也，有习行注脚，即尽其我，周、孔三物之学是也。①

在这里，不仅"万物皆备于我"，而且《六经》亦是为"我"而画，人的地位兀然而显。

为证明人应该顶天立地地活着，颜元还搬出了造字法。他说，昔苍颉造这个"人"字，"第一划丿，自东北而西南，第二划㇏，自西北而东南，明乎其横塞宇宙也。其形，象头顶天，两足踏地，明乎其顶天立地也。其音，上下齿对，而舌适舐之，明乎其与天地参也。"②

颜元认为，人生在世，禀赋、遭际虽各不同，但均不应拘于宿命，而应自强不息。他说：

> 生人之义虽同，生人之方各异，东、西、南、北，地异而形声各异，至于四海之外则更异；智、愚、丑、美，禀殊而心貌亦殊，至于习染之深则更殊，以至富贵、贫贱、苦乐、寿夭万有之不齐，凡皆二气、五行参差错代之所为而不可强也。而人之自为，则不以是拘焉。有为一人之人，有为十人之人，有为百人之人，有为千人之人，有为万人之人；有为一室之人，有为一家之人，有为一乡之人，有为一国之人，有为天下之人；有为一时之人，有为百年之人，有为千年之人，有为万年之人，有为同天地不朽之人：然则为之者愿为何许人也哉。③

颜元虽曾习卜业卜，但却坚执不信宿命论。有人问他："祸福皆命中造定，信乎？"颜元的回答是：

> 不然。地中生苗或可五斗，或可一石，是犹人生之命也。从而

---

① 《习斋记余》卷六。见《颜元集》，中华书局1987年版，第493页。
② 《习斋记余》卷六。见《颜元集》，中华书局1987年版，第513页。
③ 《习斋记余》卷六。见《颜元集》，中华书局1987年版，第513—514页。

粪壤培之，雨露润之，五斗者亦可一石；若不惟无所培润，又从而蛊贼之，摧折牧放之，一石者幸而五斗，甚则一粒莫获矣。生命亦何定之有！夫所谓命一定者，不恶不善之中人，顺气数而终身者耳；大善大恶固非命可囿也，在乎人耳。①

所以颜元教人，总是教人立志作圣，教人自强不息。他说，"人须知圣人是我做得。不能作圣，不敢作圣，皆无志也。"② 颜元分析说，庸人苦无气，气能生志；学者患无志，志能生气，这气和志是循环相生的。他鼓励学生说：

> 父母生成我此身，原与圣人之体同；天地赋与我此心，原与圣人之性同；若以小人自甘，便辜负天地之心、父母之心矣。常以大人自命，自然有志，自然心活，自然精神起。③

颜元所说的圣人，并不是指那些超凡脱俗高不可攀的人，相反，他认为"圣"之原则，就是"践形尽性"，意思是说，人只要是为了社会把个人潜力都充分发挥出来了，这样的人就同圣人一般，就同尧、舜一般，即使称作圣人也是未尝不可的。

总之，颜元已经认识到，世界是客观的物质存在，而且"有物有则"，任何事物都有"理"在其中，理气一致，并且"理气皆天"。知识来源于实践，并且认识的目的也仅在于实践，也只有实践才能验证理论的是与否。人是自然的产物，也是大自然的一个组成部分，故人应当善待自然，做大自然的"肖子"和"孝子"。④ 人的命并非天定，人应当顶天立地地自由自在地生活，通过不息奋斗而不断地发展自己，只要是践形尽性了，那么无论地位高低，事业大小，便与圣人无二。

---

① 钟錂：《颜习斋先生言行录》卷上。见《颜元集》，中华书局1987年版，第623页。
② 钟錂：《颜习斋先生言行录》卷下。见《颜元集》，中华书局1987年版，第668页。
③ 钟錂：《颜习斋先生言行录》卷下。见《颜元集》，中华书局1987年版，第668页。
④ 《习斋记余》卷六。见《颜元集》，中华书局1987年版，第511—513页。

下 篇

第十四章 颜元的人性理论

空谈心性,实为理论界之一忌。但若研究颜元,特别是要做系统研究,却也回避不了他的人性理论。因为他不仅将其所著《存性编》放在了其代表作"四存编"之首,而且他还将此编视为《存学编》和《存治编》的理论基础。好在颜元反对空谈心性,所以他的人性理论也就无多空谈,而是有实实在在的目的和内容的系统而又完整的人性理论,故而我们的讨论也许会具有一些实用价值。

一 "性不可以言传"而却又非言不可:为不言而言
——颜元言性之目的

颜元崇尚实行而厌恶空言,特别是对于宋明理学家"无事袖手谈心性,临危一死报君王"[1]的误国空言,尤为深恶痛绝。颜元说,画鬼容易画马难,宋明诸儒侈谈心性,是用"画鬼"来掩饰他们的无能。[2] 颜元曾断言,性是不可以言传的,[3] 所以先圣都不愿侈谈心性。

性既然不可以言传,那颜元本人为什么还反复讨论这个问题呢?孔子罕言性,而孟子就提出了"性善论",怎么能说先圣不愿谈心性呢?

对此,颜元的回答是,正因为性不可以言传,所以孔子授徒,极少空谈心性。到孟轲时代,因为有告子等人乱谈心性,为了扫除这些谬

---

[1] 《存学编》卷一。见《颜元集》,中华书局1987年版,第51页。
[2] 《存性编》卷一。见《颜元集》,中华书局1987年版,第14页。
[3] 《存性编》卷二。见《颜元集》,中华书局1987年版,第32页。

论，孟子不得已而提出了"性善论"，但他也仅以驳倒对方为止，而从不对性进行深究。而颜元自己之论心性，亦属迫不得已。因为"有荀、扬、佛、老、程、张之性道，吾不得已而言才、情、气质之善也"①。颜元认为，自宋儒提出气质有恶以来，心性理论界更加混乱，且对社会实践造成极大危害，不容不辨。尽管其中多有艰难，但历史使命不容他不这样做。颜元对此解释说：

> （宋后诸儒）明言气质浊恶，污吾性，坏吾性。不知耳目、口鼻、手足、五脏、六腑、筋骨、血肉、毛发俱秀且备者，人之质也，虽蠢，犹异于物也；呼吸充周荣润，运用乎五官百骸粹且灵者，人之气也，虽蠢，犹异于物也；故曰"人为万物之灵"，故曰"人皆可以为尧舜"。其灵而能为者，即气质也。非气质无以为性，非气质无以见性也。今乃以本来之气质而恶之，其势不并本来之性而恶之不已也。以作圣之气质而视为污性、坏性、害性之物，明是禅家六贼之说，其势不混儒、释而一之不已也。能不为此惧乎？是以当此普地狂澜泛滥东奔之时，不度势，不量力，驾一叶之舟而欲挽其流，多见其危也，然不容已也。②

可见颜元之言性道，是为了清除性道理论中之异端，以使人懂得孔、孟性道之本意。

但这还不是颜元的终极目的。"即使天下后世果各出其心意会乎仆一线之意，遂因以见乎孔、孟之意，犹非区区苦心之所望也。"③ 那么，颜元论性的终极目的又是什么呢？他的回答是：

> 仆所望者，明乎孔、孟之性道，而荀、扬、周、程、张、朱、释、老之性道可以不言也，明乎孔、孟之不欲言性道，而孔、孟之性道亦可以不言也，而性道始可明矣。④

---

① 《存性编》卷二。见《颜元集》，中华书局1987年版，第33页。
② 《存性编》卷一。见《颜元集》，中华书局1987年版，第15页。
③ 《存性编》卷二。见《颜元集》，中华书局1987年版，第32—33页。
④ 《存性编》卷二。见《颜元集》，中华书局1987年版，第33页。

颜元既承认有性道，而又主张不言性道，那么，将何以体性道、尽性道呢？对此，颜元做出了极有意义的回答。他说：

> 吾儒曰言性道而天下不闻也，曰体性道而天下相安也，曰尽性道而天下相忘也。惟言乎性道之作用，则六德、六行、六艺也；惟体乎性道之功力，则习行乎六德、六行、六艺也；惟各究乎性道之事业，则在下者师若弟，在上者君臣及民，无不相化乎德与行艺，而此外无学教、无成平也。①

在事业中尽性道，在实践中体性道，而不要去空言性道，这种一切从实际出发而始终服务实践的性道观，实不乏可取之处，尤其是这里所说的实践，不仅包括"相化乎德"，而且包括"行艺"在内，就更加难能可贵了。并且，颜元之谈性道，目的是为他的教育和政治思想奠定一个理论上的基础，"故是编后次之以《存学》《存治》云"②。颜元还说，等到"性情之本然见，气质之能事毕"的时候，他的性道学说也就失去其存在的意义了，到那时，载他性道学说的书也就可以统统烧掉了。③

二 "心之理曰性"
——颜元对人性本义的理解

作为一个思想家，颜元具备彻底性之特质。这在他讨论人性时，表现得尤为明显。既然要谈人性，首先就要搞清楚人性是什么，或什么是人性。于是，他就反复阐述了自己对人性本义的理解。

宋儒把人性分作天理之性和气质之性，认为天理之性先于人身而存在。颜元说这是极其错误的。

颜元认为，世间万物，皆源于气。气有阴阳之分。阴阳流行而为四德，即所谓元、亨、利、贞。万物皆由此二气四德化生而成。人尽管是万物之精粹，亦不能外于这二气四德："二气四德者，未凝结之人也，

---

① 《存性编》卷二。见《颜元集》，中华书局1987年版，第33页。
② 《存性编》卷二。见《颜元集》，中华书局1987年版，第33页。
③ 《存性编》卷二。见《颜元集》，中华书局1987年版，第33页。

人者，已凝结之二气四德也。"① 人之形，即已凝结之气，而人之性，即凝结于形内之四德。所以人之形与性，是相互依存的，"形，性之形也；性，形之性也。舍形则无性，舍性，亦无形矣"②。

人之性既然凝于形内，所以是看不见、摸不到的。那我们怎么知道它的存在呢？颜元说，只要人与外界发生关系，即所谓"及物"时，性就会表现出来。颜元把这性的外在表现称为"情"。这个"情"就是人与外物发生关系时所表现出来的恻隐之心、羞恶之心、辞让之心、是非之心，其发展就成为我们通常所说的仁、义、礼、智。既然要与外物发生关系，产生作用，那就需要有"力"，而"情之力"就是我们所说的"才"。"才"既然是"力"，它就会有大小之分，这就是人之能力有高下之别的原因。

可以看出，颜元对人性作出了唯物主义的解释。

针对宋儒宣扬的人有先天之性，颜元反驳道："夫'性'字从'生心'，正指人生以后而言。若'人生而静'以上，则天道矣，何以谓之性哉？"③ 颜元以先哲造字为依据，认为"性"字从"生"从"心"，就是只指人生之后而言的，至于不在人生的，那是天道，而不是人性。应当说，这个见解是正确的，他对宋儒的批判也是得力的。

不难看出，颜元所理解的人性，指的是人体的机能，并主要是指人的心理机能。1684 年，颜元去关东寻父，遇到了一位叫关拉江的满洲笔帖式。在关拉江向颜元问及性、情、才的问题时，颜元对此作了一个简单而明确的概括。他回答说：

心之理曰性，性之动曰情，情之力曰才。④

由此可见，颜元对人性本义的唯物主义的理解，不仅一改先儒的虚无缥缈，而且已经初具现代心理学的萌芽了。

---

① 《存性编》卷二。见《颜元集》，中华书局 1987 年版，第 21 页。
② 《存人编》卷一。见《颜元集》，中华书局 1987 年版，第 128 页。
③ 《存性编》卷一。见《颜元集》，中华书局 1987 年版，第 6 页。
④ 李塨撰，王源订：《颜习斋先生年谱》卷下。见《颜元集》，中华书局 1987 年版，第 757 页。

三 人性皆善，气质非恶，恶由引蔽习染
——颜元对气质性恶论的批判

颜元是坚定的性善论者。凡认为性有不善者，都在其批判之列。其批判锋芒所及，既有释、老等异教，又有同属儒教的荀、扬、周、程、张、朱等。而其矛头所向，则主要集中在宋儒程、朱，因为当时程、朱理学主宰学界，不将程、朱等气质有恶的心性学说批倒，颜元的性善论就不能确立，其学说就不能倡行。

其实，作为颜元主要批判对象的程、朱学派，并不是完全彻底的性恶论学派。这一学派认为，人之性，有天理之性，有气质之性，天理之性纯是一善，而恶乃源于气质之性，即气质之性有恶。颜元则认为这种观点是极其错误的。

颜元认为，人之性纯是一善，其中没有丝毫的恶，"浑天地间一性善也"[①]。他的性善论的哲学基础是理气一致论，性善论即他用理气一致论对人及人性认识的结果。他认为，从哲学的角度分析，人之性就是天之道，就是物之则，以性为有恶，就是认为天道有恶，而天道是不存在恶的。在《存性编》中，颜元是这样具体分析的：

> 万物之性，此理之赋也；万物之气质，此气之凝也。正者此理此气也，间者亦此理此气也，交杂者莫非此理此气也；高明者此理此气也，卑暗者亦此理此气也，清厚者此理此气也，浊薄者亦此理此气也，长短、偏全、通塞莫非此理此气也。至于人，则尤为万物之粹，所谓"得天地之中以生"者也。二气四德者，未凝结之人也；人者，已凝结之二气四德也。存之为仁、义、礼、智，谓之性者，以在内之元、亨、利、贞名之也。发之为恻隐、羞恶、辞让、是非，谓之情者，以及物之元、亨、利、贞言之也；才者，性之为情者也，是元、亨、利、贞之力也。谓情有恶，是谓已发之元、亨、利、贞，非未发之元、亨、利、贞也。谓才有恶，是谓蓄者元、亨、利、贞，能作者非元、亨、利、贞也；谓气质有恶，是

[①] 《存性编》卷二。见《颜元集》，中华书局1987年版，第30页。

元、亨、利、贞之理谓之天道，元、亨、利、贞之气不谓之天道也。噫！天下有无理之气乎？有无气之理乎？有二气四德外之理气乎？恶其发者，是即恶其存之渐也；恶其力者，是即恶其本之渐也；恶其气者，是即恶其理之渐也。何也？人之性，即天之道也。以性为有恶，则必以天道为有恶矣；以情为有恶，则必以元、亨、利、贞为有恶矣；以才为有恶，则必以天道流行乾乾不息者亦有恶矣；其势不尽取三才而毁灭之不已也。①

基于此，颜元将"驳气质性恶"篇置于其《存性编》之首，开篇便写道：

> 程子云："论性论气，二之则不是。"又曰："有自幼而善，有自幼而恶，是气禀有然也。"朱子曰："才有天命，便有气质，不能相离。"而又曰："既是此理，如何恶？所谓恶者，气也？"可惜二先生之高明，隐为佛氏六贼之说浸乱，一口两舌而不自觉！若谓气恶，则理亦恶，若谓理善，则气亦善。盖气即理之气，理即气之理，乌得谓理纯一善而气质偏有恶哉！
>
> 譬之目矣：眶、疱、睛，气质也；其中光明能见物者，性也。将谓光明之理专视正色，眶、疱、睛乃视邪色乎？余谓光明之理固是天命，眶、疱、睛皆是天命，更不必分何者是天命之性，何者是气质之性；只宜言天命人以目之性，光明能视即目之性善，其视之也则情之善，其视之强弱远近则才之强弱，皆不可以恶言。盖详且远者固善，即略且近亦第善不精耳，恶于何加！惟因有邪色引动，障蔽其明，然后有淫视而恶始明焉。然其为之引动者，性之咎乎，气质之咎乎？若归咎于气质，是必无此目而后可全目之性矣，非释氏六贼之说而何！②

为证明人之性气质有恶，宋儒尝借水喻性。颜元则顺势借水而驳之。颜元在"借水喻性"中写道：

---

① 《存性编》卷二。见《颜元集》，中华书局1987年版，第21—22页。
② 《存性编》卷一。见《颜元集》，中华书局1987年版，第1页。

程子云："清浊虽不同，然不可以浊者不为水。"此非正以善恶虽不同，然不可以恶者不为性乎？非正以恶为气质之性乎？请问，浊是水之气质否？吾恐澄澈渊湛者，水之气质，其浊之者，乃杂入水性本无之土，正犹吾言性之有引蔽习染也。其浊之有远近多少，正犹引蔽习染之有轻重浅深也。若谓浊是水之气质，则浊水有气质，清水无气质矣，如之何其可也。①

宋儒原不否定性善。但有善则有恶，恶又从何而来呢？为回答这个问题，宋儒于是便将人性分为天理之性和气质之性两种，认为天理之性纯是一善，恶则是源自形而下者气质之性，认为气质之性有恶。他们要扬善除恶，于是便提出了"存天理，灭人欲"的口号。其实这个口号是极为愚昧的。天理乃自在，不存亦不能灭，何用存？人欲亦天理，又何能灭之？颜元对宋儒气质有恶论的批判，是非常中肯的，即使程、朱复生，亦无以辩之。但是，既然人性皆善，那恶又从何而来呢？颜元的回答是："其恶者，引蔽习染也。"②

颜元认为，人之性虽然纯然一善，但由于财、色等的诱惑，则其明往往被障蔽，以至蔽其当爱而不见，反爱其所不当爱。这样，本来应该可以成就的仁、义、礼、智之德，便被恶所取代，贪营、鄙吝、伪饰、谄媚、侮夺、残忍、奸雄、小巧之类行为便会出现。在这种情况面前，只有圣人因禀有全德，大中至正，故能顺应而不失其则。贤士豪杰，虽偶被引蔽，因禀有大力，或自性觉悟，或师友提撕，终能知过而善反其天。对于一般人，特别是那些赋禀偏驳者来说，是引之既易而反之甚难，且引越频而蔽越远，习渐久而染渐深，以至染成贪营、鄙吝、侮夺、残忍、伪饰、谄媚、奸雄、小巧之性之情，而本来之仁、义、礼、智却不可知了。这就是恶的来源及形成。

对此，颜元总结道，凡恶皆与爱有关，但"皆非其爱之罪"，乃"误爱之罪也"，"皆一误为之也"。"误始恶，不误不恶也。"而"误"，则因于引蔽习染，"引蔽始误，不引蔽不误也；习染始终误，不习染不

---

① 《存性编》卷一。见《颜元集》，中华书局1987年版，第4页。
② 《存性编》卷一。见《颜元集》，中华书局1987年版，第2页。

终误也。"他是这样具体推理的。

> 气质偏驳者易流,见妻子可爱,反以爱父母者爱之,父母反不爱焉;见鸟兽、草木可爱,反以爱人者爱之,人反不爱焉;是谓贪营、鄙吝。以至贪所爱而弑父弑君,吝所爱而杀身丧国,皆非其爱之罪,误爱之罪也。又不特不仁而已也。至于爱不获宜而为不义,爱无节文而为无礼,爱昏其明而不为智,皆一误为之也,固非仁之罪也,亦岂恻隐之罪哉?使笃爱于父母,则爱妻子非恶也;使笃爱于人,则爱物非恶也。如火烹炮,水滋润,刀杀贼,何咎!或火灼人,水溺人,刀杀人,非火、水、刀之罪也,亦非其热、寒、利之罪也;手持他人物,足行不正途,非手足之罪也,亦非持、行之罪也;耳听邪声,目视邪色,非耳、目之罪也,亦非视、听之罪也:皆误也,皆误用其情也。误始恶,不误不恶也;引蔽始误,不引蔽不误也;习染始终误,不习染不终误也。①

这样,颜元就究出了恶的由来:恶始于误,而误则始于引蔽习染,所以,一切的恶,都由引蔽习染而来。

也有人说,世间既有妖氛瘴疠,那么禀气而生者岂不是恶气恶质?颜元认为这种理解也是不对的。他说:"不知虽极污秽,及其生物,仍返其元,犹是纯洁精粹二气四德之人,不即污秽也。如粪中生五谷瓜蔬,俱成佳品,断不臭恶。秽朽生芝,鲧、瞍全圣,此其彰明较著者也。"②

总之,在颜元看来,天地生人,其性纯是一善,至于恶,乃由引蔽习染所致。颜元认为,这一结论是与孔、孟的人性观点一致的。他解释说:

> 孔子曰:"性相近也,习相远也。"此二语乃自罕言中偶一言之,遂为千古言性之准。性之相近如真金,轻重多寡虽不同,其为金具相若也。惟其有差等,故不曰"同",惟其同一善,故曰

---

① 《存性编》卷二。见《颜元集》,中华书局1987年版,第30页。
② 《存性编》卷二。见《颜元集》,中华书局1987年版,第24页。

"近"。将天下圣贤、豪杰、常人不一之恣性，皆于"性相近"一言包括，故曰"人皆可以为尧舜"；将世人引蔽习染、好色好货以至弑君弑父无穷之罪恶，皆于"习相远"一句定案，故曰"非才之罪也"，"非天之降材尔殊也"，孔、孟之旨一也。①

四　颜元人性理论的实践意义

颜元反对空谈心性，而他自己又著书立说谈心性，是因为他看到了当时心性理论对社会实践的影响。不驳倒气质性恶论，不确立人性皆善论，他的政治主张和教育思想就无以立足，更无论贯彻。所以他就苦心孤诣研讨人性，广泛宣传性善之理，"无非欲人共见乎天道之无他，人性之本善，使古圣贤性习之原旨昭然复明于世，则人知为丝毫之恶，皆自点其光莹之本体，极神圣之善，始自践其固有之形骸，而异端重性轻形因而灭绝伦纪之说，自不得以惑人心，喜静恶动因而废弃六艺之妄，自不得以芜正道。"②

颜元既然是为社会实践而研讨人性，所以他的人性理论也就成为其政治思想和教育思想的基石，成为其相关行为的指南。

在政治上，性善论成为颜元朴素的民主、平等思想的理论基石。因为人性皆善，所以"人皆可以为尧、舜"，作圣、贤，并且，颜元认为，既然人的禀赋有不同，后天生长环境亦不同，那么，作为一个人，只要他践形尽性，充分发挥了自己的功能，那就是尧、舜一流，圣、贤一流，作帝王将相固可以是圣贤，作平民百姓亦不失为圣贤。所以在颜元所记传的人物中，虽也有官场人士，但更多的是普通下层人士，且不乏小商小贩、手工业者及佣工。

既然人性皆善，那么官吏就应来自民间，且应由民间"公课"其优劣而定其黜陟，而不应由长官意志定其升降。

既然人性皆善，恶由引蔽习染，那就没有改造不好的恶人。颜元举例说，蠡县当年有一吏妇，淫奢无度，已逾四旬，人们都以为其习性已成，今生难改，不料丁亥年城破产失，她回归农村，朴素勤俭，完全同

---

① 《存性编》卷一。见《颜元集》，中华书局1987年版，第7页。
② 《存性编》卷二。见《颜元集》，中华书局1987年版，第22页。

于农家妇女。颜元由此而推论，即便是像"盗跖"那样的所谓恶人，也是可以改造的：乃知系跖囹圄数年，而出之孔子之堂，又数年亦可复善。①

正是因为人性皆善，所以人皆可以为尧、舜，人皆应当努力成为圣、贤。正是因为人性皆善，"则极凶大憝，本体自在，止视反不反、力不力之间耳。"若致力反善，虽习染如"盗跖"者，亦可反善，因为其"本体自在"，善根犹存，只是不太容易而已，却不可说不能。颜元认为，只有这种性善论，才能正确评价人生，才能促人奋发向上。他举例说：

> 昔太甲颠覆典刑，如程、朱作阿衡，必将曰："此气质之恶。"而伊尹则曰："兹乃不义，习与性成。"大约孔、孟而前，责之习，使人去其所本无，程、朱以后，责之气，使人憎其所本有，是以人多以气质自诿，竟有"山河易改，本性难移"之谚矣，其误世岂浅哉！②

性善论也是颜元教育思想的理论基础和行为指南。基于性善论，颜元认为教育不是要根本改变人的气质，因为人的气质本然皆善，无丝毫之恶。宋儒认为教育是要改变人的气质，那是要变山陵以为川谷，隆川谷以为山陵，是不现实的。教育本身是养成其人，就是将人培养成人，就如同将鸡子孵化成小鸡一样，不是在改变人的本然气质，而是在改变其存在状态，其本然应具备的器官及其本性，在鸡子中就已经存在了。教育，仅仅是提供这种转化环境而已。

既然人性本善，恶由引蔽习染，所以教育也就是要使人改过迁善，去其习染而发扬其本有之善性。

既然性本善，性相近而习相远，那么教育中就尤其要注重一个"习"字。于是，颜元将自己所办学校名之曰"习斋"，以示注重实习实践之意。他认为，宋儒主张的半日静坐、半日读书的学习方法，虽也使学生偶有醒悟，但这种教育方法培养不出干才来，因为临事总是"所

---

① 《存性编》卷二。见《颜元集》，中华书局1987年版，第29页。
② 《存性编》卷一。见《颜元集》，中华书局1987年版，第7页。

习者出"。

这就是说，颜元的教育目的论、教育内容论、教学方法论等，无不与其心性理论有着渊源关系。

五　人性善恶争议的历史演化
——兼论颜元性善论的历史地位

在中国，系统地讨论人性及其善恶，较早见于战国时期。这应是人类对自己类本质的一种探索，可视为人类趋向成熟的一个标志。其时，孟轲认为人性皆善，主张性善论。荀况则极力驳斥性善论，认为人性皆恶，主张性恶论。另有告子等人认为人性本无善恶之别，但因告子等人无专著传世，故而影响较小，后人只能通过《孟子》等书间接了解他们的观点。

到汉代，性善论和性恶论基本都被放弃，董仲舒主性三品说，扬雄主善恶混，王充主有善有恶。唐代韩愈原性，基本同三品之说。到宋代，则出现了理学家的天理性善、气质性恶之说，同时也有苏东坡等无善无恶之说。

是后理学一直在学界占主导地位，故程、朱之说一直延至清初，到颜元，他才一扫前说，力主性善论。

对上述史实稍作分析，便可看出，战国时期的思想家，无论是主善主恶，皆可畅所欲言。原因是该时期天子失位，权力下移，诸侯忙于征战，统治者无法也无暇对知识分子进行言论限制，所以那时争鸣的百家，多能尽情抒意，较少忌讳，主善主恶，只要有据成理，即能成一家之言，故性善论、性恶论、无善无恶论均能问世。

秦统治者专制而又偏于务实，以吏为师，以法为教，不容百家，不尚空言，且其一统又为时不长，故其时较少这方面的议论。

自西汉始，中国封建制度基本定型，特别是到了汉武帝时，其中央政权业已稳固，知识分子的言论便开始不自由起来，这有司马迁、董仲舒等皆曾下狱可以为证。司马迁崇尚黄老，写史不避当今，其下狱尚可理解，表面上虽因于李陵之论，实际为什么只有汉武帝最清楚，明眼人也不难看出。而董仲舒忠心侍主，极力配合汉武帝的极权主义而提倡文化专制主义，却也因言而下狱，可见当时的文字狱是相当严酷的。故董仲舒既不讲性善，也不讲性恶，而提出了性之三品说。这是封建等级制度在思想文化领域的反映。这种矛盾心理，一直延续到宋、明、清，历时千余年，其间有扬雄之善恶混，有苏轼的无善恶，有程、朱的天理性善、气质性恶，而唯无一人敢以纯善或纯恶言人性。因为如果说人性纯是一善，那天子与庶人何以区别？如果说人性皆恶，那岂不是说天子亦有恶？故汉后，有"性三品"说，有"无善恶"说，有"善恶混"说，独少纯善纯恶之说，其原因就在这里。

那么，除那些违心的或唯心的所谓大师们的心性学说不太值得我们探讨外，像荀子的性恶论和颜元的性善论，其结论截然相反，又何以为是呢？

的确，颜元和荀况，都是极具唯物色彩的教育家、哲学家，却得出了截然相反的结论，这看来好像不可思议，其实是善恶异趣，却殊途同归。其原因是他二人对人性及其善恶的本义理解迥异。前文已讲，颜元所理解的人性，是指人物质形体所具之机能，而这种机能是能够对外物产生作用的，这种功效之源就是颜元所谓的善。而荀况在《性恶篇》所谓的人性，指的是人的好货利好声色饥而欲饱寒而欲暖劳而欲休的欲望。这些欲望如无节制，则必导致争斗而伤及仁、义、礼、孝、慈等，这就是所谓的恶。但在现实生活中，人多不作恶反而为善，荀况认为这善是"伪"即人为的结果，是管理教育的结果。所以人性本恶，要想使人向善，就需对其进行恰如其分的管束和教育使其明是非、懂礼义、守法纪，久而久之，由行为而形成习惯，由习惯而形成自然，即形成所谓的善性。正因为人之性本然是恶的，所以社会离不开法纪、礼义、教育等。因为人性都是恶的，其善是后天培养教育的结果，那么，从这个意义上讲，人都可以为尧舜了。所以我们说颜元与荀况，他们的人性理论是善恶异趣，而结论却是殊途同归。

颜元力倡人性纯是一善，其贡献是多方面的。首先，他对人性本身做出了唯物主义的解释。其次，他的心性学说中，已含有现代心理学的萌芽。再次，他从性善论导出了朴素的平等观念。最后，他的性善论为其朴素民主观念奠定了基础。其实，这正是新的资本主义生产关系的萌芽在思想理论界的反映。有人说，哲学是时代思想的精华，委实不错，所有进步的哲学家，其思想都应蕴含着那个时代的先进性。颜元就是那个时代的进步哲学家。

限于篇幅，这里不打算对西方关于人性善恶的争议作过多具体阐述，但是有一点不容不说一下，那就是西方同样有类似的议论，如斯多葛学派时代的神正论，就认为："第一，没有恶这样的东西；第二，如果有，那是与善必然相关的东西；再则，它或者是由于我们自己的过失而产生的，或者是为了我们的利益而加上去的。"①

到英国启蒙运动时期，这种思想重被自然神论者波林勃罗克（Henry St. John Bolingbroke，1678 – 1751）等所提倡。当时的诗人蒲柏（Alexander Pope，1688 – 1744）在诗中写道：

一切自然只是艺术，你所不知；
一切机会都是方向，你所不见；
一切冲突都是和谐，你所不解；
一切局部的恶，都是普遍的善；
傲慢之恶，寓于错误理性之恶；
一条真理分明：凡是存在的都正确。②

什么是人性？或者说人性是什么？它是善？还是恶？是又善又恶？还是不善亦不恶？中国的哲人对这些问题苦苦探索了两千多年。其结论或模棱两可，或形同冰火。颜元的人性理论，突破了中世纪的黑暗，从学术上具有了现代心理学的萌芽，在政治上为人人平等奠定了基石，在教育上为科学教育提供了指南，具有着重大的历史意义，也具有相当的现实借鉴价值。

---

① ［英］赫胥黎：《进化论与伦理学》，中华书局1987年版，第50页。
② ［英］赫胥黎：《进化论与伦理学》，中华书局1987年版，第50页。

第十五章　颜元的教育目的论与培养目标论

中国古代的学校教育，从它诞生的那一天起，就是以统治人民为目的，以培养统治阶级的接班人为目标的。"学而优则仕"[1]、"劳心者治人，劳力者治于人"[2]等，便是明证。在那些时代，即便是施于民的教育，也主要是以教化即令民尊上敬长为目的的，孔子先富而后教[3]，《学记》"君子如欲化民成俗，其必由学"[4]等，都是这种教育目的论的反映。而颜元所主张的教育目的，所设计的培养目标，对此均有革命性的改造。

一　教育目的论

颜元的教育目的论，可用两个字来概括，那就是"民命"。其可贵之处在此，其先进之处也在此。将教育目的由"治人"变为"民命"，即为解决广大民众的生计问题而办教育，仅此一点，其可贵性与先进性已无与伦比。

颜元是一位平民思想家，也是一位平民教育家，他更是一位为了平民的思想家和教育家。对此，李塨介绍说：

> 先生自幼而壮，孤苦备尝，只身几无栖泊，而心血屏营，则无一刻不流注民物，每酒阑灯焰，抵掌天下事，辄浩歌泣下。一日，

---

[1] 《论语·子张》。见《十三经注疏》，中华书局1980年版，第2532页。
[2] 《孟子·滕文公》。见《十三经注疏》，中华书局1980年版，第2705页。
[3] 《论语·子路》。见《十三经注疏》，中华书局1980年版，第2507页。
[4] 《礼记·学记》。见《十三经注疏》，中华书局1980年版，第1521页。

与塨语，胞与淋漓，塨不觉亦堕泪。先生跃起曰："此仁心也，吾道可传矣。"①

颜元"流注民物"之思想，反映在教育上，就是以"民命"为目的。为了实现"民命"之目的，颜元从两个方面予以了关注。

一是直接对民众的教育，他从单纯的教化目的变为教化与培养民众的生存能力同时并举，并且是将培养民众的生存能力放在主要地位。于此，他在《存治编》中提出了"教以济养，养以行教，教者养也，养者教也。"②的著名命题。应当说，这是一个既近于科学理性又富于价值理性的命题。

颜元的这一目的，在教学内容的选择上也充分体现了出来。在先儒教民之"六德"（知、仁、圣、义、忠、和）、"六行"（孝、友、睦、姻、任、恤）、"六艺"（礼、乐、射、御、书、数）这"三物"中，颜元重点选择了"六艺"。为什么呢？他解释说："六德是成德事，急难作成。六行是施为处，急难如法。先之以六艺，则所以为六行之材具，六德之妙用，艺精则行实，行实则德成矣。"③而与此同时，他更将兵、农、钱、谷、水、火、工、虞、天文、地理等实用科学知识列为教育内容。颜元认为，只要学生掌握了实际有用的知识，学会了实用技能，那就进可以食禄，退可以谋生，真正达到"学也必无饥"的目的。

针对当时的学校教育，颜元批评说：

学校之废久矣！考夏学曰"校"，教民之义也。今犹有教民者乎？商学曰"序"，习射之义也。今犹有习射者乎？周学曰"庠"，养老之义也。今犹有养老者乎？④

颜元认为，当时的学者，心性之外无余理，静敬之外无余功，用以教学生者，也多是虚文，而真正好的教育，应当是贯彻"实文、实行、

---

① 李塨：《存治编序》。见《颜元集》，中华书局1987年版，第101页。
② 《存治编》。见《颜元集》，中华书局1987年版，第104页。
③ 《四书正误》卷三。见《颜元集》，中华书局1987年版，第194页。
④ 《存治编》。见《颜元集》，中华书局1987年版，第109页。

实体、实用"的教育,而其目的则是"为天地造实绩",以达到"民以安,物以阜"。①

二是注重培养为民而务实的官吏。

颜元以"民命"为教育目的,却不像我们曾经做过的那样,机械地批评"学而优则仕",批评"读书做官论",相反,他却认识到了官吏也是需要培养的,学校教育对此不仅不应排斥,而是应有所作为。他在送友人充教谕时说:

> 近世概以闲署目教职,某深为司铎者耻之。昔人言本原之地在朝廷,吾则以为本原之地在学校。朝廷,政事之本也;学校,人才之本也。无人才则无政事矣。令天下之学校皆实才实德之士,则他日列之朝廷者皆经济臣,虽有不愿治之君相,谁与虚尊虚贵,作无事人、浮文人、般乐人者。令天下之学校皆无才无德之士,则他日列之朝廷者皆庸碌臣,虽有愿治之君相,谁与为养民、教民,作办艰危、兴礼乐、定成平事者。故教职最闲,实最要也。②

正是因为学校教育如此重要,所以对其改革便成当务之急,若不对其进行彻底改革,"则终此乾坤,圣道不明,苍生无命矣。""盖学术者,人才之本也;人才者,政事之本也;政事者,民命之本也。无学术则无人才,无人才则无政事,无政事则无治平、无民命,其如儒统何!其如世道何!"③

不难看出,颜元始终把其教育目的锁定在"民命"问题上,无论是直接育民,还是培养社会管理者,终归都是为了解决百姓的生计问题。

在颜元看来,培养"国家干部"是学校的天然使命,不存在该不该的问题。"读书作官"亦无可厚非,关键是做什么样的官的问题。学、教、治本是一体,其最终目的在于"亲民"。所以,搞好了教育改革,"则生民幸甚,吾道幸甚"④。

---

① 《存学编》卷一。见《颜元集》,中华书局1987年版,第47页。
② 《习斋记余》卷一。见《颜元集》,中华书局1987年版,第403—404页。
③ 《习斋记余》卷一。见《颜元集》,中华书局1987年版,第398页。
④ 《存学编》卷一。见《颜元集》,中华书局1987年版,第42页。

颜元知道，他的教育改革，在学术上是针对程、朱而来的，而程、朱理学当时是钦定国学，所以他的教改几乎要"犯天下之恶而受天下僇"。① 但他还是坚持冒死宣传并推行自己的教育改革主张，是因为他认为还有比这更可怕的："然吾之所惧，有甚于此者，以为真学不明，则生民将永被毒祸，而终此天地不得被吾道之泽。"② "此言一出，身命之虞所必至也。然惧一身之祸而不言，委气数于终误，置民物于终坏，听天地于终负，恐结舌安坐，不援沟渎，与强暴、横逆内人于沟渎者，其忍心害理不甚相远也。"③

仅从这个念念不忘以"民命"为目的，我们就可以断言，颜元既是一位平民教育家，更是一位为了平民的教育改革家。其教育改革的终极目的，在于"生民"，在于"民命"，而不仅仅在于"教化"，这是习斋教育思想迥别于前人的最可取可贵处。

二　培养目标论

颜元认为，设学立教，就是为了培养人，"学者，学成其人而已"。④ 那他要培养什么样的人呢？对此，颜元主要有下述认识。

首先，培养的人应当是"转世人"而不是"世转人"。

颜元要求他的弟子，"凡读圣人书，便要为转世之人，不要为世转之人，如韶龄入学受书，即不得随世浮沉矣"。⑤ "但抱书入学，便是作转世人，不是作世转人。"⑥

何为"世转人"？在颜元看来，"世转人"就是"随世浮沉"的人，就是庸碌之人。这种人思想浅薄，遇事没有个人主见，人云亦云，行为没有准则，随波逐流，如矮子观场，随人俯仰。在当时，"世转人"主要指的是那些醉心于八股制艺、沉迷于科举应试、竞奔于名利场中的读书人。颜元要培养的"转世人"就不同了，这种人有自己的思想，对

---

① 《存学编》卷一。见《颜元集》，中华书局1987年版，第43页。
② 《存学编》卷一。见《颜元集》，中华书局1987年版，第43页。
③ 《存学编》卷一。见《颜元集》，中华书局1987年版，第48页。
④ 《存学编》卷一。见《颜元集》，中华书局1987年版，第52页。
⑤ 钟錂：《颜习斋先生言行录》卷上。见《颜元集》，中华书局1987年版，第627页。
⑥ 《存学编》卷四。见《颜元集》，中华书局1987年版，第95页。

待事物有自己的见解，解决问题有自己的主张。颜元要求弟子们对待学问只讲是非，不讲异同。只要是"是"，是正确的，是真理，就要坚持，不管有多少人反对也不为之妥协；如果不是"是"，是错误的，是谬论，不管有多少人坚持，也要敢于反对。可见"世转人"是庸碌之人，是保守者，是蝇营狗苟的懦夫，而"转世人"则是圣贤之人，是开拓者，是敢于坚持真理的斗士。

其次，培养"儒者"而不培养"书生""文人"。

颜元主张学校应该培养"儒者"，而不应培养"书生""文人"。他认为，那些幼而读书、长而解书、老而著书的人，说到底只是"书生"，而不是"儒者"；那些幼而读文、长而学文、老而刻文的人，说到底只是"文人"，也不是"儒者"；只有那处也唯习行、出也唯经济、准备任君相百职、为生民造命、为气运主机的人，才是真正的儒者。颜元心目中的儒者是萧何、张良、韩信、曹操、诸葛亮、王安石、岳飞等这类人才，而不是那些"愧无半策匡时难，惟余一死报君恩"的白面书生。颜元认为，正是宋、明以来的理学教育，所培养的人无干济之才，只会"无事袖手谈心性，临危一死报君王"，才导致了宋朝向辽、夏称臣纳币，才导致了宋、明亡于异族。所以他要培养的是经济士，是干济才，是重"实文、实行、实体、实用"①的为天地造实绩的通儒。这些通儒，他们既通六德、六行、六艺，又通兵、农、钱、谷、水、火、工、虞。只要造就了数十百这样的通儒，"朝廷大政，天下所不能办，吾门人皆办之；险重繁难，天下所不敢任，吾门人皆任之"②。这样，不仅能使国治邦兴，能使生民得福，且儒道也自会尊显，而释、老就自会消亡。而宋、明理学培养文人、书生的教育，不仅会导致国破政息，并且还会导致儒学的消亡。

颜元要培养通儒，同时他也知道人不可能都培养成通儒，即便是都成了通儒，也不可能人人都成为将相，于是，便有了他的百职秀民观。他认为，人只要掌握了实学，有了才干，在上可以为君相，在中可以任百职，在下可以做秀民，均无负于人生，无愧于儒名，即便是去作"简兮之伶官，委吏之会计"，这也是儒者应为之事，可为之业，只要你有

---

① 《存学编》卷一。见《颜元集》，中华书局1987年版，第47页。
② 《存学编》卷一。见《颜元集》，中华书局1987年版，第40页。

益于社会,"无饥"于自己,那就无负于学。在这里,我们已经可以隐约看到职业教育的萌芽了。

最后,培养专业人才。颜元发现:"古人于必用而不常用之官,多命专家,使世修其职,如历与史之类。一欲其精也,一不欲多费人才于不常用之学也。"基于此,他提出了朴素的专业教育思想。

庄子曾言,"人生而有涯,而知也无涯,以有涯随无涯,殆矣"。颜元似乎也觉悟到了这一点,于是专业教育思想之芽便在他的教育思想中萌发了。他说:

> 学须一件做成,便有用,便是圣贤一流。试观虞廷五臣,只各专一事终身不改,便是圣;孔门诸贤,各专一事,不必多长,便是贤;汉室三杰,各专一事,未尝兼摄,亦便是豪杰。①

又说:

> 人于六艺,但能究心一二端,深之以讨论,重之以体验,使可见之施行,则如禹终身司空,弃终身教稼,皋终身专刑,契终身专教,而已皆成其圣矣。如仲之专治赋,冉之专足民,公西之专礼乐,而已各成其贤矣。②

> 如六艺不能兼,终身止精一艺可也;如一艺不能全,数人共学一艺,如习礼者某冠昏,某丧祭,某宗庙,某会同,亦可也。③

综上所述,皆如他在《寄陈宗文》一文中所主张的,只要学好"六德之一德,六行之一行,六艺之一艺",能用来"修身、齐家、仪风、式俗","致治、拨乱、康济民命",那么,就不枉"生也为一人,列名为一儒"。④

---

① 钟錂:《颜习斋先生言行录》卷下。见《颜元集》,中华书局1987年版,第667页。
② 钟錂:《颜习斋先生言行录》卷下。见《颜元集》,中华书局1987年版,第670页。
③ 《存学编》卷一。见《颜元集》,中华书局1987年版,第54页。
④ 《习斋记余》卷三。见《颜元集》,中华书局1987年版,第442页。

在颜元的教育实践中,他业已开始向这个方向努力。如李塨多才多艺,颜元就打算把他培养成为通儒;王源喜兵,颜元便多与他讨论军事问题;曹可成识云而知雨,颜元就建议他向天文方面发展。诸如此类,在颜元的教育生涯中,特别在晚年,是极常见的。

第十六章　颜元教育内容论

明末清初之学界，在颜元看来，高者禅宗，卑者训诂，尤卑者帖括，居身无义，进退无礼，处事无能。对此，颜元深以为忧。为培养德才兼备、能干济时艰的实用人才，颜元在他主教的学校中，对传统而又在风行的教育内容进行了彻底改革。当时的学校教育，基本上只是科举考试的辅导班，上者只学先儒讲著，稍涉文义即欲承先启后，下者但问朝廷科甲，才能揣摩皆骛富贵利达，人人禅子，家家虚文，唯时文是习，以八股为业。颜元对此极为反感。他说："八股行而天下无学术，无学术则无政事，无政事则无治功，无治功则无升平矣。故八股之害，甚于焚坑。"[①] 他认为，八股对社会造成的危害，比儒家最耿耿于怀的焚书坑儒，还要严重。于是他把时文与僧、道、娼一起，并列为社会四秽，直言道："为治去四秽，其清明矣乎，时文也、僧也、道也、娼也。"[②]

颜元反对理学、八股，那他主张以什么教学生呢？颜元的回答是：

> 大约书是古人为学为治谱也。汉、宋儒专以讲读著述为学……凡遇着实用功处，便含糊脱略过去……渠满眼只看得几册文字是文……解"博学"用"于文无不考"五字，蔽哉！夫文，不独《诗》《书》、六艺，凡威仪、辞说、兵、农、水、火、钱、谷、工、虞，可以藻彩吾身、黼黻乾坤者，皆文也。……君子无方以学之，则事物洞达，措办有方……虽未必德即进于中和，功即臻于位

[①] 钟錂：《颜习斋先生言行录》卷下。见《颜元集》，中华书局1987年版，第691页。
[②] 李塨撰，王源订：《颜习斋先生年谱》卷上。见《颜元集》，中华书局1987年版，第748页。

育，亦可以弗畔于道矣。①

下面我们就从德、智、体、美诸方面对颜元的教育内容论分别予以探讨。

一　独树一帜的唯实德育观

儒家重教化，故极重德育，但所倡多虚。迄至宋、明，学人中先忧后乐之士日少一日，借仁义道德之说教而谋富贵利达之徒则与日俱增，德育，亦由虚而假。面对这种腐败风气，颜元慨然大呼：

> 世宁无德，不可有假德。无德犹可望人之有德，有假德则世不复有德矣。此孔、孟所以恶乡原也。世宁无儒，不可有伪儒，无儒犹可望世之有儒，有伪儒则世不复有儒矣。此君子所以恶夫文人、书生也。②

颜元既然反对这种伪儒假德，那他的实学教育中又提倡些什么呢？极力提倡三达德，是颜元德育思想的一大特点。

颜元在坚持信、义、孝、悌、睦等基本伦常道德之同时，尤重智、仁、勇。他说："仁、智、勇，古今之达德也，立德、立业俱在于此"③。又说：

> "三达德"上自天子，下至庶人，大而谋王定国，小而庄农商贾，都缺它不得。试观汉高祖张文成便是知不惑，萧文终便是仁不忧，韩淮阴便是勇不惧，缺一不成西汉二百年世道。后汉昭烈孔明知也，蒋、费仁，关、张勇，缺一不成鼎足事业。递至百职之居官，学者之进德，农成佳禾，商聚财货，都须一段识见、一段包

---

① 《四书正误》卷三。见《颜元集》，中华书局1987年版，第190页。
② 钟錂：《颜习斋先生言行录》卷下。见《颜元集》，中华书局1987年版，第686页。
③ 钟錂：《颜习斋先生言行录》卷上。见《颜元集》，中华书局1987年版，第649页。

含、一段勇气方做得去。①

不难看出，这实实在在的智、仁、勇，在颜元眼里，才是最重要的"德"——"达德"。并且，颜元认为，两宋之积贫积弱，以至灭亡，就是因为程、朱理学教育中缺了这"三达德"。

"万物一体，天地为徒"，是颜元道德理想的至高境界。颜元希望弟子们能做到"成己必兼成物，致中和必期位育"，"万物一体，天地为徒"。他认为，人只要具备了这种道德水平，无论"在上、在下，都能撑持气运，砥柱人群"，而这种人对于社会而言也是"有之则治，无之则乱"。② 可以说，上自先秦诸子、下至当今的可持续发展观，都未能超出这"万物一体，天地为徒"的高境界。

认为德在艺中，进业便是修德，是颜元德育思想的又一大特色。颜元认为，先儒将六德（智、仁、圣、义、忠、和）、六行（孝、友、睦、姻、任、恤）、六艺（礼、乐、射、御、书、数）统称为"三物"，这种将德、行、艺总名为"物"的本身，就明确无误地告诉我们，"六艺固事物之功，即德行亦在事物内"。③ 他进而认为，"六德是成德事，急难作成，六行是施为处，急难如法，先之以六艺，则所以为六行之材具、六德之妙用，艺精则行实，行实则德成矣"。④

在这里，不难看出，颜元的一个中心思想就是"进业便是修德，学艺亦在进德"。对于这一点，他的弟子中也有人大惑不解，于是就有了下面这段师生之间的对话。

颜元的弟子彭好古向颜元请教有关"实学"的问题，颜元回答道："学者，学为人子，学为人弟，学为人臣。"从这个目标答案看，这分明就是一个伦理道德教育。而当彭好古再问学什么才能达到这一目的时，颜元的回答却出乎其意料。颜元的答案是："学自六艺为要"。彭好古接着又问，那您说说，例如算术，这又怎么与您的"学为人子，学为人弟，学为人臣"的培养目标挂上钩呢？颜元慨然道，嗨，你也不想

---

① 《四书正误》卷三。见《颜元集》，中华书局1987年版，第202页。
② 《四书正误》卷四。见《颜元集》，中华书局1987年版，第227页。
③ 李塨撰，王源订：《颜习斋先生年谱》卷上。见《颜元集》，中华书局1987年版，第753页。
④ 《四书正误》卷三。见《颜元集》，中华书局1987年版，第194页。

想，人如果不懂数学，就会天不知其度，地不知其量，事物不知其分合，你怎么能把事情做好？不能办事的人，怎么能承父兄之命，事君长又何以尽职？①

关于德与能之关系，颜元还说：

> 人之为学，必认定子、臣、弟、友是所以为道，六艺是所以尽子、臣、弟、友之道，方好。譬如子之事父，只对父说孝，臣之事君，只对君说忠不成，必须有事君、父之礼，乐君、父之乐，射以敌君、父之忾，御以代君、父之劳，书数以办君、父之事，方是臣、子。②

上述言论，清楚地阐明了颜元关于智中有德、益智即在进德的唯实德育观。

颜元德育思想之中，还有一个不容忽视的观点，那就是勤劳养德。

颜元从二十岁开始，耕田灌园，劳苦淬砺，到四十多岁，仍不时地亲自扬场赶车。人多以颇有名气的秀才仍然干这种事感到吃惊，而颜元则认为这属正常。直到去世前数月，他仍以不能继续栉风沐雨胼手胝足而深感遗憾。他曾说："吾用力农事，不遑食寝，邪妄之念，亦自不起。若用十分心力，时时往天理上做，则人欲何自生哉？信乎'力行近乎仁'也。"③

二　对智育内容的彻底变革

将八股制艺视为可有可无，而代之以实际有用的学问，是颜元对智育的最大贡献，也是其教育内容变革的核心。在这方面，颜元有两大历史性贡献：其一是将自然科学知识正式列入教育内容，并且将其作为主要课程进行教学。其二是将传统经史教育实学化。

颜元将自然科学做为教育内容，可能始于他三十四岁以后。在此前

---

① 钟錂：《颜习斋先生言行录》卷上。见《颜元集》，中华书局1987年版，第624页。
② 钟錂：《颜习斋先生言行录》卷上。见《颜元集》，中华书局1987年版，第639页。
③ 钟錂：《颜习斋先生言行录》卷上。见《颜元集》，中华书局1987年版，第624页。

的十年教育生涯中，颜元尚笃信程、朱、陆、王，将他们列入道统，设龛以敬，倘有谁说半句不敬之言，颜元就像骂自己的父母一样难受。他谨遵遗训，读书而静坐，偶有欠暇，"宁缺读书，不缺静坐"。他自己尚且如此，其教学内容亦可想而知。另外，他三十三岁时，曾执教辛兴村，立有学规。这个学规未涉及自然科学，也可从反面证明三十四岁以前他可能未曾将自然科学的知识列为教育内容。

三十四岁时，颜元始觉悟到程、朱、陆、王之学不过是俗学和禅学的混合物而已，迥异于周、孔之实文实学，"非正务也"。从那时起，他便开始对程、朱、陆、王之学进行批判。先著《存性编》，旋著《存学编》，对程、朱理学进行彻底清理。同时，他又学习数学，"自九九以及因、乘、归、除，渐学《九章》"。并著《农政要务》一书，"耕耘、收获、辨土、酿粪以及区田、水利，皆有谟画"[1]。他的好友杨计公，时为安平诸生，"知兵，能技击，精西洋数学"，[2] 颜元就不时前往求教。这些学习与著述，无疑在为他的教育奠定着基础。到颜元四十一岁为习斋订定"教条"时，自然科学的内容便赫然列于其中了。"教条"中写道："昔周公、孔子，专以艺学教人，近士子惟业八股，殊失学教本旨。凡为吾徒者，当立志学礼、乐、射、御、书、数及兵、农、钱、谷、水、火、工、虞，予虽未能，愿共学焉。"[3]

对自然科学教育的坚持，颜元是老而弥笃。这从他对漳南书院的课程设计中可窥一斑。六十二岁时，颜元应聘前往肥乡主教漳南书院，他为书院设计的课程是：

第一，文事。包括礼、乐、书、数、天文、地理等科。

第二，武备。包括黄帝、太公及孙、吴诸子兵法，攻守、营阵、陆水诸战法，并射、御、技击等科。

第三，经史。包括十三经、历代史、诰制、章奏、诗文等科。

第四，艺能。包括水学、火学、工学、象数等科。

---

[1] 李塨撰，王源订：《颜习斋先生年谱》卷上。见《颜元集》，中华书局1987年版，第727页。

[2] 李塨撰，王源订：《颜习斋先生年谱》卷上。见《颜元集》，中华书局1987年版，第747页。

[3] 李塨撰，王源订：《颜习斋先生年谱》卷上。见《颜元集》，中华书局1987年版，第743页。

理学和八股也在课程之中，只不过是作为批判对象而设置的。

从这个课程设计不难看出，其中自然科学知识比重已是超过三分之一了。

将传统经史课程实学化，这是颜元对教育内容变革的又一大贡献。颜元认为，经史类内容不是不需学，关键是通过经史类著作学习什么，掌握什么。颜元自己所设计的课程中，经史类课程也占相当比重。但他要求学生在这类课程中学习的内容以及要掌握的知识，与传统理学教育以及为应付科举考试而教的完全不同。当时作为科举附庸的学校教育，之所以让学生读经史，只是为了应付科举考试，故学生所学，重点在于记故采词，而颜元的实学教育之设经史课程，是为了让学生从中学习经世济民的知识，提高辅国养民的能力。关于如何读历史，颜元对学生说：

> 先定志而后看史，则日收益矣。如志在治民，凡古大臣之养民教民、兴利黜害者，皆益我者也；志在勘乱，凡古良将之料先策后、出奇应变者，皆益我者也。志不定则记故采词，徒看无益，犹之《四书》《五经》矣。①

而对于《四书》《五经》，颜元也是这样看待的。他认为，这些经书，只不过是古人的经济谱而已，不能只记背文字，而主要应从中学习于治国安邦齐家修身有用的思想内容，并通过这种学习而提高自己的办事能力。他经常向学生讲自己读《论语》的经验和体会："生世六十余矣，读《论语》分三截：前二十年见得句句是文字，中二十年见得句句是习行，末二十年见得句句是经济。"②

为落实自己的实学教育思想，颜元三十七岁时还把当时颇具权威的启蒙教材《三字经》作了修订，将六艺（礼、乐、射、御、书、数）、六府（金、木、水、火、土、谷）等实学内容加了进去，并易其名曰《三字书》。

当然，颜元力诋八股制艺，但他却始终未予彻底废除。在"习斋教

---

① 钟錂：《颜习斋先生言行录》卷下。见《颜元集》，中华书局1987年版，第677页。
② 《四书正误》卷四。见《颜元集》，中华书局1987年版，第229页。

条"中，他对此事的处理方式是学生"愿学八股者听"。在设计漳南书院时，他仍设有"理学"和"帖括"二斋，以课程、朱、陆、王之学和八股举业，但他也明确说明，设此二斋，只是为了"以示吾道之广，且以应时制"。他将这两斋设计在书院各斋的最末，并使其朝向向北，与他的正堂"习讲堂"相对，以"见为吾道之敌对。"并且他坚信，理学和八股总有一天会被废除，到那时，这空下来的两个教室，"左处宾价，右宿来学"。

三　对体育的高度重视

颜元极重体育。他看到，自宋儒提倡半日静坐、半日读书之后，国人体质，特别是读书人的体质呈明显下降趋势，渐成弱女子态。而且当时全社会对此也习以为然，而一旦看到读书人骑马、舞刀、拉弓、射箭，或做些其他体育运动，便惊诧不已，将之视为异类，谥之为不务正业。对此，他慨叹道："夫子自言'我战则克'，是吾夫子不惟战，且善战，明矣。至孟子传道，已似少差。流至汉、宋，峨冠博带，袖手空谈，习成妇人女子态，尚是孔门之儒乎？熟视后世书生，岂惟太息，真堪痛哭矣。"[①]

颜元认为，之所以造成这种局面，乃"不务实学所致"。他说："古人之学，用身体气力，今日只用心与目口，耗神脆体，伤在我之元气，滋六气之浸乘，乌得不病！"[②] 为改变这种陋习，颜元提出了自己全新的"动"的教育主张，他说道："养身莫善于习动，夙兴夜寐，振起精神，寻事去做，行之有常，并不困疲，日益精壮，但说静息将养，便日就惰弱。故曰：'君子庄敬日强，安肆日偷。'"[③] 又云"吾辈若复孔门之学，习礼则周旋跪拜，习乐则文舞武舞，习御则挽缰把辔，活血脉，壮筋骨，'利用'也，'正德'也，而实所以'厚生'矣。岂至举天下事胥为弱女，胥为病夫哉！"[④]

[①]　《四书正误》卷三。见《颜元集》，中华书局1987年版，第193页。
[②]　李塨撰，王源订：《颜习斋先生年谱》卷上。见《颜元集》，中华书局1987年版，第732页。
[③]　钟錂：《颜习斋先生言行录》卷上。见《颜元集》，中华书局1987年版，第635页。
[④]　钟錂：《颜习斋先生言行录》卷上。见《颜元集》，中华书局1987年版，第648页。

当然，这种动的教育，学生好像是苦些，不如静坐读书安逸，但结果是不同的。颜元说："礼、乐、射、御、书、数，似苦人事，而却物格知至，心存身修而日壮，读讲文字似安逸事，而却耗气竭精，丧志痿体而日病。非真知学者，其孰能辨之！"① 他甚至认为："三皇、五帝、三王、周、孔，皆教天下以动之圣人也，皆以动造成世道之圣人也。五霸之假，正假其动也。汉、唐袭其动之一二，以造其世也。晋、宋之苟安，佛之空，老之无，周、程、朱、邵之静坐，徒事口笔，总之皆不动也。而人才尽矣，圣道亡矣，乾坤降矣。"有鉴于此，他断言道："一身动则一身强，一家动则一家强，一国动则一国强，天下动则天下强，益自信其考前圣而不谬矣，后圣而不惑矣。"②

基于这种认识，颜元教学不离体育，文舞武舞、周旋跪拜、舞刀弄枪、骑马射箭，甚至类似现在的举重、赛跑，无所不有，并经常开展比赛。在"习斋教条"所列课程中，十天中就有两天"习射"。在漳南书院的建设规划中，就有步马射圃，即今之操场。且在书院尚未建成之际他就让学生进行举重、赛跑、拳击等体育训练，可见他对体育之重视。

在体育锻炼方面，颜元且能做到以身作则。他坚持习武练功，至老不辍，还经常与学生或朋友展开比赛。他年近七旬身体尚健，当得益于他的日常锻炼。

毛泽东对颜元注重体育的思想与行为特别赞赏，他在其《体育之研究》一文中写道："清之初世，颜习斋、李刚主，文而兼武。习斋远跋千里之外，学击剑之术于塞北，与勇士角而胜焉。故其言曰：文武缺一岂道乎？"③

四　对艺术及艺术教育的偏见

美育不只包括艺术教育，但毫无疑问艺术教育是美育的主要内容，但由于篇幅所限，在美育这一部分，我们只讨论颜元有关艺术及艺术教育方面的思想。

---

① 钟錂：《颜习斋先生言行录》卷上。见《颜元集》，中华书局1987年版，第645页。
② 钟錂：《颜习斋先生言行录》卷下。见《颜元集》，中华书局1987年版，第669页。
③ 《新青年》，中州古籍出版社1999年版，第186页。

颜元关于艺术及艺术教育的思想是有失偏颇的。

在艺术教育方面,颜元较重视音乐和舞蹈。他之所以重视音乐,是因为孔子把音乐排在了六艺之中;而他之所以重视舞蹈,一是因为他要使音乐教育"动"起来,二是"文舞武舞"可强身健体,且可配合军事教育。而艺术教育中的某些门类,则遭到了他的坚决抵制。如他极端轻视诗、文、字、画,甚至说"后世诗、文、字、画"是"乾坤四蠹"①。他在给自己的学生题记时写道,要"务实,痛戒诗、文、棋、画,须求身世有功。"并说这也是自己"所终身勉之而深愧宽假者",希望学生要牢牢记住。②

不只如此,颜元对于在今天看来多具艺术性、多具美学价值的诗文,也多有微词,甚至贬抑。他说:"《离骚》之人,吾钦其忠,而恶其文之妆堆,左氏之理,吾爱其静,而恶其词之浮夸,以为皆衰世之文,启后世雕刻之风,伤古人典雅之体。所称以文字祸天下苍生者,二子亦分其辜焉。"③ 在这方面,颜元甚至还敢向孟子发难。他说:"孔子之书虽名《论语》,其实句句是行。子试从'学而时习'挨次思想,那一句不是行?唐、虞之史二典亦同。至《左传》便辞藻华巧,《孟子》便添些文气、文局。吾故曰:《左传》《孟子》,衰世之文也。"④ 颜元将庄周之文,视为文中之妖,⑤ 而将"欧苏文字"与"释达番子""程、朱道学""汉人训诂"相提并论,说"它们不能分毫仿佛周、孔、尧、舜之实学"。⑥

颜元之所以不重艺术甚至贬抑艺术,主要原因在于他的身世和志趣。

颜元出身寒门却立志救世,从青年时代起便耕田灌园、行医卖药、舌耕笔作,辛苦劳瘁终身未辍。他一生基本都生活在乡野,当时社会上广大贫苦农民背井离乡,鬻妻卖子,甚至人相食的惨剧,他是目睹耳

---

① 李塨撰,王源订:《颜习斋先生年谱》卷下。见《颜元集》,中华书局 1987 年版,第 766 页。
② 《习斋记余》卷十。见《颜元集》,中华书局 1987 年版,第 588 页。
③ 钟錂:《颜习斋先生言行录》卷上。见《颜元集》,中华书局 1987 年版,第 652 页。
④ 《四书正误》卷六。见《颜元集》,中华书局 1987 年版,第 238 页。
⑤ 《朱子语类评》。见《颜元集》,中华书局 1987 年版,第 276 页。
⑥ 《朱子语类评》。见《颜元集》,中华书局 1987 年版,第 286 页。

闻。吟诗歌赋，行棋作画，何益于这些百姓？他立志济世安民，故自己不以艺术为业，也不希望他的弟子们以之为业，因为醉心于这些诗、文、棋、画将有碍于他们的实学教育，将有妨于他们的济民事功。于此他曾说道："韩、柳猥以文名，李、杜仅以诗著，将在下而修身齐家仪风式俗，在上而致治拨乱康济民命，安所用之？"① 他觉得，这种诗、文、字、画，乃虚浮之事，不如修六德之一德、六行之一行、六艺之一艺，于个人于社会更有好处，更能为百姓干些实事。

颜元不愧为一大思想家。他虽不喜艺术，但偶一涉及，便能见的。他对诗韵的理解和对艺术创新需个性化的认识，就是典型例证。关于诗韵问题，他对学生说："诗所以咏物、适情、言志也，即取其足以咏物、适情、言志而已，何必拘沈韵？且'东、冬'一音，而在二韵，'之、儿、无、池'等殊不相叶，而在一韵，诸如此类，有何意义……或谓既为诗，即宜遵韵，不知三百篇是遵何人韵书？不过取其音之相叶，以便于歌可耳。"②

关于艺术创新需个性化问题，他对学生说：

> 作诗者皆仿李、杜，作史者皆仿班、马，作文者皆仿韩、欧，作人者偏不仿孔、孟，是可异也。仆亦为诗，不李、杜，无憾也，即以为颜某诗也可；仆亦为史，不班、马，无憾也，即以为颜某史也可；仆亦为文，不韩、欧，无憾也，即以为颜某文也可；惟至于为人，不敢不仿孔、孟也，以为舍孔、孟无以为人。③

为人该不该仿孔、孟，与艺术关系不大，故这里姑且不论，而作诗、作史、作文要有自己的个性这一主张，确属高见。推而广之，任何艺术门类，甚而至于各科学术研究，凡称得上是创作的，都应有其新意。这个"新"，在学术为见解，在艺术为个性。当然，新见解亦是个性，而新的个性亦是见解，它们之相通，就是通在一个"新"字上。

颜元一方面力诋诗、文、棋、画，让学生痛戒之，一方面又不断作

---

① 《习斋记余》卷三。见《颜元集》，中华书局1987年版，第442页。
② 钟錂：《颜习斋先生言行录》卷上。见《颜元集》，中华书局1987年版，第634页。
③ 钟錂：《颜习斋先生言行录》卷上。见《颜元集》，中华书局1987年版，第643页。

诗著文,从事创作。他虽将其散文集名之为《习斋记余》,以示此非正业,[1] 但他又明知非正业而务之,且不忍彻底去之,这《习斋记余》不就是这矛盾的产物吗?其实,这个矛盾本身就在证明着一个道理:人类需要艺术。

---

[1] 《习斋记余》卷三。见《颜元集》,中华书局1987年版,第443页。

第十七章　颜元教学方法论

为了培养能够辅世济民、黼黻乾坤的实用人才，颜元不仅对教育内容做了苦心孤诣的改革，而且对教学方法进行了苦苦探索。他所探索出的教学方法，对于我们今天变应试教育为素质教育，仍然极具借鉴价值，而他对宋、明理学教育及当时应试教育教学方法的批评，于今亦具警示作用。

一　远其志而短其节

任何事物的运转，似乎都需要动力。当时社会的学校教育，基本都围绕科举考试这个指挥棒运转，其动力是看得见摸得着的功名富贵。颜元反对科举，鄙夷八股，勤力实学教育，他要让学生努力向学、刻苦自强而不辍，也需要让学生产生动力，于是他就采取了"远其志而短其节"的方法来激励学生，以使其好学、乐学。颜元说：

> 学贵远其志而短其节。志远则不息，节短则易竟而乐。[1]

此语虽短，却似教育箴言，让人回味无穷。

远其志，就是鼓励学生树立远大志向。学生只有树立了远大志向，才会刻苦努力而不被困难所阻。对志气，颜元有自己的独到见解。他认为，庸人苦于无气，气能生志，而学者则是患于无志，志能生气，志和气是循环相生的。人人可以为尧、舜，圣人是无论谁都可以做的。不能做圣，不敢做圣，都是无志的表现。他鼓励学生说：

---

[1] 钟錂：《颜习斋先生言行录》卷上。见《颜元集》，中华书局1987年版，第624页。

父母生成我此身，原与圣人之体同；天地赋与我此心，原与圣人之性同。若以小人自甘，便辜负天地之心、父母之心矣；常以大人自命，自然有志，自然心活，自然精神起。①

又说：

圣人亦人也，其口鼻耳目与人同，惟能立志用功，则与人异耳。故圣人是肯做工夫庸人，庸人是不肯做工夫圣人。试观孔子是何等用功，今人孰肯如此做？②

颜元认为，人之不学圣人，其弊有二：一在望圣人之大德不敢为，认为这是圣人之事，非常人所可及；一在忽圣人之小节不肯为，认为圣人不在是也，为之岂便是圣！基于此，在景州吴玉衡向他问学时，颜元回答道：

学者，学为圣人也。后世二千年无圣，有二弊：一在轻视圣人之粗迹细行，而不肯为，曰"所以为圣人不在此"；一在重视圣人之精微大德，而不敢为，曰"圣人极诣，非我等常人所可及"。然则圣人断是天外人矣。③

颜元的弟子祁州李植秀，好学，经常寻师问道，人多非之，而颜元则鼓励他说：

天下方以时文为正业，别有所学，则见为怪。女初立志，当闇然自进，不惊人，不令人知可也。然须坚定其志，不畏流言，乃能有成。④

---

① 钟錂：《颜习斋先生言行录》卷下。见《颜元集》，中华书局1987年版，第668页。
② 钟錂：《颜习斋先生言行录》卷上。见《颜元集》，中华书局1987年版，第628页。
③ 钟錂：《颜习斋先生言行录》卷下。见《颜元集》，中华书局1987年版，第670页。
④ 戴望：《颜氏学记》，中华书局1958年版，第255页。

为促使学生用功学习,他给学生树立的价值观是:聪明不足贵,只用工夫人可敬;善言不足凭,只能办事人可用。①

当然,颜元鼓励弟子们学为圣贤,并不是说让弟子们都去做帝王将相,都要达到先圣先贤的水平。他懂得,人的天赋是不同的,教育不可能改变人的"气质",但只要尽了后天的努力,"尽吾本有之性,尽吾气质之能",不管达到什么程度,便都是"圣贤"②,无论职务相当于尧、舜、五臣、知县、书吏,还是做优秀百姓,那都无妨。"只就各人身份,各人地位,全得各人资性,不失天赋善良,则随在皆尧舜矣。"③

所谓"短其节",则是颜元提出的一个教学策略。知识不仅其广无涯,而且其深无底,所以就有学无止境之说。但在具体教学中,若一竿到底,则可能会使学生望而生畏,若将其划分为若干小节,让学生分段来学,学生就会不断享受到成功的乐趣,进而增强学习信心,一步一步学下去。在这里,学如登山,远其志,犹如望其顶,而短其节则如设台阶。每上一阶,学生便知进了一步,便知离顶近了一级,就会有一种成就感。而此成就感,则可激发其继续努力。所以"短其节"三字,可谓课程至言。君不见我们今天的课程、教材,均已设节。颜元三百年前见已及此,怎不令人叹服!

颜元自己已开始使用这个"短其节"的方法指导弟子们的学习。如他教导其高足李塨"方学兵,且勿及农,习冠礼未熟,不可更及昏(婚)礼",④ 就是典型一例。

远其志而短其节,是为了使学生好学、乐学。为使学生养成好学的习惯,颜元还经常指导学生掌握好的学习方法,如读书求趣便是一例。他根据自己的体会对学生们说:"汝等于书不见意趣,如何好?不好,如何得?某平生无过人处,只好看书。忧愁非书不释,忿怒非书不解,精神非书不振。夜读不能罢,每先息烛,始释卷就寝。汝等求之,但得意趣,必有手舞足蹈而不能已者,非人之所能为也。"⑤

---

① 钟錂:《颜习斋先生言行录》卷下。见《颜元集》,中华书局1987年版,第665页。
② 钟錂:《颜习斋先生言行录》卷下。见《颜元集》,中华书局1987年版,第664页。
③ 钟錂:《颜习斋先生言行录》卷上。见《颜元集》,中华书局1987年版,第649页。
④ 李塨撰,王源订:《颜习斋先生年谱》卷上。见《颜元集》,中华书局1987年版,第751页。
⑤ 钟錂:《颜习斋先生言行录》卷上。见《颜元集》,中华书局1987年版,第627页。

为什么非得激发学生的积极性不可呢？因为颜元已隐约觉悟到，只有学生才是学习的主体，学生自身才是其转化的根据，而教育环境则只不过是学生转化的条件而已。他说：

> 人心中具有仁义、位育，但得活理养之，则学成具全体大用，否则血肉腐朽而已矣。如鸡卵中具有羽肉冠距，但得暖气养之，则化成而飞鸣走食，否则青黄死水而已矣。①

在颜元看来，教育就是用活理养人，如同用暖气将鸡卵孵成小鸡一样，是在促成其自身的转化。教育是重要的，但转化的根据还是学生自身。正如毛泽东所言，温度不能使石头变成小鸡。② 有鉴于此，要做好教育工作，最重要的是通过各种方法调动学生的学习积极性，使他们好学、乐学，从而主动地学。

二 因其材而专其业

颜元已初步具备了因材施教的思想。他说：

> 吾于孟子之论治而悟学矣。人之质性各异，当就其质性之所近、心志之所愿、才力之所能以为学，则易成。圣贤而无龃龉扞格终身不就之患，故孟子于夷、惠曰：不同道，惟愿学孔子。非止以孔子独上也，非谓夷、惠不可学也。人之质性近夷者，自宜学夷，近惠者，自宜学惠。今变化气质之说，是必平丘陵以为川泽，变川泽以为丘陵也，不亦愚乎！③

颜元既然认识到了因材施教之理，他就将其付于教育实践。颜元有一族孙名保邦，初不识字，颜元爱其勇力，于是便教他习武。习武之人，多喜历史，颜元因之而给他讲历史。保邦因此而产生了学习兴趣，

---
① 钟錂：《颜习斋先生言行录》卷上。见《颜元集》，中华书局1987年版，第624页。
② 《毛泽东选集》，人民出版社1966年版，第306页。
③ 《四书正误》卷六。见《颜元集》，中华书局1987年版，第230页。

遂逐渐学文。当文字粗通时，颜元便将他接纳为学生，让他随班学习。① 这是一则较为典型的因材施教、循序诱导的案例。

对于专业问题，颜元也已有初步思考。其专业思想初步形成的原因大致有三：一是他发现学生的天赋有所不同，已如上述。二是因于知识的无涯而个人精力的有限。三是他看到社会需要"专家"。如他发现"古人于必用而不常用之官，多命专家，使世修其职，如历与史之类。一欲其精也，一不欲多费人才于不常用之学也。"② 他还分析说：

> 禹之治水，非禹一身尽治天下之水，必天下士长于水学者分治之而禹总其成；伯夷之司礼，非伯夷一身尽治天下之礼，必天下士长于礼学者分司之而伯夷掌其成。推于九宫、群牧咸若是，是以能平地成天也。③

颜元认为，人可以"尽力求全"，以达到"圣学之极致"。如果达不到，"宁为一端一节之实，勿为全体大用之虚。如六艺不能兼，终身止精一艺可也。如一艺不能全，数人共学一艺，如习礼者某冠、昏，某丧、祭，某宗庙，某会同，亦可也"④。只要学好"六德之一德，六行之一行，六艺之一艺"，能用来"修身、齐家、仪风、式俗""致治、拨乱、康济民命"，那么，就不枉"生世为一人，列名为一儒"。⑤

综上所述不难看出，专业教育思想之芽，确实已萌动于颜元心中。

三 少讲读而多习行

既然学生是学习的主体，那么在教学活动中，就应当让学生的活动成为主体活动，教师只起诱导、引导和指导作用，具体说来，就是要少

---

① 李塨撰，王源订：《颜习斋先生年谱》卷下。见《颜元集》，中华书局1987年版，第789页。
② 钟錂：《颜习斋先生言行录》卷下。见《颜元集》，中华书局1987年版，第668—669页。
③ 《存学编》卷一。见《颜元集》，中华书局1987年版，第43页。
④ 《存学编》卷一。见《颜元集》，中华书局1987年版，第54页。
⑤ 《习斋记余》卷三。见《颜元集》，中华书局1987年版，第442页。

讲读而多习行。这是颜元教学法思想的基点,也是其教育思想的最典型的特征。他认为,只有这样,才能培养出实用人才。

然而自宋迄明,学校教育迥非如此。且不说那些乡野村塾,教育失法,就是那些知名书院,亦不得法。教师高谈阔论,注书著书,学生则静坐、读书、听讲、诵经。学生学不到治国安邦、经世济民的真才实学,社会因之而无真才,国家因此而遭覆亡。

正是有鉴于此,颜元说:

> 仆妄谓性命之理不可讲也,虽讲,人亦不能听也,虽听,人亦不能醒也,虽醒,人亦不能行也。所可得而共讲之、共醒之、共行之者,性命之作用,如《诗》《书》、六艺而已。即《诗》《书》、六艺,亦非徒列坐讲听,要惟一讲即教习,习至难处来问,方再与讲。讲之功有限,习之功无已。①

颜元还有一篇短论,题为《论开书院讲学》,极尽其非讲读之妙,其文曰:

> 观《王文成公传》,正德十三年四月,至赣开书院讲学,喟然曰:"此一失,程、朱、陆、王两派所同也。"但一人得志守司地方,或一人儒名显著,地方官尊礼,则必建立"书院",额其中庭曰"讲堂"。嗟乎!何不曰"道院"?何不曰"学堂"?而直以"书""讲"名乎!盖其实不可掩也,亦两派诸先生迷而不之觉也。试观尧、舜在上而为君,只举三事、六府,命官诏牧,和而修之,以布施于天下而已,几见其徒举书而讲之乎!试观周公在上而为相,只"以三物教万民而宾兴之",几见其徒举书而讲之乎!试观孔子在下而为师,亦只举三物与三千人"学而时习之",以修齐,以待用而已,几见其徒举书而讲之乎!经书乃记三事、三物之簿籍耳,其有不废讲,则学事学物有不明,乃用讲辨耳。孔子曰:"学之不讲,是吾忧也。"今不学,何讲哉!学习躬行经济,吾儒本业也,舍此而书云书云,讲云讲云,宋、明之儒也,非唐、虞、三代

---

① 《存学编》卷一。见《颜元集》,中华书局1987年版,第41页。

之儒也。然则今日者，讲之不学，是吾忧矣。①

基于这种认识，颜元叹道：

> 惟愿主盟儒坛者，远溯孔、孟之功如彼，近察诸儒之效如此，而垂意于习之一字，使为学为教，用力于讲读者一二，加功于习行者八九，则生民幸甚，吾道幸甚！②

于此，颜元还自我解释道：

> 仆受诸儒生成覆载之恩，非敢入室操戈也。但以人之岁月精神有限，诵说中度一日，便习行中错一日，纸墨上多一分，便身世上少一分。③

颜元对朱熹等人所提倡的静坐读书的学习方法，做了深刻的批判。他认为，朱熹等人提倡的半日静坐半日读书的学习方法，是让学生半日做和尚，半日做汉儒，一天十二个时辰中，没有一个时辰在学孔、孟。针对朱熹讲的"只要熟看、熟读，别无方法"的主张，颜元说这是"将圣人方法坏尽，却说'看读之外别无方法'。试观尧、舜至孔子，何尝有个熟看、熟读？"④

在回答"如何学可谓有得"这个问题时，程、朱学派的答案是："大凡学问，闻之知之皆不为得。得者，须默识心通。学者欲有所得，须是诚意烛理。"颜元认为，"闻之知之皆不为得"之言，"可谓透宗语矣"，只是接下来应当说："得者须履中蹈和，躬习实践，深造以六艺之道，乃自得也。"然而他们却说"须默识心通"，这还是停留在知之的层面上，不可谓有得。⑤ 缘此，颜元叹道，"千余年来率天下入故纸堆中，耗尽身心气力，作弱人、病人、无用人者，皆晦庵为之，可谓迷

---

① 《习斋记余》卷六。见《颜元集》，中华书局1987年版，第519页。
② 《存学编》卷一。见《颜元集》，中华书局1987年版，第41—42页。
③ 《存学编》卷一。见《颜元集》，中华书局1987年版，第42页。
④ 《朱子语类评》。见《颜元集》，中华书局1987年版，第250页。
⑤ 《存学编》卷四。见《颜元集》，中华书局1987年版，第94页。

魂第一、洪涛水母矣。"他说，正是这种方法，"坏了五百年人才世运"①。

在"如何学习才能有所得"即学习方法问题上，颜元的基本主张是读书、思考和习行相结合，而以习、行为主。他斩钉截铁地说："读书无他道，只须在'行'字着力。"② 下面，我们分别从读、思、习行三个方面，对颜元的学习方法论予以介绍和探讨。

先说读书。颜元反对只静坐读书的学习方法，是因为其中缺了学生学习最主要的方法——习、行，而不是一概反对读书。他说："周公之法，春秋教以礼、乐，冬夏教以《诗》《书》，岂可全不读书？"③ 他注重读书，如前文所说，他自己读书就曾达到难以释卷入睡的程度，有时为了促使自己释卷入睡，不得不先熄灭灯烛而后释卷。因为颜元知道，读书虽然只是致知中之"一事""一端"，但读书终究是学生学习中的重要环节之一。诗书虽然不过是古人的经济谱，但识谱也是必需的。总之，书是不能不读的。而对于识字以后如何读古书，颜元也有自己的体会和见解。他说：

> 人读书只为难记，耽搁许多，不知纵记亦无用。大要古书只管去读看，不问能记与否，但要今日这理磨我心，明日那理磨我心，久之，吾心本体之明自现，光照万里，所谓"一旦豁然贯通"者也。然须以清心寡欲为本。④

针对记忆难的问题，他还说：

> 何必记！读书以明理，是借书以明吾心之理，非必记其书也。今日一种书之理开吾心，明日一种书之理开吾心，久之，吾心之明自见，自能烛照万理。譬如以粪水培灌花草，久之，本枝自生佳花，若以粪水著枝上，不足观矣。又如以氈、银磨砻铜镜，久之，

---

① 《朱子语类评》。见《颜元集》，中华书局1987年版，第251页。
② 钟錂：《颜习斋先生言行录》卷上。见《颜元集》，中华书局1987年版，第623页。
③ 《存学编》卷一。见《颜元集》，中华书局1987年版，第54页。
④ 钟錂：《颜习斋先生言行录》卷上。见《颜元集》，中华书局1987年版，第629页。

本镜自出光明，若以甄、银著镜上，反蔽其明矣。①

记忆是学习的重要环节，当然不容轻视，但颜元所谈读书在于磨心明理的道理，着实是的见。这也正与他反复强调的"读经、观史非学，惟治心乃是学"②，完全一致。

在读书问题上，颜元还有一绝妙思想，就是所读之书只看其有用与否，可以不问真伪，如果有用，即便是伪书亦可读。他说："古来诗书不过习行经济之谱，但得其路径，真伪可无问也，即伪亦无妨也。"③

再说思。俯而读，仰而思。思之一环，历来为学者所重。孔子就曾有"学而不思则罔，思而不学则殆"④之语。颜元之读书磨心说，其实质是通过读书，以提高认识水平，即增强理解事物、分析问题的能力。程、朱所谓默识心通，也是这个道理。而颜元的高明之处，也是他异于程、朱之处，是程、朱到此为止，而颜元则继之有进一步的深刻见解。颜元说："思诚固是学者切功，然必思此一善，即作此一善，乃有益。若只思仁思义，久之，一若思所及便是我已得者，则思亦属自欺之端矣。"⑤ 这种思必与行相联系才有价值，否则还有可能失去其正面意义而产生负面效应的见解，委实独到而且深刻。

思是学习的重要环节。心之官则思。思是人的心理活动。从现代认知心理学角度看，学习的过程，也就是人的思维方式的构建和改造的过程。而这个构建和改造，若离开社会实践，就不能很好地完成，特别是若不以实践为目的，则就会失去其本来的价值和意义。

最后再谈习、行。尤重习、行，将习、行看得比读书、思索更重要，是颜元学习方法论的显著特征。颜元认为，他的这一主张，正是继承了孔子教学方法的真谛，而汉以后诸儒则是违背了先圣之道。他说：

> 七十子终身追随孔子，日学习而终见不足，只为一事不学，则一事不能，一理不习，则一理不熟。后人为汉儒所诬，从章句上用

---

① 钟錂：《颜习斋先生言行录》卷上。见《颜元集》，中华书局1987年版，第648页。
② 钟錂：《颜习斋先生言行录》卷上。见《颜元集》，中华书局1987年版，第628页。
③ 《习斋记余》卷三。见《颜元集》，中华书局1987年版，第441页。
④ 《论语·为政》。见《十三经注疏》，中华书局1980年版，第2462页。
⑤ 钟錂：《颜习斋先生言行录》卷上。见《颜元集》，中华书局1987年版，第626页。

功，为释氏所惑，从念头上课性，此所以纸上之学问，易见博洽，心头之觉悟，易见了彻，得一贯之道者接迹，而道亡学丧，通二千年成一欺局矣。哀哉！①

针对朱熹所讲的干事情不得力、不济事只是因为读书不熟的缘故，颜元针锋相对地说，废却"三物"之学、"时习"之功，读书愈多愈惑，审事机愈无识，办经济愈无力。读书欲办天下事，如缘木而求鱼。虽圣人复起，不易吾言。②

为什么这样说呢？颜元认为，纸上谈兵的学问不是真学问，只有经过实践历练出来的才是真学问、真本事。"心上思过，口上讲过，书上见过，都不得力，临事时依旧是所习者出。"③"心中醒、口中说、纸上作，不从身上习过，皆无用也。"④所以做学问必须"身实学之，身实习之，终身不懈"⑤方可。他教人"三要"：一曰舍末务本；一曰敛华就实；一曰去假就真。并说，"读得书来，口会说，笔会作，都不济事，须是身上行出，方算学问。"⑥

在颜元的"辞典"里，"学"除去"学术""学问""教育"等意义，往往还有实际动手试着做一做的意思，而"习"则是重复试做的意思。如他说，孔子开章第一句，道尽学宗。思过，读过，总不如学过。一学便住也终殆，不如习过。习两三次，终不与我为一，总不如时习方能有得。"习与性成"，方是"乾乾不息"。⑦而"行"则是"实践"了。比如，他说："书房习数，入市便差。则学而必习，习又必行，故也。"⑧

"实践"的概念，在颜元的著作中数次出现，如"躬习实践"、"身习而实践之"等。⑨他说，他著《存学编》之目的，就是要通过身习而

---

① 钟錂：《颜习斋先生言行录》卷上。见《颜元集》，中华书局1987年版，第633页。
② 《朱子语类评》，见《颜元集》，中华书局1987年版，第252页。
③ 《存学编》卷一。见《颜元集》，中华书局1987年版，第54页。
④ 《存学编》卷二。见《颜元集》，中华书局1987年版，第56页。
⑤ 《存学编》卷一。见《颜元集》，中华书局1987年版，第48页。
⑥ 《习斋记余》卷四。见《颜元集》，中华书局1987年版，第466页。
⑦ 钟錂：《颜习斋先生言行录》卷下。见《颜元集》，中华书局1987年版，第668页。
⑧ 钟錂：《颜习斋先生言行录》卷下。见《颜元集》，中华书局1987年版，第685页。
⑨ 《存学编》卷一。见《颜元集》，中华书局1987年版，第49页。

实践，将以往教育中"静坐用口耳之习"，改变成为"手足频拮据之业"。① 他还说："尧舜之正德、利用、厚生，谓之三事，不见之事，非德、非用、非生也。周公之六德、六行、六艺，谓之三物，不征诸物，非德、非行、非艺也。"② 而这"见之事""征诸物"的学习过程，不就是实践吗？

颜元还说，《大学》开宗明义，在明明德，立意是何等之高，然最终落实在"格物"上。这个"物"就是事物，而这个"格"就是"手格猛兽之格"，"格物"就是实践，③ 而这实做其事就是学习。他给学生举例说：

  试观梓人，生来未必乃尔巧，以其尝学此艺，便似渠心目聪明矣。凡匠莫不然，而何疑于君子乎？好学礼则度数日明，好学乐则神明可通，好学射、御、书、数、兵、农等，则万事可理。虽性非上智乎，于焉近之矣。④

毫无疑问，这里的所谓"学"，就是要像工匠那样在做中学，在实践中学。

四　慎批评而重奖掖

在对"过"的认识上，除对圣人稍有回护外，颜元的思想不亚于老子。他说：

  恶人之心无过，常人之心知过，贤人之心改过，圣人之心寡过。寡过故无过，改过故不二过，仅知过故终有其过，常无过故怙终而不改其过。⑤

---

① 《存学编》卷一。见《颜元集》，中华书局1987年版，第49页。
② 李塨撰，王源订：《颜习斋先生年谱》卷下。见《颜元集》，中华书局1987年版，第786—787页。
③ 钟錂：《颜习斋先生言行录》卷上。见《颜元集》，中华书局1987年版，第645页。
④ 《四书正误》卷二。见《颜元集》，中华书局1987年版，第168—169页。
⑤ 钟錂：《颜习斋先生言行录》卷上。见《颜元集》，中华书局1987年版，第622页。

基于这种认识，颜元经常勉励自己的学生要"日新，时省过而改之，时思善而迁之"①。他说：

> 吾学无他，只"迁善改过"四字。日日改迁，便是工夫，终身改迁，便是效验。世间只一颜子"不二过"，我辈不免频复。虽改了复犯亦无妨，只要常常振刷，真正去改。久之不免懈怠，但一觉察，便又整顿。不知古人如何，我是依此做来。②

而对于那些讨厌别人指出自己缺点的人，颜元则认为那就是故步自封的人，这种人是不会进步的。《颜元集》中记载有这样一段话：

> 人有恶攻其短者，先生曰："是止者也。人立志前进，必期自全，故乐人指其缺，恐有缺也。人无志不前，自谓已全，不乐人破其全，恶闻其缺也。"③

颜元虽然教导学生要善于改过，但他却不主张教师以批评指摘为主，而主张以表扬奖励为主。其养孙重光雪夜烘火，外出取薪，"他人者近，欲把之，思不可，而远取己薪。"颜元听说后就予以表扬说："充此意，可为圣矣。"并分析说，这有三善：昏夜不欺，一也；义利分明，二也；举念能断，三也。④ 听人称赞自己的学生边之藩有孝、恤二行，颜元便高兴地赞赏道："吾门有人矣！"一位名叫刘懿叔的人告诉颜元，他的长子最近勤于孝敬，颜元便予以表彰，并对刘懿叔讲了教子之道："数子十过，不如奖子一长，数过不改也，徒伤情；奖长益劝也，且全恩。"⑤ 这应是他多年教育经验的高度概括和总结。

---

① 《习斋记余》卷十。见《颜元集》，中华书局1987年版，第588页。
② 钟錂：《颜习斋先生言行录》卷下。见《颜元集》，中华书局1987年版，第666页。
③ 钟錂：《颜习斋先生言行录》卷上。见《颜元集》，中华书局1987年版，第640页。
④ 李塨撰，王源订：《颜习斋先生年谱》卷下。见《颜元集》，中华书局1987年版，第788页。
⑤ 李塨撰，王源订：《颜习斋先生年谱》卷下。见《颜元集》，中华书局1987年版，第789页。

第十八章　颜元的师道观

师道内容，毫无疑问是极为丰富的。颜元执教长达四十七年，他有关师道的言行也相当丰富。现仅择于今尚足资借鉴者，予以述论，以求对今日及日后之师生有所启迪。

一　树师道之尊严，恪尽师责

为树师道之尊严，颜元在其数十年教育生涯中，多处多次立相关条规并且执行之。1667年，颜元应邀前往辛兴村设教，在他为该校所立之"学规"中，尊师的成分占有很大比重。该"学规"写道：

> 每晨谒先圣孔子揖，出告、反面揖，揖师不答。朔望率拜先圣，揖师，师西面答揖。节令拜师，师答其半。①

1675年，颜元申订著名的"习斋教条"。应该说，此"教条"中已具诸多革新思想，但尊师内容仍然存在。如在其中"行学仪"一条中写道：

> 每日清晨饭后，在师座前一揖，散学同。每遇朔望、节令，随师拜至圣先师四；起，北面序立，以西为上，与师为礼，再分东西对立，长东幼西相再拜。②

---

① 李塨撰，王源订：《颜习斋先生年谱》卷上。见《颜元集》，中华书局1987年版，第724页。
② 李塨撰，王源订：《颜习斋先生年谱》卷上。见《颜元集》，中华书局1987年版，第743页。

颜元不仅在礼仪方面树师道之尊严,而且在日常教育活动中树师道之权威。在其"习斋教条"中,许多条目对违犯者有责罚内容。而在他日常之教育活动中,也经常表彰学生。当时的习斋,颜元一身兼有"校长"、"教导主任"、"训育主任"和"科任教师"数职,这表彰和责罚的权力,当然是非他莫属了。可见颜元是将尊严与权威集于了一身。

颜元不是只教育和要求自己的学生尊师,他自己也是一个尊师的典范。因生活所迫,颜元二十岁时便离开蠡县城随养祖父朱九祚回到乡间生活,但他每到蠡县城,都要去拜望他的蒙师吴持明,聆听教诲。后吴持明去世,颜元不仅捐资助葬,并且撰文以祭,使师名借以垂千古。贾珍是颜元的第二任业师。为使贾师仁名广布,并老有所养,颜元曾亲为之集"得力单方",供其行医之用。贾师去世那年,颜元已六十八岁,他不顾年迈,"闻师贾金玉卒,奔哭。持心丧五月,罢,无时哭,犹朝夕哭,葬时率门人往哭送。"① 贾珍是颜元的第三位业师。其人品极受颜元尊崇。颜元不仅为他作了传,并且还给以"端惠"之私谥。

树教师之尊严和权威,礼仪是必要的,却不宜繁琐和失当;教师的尊严和权威,可以体现在条文中,而条文却不会替代教师树立尊严和权威。任何教师,其深入学生心目中的尊严和权威的获得,最终靠的是自己的学识和品德,靠的是自己对学生的关爱和培养,教师舍此而求尊严与权威,无异缘木求鱼。无知和专横,不仅无益于教师尊严和权威之树立,相反,倒会使教师尊严扫地而权威零落。

颜元立教师之尊严,树教师之权威,完全是为了教好管好学生,克尽教育之责,而他在与学生的具体的教育教学交往中,却是既不搞宗法专制,也不搞学术专制,相反,他在这些方面,很有些师生平等的思想。

二　倡师生之平等,相责善而共习艺

倡师生之平等,相责善而共习艺,是颜元师道观中极为值得称道处。他在"习斋教条"之"贵责善"一条中写道:

---

① 李塨撰,王源订:《颜习斋先生年谱》卷下。见《颜元集》,中华书局1987年版,第789—790页。

贵责善。同学善则相劝，过则相警；即师之言行起居有失，俱许直言，师自虚受。①

颜元不仅是这样说的，他也是这样做的。李塨在《颜习斋先生年谱》中记道，颜元有位学生叫马遇乐，"能规先生过"，先生欣然谢之曰："吾之于人，虽良友，非责吾善，其交不深；虽嫌隙，但责吾善，其憾即释。"②

颜元不仅能接受学生的"规过"，并且还主动请学生"规过"。他对学生彭好古说："吾自得张澍而坐庄，得李仁美而冠正，得石孚远而作字不苟简。每当过将发，未尝不思三子也。今后许汝五日投规过录一纸。"③

颜元四十七岁那年，李塨致"滕口木鸡"之四字箴言，颜元便将此四字书于东西壁，"庄对致敬，如净友在旁"④。

颜元五十九岁时，还将李塨给他的谏言"道大而器小，宜去褊，去矜，去躁，去隘"书写在日记首页。⑤ 于此不难看出，颜元是多么重视学生对老师的批评、建议。

颜元不仅在生活中是这样，在学问上也是这样。颜元大搞教育改革，欲将几乎所有社会科学和自然科学方面的学问都纳入到他的教学内容中去，这样一来，教师学问的不足是显而易见的，而在这个问题上，颜元不是打肿脸充胖子，而是实事求是地公开在"习斋教条"中告诉学生："予虽未能，愿共学焉。"⑥ 于是他就到处觅师学艺，学天文，学

---

① 李塨撰，王源订：《颜习斋先生年谱》卷上。见《颜元集》，中华书局1987年版，第744页。
② 李塨撰，王源订：《颜习斋先生年谱》卷上。见《颜元集》，中华书局1987年版，第732页。
③ 钟錂：《颜习斋先生言行录》卷上。见《颜元集》，中华书局1987年版，第631页。
④ 李塨撰，王源订：《颜习斋先生年谱》卷上。见《颜元集》，中华书局1987年版，第752—753页。
⑤ 李塨撰，王源订：《颜习斋先生年谱》卷下。见《颜元集》，中华书局1987年版，第774页。
⑥ 李塨撰，王源订：《颜习斋先生年谱》卷上。见《颜元集》，中华书局1987年版，第743页。

数学，同时他也向自己的学生学习。

在教学中是这样，在学术研究中，颜元也是这样，他能以平等待学生，而让学生自由发挥。他与学生经常做的是"讨论兵农，辨商今古"①，而不是让学生唯他的话是听。对于他的主张，学生认为对的，就发扬，就执行，学生认为不妥的，就反驳，直至公开批评，如李塨论其"封建"不可行等，就是公开撰文予以辩驳的。

对于学生对教师的批评以及对教师学术观点的批驳，颜元不仅宽容大度地给予容纳，并且他还认为这是极好的现象，对此倍加珍惜与呵护。他认为，"得从弟子者，其道行，得畏弟子者，其道光"②。就是说，听话的弟子可使师之道得行，而敢于对老师提出批评的弟子则可以使师之道发扬光大。事实已证明颜元这一思想的正确。习斋正是因为聚集了一大批像李塨、王源、马遇乐等"畏弟子"，颜元的思想才得以发扬光大，并最终形成历史上一知名学派——颜李学派。

同样，颜元对于学生不能超过老师、不能青出于蓝而胜于蓝则往往心怀忧虑。如1675年的九月初五，他带领学生在村头习射，颜元中的六，而学生各中的二，颜元因此就极不快活。他就想，孔子之道之所以能发扬光大，正是因为"回之仁贤于丘，赐之辩贤于丘，由之勇贤于丘。"而汉高祖说："运筹吾不及子房，攻战吾不及韩信，给饷守国吾不及萧何。"这正是汉代所以兴盛的原因。现在，"从吾者更不吾若，吾道其终穷乎！"③

在师生关系中，教师易占主导地位，以教师的这种地位，树威严不难，想平易更容易，唯独要做到像颜元那样，威严中有着平易，平易中有着威严，才是较为困难的，因为要想达到这种境界，教师不仅需要有渊博的学识，高尚的品德，而且还需要有诚挚的爱生心和强烈的事业心。颜元本人具备了这些素质，故达到了这种境界，他之广受学生乃至广大学人的尊重与爱戴，也是理所当然的。

---

① 《习斋记余》卷二。见《颜元集》，中华书局1987年版，第413页。
② 李塨撰，王源订：《颜习斋先生年谱》卷上。见《颜元集》，中华书局1987年版，第746页。
③ 李塨撰，王源订：《颜习斋先生年谱》卷上。见《颜元集》，中华书局1987年版，第744页。

三 尊师，可以不遵其道，而不遵其道，却不能不尊其人

在颜元的三位业师中，他就学于贾珒时间最长，为六年。吴持明为五年，而贾珍只有两年。然而，他为贾珍作了传，并给予私谥，为吴持明写了祭文，唯独对教他时间最长的贾珒没有这方面的"礼遇"，可见他对贾珒的人品、学术、道艺并不敬佩，但这却未妨碍他对这位恩师的尊重和体恤。晚年，他要接这位老师来他家，老师因路远不便，不肯前来，他就带了礼品前去探望，并亲侍食、寝。为使老师传名得养，他还为恩师集一《美惠方集》供其行医之用。这体现出的就是：尊师，可以不遵其道，而不尊其道，却不能不尊其人。

颜元曾欲拜师孙奇逢，因故未果，后遂以私淑而尊之。颜元"解正学后"，对孙奇逢之调和朱、陆的做法并不以为然，他还试图说动孙奇逢，让孙也脱离道学，共举实学大旗，并充当实学之盟主。这个理想他并未实现，硕儒孙奇逢自然是依然故我。但这并未妨碍颜元对他的尊敬。1691年南游中原时，颜元亲到夏峰，看望孙奇逢的后人，并具鸡酒哭祭孙奇逢。

河南儒师张仲诚，信道学，讲操存，轻习行，颜元南游时，与其师徒"明辨婉引，几一月"，最终还是谁也没能说服谁。尽管如此，颜元还是经常称道其人。颜元的学生李塨秀大惑不解，问颜元：

张仲诚学术错，先生亦时称之，何也？

颜元回答说：

辩学不容假借；若其居官廉干，自是可取。吾尝谓今日若遇程、朱，亦在父事之列，正此意也。①

---

① 李塨撰，王源订：《颜习斋先生年谱》卷下。见《颜元集》，中华书局1987年版，第775页。

程、朱理学曾是颜元最爱之学,后又是最受颜元批判的对象,然而颜元却说,若遇程、朱,则当以事父之礼事之,可见颜元将尊人与遵道划分得何等清晰。

四 颜元的性教育思想及其启迪意义

颜元认为学校应当对学生进行性教育。学校不对学生进行性教育,是学校教育的一大缺失,他使性教育光明正大地进了学校、进了课堂,这些思想和行为,具有开创意义。

颜元认为,"制欲为吾儒第一功夫,明伦为吾儒第一关节,而欲之当制者莫甚于色,伦之当明者莫切于夫妇。近世师弟,以此理为羞惭而不言,殊失圣贤教人之旨。"[1] 学校学生"渐去童年"而逐步进入青春期,这时的他们"情欲渐开",极易为外物所引诱,若不及时进行性教育,就有可能出问题,所以学校这时应抓紧进行性教育,使学生做到"不邪视,不妄思",洁身自守,这样才能使学生成为符合儒家性道德的贤圣。[2] 于是,他不仅经常在课堂对学生进行性教育,而且还把有关性的一些知识和原则,堂而皇之地写进了"习斋教条"。而颜元的"习斋教条",是每逢节令都要读讲的,并且每有新生入学,也要读讲一次。所以,写进"习斋教条"这一举措,使性教育成了习斋学生的"必修课"。

颜元关于学校应当对学生进行性教育这一主张无疑是正确的,然而,他当时所教之内容,现在看来,却不都是可取的,而是瑕瑜互见的。

颜元对学生讲道:"世俗但知妇女之污为失身,为辱父母,而不知男子或污,其失身辱亲一也。"[3] 因为一般而言,男子是生活中的强者,所以,男子的失身,其过更大。"世俗非类相从,止知斥辱女子之失身,不知律以守身之道,男子之失身,更宜斥辱也。"[4] 这种朴素的男女性

---

[1] 钟錂:《颜习斋先生言行录》卷上。见《颜元集》,中华书局1987年版,第644页。
[2] 钟錂:《颜习斋先生言行录》卷上。见《颜元集》,中华书局1987年版,第644页。
[3] 钟錂:《颜习斋先生言行录》卷上。见《颜元集》,中华书局1987年版,第644页。
[4] 钟錂:《颜习斋先生言行录》卷上。见《颜元集》,中华书局1987年版,第622页。

平等观念，在男尊女卑的封建社会中，无疑具有一定的进步意义。

下面这段引文，就是写进"习斋教条"的性教育内容：

> 一、申别义。五伦若父子之亲，君臣之义，长幼之序，朋友之信，其义易晓；独夫妇一伦，圣人加一"别"字，洵经纶大经之精义也。七年男女不同席，行路男子由右，女子由左，叔嫂不通问，男女授受不亲：此皆男女远嫌之别也。至于夫妇相敬如宾，相戒如友，必因子嗣乃比御，夫妇之天理也，必斋戒沐浴而后行。"别"义极精，小子识之。①

任何思想都是时代的产物，而时代又是历史的结果，至于思想的个性化，则是源自思想者对相关事物的独特认识。这是通则，性思想也不会例外，颜元的性教育思想当然也不会例外。

西方的性观念，经历了一个由开放到禁欲，又由禁欲到开放的否定之否定过程，中国的性观念也经历着同样的过程。颜元受传统儒学影响极深，虽然中年后他极力反对程、朱理学，但基本未能跳出儒学窠臼。这从他的性教条中可窥见一斑。颜元的人生观主要是人应当立志作圣。而他认为作圣就必须有操守，能抵制各种外物的诱惑。而在诸多诱惑之中，色为极诱，即色是最诱人的。但是颜元又认为性并不等于色，为了生育的性生活不是色，只有不为子嗣的交媾才是色。并且这色是人最难抵挡的诱惑。他坦率地讲："仆每自检诸欲，惟色根难断；尝经历人情，惟好色最真。"② 他说："见三分色，目不眴，心不乱，未必保八分也。八分艳娇而不乱，未必保倾国奇姿也。倾国奇姿不乱于白昼，而野花俗草反溺于隐僻衾枕者，未敢保也。"③ 所以他慨叹说："诸欲之引人，惟色为甚。淫凶之夫，强暴以求之，白刃坚梃，不以慑其志，真贞女也；邪荡之女，艳冶以诱之，千娇百媚不以乱其心，真丈夫也。然娇媚之夺，尤甚于梃刃之劫，坚卧不动，强哉！当之不蔽，明哉！"④ 他认为，

---

① 李塨撰，王源订：《颜习斋先生年谱》卷上。见《颜元集》，中华书局1987年版，第742页。
② 《四书正误》卷四。见《颜元集》，中华书局1987年版，第222页。
③ 钟錂：《颜习斋先生言行录》卷下。见《颜元集》，中华书局1987年版，第676页。
④ 钟錂：《颜习斋先生言行录》卷下。见《颜元集》，中华书局1987年版，第664页。

性的问题,是为人之根本,"但保此身,便为人,便可贤可圣;一失此身,便为鬼,便可禽可兽。"① 所以他要求学生于此务存警戒,不可失身,不得纵欲。

颜元年轻时曾立志学仙,所以有近一年的时间"娶妻不近"。后来知仙不可学,于是才"谐琴瑟",却一发而不可收,因纵欲过度而有"比匪之伤"。他二十岁之前,主要生活在蠡县县城内。当时的蠡县城内,情色的场所已不少。后来,他又往返于北京、保定等地,风月之事也更多。所以他的禁欲主义的性教育思想,也是时代的产物,也是时代的映像,只不过是倒映而已。禁欲,是因为欲有行,需禁,它才产生。而禁欲思想,也只会产生于像颜元这种需要操守的人中。

---

① 钟錂:《颜习斋先生言行录》卷上。见《颜元集》,中华书局1987年版,第644页。

附　　录

一　主要参考文献

书籍类

保定市教育局史志办公室编：《保定教育史料类编》，河北人民出版社1990年版。

蔡冠洛编著：《清代七百名人传》，中国书店1984年版。

陈登原：《颜习斋哲学思想述》，东方出版中心1989年版。

陈登原：《颜习斋哲学思想述》，金陵大学中国文化研究所1934年版。

陈祖武：《清初学术思辨录》，中国社会科学出版社1992年版。

程玉波主编：《博野县志》，新华出版社1996年版。

戴望著，刘公纯标点：《颜氏学记》，中华书局1958年版。

葛荣晋主编：《中国实学思想史》，首都师范大学出版社1994年版。

郭霭春：《颜习斋学谱》，商务印书馆（上海）1957年版。

河北省地方志编纂委员会编：《河北省志·大事记》，河北大学出版社1992年版。

河北省地方志编纂委员会编：《河北省志·教育志》，中华书局1995年版。

河北省肥乡县地方志编纂委员会编：《肥乡县志》，方志出版社2003年版。

河北省广平县地方志编纂委员会编：《广平县志》，文化艺术出版社1995年版。

河北省蠡县地方志编纂委员会编：《蠡县志》，中华书局1999年版。

河北省社会科学院地方史编写组编：《河北古代历史编年》，河北教育出版社 1988 年版。

河北省社会科学院地方史编写组编：《河北简史》，河北人民出版社 1990 年版。

侯外庐：《中国思想通史——中国早期启蒙思想史》，人民出版社 1956 年版。

《畿辅丛书》，河北人民出版社 1986 年版。

《畿辅通志》，河北人民出版社 1989 年版。

姜广辉：《颜李学派》，中国社会科学出版社 1987 年版。

金絮如编：《颜元与李塨》，商务印书馆 1935 年版。

瞿世英节抄：《颜习斋先生年谱》，中华平民教育促进会 1929 年版。

李春光：《清代学人录》，辽宁大学出版社 2001 年版。

李塨撰，王源订，陈祖武点校：《颜元年谱》，中华书局 1992 年版。

李塨撰，王源订：《颜习斋先生年谱》，博野四存学校 1935 年版。

李塨撰，王源订：《颜习斋先生年谱》，国学保存会 1908 年版。

李塨撰，王源订：《颜习斋先生年谱》，中华书局 1985 年版。

李国钧、王炳照总主编：《中国教育制度通史》，山东教育出版社 2000 年版。

李国钧：《颜元教育思想简论》，人民教育出版社 1984 年版。

李鹏展修，赵文濂纂：《肥乡县志》，1867 年版。

李世繁：《颜李学派》，四存学会 1945 年版。

梁启超：《颜李学术》（《中国近三百年学术史》节录本），四存中学校 1934 年版。

梁启超：《中国近三百年学术史》，天津古籍出版社 2003 年版。

刘虹：《中国选士制度史》，湖南教育出版社 1992 年版。

毛礼锐、瞿菊农、邵鹤亭编：《中国古代教育史》，人民教育出版社 1983 年版。

毛礼锐、沈灌群主编：《中国教育通史》，山东教育出版社 1987 年版。

庞朴主编：《中国儒学》，东方出版中心 1997 年版。

齐树楷辑：《颜李文钞》，四存学会 1926 年版。

钱穆：《中国近三百年学术史》，中华书局 1986 年版。

任继愈主编：《中国哲学史》，人民出版社 1979 年版。

孙培青主编：《中国教育史》，华东师范大学出版社1992年版。

王炳照、阎国华主编：《中国教育思想通史》，湖南教育出版社1994年版。

王思治主编：《清代人物传稿》，中华书局1986年版。

王锺翰点校：《清史列传》，中华书局1987年版。

徐庆誉：《颜习斋动的哲学》，江西省立图书馆1933年版。

徐世昌：《颜李师承记》，（台）明文书局1985年版。

阎国华、安效珍主编：《河北教育史》，河北教育出版社2003年版。

《颜李丛书》，四存学会1923年版。

《颜李遗书》，定州王氏藏版。

颜元等著，王星贤、张芥尘、郭征点校：《颜元集》，中华书局1987年版。

颜元著，陈居渊导读：《习斋四存编》，上海古籍出版社2000年版。

颜元著，王星贤标点："四存编"，中华书局1957年版。

颜元著，许啸天整理：《颜习斋集》，群学社（上海）1926年版。

杨培之：《颜习斋与李恕谷》，湖北人民出版社1956年版。

杨荣国主编：《简明中国哲学史》，人民出版社1973年版。

张立文、默明哲编：《中国古代著名哲学家评传》，齐鲁书社1981年版。

张鹏一编：《颜李学考》，陕西教育图书社1916年版。

张西堂：《颜习斋学谱》，（台）明文书局1994年版。

张荫梧编述：《颜习斋先生之精神生活》，拔提书店（西安）1940年版。

赵吉惠、郭厚安、赵馥洁、潘策主编：《中国儒学史》，中州古籍出版社1991年版。

郑世兴：《颜习斋和杜威哲学及教育思想的比较研究》，（台）"中央"文物社1984年版。

宗希重、耿保仓、晏文光编著：《颜元的故事》，中国民间文艺出版社1990年版。

文章类

伯钧：《继承与突破——试论颜元实学教育思想对宋明理学的反

动》,《渝西学院学报》(社会科学版) 2003 年第 4 期。

陈寒鸣:《戴震与中国早期启蒙思想》,《中国社会科学院研究生院学报》2000 年第 5 期。

陈居渊:《略论晚清学术界的尊颜与反颜之争》,《河北学刊》1997 年第 1 期。

陈美林:《试论"思想家的小说"的作者吴敬梓的思想》,《东南大学学报》(哲学社会科学版) 2002 年第 6 期。

储朝晖:《颜元对书院理念的变革及其启示》,《河北师范大学学报》(教育科学版) 2004 年第 2 期。

崔福林:《颜元孝亲思想述论》,《保定师范专科学校学报》, 2003 年第 1 期。

董根洪:《论胡适的宋明理学观》,《社会科学战线》1996 年第 5 期。

龚德明:《从颜元教射谈起》,《教育与职业》1994 年第 7 期。

蒋纯焦、朱寅申:《习斋体育述论》,《河北师范大学学报》(教育科学版) 2004 年第 4 期。

解成:《颜元》,《河北学刊》1983 年第 3 期。

康玉良:《颜元的为学求知思想》,《中国青年政治学院学报》1997 年第 1 期。

雷树德:《颜元实学思想浅说》,《湘潭师范学院学报》1996 年第 2 期。

李继秀:《颜元的经世致用教育观》,《安徽教育学院学报》(社会科学版) 1996 年第 4 期。

李宁:《颜元的实学思想与夸美纽斯的泛智思想》,《赣南师范学院学报》2000 年第 4 期。

李之鉴:《从孙奇逢到颜习斋》,《商丘师范学院学报》1997 年第 1 期。

梁励:《论李塨教育思想体系建构》,《淮阴师范学院学报》(哲社版) 2003 年第 4 期。

林存阳:《李塨礼学思想探析》,《中国社会科学院研究生院学报》2003 年第 4 期。

马明达:《颜李学派与武术》,《体育文史》2000 年第 1 期。

苗杨：《浅论明清之际的进步思潮》，《周口师范学院学报》1995 年第 4 期。

欧阳柳青：《孔子、颜元与六艺教育》，《上海体育学院学报》1994 年第 4 期。

潘运告：《再论王船山与傅山》，《船山学刊》1995 年第 2 期。

[日] 郑台燮：《颜元的礼论》，黄景旭译，《中华文化论坛》1999 年第 4 期。

盛邦和：《论颜元的新价值观》，《河北学刊》1997 年第 2 期。

时旸：《论颜元的教育思想》，《北京建筑工程学院学报》2002 年第 1 期。

王广：《论颜元对儒家修身思想的创新》，《理论学刊》2003 年第 3 期。

王明霞：《试论颜元的体育思想和实践》，《松辽学刊》（人文社会科学版）1996 年第 1 期。

王晓华、钱丽欣：《颜元实学教育思想及其现代意义》，《教育研究》1999 年第 12 期。

王艳丽：《颜习斋及颜祠》，《文物春秋》1994 年第 3 期。

王英志：《崇理学与反理学及汉学——康乾江南思想文化概略》，《苏州大学学报》（哲学社会科学版）1999 年第 4 期。

伍大福：《空门不空　净土不净——浅谈〈儒林外史〉的贬佛思想》，《玉林师范学院学报》1999 年第 1 期。

相力：《颜元对传统教育的批判》，《太原师范学院学报》（社会科学版）2003 年第 1 期。

肖永明：《论李颙与颜元体用思想之差异》，《广西大学学报》（哲学社会科学版）1999 年第 2 期。

肖永明：《颜李学派的功利主义德育观》，《广西师范大学学报》（哲学社会科学版）1995 年第 2 期。

肖永明：《颜李学派的实学教育思想》，《湖南大学学报》（社会科学版）1996 年第 3 期。

熊吕茂、陈金龙：《青年毛泽东与颜元的教育思想》，《郴州师范高等专科学校学报》2001 年第 3 期。

徐麟：《试论颜元的人学思想》，《船山学刊》1999 年第 2 期。

徐云望：《论颜元的哲学变革》，《上海大学学报》（社会科学版）1995 年第 5 期。

颜军：《胡适清代思想史研究浅议》，《近代史研究》2000 年第 1 期。

杨树森：《论儒家义利观的历史演变及现代意义》，《社会科学辑刊》2001 年第 2 期。

易劲鸿：《张继为何要重墨》，《益阳师专学报》2001 年第 5 期。

张军、万强：《浅谈颜元的人性论》，《集宁师专学报》2003 年第 3 期。

张永平：《戴望述略》，《上海交通大学学报》2002 年第 3 期。

赵磊、上官霞云：《颜元教育经济学思想探析》，《临沂师范学院学报》1998 年第 4 期。

赵维国：《构建与破灭：吴敬梓社会观念的嬗变》，《辽宁师范大学学报》（社会科学版）2000 年第 5 期。

郑春慧：《颜李学派劳动教育思想初探》，《河北师范大学学报》（教育科学版）1998 年第 2 期。

衷尔矩：《王源、程廷祚对颜李学派哲学思想的阐发》，《甘肃社会科学》1997 年第 2 期。

朱新雯：《毛泽东晚年在知行观问题上的反复与偏颇》，《西安联合大学学报》2001 年第 1 期。

二　颜元年表

崇祯八年（1635）	三月十一日卯时，颜元出生于蠡县刘村朱家。从朱姓，名园儿
崇祯九年（1636）	2 岁
崇祯十年（1637）	3 岁
崇祯十一年（1638）	4 岁。十一月初七，清兵至蠡县，颜元之父昶离家随清兵去关东。后不久，颜元弟二元夭折
崇祯十二年（1639）	5 岁。颜元之养祖父朱九祚出任兵备道禀事官。遂移居蠡县城内

续表

崇祯十三年（1640）	6岁。岁凶，人相食。朱九祚纳侧室杨氏
崇祯十四年（1641）	7岁。朱九祚为颜元订婚
崇祯十五年（1642）	8岁。拜师吴持明
崇祯十六年（1643）	9岁。朱九祚经常给颜元零用钱，让他买零食，颜元都用来买了纸笔
崇祯十七年 永昌元年 顺治元年（1644）	10岁。李自成克京师。清兵入关。故明崇祯十七年又是大顺永昌元年和清顺治元年
顺治二年（1645）	11岁。颜元开始学习时文。 朱九祚侧室杨氏生子晃
顺治三年（1646）	12岁。因援救吴持明之婢及其所生之儿子，致使吴妻怨怒，颜元被迫离开蒙师吴持明。 颜元生母王氏改嫁。其后夫为随东村一杨姓男子
顺治四年（1647）	13岁。颜元开始从学于庠生贾珧
顺治五年（1648）	14岁。看寇氏《丹法》，学运气术
顺治六年（1649）	15岁。颜元成婚。但因志在学仙，而不肯与妻同床
顺治七年（1650）	16岁。知仙不可学，乃与妻同床，遂耽内，且习染轻薄。 朱九祚欲为颜元谋贿入庠，颜元坚辞不从，为之绝食，哭着说："宁为真白丁，不作假秀才。"朱九祚无奈，只好作罢。 作《弭盗安民策》
顺治八年（1651）	17岁。轻狂如故。唯不辍读书
顺治九年（1652）	18岁。习染犹故，然能自持
顺治十年（1653）	19岁。改师蠡县庠生贾珍，习染顿洗。 家遇讼，朱九祚逃走，颜元被捉去审讯。 入庠，取学名邦良。易直之字当从此名
顺治十一年（1654）	20岁。诉讼之后，家道衰落，颜元随朱九祚迁回刘村，遂开始务农，"耕田灌园，劳苦淬砺"。交乡人朱湛、彭士奇、赵太若、彭之炳等
顺治十二年（1655）	21岁。读《资治通鉴》。决计放弃举业。是后虽入文社，应岁试，仅为取悦老亲而已
顺治十三年（1656）	22岁。为养家糊口而开始学医
顺治十四年（1657）	23岁。开始读兵书，研究兵法，兼习技击

续表

顺治十五年 （1658）	24岁。开始设塾教学。为其学塾取名"思古斋"，自号"思古人"。 著《王道论》，后更名《存治编》。 开始接触并喜好陆、王之学。 开始行医治病
顺治十六年 （1659）	25岁。三月初六，得子。因将赴易州参加岁试，遂给儿子取名曰"赴考"。 与王五修订交。 作《大盒歌》《小盒歌》
顺治十七年 （1660）	26岁。读《性理大全》，开始信奉程、朱理学。 设教西五夫村
顺治十八年 （1661）	27岁。昼勤农圃，夜观书史。 到祁州拜谒刁包，归立道统龛
康熙元年 （1662）	28岁。为子赴考聘蠡县庠生郭靖共之次女。与通州任熙宇互通书信相勉
康熙二年 （1663）	29岁。奉朱九祚命，与养祖母刘氏一起搬往东宅居住。田产同时分开。 作《求源歌》。 交王养粹。开始写日记
康熙三年 （1664）	30岁。作《柳下坐记》。 约王养粹同访孙奇逢，以事未果。 十一月十三日，子赴考因天花而夭折。十四日，作《祭子文》以奠
康熙四年 （1665）	31岁。二月九日，拜访李塨之父李明性，问学。 七月，访张罗喆问学。定以十四事自省。露实学端倪。始教内子读书。 十一月，再访李明性。 十二月，再访张罗喆。罗喆谈性善，批评宋儒。旋访吕申，向吕申请教天文学
康熙五年 （1666）	32岁。自认可作谏议、参谋而不可作宰政、总师
康熙六年 （1667）	33岁。二月二十日，应辛兴村之请，前往设教，有学生11人，为立学规。 将一朱姓男孩收为养子，取名切言。 十一月，旗人贾士珩从游。 初步认识到宋儒之理气论及人性论不及孟子
康熙七年 （1668）	34岁。二月十四日，朱九祚妻刘氏即颜元之养祖母病逝。颜元治丧，一切遵照朱子《家礼》行事，觉得有违性情，校以古礼，非是，因著《居丧别记》。 朱晃挑唆朱九祚驱逐颜元，颜元于是被迫到随东村买房，准备迁居。 觉悟到周公之六德、六行、六艺，孔子之四教，才是正学，静坐读书，乃程、朱、陆、王为禅学，俗学所浸淫，非正学。这是颜元学术思想的一个重要转折点

续表

康熙八年 （1669）	35岁。正月，著《存性编》。更"思古斋"为"习斋"。 二月二十一日，迁居随东村。 七月，学习数学，自九九以及因、乘、归、除，渐学《九章》。闻太仓陆世仪自治教人，皆以六艺为主。 八月，著《农政要务》。 十一月，著《存学编》
康熙九年 （1670）	36岁。正月，学习书、射及歌舞。 二月，致书孙奇逢论学。作《辞馆吟》。 闰二月，将朱九祚接到随东村奉养。前往博野寻宗，到北杨村，见到祖母张氏。 五月，著《会典大政记》。 十二月，重订家务，解"终日乾乾夕惕若"
康熙十年 （1671）	37岁。正月，到北杨村拜祖母及众尊长。 二月，到北杨村随族长扫墓。 从王养粹学琴，鼓《归去来辞》。后从张函白学《客窗夜话》《登瀛州》诸曲。 五月，张公仪寄赠《颐生微论》。 开始习卜。 七月，修订王应麟所编之《三字经》，且易其名曰《三字书》。 八月，刘村一雇农彭朝彦去世，颜元不知。数十日后，到墓至祭，且为之撰文。 除夕，开始以"元"为名。元者，始也，万物始于浑沌，"浑然"之字当与此名相应
康熙十一年 （1672）	38岁。二月，谥庄周为"人中妖"。助葬蒙师吴持明。 三月，致书陆世仪论学
康熙十二年 （1673）	39岁。春初游曲阜，祭孔子，旋到泰山，遂作《谷风孔墓》与《登泰山》二诗。 四月五日，养祖父朱九祚逝世。 五月，投呈申请于丧毕归宗，获准。 令养子讱言归宗。 六月，论明政四失。 十一月十九日，回祖籍博野县北杨村，复为颜氏。随即在北杨村设学任教
康熙十三年 （1674）	40岁。九月，修家谱，计十七日。 买田氏女为婢
康熙十四年 （1675）	41岁。正月，申订《习斋教条》。 九月五日，率弟子习射，颜元中的六，弟子各二，因青不胜蓝而悲
康熙十五年 （1676）	42岁。正月，语门人辞谢仪之因，阐发义利观。 十月，认识到"得从弟子者其道行，得畏弟子者其道光"
康熙十六年 （1677）	43岁。正月，设复井田之策。 五月，嫁祖母张氏逝世。 十月，访宋赓休、杨计公，论学。 十一月，到宁晋哭奠张公仪，又吊其弟子赵琰墓，作《吊赵琰》诗

续表

康熙十七年 （1678）	44岁。正月，抄祁州学碑所刻明洪武八年所颁学校格式。 八月，亲御载粪。 十一月言："为治去四秽，其清明矣乎，时文也、僧也、道也、娼也。" 十二月，因觉自衰而题：老当更壮，贫且益坚
康熙十八年 （1679）	45岁。正月，李塨偕李毅武同来求学。 二月，赋《问太空》诗。与陈天锡画别孔、程。与贾子一论化家之机。 九月，亲自扬场，并论甘恶衣粗食、甘艰苦劳动可以无失。 十月，左目因疮而眇
康熙十九年 （1680）	46岁。四月二十四日，颜元之叔父愉如在北京家中逝世。 二月买一石氏女为侧室，因疾未纳，女痴且颠，为媒所欺，至四月讨回原金。六月，媒将该女转卖给旗人。七月，颜元又为该女赎身，而送还其父。 九月，教李塨"三减"之学习方法，并论汉唐豪杰皆圣贤。 十二月，叔父柩还自京，佐其子亨葬之。 论"勇为达德"
康熙二十年 （1681）	47岁。三月，颜元收养同高祖侄为子，取名尔橖。 时与张文升共学韬钤，每入蠡城，商酌彻昼夜。 论离物无道。 八月，与王养粹论李塨交友。 著《刑鼎说》。 十月，悔不入寺、庙，因无由化僧、道。 十二月，著《明太祖释迦佛赞解》
康熙二十一年 （1682）	48岁。正月，作《谷日燕记》。偕李塨入献县，与王五公谈经济。 国公玉邀请衡水魏纯碬来校传天文学。 悟教法："开而弗达，强而弗抑"，奖人可过其量。自察反此，故不能成人材，不能容众。 七月，著《唤迷途》，后更名《存人编》
康熙二十二年 （1683）	49岁。正月，入易州，作《望荆轲山》诗。 闰六月，纳所买田氏女为侧室。 九月，李塨之父病危，颜元前往探视，弥留之间颜元问教，答曰："嘉哉！尚有始有终。"既卒，颜元挽之曰：劲脊柱乾坤，操严端介；柔肠和骨肉，德重孝恭。 批周子《太极图》之误，主静之失
康熙二十三年 （1684）	50岁。正月，开始准备去关东寻父。 四月初八，只身出发赴关东寻父。 四月十七日到京。 四月二十日，到山海关。 六月四日，过山海关。 六月十三日，到沈阳。 七月，作《辟念佛堂说》及檄文。 八月，与满洲笔帖式关拉江论性，并收关拉江为弟子
康熙二十四年 （1685）	51岁。二月南出海、盖等地寻父，三十日返沈阳。 三月，寻到同父异母妹银孩。 四月三十日，奉父木主过京。 五月十三日葬父生主于祖兆。 六月，读《士丧礼》，叹古圣书多记事，后儒多谈理，此乃虚实之别

续表

年代	事迹
康熙二十五年（1686）	52岁。前一年的五月，颜元已向蠡庠教谕报丁忧，不获准。是年正月颜元不肯易服应考，遂弃诸生
康熙二十六年（1687）	53岁。三月，嫁母逝世于随东村。颜元参加葬礼。 六月，许酉山来书论学。许时任御史，后官至兵部侍郎。 李塨与张文升研究《存治编》，张文升作《存治翼编》，李塨著《瘗忘编》。 八月，过保定，谒五贤祠。 十一月，到安平，可讱言劝颜元以时文教人，借以明道倡学，颜元说："近亦思及此。" 十二月，订李塨所著《阅史郄视》
康熙二十七年（1688）	54岁。正月，使张姓妻恢复姓李。将祁州药铺移回家
康熙二十八年（1689）	55岁。正月，对张文升言："如天不废予，将以七字富天下：垦荒，均田，兴水利；以六字强天下：人皆兵，官皆将；以九字安天下：举人材，正大经，兴礼乐。" 二月，李塨正师弟礼。 三月，习琴。知养子有疾不能嬗嗣。 习骑刀式，始及双刀。 四月，学使李应荐、蠡县知县赵旭遣人悬匾予以表彰。 八月，巡抚于成龙派人来悬匾表彰。 九月，订李塨所编《讼过则例》。 吹箫。 十二月，书联：虚我观物，畏天恕人
康熙二十九年（1690）	56岁。正月，养族孙保成为孙。 二月言："后世诗、文、字、画，乾坤四蠹也"。 习射。 五月九日，子弟都去地里干活，颜元在家搞卫生。 六月，书谨言"八戒"。 八月，对学生讲交友之益
康熙三十年（1691）	57岁。正月，为养孙改名曰"重光"。 三月十六日出发南游中州。至邢台，与邢台教谕贾聿修论教育。 四月，至滍县，见流民，出钱、衣周之，并草《游客书》寄县令。至夏峰祭孙奇逢。 五月，至开封，张医卜肆以阅人。 与张天章论礼仪、水政、教育。 六月，与朱超对饮、舞剑，唱《舞剑歌》。 闰七月，与进士张沐论学论教。 八月，至商水，与李木天论经济，比武艺。 十月初五，返回故里。与王养粹论书、道
康熙三十一年（1692）	58岁。二月，读李塨所著《诸儒论学》。 因李塨《未坠集》而与塨论学。发誓与程、朱决裂，原因在于57岁南游中州之见闻，是为颜元学术思想又一转折。 七月，录《四书正误偶笔》，皆平日偶辨朱子《集注》之误者，至是，命门人录成书。 八月侧室田种宜逝世

续表

康熙三十二年 （1693）	59岁。正月，李塨批评颜元："道大而器小，宜去褊，去矜，去躁，去隘。"颜元将此语写在日记首页。 置侧室姜氏。 十二月，与学生讲，致用以税本色、均田为第一政
康熙三十三年 （1694）	60岁。二月，肥乡郝公函来问学，请往主教漳南书院，颜元辞。 十一月，郝公函派学生苗尚俭具币帛仪仆来聘，又辞
康熙三十四年 （1695）	61岁。七月，教学生说："学者但见今日有过可改，有善可迁，便是昏惰一日"
康熙三十五年 （1696）	62岁。四月，郝公函三聘主教漳南书院，乃应。 五月初一动身，四日到屯子堡。遂设计漳南书院之建设蓝图。 八月十六日，漳水泛滥，淹没书院，被迫动身返乡。 十二月，著《宋史评》。 北京人郭金城寓书问学。郭时为刑部员外郎，后升御史。 博野知县徐国绶前来拜见
康熙三十六年 （1697）	63岁。正月，观《宋史》。叹宋家每论人，先取不喜兵，能作文读书，不可疗之痼疾也。殃其一代君臣，且流毒后世。 二月，继续考虑此类问题，想到：宋人但见料理边疆，便指为多事；见理财，便指为聚敛；见心计材武，便憎恶斥为小人。此风不变，乾坤无宁日也。 七月，定兴人刘荣（旃甫）刊颜元改订的《三字书》
康熙三十七年 （1698）	64岁。五月，评阅《朱子语类》。 七月，颜元言道："天下宁有异学，不可有假学；异学能乱正学，而不能灭正学，有似是而非之学，乃灭之矣。" 十二月，学生国之桓卒，颜元设位哭奠。之桓长颜元8岁
康熙三十八年 （1699）	65岁。二月，评阅《朱子语类》。 与学生讨论吏制，提出"公课"一说。 赋《自检》诗。 四月，好友王养粹逝世。 六月，告诫学生勿读《性理》《语录》。 闰七月，读毛奇龄《乐书》及王复礼《书解正误》。王氏书中采有颜元之观点。 新乡尚重（威如）、朱主一作词咏颜元，尚词曰： 卓识绝胆，踢篱折藩。存性学，恨不亲孔、孟传；讲治法，真如见三王面。不得已，跳过汉、唐，举首尧天。眼睁睁，总不教尘沙眩。 朱词曰： 唤回迷途，亿兆添多，三存如愿，万邦协和。喜先生寿考作人，闻风起，焉肯蹉跎。 曹敦化因二词而来拜会颜元。 李塨呈《大学辨业》请颜元指正。颜元后来为之作序。 八月，对曹敦化说："《论语》，孔子之经济谱也。汉高只得'惠则足以使人'一句，即兴；项王只犯'有司出纳'一条，即亡。" 九月，郝公函寄书问安，并附一契曰： 颜习斋先生生为漳南书院师，没为书院先师。文灿所赠庄一所，田五十亩，生为习斋产，没为习斋遗产。 十一月，博野知县杜开铨前来拜望。 颜元阅陆世仪《思辨录》

续表

康熙三十九年 （1700）	66岁。二月，把总赵玘（光玉）来拜。 五月，为李塨之父作传。 十一月十八日夜，已睡下，闻子弟打柴归来，复起围坐，得一联，云： 父子祖孙，幸一筵共乐；渔樵耕牧，喜四景长春。 十二月，作《自矢》诗。 想到：人使之才易，使人之才难
康熙四十年 （1701）	67岁。四月，与一李姓外甥论心、性、天。 五月，曹乾斋刻印《存学编》。 六月，解"小心翼翼"：翼翼者，如翼之飞，进进不已也。 八月，李塨将进京，颜元嘱之曰："道寄于纸千卷，不如寄于人一二分。北游，须以鼓舞学人为弟一义"。 九月，为杜生讲礼。教导李塨说："今即著述尽是，不过宋儒为误解之书生，我为不误解之书生耳。何与于儒者本业哉？愿省养精神，苟得行此道之分寸，吾即死无憾矣"
康熙四十一年 （1702）	68岁。三月，与刘懿叔论教子曰："数子十过，不如奖子一长。数过不改也，徒伤情；奖长益劝也，且全恩。" 闰六月十四日，小便秘，几殆，痛苦中书命李塨益光圣道。夜乃通。 七月，闻有人不分父劳，颜元说："古者弟子为学，即教之事父事兄，服劳奉养；今学读书作文，必袖手静坐，安其身，而奴隶其父兄。此时文取士之害，读作为学之弊也"
康熙四十二年 （1703）	69岁。正月，有人请求教授八股，颜元叹道："衰疲自知天废，姑舌耕以济绝粮，亦可也。"于是数人来学。 六月，大兴王源因李塨介绍而来求学。认师弟后，颜元评王源之《省身录》，而王源则即兴赋诗二首以抒发自己当时心境。其一曰： 离迷禾黍问南村，惭愧担篚五柳门。 十载低颜随燕雀，半生孤眼横乾坤。 先生有道青云上，今日从游皂帽尊。 虞夏高歌人未老，无边风雨正黄昏。 其二曰： 藜羹麦饭话情亲，今古兴亡赖有人。 破屋寒飞宵练影，荒篱远隔夕阳尘。 直将文武传洙泗，未许安危系洛闽。 山势东蟠沧海尽，应知燕赵自生申。 八月，弟子曹可成望云知雨。 九月，订李塨所作《小学》
康熙四十三年 （1704）	70岁。正月，率弟习礼。 二月，教导学生说："《孟子》'必有事焉'句，是圣学真传，心有事则心存，身有事则身修，至于家之齐、国之治，皆有事也。无事则道统、治统俱坏。故乾坤之祸，莫甚于释氏之空无，宋人之主静。" 给学生讲治水之道。 九月二日，辰时，燀汤沐浴。对学生们说："天下事尚可为，汝等当积学待用。"申时，从学舍迁正寝。酉时逝世，面貌如生。 十二月六日，葬于北杨村西祖兆

李塨评传

前　言

2019年5月14日，是李塨先生360周年华诞。现出版这部《李塨评传》，以致纪念。

李塨（1659—1733），字刚主，号恕谷，蠡县人。他不仅是清初知名学者，而且是一位杰出的教育家和思想家，颜李学派创始人之一。

对于李塨的研究，已有大量的论文与专著面世。但这些论文和专著，大多是分门别类地对其思想进行研究，而以记言记行为主的评传，则鲜能见到，所以本书就没有像《颜元评传》那样，以分类进行思想评介为主，而是以记言记行为主，为李塨作一述史性评传。

近年来，我费了好大精力，作了一个《颜李学派研究文献索引》。这个《索引》，对于研究李塨和颜李学派的人来说，肯定会有一定的参考价值，所以将其附于书末。但《李塨评传》原有的参考文献，已全部包括其中，如果二者皆录，亦属重复。于是，我就将原有的参考文献，替换成了现在的《索引》。谨此说明，并向文献作者致谢。这个《索引》中的中国大陆资料，大部分是河北师范大学历史文化学院的研究生张燕超同学帮助搜集和整理的。台湾地区的资料，则是台湾中国文化大学黄种祥博士帮助收集整理的，在收入本书时，基本保留了黄博士所作原貌，只是对极个别的地方稍作了加工。日本的资料，是请河南大学赵国权教授和北京航空航天大学张海英教授代为收集的。韩国的资料，则是请韩国大真大学金德三教授代为收集的。谨此说明并诚致谢意。

这次修订，也对原有的大部分书稿进行了重新改写，其内容的丰富性、思想的深刻性和语言的可读性，可能较前有所提升。但由于作者的水平所限，不足之处在所难免，尚期方家指正。

第一章　李塨生活的社会环境

任何历史人物，都是时代环境的产物，李塨当然也不会例外。而这里所说的时代环境，至少应包括宏观社会环境、地域环境和家庭社会关系等三个层次。

李塨出生于清顺治十六年（1659），卒于雍正十一年（1733）。在他出生前的几十年中，中国社会发生了天翻地覆般的剧烈动荡。以李自成为首的农民义军，经过艰苦卓绝的斗争，最终推翻了明王朝的统治，建立了大顺政权。但是，这批义军领袖并没有统治经验与对大势的判断，他们没能巩固住自己的政权，而是被入关的清军所败。

入主中原的满洲贵族，因为有着严密的社会政治组织，与多年经营政权的经验，入关之初，他们对愿意归顺的汉族士大夫予以收容，并且千方百计地拉拢汉族知识分子，给予他们一定的社会地位，以争取他们为清政府效力。而对于那些不愿意合作的人士，只要他们言行上不明确反对清政府，清统治者都给予了宽容。但对于那些不肯归顺而敢于反抗的人，则给予了残酷的镇压和无情的屠戮。

就在清朝统治者为其政权维稳，还没来得及对汉族知识分子进行迫害和镇压的那段时间，一些有良知的"高级"知识分子，开始了对中国社会问题的深刻思索。剧烈的社会动荡，给了他们思考的动力和内容，而相对优容的社会时空，则给了他们发表自己思想的机会，于是，一批著名思想家便应运而生，王夫之、黄宗羲、顾炎武、颜元等，就是其中的佼佼者。

然而，到李塨的中晚年，相对自由的社会环境已不复存在，残酷的封建专制，包括思想专制，开始疯行。不许民间结社，不许民间习武，甚至不许民间养马，就连知识分子讨论封建郡县优劣，也被视为大逆不道，要以忤逆罪论处。这可能就是李塨思想早年激进而晚年渐趋保守的客观环境方面的原因所在。

李塨的故居在蠡县西曹家蕞。中华书局1988年出版的《李塨年谱》在"蠡县"和"曹家蕞"旁加了专名号，而"西"字独无。其实这是一个误点。应该将"西"字与"曹家蕞"连标。因为"西曹家蕞"才是当时李塨故居所在之村名。此村不在蠡县之西，而是在蠡县城东稍偏北，距蠡县城约25华里。该村今名"西曹佐"，李塨墓就在该村之北约1华里处，现为省级文物保护单位。该村之所以名"西曹家蕞"，应该是与位于其东的"东曹家蕞"村相对而言的。李塨兄弟五人成家后，因家口众多，需要分居，且西曹家蕞的田产不足兄弟们使用，于是李塨就在更靠东一些的齐家庄，买了一些田产，将他的家小迁移去。齐家庄几乎位于蠡县的最东部，已经毗邻肃宁和高阳，李塨的直系后人后来便多居于此。李塨晚年，其弟子们合资修建的道传祠，就建在这里。戴望在其《颜氏学记》卷十介绍李塨弟子刘调赞时，说道传祠在博野地址，亦属笔误。

蠡县地处华北平原腹地，隶属保定市。这里农耕业发达，麦类、豆类、谷类、薯类等粮食作物都有种植。除盛产豆类，还盛产油料作物，如花生和芝麻。而棉花的大面积种植，解决了当地的纺织品原料供给。

蠡县之西南数十华里，便是著名药都安国，时称祁州。李塨的老师颜元就曾经在那里开设药铺。李塨自己也曾经行医卖药。而纺织业发达的高阳，则紧邻蠡县，且正好与李塨所处的蠡县东北部接壤。在颜李的著作中，都有当地人家以纺织为业的记载。可见当时该地的手工业和商业都已经相当发达。

与发达的经济交相辉映的是，当时祁州、博野、蠡县、高阳一带，文化教育也相当发达。清初颜李而外，祁州有刁包，博野有尹会一，蠡县有阎公度，高阳有孙氏一族，都在学界享有盛名，就在李塨科考中举的康熙二十九年，保定府中试举人共十四名，而其中蠡县一县就有五人。可见当时蠡县的文化教育之盛。

高阳、蠡县、博野一带的教育，以文武兼习为特色。李塨的父亲年过花甲，仍然要每天弯弓数次。而在李塨刚刚四岁时，其祖父便教他习射。颜元的启蒙老师吴洞云，不仅善骑射，而且著有兵书。颜元更是文而兼武，习刀剑，善骑射。而高阳的孙承宗一族亦如是。李塨的父亲李明性，举行榖日宴，集当地名士集会，饮酒、赋诗、弹琴之外，仍不忘演武较射。这种文武兼修的教育思想，甚至得到过毛泽东的高度赞扬。

第一节　李氏家族述略

李塨虽然属籍蠡县，但是其祖上却是于明初迁自小兴州的李氏。小兴州属大宁卫。大宁卫域包括今河北北部、辽宁西南部和内蒙古东南部一带。自小兴州内迁之李氏远祖名尽忠，亦作进忠。其后五世，有兄弟名尚宝、尚贤。尚宝有二子：一名运，一名还。李运就是李塨的高祖父。李运有三子：应试、应训、应诰。应试为李塨之曾祖父。

应试号鹏庵，为县学生员，多长者行，有二子：一名彩，一名绾。李彩为李塨之祖父。字素先，刚直仁厚，好施与。妻吴氏，即李塨之祖母。李彩有子二人：成性、明性。明性为李塨之父。

李明性为明末县学生员，学行兼优，深得周围学人崇敬。李塨的学行，受其父影响颇深。关于李明性的学行，颜元写有一篇《孝悫子传》，记述颇为详明。该文收入《习斋记余》。其文略曰：

孝悫子，蠡吾诸生也，姓李名明性，字洞初，号晦夫，别号四却子。伯翁节白翁成性，康熙间以恩拔贡除府别驾，力辞不就，李子实赞之。同事父素先翁，李子特以孝闻。鸡鸣辄起，具甘毳，乃赴学，日尝省候十余次。侍疾不褫衣带者三月，闻欠伸辗转，辄问睡苦乎？或寤，辄问何欲乎？不俟言也。扶登厕牏皆亲，人虽代之，素先翁不顾也。馈日五六次。一日五鼓供淳熬，先然灯，还捧至则烬矣。曰："灯熄乎？"翁言汝去即熄。念置熬取火必寒，方莫措，灯忽复燃。其孝感如此。及遭故，年逾五旬，不食菜果醯酱八阅月，病乃间食，三年不御酒肉。

事兄定省惟谨，如事父，欲不忍拂。节白年高好怒。一日同坐门前，方役请例免名，孝悫信口应某，不知兄恶之也。节白遽怒起，脱履提其面曰："此役夫，汝愿翼之乎！"孝悫惶恐曰："已之，何乃尔，得毋气忿而伤乎？"扶入，翌辰复匍匐拜床下谢过。是时李子年六十七矣。急需物辄推兄，曰："兄费繁，恐不足也。"待宗族姻党加意姻睦，有乏者辄损己以济之。交友不以生死异。与诸子彭甲契。戊寅，彭被掠无音。庚辰，岁凶，其妻适野东蓁人，饿且死曰："我非彭室也，度李君重义，犹不忍死我。"使告，给粮三斗。邑城铁棍王素善,过其墓必下而揖拱。丁祀,暗中遇颜氏元,告有馈佛道经,绫饰最工,惜焚,将赠人。元言一赠一焚,士习关之。送之,人必将曰:"二经殆宜阅,李子贻人矣。"归遂焚之。邻有债肆,每过不一入。呼盍坐,戏语答曰:"吾歉铜臭耳。"

圈地后产落,食粗粝,善居贫,与姻家子王养粹讲学,每曰:"吾侪必睏目前熙穰人无一可语者,乃可效法圣贤也。"

颜元少长蠡东,雅重李子,阑入斋,见手抄《纲目》及《南北朝》,异之,谓:"百余册可抄乎?"门人曰:"已抄《性理大全》矣。"尝鬻粮饰剑,老不忘射,曰:"男子事岂容以老废乎!"心同伯夷,而气象则展惠。冬绒帽,夏马尾六合巾,朴如也。元见之自惭,叹曰:"暗然日章,其晦夫翁之谓乎!"书姓名于瓷筒,出入拱揖。每谒翁,翁薄其轻浮,不报也。元事以父道,不报犹往;老而相敬,命其子塨从颜氏游。将卒之夕,颜携尊相诀,李子三饮,拱曰:"领饮矣。"求遗教,曰:"进斯道于吾子,须有始有终。"

屋上震,自乾达巽者三,未几遂卒。颜氏哭之曰:"澹简温厚,人不得誉而扬,亦不得訾而议,终日无一言,而德貌范人;自今以往,其谁修我耶!"五公山人哭之曰:"翁逝而老成尽矣!"效文中例,谥之曰"孝悫子"①。

李氏这一家族,到李明性这一代,经过近十代人的努力,不仅成为西曹家蕞村的田产大户,而且三代两"秀才",也可以说是蠡东一带的诗书之家了。然而好景不长。在清朝建立后不久,便开始了在京畿一带的圈地。而李明性家的田产,恰巧又都在圈占之列。这样,李氏家族便被迫移居蠡县城内谋生,生活从此一落千丈,过起了吃糠咽菜的艰苦生活。而李塨恰好就是在这个时候出生的。

李塨出生于清顺治十六年(1659)闰三月二十四日卯时。其嫡母姓马,乃同乡东曹家蕞村马氏之女;生母亦姓马,系前明易州世袭锦衣卫指挥马斌之女。李明性育有五子,李塨最长,余为埙、培、埈、壛,皆与李塨一母同胞。

---

① 陈山榜、邓子平主编:《颜李学派文库》,河北教育出版社2009年版,第406—407页。

李塨初生，乳名四友，八岁入学时，才以"塨"为名，而让其以"塨"为名的原因，是"恭欲其谦，土欲其实也"①。为使其谦恭诚实而又不流于畏葸懦弱，于是复字之曰"刚主"。这既可见李家对李塨所寄希望于人格追求。

李塨出生时，李明性已经44岁。到李塨成年，其父已年过花甲。这时的李塨，不仅要刻苦读书，还要协助父亲料理家务。到李塨21岁时，其父更是将教育三弟培和四弟埈的任务，也交给了李塨。这也是李塨教职的开端。

清康熙二十二年（1683），李明性去世，享年69岁。他留给李塨的是两个年迈的母亲和四个年幼的弟弟。当时，最小的弟弟李壏刚刚六岁，而李塨也只有25岁。为解决家庭生计问题，李塨不仅耕田种地、行医卖药，而且还不得不外出设馆教书。而弟弟们也积极配合，各尽所能，经过几年的努力，这个家庭就又慢慢地兴旺起来。几个弟弟不仅都娶妻成家，三弟、四弟都入府庠，而且三弟李培还学有所成，在业师颜元的培养教育下，他不仅成了诸生，而且还留下了自己的编著《灰画集》。此书在中国军事学术史上，迄今仍占有一席之地。

李塨一生，计有二妻二妾。李塨原配姓王，名至顺，蠡县北泗村人。其父王蕴奇，为县学生员，其兄王养粹，乃颜元好友，系定州卫庠生。王至顺人长得漂亮，家教亦与李家相近，故夫妻二人深为相得，敬爱非常。他们于康熙十二年岁末（1674年初）结婚，到康熙十四年，即公元1675年，王至顺便去世了。为纪念这段婚姻及王至顺其人，李塨曾为他写了小传，其略曰：

亡妻王氏，名至顺，同邑生员王翁蕴奇女。翁宽仁凤德，其长子养粹，闲家人以礼，故亡妻家教最娴，《女经》略上口。十六岁归予，长予一岁，仪容端好，善事嫡母，委折能得母心。事予敬而顺，三年无一忤言。婉嬺若不胜食者，食常减。每夫妇欢对，辄泣曰："佳夫妇恐不能偕老也。"恶其语，呵之，比欢如故。已而果得劳疾，谓其母曰："吾家贫，万语舅姑薄葬我。"遂卒于康熙十

---

① 冯辰、刘调赞：《李恕谷先生年谱》。见陈山榜等点校《李塨集》，人民出版社2014年版，第1729页。

四年十二月二十八日，为十八岁。赞曰：妻卒后知妻之贤，良有以也。世有以新昏而忘故者，然乎哉！然乎哉！予学道者也，岂以苟奉倩自处，而顺德不可忘矣。今亡已十三年矣，夫刚主氏为之传。①

王至顺去世后两年，即康熙十六年（1677），李塨娶马氏。马氏是李塨的第二任妻子。有关她的记载于书不多。《李恕谷先生年谱》之"六十五岁"篇记有"马师母不顺，先生责之不伏，谓四先生曰：'彼不顺，礼宜出，但无所归，食之至死耳。'"② 雍正六年（1728），马氏卒，李塨对儿子习中说："此予之出而不去者，汝等不以母礼葬之亦可，从厚以母礼葬之亦可也。"③ 至于最终习中等以何礼葬马氏，于书未详，不宜妄加忖度。

李塨三十五岁那年，"郭子固以先生未立子，将以其侧赠先生，先生辞以不可。"④ 第二年，郭金城出资，为李塨置买第一房侧室。这位侧室姓马，为李塨第一妾。到康熙五十六年（1717）四月初一，才为李塨生一子，乳名十二官，后取名习礼，是李塨第三个儿子。

李塨之第二妾姓吕，康熙三十七年（1698）郭金汤为出资置办于杭州。那年，李塨在桐乡做郭金汤的幕僚。行前郭金城便对郭金汤说，李塨年已四十，尚未立子，方便时应设法为他置侧，以便立后。于是郭金汤便在就任的浙江为李塨觅得一妾。《李恕谷先生年谱》之"四十岁"篇记载：

> 二月，媒来言吕氏女。子坚具聘金百余，遣人随先生入杭，携媪婆往相之，回言真处女，乃立婚契。⑤

---

① 冯辰、刘调赞：《李恕谷先生年谱》。见陈山榜等点校《李塨集》，人民出版社2014年版，第1730页。
② 冯辰、刘调赞：《李恕谷先生年谱》。见陈山榜等点校《李塨集》，人民出版社2014年版，第1840页。
③ 冯辰、刘调赞：《李恕谷先生年谱》。见陈山榜等点校《李塨集》，人民出版社2014年版，第1848页。
④ 冯辰、刘调赞：《李恕谷先生年谱》。见陈山榜等点校《李塨集》，人民出版社2014年版，第1761页。
⑤ 冯辰、刘调赞：《李恕谷先生年谱》。见陈山榜等点校《李塨集》，人民出版社2014年版，第1771页。

李塨纳吕氏时，吕氏刚十六岁。李塨将吕氏从杭州带回桐乡，郭金汤觉得李塨二人不便再住衙署，便于署旁为李塨租赁一座小楼，使其院落与衙署相通。有李宁一者赠联云："一帘春色留官署，满目生机到小楼。"于是，李塨便将此小楼命名为"留春楼"。

李塨与吕氏甚为相得，当年十二月十二日，吕氏便生下一子，这就是李塨的长子，名隆官，后易名习仁，加冠时取字长人。

康熙三十八年（1699）春，李塨乘船返里，在丹徒舟中作《留春楼记》，以记述他的这段生活，其文略曰：

> 留春楼者，予侨桐时所居也。郭金汤宰桐，乙亥招余至，数月而返。丁丑复相招，三使连至。其弟子固亦促余往，遂以孟冬抵桐。子坚念余年四十未立子，为余客床置副。戊寅于虎林得吕氏女，不惮重资，遂以二月八日入焉。又谓居署中不便，于署西僦冯孝廉别业楼两间，别为院，而通门于署。楼上安床帐，楼下置兰菊黄杨诸杂卉之植盆盂者。北后有室，遣仆男妇居宿供役。俯楼一望，池塘竹树，皆在襟下。李宁一赠言云："一帘春色留官署，满目生机到小楼。"余因题楼曰"留春"而居焉。至十二月，遂产男其中。今拿舟北归，而所谓留春者，依然在目也。回忆居楼时，予方考礼习乐，三复"小心翼翼"之诗，教下妻以吕新吾《女要》诸书，才过十月，遂立丁男。于"留春"之名，庶无负乎！三月四日记于丹徒舟中。①

李塨偕吕氏返回蠡县老家后，家中已然有一妻二妾。生长子四年后，于康熙四十一年（1702）的十一月，吕氏又生一子，即李塨次子，名存官，后易名习中。

吕氏之父原姓王，因出养于吕姓之家，故易姓为吕。吕氏于康熙四十五年（1706）二月二十三日辰时卒。卒后李塨曾为其作一小传，名曰《副室王氏行状》。文略曰：

---

① 冯辰、刘调赞：《李恕谷先生年谱》。见陈山榜等点校《李塨集》，人民出版社2014年版，第1774页。

王氏名凤姑，杭州钱塘人。曰吕者，其父出养于吕也。郭金汤为予聘之，年十六归我副室。子坚字之曰素娟，寓桐乡署西楼上。素娟日读《女要》，习书刺箴绣。楼东退思轩，时时张燕爨弄，未尝启窗一觑。不花饰，尝不傅粉，蝉鬓髻云堆微髽，懒妆燕尾垂臀而已。香囊不挂衣，摘兰、茉莉、栀子，亦从不插发，或时置帷而已。夜卧必衷【袒】服。晓珑璁即起。当戊寅岁，予方著《大学辨业》，学乐考礼，内存心，外省容事，勉力愒欲，功颇密。教之见予必起，命乃坐，朔望随予行礼，以敬相成。抵冬，生长子习仁。次岁，旋里。初居桐，薰炉，类桂花露，曳纨被锦，厨必觳珍，果瓷陈储，而素娟三餐外，不杂食。予以比日衣食，金贤主人供，乌却，然糟糠汲挽，乃吾家物务也。至是尽斥锦绣，大布椎结，碾米研面，淅米炊，与介妇分班操作，力脆不辞。入室，复学纺绩，未闻一叹，忆暇豫也。初归，舟载稻米十石，子坚曰："下嫂不能北食，走馈此食之。"及至家，素娟曰："鄙何得别食？"同众饭蜀秫连糠粱窝，语我曰："不解何味？"予曰："服自解。"数日后，遂安之若忘，不复言糒粝。稻尽入公用粜易钱，无一粒私煮食者。已而从予馆肃宁，仍以班旋里司爨。生次子习中，以月间滞血，兼从前劳勩成疾，茌苒二三载以卒。伤哉！予元配王氏甚顺，素娟甚贞，而皆不永年，予无德以居之也。素娟卒年二十四。题其主曰"贞懿吕氏"。[1]

李塨共有几个女儿，各叫什么名字，因时人重男轻女，极少记载，但至少应该不少于两个，这从《李恕谷先生年谱》中有次女出嫁语可窥知。并且两个女婿都曾入庠，唯次女之婿早亡。李塨有三个儿子，如前所述，长子习仁、次子习中皆副室吕氏所生，三子习礼为副室马氏所生。习仁为保定府学附学生员，短命，于康熙六十年（1721）南下途中死于泊头舟中，年仅24岁。虽婚，无后，李塨为其过继了一个同高祖之侄以承其绪，并为之取名曰"敬承"。

---

[1] 冯辰、刘调赞：《李恕谷先生年谱》。见陈山榜等点校《李塨集》，人民出版社2014年版，第1802页。

关于敬承，这里需要有一个考订。李贵荣先生《清初思想家李恕谷研究》有时写为"敬成"，有时写为"敬承"。而《李恕谷先生年谱》只写为"敬承"。并且李贵荣先生说敬承是习仁的"遗腹子"，不知何据。"长子习仁……惟年二十四岁卒，一遗腹子名敬承。"而据《李恕谷先生年谱》记载，习仁卒于康熙六十年（1721）。雍正元年（1723），65岁的李塨"为长子立嗣，以其同高祖之侄，名之曰'敬承'"。并在同年还记有"命十二官、敬承上学，可玉教之"。《李恕谷先生年谱》乃其当代人所修，基本可信，可见应是《清初思想家李恕谷研究》有误。

附录　李塨家族谱系一览

辈分	称呼	姓名	备注
远祖辈	远祖父	李进忠	一名尽忠，本小兴州人，明初迁蠡县西曹家蕞村，历五世，有李尚宝兄弟
上高辈	上高祖	李尚宝	有弟名尚贤
高祖辈	高祖父	李运	有弟名还
曾祖辈	曾祖父	李应试	号鹏庵，县学生员。有弟二：应训、应诰
祖父辈	祖父 祖母	李彩 吴氏	字素先。有弟名绾
父辈	父亲 嫡母 生母	李明性 马氏 马氏	字洞初，号晦夫，又号四却子，谥孝悫。县学生员。有兄名节白。 同乡马公之女。 易州世袭锦衣卫指挥马斌之女
同辈	自身 发妻 续妻 副室 副室 二弟 三弟 四弟 五弟	李塨 王至顺 马氏 马氏 吕素娟 李埴 李培 李垓 李壦	乳名四友，学名塨，字刚主，号恕谷。 蠡县北泗王蕴奇之女 晚年被出而未去者。 郭金城在京为置办者，生一子，名习礼。 郭金汤在杭为置办者。原姓王，名凤姑，因父出养于吕氏而改姓吕，生二子：习仁、习中
儿辈	长子 次子 三子	李习仁 李习中 李习礼	又名隆官，字长人，副室吕氏生。 又名存官，副室吕氏生。 又名十二官，副室马氏生
孙辈	义孙 孙子	李敬承 李锴	为习仁继养同高祖之侄。 习中之子

第二章　李塨的学习经历与经验

李塨是一个大学问家，礼、乐、射、御、书、数、兵、农、钱、谷、水、火、工、虞、天文、地理、诗词、律历等，他都做了认真的学习、精心的研究。而他的异乎常人的学习方法和学习经验，则更是值得教育工作者乃至普通民众认真学习和借鉴的。

第一节　李塨的学习经历

李塨四岁时，其祖父李彩就"弯小弓，引之学射"。而其父李明性则开始对李塨"口授《孝经》、古诗及《内则》《少仪》。"[①] 等。李塨八岁入小学，其蒙师就是他的父亲李明性。父亲教他习幼仪，读经书。刚19岁，李塨便成为"县学生员第一名"。

李明性是一位注重孝义、精通经史的笃学者。可以说，在这十几年中，李塨基本上是跟随其父学习性理经学，埋头帖括举业。直到康熙十八年（1679）他拜访颜元之后，其学习方向才开始改变。

颜元（1635—1704），字浑然，号习斋，直隶（今河北）博野人，因生于其父义养于蠡县刘村朱家时，故曾姓朱，名邦良，字易直，中国历史上著名思想家、教育家、哲学家，颜李学派创始人。他可以说是李塨的第二任教师。是颜元将李塨由性理经学引上了实学之路。

康熙十八年（1679），21岁的李塨听说颜元"为圣人之学"，于是就与来访的好友——邢台李毅武一起，到颜元所在的贾子一塾，去拜访颜元。然而颜元并没有急于收李塨这个弟子。他对李塨说：

[①] 冯辰、刘调赞：《李恕谷先生年谱》，中华书局1988年版（此版又名《李塨年谱》。下同），第1页。

尊君老成简默，仆学之而未能；内方外和，仆学之而未能。夫学问富于胸中，而视之若一愚人，岂人所可及也？足下归求庭训可也。①

尽管颜元对李明性如此推重，李塨还是被颜元的实学思想深深打动，他深以颜元的实学思想为是，"遂却八比专正学"。自此以后，他虽暂未与颜元正式建立师徒关系，但却开始跟随颜元学习经世实学了。他随颜元学《曲礼》，听颜元讲水学、火学、工学、虞学，向颜元及其好友学刀法、枪法，并同颜元一起，拜访对兵学研究有素的王五公，向王请教边外守边、河外守河、江外守江之法。李塨还效法颜元，记日记，立《日谱》以自省。他发誓说："咫尺习斋，天成我也，不传其学，是自弃弃天矣。"②。

康熙二十二年（1683），李塨之父李明性去世。其弥留之际，颜元、李塨都在场。李明性一方面嘱托颜元要"进斯道于吾子，须有始有终"，③一方面嘱咐李塨要"从习斋教"。④这就更坚定了李塨从学颜元的决心。

康熙二十八年（1689）二月，31岁的李塨以《瘳忘编》和《恕谷集》为贽，至习斋，向颜元投门人刺，正师弟礼。

在李塨从学颜元的二十多年里，颜元不仅向李塨传授各科知识，而且向他传授了大量的治学、做事、修身、交友等方面的知识与方法，时时提醒李塨努力向着实学方向大步前进。撰写了不少颇具实学思想的论著，如《圣经学规纂》《论学》《瘳忘编》《阅史郄视》等，极大地丰富了颜李实学思想的宝库。

李塨的第三位老师是毛奇龄。

毛奇龄（1623—1716），字大可，一字齐于，原名甡，字初晴，人称河右先生，浙江萧山人，明季诸生，著名经学家。清康熙年间授翰林

---

① 冯辰、刘调赞：《李恕谷先生年谱》，中华书局1988年版，第5页。
② 冯辰、刘调赞：《李恕谷先生年谱》，中华书局1988年版，第11页。
③ 《颜元集》，中华书局1987年版，第473页。
④ 冯辰、刘调赞：《李恕谷先生年谱》，中华书局1988年版，第23页。

院检讨，充《明史》纂修官。博览群书，精通音律，著述甚丰。好持异说，敢于立言，所撰《四书改错》，直指朱熹《四书集注》，后闻清廷尊朱，乃自毁其版。

李塨之认识毛奇龄，是在他应桐幕乡期间。李塨的好友郭金汤，选任桐乡县令，力邀李塨前往佐政。康熙三十四年（1695），李塨南下桐乡，入郭金汤幕。行前，颜元嘱以"爱惜人才，倡明圣道"①。李塨入浙后，遵嘱寻访人才，得交王复礼、仲开一等，但并未结识毛奇龄。

康熙三十六年（1697），郭金汤请李塨再度赴浙佐政。这时，李塨的名声在杭州学人中已有所传闻，毛奇龄闻李塨至浙，便修书论学，并赠李塨《乐录》二部。李塨早年欲学古乐，曾遍访北方学者，几无所获，既见毛氏《乐录》，心有所得，便去拜会毛奇龄求教。毛奇龄的两个儿子远宗和姬潢，乃李塨同年，这就更增进了李塨与毛氏的交往。于是毛李之间往复相拜。书信往返。李塨因此而基本弄清了古乐的基本知识，如古无四声，四声说源自六朝；宫、商、角、徵、羽乃五个不同发音部位之音等。并写作了自己的《学乐录》。毛奇龄既感于李塨的好学，又惊于李塨的聪慧，他寄书李塨说："以讲求古乐一事，千里命驾，已堪骇世。况两日而业已卒，岂汉、唐后竖儒小生所能到者？直千秋一人而已！弟年七十五，不意遇此奇士，天之所钟，谅非人事所能矣。"②并说："恕谷观书如观水，寓目即驶，而洞若观火，无纤微不彻。此岂汉后诸儒可比者！千古学人，惟君与仆矣。"③ 毛奇龄是一个傲气十足的文人，就连当时在全国颇负盛名的阎百诗、费此度等人，都不被他所重，而独对李塨褒赏有加，也算是惺惺相惜了。李塨既感毛氏器重，又加学乐粗就，于是便投受业刺于毛奇龄。所以我们说，毛奇龄可算是李塨的第三位"及门"教师。

其实，李塨不仅在乐学方面受毛氏影响很大，在经学，尤其是在《易》学方面也受毛氏影响很大。李塨后来作《周易传注》，对毛氏之《易》学思想多有引用，便是明证。

入浙后的李塨，因受南方学风的影响，其学术思想已悄然发生了变

---

① 冯辰、刘调赞：《李恕谷先生年谱》，中华书局1988年版，第53页。
② 冯辰、刘调赞：《李恕谷先生年谱》，中华书局1988年版，第66页。
③ 冯辰、刘调赞：《李恕谷先生年谱》，中华书局1988年版，第67页。

化，开始向考据派靠拢。其在浙所著《田赋考辨》以及稍后所著《禘祫考辨》《郊社考辨》等，当属这种思想倾向的反映。当李塨第一次自浙返乡后向他汇报南行情况时，颜元就敏感地发现了李塨的变化。他首先肯定李塨"此行历练可佳"，但同时也告诫李塨："惟勿染南方名士习耳。"① 而在李塨第二次赴浙前，颜元的赠言就不再是"爱惜人才"之类，而是嘱其"无作无益诗文"。

以上所述李塨所事的三位"及门"教师，也大体划分了李塨思想形成、发展和转折的三个阶段。其早年以父为师，受的是传统经学教育；自从认识到颜元实学思想的价值之后，开始接受实学思想，并逐步实现了思想的转型；而自从游幕江南，接触了南方文人，特别是拜师毛奇龄以后，其学术思想又逐步转向了考据和注经。但李塨之受业，远不止此三人，更不止上述内容，他还向多人学习了大量的科学文化知识。根据《李恕谷先生年谱》等资料之记录，他的求学对象和内容还有以下诸多方面：

第一，学琴：冯颖明，松江人。李塨在京设馆时，曾从之学琴。后李塨再来桐乡佐政，颖明正好家居，自其乡来看望李塨。两人共琴共射。已，李塨又从之学歌。张而素，字函白，颜李乡友中之善鼓琴者。李明性设榖日宴以聚乡贤，所请客人中就有函白。颜元在《榖日宴记》中记其鼓琴之善云："函翁脱囊横琴，鼓刘诚意《客窗夜话》，一座寂然倾耳。悠悠飒飒，如仓庚鸣杨柳，如幽人语谷溪。翁手挥上下，容目愉愉，如霁雪光风。聆而视之，不觉其移人也。"② 颜元曾从其学鼓《客窗夜话》《登瀛洲》诸曲。李塨从函白学琴，函白还以自用之琴名"石涧泉"者相赠。

第二，学射：汪若纪不详。到李塨中晚年时期，清政府对汉人私下习武多有忌讳，不吝迫害，李塨有可能因此而不加详介。赵思光，字锡之，善射，轻侠重义，潇洒倜傥。李塨曾从之学射。后思光又聘恕谷馆其家，使其子宏泽、宏济、宏深、宏澍从学。李塨家贫，思光曾多次接济其父母。而思光之妻病逝，恰逢思光远游他乡，李塨纠众为之成丧。郭金城，字子固，李塨挚友，颜元私淑弟子，文武皆长，而尤善骑射，

---

① 冯辰、刘调赞：《李恕谷先生年谱》，中华书局1988年版，第56页。
② 见陈山榜、邓子平主编《颜李学派文库》，河北教育出版社2009年版，第359页。

有绝技。与总督傅腊塔较射，一中五十贯，须臾，获进满数车，尽散于从人、观者。教李塨骑射，脱帽置地，策马射，无不中，中则帽扬起等身。

第三，学书法：王五公，名余祐，字介祺，新城人，明末诸生。曾从其父兄镇压农民起义军，清军入关后隐居五公山，因自号五公山人。气度弘毅，长于书法，而尤长于兵学，著有《廿一史兵略》《兵民经络图》《十三刀法》等。李塨不仅向其学书，而更多的是向其学兵。五公馆辛兴时，李塨遣车迎至其斋，传刀法、枪法。李塨晚年记文而略武，实乃迫于时势也。彭通，字九如，蠡县人。其父之炳，善诗；叔父之灿，即自愿饿死苏门啸台之彭饿夫，工书画。通兼有父、叔之长，书、画、诗皆工，唯性放旷，人称彭山人。李塨从之学书，并记其人。蠡县地方志办公室的同志告诉笔者，彭氏后人至今仍有习书画之风。

第四，学数学：刘见田，精于数。李塨习数，每有疑难或所得，辄就正于他。故李塨有学数于刘见田之说。

第五，学天文历法：姚苏门，徐圃臣弟子。圃臣名发，嘉兴人，著有《天元历法》。康熙二十四年（1685），李塨在京阅是书，因从姚苏门算日月交食。故李塨有学天文于徐圃臣弟子姚苏门之说。杨静甫，安平人。其父名计公，诸生，知兵，能技击，精西洋数学。颜元曾前往拜访论学。静甫承父业，多精自然科学，李塨曾向他请教玉衡、恒升、龙尾三车法和测天法。冯敬南，名壅，戊辰进士，曾官中书、知府等。尤长于天文、数学等。所制之器有简平仪、大铜黄道仪、小时日晷、铜矩度器、铜浑仪、皮水炮等，著有《诸分抵掌》《测量方程》。李塨交敬南后，因向其请教天文历数，始知星官分野不可信。孔兴泰，其人未详。既然著有《大测精义》，而李塨又向他请教历数，看来应是该方面的专家。

第六，学西学：李塨原来只知道勾股定理，认识吴子淳，方知西洋三角还能解决直角三角形以外任意三角形的问题。

把总蔡麟，字瑞生。李塨应幕富平，与之相识于秦中。蔡麟以师礼事李塨，而李塨也向其请教养马一类的知识，并因此而著有《学御》一书。此书今不见，可能已佚。

第七，学军事：李塨晚年曾自作墓志，于中自述其学历云："学礼于习斋，学琴于张而素，射骑则学于赵思光、郭金城，书则学于王五公、彭通，数则学于刘见田，后又学律吕于毛河右。"① 而绝口不谈兵，且矢口否认知兵。是乃时局所迫。颜李学派，是出了名的文而兼武的学术流派，不知兵，何谈文而兼武？其实，李塨对兵学，曾多方学习，并且不乏研究。孙吴而外，他还阅读王阳明的《兵机》，向王五公请教边外守边、河外守河、江外守江之法，"与张文升共习韬钤，颜先生至蠡城，则商酌彻昼夜"，② 共文升考《九边图》，考江防、海防及备外国形，等等。在军事技术方面，他不仅学射，而且经常与师友弟子习射。听说王五公到了离其家不远的辛兴村，李塨便专程将王接来传授枪法。康熙四十八年（1709），年已五旬的李塨还向杨仁澍学五步剑法。③ 可见李塨不仅对兵学有所学，有研究，而且对具体的兵技都曾认真学习和操练过。"兵器须操，事须练"，④ 王五公的教诲李塨始终未忘，只是迫于清政府的"文字狱"和"武字狱"而不敢声张而已。

圣人无常师，实亦李塨求学之谓也。正是由于不断地向能者学习，李塨才成就了自己的伟业。

第二节 李塨的学习方法与学习经验

李塨在其学习过程中积累了许多有益的学习方法与经验。值得庆幸的是，他把许多方法和经验记录了下来，使数百年后的我们仍然能够参考和借鉴。这也使我们不得不佩服这位先哲的良苦用心和远见卓识。下面就让我们把李塨的学习方法和经验做一大致梳理，以飨读者。

一 学只在好，不在质高

李塨总结自己数十年之学习历程，所得经验的核心就是这 8 个字。他说：

> 吾少年读书，强记四五过，始成诵。比时同学者多如此。而予

---

① 冯辰、刘调赞：《李恕谷先生年谱》，中华书局 1988 年版，第 207 页。
② 冯辰、刘调赞：《李恕谷先生年谱》，中华书局 1988 年版，第 13 页。
③ 冯辰、刘调赞：《李恕谷先生年谱》，中华书局 1988 年版，第 127 页。
④ 冯辰、刘调赞：《李恕谷先生年谱》，中华书局 1988 年版，第 20 页。

迤后阅书几万卷者，好故也。故学只在好，不在质高。①

"好"是一种境界，人一旦对一种事物达到了"好"的境界，他就会对此产生信心，产生毅力，就能主动克服前进道路上的困难。李塨学射，梦中还在拉弓，所以往往导致肘触墙而醒。有一次，他要去习斋求教，而临行时天气风云突变，家人阻之，李塨说："岂求教而惮风乎？"颜李所居村落，相距十余里，李塨毅然冒风前往。并且，李塨平时在病中均未尝废读。这就是"好"的力量，"好"的结果。李塨的这个结论，已被古今中外之许多的实践所证实，确乎颠扑不破了。

二 一问而得之

李塨在总结自己的学习时，得出的第二个宝贵经验就是重"问"。他说：

> 人知学之美，而不知问之益。海内贤哲穷年所学者，吾一问而得之，其益岂不大哉。②

他又说：

> 思古学问二字相连，今人不好学，尤不好问。予每交一人，必求尽其长，勉于问也。③

问，就是请教。李塨之问，不胜枚举。他曾问兵于王五公，问射于赵锡之，问水学、天文学于杨静甫，问乐于毛奇龄，问历数于冯敬南，问西洋三角于吴子淳。正是这些问，使他用较短的时间获取了大量真知，成为一位学贯古今淹博多科的大学问家。

其实，问是李塨的经验之谈，然并不是他的发明。其前许多的学者，也早已注意到了这一点，"子入太庙，每事问""不耻下问"等，

---

① 冯辰、刘调赞：《李恕谷先生年谱》，中华书局1988年版，第4页。
② 冯辰、刘调赞：《李恕谷先生年谱》，中华书局1988年版，第4页。
③ 冯辰、刘调赞：《李恕谷先生年谱》，中华书局1988年版，第79页。

无不是先人重视"问"的记载。但是,而后许多的学人耻于问,故其学就难以广博而精深,也就难成大器了。

另外,问的本身也是有高下之别的。好的有水平的问,其本身就是思考的结果,是思考者在其遇到障碍因一时无法自解而产生的行为,而绝不是那种低俗的无心而问。

三 习行

在学习方法上,颜李学派极重习行。颜元提出"用力于讲读者一二,加功于习行者八九。"① 他主张学习应以习行为主,学生在习行中遇到困难时,再来向老师请教,而老师在这时再给以有的放矢的讲解和指导。李塨谨遵师教,亦主张习行为重。他说:

> 读尽《论语》,非读《论语》也,但实行"学而时习之"一言,即为读《论语》。读尽《礼记》,非读《礼记》也,但实行"勿不敬"一言,即为读《礼记》。故学不在诵读。

李塨好友李毅武闻听此言后,说"君学已富,故当约礼,愚学无多,尚当博文"。李塨则回答说:

> 君误视学文矣。文,《诗》《书》六艺也。诵《诗》作乐能言,考《书》知政练事,习礼乐射御书数以致用,非占毕也……读书不解,不如返而力行,行一言,解一言。②

李塨自订学六艺之分日课功是:一日习礼,三日习乐,五日习律,七日习数,九日习射,书习无时,每散学歌诗。其中以习为主,了然可见。

李塨认为,习行之法,不仅可得真知,而且可医学人虚骄之病。他认为,学人之所以虚骄,是因为其"不力行故也,读书之人,虚见忆

---

① 《颜元集》,中华书局1987年版,第42页。
② 冯辰、刘调赞:《李恕谷先生年谱》,中华书局1988年版,第10页。

想，自谓高人，故易骄。若力行，则此日此身，千疮百孔，欲骄得乎?"① 习行的确是学习之良法。

四 讨论

李塨为学的另一有效经验，就是注重与学人讨论。李塨每到一处，必访学人论学。到北京，他与京师学人论学；到江浙，他约江南学人论学；到关中，他访关中学人论学。而一时难以晤面者，他就驰书论学。正因如此，一时硕儒名士，如阎若璩、万斯同、王士祯、许三礼、王源、冯甦、费密、恽鹤生等，无不与李塨有学术交流。正是在与这些学人的切磋过程中，李塨本人的学术水平也得到了提高。同时，李塨还经常同自己的老师颜元讨论问题，有时甚至争得面红耳赤，也有时被老师训斥，但他们之间从未由此而生芥蒂，而是情愈深，谊弥笃，故而学益进。因善于与人切磋讨论，借以取人长处。

成年的李塨，几乎每年都给自己制定修身习艺的课功。早年，他苦学了基础知识，成年后，他依然"每日三分商治道，三分究经史，三分理制艺，一分习医，而以省身心为主"②。李塨好学、善学、苦学的结果，不仅使自己成就斐然，而且使其师颜元的实学思想亦借以发扬光大。他的学习经验，是值得我们关注和借鉴的。

---

① 冯辰、刘调赞：《李恕谷先生年谱》，中华书局1988年版，第11页。
② 冯辰、刘调赞：《李恕谷先生年谱》，中华书局1988年版，第36—37页。

第三章 李塨的科考与仕宦生涯

第一节 李塨的科考生涯

李塨的家乡蠡县,在明清之际,是一个文化教育比较发达的地区。以李塨乡试得中的康熙二十九年庚午科为例,保定府当年中试举人十四人,其中就有五人是蠡县人。就李塨这一家族而言,其曾祖父李应试为县学生员,其父李明性为县学生员,其三弟培、四弟垓及长子习仁都入了府学,并且,他的两个女婿也于同一年全部入庠,加上李塨本人,一门八"相公"。这充分说明当时蠡县的人文之盛。

可以说,如果没有颜元的影响,李塨也很有可能像其他士子一样,被淹没在科考和仕宦的波涛之中。

科举制从隋文帝开始,到清朝初年,已施行千余年。法久积弊。后期的科举制已是弊端重重。特别是明清两朝以八股试士,更使科举制度走进了死胡同。对此,当时的一些思想家已经看得相当清楚,有的还对此展开了激烈的批判,其中认识最彻底、批判最有力的当属颜元。颜元认为当时社会最大的弊政之一就是八股取士。他公然把时文比作社会垃圾,与僧、道、娼相提并论。他说:"为治去四秽,其清明矣乎,时文也、僧也、道也、娼也。"[1] 颜元19岁中秀才,21岁便决心弃举业,"虽入文社,应岁试,取悦老亲而已。"[2] 李塨受颜元这一思想影响颇深。他后来也坚定地认为,"取士之法,莫善于周之乡举里选,莫不善明之八比"[3]。

---

[1] 《颜元集》,中华书局1987年版,第748页。
[2] 《颜元集》,中华书局1987年版,第712页。
[3] 冯辰、刘调赞:《李恕谷先生年谱》,中华书局1988年版,第119页。

李塨虽然对科举制下的八股取士有着明确的认识，但他对科场却若即若离。康熙十六年（1677），19岁的李塨参加岁试，进县学生员第一名。当时的学院吴国对，深喜李塨文章，为之开雕行世。翌年，李塨参加科考，成绩为一等。据此可以补廪，谋之颜元，后者评曰："补廪有与书办陋规，是以贿进也，不可。"① 乃辞不补。

康熙十八年（1679），21岁的李塨听说颜元为圣人之学，便偕来访的好友李毅武一同到当时颜元设教的贾子一塾，听颜元讲六艺之学。听过之后，李塨"深以习斋学习六艺为是，遂却八比专正学"②。

康熙二十年（1681），李塨给自己的弟子拟订《学规》时，仍然将八股文列做了主要进修科目，而没有像颜元那样，对八股文大加挞伐，但同时"愿学八股者听"③。并且，李塨后来在给自己订定的学习安排中，也仍然是"每日三分商治道，三分究经史，三分理制艺，一分习医"④。给"制艺"留下了近三分之一的时间。

当然，李塨向科举方向的努力也是有收获的。康熙二十九年（1690），"赵锡之勉以应试，乃为举业"。"八月，赴京乡试，中式。"⑤ 至此，三十二岁的李塨终于中了举人，同时，也达到了其科考的巅峰。《李恕谷先生年谱》中对他在中举前后的心态和表现有一段记载，很有意思，也很能说明李塨在举业上的矛盾心理：

> 思向之为举业也，颜先生责以庸腐，锡之亦议聪明退。及中后，锡之来晤，惊曰："聪明复矣。"乃知举业聪明，则世事不聪明，时文不庸腐，则世事庸腐。甚矣，时文之害世也！自此虽应春试，而不务举业。⑥

李塨虽嘴上说不务举业，但其心里对举业还是放之不下的，他始终想在举业上一展身手。特别是他南游江南结识毛奇龄后，其务举之情更

---

① 冯辰、刘调赞：《李恕谷先生年谱》，中华书局1988年版，第4—5页。
② 冯辰、刘调赞：《李恕谷先生年谱》，中华书局1988年版，第5页。
③ 《颜元集》，中华书局1987年版，第743页。
④ 冯辰、刘调赞：《李恕谷先生年谱》，中华书局1988年版，第36—37页。
⑤ 冯辰、刘调赞：《李恕谷先生年谱》，中华书局1988年版，第46页。
⑥ 冯辰、刘调赞：《李恕谷先生年谱》，中华书局1988年版，第46—47页。

迫于从前。康熙三十九年（1700），四十二岁的李塨入京会试，"比揭晓而寂然"，他便寄书毛奇龄说：

> 场前晤充有、姬潢二世兄，姬潢曰："先生望吾子成名，甚于愚昆季，以昌明圣道将赖之也。"及出闱，互相衡文，似可入彀，比揭晓而寂然。然先生勿为塨介介也，此际塨筹之熟矣，谓仕显而道可明，塨谓仕显亦未必能明道也。何者？将直道而行耶，恐方圆龃龉，方救过卸祸之不暇，何道之明！如其与世委蛇耶，则品先靡矣。千载后论学术，先论人品，吾虽有言，只为虚设。则进而不进，若隐若见，未必非天之留意吾道，而责于愚劣者不轻也。①

李塨与其他士人的相同之处，是都想通过科举走进官场，所以，他中举之后，又多次参加科考，不过每次都没有考中；而不同之处则在于李塨做官是为了行其道，这是其他士子多不具备的品质。而后来他的八十三天学正梦，也恰好证明了他在这里所做出的"仕显亦未必能明道"的推断。

第二节　李塨的仕宦生涯

颜李学派重修养，讲德行，但决不出世。相反，他们都是欲亟亟有为的入世主义者。他们做梦都想实践自己的改造社会的方略，实现自己的社会理想。颜元在青壮年时期尝自许，"某尝谓如有用我者，可谏议、参谋，而不可以宰政、总师，亦自知耳"。② 直到五十五岁，他还对朋友讲："如天不废予，将以七字富天下：垦荒，均田，兴水利；以六字强天下：人皆兵，官皆将；以九字安天下：举人材，正大经，兴礼乐。"③ 康熙四十三年（1704），颜元逝世，李塨在祭文中说：

> 塨受学后，知操存，知省察，知礼，知乐，知射御书数，知一

---

① 冯辰、刘调赞：《李恕谷先生年谱》，中华书局1988年版，第75页。
② 李塨：《颜习斋先生年谱》。见《颜元集》，中华书局1987年版，第723页。
③ 李塨：《颜习斋先生年谱》。见《颜元集》，中华书局1987年版，第763页。

时经济、百世经济，不敢负先生。然神骨弱，气量狭，恐无能担荷，先生陟降之灵，何以左右之？使塨克济，幸则得时而驾，举正学于中天，挽斯世于虞夏。即不得志，亦拟周流汲引，鼓吹大道，使人才蔚起，圣道不磨。然而天意伊何，非塨所知也。其使家世无累，所遇有人，塨之幸也。其或出入多累，所遇落落，俗缚痼缠，引之不前，则斯道斯世，恐非愚柔所克有功，先生陟降之灵，又何以左右之？呜呼，尽其在人，听其在天。塨不敢谢，但痛遂失先生提撕，而使塨独肩斯任也。呜呼，悲矣！①

康熙五十五年（1716），五十八岁的李塨"得时而驾"的机会，似乎真的来了。当年十一月，李塨收到了提选知县的部文。然而这时的李塨，已经出任过三位县官的幕僚，对于一个知县能够做什么，可以做什么，心里已是十分清楚了。所以，他接到部文后第一反应是"不往"：

　　十一月，部文提选知县，禀太师母以不往，太师母命往。②

于是无奈的李塨，只好进城与当时的蠡县知县浦公商议，而浦公"亦劝往"，且"令吏房起文"③。

尽管已经"起文"，但李塨后来依然未赴。翌年"三月，浦公催如京。因以告降就教，尚可将母。商之灵皋，灵皋是之，乃投改教呈，遂回"④。已入京的李塨又改变了主意，希望改任教职。李塨与方苞商议此事。方苞完全同意李塨改任教职的意见，于是李塨投递了改任教职的呈请，便回家了。

康熙五十七年（1718），60岁的李塨接到了任通州学正的选报。这时，他甚至连学正也不想当了。接报后，李塨便去保定府与好友杨宾实商议此事。李塨说："亲老身病，不往通州何如？"杨宾实告诉他："规避不可居也。若到任而病，再商之。"⑤ 于是李塨领凭起行，开始了他

---

① 冯辰、刘调赞：《李恕谷先生年谱》，中华书局1988年版，第104页。
② 冯辰、刘调赞：《李恕谷先生年谱》，中华书局1988年版，第159页。
③ 冯辰、刘调赞：《李恕谷先生年谱》，中华书局1988年版，第159页。
④ 冯辰、刘调赞：《李恕谷先生年谱》，中华书局1988年版，第160页。
⑤ 冯辰、刘调赞：《李恕谷先生年谱》，中华书局1988年版，第163页。

八十三天的学正之任。

李塨遵照杨宾实的嘱托,于八月十二日到任,上任八十三天,到十一月十八日,他便向知州呈递了告病文书。尽管通州的秀才们前来诚心挽留,无奈李塨去意已决,最终离任。在任学正的这段时间里,有记载而又值得一提的事情有如下几端。

一是会见仓场侍郎张仪封。"仓厂总督张仪封,屡使人致意请相会,不会恐有咎,乃见之。"① 相见伊始,张仪封便开门见山地说陆王害道,宜遵程朱。颜李学派是以批驳程朱而名动天下的,对李塨而言,这无疑是一个下马威。尽管学正不隶属于仓场侍郎,但张仪封是当时通州地界的一大实权人物,所以李塨只好以沉默对之,而对其言论,也只是"腹诽"而已。康熙五十一年(1712),朱熹配飨孔庙,位于大成殿十哲之后。这已明白无误地宣示了清廷当权者尊崇程朱的态度。所以毛奇龄闻讯后,立即自毁其《四书改错》之版。康熙五十二年(1713),御纂《朱子全书》成,不久后戴名世处斩。康熙五十六年(1717),即李塨到任的前一年,御纂《性理精义》成书。在这种背景下,学正任上的李塨若再公开发表批驳程朱的言论,其后果将不堪设想。

二是"同官约为利事,皆辞之"②。这一个"皆"字,说明非止一次。两个多月,不止一次,可见当时官场"创收"之频。

三是拒绝请托。《李恕谷先生年谱》在是年记道:"有求向总督请托者,许馈八百金,先生坚却之。"③ 不以请托谋利,乃李家门风所系。就在李塨考中县学第一名的那年,县令知其家贫,"将以事周之,令一讼者来求关说。"④ 结果被李塨之父谢绝,孝悫迎谓曰:"汝误来矣,吾家从无关说射利者。"⑤ 出之。后来,这类请托者又有多次,有的甚至以千金相馈,但都被李家拒绝。这一方面可见李塨一门家风之善,为人之廉,而另一方面亦可窥知当时官场之腐败。

四是否定了一名"乡饮大宾"的人选。乡饮是古代的一种礼仪,而"阖学举一乡饮大宾",却是一位"念佛茹素"的人。所以李塨说:"彼习

---

① 冯辰、刘调赞:《李恕谷先生年谱》,中华书局1988年版,第163页。
② 冯辰、刘调赞:《李恕谷先生年谱》,中华书局1988年版,第163页。
③ 冯辰、刘调赞:《李恕谷先生年谱》,中华书局1988年版,第163页。
④ 冯辰、刘调赞:《李恕谷先生年谱》,中华书局1988年版,第4页。
⑤ 冯辰、刘调赞:《李恕谷先生年谱》,中华书局1988年版,第4页。

异端，何以干大典？且礼名乡饮，而彼不饮酒，可乎？"① 否决了有关人选的议案。视佛、老为异端，大可不必，但请一不饮酒的人主持乡饮大典，却也实有不妥，且亦不便，所以李塨的否决还是有一定道理的。

李塨于康熙五十七年（1718）八月十二日到任，十一月十八日上告病呈文，很显然乃三月有余。可是书上清楚记载为"八旬三计日""以上任至告病""八十三日也"。② 这似应理解为，其八月十二日"到任"，并未立即"接篆"，而从"接篆""上任"到"告病"，是为八十三天。然而，在李塨自作之《墓志》中，他又说是"于十月告病归里"。从八月十二日，到当年十月的最后一天，都不足八十三天，并且，前者都有明确的日期记载，且都是根据他的日记所录，而这里仅是凭记忆的回忆，应当说，还是前者的可信度更高些。

李塨于康熙五十七年（1718）十一月十八日向知州递告病呈文，但却未能立即离开通州。直到第二年的四月，"摄篆人"至，李塨才于四月三十日离开通州启程回家，端午节那天到家。

李塨在反思这八十多天的学正生涯时写道："到通八十余日，一无可为，惟自守不请谒、不迎送而已。"③ 而在诸绅士为他设的饯行宴会上，他所作的《喜归诗》也透露着同样的无奈心情，其诗曰：

> 潞河辗转病颠非，
> 总祸虚名误钓矶。
> 犹幸八旬三计日，
> 布韦驱至布韦归。④

李塨在其数十天的仕宦生涯中了无作为，而在其多达数年的游幕生涯中，却不乏可资记述之事。接下来我们谈谈李塨的游幕生涯。

---

① 冯辰、刘调赞：《李恕谷先生年谱》，中华书局1988年版，第163页。
② 冯辰、刘调赞：《李恕谷先生年谱》，中华书局1988年版，第165页。
③ 冯辰、刘调赞：《李恕谷先生年谱》，中华书局1988年版，第165页。
④ 冯辰、刘调赞：《李恕谷先生年谱》，中华书局1988年版，第165页。

第四章　李塨的游幕生涯

第一节　李塨游幕生涯概述

　　游幕不是李塨一生的主业。他花在游幕方面的时间和精力都不是太多，但游幕却成为李塨一生事业中的一个亮点。众所周知，颜李学派是一个积极入世的学派。其基本宗旨是修己以治人，即发展自己以改造社会。而在农耕社会中，政府无疑处于社会的中心地位，所以，在政府中做事，无疑是实践其宗旨的极佳途径之一。游幕使李塨的视野更加开阔，使他对社会有了更加深入的认识，使他结识了许多新朋友，使他为改造社会而设计的政治经济方案或多或少地得以初步实践，使颜李学派的实学思想得以更为广泛的传播。当然，游幕也使李塨在很大程度上解决了家庭生计问题，甚至使他获得了婚姻。而李塨的游幕生涯，起初仅是为谋生所迫。

　　康熙二十三年岁末，李塨的好友张函白应保安州署幕事。张函白知道李塨家贫，便力邀同往，共分脩金。李塨亦以岁旱绝粮，念父亲养母育弟遗命，不得已应之。春节过后，李塨于正月二十日，搬家至乡下，与父神主同居，告云：

　　　　客岁荒歉特甚，人皆迫急，不外出则仰事俯育维艰，无以慰大人之隐。友人张函白，应保安州幕事，力邀同往，共分修金，此过人之高谊，亦济穷之权道，不得已也。但塨既出，家人难以城居，将以二十二日入乡，奉主同往。呜呼，三岁之中，三易其处，哀哉！①

---

　　① 冯辰、刘调赞：《李恕谷先生年谱》。见陈山榜等点校《李塨集》，人民出版社2014年版，第1745页。

"三岁之中三易其处",是指康熙二十二年(1683)李塨奉父主从家乡至刘村馆中,康熙二十三年(1684)又从刘村迁蠡县城内,康熙二十四年(1685)初又从城内迁回原籍。从中可以窥见为生活所迫的李塨当时艰苦辗转之困境。

李塨安置好母弟,便随张函白北行。他们于二月出居庸关,渡洋河,来到保安州署。不料到署之后,张函白却不能与主人愉快合作,于是他二人便于三月辞幕而归。

这虽是一次不成功的应幕,但却给李塨带来了改变命运的机会。在返乡途经北京时,李塨被人聘为家塾教师。主人为申佐领。起初,学生只有其子奇章一人。到六月,便有董汉儒、汉杰、郭锳等几位学生前来就学。七月,李塨回家探亲,返京后馆于郭金汤家,而原有学生郭锳等"俱移来学"。

李塨既有出众才华,又有一定的教育教学能力。他在教育学生的同时,不忘向这些学生的家长宣传颜元的实学思想。这些学生家长虽然只是些中下层小官吏,但他们与中上层有着千丝万缕的联系。于是李塨的美誉很快便在京城传开。先是在中下层传播,后来在中上层亦传播开来,甚至到了能结识李塨为荣的程度。

不仅官界盛赞,学界也为李塨所折服。康熙四十年(1701),久负盛名的学人万斯同在京邀文人开讲会,李塨应邀前往。这次讲会,大家选择了一个主题,是讲郊社。然而在开讲之前,万斯同非常恭敬地向众学人介绍李塨说:"此李恕谷先生也,久负圣学正传,非予所敢望。今且后言郊社,请先讲李先生学,以为求道者路。"[1] 接着,万斯同又将《大学辨业》所说格物之义,高声宣示,并说:"此真圣学宗旨,诸君有志无自外。"[2]

面对纷至沓来的聘请,李塨并没有饥不择食般地有求必应,而是以自己的标准,做了极为慎重的选择。

---

[1] 冯辰、刘调赞:《李恕谷先生年谱》。见陈山榜等点校《李塨集》,人民出版社2014年版,第1782页。

[2] 冯辰、刘调赞:《李恕谷先生年谱》。见陈山榜等点校《李塨集》,人民出版社2014年版,第1782页。

对于皇室诸子的招聘，李塨一概婉拒。康熙四十六年（1707），皇子胤祉，谋延李塨，使陈惺斋问李塨的行踪于太仓王公。李塨对王公说："草野非王前器也，善为我辞之。"① 康熙五十九年（1720），齐燧侯自西边来，言十四王使人访李塨。李塨栗然，畏声闻之过情。当年六月，十四王果然遣人来聘，而李塨亦未应聘——"六月，陕西武举杨兰生来，出蔡瑞寰书，言十四王聘先生，车马在后，使渠先来问讯。先生答以老病不能行，复瑞寰以字，托为代陈，车马之来，务求中止。"② 李塨给蔡瑞寰写的回信，载于《恕谷后集》卷五。这封"期期不奉诏"的回信，虽然不敢说可以与李密的《陈情表》相媲美，让人读起来却也感觉情真意切，故录之以飨读者。

> 久违渴甚，忽承华翰，强张病目，披读生喜，旋自悲伤。塨自戊戌十月陡中风疾，半身不仁。年来日服药饵，病不损减，勉自支持。昨四月间，失足一跌，遂日沉重。杨令表弟来陪侍，喜甚。不意微劳竟动虚火，夜半痰壅，愦难起床。自思脾虚作泄，肺虚怯言，肾虚精竭，怔忡疲癃，已有年所，又得此症，口张不合，仰卧如尸，门户数武，扶杖恐颠，大约不能久于人世矣。今承贤王德意，愿竭踵顶，奈心神慌惚，语言颠眊，手足皆废，趋拜无由。高明素叨深契，重恩代陈病状。超豁废躯，使得少延残喘，不亦首丘故园，长托盛世。若迫之西行，万万不能。不惟身病不前，老母年八十余，原有风疾，闻塨远行，必惊忧不测。塨尚何心，能不陨堕？母子二命，并于一时，谅有道必所垂怜，而吾子亦为之恻然沾裳者也。车马之来，万求中止，衔结报恩，矢于世世。临风呜咽，不一不一。手战不能书，伏枕口授，令儿辈草呈。恕罪。③

而后，李塨率长子习仁南下金陵，翌年二月才回。回家后方知在他南下期间，十四王又曾派潘、杨二人来聘，不遇而去。这就是李塨在自

---

① 冯辰、刘调赞：《李恕谷先生年谱》。见陈山榜等点校《李塨集》，人民出版社2014年版，第1805页。

② 冯辰、刘调赞：《李恕谷先生年谱》。见陈山榜等点校《李塨集》，人民出版社2014年版，第1835页。

③ 陈山榜等点校《李塨集》，人民出版社2014年版，第1416页。

作《墓志》中所说的"十四王在西陲，使人两次千金延聘，避入江东"[①]事。

能进入皇室工作，时与皇子相伴，在常人看来，该是多么荣耀的事啊！可是，李塨却屡屡婉辞，乍看似乎有点不知好歹，其实也是明智之举。俗话说，伴君如伴虎，皇子虽非君王，不可喻虎，但争位之险，甚于伴君。历史已经证明了这一点。

在有明一代，李塨祖上经过数代人上百年的努力，终成村上田宅大户。并且其曾祖父李应试、父亲李明性都曾入庠为诸生，可见其家在蠡东一带，也称得上是名门望族了。而清军入关后，其宅田皆属"驻牧"，被圈占了去，一家人只好背井离乡，过起了吃糠咽菜的艰苦生活。故其伯、父均不肯应招为清廷效力。而李塨的不肯应皇子们的延聘，不肯与皇亲国戚交往，是因为对清廷尚有抵触情绪，还是怕介入宫廷内部纷争，抑或是真的认为自己"草野非王前器"而不敢应聘，或者诸因素都有，因未见佐证资料，不敢妄下断语，尚望知者见教，但其结果是李塨对皇子们的延聘，一概予以回绝，则是不争的事实。这也或许与颜李学派重民命不重王权的社会思想不无关系。

对于于南溟、郭郁甫、华显、田信侯、白梅溪、魏君弼、王震声等人的相邀，李塨也都予以婉言回绝。祝兆鹏倾心习斋之学，当他补授山西忻州知州时，请李塨前往主其幕事。李塨以亲老难离回绝后，祝又提出聘习斋其他弟子，于是李塨便推荐张文升与三弟李培前往，由张文升主幕事，李培任教席。对于祝兆鹏岳丈的济南府之邀，李塨不仅做了允诺，而且还曾到署准备入幕。但到济南后，李塨"观其署事，知其非能有为者，乃决辞而归"[②]。

从李塨谢绝、应允入幕情况及其在幕表现等方面总结可知，其入幕的基本原则不是主人地位的高低，也不是脩金的多少，而是主要看幕主是否正派，是否接受颜李的实学思想，并且请李塨前去做的主要工作是"议政"，而不是去做刑名或钱粮方面的具体工作。根据这些基本原则，

[①] 李塨：《恕谷后集》卷十三。见陈山榜等点校《李塨集》，人民出版社2014年版，第1493页。

[②] 冯辰、刘调赞：《李恕谷先生年谱》。见陈山榜等点校《李塨集》，人民出版社2014年版，第1821页。

李塨真正入幕做事的，实际只有郭金汤的桐乡、温益修的郿城和杨慎修的富平三处，且每处都是两度前往。下面将这三处幕事分别予以介绍。

第二节 郭金汤幕

做郭金汤的幕僚是李塨游幕生涯真正的第一站。郭子坚，名金汤。本姓张，因其父张尽忠送予旗人郭显名为养子而改姓郭。尽忠仕至吏部文选司主事，有能名，早逝。金汤性质直，不轻为然诺，好洁勤，细务井井。其妻于氏，乃四川巡抚于养志女。此乃其背景也。

郭金汤有个弟弟，名金城，字子固，质恳好学，文武均优，历任内阁中书、刑部员外郎、兵部郎中、御史等职。李塨进京为塾师，馆金汤家，与兄弟二人甚为相得。郭金城教李塨骑射，李塨向郭金城传习斋之学。金城本好诗文，自读颜元《存学编》后，便私淑颜元，谢笔墨而讲求天文、地利、兵农、射御等学。并出资为李塨置一妾。

一 一幕桐乡

郭金汤出任浙江桐乡县县令。康熙三十四年（1695），郭金城亲备仆马，送李塨前往桐乡佐政。行前，颜元赠言曰："爱惜人才，倡明圣道。"[①] 正月，李塨动身南行。一路上，每止宿，必访学人。过扬州，拜访蔡瞻，与言颜元《存学编》之主旨，蔡瞻击节称是。蔡瞻字治岷，乃费密之弟子，李塨因拜其师费此度。此是当时知名学者，因病不能会，遣其次子滋衡回谒。后费密与李塨曾书信往返论学。

李塨经太湖、方山抵桐乡，入境便问土俗民情、官吏得失。至桐乡县署，见郭金汤，金汤问政，不答。对其下属，正派者亲之，不够正派的，则保持一定距离。

幕僚工作之外，李塨在浙江新交，主要有三人。

一是桐乡举人仲宏通。宏通字开一，自言乃子路之后，以举人出为县令。闻李塨来桐乡，来拜论学，为《圣学成法》作跋。

一是桐乡生员钱煌。煌字晓城，重经世，尚著述，讲考订，并表示

[①] 冯辰、刘调赞：《李恕谷先生年谱》。见陈山榜等点校《李塨集》，人民出版社2014年版，第1763页。

要私淑颜元。李塨回家时,将钱煌所著之《筹边三略》《读史危言》《治河一得》《瘳忘赘语》《存学后编》《壁书辨伪》《中庸辨》《孟子疑义》等书带给了颜元。颜元阅后,给钱煌写了一封情真意切的长信。此信今收《习斋记余》卷三。对于钱煌的留心经济,颜元大加褒赏,而对于其著述与考订,颜元则不予首肯。颜元认为,所谓儒者,是学为君相百职,为生民造命、为气运主机者,所以只有处也唯习行、出也唯经济者,才是真儒。那些幼而读书、长而解书、老而著书者,莫道所著讹伪,即另著一种《四书》《五经》,一字不差,终是书生,而非儒者。那些幼而读文、长而学文、老而刻文者,莫道帖括词技,就是左屈班马唐宋八家,终究也只是文人,而非真儒。而对于考订,颜元则提出了更为深刻的见解。他说:"古来诗书,不过习行经济之谱,但得其路径,真伪可无问也,即伪亦无妨也。"① 而对于钱煌的"私淑"要求,颜元的回答是,如果他愿作真儒,"仆愿师事兄事于千里之外,私淑二字何敢当也。"钱煌后来为李塨所作《阅史郄视》作跋,书有"仁、勇之合,不能言勇,德、仁亦伪"② 之言,可见他于颜李之学,已多有接受。

一是钱塘学人王草堂。草堂名复礼,或曰为新建伯王阳明之裔孙,文行俱茂,且善画兰竹,尤富著述。是年三月,金汤安排船只、仆从,送李塨入杭州游西湖。于是,李塨携仆从,过断桥,登孤山,拜李邺侯祠,转至六一泉,拜陆宣公祠。第二天又从苏堤、白堤,攀飞来峰,凭冷泉亭,至栖霞山下,拜岳忠武墓。第三天,呼船过放生池,登南屏山,至壑庵,转三台山下,拜于忠肃墓。复入城,登吴山,观钱塘江。游了个不亦乐乎。但李塨乐不忘教,问人,得王复礼。因病不能出会,送所著《三子定论》给李塨。李塨接书后,复信曰:"论朱、陆、王三子,当以孔孟为断。合于孔孟,三子即各诣无害也;不合孔孟,三子即同归无取也。"

不久,李塨收到王复礼回信,其论以孔孟为的,六经为证,躬行为主。李塨为之肃然起敬。又致信复礼曰:"格物即学文,物即《周礼》之三物。"

---

① 见陈山榜、邓子平主编《颜李学派文库》,河北教育出版社2009年版,第380页。
② 徐世昌纂,陈山榜等点校:《颜李师承记》,北京师范大学出版社2014年版,第103页。

七月，李塨入杭州，与王复礼又聚。李塨说："后儒不解学字，遂一往皆误。学者，学于人，学诗书礼乐也。后儒专重诵读，或直指性天，而学岐，而学亡。"复礼同意李塨的说法，因言："《太极图》本道家说，今本《大学》《孝经》系朱子改窜，晦圣经本旨。程朱陆王皆染于禅。"

李塨辞幕回家时，王复礼还送有赠仪。隔年李塨再度入浙，也给王复礼送了赠仪，可见二人交情还是很不错的。王复礼还将自己所著《书解正误》请李塨订正。而李塨则又将他们之间的两段对话作了记录：

> 回寓，对草堂饮酒。草堂曰："颜先生言理气为一，理气亦似微分。"曰："无分也。孔子曰：一阴一阳之为道。以其流行谓之道，以其有条理谓之理，非气外别有道理也。"二鼓乃寝。晨起，谓草堂曰："《周礼》教士以六德、六行、六艺，而实统以礼。孔子言智廉勇艺之才德，而俱文以礼乐。求仁而视听言动必以礼，孝亲以礼，事君以礼，养德制行不出一礼也。约我以礼，齐民以礼，明德亲民皆礼也。《周礼》无所不包，而但名《周礼》，吾人修已治人之学，舍是何由？即极神圣，亦不过从心所欲不逾矩，动容周旋中礼，无复奇异。而愚柔之人，苟勉行之，亦非不能为之事也。"草堂曰："然。"

重躬行，是颜李之基本主张。但是，以孔孟六经证断真理，这是俗儒之论，远非颜元之见，颜元所提倡的用实践去检验真理，才是衡量一种理论是否具备真理性的正确方法。李塨对王复礼所讲理气之义，还基本符合颜元的理气观，但其所讲之礼论，却已然有逊颜元。

李塨在浙刊行《圣学成法》《与酉山先生书》《讼过则例》等文章，郭金城闻知后，致书李塨，以"刊书无关经济"相规。李塨复书曰："吾友恐予蹈书生文士之习，诚为雅意，然天下之无经济，由学术差，辨学，正经济天下万世之事也。"[1]

在桐乡幕中，李塨为金汤讲经济，讲恤狱，劝金汤为政要公听并观，还陪同金汤省视百姓桑蚕耕稼，虽不亲理庶事，却也尽心尽责，而

---

[1] 冯辰、刘调赞：《李恕谷先生年谱》。见陈山榜等点校《李塨集》，人民出版社2014年版，第1764页。

有请托者，则以不与署事而辞之，从不于中谋利。

当年八月，李塨辞归，金汤远送，塨嘱金汤，要"轻收漕粮，严戢家丁，勿昵佞人，处事和缓。"①金汤遣役远送。至王家营，李塨令送役返桐，并让其带信给子坚，规以"事上司谨，接同寅和，待下平易，使得尽言，勿轻喜易怒。"②金汤质直而急，有李塨这样尽心相助，确实可以减少失误。所以，两年之后，金汤再请李塨入幕。

二 二幕桐乡

康熙三十四年（1695）九月，李塨回到家乡。康熙三十六年（1697）正月，"子坚请复入浙，先生辞，已而使再三至，乃许秋后往。"③九月，金城为其备车马，赴浙。

李塨这次赴浙入幕，从康熙三十六年（1697）九月出发，至康熙三十八年（1699）闰七月返乡，为时近两年。这两年之中，李塨除"佐政""议政"，并在郭金汤暂署嘉善县时，还为他管理了四个月的刑名钱粮。这其间很有一些事值得记述。

其一是结识了毛奇龄父子，并因学乐有成而向毛奇龄投了受业刺。

此事应当是因为李塨首次入幕桐乡的影响，李塨到桐乡不久，就收到毛奇龄的论学书信和《乐录》二部。李塨阅后，即谋入杭问乐。十一月二十五日启程，二十六日到杭，二十七日拜故友王复礼，二十八日同王复礼一起去拜见毛奇龄，并拜其子远宗、姬潢。二十九日，便开始向毛奇龄学乐。自此之后，毛李二人，论《易》论乐，书信往复不断。翌年二月，李塨以"学乐粗就"，向毛奇龄投受业刺。毛奇龄称李塨为"千秋一人"④并认为"天既生某，又生是人，必非无谓，吾学从此兴

---

① 冯辰、刘调赞：《李恕谷先生年谱》。见陈山榜等点校《李塨集》，人民出版社2014年版，第1764页。
② 冯辰、刘调赞：《李恕谷先生年谱》。见陈山榜等点校《李塨集》，人民出版社2014年版，第1765页。
③ 冯辰、刘调赞：《李恕谷先生年谱》。见陈山榜等点校《李塨集》，人民出版社2014年版，第1766页。
④ 冯辰、刘调赞：《李恕谷先生年谱》。见陈山榜等点校《李塨集》，人民出版社2014年版，第1771页。

矣。"① 还说,"千古学人,惟君与仆矣。"② 可见毛奇龄对李塨的倚重。后来,李塨与毛奇龄的两个儿子都赴京会试,其子告诉李塨,毛奇龄对李塨考中之希望,甚于其子。李塨因学乐有成而撰著《学乐录》,并将毛氏《竟山乐录》附刻在一起。而毛氏也将李塨《学乐录》的一、二卷,收刻在自己的合集中。

其二是在本期内,李塨著作颇丰。在这近两年的时间里,李塨编撰的书、文、图计有18部之多。如:

书名	成书时间	内容
《上颜先生书》		
《陶渊明集》		
《韩昌黎文选》		
《大学辨业》		
《学易》		
《学乐录》		
《郊社考辨》		
《禘祫考辨》		
《田赋考辨》		
《留春楼记》		
《宫调图》		
《七调全图》		
《乐录跋》		
《十二律隔八相生旋相为宫合图》		
《器色七声隔八相生图》		
《七声旋宫图》		
《籥色下生上生图》		
《五音七声十二律器色七字为七调还宫相生全图》		

以上所列,尚不包括李塨写给毛奇龄等的大量书信,可见李塨在这段时间做学问还是相当勤奋的。

---

① 冯辰、刘调赞:《李恕谷先生年谱》。见陈山榜等点校《李塨集》,人民出版社2014年版,第1771页。

② 冯辰、刘调赞:《李恕谷先生年谱》。见陈山榜等点校《李塨集》,人民出版社2014年版,第1771页。

写到这里,有一个问题不得不予以探讨一下,那就是李塨的学术方向。当李塨第一次赴浙应幕向颜元辞行时,颜元以"爱惜人才,倡明圣道"① 相嘱。而当李塨返乡向颜元汇报南行收获时,颜元给他的评语是:"此行历练可佳也,惟勿染南方名士习耳。"② 而当第二次赴浙时,颜元对李塨的嘱托则是"无作无益诗文"③。颜元不愧为一个思想家,他已敏锐地发现在李塨身上出现的微妙变化,而从李塨这一时期的作品也不难看出,他对颜元的实学思想有所偏离,而对南方经学,尤其是考据学,有所靠拢。其原因大约有二:一是李塨受其父李明性多年经学熏陶,其学术根基使然;二是受南方经学影响。但最终李塨依然未能倒向经学,甚至于连对他称赞有加的毛奇龄后来也对他颇有微词,师生共撰《逸讲笺》以排李塨。

其三是广为宣传颜元学说,纠正了江南文士对颜元学说的误解。

当李塨南游之时,颜元学说早已远播江南。但南方学人对颜元学说多有误解,李塨便趁机对此进行了解释,如毛奇龄不理解《存性编》的主旨,李塨就告诉他说,《存性编》的主旨就是"宗孟子'性善',而辩宋人言'气质有恶'也。"④ 而李塨与毛奇龄关于经济与存养的一段对话,也透露着李塨对颜元学说的坚定尊崇。毛奇龄认为"颜习斋好言经济,恐于存养有缺,存心养性之功不可废也"。

李塨则回答说:

> 颜先生省心之功甚密,每日习恭数次,所谓"居处恭"也。置日记以省心,时下一圈,心慊则圈白,否则黑。与王法乾十日一会,规过责善甚严。塨亦与其末焉。但其存养欲内外并进,非惺惺悾地之说。

---

① 冯辰、刘调赞:《李恕谷先生年谱》。见陈山榜等点校《李塨集》,人民出版社2014年版,第1763页。

② 冯辰、刘调赞:《李恕谷先生年谱》。见陈山榜等点校《李塨集》,人民出版社2014年版,第1765页。

③ 冯辰、刘调赞:《李恕谷先生年谱》。见陈山榜等点校《李塨集》,人民出版社2014年版,第1766页。

④ 冯辰、刘调赞:《李恕谷先生年谱》。见陈山榜等点校《李塨集》,人民出版社2014年版,第1769页。

毛奇龄说：

> 予所言者，恐体用有一不全，则世儒议其偏。贤者不观《大学》乎？《大学》以修身为本，修身则内而格致诚正，外而修齐治平，无一缺失。

李塨说：

> 谨受教，适所言内外并进者，正此意也。①

王复礼不理解颜元理气一元的哲学思想，提出"颜先生言理气为一，理气亦似微分"。李塨就为之解释说，"孔子曰'一阴一阳之谓道'，以其流行之谓道，以其有条理谓之理，非气外别有道理也"。

总而言之，李塨的南游，使颜元实学思想在江南的影响进一步扩大和加深了。

李塨在此期间不仅获得了爱情，而且"喜得贵子"。李塨四十无子，郭金城很为他着急，曾在京为他置办一妾，仍无动静，于是便驰书其兄金汤，让金汤再在浙为李塨买妾。康熙三十七年（1698）二月初，有媒来介绍一吕氏女，郭金汤出聘金百余两，派人随李塨入杭州。该女确系良家未婚姑娘，于是订婚，于二月八日纳入。李塨时年四十而该女年仅十六，但二人甚为恩爱相得。吕氏不仅年轻貌美，而且相当贤惠。不久怀孕，于当年十二月十二日生一子，这就是李塨的长子习仁。

康熙三十八年（1699），李塨辞归。郭金汤命仆随李塨乘粮船北归。因担心吕氏到北方后不习惯北方饮食，郭金汤还送大米数石，以供吕氏食用。北归途中，李塨还于淮安拜访了阎若璩。

阎若璩（1636—1704），号潜丘，山西太原人，经学家，长于考据。曾助徐乾学修《清一统志》，著有《古文尚书疏证》《四书释地》等，确证东晋梅赜所献古文《尚书》为伪造，并校正了前儒关于地名

---

① 冯辰、刘调赞：《李恕谷先生年谱》。见陈山榜等点校《李塨集》，人民出版社2014年版，第1769页。

的许多错误，亦一时名士。虽然毛奇龄说李塨是千古一人，非费此度、阎若璩可比，但李塨却不那么傲气，还是很谦虚地拜之论学。

第三节 温益修幕

温益修名德裕，清顺治丁亥进士温树洸子。树洸有五子，二举人，三诸生，益修行三，康熙壬子举于乡。李塨馆肃宁时，偕王陶阳应壬午秋试入都，益修来拜论学，于是二人相识。时都中有学人会讲之风，原多为万斯同来组织。万斯同去世后，其讲会亦闭，由黄宗夏、冯敬南、冯衡南等轮流设筵会讲。后来，温益修亦会同人于秦中会馆，延李塨讲学。在论及多读时，李塨说："为学先立品制行以图经济，徒事学问博洽，非学也。"① 益修因而趋向实学。

康熙四十三年（1704），温益修选为郾城令，卑礼厚币，延李塨前往论学议政。李塨答应了温益修的邀请。

五月，益修派骑从来接李塨。李塨向颜元拜别求教，颜元嘱以"持身庄悚，留心人才，佐政仁廉，足民食用，出入必慎，交游勿滥"②。李塨拜受。

李塨与益修同行赴郾城，一路上，李塨对益修讲仁、讲礼、讲量刑、讲减赋、讲弭盗。而刚到衙署，李塨便列出当行事宜，供温益修参考，益修以文人从政，李塨便提出"书生好逸恶劳，喜静厌烦，失圣学，近异端，乱天下"。又说："隐士好清虚，道学谈心性，文人以穷二氏之书为博，孤臣孽子怨愤归空，皆与佛为缘者也。"③

温益修之请李塨，原只以议政论学为务，但因其所请司钱粮刑名的师爷有变，李塨不得已还为之权司钱谷。在豫佐政期间，李塨接触了大批官场人士和社会学人，如西平令赵瓒、陈留令许不弃、祥符教谕齐愉以及开封学人邢伟人、刘汉升、郭圻等，与他们讲道论学。而据有关资

---

① 徐世昌纂、陈山榜等点校：《颜李师承记》，北京师范大学出版社2014年版，第60页。

② 冯辰、刘调赞：《李恕谷先生年谱》。见陈山榜等点校《李塨集》，人民出版社2014年版，第1793页。

③ 冯辰、刘调赞：《李恕谷先生年谱》。见陈山榜等点校《李塨集》，人民出版社2014年版，第1793页。

料，李塨在河南接触的"最高人物"当属徐潮。

徐潮字青来。浙江钱塘人。康熙十二年进士，历任检讨、少詹事、工部侍郎、河南巡抚、户部尚书、翰林院掌院学士、吏部尚书等职，为人清介不苟随俗，为官清廉而务实，康熙颇重之。李塨入郾城益修幕，徐潮闻知，便约见李塨。李塨见徐潮，潮言"汉儒平实，宋儒染禅"，李塨认为这是"卓识"，于是为之详言圣学明晦之故。① 徐潮在读过李塨之《大学辨业》后，对温益修说："李恕谷有体有用之正学也，吾将延至中州书院，以昭后进。"② 但没过多久，徐潮调升户部尚书，请李塨主讲中州书院事因而未能实行。此事虽未成就，但一省巡抚特地约见一县令幕僚，已属非常之举，而又拟请主教中州书院，于此已可见李塨学术在河南一带影响之大。

当年九月二日，颜元逝世。噩耗报到郾城，李塨惊悲交加，号啕大哭，益修及诸友前来吊唁。李塨辞归，益修固留，定期于习斋葬前归里。此间，益修体悟到颜元重躬行实践之学说，便对颜元称私淑。

十一月，李塨归葬颜元。温益修以骑从送之，并令骑从勿归，在蠡守候，待来春接李塨再来郾城。

翌年二月，益修又派役赴蠡，请李塨南行。于是，李塨偕三弟李培，同赴郾城，十六日到郾署。但到郾城后，李塨便感觉到署事有变，于是就向益修辞行。《李塨年谱》是这样记述其事的：

> 十六日，至郾署，觉署事变。思不能待小人，吾之过也。又思神丛借人，何荫之休，宜去。辞行，主人苦留。③

而徐世昌《颜李师承记》则是这样述其事：

> 恕谷初偕益修赴郾城任，途语益修以减赋、弭盗之方、祥刑之

---

① 冯辰、刘调赞：《李恕谷先生年谱》。见陈山榜等点校《李塨集》，人民出版社2014年版，第1793页。
② 冯辰、刘调赞：《李恕谷先生年谱》。见陈山榜等点校《李塨集》，人民出版社2014年版，第1794页。
③ 冯辰、刘调赞：《李恕谷先生年谱》。见陈山榜等点校《李塨集》，人民出版社2014年版，第1796页。

实，益修一一听纳，次第施行。一小人间之，遂使恕谷不终其事，其后富平事亦然。甚矣，君子不容于小人也。①

不难看出，是有人在温益修处说了李塨的坏话。"谮言莫入"，何其难也。

尽管温益修变了署事，但他对颜李学术的态度则丝毫未变。他不仅苦留李塨，还斥资鸠工刊刻了颜元的《存性编》《存治编》和《存人编》三书。后来李塨派专人前往郾城，将这套书版取回蠡县，可惜后来该版毁于火灾。四月二十一日，李塨力辞，益修苦留不住，只好"馈赆，命役骑送归"。就这样，李塨结束了他的郾城之幕。

第四节　杨慎修幕

杨慎修，名勤，镶红旗汉军，性乐友好施。康熙四十八年（1709）入仕，得陕西富平令。慎修因王源而知李塨才学，于是持其父贴及李塨好友张西陆的介绍信，来请李塨前往其任所佐政，被李塨谢绝。不久，慎修又求张西陆书来恳请，李塨应允。但杨慎修持币来，乃是求李塨为其理刑名，于是李塨提出管理商政则可，专司一事则不可，又以母老，年底必归乡为由，却其币金。杨慎修三请，李塨又提出带一助手，获允，于是成行，与张文升同往富平。

当年五月初一，李塨等从蠡县出发，经井陉、固关、闻喜，二十七日到达富平。杨勤迎入衙署，求教。因富平当时形势比较混乱，故李塨向杨勤建言曰："富平乱国，宜严；然严不伤宽，乃得也"。② 在李塨的协助下，杨勤"禁斗争，严轻生，断赌博，勤听讼，减催科，除强恤弱，不亏市价，数月，阖县风俗一变"③。乃至士民有"建坊献衣"之举。杨勤称这是李塨的功劳，而李塨则说这是杨勤善政所致，与己无

---

① 徐世昌纂、陈山榜等点校：《颜李师承记》，北京师范大学出版社2014年版，第62页。
② 冯辰、刘调赞：《李恕谷先生年谱》。见陈山榜等点校《李塨集》，人民出版社2014年版，第1810页。
③ 冯辰、刘调赞：《李恕谷先生年谱》。见陈山榜等点校《李塨集》，人民出版社2014年版，第1811页。

干。但无论归功于谁，富平县总算是因之有了起色。接下来李塨便与杨勤谋划选乡保、练民兵、旌孝悌、建学校、开水利等措施，以求使富平社会经济文化进一步发展。

李塨赴富平前，杨勤本已答应李塨到幕后只议政，不"专司一事"，但一介入实际工作，问题就来了：钱谷事务账目不清。于是杨勤便请李塨为之料理钱谷，李塨以越俎辞之，而杨勤力求，李塨不得已，只好应之。在工作中，李塨发现，那些本应是"官之耳目手足"的"府吏胥徒，纲纪之仆"却都是"官之贼"，这使他很为难。"专持公，而使若辈不得私，必从怨于我矣。"① 于是李塨想到了张良"不为福始，不为祸先"的明智，屡辞出游，但都被杨勤挽留。杨勤以师礼待李塨，李塨坚辞不受。正当李塨欲辞归之际，一位叫张景蔚的人来富平，他发现，李塨不仅学问大，而且通实务，便与李塨深相结纳，他对杨勤说："君当一刻不可离李先生，然当求其大，勿责以小。明岁延至，可为辟馆别居，朝夕议政。而刑名钱谷，别致人，则先生可安。"②

他同时也对李塨说："慎修言先生则泣，何忍决去？成慎修之政，即自为政也。但先生宜总大务，今怜慎修无人，既刑名又钱谷，既谋外事，又商家政，非所以却嫌怨养精神也。"③

在首度应幕富平的半年多时间里，李塨不仅为杨勤司刑名、理钱谷、谋外事、商家政，做了大量具体工作，他还多次试图从思想方法方面对杨勤施加影响。除前面提到的宽严之论，李塨还劝杨勤"勿欲速，勿作聪明"④。他还告诉杨勤"勿喜而喜，勿怒而怒，勿有事而有事"⑤。"用财，为善，皆有度。用财无度，则费不可支，为善无度，则壅不能

---

① 冯辰、刘调赞：《李恕谷先生年谱》。见陈山榜等点校《李塨集》，人民出版社2014年版，第1811页。
② 冯辰、刘调赞：《李恕谷先生年谱》。见陈山榜等点校《李塨集》，人民出版社2014年版，第1814页。
③ 冯辰、刘调赞：《李恕谷先生年谱》。见陈山榜等点校《李塨集》，人民出版社2014年版，第1814页。
④ 冯辰、刘调赞：《李恕谷先生年谱》。见陈山榜等点校《李塨集》，人民出版社2014年版，第1811页。
⑤ 冯辰、刘调赞：《李恕谷先生年谱》。见陈山榜等点校《李塨集》，人民出版社2014年版，第1812页。

行。"①"幸进无功，欲速多踬。矜长易于见短，好谀必受人愚。"②"易决之事必思，既思之后必决。"③而且要"严转筒，谨书役，息词讼"④。在他回乡省亲、行将离开富平之际，他还为杨勤写了长篇的《富平赠言》。这篇《赠言》虽是针对杨勤个性而写，但却具有很大的借鉴意义：

> 自与吾友西来富平，交情日厚，爱敬日深，为不废刍荛，非仅礼貌之末也。今吾友仁心仁政，旁罗洋溢，为吾党光。鄙人以省亲将行，惨然顿如远别，因书謷语，以代面谈。
>
> 一、戒高兴。杜工部云，"入门高兴发"，谓山林之致也。至于处世事，则断断勿用之。责人勿高兴。已怒也再为存想，将行刑也再为拟议，勿任性气，致一发而难收。用财勿高兴。汉高以黄金四十斤与陈平，不问其出入；韩昭侯一敝裤不以与人，皆英雄之宏图也。若漫然用材，不择当否，虽费无功。施仁政勿高兴。如农桑、水利、武备诸政，吾友念念不忘，诚民之父母也。然须酌量，时可以为，力可以为，乃出号令，不然，言之不能行之，则无以取信于民；即行而卤莽灭裂，不克有成，或兴利而反以贻害，则有不可。爱人勿高兴。其人可爱也，徐而察之，平心观之，渐渐任用以尽其才。不得一时相投，辄惊喜非常，过分相加。苟非真才，反以坏之。或用情难继，后反致怨。
>
> 一、戒骄奢。吾友谦恭下士，衣食朴俭，可谓富贵中特立者。然吾昨语田公子曰："贵不期骄，富不学侈。"言骄奢之易也。车马服御，赍予支费，须损之又损，宁朴勿华，宁陋勿豪。库银不可动，假贷不可行。何者？轻用吾财，即轻用民之膏脂也。不然，于何出办？

---

① 冯辰、刘调赞：《李恕谷先生年谱》。见陈山榜等点校《李塨集》，人民出版社2014年版，第1812页。
② 冯辰、刘调赞：《李恕谷先生年谱》。见陈山榜等点校《李塨集》，人民出版社2014年版，第1812页。
③ 冯辰、刘调赞：《李恕谷先生年谱》。见陈山榜等点校《李塨集》，人民出版社2014年版，第1814页。
④ 冯辰、刘调赞：《李恕谷先生年谱》。见陈山榜等点校《李塨集》，人民出版社2014年版，第1814页。

一、戒矜张。我辈居官，立志为圣贤，出政效帝王，皆分内也，无事矜张。少有矜张之意，必来谀诵之口，来谀诵之口，必有假此中我以射利乱政者矣。且我善政异人，即不矜张，人尚以矜张加之，以致上司不快，同僚忌嫉，非小故也。而更矜张好谀乎？且作大事者，量如沧海，度如山岳，小善小劳，沾沾自喜，何以图大？

一、戒近小人。小人贡谀以中我射利，或阳奉我，阴违我，或假相契合以探我。我爱其熟软，喜其伶俐，比其夤缘，及后远之不能，近之立祸，可畏也。即同辈中无所觊觎于我者，但系小人，即不乐人为善，必宜远之。

一、戒小术。至诚之道，可格幽明，此仁术至术也。若诡道，则但可用于兵旅，今日杀敌，明日奏忾。至于家人父子，朋友仆从，吏卒民人，一毫术谲不可用也。此用之，彼露之，前用之，后必难复之，使人疑我备我，坏事实多。

一、戒奇异。孔子曰："中庸不可能也。"仁心仁政，至平至易，即至奇至变，平地成天，皆在其内。若假鬼神，好虚玄，说梦幻，不惟无益，且启人疑，甚不必也。至于讲六壬、奇门，南宫剑客，皆杀身祸世，涂炭生民之人也，甚勿以为正术而近之。

一、贵闲暇。庸人之闲暇，怠也；英雄之闲暇，静也。善作事者，常使精神余于事，不使事余于精神。苟好胜喜多，以致茫乱，事必有误。曹公意思安闲，如不欲战，孔明所以称殊绝也。

一、贵有恒。吾友爱民之心，吾敬之；理事之才，吾爱之。再益以沉潜细密，喜怒不形，得失不惊，有始有卒，则生民之幸矣。万勿始敏而后怠，万勿始俭而后奢，万勿始小心而后放肆，万勿始虚受而后刚愎。①

李塨应富平幕时，年已五十一岁，其时，颜元之实学思想，李塨之名气，均已远播关中地区。所以当他们闻知李塨到富平后，纷纷前来论学、问学、进行学术交流，其中还有不远千里从江南慕名而来者。正巧

---

① 冯辰、刘调赞：《李恕谷先生年谱》。见陈山榜等点校《李塨集》，人民出版社 2014 年版，第 1813 页。

杨勤又乐友好施，资以李塨交流之费用，更使得李塨的学术交流得以顺利进行。来访问的学者中，有人学《易》，有人学礼，有人学乐，有人学兵，有人学治平之策，李塨很是高兴，李塨有时还将在富平之学人如陈尚孚、陆西朋、张潜士、蔡瑞生、周昆来、胡元驭、鲁圣居、张赤城、王子丕等都请来寓所，大家弹琴吹笛，歌诗论学，好不热闹。有人记之云："是会也，奇才异技，六省之士萃于一堂。先生以至道正学，振兴后进，而且一觞一咏，谈笑风流，亦是倾倒豪俊，霞心折矣。"①而一位叫王带存的学人到富平后，更投诗李塨，曰："老我从游晚，凭谁辨业真。十年求大道，千里见斯人。坐对秦山峻，行歌渭水春。恍然虞夏在，风景一时新。龙门看咫尺，怀刺转彷徨。不入先生室，谁裁小子狂。远山青冥冥，野日白荒荒。缓步凭羸马，踟蹰下夕阳。"② 于此可见颜李实学当时在关中一带产生的影响之大。

不仅文人学士慕名而来，时在关中的一些军政官员也不乏慕名而来者。如商州知州沈廷桢、商南知县于鲸、三原知县顾之珽，把总蔡麟、副将蔺佳、中军何百禄等，都曾前来拜会。李塨一一友好接待，并伺机向他们介绍颜元的实学思想。沈廷桢和朱可亭甚至拟上书两院，请李塨讲学关中，因李塨谢绝而罢。

是年十二月朔日，李塨辞行东归。杨勤厚赆，泣拜出送。两衙六房三班衙役，荐绅士民，唱酒拜饯，逦迤十余里。至临潼之康桥，李塨力辞令回，杨勤唏嘘跪地不起，曰："上下皆知杨勤能屈先生，愿先生勿虚上下之望。"李塨诺之，杨勤方回，而令马夫备三骑，送李塨抵里。

第二年正月，李塨得到消息，杨勤的仆人中有人到杨勤之父处说了李塨的坏话，于是李塨让马夫回富平，自己决定不再去富平。但是到二月，杨勤差役持血书来请，云："三月初旬不到，即以死殉。"③ 言甚凄恻。李塨不得已，只好复往。三月七日，到康桥，杨勤率绅士隶民迎接入署。

---

① 冯辰、刘调赞：《李恕谷先生年谱》。见陈山榜等点校《李塨集》，人民出版社2014年版，第1812页。
② 冯辰、刘调赞：《李恕谷先生年谱》。见陈山榜等点校《李塨集》，人民出版社2014年版，第1814页。
③ 冯辰、刘调赞：《李恕谷先生年谱》。见陈山榜等点校《李塨集》，人民出版社2014年版，第1815页。

李塨第二次到富平,其工作与前期大体相同,期间值得记述的约有以下诸事。其一是进一步完善了催粮法。前次到富平,李塨就曾向杨勤讲过他的"飞票催粮法",这次复来,杨勤再度请教,李塨乃述其细则。《李恕谷先生年谱》是这样记载的:

> 慎修商征收,先生为立法:与甲长一甲单,催户头,户头一户单,催花户。皆开列粮数,使花户尽知。不到乃发木皂,不到乃差拘枷号,完银始释。盖去坐差比花户,催科善策也。①

这一催粮法,确实有两个长处:一是列粮数于单,让纳粮户交的是"明白粮",而官府吏胥则无法上下其手,趁机苛剥百姓。二是发木皂催粮而不用差役,既节约费用,又不扰民。所以称之为"催科善策",实不为过。

其二是在做好具体工作的同时,李塨仍不时地向杨勤做思想方法和工作方法方面的辅导。如二到富平后,针对当时其仆从、属下的人员情况,李塨便告诫杨勤:"小人女子,恩不能结,威不能断,恶作劲敌,抚作娇子,是君孤立也"。②到李塨辞幕离开富平时,他还嘱咐杨勤道:"君凡事小心,勿信宵役,勿虐家人,勿渎上司,勿易事求奇,勿难事沉阁。"③当送他渡河的马荆王永长返回富平时,李塨还不忘寄信杨勤,嘱其"勿致亏空,勿败素望"④。

其三是继续努力在关中一带宣传颜元的实学思想。关中学人尚实贵用,故主张学以致用的李颙深得关中学人尊崇。也可能正因那里的学风尚实贵用,才使得颜元的实学思想能在关中得以迅速传播。而总督笔贴

---

① 冯辰、刘调赞:《李恕谷先生年谱》。见陈山榜等点校《李塨集》,人民出版社2014年版,第1816页。
② 冯辰、刘调赞:《李恕谷先生年谱》。见陈山榜等点校《李塨集》,人民出版社2014年版,第1815页。
③ 冯辰、刘调赞:《李恕谷先生年谱》。见陈山榜等点校《李塨集》,人民出版社2014年版,第1817页。
④ 冯辰、刘调赞:《李恕谷先生年谱》。见陈山榜等点校《李塨集》,人民出版社2014年版,第1817页。

式郭鼎三甚至当面对李塨说："读颜先生及先生书，圣道如日月当前矣。"①

尽管颜李之学在关中已有不小影响，而李塨此次之来，仍不懈努力传播学术。如，他对已入幕富平县的黎长举讲，"宋儒内外精粗，皆与圣道相反。养心必养为无用之心，致虚守寂；修身必修为无用之身，徐言缓步；为学必为无用之学，闭门诵读。不去其痼尽，不能入道也。"②而达紫旭应幕刚至，李塨便"语以圣学"，使达紫旭豁然明白：吾向疑天下如妇人女子，今乃知学术之失也。③

然而，在传播颜李学说方面，李塨这次复入关中，其收效最著者，也是出乎其意料者，却是因他结识陶窳而结识了一位实学传人程廷祚。

陶窳，字甄夫，巴陵人。其父陶泓，字秋水，明末为官，任过主事、同知等职，曾从军，兵败后入滇，忧愤而死，遗命子孙不得做官。康熙二十一年（1682），26岁的陶窳将父亲的棺椁和一家人带回故乡巴陵。

康熙三十九年（1700），陶窳游南京，访书法家程京萼。后又见到程氏二子，很赏识，回鄂后，写信来，要把自己的两个女儿许给程氏兄弟。次年，程京萼回信陶窳，定下婚约。程京萼的大儿子，就是后来颜李学派传人程廷祚。廷祚初名默，字石开，后更名廷祚，字启生，别号绵庄，聪明好学。

康熙四十八年（1709），李塨初到富平时，商州知州沈廷桢曾前来拜访，交谈中甚为相得。第二年，李塨二到富平，回乡前，赴商州与沈廷桢话别。而这时陶窳恰巧也在沈廷桢处任西席，教其子。陶窳也是一位主张学以致用的文士，他曾自序曰："陶者喜读书，每恨不生定哀间，与游夏诸贤相上下。雅不好仙佛，亦不喜濂洛，谓圣贤者贵于致用，安事虚谈性命，忽神章句邪？"④ 两位学术主张相近的人，一见如故，话

---

① 冯辰、刘调赞：《李恕谷先生年谱》。见陈山榜等点校《李塨集》，人民出版社2014年版，第1815页。
② 冯辰、刘调赞：《李恕谷先生年谱》。见陈山榜等点校《李塨集》，人民出版社2014年版，第1817页。
③ 冯辰、刘调赞：《李恕谷先生年谱》。见陈山榜等点校《李塨集》，人民出版社2014年版，第1815页。
④ 转引自《胡适全集》（第8卷），安徽教育出版社2003年版，第95页。

颇投机，陶窳出所著《熊襄愍（廷弼）传》，言杀襄愍者，道学邹元标也。李塨因叹，道学不能办事，乃恶人办事。① 于是，李塨赠陶窳玉带，甄夫报以核桃砚。投桃报玉，深结情谊。

康熙五十年（1711），陶窳携家眷从武昌迁居南京。翌年，陶家的两个女儿与程家的两个儿子成婚。结婚之后，程廷祚从其岳父处得到颜元的"四存编"和李塨的《大学辨业》。他读了这些书，再加上其岳父陶窳的直接影响，其思想便逐步发生了变化，康熙五十三年（1714），他致信李塨说：

> 新安后学程石开，顿首再拜，谨奉书恕谷先生门下：
> 开少好辞赋，亦为制举文，其余学术之是非真伪，未有以辨也。弱冠后从外舅陶甄夫所，得见颜习斋先生"四存编"及先生《大学辨业》，始知当世尚有力学而缵周孔之绪于燕赵间者。盖圣学之失传久矣，数百年来，学者不入于朱，则入于陆，互起而哗。自习斋先生出，举唐虞三代学教成规以正流失，廓清绍复之烈，未见有如之者也。先生嗣其后，自当若孟子之尊孔子。不然，则荒塞于战国之横议，而孔子之道未必尊师，至今为烈也。夫物盛则衰。以先生师弟得二千载已丧之真传，乘数百年将更之气运，宜一呼而靡然从风。然而应者尚寡。非三代周孔之学不可行于后世也。静坐读讲，其习进可以干禄，而退易以自足。二先生所为教，则孝悌忠信，礼乐兵农，躬行力学，不得漫然虚大者也。又安肯违其所甚乐，而从其所不便邪？虽然，势极必返。愿先生省可已之文辞，绝无益之交往，保爱精神，以道自尊，而专肆力于《周官》三物，旁求同志，益康其传，令天下不病于道之难行，而咸信夫古之易复，则先生之无负习斋，而大有功于当时后世者也。开也愚弱，未登即时北上担簦执贽，拟先撰《闲道录》以矢愿学之心。谨条录请正。临书不胜瞻依驰溯之极。②

---

① 冯辰、刘调赞：《李恕谷先生年谱》。见陈山榜等点校《李塨集》，人民出版社2014年版，第1816页。

② 转引自《胡适全集》（第8卷），安徽教育出版社2003年版，第96页。

就这样，李塨因在关中结识陶窳，而无意中为颜李学派喜得一再传弟子，实为此行大幸。

另外，再度到富平，李塨还做了一些其他较有意义的事。如，杨勤在富平捉得一"谋逆团伙"，在李塨的努力下，将其一一"按律治罪"，然而却免其株连。众所周知，有清一代，"谋逆"之罪最被看重，且株连甚广，李塨此举，当存活不少无辜百姓。再如，李塨向把总蔡麟学习了骑法、饲法、相法，著作了《学御》一书。李塨曾多次提及此书，可惜已佚。

康熙四十九年（1710）闰七月，李塨以祝母寿，辞行归乡，关中朋友多赠祝寿礼仪。李塨于八月十六日起行东归，九月初七到家。回家途中，便接家信，知有人在杨太翁处言李塨"正谋不复"。李塨便打发来送者返秦，决计不再前往富平。但两年的富平之行，使他对关中产生了极深的感情。他喜欢那里的山山水水，更喜欢那里的人物，甚至一度产生迁居终南的念头，可见他对关中的感情之深。

这历时七个年头的三处六次应幕，使李塨游览了祖国的大好河山，开阔了眼界，增长了见识，广交了朋友，使颜李学派的实学思想得以在江南、中原、关中一带广为传播。

第五章　李塨之教育贡献

李塨是中国历史上一位杰出的教育家。他在教育教学实践、教材编写、教育体制设计以及对教育历史经验总结等方面，都做出了突出贡献。下面，我们就从这几个不同方面对其贡献分别予以述论。

第一节　李塨之教育教学实践

李塨之教育生涯，是从教自己的弟弟开始的。康熙十八年（1679），李塨刚21岁，因已学有所成，其父李明性偕李塨嫡母回乡居住，便命李塨随生母住在县城内家中，教三弟李培、四弟李埈读书。这可视为李塨教育生涯的开端。

康熙二十年（1681）二月，刘壮吉、张汉、张澍、王自新等前来从学。这是李塨在家设教招收家外学生之始。这时的设学地点仍是蠡县城内。康熙二十二年（1683），本县刘村赵太若聘李塨为教师，有赵曤、赵昕、赵曈、赵之秀、郭藩等从学。李塨之三弟培、四弟埈亦跟随赴馆从学。这是李塨在桑梓设馆之始。康熙二十四年（1685），李塨在北京设馆于申佐领家，教申佐领子奇章。这是李塨首次在北京设馆。

从21岁教两个弟弟学习，到72岁在保定府接受枣强李杜文长的执贽，李塨教育生涯的时间跨度长达五十多年。弟子遍及大江南北，大半个中国，迄今有姓名可考者几近百人。而普通教学方式之外，接待前来拜访问学者、答复书信问学者、学术讲座、学术研讨等许多现在仍然盛行的教育教学方式，李塨都曾有所尝试。李塨的教育教学活动，真可谓丰富多彩。下面，我们就将李塨教育教学的具体情况，分类予以述论。

一 在家设学及在外收徒

（一）在家设学

李塨在家教学，始于康熙十八年（1679）的教三弟、四弟。《李恕谷先生年谱》于是年记曰："孝悫先生命先生经理孤从侄振锐家务，携先生嫡母及二弟垠返乡，留先生生母在城，抚三弟培、四弟埈从先生学。五弟壒方二岁，在母怀。"① 而《年谱》在翌年亦记曰："务农、行医、教弟匆匆，日不暇给。"②

康熙二十年（1681）二月，有刘壮吉、张汉、张澍、王自新前来从学。这是李塨在家塾收外姓学生之始。因为弟子日众，李塨仿《习斋教条》制定了自己的学规，称《恕谷学教》，载于《小学稽业》，并收录到《年谱》中。关于学规事宜，后文有专门论述，故这里不予讨论。

康熙三十一年（1692），李塨居母丧。"思古礼居丧废业，今以考妣欲成就诸子学，业不可废。乃于端月二日，率诸弟入学，教垠以家事，培以实，埈以谨，壒以和。"③ 这是又一次在家教诸弟的记载。

康熙三十九年（1700），汤阴朱敬来家拜望，学习六艺，住20天才离去。不过，这个朱敬却不得以学生的身份视之，因为他是李塨的同学。尽管《年谱》用了"拜望"一词，我们也必须明白，那是同辈之间的拜会。敬字主一，河南汤阴人，明宗室之后，颜元弟子。

康熙四十四年（1705），刘心镜、刘发璋从李塨游。

康熙四十六年（1707），冯辰具门生刺，来向李塨正师弟礼。

康熙五十四年（1715）二月，华州古季荣以诗箦为贽，拜门求学。李塨安排他在东庄新居住下，供其柴米，令其自爨，学礼读《易》。至八月方归。

康熙五十五年（1716），恽皋闻长子恽廉夫具贽来拜从游。

康熙五十八年（1719），李塨南游回到蠡县家中，又有恽皋闻次子

---

① 冯辰、刘调赞：《李恕谷先生年谱》。见陈山榜、邓子平主编《颜李学派文库》，河北教育出版社2009年版，第1214页。

② 冯辰、刘调赞：《李恕谷先生年谱》。见陈山榜、邓子平主编《颜李学派文库》，河北教育出版社2009年版，第1216页。

③ 冯辰、刘调赞：《李恕谷先生年谱》。见陈山榜、邓子平主编《颜李学派文库》，河北教育出版社2009年版，第1250页。

恽敦夫具门生刺来拜。

康熙五十九年（1720），衡水刘廷直具门人帖投拜。

康熙六十一年（1722）十二月，有大名张珂具门生刺来拜，请学礼。李塨教其习士相见礼、习射，并易其字"非玉"为"可玉"。

雍正元年（1723）十月，刘调赞、林启心介白任若来拜从游，李塨率之行释菜礼。

雍正三年（1725）正月，李塨请钟錂来家设馆教子孙，钟錂亦偕其子淑来从学李塨。

雍正五年（1727）十二月，有德化黎长举自河西走四千余里，来庄求学。李塨为之行释菜礼。

雍正六年（1728）正月，有易州李通，率其子基来拜从游。

同年八月，有王顺文来拜从游。

雍正七年（1729）正月，有冀州赵本中、衡水杜谦牧分别介刘调赞和白任若前来执贽从游。

综上所述，李塨在家设学，除教授家人外，更有不少外地人来家求教。其来学时间，有数天、数十天甚至数月不等。李塨不仅为他们提供食宿，有的还给予回家的路费。这些学生，有周围乡里的，也有不远千里而来的，李塨一一耐心施教，致使学生都有所得而归。而李塨在途次所收学生，也多达十余名。

（二）途次收徒

康熙四十八年（1709），李塨从富平之兴平署，县令田信侯令其四子皆执贽李塨。

康熙四十九年（1710），李塨到商州，商州知州沈青山执贽，令其子永言、侄素存从学。

康熙五十七年（1718），李塨进京拜会恽皋闻，顺便看望方灵皋。灵皋令其子道章拜师李塨，并让道章随李塨回蠡县家中受教。

康熙五十八年（1719）正月，李塨在通州，有生员宋惟孜经方灵皋介绍，来拜从游。

同年，李塨到武城，见刘天植、张熙甫。刘天植具门生刺投拜；张熙甫则率其二子张鋐、张钟具门生刺投拜。

雍正三年（1725）二月，李塨率刘调赞、白任若往博野祭颜习斋先生，有刘古衡介白任若于习斋前向李塨投门生刺，从游。

雍正八年（1730）九月，布政使王公以车迎李塨到保府任《畿辅通志》总纂。十月，有枣强李杜文长至府执贽。这是李塨招收的最后一名弟子。

二 设馆桑梓

李塨在蠡县共设馆七处，分别是：刘村、庞家蕞、赵家庄、新兴、肃宁、王家营和新桥。

李塨首次教学是在刘村。时间为康熙二十二年至二十三年（1683—1684）。馆主赵太若。中介人为马赏伯。学生有赵暐、赵昕、赵曤、赵之秀、郭藩等。而李塨的三弟、四弟、五弟都跟随至馆学习。同时，李塨也将嫡母和妻子带了去。

这个刘村，堪称蠡县的一个文化名村。著名的教育家、哲学家、思想家颜元，就出生于该村的朱九祚家，并且在他 39 岁认祖归宗之前，一直生活在这一带。而赵太若就是颜元的挚友。他虽不识字，但家庭富有，为人豪爽，曾对颜元多有资助。李塨的书法老师彭通，也是刘村人。

李塨首次赴馆是在八月。九月，塨父李明性去世，十月下葬。十一月，颜元为赵太若请返馆，李塨力辞。颜元说："子贫，居丧于家，则生养没祭俱匮，当奉主人刘村，庐于学。"塨父临终前，也曾嘱咐李塨，"宜终刘村馆，以养两母四弟"。李塨觉得颜元的意见与父亲遗嘱相合，于是从之。于十一月，"告主请往刘村，复祭安之，奉嫡母至馆养之"。① 至翌年七月，李塨才辞别刘村馆学，回到蠡县县城。

李塨第二次开馆学，是在康熙二十六年（1687），馆于庞家蕞村，系应好友齐燧侯之聘，教其五弟。随去从学者有李塨的堂侄振镆。具体时间应为当年五月从北京归来后。当年九月，王楫入学；十月，王青甸、王宏度入学。十二月，李塨归乡。翌年二月，李塨再度赴馆，并将母迎来侍养，且让培、埈二弟和从侄振镆、从孙曾达，同入庞家蕞馆。直到年底，才结束庞家蕞馆学事。

庞家蕞村属高阳县，因李塨故乡西曹家蕞，往东北不远即是高阳

---

① 冯辰、刘调赞：《李恕谷先生年谱》。见陈山榜、邓子平主编《颜李学派文库》，河北教育出版社 2009 年版，第 1230 页。

县，而往东南不远即是肃宁县。

齐燧侯是李塨好友，曾西游青海，谒见抚远大将军皇十四子允禵。允禵知有李塨，且命车驾来迎，有人认为应是齐燧侯游扬所致。李塨后来为其次子习中聘齐燧侯七女为妻。

康熙二十八年（1689）三月，赵锡之请李塨设馆于赵家庄，学生为赵锡之的四个儿子：宏泽、宏济、宏深、宏澍。这是李塨第三次在桑梓设馆。四月，李塨将嫡母迎来侍养，并让四弟埈、五弟壖前来上学。

锡之名思光，善射，李塨曾从之学射。在李塨与父亲分居城乡时，锡之知李塨家贫，李父当甘旨不给，常遣人以李塨名义，馈粟肉于其父，假托李塨之名。后锡之有妻丧，恰逢锡之远游他乡未归，李塨则纠众赙之，以成其丧。可见李塨与锡之情义之深。

李塨第四次桑梓设馆是在新兴。时间为康熙三十一年至三十三年（1692—1694）。馆主阎公度。学生有阎公度的儿子阎键、阎鍚、阎铨，侄子阎钰，族孙阎茂宗、阎世昌。稍后，彭如龙、犹龙、齐春前来上学。再稍后，李塨又将母亲迎来新兴侍养，并让四弟埈、五弟壖前来上学。三十一年十月后，又有管廷耀执贽问学。翌年春初，李塨又让三弟培也来新兴上学。后来又有王辅臣来上学。这次馆事，直到康熙三十三年（1694）底，才告结束。

阎公度名中宽，康熙己未进士，仕至户部郎中。李塨与公度交谊甚深。塨至京师，数主阎公度斋。而当阎公度因分房而遭谴时，李塨即时赴京看望。阎公度请李塨来家设馆时，是因丁母艰而家居期间。阎公度父名大来，亦颜元挚友。阎大来为人豪爽，名动天下，少有人为其所重，独激赏颜元，以为国士。颜元每到辛兴为人看病，必住大来家。从中可见阎氏家族与颜李关系之密切。

康熙四十一年（1702），肃宁王绍先聘请李塨设帐其家，其兄王陶阳的两个儿子王业丰、王业彪从学。初，李塨奉母及五弟壖、子习仁入馆，后令三弟培和四弟埈都来馆学习。这是李塨第五次在桑梓设馆。而后来王陶阳进京赴考，曾请李塨陪同前往，可见关系亦非一般。

李塨第六次桑梓设馆设于王家营。时间为康熙四十四至四十五年（1705—1706）。《李恕谷先生年谱》于康熙四十四年记有"馆于王家营，率习仁读小学"语。后面记有"十二月，旋自馆"。为谁所聘，学生有谁，皆无记载。但在康熙四十五年就记载得较为详细了。这次记载的学生有刘心衡、李书思、刘心蕙、刘珙等。而记文写为"刘心镜复请馆于王家营",可见上次馆于王家营应亦系刘心镜所聘。《年谱》且记有"教心衡骑射,驰马示之"语,亦可见李塨教学并不是只教学生读书,而是参以骑术。

王家营位于蠡县东陲,与李塨故乡西曹家蕞(今名西曹佐)和李塨新居齐家庄现同属留史镇。清戴望在其《颜氏学记》卷十"颜李弟子录"中将刘心衡记为"山东王家营人,从李先生学骑射",显属误笔。

李塨最后一次桑梓设馆,即第七次桑梓设馆,馆址为新桥。时间为康熙四十六至四十七年(1707—1708)。馆主为李止庵。学生为李元英等。康熙四十六年年底,李塨欲辞馆,因见有学生泣下,且欲出亡,故许诺来年再至。翌年,李塨再次入馆新桥。

总之,李塨曾在桑梓设馆七次,除随来上学的弟弟、侄子、族孙,正式学生有三十人左右。

三 设馆北京

康熙二十四年(1685)二月,李塨随好友张函白应幕保安州。三月,因张函白与主人合不来,李塨随之而归。行至京城,有申佐领聘李塨设馆其家,教其子奇章。六月,董汉儒、董汉杰、郭镔从学。这是李塨首次在京设馆。也就在这时候,李塨认识了郭金汤、郭金城兄弟。金汤长李塨一岁,李塨长金城一岁。李塨见这兄弟二人可交,便将颜元实文实行实体实用的实学思想向他们进行了介绍,结果,得到兄弟二人的首肯。李塨借助这些中下层官吏,而逐步认识了一些中上层高官。

当年七月,李塨回家看望母亲。几天后,再度抵京。郭金汤请馆其家,而郭镔等也都过来跟着学习。这是李塨在京城的第二次设馆。年底解馆归里。

翌年初,又入京。四月,闻同乡李启若欲辞馆,李塨对郭金汤说:"于侍御馆意盖在我,故启若辞。吾必不后同乡人馆也。幸致侍御。"已而于侍御亲自来恳请,说:"馆犹启翁也,但求为子鲁讲书。"[①] 这

---

① 冯辰、刘调赞:《李恕谷先生年谱》。见陈山榜、邓子平主编《颜李学派文库》,河北教育出版社2009年版,第1235页。

样,李塨才允诺留下来。看来这次在京数月,未就馆,而是只做了些讲书事宜。年中,伊介公、陈朗公设宴,求设帐其家,李塨力辞之。年末,陈朗公、伊介公又力求李塨来春设帐其家,李塨应允,但是约定允许旧日门人皆学其斋。

康熙二十六年(1687),李塨率三弟培赴都入馆。伊维藩、伊维城、祁鼐臣从学。董汉儒、董汉杰、郭锳、郭培按约前来就学。五月,辞馆归。这是李塨第三次在京设馆。

康熙三十五年(1696)三月,郭金城请李塨进京,馆于其家,其子宏从学。十二月旋里。翌年正月,复入郭金城馆。这是李塨第四次设馆北京。这次时间较长,跨了年度。

康熙三十九年(1700)四月,李塨到北京,吴匪庵请设馆其府,教其子关楫、用楫和其侄师栻数学、乐学。这是李塨第五次设馆北京,并且是唯一一次主人提出了明确的教学内容的馆事。

李塨在京做"家教",虽然只有五六次,学生也不过十来个人,但其意义却异常重大。它不仅使李塨解决了家庭生计问题,而且政治中心的官场和学界也了解了李塨,并通过李塨了解了颜元的实学思想。

四 接待前来问学的学者与书信传学

康熙二十五年(1686),李塨在京师,有"宗人府华显来拜,问学"。① 这是有记载的接待问学者之始。

康熙二十八年(1689),华显又来李塨家乡问学。

康熙三十一年(1692),李塨在新兴阎公度斋设帐时,有湖广谭彩曜来拜,问学。已而谭又有论学书来。

康熙三十六年(1697),李塨在桐乡任县令郭金汤的幕宾,有镇江虞龙章前来问学。李塨讲道:"子臣弟友之道,礼乐兵农之学,位应何道,即道其道,才近何学,即学其学。"② 这是李塨对自己学教思想的一次很好的表述。

---

① 冯辰、刘调赞:《李恕谷先生年谱》。见陈山榜、邓子平主编《颜李学派文库》,河北教育出版社 2009 年版,第 1234 页。
② 冯辰、刘调赞:《李恕谷先生年谱》。见陈山榜、邓子平主编《颜李学派文库》,河北教育出版社 2009 年版,第 1260 页。

康熙四十年（1701），李塨在京，有三原员震生前来拜访问学。周昆来前来拜访，问学。江南朱直岗、余姚韩文萃前来拜访，问学。

同年十月，李塨再度进京，有代州冯敬南前来拜访，问学。李塨去拜望杨仁澍，仁澍扶病出会，问学，答之。

康熙四十一年（1702），安平可默、王杰期前来拜访，问学。与之讨论宋人所谓"周不改夏时月"之非。

同年，李塨陪肃宁王陶阳赴京参加秋试，有黄陂秦心庵、蒙古李景仁、杭州邵时昌、苏州黄曰瑚等先后来拜，问学。

康熙四十二年（1703）春初，李塨赴京参试，有都门刘石村、三原李辑五等来拜，问学。三月归。九月再次入京，有吴长荣、洪天桂、向图等来拜，问学。

康熙四十三年（1704）初，有汉军崔璠来家拜访，问学。

同年，李塨从郾城归里，过汴，有曹谦、赵九鼎前来拜访，问学。

康熙四十四年（1705），李塨再赴郾城，有祥符教谕齐韩石，以《大学辨业》为是，前来拜访，问学。后又有鄢陵魏肤功来拜，问学。返里前，教谕畅泰徵听说李塨将辞幕归，请宴问学。回乡途中，过祥符东，有柳林王秉公来拜，问学。

康熙四十五年（1706）正月，李塨进京，住阎公度斋，有吴次张问律吕，李塨作《律吕问》以示之。

同年，有枣强知县郑若洲和张瞻仰来家拜访，问学。

康熙四十七年（1708），郑见百以车迎至，有郑长民问律吕，答之，并赠以《乐录》。

同年，李元英问养赤之道，李塨回答道："勿美衣饱食，勿怀抱娇脆，勿失教婴孩。"①

康熙四十八年（1709），郑若洲邀李塨一起进京，有邵荣业、李兴业、黄弼臣等先后来拜，问学。

同年，李塨应杨慎修之聘，入幕富平。在陕，有商州知州沈廷桢、商南知县于鲸、把总蔡瑞生、副将蔺佳进、张潜士、陈尚孚、黎长举等前来拜访，问学。

---

① 冯辰、刘调赞：《李恕谷先生年谱》。见陈山榜、邓子平主编《颜李学派文库》，河北教育出版社2009年版，第1311页。

康熙四十九年（1710），李塨二次入幕富平，有汉中秦子寿前来拜访，问学。

同年，李塨至京师，黄弼臣延至其銮仪卫署内下榻，问学，答之。又有冯钦南前来问学。

康熙五十八年（1719）四月，有宁波郑禹梅之子性，因前岁在关中读《习斋年谱》而是之，于是，不远数千里来拜，问学。

康熙五十九年（1720），冀州刘焞持其兄雰辉介绍信前来问学，李塨答之曰："持身莫如敬，应事贵于敏，成材务学有用，寡过先去自便。"

同年，李塨到南京，有翁止园问律吕，李塨为讲五音。

雍正七年（1729）二月，有武城刘学山前来请教礼乐，李塨予以讲解。

雍正八年（1730）八月，有威县田如龙前来拜访，问学。

李塨接待前来问学的人，已似当今高校接待访问学者之形式，而其以书面形式传递知识、讨论学问的举措，似乎也已有"函授"这一教育教学方式的萌芽了。

五 学术讲座与学术研讨

康熙四十年（1701）五月，李塨从北京回到家乡。有同学二十余人，约好十日一会，请李塨讲《中庸》。学生陈睿安等将李塨所讲记录成书，这就是我们现今所见到的《恕谷中庸讲语》。这二十余人的姓名是：李魁春、王芝、陈兆兴、阎茂宗、张澍、李廷栋、阎键、赵弘深、王志燮、缪尔直、赵弘泽、赵弘澍、李淑圣、陈琪、赵弘渡、李培、宋殷裔、赵元璧、高捷、李埈、魏炳、管廷耀、阎铨、李巘、刘发璋、李廷献、彭游龙、李曾达。

康熙三十九年（1700），李塨入京会试，晤王源，论学甚契。

同年四月，李塨再度入京，金德纯素公来拜，论学。

是年九月，应吴公之请，李塨入京，拜孔主事尚任，论乐，拜窦检讨克勤，论学。听孔东塘歌《大成乐》，李塨为之辨黄钟为徵之误。后又同东塘考文武舞仪。晤王尚书士禛，尚书问格物，问《诗经》，塨一一作答。

翌年，进京祭奠郭金城，因晤侍郎许汝霖，与之论学。赴东塘筵，同陈心简、万季野、吴敬庵、曹正子、陈健夫、邢伟人分韵赋诗，讽东塘罢官宜归。

万斯同在京经常举办讲会。当年四月，李塨赴会，那次大家选择的讲题为郊社。万斯同很郑重地向大家推荐李塨，说："此李恕谷先生也。负圣学正传，非予所敢望。今且后言郊社，请先讲李先生学，以为求道者路。"① 因将《大学辨业》所论格物之义，高声宣示，曰："此真圣学宗旨，诸君有志无自外。"于是请李塨登座，同讲郊社。

该年十月，李塨再度入京，与万斯同论礼论乐。后冯敬南又请李塨及诸名士论学。

六　李塨教育活动在当时的直接反响

李塨学识渊博，且教育有法，现今大学内一些教育教学方式，他几乎都曾使用，故社会对于他的教育教学，多有肯定。康熙三十九年，李塨自京返里，吴公有送行诗，诗云：

> 昨宵灯火动归思，今见归装信有期。
> 每望白云依子舍，漫开绛帐滞经师。
> 寒风猎猎狂途急，短褐毳毳海宇知。
> 闻说闺门多内行，和鸣应绕凤凰枝。
>
> 入门家室好团圞，可忆离群起浩叹。
> 舌本从教三日强，牙签转惜一灯寒。
> 《礼经》聚讼抵牾久，《易》入《参同》辨论难。
> 迟尔春风开绝学，隐然名已动长安。

康熙四十八年（1709），李塨游幕富平，有学人王带存来富平，投师李塨，为诗云：

> 老我从游晚，凭谁辨业真？
> 十年求大道，千里见斯人。

---

① 冯辰、刘调赞：《李恕谷先生年谱》。见陈山榜、邓子平主编《颜李学派文库》，河北教育出版社2009年版，第1278页。

坐对秦山峻，行歌渭水春。
恍然虞夏在，风景一时新。

龙门看咫尺，怀刺转彷徨。
不入先生室，谁栽小子狂？
远山青冥冥，野日白荒荒。
缓步凭羸马，踟蹰下夕阳。①

康熙五十四年（1715）二月，华州古季荣以诗笺为贽来拜求学，其诗曰：

越尽关山知几重？负书千里效登龙。
曾观著作惊沧海，愿接音容仰峻峰。
半世韶华悲齿马，一生事业守霜春。
深知道德源洙泗，指我歧途归正宗。

雍正元年（1723），白任若送刘调赞之问学书给李塨，其中附有诗二首。其一为读"四存编"之体会，诗云：

茫茫坠绪几千秋，大道而今得所由。
漫向浮文争巧技，好从实际问良谋。
杏坛德行推颜、闵，洙水达材在赐、求。
不有博陵先觉者，词章应共一生休。

其二为读《大学辨业》《平书订》之体会，诗云：

遥瞻北斗肃冠裳，赖有蠡吾大道光。
正德厚生追二帝，兵农礼乐溯三王。
学功振起千秋颓，治术宏开万世昌。

---

① 冯辰、刘调赞：《李恕谷先生年谱》。见陈山榜、邓子平主编《颜李学派文库》，河北教育出版社2009年版，第1317页。

何日鼓南容北面，一时顿解九回肠。

从以上诗文可以看出，李塨的教育思想和实践，在当时社会已具有一定的影响。

附录：

《颜氏学记》所载之李塨弟子录

齐燻，字行甫，燧侯弟，师事李先生。

李肃和，邢台人，毅武子。

李振镁，先生族子。

李曾达，先生从孙。

王楫。

王业丰。

王业彪。

刘壮吉。

张汉。

王自新。

董汉儒。

董汉杰。

郭镁。

吴关楫，石门人，刑部尚书匪庵吴公涵之子。李先生客京师时，匪庵首重其学，延先生教子侄以六艺之学，关楫与其弟用楫、从弟师栻字次张，皆受业焉。

申奇章，汉军人。

李廷献，蠡人。

管廷耀，博野人。

管绍昌，博野人。

阎镐，字季白，蠡人。父中宽，字公度，仕至户部郎中。季白从李先生学礼。

齐愉，字韩石，河南人，官祥符县学教谕。

刘心衡，山东①王家营人，从李先生学骑射。

李书思。

刘心蕙。

刘琪。

李元英，新城人。

钟淑，字子能，博野人，金若子。

仲宏通，字开一，桐乡人。子路之后，以孝廉出仕县令。李先生南游时从学，为《圣学成法》作跋焉。

员从云，字震生，三原人。

于鲸，字南溟，汉军人，官商州知州。

杨勤，字慎修，汉军人。官富平县知县，延李先生往，执弟子礼，凡事谘而后行，治称最。及先生归，官绅吏民皆出祖道，有号哭而返者。先生叹曰："吾观富平，而知王道之易易也。"

黄曰瑚，字宗夏，歙县人。初师大兴刘继庄献廷。后继庄没，宗夏得李先生《中庸讲语》，喟然曰："吾向以佛氏为根，今拔去矣。"录习斋及先生语为《代绅编》，介王昆绳北面拜先生，曰："颜、李之学，如菽粟布帛，若暂离则饥寒矣。"

孔兴泰，字林宗，睢州人。从学李先生，精历数，撰《大衍精义》。

吴长荣，字欣木，长山人。

刘楠，字百斯。

赵瓒，字澄溪，安平人，官西平县知县。

马岩，丹阳人。见李先生《大学辨业》，寄书称私淑弟子。言："格物即穷究礼乐等事，非泛格天下之物。"又言："正心乃兢兢业业，非如二氏默坐澄心之旨。"又言："读《大学》者，须有志亲民，方为有用。"皆与先生旨合。

沈廷桢，字青山，会稽人。继于南溟官商州，延李先生往论学，事以师礼。且合诸州县言于学使朱公轼，来拜，将请先生开讲，先生辞曰："古人先学而后讲；后儒则以讲为学，塨不敢效也。"

达宸，字子旭，郿县人。以知兵名。冷、毕二将军讨吴三桂时，聘之问计，用之胜。晤李先生秦中，执弟子礼。先生语以圣学，子旭跃然

---

① 山榜按：此王家营不在山东，而是位于蠡县留史镇。戴望指为山东，或系笔误。

曰："圣道必求有事，吾向疑宋、明士，养如妇人女子，袖手无远略，今乃知学术之失也。"

王元亮，字夋曾，山西太平人。学《易》，初宗程、朱，及见李先生《传注》，折服，事以师礼，为校订其书两过焉。

张珌璋，字瞻仰，棘津人。尝读《国语》，感古人父子君臣之际，民社世故政事之端，莫不实有规画，自反无似，因发愤与其友郑若洲共学，立日记，自考其得失过恶。瞻仰从李文贞游，及闻颜先生学，谋执贽而先生没，乃受业李先生，助刊《习斋年谱》，以表师范焉。

郑知芳，字若洲，枣强人。与张瞻仰皆安溪李相公门人。后同来李先生里问学，为刊《颜先生年谱》。安溪巡抚直隶，尝扈跸白洋淀，荐先生知律吕；使其门人来召，先生不应。其徒忌之，先生安之若无事者，卒无事。

张业书，字肄六，无极人。从学李先生，订校《传注问》，为作《题辞》。

蔡麟，字瑞生，西安人。以军官从征西藏有功，习弢钤骑射技击，从李先生游。先生与商御法，著《学御》《学射》二录焉。

张中，字潜士，西安人。得李先生《平书订》，学之。

鲁登阙，字圣居，鄠县人。从李先生学乐，能琴瑟而歌，且能制器。

陈光陛，字尚孚，盩厔人。从李先生学《易》。

黎宋淳，字长举，九江人。少游秦，习程、朱、陆、王家言，为静坐之学。既闻李先生入秦，自镇原来，称后学问道。先生劝之学礼。其后别去几二十年，复自河西溯秦、晋边，行四千余里至博野①，访求先生，长跽称弟子。先生为择日行释菜礼，作文以告先圣先师焉。

王远，字带存，湖广人。拜李先生于长安，得《辨业》诸书，深嗜之。投诗云："老我从游晚，凭谁辨业真？十年求大道，千里见斯人。坐对南山峻，行歌渭水春。恍然虞、夏在，风景一时新。"

张翚，字采舒，湖州人。以友人有难匿之，被罪，流西安，豪爽尚义闻天下。李先生游秦中，采舒往学乐，后卒于戍所，先生哭之。

---

① 应为蠡县。山榜注。

王绍文，字宗洙，衡水人。从学李先生。海宁陈公世倌督学直隶时，以荐于朝，授成都知县。宗洙尝订校先生《论语》《孟子》传注。有诗赠肥乡白任若云："大道久晦蚀，举世趋浮虚。聋聩相煽鼓，嚣嚣各自愚。天意爱斯文，博野产大儒。复有高弟子，恕谷在蠡吾。博、蠡与衡水，往返百里余。曾记申酉间，肥国来高车。入门为我言，囊中有异书。一览令我掷，二览令我喜。三读四读坐且起，双目环瞪神为死。三十年前一梦中，三十年来一醉里。吁嗟乎！岂独我醉三十年，二千年来谁辨此？"

古葵，字季荣，华州人。来李先生里受业七八月，抄先生诸著而去。善书，人宝传之。

黄辅，字成宪。

刘天植，字挺生，武城人。

张鋐、张钟兄弟，武城人。父熙甫命从李先生学。

刘廷直，字邦司，衡水人。

李杜，字文长，枣强人。

赵本中，冀州人。

杜谦益，字友三，衡水人。从学李先生。尝与其兄谦牧求先生作《世德记》。

张少文，富平人。

陈睿安，顺天人，为日记，质李先生。先生喜之，奖其孝友。

李基，易州人。

王经邦，字咸休，祁州人。

彭超，字翔千。

刘贯一，字士宜，博野人。

陈兆兴，蠡人。尝立日谱，就质于先生，因从学焉。

高捷。

恽宗恂，字廉夫，宗和，字敦夫，皋闻之二子也，皆命从学李先生，闻言辄解。尝出资助刊《小学稽业》《学礼录》。

王业钁。

王秉公。

王顺文。

周文忠，字焕采。

王克柔。

刘廷忠，字其德，衡水人。从学李先生。应童子试，即能举颜先生之学言于陈公世倌，世倌器之，遂得补诸生。

郭同，字圻十，河南人。

郭比，字聚五，圻十之弟。

张吁门，江宁人。

张晓夫。

朱和礼，汤阴人，主一子。

王兆符，字隆川，大兴人，昆绳子。

刘箸，字古衡，湖广人。持周昆来书，请业李先生。后南归，又受业宣城梅征君，能历法书数。

张珂，字可玉，大名人。从学李先生，与先生次子习中学琴，学射，学士相见礼。能篆书。先生以长子习仁无子，使其族子敬承嗣之，可玉为之师焉。

林沃，字启心，威县人。

田如龙，字夔安，威县人。

宋惟孜，字涵可，通州人。

李正芳，字师柏，上元人。读颜先生及李先生诸著，即行冠礼、学仪，条陈学使郑公钥，言当以颜先生之学颁训士子。

冯辰，字枢天，清苑人。初谋学于习斋，未往而习斋没，遂执挚李先生。先生曰："枢天来，吾道不孤矣。"枢天时习礼，尤究心于丧服，著《丧礼疑问》。凡见先生所著，无不直言校质者。跋《传注问》曰："先生平心以解，易气而辩，较若列眉，了如指掌，即深入陆、王、程、朱者，有不爽然于前日之捉风捕影乎！尧、舜、周、孔确证当前，尚不豁然于是非，有此心乎！而或谓程、朱尸祝，久而且遍，必天心所注，勿轻议，然则今人之尸祝佛氏更甚，亦以为天心所注，遂宜举世泥首奉之无异辞乎？贤者可以决矣！"

王元蘅，字符躬，江宁人。从学李先生，览《周易传注》，以为雷霆震而日月明也。

孙应榴，字子房，武进人。从恽皋闻处见习斋《存学编》及《年谱》诸书，初甚疑之，后始笃信。欲北谒李先生传其学，以资斧不继，乃遥执弟子礼，为日记省身不倦。或问李先生以乡三物为格物之物，似不及朱子解物即事之浑融。子房曰："三物之六德，统而言之，一仁也，即天命之性也；六行统而言之，一孝也，即率性之道也；六艺统而言之，一礼也，即修道之教也。《大学》立教，尚有当在此三物外者乎？"或又言即物穷理，如侍疾则格药饵，出行则格行李之类。子房曰："此随时随事之功，岂十五入大学所格之物乎！"皋闻与先生书曰："子房本世家子，幼而孤苦，刻志励行。闻颜、李之学，慨然悦慕，信于心，习于身，南方之士，未有笃信好学如斯人者。乡居不时见，见辄以所学质，必有进益。去秋某自江右归来，会两次。既久不见，忽闻其无疾逝矣，惜哉！"

方道章，字用安，桐城人，侍郎苞之长子也。侍郎命用安师李先生，先生亦遣子习仁从侍郎游。顾两人论学不甚合，用安左右其间，未尝偏主。人或私问之，则曰："李先生言是也。"其父执宿松朱书，亦以用安卓识，盖胜侍郎云。性落落不甚可人，苟不当其意，相对嘿然。善为古文，能承其家业。

刘调赞，字用可，威县人。年二十四，即介白任若执贽李先生，学士相见礼、祭礼、学琴、学数，分日习之。先生称其信道甚笃。尝纠同志助立习斋学舍于博野，颜曰"道传祠"①，而为之记曰："祠曰道传，取诸韩子之言也。韩子谓儒者道仁义之道，其文《诗》《书》《易》《春秋》，其法礼、乐、刑、政，其人则四民，其教则五伦，非异端老、佛之教也。尧以是传之舜、禹、汤、文、武、周公、孔、孟，孟子之后，不得其传焉。今博野颜先生，生二千载之下，重明舜禹之九功、周公之三物、孔子之四教，深考力行，以诏斯人，诚尧、舜以来相传之正路，非世之依傍儒径而篡入异端者也。习斋既没，恕谷先生奉其遗命，题其斋曰'习斋学舍'，立习斋神位，春秋仲月上辛，率同学致祭而讲习其中，历廿余年不废。日久学舍渐圮，其子姓遭祲岁，鬻其舍之前半，四方同人至者不能容，恕谷先生始谋于所居东庄别建习斋祠堂。从游之士争来佽助，不日砖木具，坯垩积。乃为正堂三间，中堂供习斋先生位，而左右将为陈设礼乐诸器，及颜、李所著书版。同门冯辰等公请于先生曰：'左右堂不可但盛物也，习斋自漳南、梁、魏外，一再游论学，馀无及者。其后推明衍绎，广布四方，闻风而起者接踵，实先生

---

① 习斋学舍在博野北杨村，而道传祠在蠡县齐家庄。此文有误。山榜注。

功。而先生又集六艺成法为书，辨居敬于主静，别存诚于质民，又传注《易》《书》《诗》《春秋》《论语》《大学》《中庸》《孟子》，以习斋之说仰证圣经，若合符节，后学乃有所持循，不入旁歧，而益信习斋之学一本圣经，非臆创者。王昆绳作《习斋传》，谓传其学者，李孝悫先生之子一人，诚非诬也。辰等拟将先生《远道图》悬之东堂，同人春秋祭习斋先生讫，同之东堂拜先生而瞻企焉，不亦可乎？'先生力辞。又以公义请，乃许之。又请曰：'习斋之学，一传而得先生，再传而得恽皋闻。皋闻之北来也，尽弃其学而从先生学习斋之学。其别诗曰：'三年依溯得吾师，圣道原流厪获知。千古有人承事业，半生从此定心期。'则其自任闻道也审矣。南居，日以颜、李之学告人，今天下无虑口中津津颜、李之学者，王昆绳、恽皋闻二先生之昌明居多。如常州孙子房，以其所业就正先生，至遥执弟子礼。其言省躬改过修德习艺之功甚密。力任圣道，而谓得之皋闻，则皋闻传道之功伟矣。于西堂悬其像而景仰之，不为过也。'先生亦许之。乃又议于习斋神位前，旁设王昆绳先生神位配享。至于道中诸子可续入者，事后论定，则后人之责也。赞自癸卯从先生游，得闻颜先生之道。不揣愚弱，思承余绪以广其传而未能也。今己酉夏祠堂告成，因溯其原委而为之记。"

翁荃，字兰友，一字止园，江宁人。李先生南游时，从受礼学。自为诸生后，未尝一应乡试。入云台山隐居读书。山有虎害，出资募猎户除之，检死者骨收葬。乾隆初，诏修《三礼义疏》，征穷经之士，公卿交荐，兰友固辞不出。晚更卜筑南郊，与程征士绵庄时相过从。《诗》《书》《三礼》，皆有撰述云。

叶新，字维一，金华人。以康熙五十一年举顺天乡试，闻李先生传习斋之学，往受业焉。立日谱，稽核功过，尤严义利之辨。雍正五年，以知县试用四川。既至，权华阳，寻补仁寿。民或与邻县争地界，当会勘，乡保因阍人以贿请，维一怒，悉下之狱。勘毕归，各按其罪。由是吏民悉敛手奉法。八年，摄嘉定州，州故有没水田，多逋税。维一视旷土可耕者，召民垦辟，以新科抵税额，逋税悉免。时奉中旨采木仁寿，匠人倚官为暴，民弗堪，纠众相抗，县令以变告。维一驰至，讯匠头及首先纠众者一人，并治之，余释不问。上官才之，有疑狱，辄令往勘，多所平反。十二年，迁知邛州。乾隆元年，再迁夔州同知，权龙安及成都知府。又摄泸州。泸俗好讼。初至，案牍委积。维一日坐堂皇，讼至立剖决，诬罔者悉杖之，旬余狱事大减，及百日遂无留狱。七年，权顺庆知府，迁雅州。以母丧去官。服除，授江西建昌府，以简静为治，先教化，后刑罚。修旴江书院，招引文学之士，复南城黄孝子祠以厉民俗。十三年，南丰令报县民饶令德谋反，请穷治。令德好拳勇，令以风闻，遣役往侦，误探其仇，谓谋反有据，遂逮令德。令德适他往，遂逮其弟系县狱。令德归，自诣县，县讯以重刑，遂诬服，杂引亲故及邻里为同谋，令遽移檄追捕。维一得报，集诸囚亲鞫，时株连者已七十余人，言人人殊。维一大疑。诘县役捕令德弟状，役言："初至令德家，获一箧，疑有金宝，匿之。及发视无所有，则弃之野。令闻，意箧有反迹，讯以刑，遂妄称发箧得簿，毁之矣。令谓信然，遂逼令德使诬服也。"维一乃尽释七十余人镣具，命随往南昌，戒之曰："有一逋者，吾代汝死矣。"及至，七十余人则皆在。谒巡抚，具道所以。巡抚愕不信。于是集才能吏会勘，卒无据，然不可卒解。先是，巡抚得报时，遽上奏。奏下，命两江总督委官即谳，维一为一一剖解得白，所全活三百许人。十七年，调赣州府知府。赣县民因事拒捕，维一依故例，拟发边远充军。时新例已改本条为斩决，院司欲以改例拟，维一谓事在例前，宜从故例。争之不得。复以宁都民狱事，与同官持异同，不得直，遂谢事闭门候代。上官慰谕再三，不从，乃以任性被议，免归。家居十余年，卒。

以上李氏弟子九十七人。①

第二节　李塨之教材编写

李塨在其治学和教育教学过程中，撰著了许多教材和可以直接用作教材的著作。这些著作，主要是围绕颜李所主张的六艺教育来作的。

明清的学校，大多是科举的附庸，以理学和帖括教人。而士子则多专以八股为业，目的是参加科举考试，以求取所谓功名。颜元认为，这有违教育的本旨。他说："昔周公孔子，专以艺学教人；近士子惟业八股，殊失学教本旨。凡为吾徒者，当立志学礼乐射御书数及兵农钱谷水

---

① 这九十七人似并不都是恕谷弟子，但此介绍颇多可取处，故录之以附焉。山榜注。

火工虞。予虽未能，愿共学焉。"① 中国古书有以"三物教万民而宾兴"之之训。这三物指的是六德六行和六艺。六德是指智、仁、圣、义、中、和；六行是指孝、友、睦、姻、任、恤；六艺是指礼、乐、射、御、书、数。但颜元认为，"六德是成德事，急难作成。六行是施为处，急难如法。先之以六艺，则所以为六行之材具、六德之妙用。艺精则行实，行实则德成矣。"② 所以，他极力主张六艺之学教。李塨虽是读经出身，但自从他听了颜元的六艺教学之后，深以为是，也决定弃八股而专六艺之正学。

颜李虽皆以六艺为教，但颜元不尚著述，述而不作，李塨则不然，他将自己的学习体会和有关思考都记述了下来，这样，就形成了一套六艺教材。这套教材分别为《学礼》《学乐录》《学射录》《学御》《学书》《学计》。

礼主要学于颜元。故李塨《学礼》之内容也大体与颜元的《礼文手钞》相同。此书现在基本能见到全文，仍名《学礼》。

乐，李塨初学于冯颖明、韩苑洛等，但因其乐学理论不周，李塨因未得名师指引而非常苦闷。后李塨到杭州，得毛奇龄指导，乐学理论大进。并且李塨因此而向毛奇龄投刺称弟子。李塨在学习过程中，对乐学理论还有所发现，解决了毛氏长期未能解决的问题，故深得毛奇龄器重。在此过程中，李塨著作了《学乐录》两卷。后来，湖州张采舒与李塨论乐，李塨因此而著作《学乐录》之三、四两卷。这样，《学乐录》便成为共四卷的著作。毛奇龄曾将李塨的《学乐录》的前两卷刻入其《西河合集》，署为同著。清政府编《四库全书》，编者认为《学乐录》之前两卷学术价值颇高，而后两卷多口舌之争，故仅取其前两卷，而未收后两卷。同时，编者认为，李塨之《学乐录》，虽然著在向毛奇龄学乐之后，但并不是二人合著，不能署毛奇龄之名，于是将书名定为《李氏学乐录》，而署作李塨著。

李塨学射著作名《学射录》，两卷，包括了射法和弓箭制作等有关内容。唯书前有一小序，言射法乃异人所传，不可尽信。或许是因为当

---

① 李塨：《颜习斋先生年谱》。见陈山榜等点校《李塨集》，人民出版社2014年版，第1645页。
② 颜元：《四书正误》。见《颜元集》，中华书局1987年版，第194页。

时清政府非常忌讳民间习武,李塨想借此以避忌讳,也或许是因为民间射书很多,李塨想借此以引起重视。但无论如何,此《学射录》之实用价值是明显的。此书《李塨集》和《李塨全集》亦皆收录。

明太祖朱元璋行六艺教育,以律代御。李塨认为,这并不太妥当,应当以骑代御。律当学,但那是另一范畴。李塨对车战、骑射等都有所研究。他自己曾习骑射,并曾教弟子以骑射。但直到他在陕西遇到把总蔡麟,蔡向李塨介绍了相马和饲养马的大量专业知识之后,李塨才著作了《学御》一书。但此书似乎已佚。

对于书、数二艺,李塨亦有著述,只是都未单独成书,而是收录在了他的《小学稽业》中。而《小学稽业》,就是李塨专门为小学教育编撰的一套实用教材。

康熙庚辰年(1700),李塨子侄将入小学。他本打算选用朱熹所辑之小学教材。但他审视之后,觉得其中天道性命、亲迎觐朝、居相告老等内容,都不适合教育幼童。而当时的其他学校,只以八股为业,所以社会上根本没有适用的小学教材。于是,他便编撰了这一套小学教材。

这套教材,包括了礼、乐、书、数等诸多内容。因为是为六至十四岁的孩子们编的教材,所以射、御等未予收录。全书共五卷。全部书稿,李塨还请德州孙子未、大兴王昆绳予以校订。其中乐舞一节还邮寄给毛奇龄请求论定。书成之后,李塨进质颜元,并演习幼仪歌舞,请颜元观看。颜元看后,笑对李塨说:"子前于大学,辨业矣;兹小学,则稽古人成法,盍名《稽业》。"于是李塨便给此书取名《小学稽业》。

第三节　李塨对教育体制的思考与设计

李塨对中国教育的另一大贡献,是他通过总结历史经验,结合社会人生实际,经认真思考,精心设计了一套充分反映其教育思想和社会现实的全新而实用的教育体制。

李塨认为,三代之中,之所以治世屡出,是因为当时的教育比较得法。那时候,"虽乐正有四术之名,师氏有三德三行之称,州长党正,乡非一地,司乐大胥,教非一职,米廪瞽宗,制非一代,庠养序射,学非一名,而总不外智、仁、圣、义、中、和之德,孝、友、睦、姻、任、恤之行，礼、乐、射、御、书、数之艺而已。尊德性以此，道问学以此，隐居以此，行义以此，所学即其所用，所用即其所学，此府修事和之世，所以治且隆也。"① 而自汉迄明，世多败绩，也是因为其教育不得法所致。他说：

> 汉后渐趋诵读而轻行艺。至汉武帝置五经博士以教弟子，光武取聪明有威重者一人为祭酒，晋武益以助教，隋炀改太学为国子监，初置司业一人，丞三人。唐龙朔二年，改国子监为司成馆，祭酒为大司成，博士为司成宣业。后又改为成均监。总之不离于传经诵读而已。虽齐高帝建元中置治礼吏，陈有律学博士，隋开皇中书算学各置博士，唐亦有书学、算学之设，然于古法，千百之什一耳。明太祖卓然以六艺教士，而行之不久，又复变更。汉晋词赋，三唐诗律，宋明古文，加之经儒注解，专以笔墨著述为第一学问，虽胸中厨贮，笔下河县，而出而应世，文魔书呆，茫然如童妇。观梁王绎，敌兵临城，犹君臣倡和为诗，及败，将降魏，焚古今图书十四万卷，以剑击柱，叹曰："文武之道尽矣。读书万卷，犹有今日。"呜呼！徒以书为文武之道，文武之道所以亡也。"读书万卷，犹有今日"，岂知今日之祸，正在读书万卷哉！至流而为诗文，愈可怪叹，日日揣摩，年年背诵，闭户楀首，偶阅一世事，则亟走恐乱之。气息柔脆如妇女，人事迂阔如天痴，是曰醇儒。及一入仕籍，乃望以强力有为，使司礼乐兵农，是墨之悬而白之募也。所学非所用，所用非所学，且学正坏其所用，用正背其所学，以致天下无办事之官，庙堂少经济之臣，民物鱼烂河决，谁遗之祸哉！②

基于上述分析，李塨得出的结论是："哲人变法，不待计而决矣。"③ 那么，用什么样的教育来取代那些不得当的教育呢？对此，李

---

① 李塨：《平书订》卷六。见陈山榜、邓子平主编《颜李学派文库》，河北教育出版社2009年版，第1142页。
② 李塨：《平书订》卷六。见陈山榜、邓子平主编《颜李学派文库》，河北教育出版社2009年版，第1142页。
③ 李塨：《平书订》卷六。见陈山榜、邓子平主编《颜李学派文库》，河北教育出版社2009年版，第1142页。

塨在其《平书订》《拟太平策》等书中都有适当描述。虽著作时空不同，目的有别，具体设计或有出入，但大体大要则是基本一致的，那就是：

> 颁三物教法于各藩，自府下县，乡吏受之，各以教其所治。
> 保长择十家子弟八岁可教之学者，闻于里师。师选之入里学，教幼仪退让，认字学书，即解字义。先书有用字，习小九九。
> 逾三年，十一岁，不可者罢，可，选入邑学。邑宰教以孝悌忠信、幼仪惟谨，习六书、九章，学歌，读《论语》《曲礼》。凡邑有丧祭役政，则率弟子与事，有能，书之。
> 逾三年，十四岁，不可者罢，可，选入乡学。乡正教幼仪加详，吹笛箫，鼓琴瑟，舞勺，习射御（骑即御也）。凡邑乡丧祭役政，官率之执事，书敬敏有学者。
> 逾三年，十七岁，庸劣者罢，县尹选俊者冠，入县学，教以智仁圣义忠和之德、孝友睦姻任恤之行。各阅一经，如《孝经》《诗》《书》《仪礼》《周礼》《礼记》，《大学》《中庸》仍入《记》。至《易》《春秋》《孟子》《左传》，愿阅者听。若《尔雅》《公羊》《穀梁》，不必名经。《尔雅》学书时已解授之。学大礼大乐，阅史鉴律例，作策论（简达而止），学骑射。凡县有丧祭、宾饮、兵役，学士皆与执事，掌其文书。事讫，书某某德、某某行、某某艺优。
> 逾三年，二十岁，庸劣者仍罢归农工商，隽者贡之府学。府守教试之三月，下者返之县、乡及邑，再教之，贡俊于藩学。藩伯教试之三月，下者返之府、县及乡，贡俊于太学。宗伯令成均大司乐教试之三月，（大司乐五品）宗伯又亲试之。远僻学士入京艰者，成均遣官以时至其地教试之，下退之藩、府及县。成均藩府观诸生之学，即可知其教之高下勤惰，因以为乡官之殿最，而申饬之，记之以俟九载黜陟。
> 取中者为太学生，遣归，有室。县尹六衙，公量其才学，定其科目：兼科、农科、礼科、乐科、兵科、刑科、工科。惟兼科多，以用多也。兼科入尹署、吏衙署，农入户衙署，礼、乐入礼衙署，兵、刑、工各入其署，试其事而为之附。三年，盖二十四

岁矣，选明习厥事者，尹署兼科为里师，吏署兼科为吏署下士，佐政。余科各佐其署。吏、农、礼、刑科亦间为里师，兵科亦为巡检驿丞，工科亦为司市，农亦为仓使。未明练者，再试三年而进退之。进为下士，退为府史。外有天文、地理、医卜、水火专科者，地理入兵、工二署，为山原川泽等官，水火入工署，医入吏署，卜入礼署，天文贡于钦天监，为天文生。成均藩府返士，再教再贡之。[1]

李塨设计的这套教育体制，有以下几个鲜明特点。

一、其教育内容具有明显的实用性。在这里，八股制艺不见了，诗词曲赋减少了，取而代之的是智仁圣义忠和之德、孝友睦姻任恤之行、礼乐射御书数之艺以及天文、地理、水学、火学、兵学、医学等实用知识，充分体现了他提出的"所学即其所用，所用即其所学"的课程设置原则。

二、其教学方法具有明显的实践实习色彩。在这里，再也不是半日静坐、半日读书的学习方式，而是让学生积极参与当地的社会活动。在李塨设计的从八岁到二十岁的四个教育阶段中，十一岁以后的三个阶段，学生都必须参与当地的丧祭、役政、宾饮等社会活动，并将其在活动中的表现，作为学生的学习成绩，予以记录在案，而且作为学生能否升学的重要依据。当学生经过府、藩、太学三考取中之后，还要"公量"其才学，分配到县级各相应机关实习试用三年，"明习厥事者"，才能安排相应的工作，未明练者，还要再实习试用三年，然后定其进退。

三、学生八岁入学，然后每三年为一阶段，考选进入高一级学校继续深造，这种循序渐进的教育安排也是具备一定合理性的。从一定意义上，可以说它已具有现代分阶段教育的雏形。

四、从李塨的教育目标看，他是以培养社会管理者为目的的。而他所选施教主体不是迂腐文人，而是在一线身居现职的各级"主要领导干部"——里师、邑宰、乡正、县尹、府守、藩伯等，这体现的就是他所

---

[1] 李塨：《拟太平策》卷三。见陈山榜、邓子平主编《颜李学派文库》，河北教育出版社2009年版，第1192—1193页。

说的"君师不分、仕学不分"①的教育原则。

五、升学不以一考定终身。在县及县以下各级学校学习阶段，除幼小的第一阶段外，其余三阶段，每阶段都将其三年中的实习成绩记录在案，以作为学生学业成绩的主要内容，成为学生能否升入高一级学校的重要依据。而县学毕业的优秀学生，还要经过府、藩长官以及太学有关负责人长达三个月的教试，最终才决定考生能否取为太学生，进入长达三年的实习试用阶段。

六、在这个体制中，已经出现了专业教育的萌芽。李塨主张，当学生经过数次考选，进为太学生之后，便"分科以为士"，遣归县一级政府实习试用。在《平书订》中，他将科目分之为九："曰礼仪。曰乐律。经史有用之文，即附二科内。曰天文。历象、占卜、术数即附其内。曰农政。曰兵法。曰刑罚。曰艺能。方域、水学、火学、医道皆在其内。曰理财。曰兼科。"而在《拟太平策》中，他将科目分之为七：兼科、农科、礼科、乐科、兵科、刑科、工科。后者比前者少了两科：天文和理财。天文在《拟太平策》中虽未单列，但书中给予了论述。唯理财一科没有提及。《拟太平策》是李塨晚年构想的理想国，而《平书订》则是因王源的《平书》而成。在该书中，李塨对王源的理财思想多有微词。而在后来的著作中，分科删去理财一科。

太学生分科以后，便派往相关部门实习试用：兼科入尹署、吏衙署，农入户衙署，礼乐入礼衙署，兵、刑、工各入其署，试其事而为之附。三年实习试用期满，选明习厥事者，进为下士，分科佐政，而未明练者，则再给三年实习试用机会，然后定其进退。一旦成为下士，便进入了任用序列。当官员有缺时，则按专业递补。并且以一途为升降，不杂以他途，以期收到"仕不违其才，用得尽其长"的用人效果。

李塨对专业的划分，或许还不够科学，其所设计的专业，或许也不够完备，但是，他所提出的这种专业教育思想，无疑具有相当的合理性和先进性，甚至还具有一定的开创性，尤其是与当时实行的八股制艺相比，是具有一定可行性的。

当然，李塨的有些提法也是欠妥当的。例如，他把社会的盛衰和国

---

① 李塨：《拟太平策》卷三。见陈山榜、邓子平主编《颜李学派文库》，河北教育出版社 2009 年版，第 1192—1193 页。

家的成败完全归因于教育，就很有些不妥。社会的盛衰和国家的成败，是该社会政治、经济、军事、文化、教育等社会因素合力作用的结果。诚然，教育在其中起着重要作用，但它不可能取代政治、经济、军事、文化等社会因素而主导一社会的盛衰和一国家的成败。

第四节　李塨对教育历史经验的总结

李塨在治学和教育教学过程中，还对教育历史经验进行了深刻总结，对颜元实学教育思想进行了大力传播，同时也提出了许多颇具实用价值的教育思想，为我们留下了一笔极为宝贵的精神财富。

李塨在这方面的著作主要有《大学辨业》《圣经学规纂》和《论学》等。另外，他在其《上颜先生书》《与方灵皋书》《与枢天论读书》等书信中，也从不同侧面对此有所阐发。

《大学辨业》著于康熙三十七年（1698）。《大学》原本只是《礼记》之一篇，经先儒，尤其是宋儒加以考订后，遂与《中庸》《论语》《孟子》一起，合称《四书》，成为元明科考的必读书。也正因为其地位的显赫，在高层知识分子中，对其中的一些文本问题的解释也随之聚讼纷纭。尤其是对于"格物"的理解，大家各执一词，互不相让。不甘寂寞的李塨自然也不肯放弃这个表现自己的机会，于是便著作了《大学辨业》一书，以彰明自己对《大学》文本的理解和自己对高等教育的思考。

《圣经学规纂》是这方面的又一力作。李塨著作《大学辨业》后，担心人们不能接受颜元的教学三物的思想，于是他便将经典中有关的论述摘出，合为一编，以证明他们的三物之教学说是具有充分根据的。该书摘《论语》学规39条，《中庸》3条，《孟子》11条，《尚书》3条，《易经》1条，《诗经》1条，《周礼》8条，《礼记》9条，按出处分目列出，中间穿插有李塨的一些见解，而以"论古圣正学宜急复"的一篇文章终结全书。全书无论是摘录经典的语录，还是李塨自己所作之解析，通篇围绕一个中心展开，这就是颜李所主张的"所学即其所用，所用即其所学"[1]的教育思想。而在临近结尾处，有一段带总结性质的文

---

[1] 见陈山榜等点校《李塨集》，人民出版社2014年版，第978页。

字，则是集中阐述这一思想的。该文写道：

> 此古圣学中之事也。隐居以此，行义以此，所学即其所用，所用即其所学，乌有所谓静坐观空、泛滥书传以为学者哉？自秦灭儒术而后，汉兴，齐鲁诸儒，修其经艺，讲习大射乡饮之礼。叔孙通作《汉礼仪》，与诸生弟子共定。高堂生传《仪礼》十七篇，而鲁徐生善为容。孝文帝时，以容为礼官，大夫传子孙弟子。制氏以雅乐音律世在乐官，乐人窦公献世传《大司乐》章于文帝。又汉律课学童书，则周孔六艺之学，入汉固有存者。然武帝置五经诸博士，以教弟子多试翻读。光武取聪明有威重者一人为祭酒。晋武益以助教。隋炀改太学为国子监，初置司业一人、丞三人。唐龙朔二年，改国子监为司成馆，祭酒为大司成，司业为少司成，博士为司成宣业。后又改为成均监。总之，主于传经籀读而已。至宋明而道学名立，国学轻，家塾重。然半日静坐，半日读书，较之汉唐，高下几何？虽齐高帝建元中置治礼吏，陈有律学博士，隋开皇中书算学各置博士，唐亦有书学算学之设，然于古法，千百之什一耳。三物四术，愈传而愈微矣。至学后入于仕途，始置经书于高阁，而从事于礼、乐、兵、农。学非所用，用非所学，此天下所以寡成材，朝堂所以多废事也。嗟乎！前古后今，判若黑白，成败顿殊，较若霄壤。有志圣学者得勿思哉！

在清刻本《圣经学规纂》的目录末尾，有"附《论学》二卷"字样，但包括该书在内，都把《论学》作为一部独立的著作处理，而没有作为《圣经学规纂》的附录处理。《论学》一书，的确是李塨在著作了《圣经学规纂》之后，觉得意犹未尽，所以将朋友之间讨论教育的往复之言，收集成书，以进一步阐明颜元和自己的教育思想。如《论学》首卷末段记述万斯同读了《大学辨业》和《圣经学规纂》之后。感慨说道："以六德、六行、六艺为物，学习为格，万世不刊之论也。先儒旧解，固泛而无当矣。"[①] 而在《论学》卷二，在记载李塨与万季野、王昆绳、冯敬南讨论学问的一段谈话中，也包含了李塨三物教育的

---

① 陈山榜等点校《李塨集》，人民出版社2014年版，第987页。

思想，且这段谈话相当精彩，故摘录于此：

> 人受天地之中以生，必有仁义礼知之性。性见于行，则子臣弟友（夫妇在内）。行实以事，则礼乐兵农。盖子臣弟友之不可解者为仁，有裁制为义，恭敬之心为礼，辨是非为智。至于子臣弟友，实有其品节文为，是为先王所制之礼。鼓歌其礼则为乐。兵，所以卫父兄君友者也；农，所以养父兄君友者也。苟失其仁义礼智，不可以言子臣弟友矣，不可言礼乐兵农矣。不尽子臣弟友，丧其仁义礼智矣，亦丧其礼乐兵农矣。然使无礼乐兵农，安见所谓仁义礼智哉？亦安所谓子臣弟友之事哉？三者由内而外，一物也。《周礼》教民：一曰六德，有圣、忠、和，犹是四德而分其名也；一曰六行，内有睦、姻和恤，五伦所推及也；一曰六艺，及于射、御、书、数，又礼乐兵农之分件也。三者总名曰物，言心性非精，礼乐非粗，只此物也。古圣或以一仁统之，或以中统之，或以一礼统之，或曰"修以敬"，或曰"行以恕"，皆此物也。《鲁论》之"文、行、忠、信"，文即礼乐兵农也，行则子臣弟友也，忠信则仁义礼智也。《中庸》"天命之性"，言仁义礼智也，"率性之道"，子臣弟友也，"修道之为教"，礼乐兵农也。由博文而约礼，由格致而诚正修齐治平，是为下学，由下学而尽性至命，是为上达，而一贯在是矣。若外是而别有途径，异端曲学，乌可训哉！

万斯同等三人听后，皆曰："然。道诚在是矣。"

李塨这段谈话，不失为一个明智的士大夫对"道"的理解，其中把颜元的六艺教育思想给予了充分肯定，这是李塨时时处处不忘传播颜元教育思想的一个例证。

专著而外，李塨在其与友人的书信中，亦有不少有关教育历史和颜元教育思想的论述，现谨从他的《与方灵皋书》中摘录一段以飨读者：

> 塨闻学于颜习斋先生。先生尝言，学非钩异，亦非沽名。钩异则为异端矣，沽名则为小人矣，二者皆往圣所宜诛。乃深忧圣道之坠地，生民之塞屯，不得已而作《存性》《存学》以辨之，庶几圣道生民之不沦胥也。盖先儒歧路，亦非有心，时势积渐，莫能自

主。然而下阪之车，东逝之水，无人挽回，滔滔安底？粤稽尧舜传中，因天性而成德行道。人伦著，礼乐兴，布之则为政，导之则为教，先传后受则为学。然而道虽原于天，事必习于学，任天难概，下学可几。三代承二帝之法，于民择聪颖者为士，使之学于学中，就乐正大胥习礼乐射御书数之艺，而即以此供子臣弟友之职，全仁义礼智之性，分名而一事。幼学以此，壮行以此。《虞书》《周礼》《学记》《文王世子》诸篇可考也。《论语》孔门诸子问仁、问孝、问政，由、求、公西赤应知以礼乐兵农。孔子自居好学，而其所学之文，朱子解"文章"曰"威仪言辞"，解"文在兹"曰"礼乐制度"，解"学于识大识小之道"曰"谟训礼乐"，正所谓"博学于文约之以礼"也。博文，即格物也；约礼，即将所学之文物，而实体之于诚正修齐治平也。诸经所载，前儒所注，确证如此。至于诵《诗》所以习乐，读《书》所以考政，总未有如后儒躬率弟子今日背何经、明日讲何文，皋比而谈命天，四座环听，搦管而著书解，万卷獭陈者也。自秦火后，而学术划然一变。古圣口传身示之实迹，无从授受，不得不寻之载道之籍，如所谓经书者。既寻之经书，遂因而习行少，讲说多。德行让之长者，如陈寔、荀淑等；政事让之雄豪，如周亚夫、霍光等；而专笺注传经，为儒者用。是塞天地横四海之圣道，仅存一线。陵夷以至五季，程朱诸儒出，慨然欲任圣绪，其志诚豪杰之士也，而沿流既久，寻源为难，知训诂不足为儒，而内益之以心性，外辅之以躬行，变笺疏之名为章句语录，以为发明圣道，非仅训诂，自谓超汉唐而接孔孟矣。孰意汉后二氏学兴，宋儒又少闻其说，于是所谓"存心养性"者，杂以静坐内视，浸淫释老，将孔门不轻与人言一贯性天之教，一概乖反。处处谈性，人人论天，而外以孝悌忠信为行，注经论道为学，独于孔门之礼乐兵农、执射执御、鼓瑟会计，忽焉不察，以为末务。又委之于《小学》已失，而遂置之。于是退处则为乡党自好，立朝愿为讲官谏臣。所称特开门户以转世教者，不过如是。若其滥等赝鼎并得罪宋儒者，又不足辩也。而至于扶危定倾，大经大猷，则拱手推之粗悍豪侠。其自负直接孔孟者，仅此善人书生之学而已。明太祖崛起，儒者惟一宋濂，而一无所建。今定三藩之难者，并无道学，不可见欤？圣道之明亲止善，乃如此欤？然人才不一，互有长短，亦何足病？所痛者，不自以为不足，而搁然全任圣道，率天下之聪明杰士，尽网其中，以空虚之禅悦怡然于心，以浮夸之翰墨，快然于手。目明之末也，朝庙无一可倚之臣，天下无复办事之官。坐大司马堂，批点《左传》；敌兵临城，赋诗进讲。其习尚至于将相方面，觉建功奏绩俱属琐屑，日夜喘息著书，曰："此传世业也。"以致天下鱼烂河决生民涂毒。呜呼！谁实为此？无怪颜先生垂涕泣而道也。

这段精彩文字，虽以论道为主，而教亦在其中矣。

第六章　从颜李的两个学规看颜李教育思想之异同

颜元和李塨都是清初知名教育家，且同为颜李学派最主要的成员。在其教育生涯中，二人各留下了一个学规。分析研究这两个学规，比较其异同，探寻其根源，追索其意义，不仅可以从中窥知二人教育思想之异同，而且其中强烈的创新意识可见颜李二人希望改变教育考试制度的愿景。

颜元的学斋名习斋，故其学规又名"习斋教条"。该学规含以下二十条内容：

一、孝父母。须和敬并进，勿狎勿怠。昏定、晨省、出告、反面各一揖，经宿再拜，旬以上四拜，朔望、节令俱四拜，惟冬至、元旦六拜。违者责。（有丧者不为礼，但存定、省、告、面，父母有丧者亦然。）

一、敬尊长。凡内外尊长，俱宜小心侍从，坐必隅，行必随，居必起，乘必下，呼必唯，过必趋，言必逊，教必从，勿得骄心傲气，甚至戏侮。干犯者责。

一、主忠信。天生人只一实理，人为人只一实心，汝等存一欺心，即欺天，说一谎话，即欺人，务存实心，言实言，行实事。违者责。

一、申别义。五伦若父子之亲，君臣之义，长幼之序，朋友之信，其义易晓；独夫妇一伦，圣人加以"别"字，洵经纶大经之精义也。七年男女不同席，行路男子由右，女子由左，叔嫂不通问，男女授受不亲：此皆男女远嫌之别也。至于夫妇相敬如宾，相戒如友，必因子嗣乃比御，夫妇之天理也，必斋戒沐浴而后行。"别"

义极精，小子识之。

一、禁邪僻。自圣学不明，邪说肆行，周末之杨、墨，今日之仙、佛，及愚民之焚香聚会，各色门头，皆世道之蟊蠹，圣教之罪人也。汝等勿为所惑，勿施财修淫祠，勿拜邪神，勿念佛，勿呼僧道为师。若宗族邻里惑迷者，须感化改正。至于祖父有误，谕之于道，更大孝也。违者责，罪重者逐。

一、勤赴学。清晨饭后，务期早到，一次太迟及三次迟者责。

一、慎威仪。在路在学，须端行正坐，轻佻失仪者责。

一、肃衣冠。非力作不可去礼衣，虽燕居昏夜，不可科头露体。

一、重诗书。凡读书必铺巾端坐，如对圣贤。大小便后，必盥帨洁净，方许展读；更宜字句清真，不许鼻孔唔唔。违者责。

一、敬字纸。凡学堂街路，但见字纸必拾，积焚之，或不便，则填墙缝高处。

一、习书。每日饭后，仿字半纸，改正俗讹，教演笔法。有讹落忘记者责。

一、讲书。每日早晨试书毕，讲《四书》或经，及酉时，讲所读古今文字，俱须潜心玩味，不解者不妨反复问难，回讲不通者责。

一、作文。每逢二、七日，题不拘经书、史传、古今名物，文不拘诗、辞、记、序、诰、示、训、传，愿学八股者听。俱须用心思维，题理通畅。不解题、不完篇者，俱责。

一、习六艺。昔周公孔子，专以艺学教人，近士子惟业八股，殊失学教本旨。凡为吾徒者，当立志学礼、乐、射、御、书、数及兵、农、钱、谷、水、火、工、虞，予虽未能，愿共学焉。一、六日课数，三、八日习礼，四、九日歌诗、习乐，五、十日习射。

一、行学仪。每日清晨饭后，在师座前一揖，散学同。每遇朔望、节令，随师拜至圣先师四；起，北面序立，以西为上，与师为礼；再分东西对立，长东幼西相再拜。

一、序出入。凡出入斋班，上、中、左鱼贯论前后。行辈异者，以行辈叙。相遇相别皆拱手。出学隔日不相见，见必相揖；十日不相见，见必再拜，皆问纳福。

一、轮班当值。凡洒扫学堂，注砚，盛夏汲水，冬然火，敛仿进判，俱三日一班。年过十五，文行成章者免；惟有过免责，则罚执小学事一班，随有善可旌者，即免。

一、尚和睦。同学之人，长幼相敬，情义相关。最戒以大陵小，以幼欺长，甚至殴詈者，重责。

一、贵责善。同学善则相劝，过则相警；即师之言行起居有失，俱许直言，师自虚受。至诸生不互规有成，而交头接耳、群聚笑谭者，责，甚至戏嘲亵侮者，重责。

一、戒旷学。读书学道，实名教乐地，有等顽童，托故旷学，重责，有事不告假者，同罪。①

李塨的学规含以下二十一条内容：

一、孝父母。须和敬并尽，勿狎勿怠。昏定、晨省、出告、反面一揖，朔望令节四拜。

一、内外尊长，俱宜小心侍从。坐必隅，行必随，居必起，乘必下，呼必唯，过必趋，言必顺，教必从。

一、身者父母之遗体也，古人一举足不敢忘父母，况可饕饮食，纵淫欲，蹈危险，自贻灾戚。

一、修威仪。足容重，手容恭，目容端，口容止，声容静，头容直，气容肃，立容德，色容庄。

一、肃衣冠。子桑伯子不衣冠而处，孔子讥之。即私居，不可袒裼裸裎。

一、习幼仪。凡洒扫、应对、进退，惟谨，客至俱起，予命揖者揖，拜者拜。或予出，学长陪侍，余不许乱动。至于出入斋班，鱼贯论前后。行辈相遇相别，俱一躬，数日不见，见则揖，问纳福。

一、远异端。佛、仙出家灭伦，无父无君之教也。其徒可化者化之，不可者远之。

一、重诗书。凡读书必洁案，端坐庄诵，如对圣贤。每晨入

---

① 《颜元集》，中华书局1987年版，第742—744页。

学，必拂尘整卷，出则阖书，各规行列，不许狼藉。

一、习六艺。今以八比应试，诸生固有专学，但礼、乐、射、御、书、数，圣学之正务也，有愿学者随其材而教之。

一、通经史。经者修己治人之类谱，史者修己治人之榜样也。除杂书及非道之书，不许泛滥。十三经、廿一史，须以渐考之。

一、敬字纸。学堂街巷，见必拾，纳纸池中，积多焚之。如出远见之，则随便填藏。

一、清晨饭后必早到，一次太迟及三次迟者责。

一、诵书必音清，字字真朗，背读失忘者责。

一、讲书须潜心玩味，不解不妨反覆问难，回讲不通者责。

一、习书正坐，以笔对心，指实掌虚，腕中用力，细研形体结构，然后成字，潦草者责。

一、洒扫学堂轮班，违者责。

一、每日清晨，向上揖先圣，揖师。遇朔望、节令，随师拜先圣讫，拜师，同学让学长，转左以次而右为礼，违者责。

一、旷学者责，有事不告假同。

一、藏修游息，各于其处，交头接耳相戏嘲者责。

一、窗友宜和睦，反面者责。

一、予出外，学规俱在，宜各遵行，怠戏不尽日功者重责。①

这两个学规，既包括了学生在校内外的行为规范，也包括了学习内容，还含有一些学习方法，可以说，颜李学派的教育思想，尤其是在学校教育方面，在此得以充分体现。

先看两个学规相同或相近的方面。

首先，这两个学规，一个二十条，一个二十一条，只有一条之差，规模大体相当，而且其内容所规范的学生行为范围，也大体相同。李塨借鉴颜元学规之意十分显著。

其次，两个学规在孝父母、敬尊长、肃衣冠、慎威仪、重诗书、敬字纸、勤赴学、行学仪、轮班当值、尚和睦、戒旷学、习幼仪等学生日常行为礼仪方面的内容都大体相同。

---

① 冯辰、刘调赞：《李恕谷先生年谱》，中华书局1988年版，第11—12页。

再次，两个学规还有具文以外的一大相同，那就是它们都没有教学生忠君的内容。在封建社会里，忠君往往被列为最重要的教育内容。在所谓的三纲五常中，君为臣纲位列其首。二百多年后，张之洞著《劝学篇》，效忠还是其主要内容之一。而二百多年前，颜李在忠孝这两大人伦教育方面，却是教孝不教忠，这是很值得深入体味的。究其原因，至少有以下两方面的因素在起作用：一是颜李学派本身具有一定的群众性，他们重民命，重天下，而不是重君国；二是颜元亲历了明清交替，既了解明末最高统治阶层的昏庸奢靡，又亲见清初最高统治阶层的横暴残虐，致使其对统治阶层有着比较清醒的认识，以及某种程度上基于良知的抵触情绪。

在这两个看起来大体相同的学规里，如果我们仔细分析，却还可以看到，它们之间还存在着巨大差异。这些差异，有的甚至带有某些根本性区别。下边，我们就对此作一些具体分析。

首先，看"习六艺"一条。

两个学规都有"习六艺"之规，但其具体内容却迥然不同。在颜元的学规中，不仅将礼、乐、射、御、书、数这六艺列为必修课，而且同时将兵、农、钱、谷、水、火、工、虞等属于社会管理和自然科学范畴的内容列为必修课，并且每天学什么，做了具体安排。而对于当时的八股举业，学规则给予了坚决批判：昔周公孔子，专以艺学教人，近士子惟业八股，殊失学教本旨，凡为吾徒者，当立志学礼、乐、射、御、书、数及兵、农、钱、谷、水、火、工、虞，予虽未能，愿共学焉。李塨则不然，在他的"习六艺"中，八股仍是主课，而六艺则是选修课：今以八比应试，诸生固有专学，但礼、乐、射、御、书、数，圣学之正务也，有愿学者随其材而教之。

当然，由于八股取士是当时朝廷的规制，颜元对此也只能批评，而不能够绝对抵制，所以他在学规的"作文"一条中规定，学生应当学写各种题材及各种体裁的文章，而"愿学八股者听"。

颜李学派主张言行一致。他们制定了学规，就严格按学规办事，且自己还以身则。李塨主张以八股为专教，他就教学生学八股，同时他自己还要拿出三分之一的时间来学作八股文，以应科考。直到中晚年，他还为未能考中进士而耿耿于怀。而颜元则不然，中秀才之后，便断然不再务举业，每年应试，也只为愉悦安慰老亲而已，并且在他从辽东迎父主返乡之后,连秀才也干脆予以丢弃。他还把时文与僧、道、娼相提并论,认为同是为治要去的"四秽"。总之,颜李之间在对待八股的态度上,其差异是相当明显的。

其次,看"贵责善"方面的内容。

颜元学规中有"贵责善"一条,要求同学"善则相劝,过则相警""即师之言行起居有失,俱许直言,师自虚受"。"至诸生不互规有成,而交头接耳、群聚笑谭者,责,甚至戏嘲亵侮者,重责。"很显然,这是要求同学之间要互相鼓励,互相批评,而不要互相嘲侮,以成进步,而尤以其中学生可以批评老师且老师还要虚心接受的内容,已初显了师生平等的民主色彩,这在封建社会的学校中,是极为鲜见的。而且颜元在与学生交往中,还确实就是这样做的,这是难能可贵的。

而在李氏学规的相关条款中,则只有"藏修游息,各于其处,交头接耳相戏嘲者责"这样的内容,既无同学之间应当互相鼓舞、互相批评的内容,更没有学生可以批评老师的师生平等之色彩。

再次,看有关性教育方面的内容。

在这方面,李塨的学规中只有不要"纵淫欲"一言,而在颜元的学规中,则有"申别义"一条,虽然其中内容较为保守,要求夫妇"相敬如宾,相戒如友,必因子嗣乃比御",这些虽有违人的天性,是常人难以做到的,但其中要求夫妻性生活"必斋戒沐浴而后行",则符合性生活的卫生要求。

最后,看"主忠信"一条。

这一条的内容,李塨的学规中基本没有。而颜元则倡言道:"天生人只一实理,人为人只一实心,汝等存一欺心,即欺天,说一谎话,即欺人,务存实心,言实言,行实事,违者责。"这是颜元之实学思想在教育领域中的一种体现,是颜元教育学生为人做事的一大准则,是颜元实学教育的一个宣言书。而李塨学规则没有继承这一内容。

总体而言,李塨的学规已经是一个比较成熟的学规了,但与颜元的学规比较起来,则明显缺少了批判性、战斗性、创新性。这正好印证了他的慨叹:习斋之强,其强不可及。

在探究两人学规不同的原因时应该看到颜元的学规订于1675年,李塨的学规订于1681年。李塨向颜元正师弟礼,成为颜元的及门弟子,是在1689年。《李塨年谱》于是年也有相关记载:"二月,斋戒沐浴,至习斋,投门人刺,以《瘳忘编》《恕谷集》为贽。"① 这就是说,在李塨订立他的学规的时候,即1681年,他还不是颜元的弟子。虽然还不是颜元的弟子,但颜李之间往来却已是颇多。早在1665年,颜元"访塨父问学"②,两家就开始有了来往,并且从此来往不断。1673年,李塨娶王至顺为妻,而王至顺就是颜元挚友王养粹的妹妹。就在1681年,李塨还"从颜习斋入献县,拜王五公先生,问边外守边、河外守河、江外守江之法"③。而后李塨自誓曰:"咫尺习斋,天成我也,不传其学,是自弃弃天矣。"④ 这足以说明,在李塨学规订立之前,他虽还不是颜元的正式弟子,但其往来已频,甚至可以说已是尚未明确师弟关系的弟子了。

了解了颜李之间的上述关系,就不难理解两部学规在内容上为什么会有那么多相近甚至相同之处了。而且,李塨的学规是借鉴和承继颜元学规而成的。这在《小学稽业》中有明文记载。

明末清初的社会背景,成为两个学规产生的社会土壤,而这相同的土壤和其间存在的承继关系,则决定了这两个学规必然具有许多的共同点。然而,为什么这两个学规又有那么多的不同呢?尤其是,居后的李塨的学规反而没有数年前的颜元学规所具有的批判性、战斗性和创新性呢?

我们认为,这应当从颜元和李塨两个人的不同身世和不同学教上去找原因。因为说到底,学规之内容,不过是作者思想的表现而已。学规内容的差异,表现出的是颜李二人的思想差异。而一个人思想的形成,除大的社会背景外,其身世与学教则起着决定性的作用。

颜元和李塨虽然都生长在博野、蠡县一带,但其身世和学教的差别还是相当大的。

颜元祖籍博野县北杨村。他的祖父因为人佣耕而赁居王庄。他的父亲因难以抚育而在幼年时便义养于蠡县刘村朱九祚家。颜元就出生在朱家。而颜元的夫人也是一个被人捡拾养大的弃婴。由于朱家家境及社会

---

① 冯辰、刘调赞:《李恕谷先生年谱》,中华书局1988年版,第41页。
② 《颜元集》,中华书局1987年版,第720页。
③ 冯辰、刘调赞:《李恕谷先生年谱》,中华书局1988年版,第11页。
④ 冯辰、刘调赞:《李恕谷先生年谱》,中华书局1988年版,第11页。

地位其初都还不错，所以颜元在青少年时曾有过一段不错的生活，但是，在颜元十九岁那年，朱家遇讼产落，已是秀才的颜元也只好耕田灌园，吃糠食菜。但只是耕田种地尚不足养家糊口，二十岁后，颜元又习医卖药，开办学塾，挣钱以补贴家用。

在学教上，颜元的养祖父是个很干练的人，颜元在他身边长大，多少会受他的一些影响。颜元的蒙师吴洞云，则是一个曾著有兵书、试图报效国家而未能如愿的实干人才。而颜元入庠时的老师贾珍，更是一位朴实、正直且有远见有素养的知识分子。他曾送颜元两副对联。一副是：不衫不履，甘愧彬彬君子；必信必果，愿学硁硁小人。另一幅为：内不欺心，外不欺人，学那勿欺君子；说些实话，做些实事，做个老实头儿。颜元的老师对学生要求甚严，颜元也谨承师教。所以，这些因素，对于颜元学规的形成，当不会没有影响。如贾珍之对联，与颜元学规中的主忠信，其影响关系是很明显的。

另外，颜元年轻时也曾醉心于陆王心学和程朱理学，也曾参与科举考试，后来，是他通过自己的经历和思考、研究，发现了程朱陆王之学的空疏乏用，发现了八股取士的弊害，于是他便对程朱陆王之学和八股取士展开了彻底的批判，著作了《存学编》《存性编》等。可以说，到他41岁制定自己的学规时，他已是一个思想比较成熟的实学家了。

而李塨的身世和学教与颜元就不同了。李氏家族经过几代人的努力，成为村上的田宅大户，后来甚至成为村上的首富。并且李塨的曾祖父和父亲都是明朝的秀才。这就是说，李家在蠡东一带，可以说是书香门第了。只是到清朝建立后实行圈地政策时，因其田宅皆属"驻牧"，也就是耕地和住宅都被圈占了去，其家庭生活才告中落。李塨的蒙师就是他的生父李明性，而李明性又是一个明经守道尊礼重孝的知识分子，所以其身世及学教均没有颜元那么独特，他也就不可能形成颜元那么成熟的实学思想了。并且，李塨制定其学规时，年仅23岁，学问尚少，历世不深，其学规缺乏颜元学规的批判性、战斗性和创新性，也就不难理解了。青出于蓝而未胜于蓝，实为一大憾事。

第七章　李塨所涉之刑事风波及其迁居梦想

李塨生当清初,是为多事之秋。他深知时世险恶,故处事相当谨慎,尤其是中年后,时常以"小心翼翼,昭事上帝"和"如临深渊,如履薄冰"等警句来警示自己。尽管如此地自全自保,还仍有两次险触法网,虽然吉人天相,都转危为安,但却也让人心惊肉跳。

第一节　李塨所涉之刑事风波

涉及李塨的刑事风波,根据现有资料看,一共有过两次。一次是因为有考生携其文在考试中作弊,一次则是因为有人政治上胡言乱语而险被牵涉进去,两次均危险至极,靠朋友舍身力证清白而侥幸得免于刑。

一　因文涉刑

李塨首次涉及刑事风波是在康熙二十五年（1686）。那年李塨才28岁,正在京中做塾师。

四月朝考时,汉军武甲怀揣李塨撰写的文章进入考场,被搜出。刑部诸尚书传讯李塨。李塨前往,视其文,说:"某某篇,生作也,怀则不知。"诸尚书说:"何以为渠作文?"李塨回答说:"生为门人、交游作文多矣,岂直武甲?文欲其读,非令其怀也。若甲怀生文问生罪,甲怀《论》《孟》,问孔、孟罪乎?"诸尚书说:"汝居旁,待吾审。"已而令李塨暂回候问。当时诸位朋友都替李塨捏一把汗。于名世、郭金城等人,极力以李塨凤品辩雪,同时还有许多官员,如侍郎赵泰岩等,也极力替李塨辩护,刑部才不复再问。[①]

[①] 冯辰、刘调赞:《李恕谷先生年谱》。见陈山榜等点校《李塨集》,人民出版社2014年版,第1748页。

李塨的辩词虽不无道理，但是，如果没有他所交结的官僚集团的倾力相助，怕是难以如此轻易开脱的。"官官相护"，李塨当时虽然不是官员，但他得到了这个官僚集团的赏识，所以大家才同心倾力相救，终于使李塨幸免于罪，得以宽宥。事后，侍郎赵泰岩来会李塨，李塨谢曰：

> 昨朝考一案，闻公在班联正色援予，本当造谢。昔祁奚救叔向，向不见焉而朝。公古人也，故以祁奚相待。①。

二 因武涉刑

李塨再次涉及刑事风波是在康熙五十五年（1716），李塨时年已经58岁。这是一桩非常凶险的刑事案件。

事件起于旗人张万载。张万载原是一高官子弟。其父原是福建巡抚，以罪死。张万载的仆人告发张万载有谋逆之言，因而张被下狱。在刑部和九门提督审讯他的时候，张万载供认曾结交杨仁澍，并由杨仁澍而得以结交李塨和王子丕。张万载还供说，李塨是相才，王子丕是将才。刑部和提督府因而捉拿杨仁澍。在审讯杨仁澍时，仁澍说："识则有之，不知其他。至于李某，醇谨儒者，断不与若交也。"② 严刑之下，仁澍不改其口，而刑部及提督府有关负责人也素知李塨之为人，遂未拿问，只是派员去陕西捉拿了王子丕。最后张万载被处死刑，杨仁澍和王子丕被流放关外，杨仁澍竟"牵累以卒"。

其实，张万载所供，亦并非完全空穴来风。他与李塨确实有过交往，只是并非像他所说的那种结交而已。至于杨仁澍和王子丕，确实都是李塨的好友。李塨与杨仁澍的交往，与王子丕的关系，和他与张万载的关系是完全不同的。

杨仁澍是八旗内务府人，少有异才，不可一世，而且文武兼修。吴三桂兵变西南，杨仁澍受命随军出征，因杨有军事才能，善技击，长于

---

① 冯辰、刘调赞：《李恕谷先生年谱》。见陈山榜等点校《李塨集》，人民出版社2014年版，第1748页。

② 冯辰、刘调赞：《李恕谷先生年谱》。见陈山榜等点校《李塨集》，人民出版社2014年版，第1825页。

五步剑法，致有军功。然而他却辞掉了因军功而得的官职，退而应笔贴式。其门有联曰：四海有天皆礼乐，九州无事长儿孙。而其座斋则书曰：人皆欲杀真才子，我见犹怜是美人。

仁澍性质直又豪爽，凡有学问人进京，无不过从。听说李塨进京，屈尊来拜，且咏《牡丹诗》以赠，其诗云：倾国倾城莫浪夸，云边皎日月边霞。姚黄魏紫亲曾见，天下春风不是花。

于是可见仁澍对李塨之器重，亦可见仁澍思想的务实。而李塨交仁澍，不仅以文，且曾向他学习过五步剑法。至张万载案发，仁澍忍酷刑而坚辞为李塨洗雪，才使李塨得免于难。《李恕谷先生年谱》载有李塨为他写的小传。

李塨与王子丕的交往主要是在李塨应幕富平县的时候。当时关中学人多慕名来拜会李塨，进行学术交流，其中就有王子丕。李塨的画像"远道图"，就是王子丕亲手绘就。李塨本打算请周昆来作，子丕知道后，说："何必昆来，我为先生写矣。"① 于是王子丕便为李塨写照，凡十易其稿，乃登绢成就。看来王子丕还是一位丹青妙手。

而李塨与张万载的交往并不像李塨与杨、王二位那么愉快。康熙五十二年（1713）夏，张万载拿着冯衡南的介绍信，前往蠡县拜见李塨。他到保定，先寄信李塨，李塨接信后对家人说："衡南不通时事，所交未必端人也。"② 已而一日薄暮，张万载到李塨家，貌躁妄，一坐下来便问军事问题。李塨说："不知也。少以贫砚食，为从游讲孙吴，此教学故事，何以言知兵？今老矣，诸学俱退，而况于兵？"③ 张万载拿出其论《通鉴》兵事的文稿请李塨审阅。李塨看了数行，便推辞说："近多病，不能看书，不解也。"④ 并以身体不适，辞张退出。第二天早晨，正巧枣强郑宅来车接李塨，李塨便以前去治病为由去了枣强。张万载于是也只好离开李家而还。仅仅这么一段交往，张万载便把李塨牵扯到了

---

① 冯辰、刘调赞：《李恕谷先生年谱》。见陈山榜等点校《李塨集》，人民出版社2014年版，第1815页。

② 冯辰、刘调赞：《李恕谷先生年谱》。见陈山榜等点校《李塨集》，人民出版社2014年版，第1825页。

③ 冯辰、刘调赞：《李恕谷先生年谱》。见陈山榜等点校《李塨集》，人民出版社2014年版，第1825页。

④ 冯辰、刘调赞：《李恕谷先生年谱》。见陈山榜等点校《李塨集》，人民出版社2014年版，第1825页。

其案之中。

面对张万载，李塨矢口否认自己知兵，不肯与张谈军事问题，这是李塨的韬晦之策。在清朝初年，阶级矛盾，民族矛盾，晚明遗老与清当权者之矛盾，清廷内部之矛盾，错综复杂，其斗争有时还是非常激烈的。清廷曾严禁民间结社、习武，甚至还曾禁止民间养马。可见清廷对张万载之流的那种行为是相当敏感的。

像张万载这样的官僚子弟，骄躁狂妄，不学无术，上不思安邦报国，下不能和家服众，其被刑无论冤与不冤，死不足惜。只是可惜了杨仁澍和王子丕。人生交友，可不慎欤！

第二节 李塨的迁居梦想

李塨在南游江浙和西出关中之后，曾不止一次地动过举家迁居的念头。

李塨曾两度应富平县令杨勤之请，赴陕西富平做他的幕宾。这其间，李塨不仅广交陕西学人，还广泛游览了秦岭山脉。商洛之险，终南之美，关中民情之淳朴，都给他留下了美好的印象，致使他一度产生举家迁居关中之念。但这次他只是动了一个念头，并未有实际动作。

李塨曾应桐乡县令郭金汤的邀请，两度赴浙江做他的幕宾，时长两年多的在幕期间，李塨不仅饱览了号称人间天堂的苏杭美景，与江浙学人进行了广泛交流，而且深入民间，广泛考察了江南的风土民情。在经过广泛而深入的考察后，李塨得出了非常独特的结论。他发现，南人和平，北人横诈。北人多忮，南人善求。忮虽是强象，但因散而不和，却会成弱势；求虽是弱象，但其人易团结，故反会成强势。

江南的秀丽风光，南人的平和特性，给李塨留下了深刻印象。但由于没有契机，李塨在南方任职时并未产生南迁的念头。南迁的机遇，出现在他与方苞的结交之后。

李塨与方苞早已认识，尽管二人学术见解并不相同，但却有惺惺相惜之感，往来极密。方苞还让他的儿子道章拜师李塨。这时，出狱后的方苞因加入旗籍，要长期生活在北方，所以要举家北迁。而李塨由于长期对江南的向往，也想迁居江南。于是二人一拍即合，决定田宅互换，方苞由江南迁蠡县，而李塨则举家迁江南。

康熙五十九年（1720）十月，李塨率长子习仁等南下江宁考察方宅。方苞曾告诉李塨，如不愿居江宁，宁国也是个宜居的好地方。李塨于是又去宁国考察，直到1721年春节后才返回蠡县。

康熙六十年（1721）七月，方苞之妾南归，李塨让习仁夫妇随之南行。七月二十六日，塨母去世。八月十六日，噩耗传来，船到泊头，习仁死于舟中。

面对这接二连三的打击，李塨长叹一声：这是天不欲我南迁也！遂打消了南迁的念头。而这时方苞也不再需要北迁，于是二人田宅互换的君子协定也就束之高阁了。

李塨晚年不外出时，便在故乡耕教读著。其家本有些田地，再加上郭金城曾为其出资置地60亩，其田地也不少了。耕种得法，收获颇丰。时人竟以李塨要作富家翁相议。对此，李塨充耳不闻，亦不辩解。他的学生冯枢天来，谈及此事，李塨才对他说：

> 非以求富也，聊以自守也。平生志欲行道，今年已迟暮，知无用矣。故遁迹田园，胼手胝足，则雄杰之余勇也。不稼不穑，胡取廛囷，则风人之退守也。人曰谋生致富，曰求田问舍，笑而不答，又所以自污而自全也。非君子，谁与言此？①

正因李塨有此自全自保之心理准备，经常以危亡警示自己，故终未罹大难。虽迁居未果，数遇风波，亦皆遇难呈祥，最后得以寿终正寝。"其亡其亡，系于苞桑。"②《易》之为教，或不诬矣。

---

① 冯辰、刘调赞：《李恕谷先生年谱》。见陈山榜等点校《李塨集》，人民出版社2014年版，第1828—1829页。

② 《周易·否卦·九五》。

第八章　李塨著作考略

李塨一生，善于学习，长于思考，勤于著作，给我们留下了二百多万字的珍贵的文化资料。这些资料，既包括其后长时间用于小学教材的"乘法口诀""珠算口诀"等普及性读物，也包括传注类和考辨类等比较高深的学术专著，尤其是像《颜习斋先生年谱》之类的著作，保存了关于颜元的大量的珍贵的思想文化资料，为后世研究颜元及颜李学派奠定了资料基础。可以说，李塨之著作，具有多方位的学术价值。

颜李学派注重习行而不崇尚著书立说，尤其是其创始人，即李塨的老师颜元，于此最甚。他说："道寄于纸千卷，不如寄于人一二分。"①

对于李塨之喜欢著作，颜元还曾直接规劝，告诫他少作无益诗文，不要沾染南方名士习气。康熙三十四年（1695），李塨在浙江不断著书、刊书。颜元的望门弟子、李塨好友郭金城对李塨的著书、刻书提出规劝，告诉他"刊书无关经济"。对此，李塨回答说：

> 吾友恐予蹈书生文士之习，诚为雅意，然天下之无经济，由学术差，辨学，正经济天下万世之事也。②

到六十七岁高龄，在反思自己的著作行为时，李塨写道：

> 思颜先生以天下万世为己任，卒而寄之我。我未见可寄者，不

---

① 《颜元集》，中华书局1987年版，第788页。
② 冯辰、刘调赞：《李恕谷先生年谱》。见陈山榜等点校《李塨集》，人民出版社2014年版，第1764页。

得不寄之书。著书，岂得已哉？①

上述两段语录，代表了李塨对于著作的基本认识和动因。

李塨不仅学问渊博，而且文采斐然，故其著作深得当时学界赏识。河南主事李汝懋，在京请宴论学，深以李塨之学为是，尤其称许《恕谷后集》。他说："侯朝宗文涉摩拟，汪苕文洁而弱，方灵皋练或伤气，皆不及先生文也。"② 毛奇龄称李塨为"千秋一人"③"盖世豪杰"④。而万斯同则说："天下惟先生与下走耳，阎百诗、洪去芜未为多也。"⑤ 李汝懋、万斯同似有面谀之嫌，毛奇龄亦不无拉拢之意，但平心而论，李塨之著述，确实平实而又富有文采，并且有不少作品具备思想价值和历史文化价值。下面，我们就对李塨著作分为"论治类""论学类""诗文类""传注类""礼乐类""史志类"等予以具体介绍。不易归类者，均列入"其他"中。散佚者列"散佚类"。为使读者对李塨著作有一个更为明晰的时空了解，我们将李塨著作的写作及出版情况，按年代先后作了个年表，以便观览。

第一节 论治类

李塨是一位积极的入世主义者。可以说，他的大部分著作或多或少、或深或浅地涉及社会治理，甚至包括他的部分诗歌和散文，都明显带有这种倾向。但其直接以社会治理为题材的著作，则主要有《瘳忘编》《阅史郄视》《平书订》《拟太平策》等。

---

① 冯辰、刘调赞：《李恕谷先生年谱》。见陈山榜等点校《李塨集》，人民出版社2014年版，第1843页。

② 冯辰、刘调赞：《李恕谷先生年谱》。见陈山榜等点校《李塨集》，人民出版社2014年版，第1843页。

③ 冯辰、刘调赞：《李恕谷先生年谱》。见陈山榜等点校《李塨集》，人民出版社2014年版，第1771页。

④ 冯辰、刘调赞：《李恕谷先生年谱》。见陈山榜等点校《李塨集》，人民出版社2014年版，第1777页。

⑤ 冯辰、刘调赞：《李恕谷先生年谱》。见陈山榜等点校《李塨集》，人民出版社2014年版，第1783页。

一 《瘳忘编》

《瘳忘编》是李塨早年在颜元政治思想影响下撰著的一部论治著作。全书加上引文才不过一万多字，是一部规模较小的著作。从形式看，则类似于如今的学习心得。书前有云："是卷创于癸亥，讫于丁卯，其再得者，以次入下卷，数不可以预定也。"而《颜习斋先生年谱》于丁卯（1687）年亦记曰："塨著《瘳忘编》，先生订正之。"[①] 下卷未见，此卷写于康熙二十二年（1683）至康熙二十六年（1687）当无疑义。《李恕谷先生年谱》于"二十五岁"篇载：

> 置一册，曰《瘳忘编》，序曰："宋、明学者，如华子病忘，伏首诵读而忘民物，一旦大难当前，半策无施，惟拼一死，并忘其身。嘻，甚矣！予行年二十余，颇踔厉欲有为，而精神短浅，忽忽病忘，每恐其沦胥以溺也，乃捃摭经世大略，书之赫蹏以瘳之。"[②]

而《瘳忘编》的"自序"中也写道：

> 宋阳里华子中年而病忘，涂忘行，室忘坐。鲁有儒生能治之，华子妻子以居室之半请其方。儒生曰："吾试化其心，变其虑，其有瘳乎？"于是，露之而求衣，饥之而求食，幽之而求明。儒生忻然告其子曰："病可已也。然吾之方秘传，世不以告人。试屏左右。"独与居室，七日从之，积年之病，一朝都除。华子既悟，大怒，操戈逐书生。宋人执而问其以，华子曰："曩吾忘也，不觉天地之有无，兹纷然万绪起，须臾之忘何可得也？"今天下之病忘甚矣。家食则兀坐而忘民物，担爵则簿书而忘国家，诵读则分章摘句而忘圣贤，廷献则锤篇琢字而忘君父。天地之若有若无也，亦久矣。哀公问于孔子曰："人有好忘者，徙宅而忘其妻，信乎？"孔子曰："更有甚者，桀、纣乃忘其身。"世之引命死节愚忠愚孝之

[①] 《颜元集》，中华书局1987年版，第760页。
[②] 冯辰、刘调赞：《李恕谷先生年谱》。见陈山榜等点校《李塨集》，人民出版社2014年版，第1742页。

为者，多自忘身者也。施邦曜《绝命辞》云：愧无半策匡时难，惟有微躯报主恩。岂非平日忘其身已久耶？忘之甚者，至于死而不悟。则或人以为疾，而彼以为乐，如华子未可知也。然世之露之饥之幽之，亦层尝而弥加，则病忘之疾，或亦久而当已时耶。余行年已二十余，颇踔厉欲有为，而精神短浅，多忽忽病忘，每念孔北海志大才疏，辄为之瞿然，终日无已。以古人之方脉，起久疴之痼疾，乃捃摭书史大略，书之赫蹏，以当七日之诊，吾之病忘也，庶差瘳乎？若以为欲医世人之忘，则余稚弱何人，固不敢妄效鲁生，致华子操戈而起也。但世有愿观者，吾当执是以往，又不敢曰"秘传禁方，不以示人"矣。

由此可见，李塨不仅要以此书医己之"病忘"，而且要医治全社会之"病忘"。

此书虽短小，但却是李塨早年最有代表性的著作之一。这时的李塨，受颜元影响较深，且尚未南游，还没受到南方文士习气的影响，故其思想与颜元相近。

李塨非常重视他的这部著作。他不仅请颜元详为鉴定，请张含章、张鹏举特为校订，他还向当时一些知名学人如许三礼等征求了意见。

康熙二十八年（1689）二月，三十一岁的李塨"斋戒沐浴，至习斋投门人刺"，向颜元正师弟礼，而他献给老师的礼品既非束脩，更非金银，而是《瘳忘编》和《恕谷集》，亦可见李塨本人对《瘳忘编》的器重和颜元对此书的首肯。张西堂说："书虽少年之作，然颇有可观者。"[①] 亦属比较中肯的评价。

《瘳忘编》凡一卷，定州王氏之《颜李遗书》未收入，1923 年四存学会刊《颜李丛书》，方收录此书。书之"凡例"后有如下两段说明文字：

> 楷按：原本二签：外皮一，内皮一，皆先生手书，序及凡例同。序后有"时先生年二十五岁"，系钟君所书。内外皮各有"清白堂"三字，钟君堂号也。序后并有李先生图章二，一名一字。

[①] 张西堂：《颜习斋学谱》，明文书局 1994 年版，第 198—199 页。

又按：原本出于博野钟氏。钟君荣柯，系钟濬巨川先生之子。巨川为家兄莲池书院友，金若先生后裔。金若先生之子钟淑子能曾受业，并教恕谷先生之子于齐家庄，此册当为携去。原本非恕谷先生亲笔，惟"序"与"凡例"系手写耳。此外有改窜补正，各条均先生手迹。兹照原本记入眉上，其原本交齐家庄李裔保存之。

民国十年四月后学齐树楷记于四存中学之校长室

从中可窥知此书民国间问世之轨迹。

二 《阅史郄视》

《阅史郄视》共五卷，前四卷按序排，唯最后一卷题为"续一卷"。前四卷所记述，为从周至辽、金、元事，最后一卷，即"续一卷"，记明朝事。《李塨年谱》于康熙二十五年（1686）记曰："书《廿一史》经济可行者于册，曰《阅史郄视》。"[①] 同书于康熙三十三年（1694）又记曰："思明成祖尚武功，而明强，李东阳引进浮文，而明削，前明成败之大案也。书于《阅史郄视》。"[②] 据此，可基本推定前四卷始作于康熙二十五年（1686），而最后一卷在康熙三十三年（1694）还在修撰。

三 《平书订》

《平书订》之作，毫无疑问是源于《平书》。《平书》是王源的著作。康熙四十六年（1707），王源来拜会李塨，"出所著《平书》，分民、分土、建官、取士、制田、武备、理财、刑罚、淮黄、礼乐，辨宋、明之失，以复三代。请先生订。"[③] 第二年，李塨"订《平书》竣，每卷后有考辨，名曰《平书订》。"[④]

[①] 冯辰、刘调赞：《李恕谷先生年谱》。见陈山榜等点校《李塨集》，人民出版社2014年版，第1748页。

[②] 冯辰、刘调赞：《李恕谷先生年谱》。见陈山榜等点校《李塨集》，人民出版社2014年版，第1762页。

[③] 冯辰、刘调赞：《李恕谷先生年谱》。见陈山榜等点校《李塨集》，人民出版社2014年版，第1803页。

[④] 冯辰、刘调赞：《李恕谷先生年谱》。见陈山榜等点校《李塨集》，人民出版社2014年版，第1808页。

王源对自己所著《平书》甚为器重，他当众言《平书》大意曰："洗涤之干干净净，铺排之荡荡平平，安置之妥妥当当，养活之欢欢喜喜，陶淑之肃肃雍雍。"① 可以说，《平书》是王源的理想国。而书中所述，与李塨的思想则大同小异，于是李塨便录王源之原文，附自己之见解，作成此书，取名《平书订》。其自序曰：

> 王子源目睹亡明之覆辙，心追三代之善政，博学广问，日稽夜营者为《平书》，授予订之。与拙见载于《瘳忘编》《学政》诸帙者大端皆合，但予著散录，而《平书》分门递次，纲举目张，脉络贯通，可谓成矣。其中条件少有不合者，亦不敢以天下万世教养之巨而苟同也。因尽毁己著，但附拙见于各卷后，以考正之如左。②

《平书》全书分前述十目，计十五卷。之所以为十五卷者，乃因"建官"分为上中下三卷，而"制田""武备""财用"三目各为上下两卷，而其余每目一卷故也。今《平书》已佚，则此书保存其精华矣。但现《平书订》为十目十四卷，是因为李塨认为"武备"目之下卷写兵家琐事，故略去未录，所以少了一卷。

此书中所体现的王源的重农不轻工商或曰重商之思想，是难能可贵的，亦是李塨所不及的。有经济史家称王源是中国的"重商主义者"，亦不为过。

四 《拟太平策》

《拟太平策》七卷，规模却仅一万多字。盖系李塨按《周礼》之天官、地官、春官、夏官、秋官、冬官，即后世之吏、户、礼、兵、刑、工六部之职，论述政府机构设置及官员职能等政治事宜，并借此阐述了他的相关主张。他将六部之外的师保府、都察院、金吾卫等集中起来，专设一卷论述，故书为七卷。

此书刊于1731年，李塨时年已七十三岁。在该书刊刻时，他自序

---

① 冯辰、刘调赞：《李恕谷先生年谱》。见陈山榜等点校《李塨集》，人民出版社2014年版，第1804页。

② 《平书订》卷首语。见《颜李丛书》，广文书局1989年版，第1093页。

之曰：

> 《中庸》论为下不倍曰，"非天子不议礼制度考文"，而鲁《论》乃载孔子颜渊殷辂周冕进退三王，何也？《中庸》所言议制考，行其事也。孔、颜则辨论之，以待君相之用，如后世献策之类。少年阅《通鉴》，见王文中献太平十二策，心窃韪之，而惜其书之不传也。汉儒有曰："《周礼》，周公致太平之书。"宋人有云："儒者，为往圣继绝学，为万世开太平。"今幸际太平之世，明四目，达四聪，令士皆得陈言，而不思治平之策，则有负于儒矣，非为下之义矣。乃抚枕准《周礼》，拟太平策如右。

《拟太平策》虽简短，却是李塨社会政治思想的概括和总结。雍正元年（1723），清廷先拟征李塨教皇子，后又拟聘李塨修《明史》，均被方苞以李塨老病不能出为由而阻止。雍正五年（1727），69岁的李塨应方苞之邀，进京与之辨学。方苞词屈，怃然曰："愿先生急著治平书，以为世法，则正学兴、彼学退矣。"李塨归而著《拟太平策》。雍正七年（1729）六月，李塨重订之，"觉一生总结是此书"[1]，可见他对这本书的倚重。雍正九年（1731），李塨刊刻此书，却未闻上之清廷。《恕谷诗集》有《题〈万世太平策〉》诗一首云：

> 老病常怀千岁忧，
> 升平万载又何求？
> 书思拜献山龙侧，
> 胞与原来不自由。[2]

从诗中词句看，似有"拜献"未能如愿之意。书中不乏迂论，亦不少精思，唯该书简明扼要，为政论政者不妨一读。

---

[1] 冯辰、刘调赞：《李恕谷先生年谱》。见陈山榜等点校《李塨集》，人民出版社2014年版，第1850页。
[2] 《恕谷诗集》上卷。见陈山榜等点校《李塨集》，人民出版社2014年版，第1560页。

第二节　教学类

李塨极重教学，他不仅在实践上为之做出巨大贡献，而且为之留下许多宝贵著作。如《小学稽业》《大学辨业》《圣经学规纂》《论学》等，皆属此类。

一　《小学稽业》

《李恕谷先生年谱》"四十二岁"篇记有："以子侄将入学，乃著《小学稽业》，自六岁起，至十四岁止，幼仪、书数、乐舞，皆有仪注谱法。"① 可见此书始作于康熙三十九年（1700），即李塨四十二岁那年。是后，《李恕谷先生年谱》于"四十五岁"篇（1703）记有"辑《小学数学》"②，"四十六岁"篇（1704）又记有"乃辨《正字千文》之非，入《小学·学书》内"③ 和"著《小学韵语》"④ 等。而《小学稽业》书前自序则作于康熙四十四年（1705）。可见此书成非一年。

李塨曾将此书寄毛奇龄征求意见。书署孙子未订，王昆绳校。而书名则遵颜元建议而命：

> 乃进质颜习斋先生，并演幼仪歌舞，偫坐观。先生莞尔曰："子前于大学，辨业矣，兹小学，则稽古人成法，盍名稽业。"故以名。⑤

全书五卷，书法、计算、歌舞、礼仪，皆收其中，如九九乘法口

---

① 冯辰、刘调赞：《李恕谷先生年谱》。见陈山榜等点校《李塨集》，人民出版社2014年版，第1777页。
② 冯辰、刘调赞：《李恕谷先生年谱》。见陈山榜等点校《李塨集》，人民出版社2014年版，第1789页。
③ 冯辰、刘调赞：《李恕谷先生年谱》。见陈山榜等点校《李塨集》，人民出版社2014年版，第1793页。
④ 冯辰、刘调赞：《李恕谷先生年谱》。见陈山榜等点校《李塨集》，人民出版社2014年版，第1795页。
⑤ 李塨：《小学稽业·序》。见陈山榜等点校《李塨集》，人民出版社2014年版，第873页。

诀，珠算除法口诀等，既浅显易学，又有裨实用，在当时，堪称难得之小学教材。

二 《大学辨业》

据《李恕谷先生年谱》记载，《大学辨业》系李塨四十岁（1698）时所著。当时李塨正在浙江桐乡为郭金汤幕宾。其时李塨正与浙江学人毛奇龄、王复礼、钱煌等密切往来，故书中思想，隐受江南学人影响，而稍离颜元之学。如颜元训格物为亲手实做其事，认为程朱陆王之训皆未确，而李塨则认为"格即可如程朱训为至，即学也。格物致知为学文"①。

康熙三十四年（1695），李塨首次赴浙，颜元嘱以："爱惜人才，倡明圣道。"李塨自浙返里，往拜颜元，颜元评以："此行历练可佳也，惟勿染南方名士习耳。"可见颜元以其思想家的敏感，已窥见李塨思想之变化。康熙三十六年（1697），李塨再度入浙，辞行时，颜元明白嘱以"无作无益诗文"。是颜元已发现李塨误以作文为学了。而《大学辨业》正是李塨二次赴浙期间所作，同时所作还有《田赋考辨》等，皆是李塨渐近考据学派之作品。

此书刻于康熙四十年（1701）。《李恕谷先生年谱》于是年记载："吴司冠、徐少宰……捐俸为先生刻《大学辨业》《圣经学规纂》《论学》。"②可见系吴涵、徐秉义捐资所刻。

《大学》一书，原是《礼记》中的一段文字，经宋儒特别表彰，才独立出来，甚至与《论语》《孟子》等相提并论，统称《四书》。

三 《圣经学规纂》

《圣经学规纂》两卷，作于康熙二十七年（1698），在《大学辨业》之后。李塨在《圣经学规纂·序》中说："大学辨讫，续纂《圣经学规》二卷。"而纂辑此书之目的，李塨也于其中给予了说明：

---

① 李塨：《大学辨业·序》。见陈山榜等点校《李塨集》，人民出版社2014年版，第925页。
② 冯辰、刘调赞：《李恕谷先生年谱》。见陈山榜等点校《李塨集》，人民出版社2014年版，第1781页。

续纂者何也？古大学成规俱在，但恐人不实尽其道，故揭曰在明亲止善。今自宋儒表章《大学》篇以来，家闓户诵矣，五尺学童，即知明亲为道，然而古法荒蔑，帖括家鲜知《大学》中所谓三物名色者。至铮铮道学有声，问以礼乐，亦多茫然莫对，然则何由而进于明亲耶？其日讲明亲者何物耶？古圣学规，固不可不亟明于世矣。①

　　基于此，李塨选辑《论语》《中庸》《孟子》《尚书》《易经》《诗经》《周礼》《礼记》等儒家经典著作中之相关论述集成此书，并给予纵横论辩，以《论古圣正学宜急复》篇终结全书。

　　此书是李塨学教思想代表作之一。

四　《论学》

　　《论学》二卷，作于《圣经学规纂》之后。书前序曰："学明矣，而尚恐丰蔀之蹠人也，故编摘《学规》后意有不尽者，复附以朋友往复之言如左。"《论学》正文中有辛巳冬语，而该书初刻于是年初，或李塨后曾增订，亦有可能。

　　旧版《圣经学规纂》之目录最后有"附《论学》二卷"字样。现虽分别成书，但从中亦可窥见二书之关系。

　　此书亦李塨学教思想代表作之一。因语有往复，故论战性更强。

第三节　诗文类

　　颜李学派不重诗文，但他们也偶作诗文，尤其是李塨，所作诗文更为多些，如《恕谷诗集》《恕谷后集》《评乙古文》等，都属此类。

一　《恕谷诗集》

　　《恕谷诗集》收李塨诗词作品计二百三十七题。其中二百零八题中各含诗一首，二十九题中含二首以上，有多至十首者，全书共收三百零七首。但该《恕谷诗集》并未能收录李塨的所有诗作，如《李恕谷先

---

　　① 见陈山榜等点校《李塨集》，人民出版社2014年版，第957页。

生年谱》中所载逝世当日的一首绝笔"情识劫年运足伤,北邙山下月生光。九京若遇贤师友,为识滔滔可易方。"① 以及雍正三年六月所作《忧旱》诗等,均未收入。

从体裁看,李塨诗作以五言、七言为主。其中既有古体,亦有律诗、绝句,偶有骚体,长短句词作则只《踏莎行·送春》一首。唯《诗集》最后一首《白洋淀怀古》只有两句:"太平天子驴车还,设险纷然限契丹。"此下是否还有诗句,已不可考。故诗后有注云:"原册至此戛然而止,此下想尚有词,不可考矣。楷注。"②

李塨交游甚广,且友中多为文人,这就不能不受时人影响,使其诗多有应酬之作。庆贺祝吊,朋友唱和,各类均有。此类诗中虽时有佳句,但大多难逃俗套,摘引堆砌,每有所见。但颜李学派自有独到之处,即学文议政之外,身不离耕稼,这也使李塨创作了一些田园诗。为数虽不多,却清词丽句,新鲜可爱。请看其《采金簪》:

> 徐行乘早溯长林,黄艳簪头万朵金。
> 信手拈来香满苕,大王风至恰开襟。③

而其《雨中采金簪》就更可爱了:

> 两行朵朵笑迎人,黄蕊粘香袖色新。
> 应是花灵欣我返,微风细雨弄精神。④

甚至看着孩子们进园林也是乐趣,请看其《看子侄之圃》:

> 连袂两三个,寻芳四五弓。
> 瓜儿方点翠,枣子渐涂红。⑤

---

① 冯辰、刘调赞:《李恕谷先生年谱》。见陈山榜等点校《李塨集》,人民出版社2014年版,第1855页。
② 见陈山榜等点校《李塨集》,人民出版社2014年版,第1612页。
③ 见陈山榜等点校《李塨集》,人民出版社2014年版,第1577页。
④ 见陈山榜等点校《李塨集》,人民出版社2014年版,第1577页。
⑤ 见陈山榜等点校《李塨集》,人民出版社2014年版,第1592页。

就是摊场碾禾,亦能成诗,请看其《衡水彭文乾来过与观碾禾》:

> 伊人来赐顾,相与看摊场。
> 霜插云边矗,佃宾日下忙。
> 目惟营袯襫,梦不到沧桑。
> 欲叩天人策,昏眊忽已忘。①

正因为有了田园生活,才有了其咏田园美景的诗作。请看其中两首:

桃林野望

> 十里娇红缀远枝,白杨绿柳间纷披。
> 分明织就苏州锦,铺与长空作幔垂。②

即　　景

> 万里长空扫暮烟,鸢飞鱼跃总新鲜。
> 草莱知有南风转,揖让群然向北天。③

田园之上,与朋友共饮,别有一番情趣在。请看其《阎季伯兄弟过我因饮东堤》:

> 伯屿金昆玉季,相携问我烟霞。
> 设具南塾亭午,寻景东堤日斜。
> 长堤二里三里,高柳十株五株。
> 水深两行连蜷,铺地参天绿芜。
> 草茵宛成蜀锦,杯渡如倾氿泉。
> 绿鬟两班列侍,碧天当面张悬。

---

① 见陈山榜等点校《李塨集》,人民出版社 2014 年版,第 1546 页。
② 见陈山榜等点校《李塨集》,人民出版社 2014 年版,第 1611 页。
③ 见陈山榜等点校《李塨集》,人民出版社 2014 年版,第 1611 页。

不尽长河滚滚，却来过眼滔滔。
举觞问尔东下，神州何事萧骚。
落日云蒸峰屿，停桡水泛飕飗。
稚子行咏红豆，老夫揖别白鸥。①

诗酒虽乐，李塨却也未肯就此放心，而仍心系天下百姓之忧乐，所以，河堤饮酒，虽遇雨，有扫雅兴，却雅兴不减而赋《初夏之末阎季伯刘在中暨三弟益溪共饮河干遇雨》。诗曰：

载酒堤头携旧游，连枝同气共冥搜。
参天古树森森上，铺地新禾翠翠浮。
高唱欲邀锦彩住，疾雷忽起痼河流。
传闻临壤犹忧旱，伫望甘霖遍九州。②

颜李学派是一个以改造社会为己任的积极的入世学派，李塨诗作中对此亦有不少反映。如其晚年的《口号示同学诸子》和《题〈万世太平策〉》，以及前面提到的临终绝笔，都是这种进取思想的反映。

口号示同学诸子

愤乐相寻忘老至，教学互长念朋来。
流连三古经成癖，怅望千秋意未灰。③

题《万世太平策》

老病常怀千岁忧，升平万载又何求？
书思拜献山龙侧，胞与原来不自由。④

李塨的哲理诗，亦时有可读者，如《逝者》：

---

① 见陈山榜等点校《李塨集》，人民出版社2014年版，第1574页。
② 见陈山榜等点校《李塨集》，人民出版社2014年版，第1558—1559页。
③ 见陈山榜等点校《李塨集》，人民出版社2014年版，第1558页。
④ 见陈山榜等点校《李塨集》，人民出版社2014年版，第1560页。

> 不有已逝者，安得有未逝？
> 已逝有未逝，逝者究不逝。
> 吾亦旷野人，仰身付天地。
> 日月山泽列，神圣贤哲莅。
> 即吾犹在兹，含笑何所冀。①

平心而论，李塨的诗作虽不乏可读者，但李塨终难称为诗人，他只是个教育家、思想家。但是，诗，志之所之，在胸为志，发言为诗，也就是说，诗是作者最直接的思想表露，也正因如此，我们就可以以诗逆志，通过诗作去研究作者的思想与感情。李塨留下的三百多首、数千行的诗作，无疑也是研究李塨思想的珍贵史料。这大约也就是所谓"五经皆史"论断之所由吧。

《恕谷诗集》上下两卷，只有《颜李丛书》本，其前无刊刻记载。

二 《恕谷后集》

《恕谷后集》，是李塨的古文集，也可称李塨的散文集。其中收录了李塨撰写的书信、序跋、志传、铭赞、论说等各种体裁的散文。

之所以用《后集》名书，是因为其前曾有《恕谷集》。据《李塨年谱》记载，李塨向颜元正师弟礼时，就是以《瘳忘编》和《恕谷集》"为贽"的，可见当时李塨对自己的早期散文还是很器重的。李塨的早期散文，仿唐宋八大家。结识王源后，李塨质之王源，王源对其评价很低，并且理由也讲得非常充分。于是李塨为之折服，尽弃前作，是后为文，风格丕变。因之其文章在社会上引起了巨大反响。王源称赞说："恕谷之注经，超轶汉、宋，连篇片语，皆古文也。"河南主事李汝懋说："吾遍阅闻人集，钱牧斋、吴梅村犹是宋明遗习，汪苕文弱，侯朝宗亦涉摩拟，方灵皋练或伤气，王昆绳主奇变而乃有唐陈，若夫渊源圣经，旁罗百氏，雄洁奥化，不名一家，其《恕谷后集》乎！"②

李塨的散文集，刻非一次。康熙四十七年（1708），郑若洲中举，

---

① 见陈山榜等点校《李塨集》，人民出版社2014年版，第1559—1560页。
② 阎镐：《恕谷后集序》。见陈山榜等点校《李塨集》，人民出版社2014年版，第1363页。

前来谢教，为"刊先生古文数首"。《李恕谷先生年谱》于康熙五十六年（1717）记曰：应邀随肃宁举人朱苍澍到肃宁会见县令黄，赠以《论学》《恕谷后集》。而阎镐所序辑为十卷的《恕谷后集》，则序时为雍正四年，即1726年。

现今所见《恕谷后集》，无论是《颜李遗书》本，还是《颜李丛书》本，均为十三卷。且书中收有雍正六年（1728）和雍正十年（1732）的作品，而这些作品收在十卷后，且前十卷中，各种体例已备，于此可推知后三卷应系增补。《四库全书总目·别集类·存目》中，记为《恕谷后集》十卷，续刻三卷，亦当属这种理解。

《恕谷后集》确系兼具思想价值和文学价值的散文集。全书十三卷，有原刊本、《颜李遗书》本、《颜李丛书》本和《丛书集成》本等。方苞评之曰："兵随敌变，水因地流，面貌各成，机杼互换，必传之书也。"[①] 孔尚任读过卷六之《冯君传》后，亦赞叹道："屈注天潢，倒连沧海。从来传文，少此奇观。"[②] 而定州王灏也对李塨的《恕谷后集》给予高度评价，说："其文主识议，恢奇变化，不可方物，王文简公、阎氏百诗俱盛推之。"[③]

三 《评乙古文》

《评乙古文》，实际就是一部加了评点的古文选集。而这里的"古文"二字，又不可望文生义。书中既有颜元之《三字书》，塨父孝悫之《与王法乾书》，则知此"古文"之古非上古之古，而书中又有诗体之《关雎》，则知此"古文"之文亦非有别于诗体的散文之文。李塨自序其书云：

> 塨自幼治古文，规模唐宋八大家。及壮后，王昆绳过而见曰："是亦为斥鷃鸟所误而控于榆枋者也。盍宗秦汉。"问其说，一一皆解。因怃然曰："与其宗秦汉，何如宗六经？六经乃古文也。"

---

① 冯辰、刘调赞：《李恕谷先生年谱》。见陈山榜等点校《李塨集》，人民出版社2014年版，第1846页。
② 见陈山榜等点校《李塨集》，人民出版社2014年版，第1419页。
③ 《畿辅丛书》。见陈山榜、邓子平主编《颜李学派文库》，河北教育出版社2009年版，第852页。

于是教授之余，偶评乙数篇存案。①

可见这里所说的古文，实为以某种文化特征为类别者。

本书所收文章，汉及汉以前涉及《尚书》《周易》《诗经》《周礼》《礼记》《论语》《孟子》《左传》《国语》《史记》等书，唐以后仅选有韩愈《原道》、颜元《三字书》和李明性《与王法乾书》三种，从中亦可窥见晚年李塨的文章学思想之特质。

本书既然是于教授之余之偶作，可知作非一时，而刊刻时间则较明确，应为李塨自序的雍正十年（1732）。李塨时年七十四岁。"序"中写道："辛亥（1731 年）冬，白任若自南府来，曰高足杜友三、李文长知先生患病，久艰于训诲。谋公纠分资，开雕《评乙古文》示人，于先生守先待后之志，或有慊焉。"② 从中可知此书是白任若的弟子们共同筹资刊刻的。

第四节　传注类

李塨是一位经学大师，对诸经颇多研究。本节将对李塨有关著作作一简略介绍。

一　《周易传注》

《周易传注》七卷，附《周易筮考》一卷，始作于康熙四十二年（1703），历经十年，再四重订，于康熙五十一年（1712）定稿。康熙五十二年（1713）正月，李塨自为之序，并进京寻人刊刻出版。著作期间，李塨曾与李培、张纶、吴涵、胡渭生、王源、王元薲、王夬曾、陶窳、黄世发、陈光陛、恽鹤生等人作过商榷。其主旨即"圣人之作《易》，专为人事而已矣"，而批判那些"以《易》为测天道之书"者。李塨在《周易传注》序中说："夫天下万事犹吾身也。意欲订校以公之斯世，以共期寡过，共力经纶，或亦仁人君子之所许也。"③ 于此亦可

---

① 见陈山榜等点校《李塨集》，人民出版社 2014 年版，第 1251 页
② 见陈山榜等点校《李塨集》，人民出版社 2014 年版，第 1251 页
③ 见陈山榜等点校《李塨集》，人民出版社 2014 年版，第 4 页

见其著此书之目的。

此书曾被《四库全书》全文收录。《四库全书》总纂在其《提要》中是这样评价此书的：

> 是编大旨谓圣教罕言性天，乾坤四德必归人事。以下《屯》建侯、《蒙》初筮，每卦亦皆以人事立言。陈抟《龙图》、刘牧《钩隐》以及探无极、推先天者，皆使《易》道入于无用。《参同契》《三易洞玑》诸书，皆异端方技之传，其说适足以乱《易》。即五行胜负、分卦直日与一世二世三世四世诸说，亦皆于三圣所言之外再出枝节。故其说颇为明切质实，不涉支离恍惚之谈。其驳卦变之说，发例于《讼》卦象辞下，驳《河图》《洛书》之说，发例于《系辞传》，驳先天八卦之说，发例于《说卦传》。其余则但明经义，不复驳正旧文。其《凡例》谓，先儒辨难，卷不胜载，惟甚有关者，始不得已而辨之也。大抵以观象为主，而亦并用互体。于古人，多采李鼎祚《集解》；于近人，多取毛奇龄《仲氏易》《图书原舛编》、胡渭《易图明辨》。其《自序》，排击诸儒，虽未免过激，然明自隆万以后，言理者，以心学窜入《易》学，率持禅偈以诂经言，言数者，奇偶黑白，递相推衍，图日积而日多，反置象占词变吉凶悔吝于不问，其蠹蚀经术，实弊不胜穷。塨引而归之人事，深得圣人垂教之旨。其矫枉而过直，惩羹而吹齑者，分别观之，不以词害意可矣。

可以看出，其对于李塨《周易传注》的评价是相当高的，也是相当中肯的。

二　《诗经传注》

《诗经传注》八卷，作于康熙五十五年（1716），李塨时年五十八岁。李塨早年受颜元影响，以经世济民为职志，所著为《瘳忘编》《阅史郄视》《平书订》等。自从南游江浙，受毛奇龄、王复礼、阎若璩等影响，渐入考据，《田赋考辨》《郊社考辨》《禘祫考辨》《宗庙考辨》以及《大学辨业》等相继推出。中年后，自知立德立功无望，谆谆立言，于是开始注经。康熙五十三年（1714），恽鹤生来会，以《说诗》

质李塨。李塨有所感，复以《毛诗说》。鹤生予以高度评价，并建议李塨作《诗经传注》，于是乎李塨著作是书。

《诗经传注》在李塨生前并未开雕行世。直到道光二十四年（1844）才由其后人李桓等联合阖邑绅士，筹金开雕。书前附有同邑段金瓯所作序言。1923年，四存学会将是书刻入《颜李丛书》。

由于李塨对音韵学颇有研究，所以该书在讨论诗韵时颇多真知灼见。

三 《春秋传注》

《春秋传注》，始作于雍正三年（1725），雍正四年（1726）成书。全书四卷，李塨生前未梓行。同治八年（1869），高阳学人李继曾为刊刻行世。书末附有李继曾之跋。1923年，四存学会辑刻《颜李丛书》，将该书收入其中。春秋无义战。李塨在注文中，每遇争杀，必讲其"封建不可复"的思想。其实，清初颜元等人所倡之封建，根本不是要恢复到周朝的分封制去，而是要求官吏由选举产生，并且要传贤不传子，实际是在宣传一种削弱中央集权的地方自治思想。李塨不解此意，倒是雍正皇帝真正理解了此意，所以他下令不准再讨论封建问题，否则将以忤逆罪论处。

四 《论语传注》《大学传注》《中庸传注》

《论语传注》成书于康熙五十七年（1718）。李塨在《诗经传注题辞》中说，"始为《周易传注》，续之《四书传注》成。"《李恕谷先生年谱》康熙五十四年（李塨五十七岁）亦记有"注《孟子》"语，然迄今所见，仅有《论语传注》二卷、《大学传注》一卷和《中庸传注》一卷，并未见有《孟子传注》，且原因不详。李塨自作《墓志》有"同人为刻《论语》《学》《庸》传注及《传注问》"语，中亦无《孟子》，可见《四书传注》不足四书，亦可知三《传注》及《传注问》在李塨生前已雕刻行世。

李塨对其《论语传注》很为重视，成书后他还为之吟诗一首，题曰《论语传注成》。诗云：

二千载后传仍在，
五百年来运欲更。
半部笺成藏大酉，
行看万祀乐升平。①

其心可传，其情可嘉，但其欲以半部《论语》治天下的理想，却不会变成现实。社会的发展，自有它的规律，这是那时的知识分子所难以理解的。

五　《传注问》

《传注问》书前有李塨的一段题词，作于庚子端月。该庚子应为康熙五十九年，即公元 1720 年，李塨时年六十二岁。题词中讲"陆续为《传注问》"，知非一时所作。张西堂依题词定"书成于康熙五十九年"，亦有道理，即到是时该书已成也。书前还有无极学人张业书之题词，作于康熙壬寅正月。康熙壬寅为康熙六十一年，当年张业书能读到该书而为之题词，则书成其前而刻于其后当无疑义。

《传注问》以问答方式，展现李塨经学思想，因其形式较《传注》自由，故思想发挥也就更为充分。

据李塨自作《墓志》，此书初刻在其生前，约与《论语传注》等同时。收《颜李丛书》。

六　《恕谷中庸讲语》

《李恕谷先生年谱》"四十三岁"篇记云：

五月，返里。
同学二十余人约十日一会，求先生讲《中庸》。陈睿庵以先生所讲，录成卷，为《恕谷中庸讲语》。②

观此，则此书之由来详明矣。

---

① 《恕谷诗集》下卷。见陈山榜等点校《李塨集》，人民出版社 2014 年版，第 1576 页。
② 见陈山榜等点校《李塨集》，人民出版社 2014 年版，第 1782 页。

《年谱》"四十五岁"又载：宗夏看《恕谷中庸讲语》，奋然以圣贤为可为。曰："吾向以二氏为根，今拔去矣。"① 此前未见此书刊刻记载，则宗夏所看，或系手写。《恕谷中庸讲语》收《颜李丛书》。书前有陈兆兴所作序，记成书经过，知此书原拟名《中庸续统约言》，呈李塨，塨改为《恕谷中庸讲语》。睿庵即兆兴也。

第五节　礼乐类

礼、乐均属六艺。李塨重礼爱乐，留下了不少有关著作。关于礼的著作，除《学礼》外，《宗庙考辨》《郊社考辨》《禘祫考辨》《田赋考辨》等，亦属此类。而关于乐，除《小学稽业》中有一部分相关内容外，专著则只有《学乐录》一部。

一　《学礼》及四《考辨》

《学礼》五卷，作非一时。据《李恕谷先生年谱》及《学礼》等书可知，《冠礼》《昏礼》及《士相见礼》均作于康熙三十九年（1700），《祭礼》纂于康熙四十四年（1705），《丧礼》则作于康熙五十八年（1719），《学礼序》则成于康熙五十九年（1720）。《学礼序》中有"爰先锓以告学者"语，知《学礼》可能刊刻于该年。

颜李学派重礼，而李塨尤甚。他在《学礼序》中说：

> 学礼则圣学尽矣。鲁《论》曰："约之以礼。"不惟六艺之文也，即六德六行亦有礼约。约，中束之也。束，要象也。如仁而对囚流涕不能决，友而大被共卧不娶无子，乐而恒舞酗歌，皆过也，非礼曷以束而抑之？推而不及者，束之使强也亦然。子曰："立于礼。"信夫。②

而在南游杭州时，李塨说与王复礼的一段话，也彰显着他对礼乐的重视：

---

① 见陈山榜等点校《李塨集》，人民出版社2014年版，第1787页。
② 见陈山榜等点校《李塨集》，人民出版社2014年版，第997页。

《周礼》教士以六德六行六艺，而实统以礼。孔子言智廉勇艺之才德，而俱文以礼乐。求仁而视听言动必以礼，孝亲以礼，事君以礼，养德制行不出一礼也。约我以礼，齐民以礼，明德亲民皆礼也。《周礼》无所不包，而但名《周礼》。吾人修己治人之学，舍是何由？即极神圣亦不过从心所欲不逾矩，动容周旋中礼，无复奇异。而愚柔之人，苟勉行之，亦非不能为之事也。①

正因为李塨对礼极为重视，所以他有关礼的著作很多。《学礼》之外，《宗庙考辨》《禘祫考辨》《郊社考辨》《田赋考辨》等，都属此类。《宗庙考辨》主要探讨宗庙之位置；《禘祫考辨》主要探讨大祭与合祭的相关问题；《郊社考辨》主要探讨祭天和祭地等问题；惟《田赋考辨》不涉及祭祀，而是考辨军民制度。而《学礼》之五卷，依次为《冠礼》《昏礼》《丧礼》《祭礼》和《士相见礼》，皆探讨日用常礼。

《学礼》收入《四库全书总目·经部类》，《存目三》有《提要》。张潮摘录其卷五《士相见礼》入于《昭代丛书》中。《颜李遗书》《颜李丛书》《丛书集成》皆收录此书。而四《考辨》只《颜李丛书》收录。

二 《学乐录》

乐为六艺之一，李塨对乐颇感兴趣，但他多年未能寻到精通古乐的专家。康熙三十六年（1697），39 岁的李塨应邀再赴浙江，入桐乡郭金汤幕。毛奇龄向李塨致书论学，并寄赠毛氏《乐录》二部。于是李塨赴杭州，向毛奇龄学乐。关于李塨的学乐成绩，毛奇龄说："寄至《学乐》一帙大妙。不谓通人之学，能推广未备，发摅尽变至此。此道为千古来第一难事，能涉其藩篱，已夸神绝，况能排闼入室，直穷其奥尔尔。方信杜夔荀勖，尚非俊物，必如恕谷者，真盖世豪杰也。自先父伯兄亡后，此秘亦浸失其传。故宁府《五声图记歌诀》，

---

① 冯辰、刘调赞：《李恕谷先生年谱》。见陈山榜等点校《李塨集》，人民出版社 2014 年版，第 1769 页。

于乐律最属肯綮,而恍惚不能了了。多方推测,一往鹘突。每一念及,辄迷闷欲死。今得恕谷阐发,千年之秘,为之一开。实天地造化,特钟其人,以使万古元音,仍在人间。暋宗先师,必称庆地下,而世莫知也。"①

《学乐录》四卷,皆作于李塨赴杭州向毛奇龄学乐之后。卷一作于康熙三十七年(1698)至三十八年,卷二作于康熙三十九年,卷三卷四均作于康熙四十七年。卷一卷二曾被毛奇龄收刻于《西河合集》内,后被收入《四库全书》。《颜李丛书》全收四卷,并附有《竟山乐录》。平心而论,《四库全书》只收其前两卷,是很具眼光的,那确是全书精华所在。后两卷中,则有些内容属于舌辩之词,确乎不及前两卷。

第六节 其他

李塨乃史志大家。他的史志类著作虽不甚多,却是精品迭出,多有经典之作。其中《颜习斋先生年谱》《畿辅通志凡例》《作志方略》《畿辅形势论》等,都是史志名篇。人将《李恕谷先生年谱》亦视为李塨"遗著",也有几分道理,盖因该《年谱》系记李塨之言行,而其言行又多采李塨日记,而书之大部亦曾经李塨校订,李塨于是书之贡献,十不下七八,故视同李塨著作,虽勉强,却也有其道理。因此,这里亦予简要介绍。唯《作志方略》《畿辅通志凡例》《畿辅形势论》等,虽然都是方家高论,但因皆未单独刊行,只好请读者于《李恕谷先生年谱》或其他相关书籍中查阅。

一 《颜习斋先生年谱》

全书分上、下二卷②。

康熙四十三年(1704),颜元逝世。翌年六月二十五日,李塨开始撰写此书,八月十二日修毕。康熙四十六年(1707),王源订之。该书

---

① 李塨:《李氏学乐录》卷一。见陈山榜等点校《李塨集》,人民出版社2014年版,第1045页。

② 李贵荣《清初思想家李恕谷研究》写作六卷,误。见该书2001年版,供学出版社,第84页。

取材,"甲辰三月以前,本之先生追录稿,及塨所传闻,以后皆采先生《日记》。"① 李塨遵颜元立诚之道,在书中对颜元"功过并录,一字不为馒饰,以守先生之教",致使连王源也要求李塨"易而婉之",但李塨"终无曲隐者"②。李塨不仅使颜元之言行思想,跃然纸上,而且将"先生交游论定者,各附小传"。此举虽有逾谱牒成例,但其结果使大量珍贵史料得以保存,为我们研究颜元思想的形成与发展,提供了更为充分的客观依据。该书因颜元的先进思想,丰富而可信的史料,加之以李塨的生花妙笔,兼具了思想性、资料性和可读性,是年谱中不可多得的精品。梁启超称其为谱牒中之"最上乘者",③ 实非过誉。陈祖武先生认为,《习斋年谱》虽非自撰,而无异于自撰,其价值不在自谱之下,亦属的见。而李贵荣先生认为,该书"不仅执简驭繁,平实畅达,写状习斋可即可亲,音容笑貌跃然纸上,既是珍贵之史书,亦可作传记文学阅读,于清代年谱之中,堪称第二类之'最上乘者',故历来为研究谱牒学者所重视"④。此评价亦属中肯。

《颜习斋先生年谱》初刻于康熙四十六年(1707),系郑若洲捐刻。《李恕谷先生年谱》于是年记曰:"郑若洲邀先生入京,刊《习斋年谱》。"⑤ 此书不仅《颜李遗书》《颜李丛书》《丛书集成》《颜元集》等都予收录,且多次单独刊行。

二 《李恕谷先生年谱》

《李恕谷先生年谱》又名《恕谷先生年谱》《李塨年谱》等,其书名之不同,反映的是时代社会文化氛围的不同。古人对于长者,有号不称字,有字不呼名,避讳以示尊敬。而学人自称则以名,以示尊重对方。李塨的年谱,乃其弟子所撰,故称恕谷且加先生。新中国成立后,尤其是"文革"以来,中国大陆这种文化氛围丕变,故所遇古人,多直呼姓名,《李恕谷先生年谱》也就变为《李塨年谱》了。

---

① 《颜元集》,中华书局1987年版,第699页。
② 《颜元集》,中华书局1987年版,第700页。
③ 梁启超:《中国近三百年学术史》,天津古籍出版社2003年版,第365页。
④ 李贵荣:《清初思想家李恕谷研究》,供学出版社2001年版,第388—389页。
⑤ 冯辰、刘调赞:《李恕谷先生年谱》。见陈山榜等点校《李塨集》,人民出版社2014年版,第1805页。

《李恕谷先生年谱》计五卷。前四卷为冯辰撰,第五卷为刘调赞撰。所取材,庚申(1680)后,多为李塨日记,而其前则为"辰素闻于先生者"。

冯辰所撰前四卷,记李塨一岁至五十二岁事,时间为顺治十六年(1659)至康熙四十九年(1710),脱稿后曾经恽鹤生校订、李塨本人审阅。刘调赞所撰第五卷,记李塨五十三岁至七十五岁事。其中因为有几年的李塨日记丢失,故繁简差距很大。第五卷最终成书于乾隆元年(1736)。其间,李塨的学生刘廷直亦曾有续修之举,但因谱稿遗失,故未曾问世。

李塨裔孙李锴曾修订书稿,删繁补缺,使之更加完善。道光十五年(1835),李氏后人李淑将家藏谱稿付刻,第二年书成行世。

此书《颜李遗书》《颜李丛书》《丛书集成》都予收录,且多次单独刊行。

三 《讼过则例》

《讼过则例》作于康熙二十八年(1689),是本刘念台《记过格》删订而成的一本分门别类论过之书。属当时儒者们用以自省的一些规范。全书仅一卷。康熙三十四年(1695),郭金汤为刊刻于浙江桐乡任上。王复礼曾为作序。后收入《颜李丛书》。然《颜李丛书》本无王复礼序文,而书后只有李塨自己写于己巳年(康熙二十八年)的题记。

四 《学射录》

《学射录》二卷,卷一讲射法,卷二讲射经。据《李恕谷先生年谱》,此书作于康熙四十七年(1708),李塨时年五十岁。《年谱》记曰:"自勘前著《射法》未善也,毁之,更著《学射》。或云:'身端体直,用力和平,拈弓得法,架箭从容,前推后走,弓满式成。神射于的,矢命于心,精注气敛,内运外坚,前固后撒,收弓舒闲。'"[1]据此,则李塨前有《射法》矣。然《学射录》中又言,"郭子坚任桐乡,曾开雕《射法》一帙,予为序之,而词义未之尽善。"《李恕谷先生年谱》于当年亦有"子坚刊

---

[1] 冯辰、刘调赞:《李恕谷先生年谱》。见陈山榜等点校《李塨集》,人民出版社2014年版,第1807页。

《射法》，为之作序"语，是《射法》非李塨所作也。或李塨另作有《射法》一书，不得而知，于记载则未曾见到。

颜李学派主张文武兼修。其为教，首重六艺，而射则六艺之一，故甚为所重。习斋课程，旬间即有两日习射。颜元不仅教弟子习射，且与弟子较射。李塨虽出身书香门第，诗书传家，然其祖上亦很重武。塨四岁，其祖父素先翁便"弯小弓，引之学射"。① 成年后的李塨，虽于射不克有成，然"虽奔走四方，依依不能忘，凡遇能射人，无不问，遇射书，无不览也"。郭金城还曾亲教李塨骑射之法。此《学射录》即为李塨"欲教我后进"所编之教材也。至于书首所记如下故事：

> 迄今欲教我后进，不能了然于心手间。正在踌躇，无从质问，一日，忽有叟杖而见过，衣冠甚伟，瞻视非凡。拜而问道，叩其姓名，不答。但自称异叟，言曾学道深山，技击皆精。夜半为我解衣击剑，因传射法，听而观之，豁然于心。叹昔所见闻者，皆一知半解，蔓语卮言也。无何黎明，飘然而去，不知所之。因录其射法，约略所讲授者为注。或天之欲明六艺乎，何幸也。

此虽属志异之类，于中却也可窥见李塨重武重射之精神。

五 《天道偶测》

李塨之《天道偶测》作于其七十岁（1728）之岁末。是李塨据历史典籍之记述和自己多年观察天地运行而推测天地关系的一部著作。全书仅一卷，《颜李丛书》收之。其根据一千多年前的儒家典籍中的一些语言，来附会天地运行之道，实难科学，与其师颜元"日周地下""形若卵而转若轮"② 的结论相比，已逊色多了。

第七节　散佚类

李塨的著作，在别书中只见篇目或简介，而今已不见其本书者，即

---

① 冯辰、刘调赞：《李恕谷先生年谱》。见陈山榜等点校《李塨集》，人民出版社2014年版，第1729页。

② 《颜元集》，中华书局1987年版，第687页。

所谓散佚作品，约有如下十数种：

一 《学御》

此书作于康熙四十九年（1710），时李塨五十二岁，在富平县任杨慎修幕僚。是李塨在认识把总蔡麟，向蔡麟请教了骑法、饲法、相法之后所作。《李恕谷先生年谱》于是年记曰："著《学御》，骑法、饲法、相法得之瑞生者也。"① 瑞生乃把总蔡麟的字。

据张西堂讲，此书未佚，20 世纪 30 年代尚有钞本传世，只是未收入《颜李丛书》而已。山榜手边无此钞本，亦尚未见到他处存本。哪位有存，敬请赐阅，则不胜感激。

二 《求孝集》

《李恕谷先生年谱》于康熙十八年（1679）记云："纂《求孝集》，辑经书言孝之礼及昔贤与孝悫之行事，以自勉也。"② 今未见。

三 《与斯集》

《李恕谷先生年谱》于康熙二十二年（1683）记云："有所经济，书于《与斯集》。"③ 今未见。

四 《四书言仁解》

《李恕谷先生年谱》于康熙二十七年（1688）记云："思时时以仁存心，乃集《四书》言仁者通解之，曰《四书言仁解》。"④ 同年又记曰："许西山书至，言《言仁解》已得圣道之要，须以宏毅任之。"⑤ 可

---

① 冯辰、刘调赞：《李恕谷先生年谱》。见陈山榜等点校《李塨集》，人民出版社 2014 年版，第 1816 页。

② 冯辰、刘调赞：《李恕谷先生年谱》。见陈山榜等点校《李塨集》，人民出版社 2014 年版，第 1731 页。

③ 冯辰、刘调赞：《李恕谷先生年谱》。见陈山榜等点校《李塨集》，人民出版社 2014 年版，第 1741 页。

④ 冯辰、刘调赞：《李恕谷先生年谱》。见陈山榜等点校《李塨集》，人民出版社 2014 年版，第 1753 页。

⑤ 冯辰、刘调赞：《李恕谷先生年谱》。见陈山榜等点校《李塨集》，人民出版社 2014 年版，第 1754 页。

见李塨还曾以此书质许三礼。但书迄今未见。

五 《恕谷集》

李塨三十一岁时,至习斋向颜元投门人刺,以《瘳忘编》和《恕谷集》为贽。此《恕谷集》可能是李塨早年的散文集。后来李塨集《恕谷后集》,将四十五岁以前仿唐宋八大家的作品"均置之",可能《恕谷集》所收文章大多被"置之"了。

六 《诸儒论学》(又名《未坠集》)

《李恕谷先生年谱》于康熙二十八年(1689)记曰:"思程朱陆王以及今儒,各有其言之明者,录之,圣道自在也,不必与之多辩,乃册录曰《诸儒论学》。"[①]

对李塨这部著作,颜元有多次表态。康熙三十一年(1692),颜元在读到书中"关中李中孚曰:'吾儒之学,以经世为宗。自传久而谬,一变训诂,再变词艺,而儒名存实亡矣。'"这段话时,批曰:"见确如此,乃应抚台尊礼,集多士景从,亦只讲书说话而已,何不举古人三事、三物之经世者,与人习行哉!后儒之口笔,见之非,无用,见之是,亦无用,此所以吾心益伤也。"[②]

同年颜元又当面对李塨说:

> 子纂诸儒论学,名曰《未坠集》,盖忧予《存性》《存学》,大翻宋明之案,逆而难入,录其合道之言,欲使人信吾说不谬于先儒,而教易行,意甚盛也。然予未南游时,尚有将就程、朱,附之圣门支派之意,自一南游,见人人禅子,家家虚文,直与孔门敌对,必破一分程、朱,始入一分孔、孟,乃定以为孔孟、程朱,判然两途,不愿作道统中乡愿矣。且所谓未坠者,非也。未坠者,在身世也。今诸儒之论,在身乎?世乎?在口笔耳。则论之悖于孔孟,坠也,即合于孔孟,亦坠也。吾与子今日,苟言而不行,更忧

[①] 冯辰、刘调赞:《李恕谷先生年谱》。见陈山榜等点校《李塨集》,人民出版社2014年版,第1756页。

[②] 《颜元集》,中华书局1988年版,第773—774页。

其坠矣，而暇为先儒文饰，曰"未坠"哉！①

针对李塨的这部《未坠集》，颜元还特地撰写了一篇《未坠集序》，以正其说。文中颜元将自己从遵程、朱，疑程、朱，到"断与之判然两途"的心路历程交代清楚后，写道：

> 吾友刚主李氏，最爱我者，深忧吾获罪前贤，辑诸儒论学曰《未坠集》。盖欲使天下后世知诸儒之言，亦有合于吾说，吾说为不谬于诸儒，顺其势而救之，使道明而予亦无罪，意甚善也。然吾深痛三事、三物之道竟亡，而天下无儒，不能作道统中乡愿矣。嗟乎！端木子云："文武之道未堕于地，在人。"谓道在人身而未坠也。今观诸儒之论，在其身乎？在世乎？徒纸笔耳。则言之悖于尧、舜、周、孔者，坠也，言之不悖于尧、舜、周、孔者，亦坠也。故予读之而心益伤。②

看到颜元对《未坠集》的批判，李塨之弃之不再收录，也应当就不难理解了。

七 《陶渊明集》

李塨在桐乡作郭金汤幕僚时所辑，今未见。

八 《韩昌黎文》

亦李塨在桐乡所为，今未见。

九 《律注》

亦作于桐乡。《李恕谷先生年谱》记云："注律，思律意皆出人罪也，无可出，乃入之。"③，今未见。

---

① 《颜元集》，中华书局1987年版，第774页。
② 《颜元集》，中华书局1987年版，第397—398页。
③ 冯辰、刘调赞：《李恕谷先生年谱》。见陈山榜等点校《李塨集》，人民出版社2014年版，第1766页。

十 《学易》

亦于四十岁作于桐乡,《李塨年谱》有"录《学易》"[1]之记载。今未见。张西堂认为"以后改为《易经传注》"[2],也有可能。

十一 《学政》

李塨自作《墓志》及《平书订》卷首语均提到著有此书,今未见。或为他书之异名。

十二 《运心编》

李塨《上毛河右先生书》[3]中提到有此著作,今未见。

十三 《览天主书辨》

亦是在《上毛河右先生书》中提到,今未见。

十四 《孟子传注》

《李恕谷先生年谱》"五十七岁"篇有"注《孟子》"语。[4] 书未见,详"传注类"。

十五 《治平事》

《李恕谷先生年谱》于"二十二岁"篇记有"纂《治平事》",今未见。

十六 《圣学成法》

《圣学成法》,郭金汤为刊刻于桐乡任上,时间为康熙三十四年(1695)。举人仲开一曾为之作跋。书作于何时不详。今未见。

---

[1] 冯辰、刘调赞:《李恕谷先生年谱》。见陈山榜等点校《李塨集》,人民出版社2014年版,第1772页。
[2] 张西堂:《颜习斋学谱》,明文书局1994年版,第202页。
[3] 《颜李丛书》,广文书局1989年版,第1260页。
[4] 冯辰、刘调赞:《李恕谷先生年谱》。见陈山榜等点校《李塨集》,人民出版社2014年版,第1824页。

《李恕谷先生年谱》有此记载，冯辰为李塨所写祭文中亦提及此书。张西堂推测可能是"改为《大学辨业》或《圣经学规纂》"① 不知有无根据，不敢妄测擅断。从书名看，或更为接近《圣经学规纂》。

十七 《恕谷古文》

《恕谷古文》乃郑若洲中举后为报师恩而为李塨刊刻的。时间为康熙四十七年（1708）。《李恕谷先生年谱》于是年记云："郑若洲中举人，来谢教，刊先生古文数首。"② 因此书已经散佚，故书中收录了李塨哪些著作，已不可考。

后记　李塨著作点校整理与刊刻出版情况述略

李塨或与李塨紧密相关的著作，迄今所能见到的有 30 种，计 109 卷。其中 28 种为李塨自己撰著。另外两种，一是《恕谷中庸讲语》，是其弟子听其讲《中庸》的笔录，已经李塨审阅认可，并且书名亦依李塨建议而命。一是《李恕谷先生年谱》，系其弟子在其指导下，主要据其日记而修纂。关于李塨著作在其生前的刊刻出版情况，李塨在其自作《李子恕谷墓志》中有一记述：

> 前在都，徐少宰秉义、吴都宪涵为刻《大学辨业》《学规纂》。至是，同人为刻《论语》《学》《庸》传注及《传注问》，又刻《易经传注》《学礼》《小学稽业》，门人又刻《恕谷后集》，毛河右开雕《李氏学乐录》于浙。③

---

① 张西堂：《颜习斋学谱》，明文书局1994年版，第201页。
② 冯辰、刘调赞：《李恕谷先生年谱》。见陈山榜等点校《李塨集》，人民出版社2014年版，第1808页。
③ 见陈山榜等点校《李塨集》，人民出版社2014年版，第1493页。

但这只是李塨晚年回顾之概述，尚有遗漏。据《李恕谷先生年谱》及诸书序跋等资料记载，康熙三十四年（1695），郭金汤曾在浙为其刊刻《圣学成法》《与酉山先生书》及《讼过则例》三种。《讼过则例》今仍单独成书，《与酉山先生书》后收入《恕谷后集》，而《圣学成法》已佚。

康熙四十年（1701），徐秉义、吴涵为其刊刻《大学辨业》和《圣经学规纂》时，同时还刻有《论学》一种。

康熙四十六年（1707），门生郑若洲为其刊刻《习斋年谱》。翌年，再为刻《恕谷古文》。

雍正九年（1731），刻《拟太平策》。此书未记何人捐助，或为李塨自刻。

雍正十年（1732），白任若弟子共出分资，为刻《评乙古文》。

这样算来，现存李塨著作单行本，在其生前已有十六种刊刻出版。

道光二十四年（1844），李氏后人李桓、李枢发起集资，刻《诗经传注》，蠡县学人刘化南为其校勘。

同治八年（1869），高阳李继曾为刻《春秋传注》。

李塨的著作，以其价值非凡，历来为丛书编者所重。清廷编《四库全书》，收有李塨《周易传注》和《李氏学乐录》（二卷）两种，并有多种存目。

王灏刻《畿辅丛书》，收李塨著作十二种：《颜习斋先生年谱》《圣经学规纂》《论学》《小学稽业》《大学辨业》《学礼》《学射录》《阅史郄视》《评乙古文》《拟太平策》《恕谷后集》《平书订》。同时收有《李恕谷先生年谱》。

20 世纪，商务印书馆和中华书局出版《丛书集成》，都收有李塨的著作，篇目大体与《畿辅丛书》同，但都作了初步点断。

20 世纪末 21 世纪初，齐鲁书社出版《四库全书存目丛书》，收李塨著作十种：《郊社考辨》《学礼》《论语传注》《大学传注》《中庸传注》《传注问》《大学辨业》《圣经学规纂》《论学》《小学稽业》。而其《四库全书存目丛书补编》则收有《恕谷后集》。

上海古籍出版社出版《续修四库全书》，收李塨著作十三种：《郊社考辨》《春秋传注》《大学辨业》《中庸传注》《中庸传注问》《恕谷中庸讲语》《阅史郄视》《颜习斋先生年谱》《平书订》《圣经学规纂》《论学》《小学稽业》《恕谷后集》。

1923 年，四存学会刊《颜李丛书》，李塨的绝大部分著作悉数收入。1965 年，台湾广文书局将其影印出版，并于 1989 年再次印行。

2009 年，河北教育出版社出版陈山榜、邓子平主编的《颜李学派文库》，其中收录李塨著作九种：《颜习斋先生年谱》《恕谷后集》《恕谷诗集》《大学辨业》《论学》《阅史郄视》《瘳忘编》《平书订》《拟太平策》。同时收有《李恕谷先生年谱》。这是李塨著作最早的简体横排本。

2011 年，河北人民出版社出版《李塨文集》。这是第一个专门收录李塨著作的文集。其格式基本与《颜李学派文库》相同，只是增加了《圣经学规纂》一书。署名为邓子平、陈山榜点校。

2006 年，国家清史编委会立项《李塨集》，主持人为陈山榜。参与整理点校的有陈山榜、王志梅、霍红伟、苏文珠、王春阳、张圣洁、吴洪成、李瑞芳、赵娟、张华等。山榜的恩师，国务院学位委员会学科组原成员，北京师范大学博士生导师，著名教育史专家王炳照教授，河北师范大学博士生导师苑书义教授、秦进才教授、董丛林教授，华中师范大学博士生导师余子侠教授，东北师范大学博士生导师曲铁华教授，河北大学博士生导师李振纲教授，河北教育出版社原社长兼总编辑邓子平编审等，都给予了亲切指导和通力支持。在国家清史编委会戴逸、李诚如、马大正等几位主任的亲切关怀下，在文献处陈桦处长和指导专家黄爱平教授的热心指导下，经过六年多的努力，整理点校工作胜利完成。2013 年顺利结项，结果为优。2014 年，人民出版社出版《李塨集》，繁体横排，署名陈山榜等点校。这是李塨著作第一个完整的单行本。

2013 年，河北省委省政府决定成立《燕赵文库》编委会。编委会成立伊始，便将《李塨全集》列入出版计划，并安排由陈山榜负责此书的整理编订工作。2017 年，五卷本的《李塨全集》由河北人民出版社出版。这是李塨著作收录最全的第一个简体横排本。署名陈山榜编。

2018年,河北人民出版社出版陈山榜整理的简体横排本《颜李丛书》。这是四存学会1923年汇刻《颜李丛书》95年后首次在中国大陆整理出版。原书所收李塨著作悉数保存在新版本中。

附　　录

李塨年表

年岁	言行	时事
顺治十六年 己亥 （1659） 1岁	闰三月二十四日卯时，李塨出生，乳名四友。其有记载之远祖名进忠，本小兴州人，明初，迁蠡县西曹家蕞村。历六世，至高祖，名运。其曾祖名应试，号鹏庵，为县学生员。祖父名彩，字素先。父名明性，字洞初，号晦夫，谥孝悫，县学生员。其嫡母姓马，系同乡马氏之女；生母亦姓马，为易州世袭锦衣卫指挥马斌之女。 李塨是西曹家蕞村人，但可能蠡县城才是其出生地。据记载，其祖上自迁西曹家蕞村后，经过几代人的努力，终成田宅大户。但到清初，遇清朝贵族圈地，"宅田皆属驻牧"，也就是说其田宅皆被圈占，故只好迁居蠡县城内谋生，而李塨恰是在这时出生的："时孝悫先生奉素先翁居蠡城。"	颜元与孙奇逢弟子王五修订交
顺治十七年 庚子 （1660） 2岁		正月二十五日，清廷下令严禁结社订盟
顺治十八年 辛丑 （1661） 3岁		颜元始谒刁包，得其所辑《斯文正统》。 陆世仪刊《思辨录》。 郑成功收复台湾。 江苏吴县诸生因哭庙被杀18人，其中有金圣叹
康熙元年 壬寅 （1662） 4岁	听父亲讲授《孝经》《内则》《少仪》及古诗。 祖父引导学射	郑成功卒。 孙奇逢《书经近指》成。 黄宗羲著《明夷待访录》

续表

年岁	言行	时事
康熙二年 癸卯 （1663） 5岁		颜元始交王养粹。 乡会试停止八股文，改用策论表判。 孙奇逢刻《四书近指》。 黄宗羲《明夷待访录》书成。 庄廷鑨因《明史》案被戮尸。株连被杀70余人，其中斩决凌迟处死者18人。诸人妻子皆流徙
康熙三年 甲辰 （1664） 6岁		钱谦益卒
康熙四年 乙巳 1665年 7岁		颜元访李明性。 清廷决定乡会试恢复三场旧制，仍以八股文取士
康熙五年 丙午 （1666） 8岁	入小学。由其父李明性教学幼仪，读经书。 取名"塨"。以塨为名者，"恭欲其谦，土欲其实也"	吕留良弃诸生，以不应试除名
康熙六年 丁未 （1667） 9岁		黄宗羲等复兴证人书院讲会
康熙七年 戊申 （1668） 10岁		颜元始悟宋学之非。 黄宗羲在甬上，始有讲经会
康熙八年 己酉 （1669） 11岁	二月，祖父李彩去世，享年八十七岁。李明性率李塨回西曹家蕞村居住。 李塨开始学习作文	颜元更思古斋为习斋，著《存性编》《存学编》及《农政要务》。 清廷命停止圈地。 刁包卒
康熙九年 庚戌 （1670） 12岁		顾炎武初刻《日知录》。 颜元与孙奇逢书论学

续表

年岁	言行	时　事
康熙十年 辛亥 （1671） 13 岁		方以智、吴伟业卒。 颜元补六艺、六府于开蒙《三字书》内。除夕，颜元方以"元"为名
康熙十一年 壬子 （1672） 14 岁	祖母吴氏去世，享年八十八岁	颜元与陆世仪书论学。 陆世仪卒
康熙十二年 癸丑 （1673） 15 岁	塨父辈兄弟析居，即农村俗称之分家。年底，娶蠡县北泗村王至顺为妻。岳父名蕴奇，蠡县生员。妻兄即颜元好友王养粹	吴三桂举兵。 禁民间养马。 颜元还博野北杨村，复颜姓
康熙十三年 甲寅 （1674） 16 岁		张履祥卒。 清廷对吴三桂大举用兵。 颜元谋东出山海关寻父不得，修家谱
康熙十四年 乙卯 （1675） 17 岁	十二月二十八日，妻王至顺去世，享年十八岁。十三年后，李塨为之作传	孙奇逢卒。 为解决战争军饷，清廷开捐例。 颜元申订"习斋教条"
康熙十五年 丙辰 （1676） 18 岁	叔父余初去世。塨父率塨再入县城居住。 论读书、学问："吾少年读书，强记四五过，始成诵，比时同学者多如此。而予迤后阅书几万卷者，好故也。故学只在好，不在质高。""人知学之美，而不知问之益。海内贤哲穷年所学者，吾一问而得之，其益岂不大哉"	颜元教学生不却名利
康熙十六年 丁巳 （1677） 19 岁	娶马氏为妻。 岁考，进县学生员第一名。其文为学院吴国对开雕行世	画家王鉴卒。 颜元访问"知兵、能技击、精西洋数学"的安平诸生杨计公
康熙十七年 戊午 （1678） 20 岁	科考一等，辞不补廪	吴三桂死。 清廷诏征博学鸿儒
康熙十八年 己未 （1679） 21 岁	邢台李毅武来订交。 塨与李毅武拜访颜元于贾子一塾。"自此深以习斋学习六艺为是，遂却八比专正学。" 交刘见田，向刘学数。 纂《求孝集》	王夫之著《庄子通》。 试博学鸿儒

续表

年岁	言行	时事
康熙十九年 庚申 （1680） 22岁	以力田不足以养亲，开始习医卖药。 五月，往谒颜元，学《曲礼》。 七月，谏颜元卖恻事。与颜元讨论为贤者讳。 颜元曰："学者勿以转移之权委之气数，一人行之为学术，众人从之为风俗。民之瘼矣，尚忍膜外？"李塨泣下，谓颜元曰："谓气质有恶而变化之，不可；谓气质有偏而变化之，无不可。《存性编》所驳，宜酌也。" 习礼、习数，观《周礼》《仪礼》《礼记》及《家礼铨补》，读《周易》，到药，教培、埈以学。 从张函白学琴。 与李毅武论学文非只诵读。 纂《治平事》	针对宋儒"习静"，颜元提倡"习动"。 吕留良削发为僧。 黄宗羲自订《南雷文案》。 薛凤祚、魏禧、王时敏卒
康熙二十年 辛酉 （1681） 23岁	正月，跟颜元去献县拜王五公，请教边外守边、河外守河、江外守江之法。 评《习斋日记》，见有"忧刚主有其才而无其学"句，遂决心传颜元之学，曰："咫尺习斋，天成我也，不传其学，是自弃弃天矣。" 与李毅武论力行可以克骄。 二月，刘壮吉、张汉、张澍、王自新从学。这是除弟弟之外的有记录的第一批学生。 订立《恕谷学教》。 因拒借乘事与刘见田言平日三不轻：不轻与富交，不轻与贵交，不轻乞假。皆恐彼骄而我畏也。 阅《此书》，停止习开方法。 问射法于赵锡之、汪若纪。 与张文升共习韬钤，颜元至蠡县城，则商酌彻昼夜。 作《平海寇策》	张武承著《王学质疑》。 种牛痘始获推广
康熙二十一年 壬戌 （1682） 24岁	正月初八，设筵款友娱亲，颜元因有《穀日燕记》。 阅《纪效新书》《武备志》、王阳明《兵机》。 思天下皆壮人也，自有理学、书生二派，而皆成懦人。 认为天有上帝。曰："门有神，山有神，岂天而无主宰之神乎？《诗》曰'在帝左右'，《书》曰'予畏上帝'，非有而何？" 书《日课》（即言行规范）于壁以自警。 认为明末征折色不征本色是一弊政	顾炎武、朱舜水卒

续表

年岁	言行	时事
康熙二十二年 癸亥 (1683) 25 岁	阅《律吕精义》《经世实用编》《春秋繁露》。与张文升共考《九边图》。听颜元讲虞学、火学。请王五公来传枪法、刀法。 赴易州考，会王五公之良友田治埏、冯绘生、管公式。同颜元、张文升、王曙光等，望荆轲山，过源泉河，登太和峰，高歌畅饮。 著《与斯集》《嗟哉行》，始作《瘳忘编》。 八月，携妻及三弟、四弟、五弟入刘村，馆赵太若家，赵暐、赵昕、赵暽、赵士秀、郭藩从学。 九月十九日戌时，父李明性去世，享年六十九岁。 前一日，父嘱塨宜终刘村馆，以养两母四弟。 逝前颜元求教。明性言："有始有终足矣。" 逝前其父嘱李塨从学颜元。 十一月，返刘村赵太若馆	吕留良卒。 施琅克台
康熙二十三年 甲子 (1684) 26 岁	七月，辞刘村馆。 十二月，为养家计，答应与张函白同赴保安州幕	始纂《大清会典》。 琉球官生四人入国子监读书
康熙二十四年 乙丑 (1685) 27 岁	正月，离乡北行，与张函白同赴保安州。 二月，出居庸关，渡洋河，至保安州署。 三月，因函白与主人不合，塨随函白离开保安州。 路过北京，申佐领聘李塨馆其家，令子奇章从学。 六月，董汉儒、董汉杰、郭镁从学。 七月，以省母归。再入京后馆郭金汤家，郭镁等也来就学。 阅徐圃臣《天元历法》。与其门人姚苏门算日月交食。 于南溟出任县令，问政，塨为建《小康策》。 岁暮，作《别子固序》，回蠡县	张武承卒。 纳兰性德卒。 颜元自辽东奉父主归
康熙二十五年 丙寅 (1686) 28 岁	入京，与郭金城同游西山。 学琴于冯颖明。 郭金城赠万应方：明目一双，和气一团，虚心一片。 宗人府华显来拜，问学。 都统李六仪宾请见，见之。 为南溟解律，曰："律繁晦，则吏易为奸。简而明，律道也。" 四月，朝考，有怀塨文入考者，搜出。李塨因之被刑部传讯。 五月，旋里省亲，六月返京。 阅许三礼《圣学直指》。 赵泰岩侍郎来会，谢为开脱罪责事。 杨湛子太仆来拜，言许酉山学品，于是往拜求教。 作《上许西山书》。 始作《阅史郄视》。 作《上许西山先生书》。 郭郁甫选东莞令，请同往，辞。 之西山斋求教。 国戚索公聘设帐，力辞。再聘，又辞。作《辞索公聘》二首。 陈朗公、伊介公力求来春设帐其家，许之，约率旧门人皆学其斋	颜元弃诸生。 魏裔介卒

续表

年岁	言行	时事
康熙二十六年 丁卯 （1687） 29岁	同函白人杨村，拜见颜元。 李毅武卒，塨亲吊其父，且具奠仪祭文，倩人往祭。后为作《墓表》。 率弟培赴都入馆。伊维藩、伊维城、祁萧臣从学。董汉儒、董汉杰、郭镁、郭培仍来就学。 应徐澄源邀，同拜张丰村。丰村为费密弟子。 丰村来拜，语之曰："纸上之阅历多，则世事之阅历少；笔墨之精神多，则经济之精神少。宋明之亡，此物此志也。望贤者勿溺。" 陈健夫尚程朱，问《五经》，塨答曰："《诗》以作乐。《书》之要在六府、三事，六府恐废缺故修，三事恐偏庾故和。《礼》必实行，故孔子曰执礼。《春秋》，孔子之政事也。《易》呈道于象，诏之寡过也。今世之学，徒事记诵，与古迥异。古四术三物，仕即其学，学即其仕。今学，徒占毕非所用，用责干济非所学，而世事坏矣。" 初交周青士，会诗。 五月，辞京馆归。 齐燧侯聘设馆庞家藁，五弟埍、节白之孙振镁随去从学。 定：每日三分商治道，三分究经史，三分理制艺，一分习医，而以省身心为之主。 阅刘子政《新序》、贾谊《新书》、刘邵《人物志》。 九月，王楫从学。 十月，王青甸、王宏度从学。 大学士明公侹开公聘设帐其家，力辞。作《辞开公聘》一首。 周青士卒。作《挽周青士》一首。 《瘳忘编》成书	许三礼致书颜元论学。 颜元为李塨订《阅史郄视》。 李毅武卒
康熙二十七年 戊辰 （1688） 30岁	入献县，哭奠王五公，选《五公文集》 致书费密论学。密字此度，号燕峰，成都人。其回信有言："古之名儒，多在北方，以诚实有力，能任圣道也。" 二月，将母及培、埈二弟，从侄振镁，从孙曾达，同入庞家藁馆。 思洁士不可大用，以其如鲜花，不耐风尘也；烈士不可大用，以其如利刃，不耐挫折也。 集《四书言仁解》。 自号恕谷。 思天下治振奋，乱懈弛；治朴实，乱浮华；治法网宽，豪杰尽才，乱法网密，英雄束手。 六月，王曙光病，请李塨至献县，以五公《五囊书》及《文集》付之。 十一月入京见郭金城。 年底解庞家藁馆归	南怀仁卒

续表

年岁	言行	时事
康熙二十八年 己巳 (1689) 31岁	二月，李塨向颜元正师弟礼，以《瘳忘编》《恕谷集》为贽。 三月，赵锡之聘设馆于赵家庄，赵宏泽、赵宏济、赵宏深、赵宏澍从学。 作《存性编序》《存学编序》《存治编序》《诸儒论学》《讼过则例》。 郭金汤来见李塨。 思每会颜先生讦讥致愧报，无以自容，非是，则愚昧安有成哉。 华显来李塨家问学。显后官至川陕总督，以书招李塨，塨未去。 与颜元论义利取与，有不同	《中俄尼布楚条约》签订。 直隶巡抚于成龙悬匾表彰颜元
康熙二十九年 庚午 (1690) 32岁	赵锡之勉以应试，乃为举业。 六月，乔百一书来论学。 八月赴京应乡试，中式	解民间养马之禁。 康熙用兵噶尔丹
康熙三十年 辛未 (1691) 33岁	入京春试，正月九日，往拜许酉山，而许酉山即以是日卒。 之安平，向杨静甫请教水学玉衡恒升龙尾三车法及测天法。 闰七月十六日，嫡母去世。为作《行述》	颜元南游中州。 许三礼卒。 王源与方苞订交。 程廷祚生
康熙三十一年 壬申 (1692) 34岁	应阎公度聘，馆新兴，阎键、阎锏、阎铨、阎钰、阎茂宗、阎世昌、彭如龙、彭犹龙、彭斋春从学。四弟、五弟随去上学。 湖广谭彩曜来拜，问学。已而书至，内有"今之书生不知实学为何物"语。 管廷耀执贽问学	颜元批评李塨之作《未坠集》。 王夫之、陆陇其、顾祖禹卒
康熙三十二年 癸酉 (1693) 35岁	命三弟亦到新兴上学。 三月，王辅臣从学。 思颜先生之强不可及。 思与俗人校则俗，与妄人校则妄。 思孔子终日乾乾，迁善改过，自谓己是者，道外人也	设计师雷发达卒
康熙三十三年 甲戌 (1694) 36岁	赴春闱，颜元嘱以求友。 郭金城出资，为置侧室马氏。 致李中孚书，论学。 端午，入杨村会学，质《日谱》，演冠礼，鼓琴，习数，议经济。 从彭雪翁学书。 费燕峰书至，论学。 齐燧侯被人诬告，入京解之。 辞新兴馆。 续作《阅史郄视》一卷	徐乾学卒

续表

年岁	言行	时事
康熙三十四年 乙亥 (1695) 37岁	正月，李塨往桐乡。临行，颜元嘱以"爱惜人才，倡明圣道"。 过扬州，拜蔡瞻，与言颜元《存学》大旨，瞻击节称是。 拜其师费密，密病不能会，遣其次子滋衡来谒。 郭金汤刊李塨《圣学成法》及《与西山先生书》。 在杭州，问人，得王复礼，病，不能出会，送所著《三子定论》，于是李塨达以书，谓："论朱、陆、王三子，当以孔孟为断。合于孔孟，三子即各诣无害也；不合孔孟，三子即同归无取也。" 举人仲开一为《圣学成法》作跋。 钱煌为《阅史郗视》作跋。 为金汤《射法》作序。 王复礼书至，其论以孔孟为的，六经为证，躬行为主。李塨辣然起敬。 与王复礼书，言"格物即学文，物即《周礼》之三物"。 金城书至，规刊书无关经济。李塨复书，曰："吾友恐予蹈书生文士之习，诚为雅意。然天下之无经济，由学术差。辨学，正经济天下万世之事也。" 七月，如杭州，与王复礼再三聚。 金汤刻李塨《讼过则例》，王复礼为作序。 八月三日，登吴山酒楼，观钱塘潮。 辞幕归，过苏州，游虎邱。经淮安，过德州，九月到家。 谒颜元质学，颜元曰："此行历练可佳也，惟勿染南方名士习耳"	黄宗羲、刘献廷卒
康熙三十五年 丙子 (1696) 38岁	正月入京，见金城，商桐乡事。 二月归。 三月，郭金城延入京，其子郭宏从学。 毛奇龄寄李塨《驳〈太极图〉》《驳〈河图〉〈洛书〉》。 金城邀游西山，教李塨骑射。 于名世求为论史，馈粮二石	康熙再度用兵噶尔丹，大败之。 颜元主教漳南书院
康熙三十六年 丁丑 (1697) 39岁	正月，复入郭金城馆。 肥乡郝公函来，论学肄礼。 湖州宋瑾来拜。 闰三月返里，病。七月，复入京。 八月旋里，郭金城出资，买东庄田60亩。 九月，复入浙，抵桐乡，入郭金汤幕。此次出行，颜元嘱以"无作无益诗文"。 修《上颜先生书》。 辑《陶渊明集》。 选《韩昌黎文》。 毛奇龄致书论学，馈所著《乐录》二部。前往杭州向毛奇龄学乐	康熙三征噶尔丹，噶尔丹饮药自杀。 定兴刘荣刊颜元改订之王应麟《三字书》

续表

年岁	言行	时事
康熙三十七年 戊寅 (1698) 40岁	阅《古今通韵》。 李塨求毛奇龄作《孝悫墓表》。 阅毛奇龄《古今通韵》，谓古平、上、去三声通用，分四声者，始于六朝，非古。 阅《仲氏易》。 著《大学辨业》。 著《圣经学规纂》。 上书毛奇龄。 作《乐录跋》。 毛奇龄寄书称李塨为"千秋一人"。 李塨投受业刺于毛奇龄。因问乐、问《易》、问韵，片时毛纸十余往复。 李塨寄书毛奇龄论《易》，毛回信，有"年兄此来，助我非浅。旧刻指颣，千秋不蒙。将来诸注，全赖维持。前人所谓附青云而益显者，正谓此也""天既生某，又生是人，必非无谓，吾学从此兴矣。昨承过下，深不敢当，今反当自任""非敢僭妄，以为此为学，非为己也""恕谷观书如观水，寓目即驶，而洞若观火，无纤微不彻。此岂汉后诸儒可比数者！千古学人，惟君与仆矣"等语。 娶杭州吕氏女。居署旁"留春楼"。 李塨上书毛奇龄，论《尚书》真伪。 录《学易》。 录《学乐》。 宋豫莘自湖州来探望李塨。李塨为其讲解颜元"主静近禅"之理。 六月，郭金汤摄嘉善篆，李塨同往理刑名钱谷事。 于南溟请入广，辞之。 思善引人者，其言半是，从其半而奖掖之；不能容人者，其言半非，即其半而驳折之。 考郊社、禘祫诸礼，乃知《文献通考》诸书皆疏略。 著《田赋考辨》。 十二月十二日，吕氏生子，即习仁。	永定河开
康熙三十八年 己卯 (1699) 41岁	阅毛奇龄《诗解》，知小序不可废。 到杭州作别毛奇龄，质乐律、田赋诸学，并向毛氏指出《定声录》之失，毛认可。 别王复礼，质存养。 乘粮船北归。留书周好生，嘱以实行。 寄书宋豫莘，称其辟佛之功。 作《留春楼记》。 著《宫调图》《七调全图》。画《十二律隔八相生旋相为宫合图》《器色七声隔八相生图》《七声旋宫图》《籥色下生上生图》《五音七声十二律器色七字为七调还宫相生全图》。 至淮安，访阎若璩，论学。 答或问，论智仁勇为三达德。 读《诗》，思朱子叶韵之非。 七月到家。往哭王养粹。 往拜习斋先生。 八月，入京吊郭金城祖母丧。 反里后阅孝悫《论语讲义》，重六艺经济，知孝悫早已见圣学了。	王养粹卒

续表

年岁	言行	时事
康熙三十九年 庚辰 （1700） 42岁	入京会试。 收到毛奇龄所寄《春秋毛传》，遂上毛氏书曰： 自客岁拜别函丈，过淮上，晤阎潜邱，因论及《古文尚书》。塨曰毛先生有新著云云，潜邱大惊，索阅，示之。潜邱且阅且顾其子曰："此书乃专难我耶。"塨曰："求先生终定之。"潜邱强笑曰："我自言我是耳。"塨曰："不然。圣经在天壤，原非借之作门户者，况学殖如先生，惟是是从，何论人己？"已而再面，辨析他书甚夥，毫不及《尚书》事，想已屈服矣。途间，思《五声图诀》，似有所得，谨写出求教。场前晤充有、姬潢二世兄，姬潢曰："先生望吾子成名，甚于愚昆季，以昌明圣道赖之也。"及出闱，互相衡文，似可入彀，比揭晓而寂然。然先生勿为塨介介也。此际塨筹之熟矣。谓仕显而道可明，塨谓仕显亦未必能明道也。何者？将直道而行耶，恐方圆龃龉，方救过卸祸之不暇，何道之明！如其与世委蛇耶，则品先靡矣。千载后论学术，先论人品，吾虽有言，只为虚设。则进而不进，若隐若见，未必非天之留意吾道，而责于愚劣者不轻也。《尚书冤词》辨博而确，真可杜惑者之口矣。近之诋《三礼》者又纷如矣，先生尚欲正之乎？但先生辨驳先儒，原非得已，而无知者妄起争端，或者大呼之下，济以婉音，亦可乎？ 吴匪庵请李塨设馆其府，教子侄六艺之学，李塨许以后期。 晤王源，论学甚契。 返里，汤阴朱敬来拜，学习六艺，居二旬乃去。 四月，入京，金德纯来拜，论学。 吴匪庵复请，馆其府，教其子侄吴关杰、吴用楫、吴师栻数学、乐学。 晤宿迁徐用锡坛长。徐曾去蠡县访塨，适值塨外出不在家，故未能谋面。 为徐秉义解敷浅原和三江。 金德纯设宴相邀，与万斯同、胡渭生等首次聚会。 五月，应时任应州任的于南溟之邀，出居庸关，入应州，会于南溟。 六月，回到蠡县。 著《小学稽业》	

续表

年岁	言行	时事
康熙三十九年 庚辰 （1700） 42岁	毛奇龄致书，称李塨为"盖世豪杰"，并认为李塨所作乐书极具价值。 著《六律正五音图说》。 九月，入京。临行，颜元嘱以"勿染名利"，李塨回答说："非敢求名利也，将以有为也。先生不交时贵，塨不论贵贱，惟其人。先生高尚不出，塨惟道是问，可明则明，可行则行。先生不与乡人事，塨于地方利弊，可陈于当道，悉陈之。先生一介不取，塨遵孟子可食则食之，但求归洁其身，与先生同耳。"颜元首肯。 王源见《大学辨业》，深以为是，因订共学。 徐用锡欲呈《大学辨业》《学乐》给李光地，李塨辞以不可。 李抚院（光地）虚左以望，辞不往。 拜见孔尚任，论乐。尚任时任主事。 拜会窦克勤，论学。克勤时任检讨。 看胡渭生《易图明辨》，言太极、先天、《河图》《洛书》之非。 浙江邵允斯寄书李塨，塨复书讲为学事。 上书毛奇龄，求教。毛复书，盛称李塨英俊，盖世一人，且告知已将《学乐》二卷收入其《西河合集》。 谓素公曰："予向入京，不先见贵显，今为明道计，其贤而乐延访者或先或后不拘。" 万斯同与李塨论读书、宗庙和书法等。 宁波毛孝章来访。其师潘平格言："朱子误于老，陆子误于释。" 听孔尚任歌《大成乐》，李塨讲黄钟为徵之误。 思古学问二字相连，今人不好学，尤不好问。予每交一人，必求尽其长，勉于问也。 著《宗庙考辩》。 撰《冠礼》《昏礼》《士相见礼》。 同孔尚任考文武舞仪。 与王源谈治术。 著《禘祫考辨》《郊社考辨》。 拜王颐庵。 应万斯同之邀，赴其讲会。 同孔尚任访刘绰然。 约会王源于曹乾斋宅。王源说："习斋之学，直接周孔。" 拜晤王士禛尚书，答格物、《诗经》之问。 与王源同榻，王源决计受业颜元	王源决定受业颜元。 郭金城卒

续表

年岁	言行	时事
康熙四十年辛巳 (1701) 43岁	正月入京，哭奠郭金城。 十六日病，司寇公为亲调药饵，徐少宰前来探望。 拜会侍郎许汝霖，论学。 孔尚任设宴，同陈心简、万季野、吴敬庵、曹正子、陈健夫、邢伟人分韵赋诗。李塨讽孔尚任罢官宜归。 病中著《人论》《养生论》《辟佛论》，因病卧不能写，口授倩人录出。 吴司寇、徐少宰，每在朝端语诸公卿："今有李恕谷者，学山文海，源源本本，不世之人也。"并为捐俸刊刻《大学辨业》《圣经学规纂》《论学》。 万斯同与毛奇龄有不愉快，见李塨故不悦。李塨将刊《大学辨业》，质之万斯同。数日后， 万斯同对李塨说："先生负圣学正传，某惭与先生识，久为所包，不知先生。某少受学于黄梨洲先生，讲宋、明儒者绪言。后闻一潘先生论学，谓'陆释朱羽'，憬然于心。既而黄先生大怒，同学竞起攻之，某遂置学不讲，曰：'予惟穷经起已'。以故忽忽诵读者五六十年。今得见先生，乃知圣道自有正途也。"于是为《大学辨业》作序，深以三物之教为是。 湖州温睿临来访，赠以《论学》。 周昆来来拜，论学。 江南朱直岗、余姚韩文萃来访。 许时庵请宴，问格物之旨。 李塨赴万斯同讲会。众拈郊社，斯同向众人介绍李塨说："此李恕谷先生也。负圣学正传，非予所敢望。今且后言郊社，请先讲李先生学，以为求道之路。" 五月，返乡。为弟子讲《中庸》，陈睿庵为录为《恕谷中庸讲语》。 十月，入京，住阎公度家。 晤刘石渠，论天文。 与万斯同论韵，万云："天下惟先生与下走耳，阎百诗、洪去芜未为多也。" 尚书王鸿绪欲聘馆其府，并同修《明史》，塨辞。 代州冯壅来访。 拜访睢州吴学颢。 拜杨仁澍。 江西梁质人来访，谈陕西三边形势。 索克果亭来访，有所问，塨辞谢不知。塨回拜果亭，又求言，辞以无知。固求，曰："君国戚而贫，可贺也，宜退静，勿躁进。" 冯敬南请诸名士论学，敬南、季野、昆绳邻翼皆服李塨仁义礼智、子臣弟友、礼乐兵农之论。 作《与王源书》曰："塨滞都门，实非所乐，兼之颜先生年迈无与见，则促以归里。然尚未能者，以今世如李中孚、窦静庵，皆卓成一孝悌忠信之人。夫孝悌忠信，不出户庭而可为矣。如塨者窃不自揣，志欲行道，如不能行，则继往开来，责难谢焉。当此去圣既远，路岔论陒，非遍质当代风学，恐所见犹偏固，不足闲道。又挽世警众，必在通衢，僻谷引吭，其谁闻之？今四方君子，考证亦有人矣，高明如吾兄，亦深叹此学以为是矣。极思归里，聚乐家庭，但以吾兄之旷世奇伟而笃信正学，则体之于身，倡明之于人，所望于有道者非浅鲜也。" 归里，往拜颜元。	吴敬梓生。 费密卒

续表

年岁	言行	时事
康熙四十一年 壬午 （1702） 44 岁	安平可默、王杰期来访。 设馆肃宁王绍先家。王业丰、王业彪从游。三弟培、四弟埈来馆读书。 业丰、业彪父王陶阳赴京参加秋试，请李塨陪同入京。 闻万季野卒，往哭之，柩已行。 会蔺佳进。 黄陂秦心庵、蒙古李景仁、杭州邵时昌来拜，问学。 三原温德裕来拜，与之论学。 拜访学院杨宾实，论学。 苏州黄曰瑚来拜，问学。 冯衡南延会诸友，论学。 与窦静庵书，论礼。 归里，介绍周昆来拜师颜元。 十一月，侧室吕氏生次子习中。	万斯同卒
康熙四十二年 癸未 （1703） 45 岁	巡抚李光地荐塨以学人于朝。 正月尽，抵京。吴少宰谈及李光地荐事，塨答曰："迂拙非其人也，阁下善为我辞焉。" 冯钦南会王源、吴子淳、梁质人、李荫长、温邻翼、黄宗夏、刘绰然、毛充有、毛姬潢、李中牟、朱字绿、许不弃、倪唐际、张百始、宋若愚、陈正心，推塨讲学，塨随问有答。 王源请李塨与方苞论学。 温益修请李塨会同人于秦中会馆，论学。 宗夏录颜元、李塨语录，为《代绅编》。 宗夏求师李塨，价王源下拜，塨亦拜曰："世有起而力圣道者，是吾之师也。吾何师焉？" 富平陈四如来访。 问历数于冯敬南，与共考封建及分野法，始知星官分野不可信。 刘绰然请李塨会诸友论学。 睢州孔兴泰来访，李塨向孔请教历数，孔赠塨《大测精义》。 三月返乡。 辑《小学数学》。 毛奇龄来书，讲大窨阁百诗事。 五月，王源来共学。六月，为之作价，执贽颜元。 王源西行，塨赠以：力行、阐道、延才、保身四语，源留长诗于塨记此行，诗存《李恕谷先生年谱》卷三。 作《警心编序》。 作《送礼山令连山序》。 拟《勺歌》。演《舞勺》，请颜元欣赏。 九月，入京。 作《玉峰太翁挽辞》。 大理卿李斯义来访，结昆弟好。 拜会李来章论学。 长山吴长荣来访。 许不弃请宴，集同人论学。 始作《周易传注》	钦定《全唐诗》编成。 王源拜师颜元

续表

年岁	言行	时事
康熙四十三年 甲申 （1704） 46岁	汉军崔璠来访。 二月入京。 冯壅去世。塨为之作传。 自年前注《易》，至是注卦讫。思"颜先生不言《易》，而其辨道力行，示我以《易》者至矣"。 温益修选郾城知县，卑礼厚聘，延李塨前往论学议政，应之。 课春风遍覆，见恶人不怒，见宵小不轻卑之。 阎若璩至京病，塨往视之。 王元亮索观《易注》，因与论学。 五月返乡。 温益修骑从来接，随之赴郾城。拜别颜元，颜元嘱以"持身庄悚，留心人才，佐政仁廉，足民食用，出入必慎，交游勿滥"。 过彰德，拜许西山先生祠堂，抚其孤孙。 过汤阴，哭朱主一，吊其子和礼。 到郾城，西平令赵瓒求见，会之。 至汴，拜会邢伟人、刘汉生、郭圻，论学。 徐中丞请见，见之。论学有契。 毛奇龄书至，答李塨乐舞之问。时毛氏已八十二岁，详辨精核。李塨得书，不忍释手。 九月二日，颜元逝世。塨接报痛哭，温德裕对颜元称私淑，并许李塨归葬。 徐中丞阅《大学辨业》后，对温益修曰："李恕谷有体有用之正学也，吾将延至中州书院，以昭后进。"因升户部尚书，不果。 十一月，北归。过汴，拜窦静庵，论学。 十二月，葬颜元，为致公祭文。始修《习斋年谱》。 著《小学韵语》	统一全国量器，颁发标准铁斗。 颜元、冯壅、阎若璩、唐甄、洪升卒
康熙四十四年 乙酉 （1705） 47岁	二月，郾城来人，请李塨南行。塨偕弟培往郾城。 温益修鸠工刊刻《存性》《存治》《存人》三编。 选订《习斋记馀》。 陈留令许不弃来访。 过西平，与赵澄溪论政。 四月二十一日辞归。过罗寨，拜魏胅功。过陈留，与许不弃论政。 修《颜元年谱》。 与诸弟分家。 设馆于王家营。刘心镜、刘发璋从游。率习仁读小学。 温益修将《三存编》印出送至李塨家。 作《小学稽业序》	温益修刊颜元《三存编》。 李颙卒

续表

年岁	言行	时事
康熙四十五年 丙戌 （1706） 48岁	春节后进京，下榻公度斋。 哭天文历算名家刘绰然。 为郭金汤作传。 向吴子淳请教西洋三角算法。 王源从广东来，对李塨讲魏叔子语云："考古以证今，阅事以察理，求友以自大其身，造士以使身之不死。" 王太仓许荐李塨入翰林院。 与王源一起访方苞及戴世。 晤毛姬潢，得毛奇龄手书，勉励李塨借科场出身行道："八股虽陋，借此可以出身行道，努力科场，非分外事也。勉之，勉之。"李塨复书，曰："拜读先生来教，八十四岁犹然蝇头细帖，核博精明，与十年前一范，知长为斯道津梁也。许塨以礼乐洞彻原委，不敢当。至勉以诚意、强恕，勿以主静等说所摇，敢不佩服。塨《学乐》书已成六卷，《学礼》则郊社、禘祫、宗庙、田赋、士相见、冠、昏、丧、祭，各有论著，十五本之传习。主静等说，不敢习误，已有剖诤，具《大学辨业》《圣经学规纂》内，今呈教。……" 与方苞辨格物之物即《周礼》之三物。同时，讲宋儒主静之非。 返乡，二月二十三日申时到家。吕氏已于辰时去世。享年二十四岁。吕氏生有二子：习仁、习中。 刘心镜复请馆于王家营，刘心衡、李书思、刘心蕙、刘琪从学。 四月，张采舒自长安来访，论律吕。 五月，入京，以阎公度分房被谴，视之。吴匪庵请假归，送之。收《大学辨业》《学规纂》版，寄放涿州陈极如斋。 李质君巡抚福建，来书问候，并有馈赠，受之。 王源来哭颜元。质所拟建官立学诸法。 注《周易》之《系辞》。 入京，晤江南谢野逸，见金陵张天球。 返乡，枣强知县郑若洲、张瞻仰来问学	胡渭《易图明辨》刊行
康熙四十六年 丁亥 （1707） 49岁	语冯辰：老亲在堂，治生即学。 同彭琨到枣强，见郑若洲及其兄郑见百、郑良仲、郑长民和张瞻仰。勉以学道，勿与草木同朽。 李止庵请馆于新桥，李元英等从学。 王源借杨勤来，请订《平书》。 三月，冯辰向塨执弟子礼。 郑若洲邀塨入京，刊《习斋年谱》。 皇子三王，谋延塨，使陈惺斋问塨行踪于太仓王公。塨谓王公曰："草野非王前器也，善为我辞之。" 郑若洲告诉李塨，安溪相公见先生《易注》，半许否，其门下士忌之。塨悚然。想守颜元之道，宰相招以宋儒而不变，且其徒有舍之而来从者，几以贱抗贵矣。能无惧乎！ 回乡。过保定，访金廷襄。金固留一日，遍招郡中闻先生者论学	

续表

年岁	言行	时事
康熙四十六年 丁亥 （1707） 49 岁	定兴刘棻来问学。 彭亭立为塨赴河南取《三存编》版。 塨与辰言正学难合时政，辰劝塨曰："宜发晦。"塨答曰："然否隐见，各一则易；隐见并行，故难。如守习斋之道，而专发晦，覆蔽渐灭矣。何以明行此道于天下万世乎？故不得不通声气，广交游也。有从者，此道传，有排者，此道亦传。此颜先生意也。" 思北人多忮，忮，强象也，然散而不一，其势常弱。南人善求，求，弱象也，然集而为党，其势常强	钦定《历代题画诗类》《历代诗全》及《御批通鉴纲目》成书
康熙四十七年 戊子 （1708） 50 岁	再馆新桥。 著《学射》《学乐》（卷三、卷四），作《与方灵皋书》。 郑若洲刊《恕谷古文》。 作《平书订》。 补充《田赋考辨》	钦定《佩文斋书画谱》《广群芳谱》成书。 潘耒卒
康熙四十八年 己丑 （1709） 51 岁	郑若洲来，邀李塨同入京。 郑若洲曰："行道而不辩，若何？"塨答曰："不可。君子得位则行道，不得位则明道，不明是弃道也。且世之辩先儒者，在章句，颜先生所恻者，在斯世斯民。学术不明，民物终无起色，安得不辩？" 苏州陈纯一来。 到杨仁澍处学五步剑法。 若洲劝李塨谐俗，塨答曰："守道谐俗，二者不容中立。君子为天下万世守道，虽生死祸福不移也。" 河南韩同甫来书问学，答之。 五月一日，西出赴富平，二十七日到达。辞归时为杨慎修作"富平赠言"。十二月还乡。 王源自淮寄信来。 著《乐说》	朱彝尊、熊赐履卒
康熙四十九年 庚寅 （1710） 52 岁	冯辰开始为李塨修年谱。 三月初七，再到富平。 入省，晤参领马呈图、总督笔帖式郭鼎三。鼎三曰："读颜先生及先生书，圣道如日月当前矣。" 子丕为李塨写照，名"远道图"。 作《委摄四川仁寿峡江两县陈君墓志铭》。 著《学御》。 作《达副将传》。 八月十六日起行返乡。入京，还郭宏银五十两。黄辅延至其銮仪卫署内下榻问学。 十二月，为习仁加冠，字之曰"长人"	王源卒
康熙五十年 辛卯 （1711） 53 岁	作《与王源书》。时王源已逝，塨未知。 作《与赵易州书》。 三月，奉母移居齐家庄，学农圃，以谢世务	王士禛卒。 江南乡试贿案发。 戴名世《南山集》案发

续表

年岁	言行	时事
康熙五十一年 壬辰 （1712） 54岁	易州祝兆鹏补山西忻州知州，求塨主其幕事。塨辞，而荐张文升及益溪前往。 祝兆鹏之岳丈，以部郎放济南府知府，求理其幕事，乃以十月东行，十一月到济南，观署事，知其非能有为者，辞归。 作《周易筮考》	钦定《历代纪事年表》成书。 朱熹配享孔庙，位于大成殿十哲之后。 毛奇龄自毁《四书改错》版
康熙五十二年 癸巳 （1713）年 55岁	作《周易传注序》。 正月，进京寻人刊刻《周易传注》。 作《与郑若洲书》，论《易》及人生。 仲夏，作《东庄即事》诗二首。 郑见百请至枣强，同冯修五、张瞻仰等集于素景园	御纂《朱子全书》成。 戴名世处斩。 方苞免死出狱
康熙五十三年 甲午 （1714） 56岁	春，蠡县进士王之臣自京来，传王相国谕，将荐李塨学行于天子，李塨具书力辞。 新任浦县令来拜访求教。 浦县令所延西席恽鹤生前来请教。 恽致书李塨述身世及学问之变	胡渭卒
康熙五十四年 乙未 （1715） 57岁	因"衰年善忘，外事一概告谢，见过者，或言圣道或谈农事者听，论世事及人短长，勿答。言请托者，掩耳谢之。" 正月，温益修寓蠡城，与恽鹤生同去拜望。 注《孟子》。 二月，华州古葵来学。 五月，恽鹤生应聘赴保定军厅。 六月七日，二弟去世。 八月，古葵辞归	蒲松龄卒。 御纂《周易折中》书成
康熙五十五年 丙申 （1716） 58岁	三年前，旗人张万载持冯衡南书来访，问兵，以不知辞之。即便如此，仍险些惹一杀身大祸。因有人为昭雪，乃得免，但名被削。 恽鹤生长子恽宗恂具赘拜师。 宁夏监屯同知白讷倩宁夏守备白静庵以二百四十金为贽来聘，辞之。 注《诗经》。 十一月，部文提选知县。 教习仁莫傲富贵，曰："傲富贵，非中也。《易》曰崇高莫大乎富贵，周公有贵贵礼，孔子敬冕衣裳，可见也"	钦定《康熙字典》成书。 毛奇龄卒

续表

年岁	言行	时事
康熙五十六年 丁酉 (1717) 59岁	三月，进京，投改教呈。 副室以四月朔日生子。命名曰十二官。 思治生之道四：天无违时，地无遗利，人无匿力，物无遁情。治平亦以是矣。 九月，冯枢天来，与论"力农致富"云："非以求富也，聊以自守也，平生志欲行道，今年已迟暮，知无用矣。故遁迹田园，胼手胝足，则雄杰之余勇也。不稼不穑，胡取廪囷，则风人之退守也。人曰谋生致富，曰求田问舍，笑而不答，又所以自污而自全也。非君子，谁与言此？" 金陵程启生来信论学。 应邀随肃宁举人朱苍澍到肃宁会见县令黄，赠以《论学》《恕谷后集》。 到保定会直省刑名道杨宾实	御纂《性理精义》书成
康熙五十七年 戊戌 (1718) 60岁	听说恽鹤生来京，进京去看望，会见于接待寺。 见方苞，方苞命其子道章从学李塨，李塨携道章回。 看陶甄夫《秦关稿序》，内云："颜李之学，数十年来，海内之士，靡然从风。" 四月，注《春秋》。 选通州学正，八月十二日到任。会仓厂总督张仪封。十一月十八日投文告病。 与方苞书论《春秋》。 《论语传注》成书	孔尚任、李光地卒
康熙五十八年 己亥 (1719) 61岁	方苞介绍生员宋惟孜来求学。 四月三十日离通州，五月五日到家。 八月二十日，为"广布圣道，传之其人"而南游安平、武城、枣强、故城等地，与恽鹤生等论学。收刘天植、张鋐、张钟等为徒。 皋闻次子敦夫，具门生刺来拜求学。 杨宾实升贵州布政，为之饯行	钦定《皇舆全览图》绘成
康熙五十九年 庚子 (1720) 62岁	《传注问》成书。 作《学礼序》。 刻《学礼》。 县令为悬匾于门，曰："当代儒宗"。 三月，作《复恽鹤生书》，论学论友。 衡水刘廷直具门人帖投拜，受之。 齐燧侯自西边来，言十四王使人访先生。李塨悚然，畏声闻之过情。 六月，陕西武举杨兰生来，出蔡瑞寰书，言十四王聘先生，车马在后，使渠先来问讯。李塨答以老病不能行，复瑞寰书，托为代陈，车马之来，务求中止。 十月朔，入京，见方苞，因方欲北而李欲南，即以田宅互换。 渡江至方宅。 会诸友，为李正芳著作题辞，借以论道、德、艺：以伦常日用言，曰道；得伦常于身心，曰德；心纯粹，曰仁；而所以尽伦常之实事者，则曰艺。 拜会梅定九	

续表

年岁	言行	时事
康熙六十年 辛丑 （1721） 63岁	正月十七日清晨离金陵返乡，二月初十到家，还家后方知在金陵期间，十四王又曾遣潘、杨二人来聘，不遇而去。 七月，方苞妾南归，李塨命习仁夫妇随之南行。 二十六日，塨母去世。 八月十六日，习仁卒于泊头。 九月，作《显妣马太君行述》及《长子习仁行状》。 闻学院陈世倌唤博、蠡二县教官，传二县士子，公举颜元入文庙乡贤祠	梅文鼎卒
康熙六十一年 壬寅 1722年 64岁	十二月，大名张珂来求学，易其字非玉为可玉	康熙皇帝卒
雍正元年 癸卯 （1723） 65岁	为张珂立课程。 为长子习仁立嗣，以其同高祖之侄，名之曰敬承。 马氏不顺，责之不伏，塨曰："彼不顺，礼宜出，但无所归，食之至死耳。" 刘调赞、林启心来拜师从学。 携刘调赞游安平、深泽、无极。 十二月，携刘调赞入京，见方苞。方苞告诉李塨，朝廷谋聘学行兼优者教皇子，中堂徐蝶园、冢宰张桐城拟征李塨，后又谋聘李塨修《明史》，俱被方苞以李塨老病不能出为由阻止。 岁暮，新任乔县令来拜访，礼稻米一石，炭百斤	废除山西、陕西教坊"乐籍"。 王鸿绪卒
雍正二年 甲辰 （1724） 66岁	作《寿太仓诗二十韵》。 作《与方苞书》，批评"其气盛，其情浮"。 习中问："时有欲心，如何？"李塨答曰："遏欲莫如存理，心多一分天理，则少一分人欲，至于天理烂熟，则人欲不作矣。" 使人聘钟錂来教子孙	刊布《圣谕广训》。 御制《朋党论》，颁示群臣
雍正三年 乙巳 （1725） 67岁	正月，钟錂来任教，钟錂子钟淑从学李塨。 二月，刘古衡来从学李塨。 恽鹤生有信来，言南方闻颜李之学而起者，有是仲明、章见心、许闻绣、孙子房等。 圣裔孔衍法以书来候，并送其家刻之本。 解著述思想云：颜先生以天下万世为己任，卒而寄之我，我未见可寄者，不得不寄之书，著书岂得已哉？ 注《春秋》。 十一月，为建言水利事入京。见方苞	张伯行卒。 汪景祺以《征西随笔》处以枭斩。 《古今图书集成》成书
雍正四年 丙午 （1726） 68岁	闻路有殣者，日有来求者，或与以粟，或与以糠，或食以饭。 四月，安徽巡抚魏君弼托王仲英求李塨至其署，不往。 八月，枢天至，论学。 王震声督学浙江，使王仲英来厚礼来聘，辞不往。 《春秋传注》成书。作《春秋传注序》	行保甲法。 礼部侍郎查嗣庭以所作日记有"悖乱语"，下狱，死，戮尸枭示

续表

年岁	言行	时事
雍正五年 丁未 （1727） 69岁	二月，枢天来，互质日记。 三月，白门刘屿来信说："大道冀暗于宋，莫有正之者，今得先生，日月在手，正五百年运会之期也，所谓'日月出，爝火将息'者也。" 不知何许人，自言"伏处，近并却书古文词，惟留心实学。" 应方苞之请，进京与之辩学。 归，著《拟太平策》。 黎长举自河西来求学，为之作《释菜文》	查慎行卒
雍正六年 戊申 （1728） 70岁	正月，至博野，会赵县令。 易州李通，率其子李基来拜求学。 二月，率长举到博野祭颜元。 恽鹤生寄信来，并有孙应榴日记一本。孙遥拜李塨为师。 八月，王顺文来拜从师。 "出而不去"之马氏卒。 岁末，著《天道偶测》。 作《与枢天论读书》	吕留良文字狱兴
雍正七年 己酉 （1729） 71岁	正月，冀州赵本中来执贽从游。 白任若偕衡水杜谦牧来执贽学礼。 二月，武城刘学山同王顺文来，学山问礼乐，答之，顺文问韬钤，塨曰非老夫所知。 四月，修道传祠成。祠在李塨所居之东庄，正房三间，颜元居中，李塨远道图置东头，恽鹤生生位居西室，王源神位设于颜元神位前傍。 十月，营田观察使黄成宪赠李塨《独善闭户论》。李塨作《独善闭户论辨》辨之。 十二月，总督唐执玉使布政王公求李塨作《畿辅通志》，李塨以老病辞	陆生枏文字狱兴，陆以《通鉴论》正法。 吕晚村被戮尸。 始设军机处。 刊《大义觉迷录》
雍正八年 庚戌 （1730） 72岁	正月，布政王公又以书币价乔县令来聘，李塨为之陈作志之略。 二月，观察使黄世发，悬匾道传祠，曰：周孔正传。 六月，乔县令持王布政书币，再来求作《通志》总裁。应之。 七月，入保定府莲花池馆内，修《通志》，李培、钟淑为分纂，随往，于是李塨作《畿辅通志凡例》。 八月，以病辞归调理。 九月，王布政来车迎接，同时邀刘调赞前往分纂。 十月，李塨作《畿辅形势论》。 十一月，以病归。 十二月，作《杨仁澍传》《观察黄公传》	徐骏文字狱兴。徐以"清风不识字，何得乱翻书"等语，被斥为"讥讪悖乱"，处斩立决。文稿尽行烧毁
雍正九年 辛亥 （1731） 73岁	正月，王布政又以书币来请，塨卧病不能行，将所修《通志》稿封还。 刻《拟太平策》	

续表

年岁	言行	时 事
雍正十年 壬子 （1732） 74岁	作《永言赋》《忆旧诗》《思圣诗》等，并自作《墓志》。 自任若弟子为刊《评乙古文》	全祖望举乡试
雍正十一年 癸丑 （1733） 75岁	正月初一，为一绝句云："情识劫年运足伤，北邙山下月生光。九京若遇贤师友，为识滔滔可易方。" 午时卒	命各省设立书院。更定律例

关于《李塨年表》的几点说明：

一、本表纪年以夏历为主，表中之月、日亦均为夏历，未换算为公历。公元纪年仅涉及与夏历纪年的年份对应，不涉及日、月，所以，发生在夏历岁末而在公历已是翌年之事，在表中未予一一说明，敬祈读者留意辨析。

二、内容主要包括李塨的学习、教育、交游、著述等，以行为主，间及言、思。

三、"时事"中之时事，不单以事件社会影响大小计，而较关注与颜李学派关系相对密切者。

张之洞《劝学篇》评注

张之洞和他的《劝学篇》
（代前言）

一　张之洞其人

张之洞，字孝达，号香涛，中年后别号壶公、香岩居士、无竞居士等，晚年自号抱冰老人，去世后追谥文襄，祖籍直隶南皮（今河北省南皮县），1837年9月2日出生于贵州。其父张瑛，曾任贵州安化、贵筑、威宁等县知县和古州同知、兴义知府、贵东兵备道等职，1856年卒。

张之洞四岁入塾，12岁中秀才，15岁中举，19岁考入觉罗官学教习。1860年入山东巡抚文煜幕府。1861年4月回南皮祖籍，后到任丘做家庭教师。1862年入河南毛昶熙幕府。同年12月，其族兄张之万署理河南巡抚，张之洞入署为之草疏言事。1863年入都会试，中探花，赐进士及第，授翰林院编修。

1867年7月，张之洞充浙江乡试副考官。8月，简放湖北学政。1870年11月卸职回京，充翰林院教习庶吉士。1873年7月任四川乡试副考官。9月，简放四川学政。1876年12月卸任返京，充文渊阁校理。1879年3月，补授国子监司业，9月，补左春坊中允，10月，转司经局洗马。1880年6月转翰林院侍读，晋为右春坊右庶子。8月，充日讲起居注官，9月转左春坊左庶子。1881年3月，补翰林院侍讲学士，6月，充咸安宫总裁，7月，擢内阁学士，兼礼部侍郎衔。

1881年12月，张之洞补授山西巡抚。1884年5月，调署两广总督。1889年8月，调补湖广总督。1894年11月，原两江总督刘坤一北调主持军务，张之洞暂署两江总督，1896年2月回湖广本任。1901年，清廷设主持"新政"的督办政务处，张之洞遥任参与督办政务大臣，

11月赏加太子少保衔。1902年7月，兼充督办商务大臣。10月，刘坤一去世，张之洞再次署理两江总督，12月，魏光焘调补两江总督，张之洞重返湖广本任。

1907年6月，张之洞补任协办大学士。8月，授大学士，仍留湖广本任。9月，补授军机大臣，进京视事，奉旨管理学部事务。1908年7月，兼充督办铁路大臣，12月，赏太子太保衔。1909年2月，任清《德宗实录》修纂总裁官。10月4日病逝。享年72岁。

张之洞是一位瑕瑜互见的政治家。早在步入仕途之前，张之洞就追随其父张瑛，在贵州参加了镇压农民起义的战争，把自己与清政府紧紧地联系在了一起。1862年，他在毛昶熙幕府，又参与镇压捻军起义。步入仕途之后，他对清政府更加忠心耿耿，亦步亦趋。在湖广任上镇压"自立军"，杀害唐才常。在晚清政治生活中，或是作为执行者，或是作为决策者，张之洞都难辞其咎。

然而，在晚清政府的官僚队伍中，张之洞又是较为开明者。他的一些政见及行为，还带有一定的爱国性质和进步色彩。其政治思想及施政方略，与较彻底的改革派相比，显得保守、落后，但与死硬的顽固派相比，则又较为开明和进步。在政务活动中，他有许多重大业绩。虽然其贡献的主观动机主要是巩固清政府统治，但客观上对中华民族的发展和进步起到了积极的促进作用。在涉外方面，他有时也表现得富于外交经验。例如，在迫使改订《中俄里瓦几亚条约》的过程中，在抗击法国侵略者的斗争中，都表现出他具有较高的民族气节和较强的爱国精神。

作为一个政治家，张之洞还很注意清廉自守。他涉足官场数十载，既做过京朝官，也任过封疆吏；既管过较为清贫的教育，也办过极其利润丰厚的实业。他所经办的财款，数额何止万千！但是，他既不贪污公款，也不收受贿赂，甚至将晚清官员获取额外收入的陋规也予以革除，这在腐败的晚清官场，实在难能可贵。当时京官的外放，大多是被视为捞取外快的肥缺而为人争夺的，而张之洞则是将之当作施展自己抱负的机会。他卸任四川学政回京不久，适逢四十岁生日，因囊中羞涩，竟不得不典当夫人的陪嫁以置酒自贺。而当慈禧太后知道他无甚私产，赐他五千两银子建造宅第时，他又用这五千两银子在故乡建造了一所"慈恩学堂"，并且因五千两不敷开支，反将自己的俸银搭进去了一部分。这种操守，与当时社会上那些贪官污吏相比，其高下实有天渊之别。

张之洞又是一位有所作为的实业家。张之洞对于实业,既有理论探讨,又有兴业实绩。他于19世纪末所提出的一些经济观点和实业主张,诸如兴业以育人为先、农工商互为因果、商为主工为使、注重能源和交通发展、科技兴农、举办合资企业、招外商引外资等等,不仅在当时属于先进,而且至今仍有现实意义和实用价值。由于当时的政治腐败和社会落后,他的这些观点和主张极难获得支持,故而极少能贯彻实行,但是凡他督抚过的地方,都为当地农工商各业的发展,作出过一定的贡献,而以湖北较为突出。

在发展农业方面,他奖励百姓垦荒殖谷,并从国外引进优良品种和先进的耕作技术,还创办农务学堂、蚕桑学堂等,以培养人才和推广先进经验。

在发展商业方面,他筹设了商务局、商场局、劝业场,倡立了商会,并奏请在武昌设通商口岸,以发展对外贸易,有时还直接派员从事商务活动,以利对商业的管辖和指导。

在工业交通方面,张之洞成就最大。张之洞曾涉足采矿、冶金、军工、轻纺、铁路等诸多领域,他所创办的山西桑棉局、铁绢局,广东的枪弹厂,湖北的织布局、纺纱局、缫丝局、制麻局、矿务局、炼铁厂、枪炮厂等局厂,在当时都很著名。他所倡建的京广铁路,至今仍是我国最重要的交通干线之一。

在财政金融方面,他曾在广东创办银圆局和铸钱局,特别是广东银圆局,开中国铸币业之先河,对抵御西方金融与货币的入侵、维护民族经济,起到了一定作用。

当然,张之洞办实业的直接目的,主要是给清政府增强经济和军事实力,但它在客观上也确实促进了民族经济的发展。毋庸讳言,张之洞办实业,也出现过许多失误,这主要是因为以下几点。

第一,不懂科学经营,在决策时曾作出过违反科学规律的决定,并招致巨大的经济损失。

第二,在注重官办和官督商办企业的同时,并未重视民营企业的发展,有时甚至还予以阻挠,致使民间的经济潜力发挥不够充分,影响了民族工商业的发展速度。

第三,在他的官办企业中,衙门习气和官僚作风过于严重,遏制了工人和技术人员的生产积极性,影响了企业的经济效益。

这些失误，是主客观多方面原因所致。但其兴办实业之举总体上是成功的。正是因为张之洞办实业成就比较显著，清政府曾任命他兼充督办商务大臣和兼充督办铁路大臣，甚至到 20 世纪 50 年代，张之洞还作为近代实业家的先驱而为毛泽东所称道，"讲重工业，不能忘了张之洞"。

张之洞还是中国近代一位由旧而新的大教育家。他曾两次充任乡试副考官，两放学政，在督抚地方期间，仍重视教育，供职军机后，还奉旨管理学部事务。张之洞极其重视教育。他说，"世运之明晦，人才之盛衰，其表在政，其里在学"，把教育提到了与治国行政相表里的高度，认为教育是国家兴亡之所寄，故而他抓教育成就巨大且影响久远。

他早年主要是从事科举教育。他对科举教育的贡献，可归纳为三个方面：一是整顿地方科举，清除历史积弊，秉公甄拔人才；二是兴办了一些旧式书院，如湖北的经心书院、四川的尊经书院、山西的令德书院、广东的广雅书院等；三是为指导学生读书和科考，编写了《书目答问》和《𬨎轩语》等书。

开始筹办洋务以后，他深感旧教育制度下培养出来的人才空疏乏用，于是就致力于发展新教育，以培养有实际工作能力的新型人才。于是他主持兴办了一系列以学习西学为主的新式学堂。在工业方面有湖北的自强学堂、矿业学堂、工业学堂、工艺学堂等，在农业方面有湖北农务学堂、江西高安蚕桑学堂等，在军事方面有广东水陆师学堂、黄埔水雷学堂、江南陆军学堂、湖北武备学堂、湖北陆军小学堂、湖北陆军特别小学堂等，在商业方面兴办了湖北方言商务学堂，教育方面有湖北师范学堂、两湖总师范学堂、支郡师范学堂、湖北师范传习所等，另外还办有湖北女学堂、湖南育婴学堂、湖北敬节学堂以及一些普通学堂。除在国内开办学堂之外，他还派遣学生出国留学，派官员出国考察，并在日本办起了湖北驻东铁路学堂。黄兴、宋教仁、董必武等革命先辈，都曾就学于他主办的书院、学堂。

张之洞在近代学制由旧而新的嬗变过程中也起了重要作用，被称为晚清"第一通晓学务之人"。19 世纪末，为提高西学（新学）的地位，以利于西学的推广和普及，他曾倡议变革科举，要求将原来科考内容中八比、诗赋等不急之务去掉，代之以西方的自然科学和社会科学，即所谓西艺和西政，并且作为录取的一关而放在五经四书的前边。20 世纪初，他又与袁世凯一起，奏请递减科举，要求学政岁、科试分两科减尽，乡会试分三科减尽，并将科场递减之额，酌量移作学堂取中之额。1901年7月，为管理新式学堂，他在湖北创设了全国第一个省属的新式教育行政管理机构——湖北省学务处。1903年，他与张百熙、荣庆一起，拟订了全国第一个较为完备并付诸实施的新学制——《奏定学堂章程》（即"癸卯学制"）。这个学制，是我国教育由旧而新的转折点之一。

可惜，由于当时社会环境的制约和他本人思想的局限，张之洞的转变，最终也没能彻底。他不仅在其主撰的《奏定学堂章程》之《学务纲要》中继续强调尊孔读经，并且还于晚年倡建了以"保存国粹"为宗旨的湖北存古学堂，并且还曾建议全国各省一律仿照办学。现在看来，这些迂腐守旧的思想和行为，使其教育家的光彩有所减色。

张之洞也是一位言行兼备的军事家。在长期的政治、军事生涯中，张之洞发表了诸多军事理论，提出过许多军事主张，其中如重兵尚武、反对弭兵等，都是比较有借鉴价值的观点和主张。而他试图把中国传统的军事理论与西方先进的军事制度相结合，以新体制、新方法、新装备编练新式军队的设想，虽有牵强之嫌，却多独到之处。至于他在抗俄、抗法、抗日等方面提出的一些具体主张，其积极意义就更明显了。

张之洞不仅有大量的军事理论，而且有许多的军事实践。他的军事实践，主要包括以下几个方面。

第一，编练新式武装。张之洞在抚晋时就曾试图编练一支"首重火器"的"练军"，几经请示，后虽获清廷批准，但由于他随即调督两广，山西练军未能组成。在两广任上，他编练了广胜军和广安水军；在湖广任上，他编练了湖北新军；即使在暂署两江期间，他还组建了一支自强军。其中湖北新军后来发展到一万多人，成为仅次于北洋六镇的第二支强大新军，并多次在全国军事比赛中名列前茅，享有一定声誉。

第二，创建军事学堂。张之洞特别注重军事教育，而尤其重视对军官的培养，所以他在广东、江宁、湖北等地，创办了许多军事学堂，专门培养军事人才。他在湖北创办的陆军特别小学堂，训育学生达数千名，有"六千君子共学堂"之称誉。辛亥首义人员中，有许多人曾在这个学堂受过培训。

第三，兴办军事工业。张之洞在督广时，创建了一个枪弹厂，并已着手筹建枪炮厂，因调督湖广，未果。调湖广后，他在湖北办起了汉阳枪炮厂,并逐步将该枪炮厂扩建为枪炮弹药都能生产的综合性兵工厂,使之成为全国最近代化的军工企业之一。该厂造出的枪械较受欢迎。

第四,亲自指挥战争。中法战争爆发后,张之洞由晋抚调督两广,亲自参与指挥抗法斗争。他东西并筹,水陆兼顾,大胆起用老将冯子材,优容刘永福义军,几经艰难曲折,终于取得了抗法战争的胜利。这场中法战争,是中国自鸦片战争至清朝末年以来唯一的一次打败西方主要帝国主义国家的侵略军。抗法斗争的胜利,不仅使我国西南边境暂时得以粗安,而且还逼使法国茹·费理内阁垮台。

正如张之洞的嫡孙女、当代著名心理学家张厚粲所说:"张之洞在中华民族危难关头救亡图存、自强不息的精神值得后人传承。"张之洞在政治、经济、军事、教育等领域,都轰轰烈烈地干了一番事业,同时,作为一个学者,他在思想理论界也有很大影响。他的足迹,不仅留在了翰苑和朝堂、边塞和兵船、书院和学堂、工厂和铁路,同时还留在了二百多卷的《张文襄公全集》里。张之洞的思想,既体现在他的事业上,也涵容在他的著述中。张之洞在思想理论方面提出的著名命题是"旧学为体,新学为用",也称"中学为体,西学为用"。这一命题,较为集中地代表了他的思想方法和理论纲领。而最全面、最完整、最充分地阐述他"中体西用"思想的著作,那就非他的《劝学篇》莫属了。

二 《劝学篇》其书

《劝学篇》是张之洞的代表作。它集中地体现了张之洞的思想方法,完整地表述了张之洞的理论纲领和施政要略,既是张之洞前几十年事业的概括和总结,也是他后十多年事业的规划和蓝图。

《劝学篇》是变法维新声浪中的产儿。

中日甲午战争中,洋务派的陆军败溃,海军覆没,四百兆人口的"天朝"竟然惨败于一个东瀛岛国,并且屈辱求和,签订了割地赔款的《马关条约》。于是国人瞠目,舆论哗然,喧嚣一时的洋务运动也开始销声匿迹。

这场惨败,像一瓢冷水,又浇醒了一批知识分子。他们开始冷静地思考:为什么多年来与中国遭遇基本相似的日本,突然间勃发如此呢?于是他们就比较中日两国的发展轨迹,发现根本差异在于明治维新。

明治维新期间，维新派先通过"王政复古""戊辰战争""奉还版籍""废藩置县"等斗争，推翻了幕府的统治，然后通过"废除封建特权，实现四民平等""承认土地私有，实行地税改革""取消对农工商的种种限制，鼓励殖产兴业""改革教育""改革社会习俗"等措施，荡涤了封建制度，确立了资本主义的生产关系。资本主义生产关系的确立，使日本的社会生产力得以蓬勃发展，国民精神也为之振奋，仅仅二十多年的时间，就由一个半殖民地的弱国一跃而起，加入了世界资本主义列强的行列。

中国的知识分子经过分析和思考，得出中国要富强，就必须学日本，搞变法维新。他们自以为找到了救治中国的药方，于是兴起学会，办报纸，上书请愿，宣传维新，要求清政府变法。到1898年春，这一运动达到了高潮。光绪皇帝同意变法，并将几名维新派人物安排到中央政府，筹谋变法。国家究竟应当向何处去？一时间，政界、学界、商界、财界等各派要人，纷纷发表自己的见解。或者主张变法，认为变则强，不变则亡，大变则强，小变仍亡，急变则强，缓变仍亡，实际就是要求尽快确立资本主义体制。或者反对变法，认为祖宗之法不可变，一变就会文明扫地，天下大乱。这派人的目的也很明显，那就是极力维护现存的封建体制。新旧两派互相驳难，各不相让。

张之洞既反对墨守成规的顽固派，也反对激进彻底的改革派。他认为，顽固派因循守旧反对变革，是因噎废食，难以应敌制变；改革派提倡自由民主、搞民权、废三纲，是歧路亡羊，会导致天下大乱。他主张"旧学为体，新学为用"，变法不变道，即孔教的纲常伦纪和清政府的封建统治不能变，舍此之外，不仅器械可变，法制也可变，而且为达富强之目的，这些都必须变。从思想方法上看，这是典型的折中主义；从历史渊源上看，这是原洋务派思想在新形势下的发展，而其目的则在于通过变法、变器以发展生产，进而为巩固清王朝的统治，增强经济和军事实力。为阐述这套思想理论和施政纲领，张之洞于1898年，即戊戌变法那一年的4月，在一片争论声中，撰著刊刻了这部《劝学篇》。

《劝学篇》分内篇、外篇两部分。内篇由九篇各自独立的文章构成，其主旨是教育人们要恪守孔孟之道，尊奉三纲五常，忠于清朝统治者，用张之洞自己的话说，就是"务本以正人心"。外篇由十五篇文章构成，其主旨在于号召人们努力学习西方资本主义的社会科学和自然科学,即所谓西政和西艺,并在不妨害三纲四维的前提下,仿照西方的先进体制,对中国传统的政治、经济、军事、文化、教育等方面,都认真加以改造,变法维新,以达富国强兵、挽救危亡之目的,用他自己的话说,就是"务通以开风气"。书前另有一篇自序,意在交代《劝学篇》的撰写宗旨、写作背景和主题思想,并简明扼要地揭示了书中每一篇文章的中心思想或主旨。整部《劝学篇》,涉及政治、经济、军事、文化、教育、社会、宗教、新闻等诸多学科领域,在这些领域中,作者都提出了自己的主张和见解,所以,它是一部涉及面广而思想丰富的学术著作。

这部著作一问世,就引起了巨大反响。光绪皇帝和慈禧太后认为,这部书"持论平正通达,于学术人心大有裨益",于是便在1898年7月25日以圣谕的形式,下令军机处,让转发此书,给各省督抚、学政各一部,并要求各地广为刊布。因此,《劝学篇》很快流行全国,据估计,总刊印量不下二百万册。不久又被译成英、法两种文字,分别在美国和欧洲各国出版。纽约出版此书英文版时,竟将其更名为《中国唯一的希望》。

但是,由于《劝学篇》顽固维护封建统治和封建礼教,攻击民主民权和自由平等,所以同时也受到维新人士的尖锐批评。胡礼垣说它"不特无益于时,然大累于世"。梁启超竟诅咒它将化为灰尘而不齿于人类。就连一些较为推崇此书的外国学者,也看出了张之洞"中学为体"这一主张的错误,一针见血地指出,"孔教救不了中国"。

的确,孔教救不了中国,"变法不变道"也救不了清王朝。因为"变法不变道"这一命题,表面看来好像可行,实际它在理论上是站不住脚的,从实践看,它也是无济于事的。在道与法这一对范畴中,道是法的灵魂,法是道的表现,它们之间是一变俱变的对应关系。所以,所谓不变道的变法,绝不是真正的变法,而法制一旦真正变革了,那么,与新法相对应的道,也就必然不是原来的道了。张之洞搞什么变法不变道,不过是掩耳盗铃、欺世罔民而已。作为洋务派后起之秀的张之洞,也只不过是打着"中体西用"这面破旗,把清政府送进了坟场而已。

然而,《劝学篇》的价值又是不能因此而一笔抹杀的。在本书中,张之洞以其丰富阅历和博学多识,参照西学,针对国情,在政治、经济、军事、文化、教育、社会、宗教等许多领域,都提出了颇有见地的思想观点或行之有效的方略措施。这些思想观点和方略措施，在当时属于先进，有些至今尚未过时。如对于中学教育，张之洞的见解也远较腐儒为优。当时的清政府，虽然刊发了这部著作，但由于政治过于腐败，没能贯彻实行这些新的思想观点和方略措施。

《劝学篇》对变法的首肯，说明了其思想较顽固派为进步，那些新思想、新观点、新方略、新措施，是其光辉所在，而"不准变道"的保守，又使它大为减色。它就是这样一部瑕瑜互见、得失相参的著作。所可喜者，其瑜其瑕，其得其失，都具有一定的借鉴意义，特别是在提倡改革开放的今天，其借鉴价值就更大了。

张之洞是中国近代史上有较大影响的人物，《劝学篇》也是近代史上颇有影响的著作。故中国近代史以及有关近代的哲学史、经济史、教育史等，都要提到张之洞，而只要提到张之洞，就一定要讲他的《劝学篇》。鉴于此，我将戊戌年两湖书院刊本与戊辰本《张文襄公全集》中之本书进行了合校，并加了标点、评介和注释，将其出版。为进一步彰明其得失，特将拙文《张之洞〈劝学篇〉与福泽谕吉〈劝学篇〉之比较研究》跋之于后。

在评注过程中，曾经蒙助于肖光、钟毅、滕大春、许椿生、成有信、魏际昌、甄树春、黎仁凯、王俊祥、何平等诸位学界的前辈和业友，河北省教育史志研究室的各位领导和全体同志都曾给予支持和帮助；人民教育出版社刘立德博士、冯卫斌博士、胡兰江博士等，也曾鼎力相助。谨此一并致谢！虽有大家相助，但因自己才疏学浅，或有不妥之处，恳望不吝指正。

陈山榜
2017 年 1 月

劝学篇·序

昔楚庄王之霸也，以民生在勤箴其民，以日讨军实儆其军，以"祸至无日"训其国人。夫楚当春秋鲁文、宣之际，土方辟，兵方强，国势方张，齐、晋、秦、宋无敢抗颜①行，谁能祸楚者？何为而急迫震惧如是之皇皇②耶？君子曰："不知其祸，则辱至矣；知其祸，则福至矣。"今日之世变，岂特春秋所未有，抑秦汉以至元明所未有也。语其祸，则共工之狂、辛有之痛③不足喻也。庙堂旰食④，乾惕震厉⑤，方将改弦以调琴瑟，异等以储将相。学堂建，特科⑥设，海内志士，发愤搤捥⑦。于是图救时者言新学，虑害道者守旧学，莫衷于一。旧者因噎而食废，新者歧多而羊亡。旧者不知通，新者不知本。不知通则无应敌制变之术，不知本则有菲薄名教之心。夫如是，则旧者愈病新，新者愈厌旧，交相为瘉⑧，而恢诡倾危、乱名改作之流，遂杂出其说以荡众心。学者摇摇⑨，中无所主；邪说暴行，横流天下。敌既至，无与战；敌未至，无与安。吾恐中国之祸，不在四海之外，而在九州之内矣。

窃惟古来世运之明晦，人才之盛衰，其表在政，其里在学。不佞承乏两湖，与有教士化民之责，夙夜兢兢，思有所以裨助之者。乃规时势，综本末，箸⑩论二十四篇，以告两湖之士。海内君子，与我同志，亦所不隐。内篇务本，以正人心；外篇务通，以开风气。

内篇九：

曰同心。明保国、保教、保种为一义。手足利则头目康，血气盛则心志刚，贤才众多，国势自昌也。

曰教忠。陈述本朝德泽深厚，使薄海臣民咸怀忠良，以保国也。

曰明纲。三纲为中国神圣相传之至教，礼政之原本，人禽之大防⑪，以保教也。

曰知类。闵神明之胄裔，无沦胥以亡，以保种也。

曰宗经。周秦诸子，瑜不掩瑕，取节则可，破道勿听，必折衷[12]于圣也。

曰正权。辨上下，定民志，斥民权之乱政也。

曰循序。先入者为主，讲西学必先通中学，乃不忘其祖也。

曰守约。喜新者甘，好古者苦，欲存中学，宜治要而约取也。

曰去毒。洋药涤染，我民斯活，绝之使无萌蘖[13]也。

外篇十五：

曰益智。昧者来[14]攻，迷者有凶也。

曰游学。明时势，长志气，扩见闻，增才智，非游历外国不为功也。

曰设学。广立学堂，储为时用，为习帖括者击蒙也[15]。

曰学制。西国之强，强以学校，师有定程，弟有适从，授方任能，皆出其中，我宜择善而从也。

曰广译。从西师之益有限，译西书之益无方也。

曰阅报。眉睫难见，苦药难尝，知内弊而速去，知外患而豫[16]防也。

曰变法。专已袭常，不能自存也。

曰变科举。所习所用，事必相因也。

曰农工商学。保民在养，养民在教，教农工商，利乃可兴也。

曰兵学。教士卒不如教将领，教兵易练，教将难成也。

曰矿学。兴地利也。

曰铁路。通血气也。

曰会通。知西学之精意通于中学，以晓固蔽也。

曰非弭兵。恶教逸欲而自毙也。

曰非攻教。恶逞小忿而败大计也。

二十四篇之义，括之以五知。

一、知耻。耻不如日本[17]，耻不如土耳其[18]，耻不如暹罗[19]，耻不如古巴[20]。

二、知惧。惧为印度，惧为越南、缅甸、朝鲜，惧为埃及，惧为波兰[21]。

三、知变。不变其习不能变法，不变其法不能变器。

四、知要。中学考古非要，致用为要。西学亦有别，西艺非要，西政为要。

五、知本。在海外不忘国，见异俗不忘亲，多智巧不忘圣。

凡此所说，窃尝考诸《中庸》而有合焉。鲁，弱国也，哀公问政，而孔子告之曰："好学近乎知[22]，力行近乎仁，知耻近乎勇。"终之曰："果能此道矣，虽愚必明，虽柔必强。"兹内篇所言，皆求仁之事也；外篇所言，皆求智求勇之事也。夫《中庸》之书，岂特原心杪忽[23]、校理分寸而已哉？孔子以鲁秉礼而积弱，齐、邾、吴、越皆得以兵侮之，故为此言，以破鲁国臣民之聋聩，起鲁国诸儒之废疾，望鲁国幡然有为，以复文武之盛。然则无学无力无耻则愚且柔，有学有力有耻则明且强。在鲁且然，况以七十万方里之广，四百兆人民之众者哉！

吾恐海内士大夫狃于晏安而不知祸之将及也，故举楚事；吾又恐甘于暴弃而不复求强也，故举鲁事。《易》曰："其亡其亡，系于苞桑。"[24]惟知亡，则知强矣。

光绪二十四年三月南皮张之洞书

注 释

① 抗颜：正颜不屈。

② 皇皇：通"惶惶"，心神不定的样子。

③ 共工：传说中的上古人物。据《淮南子·天文训》载，共工曾"与颛顼争为帝，怒而触不周之山，天柱折，地维绝，天倾西北，故日月星辰移焉，地不满东南，故水潦尘埃归焉"。另外，相传尧时亦有一臣名共工，试授工师之职，与驩兜、三苗、鲧并称四凶，被流放于幽州。辛有，周时大夫。平王因乱被迫东迁，辛有见状不胜伤悲，所以这里有"辛有之痛"的说法。

④ 旰食：因心忧事繁而推迟吃饭。多用来称道帝王对政事的辛勤。

⑤ 乾惕震厉：战战兢兢又自强不息。典出《周易·乾卦》，其辞原为："君子终日乾乾，夕惕若厉，无咎。"

⑥ 特科：清末在原科举以外新开设的取士科目，全称为经济特科，1898年1月27日准设。

⑦ 搤捥：现通常写作"扼腕"，以手握腕，表示情绪激动。

⑧ 交相为瘉：互相攻讦。瘉，病。语见《诗经·小雅·角弓》。

⑨ 摇摇：心旌不定。《诗经·王风·黍离》有"彼黍离离，彼稷之苗。行迈靡靡，中心摇摇"之章句。朱熹注曰："摇摇，无所定也。"

⑩ 著：通"著"。

⑪ 防：原意是堤坝，这里引申为界限。

⑫折衷：今作"折中"。下同。

⑬桥：通"蘖"，砍去枝的树木新长出的芽。

⑭来：招致。

⑮帖括：科举应试的文章。典出唐代。当时考试制度，明经科以"帖经"试士。因考官常选偏僻的章句为题，所以考生便把偏僻幽隐的经文编成歌诀，熟读记忆，以应付考试，叫帖括，意思是包括"帖经"的门径。于是后来便把科举应试的文章称为帖括。击蒙，发蒙。

⑯豫：通"预"。

⑰日本亦曾被西方列强侵侮，但由于变法维新，终于自立于世界列强之林，故这里有耻不如日本之说。

⑱19世纪，土耳其人民为捍卫本国的主权和争取人民民主，对外曾与希腊、埃及、俄国等作战，对内也同国王作了坚决的斗争，结果，对外战胜希腊、埃及，对内实现了君主立宪制。而作为泱泱大国的大清帝国，却远远未能做到这些，故这里有耻不如土耳其之说。

⑲暹罗：即今泰国。该国于19世纪后期进行了资产阶级改革，也称维新运动，对政治、经济、司法、教育等都进行了改良，效果比较理想。作者意在激励变法，所以讲耻不如暹罗。

⑳古巴人民为了争取民族独立和人民民主，从1868年到1898年，进行了三十年艰苦卓绝的斗争，通称"三十年解放战争"，表现出了大无畏的英雄气概，取得了辉煌战果。中古相比，耻不如人，所以这里有耻不如古巴之说。

㉑印度、越南、缅甸、朝鲜、埃及、波兰等当时都曾沦为殖民地或附属国，丧失了主权地位。这段话的意思是担心中国蹈其覆辙。

㉒知：通"智"。

㉓秒忽：细小。

㉔这句话见于《周易·否卦·九五》。苞桑，丛生的桑，以根柢牢固见称。全句意思是，经常以快要灭亡来警告自己，就会使自己的根基更加牢靠。

评 介

这篇序言，不仅清楚地交代了《劝学篇》全书的撰写宗旨、主题思想和写作背景，而且简明扼要地提示了书中各篇的思想或主旨，所以全书的思想，都在这里得到了较为集中的体现。独尊传统儒学，固守封建礼教，否定民主民权，是本序思想保守、落后、错误的一面；高度重视教育，大力提倡新学，倾心主张变法，则是本序思想开明、进步、正确的一面，而充盈全序的图强意识，尤其值得称誉。

"生于忧患，死于安乐。"应当承认，这句话包含了丰富的哲理，甚至可以说是血和泪的结晶，若用以警醒世人，确乎不失为名言。但是，若作为理论命题，那它却既不全面，也欠深刻。安乐而不丧志，就不一定会死；忧患而不抗争，则难以为生。唯有将忧患意识和图强精神结合起来，才能真正奋发有为。《劝学篇》的这个序言，正是巧妙地将浓烈的忧患意识和积极的图强精神有机地结合了起来。的确，这篇序言的思想是新旧杂糅的，但是，充盈于全序的这种发愤图强的精神，却是极其可贵的，也是非常可取的。它是人之灵魂、国之精魄，为人为国，须臾不可或离。当年的清政府，正因失此精魄而亡，而若欲振兴一个落后的民族、贫弱的国家，就必须发扬光大这种发愤图强、艰苦奋斗的进取精神。

劝学篇·上（内篇）

同心第一

范文正①为秀才时即以天下为己任。程子曰："一命之士，苟存心于利物，于人必有所济。"②顾亭林③曰："保天下者，匹夫虽贱，与有责焉。"夫以秀才所任，任者几何？一命所济，济者几何？匹夫所责，责者几何？然而积天下之秀才，则尽士类；积天下之命官，则尽臣类；积天下之匹夫，则尽民类。若皆有持危扶颠之心、抱冰握火④之志，则其国安于磐石，无能倾覆之者。是故人人亲其亲，长其长，而天下平；人人智其智，勇其勇，而天下强。大抵全盛之世，庠⑤以劝学，官以兴能，朝廷明于上则人才成于下；艰危之世，士厉其节，民激其气，直言以悟主，博学以济时，同心以救弊，齐力以捍患，人才奋于下则朝廷安于上。

春秋之季⑥，周若赘旒⑦，孔子诛乱贼，孟子明仁义，弟子布满天下，而周祚延二百余年。七十子⑧后学者流衍益广，至西汉而儒术大兴，圣道昭明，功在万世。东汉末造，名节经学最盛，李郭⑨之气类，郑康成⑩之门人，亦布满天下，一时朝野多重操行、尚名义之人，故卓、操不能遽篡而蜀汉以兴。诸葛隐居躬耕而师友极盛，其人皆天下之豪杰，所讲明者天下之大计，故昭烈⑪得之而成王业。曹魏迄隋，江北皆尚郑学，故北朝兵事纷纭而儒风不坠。隋王通讲道河、汾⑫，门徒众盛，唐之佐命如房、杜、魏、薛⑬，皆与交游（其书虽有夸饰，其事不能尽诬，房、杜辈非必门人也），故贞观多贤而民得苏息。唐韩子⑭推明道原，攘斥佛老，尊孟子，赞伯夷⑮，文宗六经。至北宋而正学大明，学统文体皆本昌黎，由是大儒蔚起。宋代学术之中正，风俗之洁清，远过汉唐。国脉既厚，故虽弱而不亡。宋儒重纲常，辨义利，朱子[16]集其成。当时虽未竟其用，其弟子私淑[17]亦布满天下，故元有许、刘、吴、廉[18]诸儒，元虞以减。明尚朱学，中叶以后，并行王[19]学，要皆以扶持名教、砥砺气节为事。三百年间，主昏于上，臣忠于下，明祚以延。咸丰以来，海内大乱次第削平，固由德泽深厚、庙算如神，亦有曾、胡、骆、左诸公声气应求[20]于数千里之内，二贺（长龄、熙龄）、陶（文毅）、林（文忠）诸公[21]提倡讲求于二十年以前，陈（庆镛）、袁（端敏）、吕（文节）、王（茂荫）诸公正言谠[22]论于庙堂之上，有以致之。是故学术造人才，人才维国势，此皆往代之明效而吾先正不远之良轨也。

吾闻欲救今日之世变者，其说有三：一曰保国家，一曰保圣教，一曰保华种。夫三事一贯而已矣。保国、保教、保种，合为一心，是谓同心。保种必先保教，保教必先保国。种何以存？有智则存。智者，教之谓也。教何以行？有力则行。力者，兵之谓也。故国不威则教不循，国不盛则种不尊。回教，无理者也，土耳其猛鸷敢战而回教存。佛教，近理者也，印度蠢愚而佛教亡。波斯景教[23]，国弱教改。希腊古教，若存若灭。天主耶稣之教，行于地球十之六，兵力为之也。我圣教行于中土数千年而无改者，五帝三王明道垂法，以君兼师；汉唐及明，宗尚儒术，以教为政；我朝列圣，尤尊孔、孟、程、朱，屏黜异端，纂述经义，以躬行实践者教天下，故凡有血气，咸知尊亲。盖政教相维者，古今之常经，中西之通义。

我朝邦基深固，天之所祐，必有与立。假使果如西人瓜分之妄说，圣道虽高虽美，彼安用之？五经四子，弃之若土苴。儒冠儒服[24]，无望于仕进。巧黠者充牧师，充刚巴度[25]，充大写（西人用华人为记室，名大写）；椎鲁者谨纳身税，供兵匠隶役之用而已。愈贱愈愚。愚贱之久，则贫苦死亡，奄然澌灭。圣教将如印度之婆罗门[26]，窜伏深山，抱守残缺；华民将如南洋之黑昆仑[27]，毕生人奴，求免答骂而不可得矣。

今日时局，惟以激发忠爱、讲求富强、尊朝廷、卫社稷为第一义。执政以启沃[28]上心、集思广益为事，言官以直言极谏为事，疆吏以足食足兵为事，将帅以明耻教战为事，军民以亲上死长为事，士林以通达时务为事。君臣同心，四民同力，则洙泗[29]之传，神明之胄，其有赖乎！且夫管仲[30]相桓公匡天下，保国也，而孔子以为民到于今受其赐；孟子守王道，待后学，保教也，而汲汲焉忧梁国[31]之危，望齐宣之王[32]，谋齐民之安。然则舍保国之外，安有所谓保教保种之术哉？今日颇有忧时之士，或仅以尊崇孔学为保教计，或仅以合群动众为保种计，而于国、教、种安危与共之义忽焉。《传》曰："皮之不存，毛将安傅？"[33]《孟子》曰："能治其国家，谁敢侮之？"[34]此之谓也。

注　释

①范文正：即范仲淹（989—1052），字希文。文正是他的谥号。宋吴县（今江苏苏州）人。著名政治家，官至参知政事。著有《范文正公集》。

②语出《河南程氏粹言》第二卷。《河南程氏粹言》是杨时将程颢、程颐的语录加工改写而成的。后来张栻对此书进行过重新编次。今收入《二程集》。语见第四册第1266页，其文为："一介之士，苟存心于爱物，亦必有所济。"

③顾亭林：即顾炎武（1613—1682），初名绛，字宁人，昆山（今属江苏）人。因居亭林镇，学者遂尊称亭林先生，又自署蒋山佣。明清之际著名学者，思想家。著有《日知录》《天下郡国利病书》《亭林诗文集》等。语见《日知录》卷十三《正始》篇。

④抱冰握火：比喻为了国事不怕辛苦，不避艰险。握火，又作握炭。

⑤庠：古代学校名。夏称校，商称庠，周称序。后用以泛指学校。

⑥季：指一个朝代或一个时期的末期。

⑦赘旒：亦作缀旒。连缀附属在旌旗上的飘带。比喻君主被大臣挟制，实权旁落。

⑧七十子：古称孔丘弟子三千，贤者七十。七十子即指孔丘的高足弟子。

⑨李郭：李膺和郭泰。李膺（110—169），字元礼，东汉颍川襄城（今属河南）人。郭泰（128—169），字林宗，东汉太原介休（今属山西）人。桓帝时，李膺为司隶校尉，郭泰是太学生首领。他二人深相交纳，共同反对宦官专权，于是世人便并称之曰李郭。

⑩郑康成：即郑玄（127—200），康成是他的字。东汉高密（今属山东）人。博学多才，平生以讲学研经为业，遍注五经，并著有《天文七政论》等。

⑪昭烈：刘备的帝号。

⑫王通（584—618），字仲淹，隋绛州龙门（今山西河津）人。曾任蜀郡司户书佐。后弃官回乡，以讲学著书为业。因他的学术活动主要在黄河和汾河流域，故这里有讲道河、汾之说。

⑬房、杜、魏、薛，即房玄龄（579—648）、杜如晦（585—630）、魏征（580—643）、薛收（592—624），皆唐初名臣。

⑭韩子：即韩愈（768—824），字退之，河南河阳（今河南孟州）人，因自谓

郡望昌黎，故世称韩昌黎。他崇尚儒家，力倡尊孟。对革除六朝浮靡文风颇有贡献，在散文史上有崇高地位，居唐宋八大家之首。

⑮伯夷：商朝末年孤竹君的长子。孤竹君以次子叔齐为继承人。孤竹君死后，叔齐要让位给伯夷，伯夷不受，于是二人都投奔周。周武王伐纣，他兄弟二人认为是犯上作乱，坚决反对。武王灭商，他二人逃避到首阳山，因不食周粟而死。

⑯朱子：即朱熹（1130—1200），字元晦，又字仲晦，号晦庵、遁翁，宋徽州婺源（今属江西）人。理学大师。著有《周易本义》《四书章句集注》《诗集传》《楚辞集注》等。

⑰私淑：旧社会读书人对自己所敬仰而不得从学的前辈，自称为"私淑弟子"。

⑱许、刘、吴、廉：即许衡、刘因、吴澄、廉希宪。许衡（1209—1281），字仲平，号鲁斋，元河内（今河南沁阳）人。曾仕元为集贤大学士，并兼国子祭酒。刘因（1249—1293），字梦吉，号静修，雄州容城（今属河北）人。曾仕元为承德郎、右赞善大夫等。吴澄（1249—1333），字幼清，抚州崇仁（今属江西）人。仕元为翰林学士。著有《老子注》及诸经《纂言》等。廉希宪（1231—1280），字善甫，维吾尔族。因喜儒书，世称"廉孟子"。仕至平章政事。其父名布鲁海牙，拜廉使之日生希宪，于是便依中国古代以官为氏的做法，使子孙皆姓廉。

⑲王：即王守仁（1472—1529），字伯安，世称阳明先生，明余姚（今属浙江）人。著名哲学家、教育家。有《王文成公全书》行世。

⑳曾、胡、骆、左：即曾国藩、胡林翼、骆秉章、左宗棠。曾国藩（1811—1872），字伯涵，号涤生，清湖南湘乡人。道光进士。曾任两江总督、直隶总督等职。镇压太平军的主要人物。著有《曾文正公全集》。胡林翼（1812—1861），字贶生，号润芝，清湖南益阳人。镇压太平军的主要人物之一，当时与曾国藩并称曾胡。有《胡文忠公遗集》行世。骆秉章（1793—1867），字吁门，清广东花县（今广州）人。道光进士。曾任湖南巡抚、四川总督等职。镇压太平军的主要人物之一。著有《骆文忠公奏议》。左宗棠（1812—1885），字季高，湖南湘阴人。洋务派首领之一，镇压太平军及捻军的主要人物之一。在督办新疆军务时，曾率兵讨伐阿古柏，收复乌鲁木齐、和阗等地，抵御和阻遏了帝国主义对我大西北的侵略。声气应求："同声相应，同气相求"的省略，典出《易·乾·文言》，意为意见相同而互相响应。

㉑二贺指贺长龄、贺熙龄。贺长龄（1785—1848），字耦庚，号耐庵，清湖南善化（今长沙）人。嘉庆进士。历职贵州巡抚、云贵总督等。任间对地方政治、经济有所建树。著有《耐庵诗文集》，并辑有《皇朝经世文编》等。贺熙龄（1788—1846），字光甫，号蔗农，清湖南善化（今长沙）人。嘉庆进士。官台州知府。有《寒香馆诗文钞》。今《湖湘文库》有《贺熙龄集》。陶文毅，名澍（1779—1839），字子霖，号云汀。文毅是他的谥号。清湖南安化人。嘉庆进士。他当过编修，管过

盐政，督过海运，在经济上建树较多。著有《蜀□日记》《陶渊明集辑注》等。林文忠：即林则徐（1785—1850），字少穆，一字元抚，晚号竢村老人。文忠是他的谥号。福建侯官（今福州市）人。历任湖广总督、两广总督等职。近代杰出爱国主义者。他是清廷中能"睁眼看世界"的第一人。著有《林文忠公政书》《云左山房文钞》《云左山房诗钞》等。

㉒陈庆镛（1795—1858），字乾翔，又字颂南，清福建晋江人。道光进士。官至御史。以正直著称于当时。袁端敏（1806—1863），名甲三，字午桥。端敏是他的谥号。清河南项城人。道光进士。官至漕运总督。吕文节，即吕贤基（1803—1853），字羲音，号鹤田。文节是他的谥号。清安徽旌德县人。道光十五年庶吉士。历职监察御史、工部左侍郎等。王茂荫（1798—1865），字椿年，一字子怀，清安徽歙县人。道光进士。曾任御史、吏部右侍郎等职。说，直言。

㉓波斯景教：唐时传入我国的基督教。属聂斯脱利派。传入我国取名景教。因首次在唐都长安建堂传教的该教教士阿罗本由波斯来，故有波斯景教之称。

㉔儒冠儒服：这里代指儒生。

㉕刚巴度：英语comprador的音译，意译为买办。

㉖婆罗门：印度古代的僧侣贵族，专以传婆罗门教为业。

㉗黑昆仑：这里指非洲黑人。

㉘启沃：以治国之道开导帝王。

㉙洙泗：洙水和泗水。都在山东。因孔子曾住二水之间教授弟子，后世便以洙泗作为儒家的代称。

㉚管仲（？—前645），名夷吾，颍上（颖水之滨）人。齐桓公的卿，尊称"仲父"。他帮助齐桓公在政治、经济、军事等方面进行改革，使齐国迅速强大，成为春秋时第一个称霸诸侯的国家。今传有《管子》一书。

㉛梁国：战国时魏国的别称。

㉜齐宣：即齐宣王，战国时田氏齐国的第四代国君，公元前319—前301年在位。王，行王道。

㉝"皮之不存，毛将安傅"：典出《左传·僖公十四年》。比喻事物失去了存在的基础便不能存在。傅，通"附"。

㉞语见《孟子·公孙丑上》。

评 介

张之洞撰此文，旨在通过阐述国、教、种三者之间的关系，进行尊教爱种保国的教育。很显然，他所说的国是指清政府，教是指儒学，种是指中华民族。他认为，"保种必先保教，保教必先保国"，"国不威则教不循，国不盛则种不尊"。他的结论是，保国家，保圣教，保华种，"夫三事一贯而已矣。保国、保教、保种，合为一心，是谓同心"。故他给这篇文章题名曰"同心"。

诚然，国、教、种三者之间确实是相互联系、相互影响的。张之洞的上述命题，并非全无道理。但是，国、教、种三者之间又绝非一存俱存、一亡俱亡的绝对依赖关系，所以，这些命题虽具有一定的煽惑性或号召力，却决不都是至理名言，相反，它们大多似是而非。因此，用这种理论进行尊教爱种保国教育，实难奏效，清王朝的覆灭，便是明证。

先看种与教的关系。教生于种，又反作用于种。教生后即相对独立，故亦可流传他种。一教可传多种，一种亦可以多教。不仅不同时代不同地区可以多教，而且在同一时代同一地区亦可多教。华种儒学，亦不脱此。儒学是中华民族一定发展阶段的产物。它产之中华，也流传于族外。儒学前后，中华自有他学，儒学独尊之年，中华亦不乏他学，既有土产，也有舶来，道学、佛学等，都流传于中华民族，就是实例。儒学之前，华种已在；儒学独尊，华种自在；儒学失宠，华种仍在。可见保华种不必先保圣教。

再看种与国的关系。国家是一定民族在一定历史发展阶段的产物。一国可以多族，一族亦可以多国。民族变化较缓而国家变化较频。即以中国而论，就是一个由五十六个民族组成的多民族国家，这五十六个民族构成了我们通常所说的中华民族。而在中华民族的历史上，又产生过周、秦、汉、唐、宋、元、明、清等许多不同的朝代。这些朝代都灭亡了，可是没有谁说中华民族随哪一个朝代灭亡了。所以，保华种不一定非保清国不可。

最后看国与教的关系。一国可能多教，一教亦可传多国。教改，国不一定灭亡；国亡，教亦不一定消灭。西汉，初尚黄老，后尊儒术，教有改而国未变。后来，西汉灭亡，而儒学的独尊地位却绵延了上千年。可见保圣教亦不一定非保清王朝不可。

张之洞的忠清说教委实可悲，但其富国强民之心也委实可悯。其同心理论虽非至理，但其中"国不威则教不循，国不盛则种不尊"等命题，却是颇有价值的经验之谈。在特定时期，国、教、种是有其内在的同一性的。

教忠第二

自汉唐以来，国家爱民之厚，未有过于我圣清者也。请言其实：

三代有粟米、布缕、力役之征，盛唐有租庸调①三等之赋，最称善政，已列多名。以后秦创丁口之钱，汉行算缗之法②，隋责有司以增户口，唐括土户以代逃亡。唐及五季③、宋初有食盐钱，中唐、北宋有青苗钱④，宋有手实法⑤，金有推排民户物力之制，皆出于常例田赋力役之外。明万历行一条鞭法⑥，丁、粮尚分为二。明季又有辽饷、剿饷、练饷⑦。至我朝，康熙五十二年奉滋生人丁永不加赋之旨，雍正四年定丁银并入钱粮之制，乾隆二十七年停编审之法⑧，于是历代苛征一朝豁除，赋出于田，田定于额。凡品官士吏、百工闲民，甚至里宅货肆、钱业银行，苟非家有田产、运货行商者，终身不纳一钱于官。顺治元年，即将前明三饷除免。康熙中，复减江苏地丁银四十万。雍正三年，减苏松一道地丁银四十五万，南昌一道地丁银十七万。乾隆二年，减江省地丁银二十万。同治四年，减江南地丁银三十万，减江南漕粮五十余万石、浙江漕粮二十六万余石。初制已宽，损之又损，是曰薄赋，仁政一也。

前代赐复⑨蠲租，不过一乡一县。我朝康熙、乾隆两朝，普免天下钱粮八次，普免天下漕粮四次。嘉庆朝复普免天下漕粮一次。至于水旱蠲缓，无年无之，动辄数百万。损上益下，合而计之，已逾京垓⑩以上。是曰宽民，仁政二也。

历代赈恤，见于史传者为数有限，或发现有之仓，或移民就食。宋河北之灾，富弼⑪仅劝民出粟十五万斛，益以官廪，曾巩⑫仅请赐钱五十万贯，贷粟一百万石；杭州之灾，苏轼仅请度牒⑬数百道。本朝凡遇灾荒，仁恩立霈，动辄巨万。即如光绪以来，赈恤之举，岁不绝书。丁丑、戊寅⑭之间，晋、豫、陕、直之灾，赈款逾三千万金。此外，畿辅，苏、浙、川、楚各省，每一次辄数百万，或百余万，从古罕闻。以今日度支之匮乏、洋债之浩繁，而独于赈恤之款虽多不惜，甚至减东朝之上供，发少府⑮之私钱，出自慈恩，以期博济。是曰救灾，仁政三也。

前代国家大工大役，皆发民夫，行赍居送，官不给钱。长城、驰道、汴河之工无论矣，隋造东都，明造燕京，调发天下民夫工匠，海内骚动，死亡枕藉。以及汉凿子午，梁筑淮堰，唐开广运，宋议回河，民力为之困敝。本朝工役，皆给雇值，即如河工一端，岁修常数百万，有决口则千余万，皆发库帑。沿河居民，不惟无累，且因以赡足焉。是曰惠工，仁政四也。

前代官买民物，名曰和买[16]和籴，或强给官价，或竟不给价，见于唐宋史传、奏议、文集，最为民害。本朝宫中府中需用之物，一不累民。苏杭织造，楚粤材木，发帑购办，商民吏胥皆有沾润。但闻商贾因承办官工、承买官物而致富者矣，未闻商贾因采办上供之物而亏折者也。子产述郑商之盟曰："无强贾，无丐夺。"于今见之。是曰恤商，仁政五也。

任土作贡，唐虞已然。汉之龙眼、荔支，唐之禽鸟，明之鲥鱼，皆以至微之物而为官民巨害，其他贵重者可知。本朝此义虽存，所贡并无珍异。广东贡石砚、木香、黄橙、干荔之属，江南贡笺扇、笔墨、香药之属，湖北贡茶、笋、艾、葛之属，他省类推，由官发钱，不扰地方。又如宋真宗修玉清昭应宫，所需木石、金锡、丹青之物，征发遍九州，搜罗穷山谷，致雁荡之山由此开通，始为人世所知。史书之曰："及其成也，民力困竭。"宋徽宗兴花石纲[17]，破屋坏城，等于劫夺，民不聊生，遂酿大乱。今内府上用，民不与知。是曰减贡，仁政六也。

前代游幸，最为病民。汉、唐、宋以来，东封西祠，四海骚然。若明武宗北游宣大，南到金陵，狂恣败度，尤乖君德。至于秦隋，更无论矣。本朝屡次南巡，亦间有东巡西巡之事，大指皆以省方观民为主，勘河工，阅海塘，查灾问民瘼，召试求人才。所过郡县，必免钱粮。其桥道供张，除内帑官款外，大率皆出自盐商。或豁免积亏，或予以优奖。至今旧闻私记，但道其时市廛之丰盈，民情之悦豫，从无几微烦扰愁苦之词。是曰戒侈，仁政七也。

前代征伐，多发民兵。汉选江淮之卒以征匈奴，唐劳关辅之师以讨南诏[18]，田园荒芜，室家仳离，死伤过半，仅得生还。唐之府兵[19]，明之屯卫，书生称为良法。然而本系农夫，强以战斗征戍之苦，愁怨惨凄。司马温公[20]尝论之矣，于忠肃[21]尝改之矣。北宋签官军，刺义勇，练保甲，当时朝野病之。本朝军制不累农民，除八旗禁旅外，乾隆以前多用绿营[22]，嘉庆以后参用乡勇。其人由应募而来，得饷而喜，从无签派之事。是曰恤军，仁政八也。

前代国有大事，财用不足则科敛于民。汉唐以来皆然，今土司犹仍其俗。即如宋宣和将伐辽，则派天下出免夫钱六千二百万缗（见蔡绦《铁围山丛谈》）。宣和中创经制钱[23]，绍兴以后又有经总制钱、月桩钱、板帐钱、折帛钱[24]，岁得数千万缗，并无奖叙。明季用兵，初加辽饷，继加剿饷，又加练饷，共加赋二千万。果如此法，筹饷易耳。本朝每遇河工、军旅，则别为筹饷之策，不以科派民间。历年开设捐输，奖以官爵，并加广其学额中额。朝廷不惜为权宜之策，而终不忍朘小民之生。是曰行权，仁政九也。

自暴秦以后，刑法滥酷。两汉及隋，相去无几。宋稍和缓，明复严苛。本朝立法平允，其仁如天，具于《大清律》一书：一、无灭族之法；二、无肉刑；三、问刑衙门不准用非刑拷讯，犯者革黜；四、死罪中又分情实缓决，情实中稍有一线可矜者，刑部夹签声明请旨，大率从轻比者居多；五、杖一百者折责，实杖四十，夏月有热审减刑之令，又减为三十二；六、老幼从宽；七、孤子留养；八、死罪系狱，不绝其嗣；九、军流徒犯不过移徙远方，非如汉法，令为城旦、鬼薪[25]，亦不比宋代流配沙门岛[26]，额满则投之大海；十、职官妇女收赎，绝无汉输织室、唐没掖庭[27]、明发教坊诸虐政。凡死罪必经三法司会核。秋审句决之期，天子素服，大学士捧本，审酌再三，然后定罪。遇有庆典，则停句减等。一岁之中，句决者天下不过二三百人，较之汉文帝岁断死刑四百更远过之。若罪不应死而拟死者谓之失入，应死而拟轻者谓之失出。失入死罪一人，臬司、巡抚、兼管巡抚事之总督降一级调用，不准抵销。失出者一案至五案止降级留任，十案以上始降调，仍声明请旨。遇有疑狱，则诏旨驳查覆讯至于再三，平反无数，具见于历朝圣训。是曰慎刑，仁政十也。

昔南北分据之朝，中外阻绝之世，其横遭略卖没蕃陷虏之民，朝廷不复过问。本朝仁及海外，凡古巴诱贩之猪仔，美国被虐之华工，特遣使臣与立专约，保护其身家，禁除其苛酷，此何异取内府之金以赎鲁人，拔三郡之民以归汉地耶！是曰覆远，仁政十一也。

前代黩武之朝，残民以逞。本朝武功无过康熙、乾隆两朝，其时逞其兵力，何求不得！然雅克萨[28]既下而界碑定，恰克图[29]交犯而商市开，越南来朝而即赦其罪，浩罕[30]畏威而不利其土。自道光以至今兹，外洋各国屡来构衅，苟可以情恕理遣，即不惜屈己议和，不过为爱惜生民，不忍捐之于凶锋毒焰之下。假使因大院君之乱而取朝鲜㉛，乘谅山之胜㉜而收越南，夫亦何所不可者？是曰戢兵，仁政十二也。

本朝待士大夫最厚，与宋代等。两汉多任贵戚，北朝多任武将，六朝专用世家，赵宋滥登任子㉝，甚至魏以宦寺、厮役典州郡，唐以乐工、市侩为朝官，明以道士、木匠为六卿，若元代则立法偏颇，高官重权专用蒙古人、色目人，而汉人、南人不与。本朝立贤无方，嘉惠寒畯㉞，辟雍驾临，试卷亲览，寒士儒臣与南阳近亲、丰镐旧族㉟一体柄用。又汉魏诛戮大臣，习为常事；唐则捶楚簿尉，行杖朝堂；明则东厂、北司㊱，毒刑、廷杖专施于忠直之臣，碧血横飞，天日晦暗，尤为千古未有之虐政。本朝待士有礼，既无失刑，亦不辱士。又唐宋谪官于外，即日逐出国门，程期不得淹留，亲友不得饯送；明代宰相被逐，即日柴车就道。且前代每有党锢、学禁，罚及累世，株连亲朋。本朝进退以礼，不以一眚废其终身。是曰重士，仁政十三也。

历代亲贵佞幸，骄暴横行，最为民害。汉之外戚常侍，北魏之王族武臣，唐之贵主、禁军、五坊小儿、监军敕使，元之僧徒贵族，明之藩府矿使、边军缇骑、方士乡官，胁辱官吏，残虐小民，流毒遍于天下。本朝一皆无之，政令清肃，民安其居。是曰修法，仁政十四也。

本朝笃念勋臣，优恤战士。其立功而袭封者无论矣。凡战阵捐躯者，但有一命，无不加赠官阶，给予世职，自三品轻车都尉至七品恩骑尉，即至外委生监，殉难者亦皆有之。本职或袭二十余次，或袭三四次。袭次完时，均予恩骑尉，世袭罔替㊲，皇祚亿万，其食禄即与为无穷。咸丰至今，京师顺天府及各省奏请忠义恤典已至数百案。又职官虽非战功而没于王事，或积劳病故，亦官其子一人，名曰难荫。自汉迄明，其待忠义死事之臣有如是之优渥者乎？是曰劝忠，仁政十五也。

此举其最大者。此外良法善政不可殚书。

列圣继继绳绳，家法心法相承无改，二百五十余年，薄海臣民日游于高天厚地之中，长养涵濡，以有今日。试考中史二千年之内，西史五十年以前，其国政有如此之宽仁忠厚者乎？中国虽不富强，然天下之人，无论富贵贫贱，皆得俯仰宽然，有以自乐其生。西国国势虽盛，而小民之愁苦怨毒者，郁遏未伸，待机而发，以故弑君刺相之事，岁不绝书，固知其政事亦必有不如我中国者矣。

当此时世艰虞，凡我报礼之士，戴德之民，固当各抒忠爱，人人与国为体，凡一切邪说暴行足以启犯上作乱之渐者，拒之勿听，避之若浼，恶之如鹰鹯之逐鸟雀。大顺所在，天必祐之。世岂有无良之民如《小雅》所讥者哉？㉝

注 释

①租庸调：唐初基于均田制基础上的赋役制。该制规定，每丁每年向国家缴粟二石，称为租；缴绢（或绫、绝）二丈、绵三两，或者缴布二丈五尺、麻三斤，称为调；每丁每年服徭役二十天（闰月加两天），称为庸。若加役十五天，则免调；加三十天，租调全免。

②算缗之法：汉武帝时的一种税制。其办法是让工商业者自报其所有的资财货值，以缗钱二千为一算，即每二千钱的资财年缴税一百二十钱。铸造业等每四千钱一算，轺车一乘一算，商人轺车加倍，船五丈以上一算。若申报不实，查出后严厉处罚。

③五季：即五代。指后梁、后唐、后晋、后汉、后周。

④青苗钱：一种强制性贷款。方法是把农户按财产分为若干等，由国家按等级贷给一定数额的钱，每年贷还两次，春贷夏还，夏贷秋还，每次利息二分。目的是既解决贫困户的青黄不接，也强使富户借贷纳息。

⑤手实法：即让百姓根据官方规定的计算标准和计算方法自我核实自家财产的多少而后统一计算应缴税额的一种方法。

⑥一条鞭法：明时所采用的一种赋役制。其办法是把各种役赋都合编在一起，统一折算成银钱缴纳。

⑦辽饷、剿饷、练饷：通称明末三饷。以对辽用兵的名义加征的田赋银叫辽饷，以镇压农民起义的名义加征的叫剿饷，以训练民兵的名义加征的叫练饷。

⑧编审之法：清初实行的编审户口人丁的制度。其办法是让地方官每十年清点境内钱粮户口一次，编造黄册，以确定民数，每三年（后改为五年）清点民户人丁一次，将年壮成丁的人编入册籍，当时称之为编审民丁。

⑨赐复：皇帝以特恩命令免除赋役。

⑩京垓：都是数词。京：十兆，一说万兆；垓：万万。这里京垓连用，极言其多。

⑪富弼（1004—1083），字彦国，宋河南洛阳人。历枢密副使等职，曾参与庆历新政。

⑫曾巩（1019—1083），字子固，宋南丰（今属江西）人。文学家。历职中书舍人等。著有《元丰类稿》。

⑬度牒：旧时政府发给僧人的准予出家的证明文件，持之可以免除赋税劳役。

⑭丁丑、戊寅：干支纪年，这里具体指的是1877年、1878年。

⑮少府：皇帝个人的府库。

⑯和买：按市价收买。

⑰花石纲：宋徽宗在东京（今河南开封）修建寿山艮岳，于苏杭一带民间搜罗木石，凡有可用者，不惜破墙折屋，劫往东京。这种运送花、石的船队，称"花石纲"。

⑱南诏：唐时国名，疆域包括今云南全省及贵州、四川的部分地区。

⑲府兵：一种兵役制。其兵员即农民，农忙时务农，农闲时训练，用以分番轮流护卫京师和防守边境，征发时自备兵器钱粮。

⑳司马温公：即司马光（1019—1086），字君实，宋陕州夏县（今属山西）涑水乡人，世称涑水先生。著名史学家。哲宗时入朝为相，尽改王安石新法。死后追封温国公，故称司马温公。

㉑于忠肃：即于谦（1398—1457），字廷益。忠肃是他的谥号。明浙江钱塘（今杭州）人。曾任河南山西巡抚、兵部侍郎尚书等职。

㉒绿营：清朝规定八旗以外的汉族兵要用绿旗，故俗称绿营。

㉓经制钱：宋朝附加税的一种。以陈亨伯为发运使经制东南七路财赋时建议添加而得名。其后翁彦国为总制使，仿其法又别立名目征税，称总制钱。又叫经总制钱或总经制钱。

㉔月桩钱、板帐钱：都是南宋苛捐杂税的名目。南宋时将上供丝绸改为纳钱，称折帛钱。

㉕城旦、鬼薪：都是秦汉时的刑罚。城旦，四岁刑，即发犯人到边疆防敌寇和筑长城。鬼薪，三岁刑，当贵族子弟触犯刑律应为城旦时，可改作宗庙取薪，称为鬼薪。

㉖沙门岛：地名，在山东蓬莱西北海中，是宋元时代流放犯人的地方。

㉗掖庭：皇宫中宫嫔所居的旁室。

㉘雅克萨：旧城名，址在黑龙江北岸。原系中国索伦部达斡尔族所筑。1650年被沙俄侵占。1686年清军收复，后又被沙俄盘踞。1689年中俄订立《尼布楚条约》，规定其地归中国管辖。俄人由此撤退、拆城。1858年沙俄强迫清政府订立不平等的《瑷珲条约》，该地又为沙俄割占。

㉙恰克图：城邑名。本是中国境内的中俄通商要埠。后根据1727年的中俄《恰克图条约》，旧市街划归俄方，中国于旧市街南另建恰克图新市街于中国界内，汉名买卖城，由理藩院派员驻扎监理当地中俄互市。现一半在俄罗斯境内，一半在蒙古国境内。

㉚浩罕：一作霍罕，18世纪初乌兹别克人在中亚费尔干纳盆地建立的封建汗国，首都为浩罕城。乾隆时曾请求归附中国，并曾向清政府贡马。1876年被沙俄

吞并。

㉛大院君之乱：大院君原是朝鲜李朝以旁系入继王位的国王生父死后的谥号，后逐渐演变成为其在世时的称呼。但整个李朝时期，生前封大院君的，只有高宗李熙生父李昰应一人。这里的大院君即指兴宣大院君李昰应。他1843年封兴宣君，1863年高宗即位，进封大院君，并开始摄政，摄政期间，为政保守，且同闵妃一派相对立。1874年高宗亲政，闵妃派得势，大院君失权。1882年大院君借旧式军队发动壬午兵变之机重新掌权。但闵妃派很快请来清军将他拘捕，押往中国软禁。所谓"假使因大院君之乱而取朝鲜"云云，即指此事而言。

㉜谅山之胜：指1885年3月清军将领冯子材在谅山大败法国军队一事。

㉝登任子：任用官员的子弟为官。

㉞寒畯：一作寒俊，出身寒微而才能杰出的读书人。

㉟南阳近亲、丰镐旧族：这里泛指贵族子弟。南阳是汉光武帝刘秀起家的地方，这里代指汉光武帝。丰、镐都是西周建都的地方，这里代指周天子。

㊱东厂、北司：泛指明代官方的特务机关。

㊲周替：不废止。

㊳《诗经·小雅·角弓》有"民之无良，相怨一方"，意在批评人民的离心离德。

评　介

本文为清政府歌功颂德，所列十五"仁政"，却确有可谓仁政者，且多数不诬。试想，如无一些善举，满族统治者岂能顺利夺取并统治中国，而且还出现了版图辽阔民庶物阜的"康乾盛世"呢？可惜的是那些仁政到后来或荡然无存，或徒有具文。

然而，张之洞无意中却为挽救中华民族开了一个十分高明的药方，这就是"人人与国为体"。遗憾的是他把力用错了方向。因为要想使人人与国为体，就必须让"人人"在国家的政治、经济、文化、教育等方面都有平等的权利和地位，就是说，要让人人都做国家的主人，才能激发起他们对国家的忠爱之心。在当时，要做到这一点，首要的任务不是絮絮叨叨地教人民效忠尽爱，而应当是教清政府放弃封建专制制度，建立人人平等、人民当家作主的共和国体。唯有如此，人民才会把国家的事情视为自己的事情，才能真正做到"人人与国为体"。张之洞不这样做，而是要求广大被宰割的民众与残酷统治和无情压榨自己的封建专制国家为体，那当然是缘木求鱼，绝不可得的。

取消专制，还权于民，让"人人与国为体"，这在当时是使国家长治久安兴旺发达的上上之策。清政府不肯还权于民，张之洞摆一百五十个"仁政"来进行说教也无济于事。在这里，国体的变更起着决定的作用，变则存，不变则亡。历史雄辩地证明了这一点。

明纲第三

"君为臣纲，父为子纲，夫为妻纲"，此《白虎通》引《礼纬》之说也①。董子所谓"道之大原出于天。天不变，道亦不变"之义②，本之《论语》"殷因于夏礼，周因于殷礼"注："所因，谓三纲五常。"——此《集解》马融之说也③，朱子《集注》④引之。《礼记·大传》："亲亲也，尊尊也，长长也，男女有别，此其不可得与民变革者也。"五伦⑤之要，百行之原，相传数千年，更无异义。圣人所以为圣人，中国所以为中国，实在于此。故知君臣之纲，则民权之说不可行也；知父子之纲，则父子同罪、免丧废祀之说不可行也；知夫妇之纲，则男女平权之说不可行也。

尝考西国之制，上、下议院各有议事之权，而国君、总统亦有散议院之权。若国君、总统不以议院为然，则罢散之，更举议员再议。君主、民主之国略同。西国君与臣民相去甚近，威仪简略，堂廉不远，好恶易通。其尊严君上不如中国，而亲爱过之。万里之外，令行威立，不悖不欺。每见旅华西人遇其国有吉凶事，贺吊忧乐，视如切身。是西国固有君臣之伦也。摩醯"十戒"⑥，敬天之外，以孝父母为先。西人父母丧亦有服，服以黑色为缘。虽无祠庙木主⑦，而室内案上必供奉其祖父母父母兄弟之照像。虽不墓祭，而常有省墓之举，以插花冢上为敬。是西国固有父子之伦也（家富子壮则出分，乃秦法。西人于其子，必教以一艺。年长艺成，则使之自谋生计，别居异财。临终分析财产，男子女子皆同，兼及亲友，非不分其子也）。戒淫为十戒之一。西俗男女交际，其防检虽视中国为疏，然淫佚之人，国人贱之。议婚有限，父族母族之亲凡在七等以内者，皆不为婚（七等谓自父、祖、曾、高以上推至七代，母族亦然。故姑、舅、姨之子女，凡中表之亲，无为婚者）。惟男衣毡布，女衣丝锦，燕⑧会宾客，女亦为主。此小异于中国（《礼记·坊记》："大飨废夫人之礼。"《左传·昭公二十七年》："公如齐，齐侯请飨之。""子仲⑨

之子曰重，为齐侯夫人，曰：'请使重见。'"是古有夫人与燕飨之礼。因有流弊，废之）。女自择配（亦须请命父母，且订约，而非苟合），男不纳妾，此大异于中国。然谓之男女无别则诬。且西人爱敬其妻，虽有过当，而于其国家政事、议院、军旅、商之公司、工之厂局，未尝以妇人预之。是西国固有夫妇之伦也。

圣人为人伦之至，是以因情制礼，品节详明。西人礼制虽略，而礼意未尝尽废。诚以天秩民彝[10]，中外大同。人君非此不能立国，人师非此不能立教。乃贵洋贱华之徒，于泰西[11]政治、学术、风俗之善者懵然不知，知亦不学，独援其秕政敝俗，欲尽弃吾教吾政以从之，饮食服玩，闺门习尚，无一不摹仿西人，西人每讥笑之。甚至中士文学聚会之事，亦以七日礼拜之期为节目（礼拜日亦名星期，机器局所以礼拜日停工者，以局内洋匠其日必休息，不得不然）。近日微闻海滨洋界有公然创废三纲之议者，其意欲举世放恣黩乱而后快，怵心骇耳，无过于斯。中无此政，西无此教，所谓非驴非马，吾恐地球万国将众恶而共弃之也。

注　释

① 《白虎通》：原名《白虎通义》，晋代以后省称《白虎通》。东汉班固撰。共四卷，四十四篇。内容是记录汉章帝建初四年（79）在白虎观讨论五经同异的结果。《礼纬》，汉纬书名。

② 董子：即董仲舒（公元前179—前104），汉广川（今河北景县一带）人。景帝时为博士，武帝时任江都相。曾因言灾异事获罪下狱。赦出后为胶西王相。恐再致罪，告病免官家居。他力主抑黜百家，独尊儒术，首开儒学正统之局面。著有《春秋繁露》等书。"道之大原出于天。天不变，道亦不变"是建元（公元前140）冬十月汉武帝问策时董仲舒对策中的话。

③ 《集解》：此指《论语集解》，三国时魏国何晏等集。马融（79—166），字季长，汉扶风茂陵（今陕西兴平东北）人。当过校书郎中、南郡太守。著有《三传异同说》，并对《诗》《易》《老子》《论语》等书作过注释。

④ 《集注》：指朱熹的《四书章句集注》。

⑤ 五伦：指君臣、父子、夫妻、兄弟、朋友这五种伦理关系。

⑥ 摩醢：又译梅瑟，现通译为摩西，为希伯来文Mosheh的音译，人名，是犹太教、基督教《圣经》故事中犹太人的古代领袖。十戒，今作"十诫"，犹太教戒条，其内容为：不许拜别神，不许制造和崇拜偶像，不许妄称耶和华名，须守安息日为圣日，须孝父母，不许杀人，不许奸淫，不许偷盗，不许做假见证，不许贪恋他人

财物。这十诫因是上帝出示、摩西颁行的,所以称为"摩西十诫"。

⑦木主:即牌位,过去祭祖时所供的神主,因多以木为之,故亦称木主。

⑧燕:通"宴"。

⑨子仲:鲁公子,名愁,鲁昭公十二年(公元前530)因欲逐季氏未果而奔齐。

⑩彝:常理。

⑪泰西:极西。这里泛指欧美各国。

评 介

本篇题为"明纲",旨在阐明"君为臣纲,父为子纲,夫为妻纲"这一礼法乃"中国神圣相传之至教,礼政之原本,人禽之大防",必须无条件坚持,"不得与民变革"。

也有人与张之洞的观点相反,认为"三纲"是束缚人民手脚的三条绳索,它的出现本身就是错误的。

"三纲"作为一种礼法,自有它产生和发展的原因,但也存在着它灭亡的必然性。它伴随宗法制度问世,为建立和巩固宗法制尽责,也必然随着宗法制的灭亡而进入坟墓,虽然它可能比宗法制稍迟归西,但这个方向是不会改变的。正如胎衣终究要被婴儿挣脱一样,任何在历史上起过进步作用的东西都有其过时的一天,不管它是进博物馆还是进垃圾箱,其实都一样,就是退出历史舞台。"三纲"也不例外。它若确曾联结和维系了中华民族,那就是它的功劳和贡献,应当载入史册。但是,当中华民族已发展到向资本主义制度迈进的阶段,还要抬出这三条绳索来维系社会,那何异于用胎衣来"维护"成年人?人们把它比作束缚手脚的枷锁,自不为过。斩断、砸碎,是应该的。不管张之洞怎样将这套宗法礼教同西方资产阶级的民权、平等、自由、博爱等混为一谈,也都无济于事。历史已经证明了这一点。

知类第四

种类之说,所从来远矣。《易·同人》之象曰:"君子以类族辨物。"①《左氏传》曰:"非我族类,其心必异。神不歆②非类,民不祀非族。"《礼记·三年问》曰:"有知之属,莫不知爱其类。"是知有教无类之说,惟我圣人如神之化能之,我中华帝王无外之治能之,未可概之他人也。

西人分五大洲之民为五种：以欧罗巴洲人为白种，亚细亚洲人为黄种，西南两印度人为棕色种，阿非利加洲人为黑种，美洲土人为红种（欧洲种类又自有别：俄为斯拉物③种，英、德、奥、荷为日耳曼种，法、意、日④、比为罗马种，美洲才智者由英迁往，与英同为白种。同种者性情相近，又加亲厚焉）。

西起昆仑，东至于海，南至于南海，北至奉天、吉林、黑龙江、内外蒙古，南及沿海之越南、暹罗、缅甸、东中北三印度，东及环海之朝鲜、海中之日本（日本地脉与朝鲜连，仅隔一海峡），其地同为亚洲，其人同为黄种，皆三皇五帝声教之所及，神明胄裔种族之所分。隋以前佛书谓之"震旦"，今西人书籍文字于中国人统谓之曰"蒙古"（以欧洲与中国通始于元太祖故），俄国语言呼中国人曰"契丹"，是为亚洲同种之证。其地得天地中和之气，故昼夜适均，寒燠⑤得中，其人秉性灵淑，风俗和厚，邃古以来称为最尊最大最治之国。文明之治，至周而极。文胜而敝，孔子忧之。历朝一统，外无强邻，积文成虚，积虚成弱。欧洲各国开辟也晚，郁积勃发，斗力竞巧，各自摩厉，求免灭亡，积惧成奋，积奋成强。独我中国士夫庶民懵然罔觉，五十年来，屡鉴不悛⑥，守其傲惰，安其偷苟⑦，情见势绌而外侮亟矣。

方今海内之士，感慨发愤，竭智尽忠，求纾国难者固不乏人。而昏墨之人，则视国家之休戚漠然无动于其心，意谓此非发捻⑧之比，中华虽沦，富贵自在，方且乘此阽危恣为贪黩，以待合西伙，为西商，徙西地，入西籍。而莠民邪说甚至诋中国为不足有为，讥圣教为无用，分同室为畛域，引彼法为同调，日夜冀幸天下有变，以求庇于他人。若此者，仁者谓之悖乱，智者谓之大愚。印度属于英矣，印度土人为兵为弁，不得为武员，不得入学堂也。越南属于法矣，华人身税有加，西人否也；华人无票游行有禁，西人否也。古巴属于西班牙矣，土人不能入议院也。美国开辟之初则赖华工，今富盛之后则禁华工，而西工不禁也。近年有道员某，吞蚀公款数十万金，存于德国银行，其人死后，银行遂注销其帐，惟薄给息而已。夫君子不以所恶废乡，故王猛死不伐晋⑨，钟仪囚不忘楚⑩。若今日不仁、不智、不耻为人役之人，君子知乐大心之卑宋必亡其家，韩非之覆韩必杀其身矣。

《左传·昭公二十五年》:"春,叔孙婼[11]聘于宋,桐门右师见之(杜注:右师乐大心居桐门),语卑宋大夫而贱司城氏。昭子告其人曰:'右师其亡乎!君子贵其身而后能及人,是以有礼。今夫子卑其大夫而贱其宗,是贱其身也,能有礼乎?无礼必亡。'"《定公九年·传》:"逐桐门右师。"(注:终叔孙昭子之言)

《左传·哀公八年》:"吴为邾故,将伐鲁,问于叔孙辄[12]。叔孙辄对曰:'鲁有名而无情,伐之必得志焉。'退而告公山不狃。公山不狃曰:'非礼也。君子违,不适仇国,未臣而有伐之,奔命焉,死之可也,所托也则隐。且夫人之行也,不以所恶废乡,今子以小恶而欲覆宗国,不亦难乎?'"

《通鉴》卷六:"秦王下吏治韩非,非自杀。臣光曰:'臣闻君子亲其亲以及人之亲,爱其国以及人之国,是以功大名美而享有百福也。今非为秦画谋而首欲覆其宗国,以售其言,罪固不容于死矣,乌足愍哉!'"

注 释

① 象:《易经》中的卦、爻形都称为象,而对卦、爻形进行直观解释的断语则称为象辞,辞前标有"象曰"字样。"君子以类族辨物"就是对《同人》卦形(☲,离下乾上)的直观解释。

② 歆:享。

③ 斯拉物:今通译为"斯拉夫"。

④ 日:不是指日本,而是指西班牙,因西班牙当时别译为日斯巴尼亚,故这里以"日"简称之。

⑤ 燠:暖。

⑥ 屡鉴不悛:多次儆戒不知悔改。

⑦ 偷苟:苟且偷生。

⑧ 发:指洪秀全发动的太平天国起义。因太平天国曾以一律蓄发与清政府的剃发留辫相对抗,故被清统治阶级诬为"发匪"或"发逆"。捻,即捻军起义。

⑨ 王猛(325—375),字景略,北海剧县(今山东寿光东南)人。出身贫寒,在十六国时的前秦做官,累迁司徒,录尚书事。他注重发展经济,整顿吏治,较有作为。临死前他认为东晋无隙可乘,建议不要南征。

⑩ 钟仪囚不忘楚:春秋时,楚国人钟仪做了囚徒,被郑人献给晋国,但他不改楚装,以示不忘祖国。

⑪叔孙婼：春秋时鲁国大夫，昭子是他的谥号。
⑫叔孙辄：他和公山不狃都是逃亡吴国的鲁人。

评 介

自氏族社会解体以后，种族之教已很难成为爱国教育的得力手段。诚然，人应该爱自己的种族，爱同种族的同胞，但同时也应爱其他种族，以及其他种族中的同类。这是天经地义的。以排他性进行种族教育，是狭隘的种族主义，已为世人所唾弃。所以张之洞想通过种类之说教人爱国，用心良苦，但绝不会有什么收效。

基于义愤，张之洞对"守其傲惰，安其偷苟"者，对"视国家之休戚漠然无动于心"者，对"冀幸天下有变，以求庇于他人"者，对贪污公款存入外国银行者，都进行了揭露和抨击，且很中肯。文中对欧洲各国勃兴原因的分析，虽然不够全面，却也有一定的道理。

宗经第五

衰周之季，道术分裂，诸子蜂起，判为九流十家。惟其意在偏胜，故析理尤精而述情尤显。其中理之言，往往足以补经义（乾嘉诸儒以诸子证经文音训之异同，尚未尽诸子之用），应世变。然皆有钓名徼利之心，故诡僻横恣不合于大道者亦多矣。即如皇子贵衷①，田子贵均②，墨子贵兼③，料子贵别④，王廖贵先⑤，倪良贵后⑥，此不过如扁鹊适周则为老人医，适秦则为小儿医⑦，聊以适时自售耳，岂其情哉！

自汉武始屏斥百家，一以六艺⑧之科为断。今欲通知学术流别，增益才智，针起喑聋跛躄之陋儒，未尝不可兼读诸子，然当以经义权衡而节取之。刘向论《晏子春秋》曰："文章可观，义理可法，合于六经之义。"⑨斯可为读诸子之准绳矣（《汉书·艺文志》曰："若能修六艺之术，观九家之言，舍短取长，则可以通万方之略矣。"意与此同）。盖圣人之道大而能博，因材因时，言非一端，而要归于中正。故九流之精，皆圣学之所有也；九流之病，皆圣学之所黜也。

诸子之驳杂固不待言，兹举其最为害政害事而施于今日必有实祸者，如：《老子》尚无事则以礼为乱首，主守雌则以强为死徒，任自然则以有忠臣为乱国。《庄子》齐尧桀，黜聪明，谓凡⑩之亡不足以为亡，楚之存不足以为存（此不得以寓言为解）。《列子·杨朱篇》[11]惟纵嗜欲，不顾毁誉。《管子》[12]谓惠者民之仇雠，法者民之父母，其书驳杂伪托最多，故兼有道、法、名、农、阴阳、纵横之说。《墨子》除《兼爱》已见斥于《孟子》外，其《非儒》《公孟》两篇至为狂悍，《经》上下、《经说》上下四篇，乃是名家清言，虽略有算学、重学、光学之理，残不可读，无裨致用。《荀子》虽名为儒家，而非十二子，倡性恶，法后王，杀[13]《诗》《书》（读隆杀之杀），一传之后，即为世道经籍之祸。申不害[14]专用术，论卑行鄙，教人主以不诚（《韩非子》及他书所引）。韩非用申之术，兼商之法，惨刻无理，教人主以不任人，不务德。商鞅暴横，尽废孝悌仁义，无足论矣。此外，若《吕览》多存古事[15]，大致近儒。《晏子》兼通儒墨，瑕瑜互见（刘向谓其中诋孔子者为辩士伪托）。《战国策》考见世变，势不能废（晁公武[16]以《战国策》入子部，今入史部）。《孙》《吴》《尉缭》[17]，兵家专门，尚不害道（《孙子》惟《用间》篇末有谬语。《尉缭》惟《兵令》篇末有谬语）。尹文、慎到、鹖冠、尸佼[18]，可采无多。至于公孙龙巧言无实[19]，鬼谷阴贼可鄙[20]，皆不足观。又如《关尹子》多剿佛书[21]（并有后世道书语），《文子》全袭《淮南》[22]，皆出作伪（西汉儒家诸子如贾长沙、董江都、刘子政，皆为儒家巨子。《说苑》《新序》最为纯正，《新书》已多残缺，《春秋繁露》精义颇多。惟董治《公羊》多墨守后师之说，几陷大愚之诛，宜分别观之。《法言》文藻而已。《孔丛》《家语》甚多精言，兼存孔门行事，虽有附益，要皆有本，近人概斥为王肃诸人伪作，未免太苛。道家如《淮南》，可资考古，间有精理）。大抵诸家纰缪易见，学者或爱其文采，或节取一义，苟非天资乖险，鲜有事事则效实见施行者。独《老子》见道颇深，功用较博，而开后世君臣苟安误国之风，致陋儒空疏废学之弊，启猾吏巧士挟诈营私、软媚无耻之习，其害亦为最巨。功在西汉之初，而病发于二千年之后，是养成顽钝积弱、不能自振之中华者，老氏之学为之也（"大巧若拙"[23]一语最害事，此谓世俗趋避钻刺之巧则可矣，若步天测地工作机械，巧者自巧，拙者自拙，岂有巧拙相类之事哉！数十年来，华人不能扩充智慧者，皆为此说所误）。故学老者病痿痹，学余子者病发狂。董子曰："正朝夕者视北辰，正嫌疑者视圣人。"若不折衷于圣经，是朝夕不辨而冥行不休，坠入淤泥，亦必死矣。

不独诸子然也，群经简古，其中每多奥旨异说，或以篇简摩灭，或出后师误解。汉兴之初，曲学阿世以冀立学；哀平之际，造谶[24]益纬以媚巨奸，于是非常可怪之论益多，如文王受命、孔子称王之类。此非七十子之说，乃秦汉经生之说也。而说《公羊春秋》者为尤甚（新周王鲁[25]，以《春秋》当新王）。乾嘉诸儒，嗜古好难，力为阐扬，其风日肆，演其余波，实有不宜于今之世道者，如禁方奇药，往往有大毒，可以杀人。假如近儒《公羊》之说，是孔子作《春秋》而乱臣贼子喜也。

窃惟诸经之义，其有迂曲难通、纷歧莫定者，当以《论语》《孟子》折衷之。《论》《孟》文约意显，又群经之权衡矣（伊川程子曰："穷得《语》《孟》自有要约处，以此观他经甚省力。《语》《孟》如丈尺权衡相似。"[26]）。道光以来，学人喜以纬书、佛书讲经学，光绪以来，学人尤喜治周秦诸子，其流弊恐有非好学诸君子所及料者，故为此说以规之。

注　释

①皇子贵衷：据《庄子·达生》及其疏释所载，皇子，复姓，名告敖，乃齐之贤士。从他与齐桓公的对话看，他较善于分析人的心理活动。而据《列子·汤问》载，则皇子是个过于自信的人物。

②田子贵均：田子名骈，亦称陈骈。战国齐人，哲学家。曾游稷下，号称"天口"。所著书亦称《田子》，已佚。据他书所载，得知其哲学思想强调事物的均齐、同一，认为"万物皆有所可，皆有所不可"，要求人们"与物宛转"，不持己意，即所谓"齐万物以为首"。

③墨子贵兼：墨子名翟（约公元前468—前376），春秋战国之际思想家，墨家学派创始人。其言其行集中于《墨子》一书。《汉书·艺文志》记该书为七十一篇，今存五十三篇。贵兼，崇尚兼爱。

④料子贵别：料子其人其书，皆不详。《尸子·广泽篇》有"料子贵别"一语，《墨子间诂·墨子后语》中的《墨学通论》篇亦有此语，《尔雅·释诂》之疏中也引有此语。既与皇、田、墨诸子并列，疑亦春秋战国时诸子百家之一家。

⑤王廖贵先：王廖，战国兵家，生卒年不详，善将兵，曾参与合纵抗秦。贵先，"谋兵事贵先建策也"。

⑥倪良贵后：倪良，战国魏将，生卒年不详，曾参与合纵抗秦，善兵家权谋之学，据载曾著书一篇，今不传。贵后，主张后发制人。

⑦扁鹊：著名医学家，战国时郑（今河北任丘）人，姓秦，名越人。因其医术与轩辕时神医扁鹊相类，故世人号之为扁鹊。后被秦太医令李醯妒忌杀害。"适周

则为老人医,适秦则为小儿医",见于《史记·扁鹊传》。原文是:"扁鹊名闻天下。过邯郸,闻贵妇人,即为带下医;过洛阳,闻周人爱老人,即为耳目痹医;来入咸阳,闻秦人爱小儿,即为小儿医:随俗为变。"

⑧六艺:即六经,包括《诗》《书》《礼》《乐》《易》《春秋》。另外,先秦保氏教国子的礼、乐、射、御、书、数,也称六艺。

⑨刘向(约公元前77—前6),本名更生,字子政,西汉沛(今江苏沛县)人。汉皇族楚元王刘交四世孙。历职光禄大夫、中垒校尉等。著有《别录》《九叹》《新序》《说苑》《列女传》《洪范五行传》等书。《晏子春秋》,书名。旧题春秋齐国晏婴撰,据考证系后人所辑,共八卷二百十五章。《汉书·艺文志》记有《晏子》一书,无"春秋"字样。1972年山东临沂银雀山西汉墓中出土的《晏子》残简,与今本《晏子春秋》部分章节大体一致。

⑩凡:西周诸侯国名,姬姓,始封为周公之子,址在今河南辉县西南,亦有人考证说在浚县东北。

⑪《列子》:书名。相传为战国时人列御寇撰。《汉书·艺文志》有载。但现存本疑是后人伪托。唐时列为道家经典,名《冲虚真经》。其《杨朱篇》中有追求个人享乐的思想。

⑫《管子》:书名。相传为管仲所著,据考证系后人托名于他的著作。原八十六篇,今存七十六篇,内容庞杂,其中经济思想较为丰富。

⑬杀:贬低的意思。

⑭申不害(约公元前385—前337),战国郑人,著名法家。曾相韩昭侯十五年,讲究法制,尤其重"术",主张国君应"因任而授官,循名而责实,操杀生之柄,课群臣之能"。著有《申子》六篇,现仅存一篇。

⑮《吕览》:即《吕氏春秋》,系吕不韦召集门人编辑而成,内容颇有兼收并蓄之意,属杂家。

⑯晁公武:字子止,山东巨野人。宋孝宗乾道年间曾做过临安府少尹。著名藏书家。收书二万四千五百余卷,编有《郡斋读书志》。

⑰《孙》:指春秋时代军事学家孙武所著《孙子兵法》。《吴》,指战国时兵家吴起所著《吴起兵法》。《尉缭》,兵书名,亦称《尉缭子》。战国时期军事学家尉缭所著。

⑱尹文(约公元前360—前280),战国时名家,著有《尹文子》一书。但现存《尹文子》有人怀疑是后人伪托。慎到(约公元前395—约前315),战国时法家,贵势,著有《慎子》四十二篇,已散佚,今辑有七篇。鹖冠,即鹖冠子,相传为战国时楚人,初尚黄老,后重刑名,著有《鹖冠子》一书。但今传《鹖冠子》有人疑为后人伪托。尸佼(约公元前390—约前330),战国时晋人,一说为鲁人,法家,曾参与商鞅变法。商鞅被杀后,他逃亡蜀地。著有《尸子》一书,已佚,后人辑有

一些散篇。

⑲公孙龙：战国赵人。哲学家，名家代表，著有《公孙龙子》一书。"白马非马""离坚白"等都是他的著名命题。

⑳鬼谷：即鬼谷子，相传为战国楚人，姓名无定论，因隐居鬼谷而号为鬼谷子。长于养性持身和纵横捭阖之术。苏秦、张仪都是他的学生。但今本《鬼谷子》一书一般认为不是他的著作，而是后人伪托。

㉑《关尹子》：书名。相传为关尹喜撰。关尹喜，周人，名喜。相传他曾做函谷关关尹，因得关尹子之称。后随老子出关西去。后世道教尊他为"无上真人""文始先生"。剿，通"钞"，抄袭。

㉒《文子》：道教经典之一。唐时号为《通玄真经》。思想以道家为主而杂以儒、墨、名、法。作者不详。有人认为是老子的一个号为计然的学生所作。《淮南》，即《淮南子》，亦称《淮南鸿烈》，西汉淮南王刘安与其门客苏非、李尚、伍被等著。原作内篇二十一，外篇三十三，现只流传内二十一篇。其思想以道家为主兼糅儒、法、阴阳等，所以一般归之为杂家。

㉓大巧若拙：语出老子《道德经》第四十五章。

㉔谶：一种凶吉征兆或符验的隐语或预言。纬，方士化的儒生编集的附会儒家经典的著作。谶、纬都是汉代流行的宗教性迷信。

㉕新周王鲁：改以周为王为以鲁为王。《春秋公羊传》有"公羊以鲁隐公为受命王，黜周为二，王后"语。新，改。

㉖伊川程子：指程颐。程颐（1033—1107），字正叔，理学家称之为伊川先生。为区别于其兄程颢，故称他为伊川程子。此处引文见于《河南程氏遗书》卷第十八《伊川先生语·四》。新版《二程集》载于第一册，第205页。

评 介

《宗经》之旨，谓诸子之书往往有中理精言，可以补经义，应世变，固未尝不可一读，然必须折中于儒家经典，用孔孟之道权衡之以决定取舍，否则便会"朝夕不辨而冥行不休，坠入淤泥，亦必死矣"。可见这"儒学为体，诸子为用"不过是独尊儒术的新变种而已。

独尊儒术的思想根源在于绝对真理观。其实，迄今为止，思想理论领域已有的任何学说都只是相对真理，而皆非绝对真理。因为所谓绝对真理，应是概括和反映了宇宙从始至终的各种运动规律的理论体系，故它适应于一切时空、一切事物，不受任何条件限制。而我们目前对宇宙的认识，横不到边，纵不到头，深不到底，已发现的真理，无不是一定时空中一定事物之一定层次上的运动规律的概括和反映，因而都是相对的。而只有无数相对真理之总和，才是绝对真理。所以，谁如果宣称自己发现了绝对真理，那就像宣布他数尽了无穷数一样荒唐可笑。把儒学当作万古不易、无所不能的绝对真理，便是这种荒唐之一例。

独尊儒术对于儒学本身来说也是一大悲剧。孔丘以博学多识而兴学立教，传道授徒，成为诸家中之显学，乃势之必然。其学说之中，本不乏真知灼见，且颇有些带辩证色彩或唯物倾向的思想认识，故在政治、思想、教育等领域，都理所当然地占有一席重要地位。但这些都是儒家先哲勤奋努力的结果，并不是哪位恩赐的。独尊儒术反而毁儒的悲剧，就在于利用国家政权的威力，勉强地把儒学尊为思想理论界的太上皇，不许触犯，不许批评，只能注疏和遵奉，致使其生命力和战斗力逐渐消失，以致把这个活生生的学说，变成了僵死的教条、禁锢思想的枷锁、社会进步的绊脚石。这一悲剧又从反面证明，要弘扬一种学说，最好的办法莫过于把它放到实践中去，让人们通过实践去认识它、检验它、接受它、发展它，而同时也把它置于思想斗争的激流旋涡之中、风口浪尖之上，让它与其他思想互相驳难，互相批评，使它在斗争中求得发扬和光大，并永葆其生命力和战斗力。

应当明白，对于后世的尊孔与批孔，孔丘并无直接责任。孔丘一生干自己的事业，表述自己的思想，并未强迫后人顶礼膜拜。他之被尊，不过被人当作工具而已，被尊就很委屈，被打倒更是冤枉。所以对于孔子学说，应给其以适当的历史地位，并加以科学的研究探讨，不应简单地一笔抹杀。

正权第六

今日愤世疾俗之士，恨外人之欺凌也，将士之不能战也，大臣之不变法也，官师之不兴学也，百司之不讲求工商也，于是倡为民权之议，以求合群而自振。

嗟乎！安得此召乱之言哉！民权之说，无一益而有百害。

将立议院欤？中国士民至今安于固陋者尚多，环球之大势不知，国家之经制不晓，外国兴学、立政、练兵、制器之要不闻，即聚胶胶扰扰之人于一室，明者一，暗者百，游谈呓语将焉用之？且外国筹款等事重在下议院，立法等事重在上议院，故必家有中资者乃得举议员。今华商素鲜巨资，华民又无远志，议及大举筹饷，必皆推诿默息，议与不议等耳。此无益者一。

将以立公司、开工厂欤？有资者自可集股营运，有技者自可合伙造机，本非官法所禁，何必有权？且华商陋习，常有借招股欺骗之事，若无官权为之惩罚，则公司资本无一存者矣。机器造货厂，无官权为之弹压，则一家获利，百家仿行，假冒牌名，工匠哄斗，谁为禁之？此无益者二。

将以开学堂欤？从来绅富捐资，创书院，立义学，设善堂，例予旌奖，岂转有禁开学堂之理？何必有权？若尽废官权，学成之材既无进身之阶，又无饩廪①之望，其谁肯来学者？此无益者三。

将以练兵御外国欤？既无机厂以制利械，又无船澳以造战舰，即欲购之外洋，非官物亦不能进口，徒手乌合，岂能一战？况兵必需饷，无国法岂能抽厘捐？非国家担保岂能借洋债？此无益者四。

方今中华诚非雄强，然百姓尚能自安其业者，由朝廷之法维系之也。使民权之说一倡，愚民必喜，乱民必作，纪纲不行，大乱四起，倡此议者岂得独安独活？且必将劫掠市镇，焚毁教堂，吾恐外洋各国必借保护为名，兵船、陆军深入占据，全局拱手而属之他人，是民权之说固敌人所愿闻者矣（或谓朝廷于非理要求可诿之民权不愿，此大误也。若我自云国家法令不能制服，彼将自以兵力胁之）。昔法国承暴君虐政之后，举国怨愤，上下相攻，始改为民主之国。我朝深仁厚泽，朝无苛政，何苦倡此乱阶以祸其身而并祸天下哉！此所谓有百害者也。

考外洋民权之说所由来，其意不过曰国有议院民间可以发公论、达众情而已，但欲民申其情，非欲民揽其权。译者变其文曰民权，误矣（美国人来华者自言其国议院公举之弊，下挟私，上偏徇，深以为患。华人之称羡者，皆不加深考之谈耳）。近日摭拾西说者，甚至谓人人有自主之权，益为怪妄。此语出于彼教之书，其意言上帝予人以性灵，人人各有智虑聪明，皆可有为耳。译者竟释为人人有自主之权，尤大误矣。泰西诸国，无论君主、民主、君民共主②，国必有政，政必有法，官有官律，兵有兵律，工有工律，商有商律，律师习之，法官掌之，君民皆不得违其法。政府所令，议员得而驳之；议院所定，朝廷得而散之。谓之人人无自主之权则可，安得曰人人自主哉！夫一哄之市必有平，群盗之中必有长，若人皆自主，家私其家，乡私其乡，士愿坐食，农愿蠲租，商愿专利，工愿高价，无业贫民愿劫夺，子不从父，弟不尊师，妇不从夫，贱不服贵，弱肉强食，不尽灭人类不止。环球万国必无此政，生番蛮獠亦必无此俗。至外国今有自由党，西语实曰"里勃而特"③，犹言事事公道，于众有益，译为公论党可也，译为自由非也。

若强中御外之策，惟有以忠义号召合天下之心，以朝廷威灵合九州之力，乃天经地义之道，古今中外不易之理。昔盗跖才武拥众而不能据一邑④，田畴德望服人而不能拒乌桓⑤，祖逖智勇善战在中原不能自立⑥，南依于晋而遂足以御石勒⑦。宋弃汴京而南渡，中原数千里之遗民人人可以自主矣，然两河结寨，陕州婴城，莫能自保，宋用韩、岳为大将而成破金之功。八字军亦太行民寨义勇也⑧，先以不能战为人欺，刘锜用之而有顺昌之捷⑨。赵宗印起义兵于关中⑩，连战破敌，王师败于富平⑪，其众遂散，迨宋用吴玠、吴璘为将而后保全蜀之险⑫。盖惟国权能御敌国，民权断不能御敌国，势固然也。曾文正名为起家办团练矣，其实自与发匪接战以来，皆是募勇营，造师船，济以国家之饷需，励以国家之赏罚，而以耿耿忠义、百折不回之志气激励三军，感发海内，故能成勘定之功，岂团练哉！岂民权哉！

或曰："民权固有弊矣，议院独不可设乎？"曰："民权不可僭，公议不可无。凡遇有大政事，诏旨交廷臣会议，外吏令绅局公议，中国旧章所有也。即或咨询所不及，一省有大事，绅民得以公呈达于院司道府，甚至联名公呈于都察院。国家有大事，京朝官可陈奏，可呈请代奏。方今朝政清明，果有忠爱之心、治安之策，何患其不能上达？如其事可见施行，固朝廷所乐闻者。但建议在下，裁择在上，庶乎收群策之益而无沸羹之弊，何必袭议院之名哉！此时纵欲开议院，其如无议员何？此必俟学堂大兴，人才日盛，然后议之，今非其时也。"

注　释

①饩廪：古代按月发给的薪资。
②君民共主：指君主立宪制。
③里勃而特：英语liberty的音译，意译为自由、解放。

④盗跖：相传为柳下屯（今山东西部）人，名跖，春秋战国之际的起义领袖，盗跖是统治阶级对他的诬称。从先秦诸子的有关记载看，他是一位颇具理论水平和组织能力的革命领导者。

⑤田畴（169—214），字子泰，汉末无终（今天津蓟县）人。为避乱世，率宗族去徐无山中。百姓归之，数年间达五千余家。袁绍据河北，请他出来做官，数辟不就。乌桓（一作乌丸）多次侵扰其地，他无力抵抗。后曹操讨伐乌桓，他亲身充任向导，立下大功，但终不肯受官职。以德望著称。

⑥祖逖（266—321），字士稚，晋范阳遒县（今河北涞水）人。仕晋为太子中舍人、豫章王从事中郎等职。晋室生乱，祖逖被迫渡江。晋元帝封他为豫州刺史，他便招募军队，收复了黄河以南的大片土地。

⑦石勒（274—333），字世龙，上党武乡（今山西榆社北）人。做过商人、长工、奴隶，后聚众起义，投奔刘渊为大将。319年自称赵王，建立政权，史称后赵。329年灭前赵。

⑧八字军：南宋时建立于太行山一带的抗金义军，后有一部分归了南宋将领刘锜，在顺昌（今安徽阜阳）大破金兀术主力，立下赫赫战功。

⑨刘锜（1098—1162），字信叔，南宋名将，德顺军（治今甘肃静宁）人。建炎四年（1130）为泾原经略使，参加富平之战，有功。后至临安领宿亲军。绍兴十年（1140）任东京副留守，率八字军在顺昌大破金兀术主力。不久奉命撤退。次年又破敌于柘皋（今安徽巢湖市北）。旋为秦桧所排挤，罢兵知荆南府。绍兴三十一年（1161），他任江淮浙西制置使，守淮东。金帝完颜亮南侵，他退守镇江，未几忧愤而死。

⑩赵宗印：宋孝义（今属山西）人。少为僧，范致虚令还俗，授河东制置使。提义兵，所向辄下。宋师败于富平，赵恸哭入华山，不知所终。

⑪王师败于富平：1130年，南宋将领张浚会合刘锡、刘锜、吴玠、孙渥、赵哲各部，在富平与金兀术激战，曾一度围困金兀术，伤其大将韩常。后因赵哲临阵脱逃，致使南宋全军溃败。战后赵哲为张浚所斩。富平，地名，今属陕西。

⑫吴玠、吴璘：兄弟二人，皆南宋名将。德顺军陇干（今甘肃静宁）人。吴玠（1093—1139），字晋卿，善骑射，1130年任秦凤副总管兼知凤翔府。富平战后，他在和尚原、仙人关等地又屡破金军，官至四川宣抚使。吴璘（1102—1167），字唐卿，早年随兄吴玠抗击金军。吴玠死后，他代为领兵。绍兴十一年（1141）收复秦州（治今甘肃天水）等地，后因秦桧主和，被迫放弃。完颜亮南侵，他奋起抗击，又收复州郡多处，后又因议和放弃。官至太傅，封新安郡王。

评　介

《正权》一文，专为驳资产阶级民权之说而作，故文中称民权之说为"召乱之言","无一益而有百害"。

民主民权应否实行,本已毋庸论证,因为近代自资产阶级民主制盛行以来,即使是世界上最专制的统治者,也往往不得不打出民主的旗号,可见民主思想之深入人心。这里仅就张文本身稍加分析讨论。

首先,张之洞把民权与无政府混为一谈,认为提倡民权就是不要政府。资产阶级代言人提倡民权,不是不要政府,只是不要封建宗法专制政府,而要资产阶级所欢迎的民主选举的政府。张氏若是根本不懂民权与无政府之区别,那他就是无知妄说;如果他是明知故混,那他就是欺世罔民了。

其次,张之洞把民主与法制对立起来,认为提倡民主民权就是不要法律。提倡资产阶级的民主民权不是不要法律,只是不要宗法专制的法律,而要资产阶级的民主制定的法律。这种民主政体的法律与专制政体的法律有着本质的不同。专制政体的法律只不过是君主用来制约臣民的科条而已,在制定时,最终决定权在君主,而在施行时,则不能制约君主。资产阶级民主政体的法律就不同了,在制定时,公民是主人,且人人是主人,最终决定权在公民,而在施行时,大家都是客人,谁都必须遵守,在这种法律面前人人平等,谁也不能做特殊公民。当然,这在实践中并不易做到,但起码其理论原则是如此,其有关法律条文也大致体现了这一精神。张之洞把民主与法制根本对立起来,这也同他把民权与无政府混为一谈一样,若非无知,便是欺罔。

再次,张之洞把资产阶级的议会民主同封建专制的君主咨议混为一谈。议会民主乃民主议决大政要事,其中包括国家最高领导人的选举,而君主咨议充其量不过是君主专制的点缀而已,势同天渊,岂容混淆!

最后,张之洞也看到了资产阶级呼吁的民主民权乃当时大势所趋,但他为维护宗法专制,搪塞人民的民主要求,便以"无议员"为理由,说即使议院可设,议会应开,也必须等待将来,而"今非其时也"。

无议员便不能设议院,而不设议院终不会有议员,若"无议员"之借口果然成立,则议院永无开设之期。其实,只要决心开设议院,议员总是能够选出的,虽然一开始水平可能不会太高,但此种既下,自会发芽成长,终必有成熟之期。所以,"无议员"绝非正当理由,"今非其时"无非托词而已。

在近代,借口国情不适而拒绝接受先进的民主的社会体制,是封建专制主义者的惯技，其实也是他们自取灭亡的愚伎。因为新陈代谢是宇宙间不可抗拒的规律，社会的发展，也绝不会因顽固派之不赞成而停止。清政府不情愿搞君主立宪制，起初是断然拒绝，而后来则是一拖再拖，结果等待着它的只能是革命。倒行逆施的结果，是专制政府的彻底覆灭。

《正权》一文，兼涉国体和政体两个方面。民权之论，事涉国体；议会民主，事涉政体。在这里，国体是基础，它决定着政体；政体是国体的外在表现，并且积极地反作用于国体。如民权之国体，其表现则为议会民主之政体，而当议会取消或形同虚设时，民权便也就不复存在了。张之洞研究了西方的资产阶级民主体制，"政府所令，议员得而驳之；议院所定，朝廷得而散之"，他说，像这种情况，"谓之人人无自主之权则可，安得曰人人自主哉"！其实，他正是不自觉地道出了民主政治的核心——"人人无自主之权"，即谁也不能擅作威福、为所欲为，这是民主政治与专制政治最根本的区别。而有人可以擅作威福之时，也就是民主消失或变成点缀品之日。

当然，资产阶级议会民主制也并非没有弊端或缺陷，更不是尽善尽美的。但相对于封建宗法君主专制而言，它毕竟前进了一大步。在半殖民地半封建社会的大环境下，在社会尚未找到新的更好的政治体制之前，建立和完善这一体制，就是政治建设的头等大事了。

循序第七

今欲强中国，存中学，则不得不讲西学。然不先以中学固其根柢，端其识趣，则强者为乱首，弱者为人奴，其祸更烈于不通西学者矣。近日英国洋文报讥中国不肯变法自强，以为专信孔教之弊，此大误也。彼所翻四书五经，皆俗儒村师解释之理，固不知孔教为何事，无责焉耳。浅陋之讲章，腐败之时文[①]，禅寂之性理，杂博之考据，浮诞之词章，非孔门之学也。簿书文法，以吏为师，此韩非、李斯[②]之学，暴秦之政所从出也，俗吏用之；以避事为老成，以偷惰为息民，以不除弊为养元气，此老氏之学，历代末造[③]之政所从出也，巧宦用之，非孔门之政也。孔门之学，博文而约礼，温故而知新，参天而尽物。孔门之政，尊尊而亲亲，先富而后教，有文而备武，因时而制宜。孔子集千圣，等百王，参天地，赞化育，岂迂陋无用之老儒如盗跖所讥、墨翟所非者哉！今日学者必先通经以明我中国先圣先师立教之旨，考史以识我中国历代之治乱、九州之风土，涉猎子集以通我中国之学术文章，然后择西学之可以补吾阙者用之，西政之可以起吾疾者取之，斯有其益而无其害。如养生者先有谷气而后可饫庶羞④，疗病者先审藏府⑤而后可施药石，西学必先由中学，亦犹是矣（华文不深者不能译西书）。

外国各学堂每日必诵耶稣经，示宗教也。小学堂先习蜡丁文⑥，示存古也。先熟本国地图，再览全球图，示有序也。学堂之书多陈述本国先君之德政，其公私乐章多赞扬本国之强盛，示爱国也。如中士而不通中学，此犹不知其姓之人、无辔之骑、无舵之舟，其西学愈深，其疾视中国亦愈甚，虽有博物多能之士，国家亦安得而用之哉！

注 释

①时文：此指八股文。

②李斯：古代政治家，上蔡（今河南上蔡西南）人。生年不详，曾和韩非一起从荀况研习刑名之学。仕秦至丞相。在秦始皇扫灭六国、统一文字等活动中，起过重要作用。公元前208年（秦二世年间）被赵高杀害。

③末造：此指末世，即一个时代从开始衰落到灭亡的一段时间。

④饫庶羞：饱食多种美肴。

⑤藏府：通"脏腑"。

⑥蜡丁文：拉丁文的别译。

评 介

所谓循序，乃是要求学子在学习中西学的时序关系上要遵循中先西后的原则，即"先以中学固其根柢，端其识趣"，"然后择西学之可以补吾阙者用之，西政之可以起吾疾者取之"。因为在张之洞看来，"如中士而不通中学，此犹不知其姓之人、无辔之骑、无舵之舟，其西学愈深，其疾视中国亦愈甚，虽有博物多能之士，国家亦安得而用之哉！"这中先西后的时序原则，与张之洞"中学为体，西学为用"的总体思想是一致的，甚至可以说是中体西用的总原则在教学程序上的反映和要求。这一原则，早已为历史所淘汰，其谬已彰，无须再行驳辩。现仅讨论一下为什么当时西学愈深的人，其疾视中国亦愈甚。

守约第八

儒术危矣。以言乎迩，我不可不鉴于日本①；以言乎远，我不可不鉴于战国。昔战国之际，儒术几为异学诸家所轧。吾读司马谈之《论六家要旨》而得其故焉②。其说曰："儒家者流，博而寡要，劳而少功。"何以寡要少功？由于有博无约。如此之儒，止可列为九流之一耳，焉得为圣？焉得为贤？老诟儒曰："绝学无忧。"③又以孔子说十二经为大谩④。墨诟儒曰："累寿不能尽其学。"⑤墨子又教其门人公尚过不读书⑥。法诟儒曰："藏书策，修文学，用之则国乱。"⑦（《韩非子》语）大率诸子所操之术，皆以便捷放纵投世人之所好，而以繁难无用诬儒家，故学者乐闻而多归之。

夫先博后约，孔孟之教所同。而处今日之世变，则当以孟子守约施博之说通之。且孔门所谓博，非今日所谓博也。孔孟之时，经籍无多，人执一业可以成名，官习一事可以致用，故其博易言也。今日四部之书汗牛充栋，老死不能遍观而尽识。即以经而论，古言古义，隐奥难明，讹舛莫定，后师群儒之说解纷纭百出，大率有确解定论者不过什五而已。沧海横流，外侮洊⑧至，不讲新学则势不行，兼讲旧学则力不给。再历数年，苦其难而不知其益，则儒益为人所贱。圣教儒书，寝微寝灭，虽无嬴秦坑焚之祸，亦必有梁元文武道尽之忧，此可为大惧者矣。尤可患者，今日无志之士本不悦学，离经畔⑨道者尤不悦中学，因倡为中学繁难无用之说，设淫辞而助之攻，于是乐其便而和之者益众，殆欲立废中学而后快。是惟设一易简之策以救之，庶可以间执⑥仇中学者之口，而解畏难不学者之惑。

今欲存中学必自守约始，守约必自破除门面始。爰举中学各门求约之法，条列于后，损之又损，义主救世，以致用当务为贵，不以殚见洽闻为贤。十五岁以前诵《孝经》、四书五经正文，随文解义，并读史略、天文、地理、歌括、图式诸书及汉、唐、宋人明白晓畅文字有益于今日行文者。自十五岁始，以左方之法求之统经史、诸子、理学、政治、地理、小学各门，美质五年可通，中材十年可了。若有学堂专师，或以此纂成学堂专书，中材亦五年可了，而以其间兼习西文。过此以往，专力讲求时政，广究西法。其有好古研精不鹜功名之士愿为专门之学者，此五年以后博观深造，任自为之。然百人入学，必有三五人愿为专门者。是为以约存博，与子夏所谓博学近思、荀子所谓以浅持博亦有合焉。大抵有专门箸述之学，有学堂教人之学。专门之书，求博求精，无有底止，能者为之，不必人人为之也。学堂之书，但贵举要切用，有限有程，人人能解，且限定人人必解者也（西人天文、格致一切学术皆分专门学堂，与普通学堂为两事）。将来入官用世之人皆通晓中学大略之人，书种既存，终有萌蘖滋长之日，吾学吾书庶几其不亡乎！

一　经学通大义

切于治身心、治天下者谓之大义。凡大义必明白平易，若荒唐险怪者乃异端，非大义也。《易》之大义，阴阳消长；《书》之大义，知人安民；《诗》之大义，将顺其美，匡救其恶（《诗谱序》："论功颂德，所以将顺其美；刺过讥失，所以匡救其恶。"）；《春秋》大义，明王道，诛乱贼；《礼》之大义，亲亲，尊尊，贤贤；《周礼》大义，治国、治官、治民三事相维（太宰建邦之六典，治典经邦国，治官府，纪万民，其余教典、礼典、政典、刑典、事典皆国、官、民三义并举。盖官为国与民之枢纽，官不治则国民交受其害。此为《周礼》一经专有之义，故汉名《周官经》，唐名《周官礼》）。此总括全经之大义也。如《十翼》之说《易》[11]，《论》《孟》《左传》之说《书》，大小序[12]之说《诗》，《孟子》之说《春秋》，《戴记》之说《仪礼》[13]，皆所谓大义也。欲有要而无劳，约有七端：

一、明例。谓全书之义例（《毛诗》以训诂、音韵为一要事，熟于《诗》之音训，则诸经之音训皆可隅反[14]）。

一、要指。谓今日尤切用者，每一经少则数十事，多则百余事。

一、图表（诸经图表皆以国朝人为善。谱与表同）。

一、会通。谓本经与群经贯通之义。

一、解纷。谓先儒异义各有依据者，择其较长一说主之，不必再考，免耗日力（大率国朝人说而后出者较长）。

一、阙疑。谓隐奥难明、碎义不急者置之不考。

一、流别。谓本经授受之源流，古今经师之家法（考其最著而今日有书者）。

以上七事，分类求之，批郤导窾[15]，事半功倍。

大率群经以国朝经师之说为主,《易》则程传与古说兼取(并不相妨)[16]。《论》《孟》《学》《庸》以朱注为主,参以国朝经师之说。《易》止读程传及孙星衍《周易集解》[17](孙书兼采汉人说及王弼注[18])。《书》止读孙星衍《尚书今古文注疏》。《诗》止读陈奂《毛诗传疏》[19]。《春秋左传》止读顾栋高《春秋大事表》[20]。《春秋公羊传》止读孔广森《公羊通义》[21](国朝人讲《公羊》者,惟此书立言矜慎,尚无流弊)。《春秋穀梁传》止读钟文烝《穀梁补注》[22]。《仪礼》止读胡培翚《仪礼正义》[23]。《周礼》止读孙诒让《周礼正义》[24](已刊,未毕)。《礼记》止读朱彬《礼记训纂》[25](钦定七经传说义疏皆学者所当读,故不备举)。《论》《孟》除朱注外,《论语》有刘宝楠《论语正义》[26],《孟子》有焦循《孟子正义》[27],可资考证古说,惟义理仍以朱注为主。《孝经》即读通行注本,不必考辨。《尔雅》止读郝懿行《尔雅义疏》[28]。《五经总义》止读陈澧《东塾读书记》[29]、王文简(引之)《经义述闻》[30]。《说文》止读王筠《说文句读》[31](兼采段、严、桂、钮[32]诸家,明白详慎,段注《说文》太繁而奥,俟专门者治之)。

以上所举诸书,卷帙已不为少,全读全解亦须五年。宜就此数书中择其要义先讲明之,用韩昌黎提要钩元之法[33],就元本加以钩乙标识[34](但看其定论,其引征辨驳之说不必措意)。若照前说七端节录纂集以成一书,皆采旧说,不参臆说一语,小经不过一卷,大经不过二卷,尤便学者。此为学堂说经义之书,不必章释句解,亦不必录本经全文(盖十五岁以前诸经全文已读,文意大端已解矣)。师以是讲,徒以是习,期以一年或一年半毕之。如此治经,浅而不谬,简而不陋,即或废于半途,亦不至全无一得。有经义千余条以开其性识,养其本根,则终身可无离经叛道之患。总之,必先尽破经生著述之门面方肯为之,然已非村塾学究、科举时流之所能矣。

一　史学考治乱典制

史学切用之大端有二:一事实,一典制。事实择其治乱大端有关今日鉴戒者考之,无关者置之。典制择其考见世变可资今日取法者考之,无所取者略之。事实求之《通鉴》。《通鉴》之学(《资治通鉴》《续通鉴》《明通鉴》),约之以读《纪事本末》。典制求之正史、"二通"。正史之学,约之以读志及列传中奏议(如《汉·郊祀》《后汉·舆服》《宋·符瑞礼乐》、历代天文五行、元以前之律历、唐以后之艺文,可缓也。地理止考有关大事者。水道止考今日有用者。官制止考有关治理者。如古举今废，名存实亡，暂置屡改，寄禄虚衔，闲曹杂流，不考可也）。"二通"之学，《通典》《通考》约之以节本，不急者乙之，《通考》取十之三，《通典》取十之一足矣（国朝人有《文献通考详节》，但一事中最要之原委条目有应详而不详者，内又有数门可不考者）。《通志·二十略》，知其义例可也。考史之书，约之以读赵翼《廿二史札记》[35]（王氏《商榷》可节取[36]；钱氏《考异》精于考古[37]，略于致用，可缓）。史评，约之以读《御批通鉴辑览》。若司马公《通鉴论义》最纯正，而专重守经。王夫之《通鉴论》[38]《宋论》，识多独到，而偏好翻案。惟御批最为得中而切于经世之用（此说非因尊王而然，好学而更事者读之自见）。凡此皆为通今致用之史学。若考古之史学，不在此例。

一　诸子知取舍

可以证发经义者及别出新理而不悖经义者取之，显悖孔孟者弃之。说详《宗经》篇。

一　理学看学案

五子[39]以后，宋明儒者递相沿袭，探索幽渺，辨析朱陆[40]，掊击互起，出入佛老，界在微茫，文体多仿宗门语录，质而近俚。高明者厌倦而不观，谨愿者惝恍而无得[41]。理学不绝，如线焉耳。惟读学案可以兼考学行，甄综流派。黄梨洲《明儒学案》成于一手[42]，宗旨明显而稍有门户习气。全谢山《宋元学案》成于补辑[43]，选录较宽而议论持平，学术得失了然易见。两书甚繁，当以提要钩元之法读之，取其十之二即可。通此两书，其余理学家专书可缓矣。惟《朱子语类》原书甚多，学案所甄录者未能尽见朱子之全体真面，宜更采录之陈兰甫《东塾读书记·朱子》一卷最善。

一　词章读有实事者

一为文人，便无足观。况在今日，不惟不屑，亦不暇矣。然词章有奏议、书牍、记事之用，不能废也，当于史传及专集、总集中择其叙事述理之文读之，其他姑置不读。若学者自作，勿为钩章棘句之文，勿为浮诞鬼琐之诗，则不至劳精损志矣（朱子曰："欧、苏文好处只是平易说道理，初不曾使差异底字换却寻常底字。"又曰："作文字须是靠实说，不可架空细巧。大率七八分实，二三分文。欧文好者，只是靠实而有条理。"均《语类》一百三十九）。

一　政治书读近今者

政治以本朝为要。百年以内政事，五十年以内奏议，尤为切用。

一　地理考今日有用者

地理专在知今：一形势，一今日水道（先考大川），一物产，一都会，一运道（水道不尽能行舟），一道路，一险要，一海陆边防，一通商口岸。若《汉志》之证古，《水经注》之博文，姑俟暇日考之可也。考地理必有图，以今图为主，古图备考。此为中学地理言。若地球全形，外洋诸国，亦须知其方域广狭，程途远近，都会海口，寒暖险易，贫富强弱。按图索之，十日可毕。暂可不必求详，重在俄、法、德、英、日本、美六国，其余可缓。

一　算学各随所习之事学之

西人精算，而算不足以尽西艺，其与西政更无与矣。天文、地图、化、力、光、电，一切格致制造，莫不有算，各视所业何学，即习何学之算，取足应用而止，如是则得实用而有涯涘。今世学人治算学者如李尚之、项梅侣、李壬叔诸君[44]，专讲算理，穷幽极微，欲卒其业，皓首难期。此专家之学，非经世之具也（算学西多中少，因恐求备求精有妨中学，故附于此）。

一　小学但通大旨大例

中学之训诂，犹西学之翻译也。欲知其人之意，必先晓其人之语。去古久远，经文简奥，无论汉学、宋学，断无读书而不先通训诂之理。近人厌中学者动诋训诂，此大谬可骇者也。伊川程子曰："凡看文字，先须晓其文义，然后可求其意。未有文义不晓而见意者也。"（《二程遗书》。《近思录》引）朱子曰："训诂则当依古注。"（《语类》卷七）又曰："后生且教他依本子认得训诂文义分明为急，今人多是躐等妄作，诳误后生，其实都晓不得也。"（《答黄直卿书》[45]）又曰："汉儒可谓善说经者，不过只说训诂，使人以此训诂玩索经文。"（《答张敬夫书》[46]）又曰："向议欲刊《说文》，不知韩丈有意否，因赞成之为佳。"（《答吕伯恭书》[47]。此外言训诂为要者尚多）朱子所注各经，训诂精审，考据《说文》者甚多。《潜夫论》："圣为天口，贤为圣译。"[48]可谓善譬。若不通古音古义而欲解古书，何异不能译西文而欲通西书乎！惟百年以来，讲《说文》者终身钻研，汩没不反，亦是一病。要之止须通其大旨大例，即可应用大旨大例者解六书之区分，通古今韵之隔阂，识古籀篆之源委，知以声类求义类之枢纽，晓部首五百四十字之义例。至名物无关大用（如水部自有专书，示部多列祭礼，舟车今制为详，草虫须凭目验，皆不必字字深求者也），说解间有难明，义例偶有抵牾，则阙之不论（许君书既有脱逸，复多奥义，但为求通六书，不为究极许学，则功力有限断矣）。得明师说之，十日粗通，一月大通，引申触类，存乎其人，何至有废时破道之患哉！若废小学不讲，或讲之故为繁难，致人厌弃，则经典之古义茫昧，仅存迂浅俗说，后起趣时之才士，必皆薄圣道为不足观，吾恐终有经籍道熄之一日也。

如资性平弱，并此亦畏难者，则先读《近思录》《东塾读书记》《御批通鉴辑览》《文献通考详节》，果能熟此四书，于中学亦有主宰矣。

注　释

①日本自德川幕府执政始，便把儒学定为官方哲学，借以对人民进行思想禁锢。随着幕府的垮台和维新运动的发展，儒学失去其正统地位，代之而起的是福泽谕吉等人翻译和介绍的自由、平等、民主、博爱等西方资产阶级思想理论。

②司马谈：西汉夏阳（今陕西韩城南）人，生年不详，卒于公元前110年。官至太史令。著名史学家、思想家。他搜集的史料和撰写的史论，为日后其子司马迁著作《史记》奠定了基础。《论六家要旨》是司马谈评价阴阳、儒、墨、名、法、道诸家学说的文章。

③绝学无忧：见老子《道德经》第二十章。

④大谩：太烦琐。语见《庄子·天道》。

⑤累寿不能尽其学：语出《墨子·非儒》。累寿，一辈子，或几辈子。

⑥公尚过：一作公上过，墨翟弟子，生卒年不详。有人推测他可能是卫国人。据传墨子曾教谕他不必多读书，能"揣曲直而已"。

⑦语见《韩非子·五蠹》。

⑧洊：通"荐"，再，一次又一次。

⑨畔：通"叛"。下同。

⑩间执：堵塞。

⑪十翼：又名《易传》，是解释《周易》的十篇著作——《彖》上下、《象》上下、《系辞》上下、《文言》《序卦》《说卦》《杂卦》的总称。相传为孔子所作。据近人研究，大抵是战国末期或秦汉之际的作品，多不出自孔子之手。

⑫大小序：《毛诗》各篇之前解释本篇主题的文字称小序。在首篇《关雎》的

小序之后有一段概论全书的文字，称大序。作者或谓孔子，或谓子夏，或谓毛公，或谓卫宏，迄无定论。

⑬《仪礼》：又称《礼》或《礼经》，春秋战国时部分礼制的汇编。《戴记》，指《礼记》，是记录儒家关于礼制方面言论的书，其中相当一部分内容是解释《礼》的。因系戴德、戴圣所辑，故称《戴记》。一般将戴德辑的称《大戴礼记》，将戴圣辑的称《小藏礼记》。

⑭隅反：类推，触类旁通。隅，角落。典出《论语·述而》，原文是："举一隅不以三隅反，则不复也。"

⑮批郤导窾：郤，通"隙"；窾，孔。比喻解决问题善于从关键处入手，因而顺利解决。

⑯程传：指程颐所作《易传》。

⑰孙星衍（1753—1818），字伯渊，号渊如，清江苏阳湖（今常州）人。著名经学家。官山东督粮道。学识广博，对经史、文字、音韵、诸子、金石等均曾涉及。工篆隶，精校勘，擅诗文。撰有《尚书今古文注疏》《周易集解》《寰宇访碑录》等，并刻有《平津馆丛书》《岱南阁丛书》。

⑱王弼（226—249），字辅嗣，三国魏山阳（今河南焦作）人。玄学家。认为"无"是宇宙万物的本体，"道者，无之称也"。从"凡有皆始于无"而肯定名教出于自然，以新的玄学取代汉儒经学。其注《易》偏重哲理，一改汉儒烦琐之风。著有《周易注》《周易略例》《老子注》《老子指略》等。

⑲陈奂（1786—1863），字倬云，号硕甫，晚号南园，清江苏长洲（今苏州）人。经学家。治《毛诗》。撰有《诗毛氏传疏》《毛诗说》等。

⑳顾栋高（1679—1759），字震沧，又字复初，清江苏无锡人。曾任内阁中书。编有《春秋大事表》等。

㉑孔广森（1752—1786），字众仲，又字□约，号巽轩，清山东曲阜人。经学家、音韵学家、数学家。官翰林院检讨。撰有《诗声类》《大戴礼记补注》《经学卮言》《少广正负术》等。

㉒钟文烝（1818—1877），字子勤，清江苏嘉善人。著有《穀梁补注》等。

㉓胡培翚（1782—1849），字载屏，一字竹村，清徽州绩溪（今属安徽）人。嘉庆进士。曾任内阁中书、户部主事。著有《仪礼正义》等。

㉔孙诒让（1848—1908），字仲容，号籀庼，清浙江瑞安人。经学家、文字学家。著有《周礼正义》《墨子间诂》等。

㉕朱彬（1753—1834），字武曹，号郁甫，清江苏宝应人。撰有《经传考证》《礼记训纂》《游道堂诗文集》等。

㉖刘宝楠（1791—1855），字楚桢，号念楼，清宝应（今属江苏）人。道光进士。曾任直隶文安、三河知县。著有《论语正义》《宝应图经》《念楼诗文集》等。

㉗焦循（1763—1820），字理堂，一字里堂，清江苏甘泉（今扬州）人。哲学家、数学家、戏曲理论家。由于应礼部试不第，十多年托疾不入城市，潜心研究经史、历算、声韵、训诂、地方戏曲等，著有《里堂学算记》《剧说》《孟子正义》等。

㉘郝懿行（1757—1825），字恂九，号兰皋，清山东栖霞人。经学家、训诂学家。嘉庆进士。官户部郎中。撰有《尔雅义疏》《山海经笺疏》《易说》《书说》《春秋说略》等。

㉙陈澧（1810—1882），字兰甫，号东塾，清广东番禺人。学者。能诗善文，且广涉天文、地理、乐律、音韵、算术等。曾任广东河源县训导。为广州学海堂学长数十年，晚年主讲菊坡精舍。治学不限门户。著有《东塾读书记》《声律通考》《切韵考》《东塾集》等。

㉚王文简：即王引之（1766—1834），字伯申，号曼卿。文简是他的谥号。清江苏高邮人。历翰林院编修、工部尚书等职。精音韵、文字、训诂，著有《经义述闻》《经传释词》等。

㉛王筠（1784—1854），字贯山，号菉友，清山东安丘人。文字学家。著有《说文句读》《说文释例》《文字蒙求》等。

㉜段、严、桂、钮：即段玉裁、严可均、桂馥、钮树玉，清四大文字学家。段玉裁（1735—1815），字若膺，号懋堂，清江苏金坛人。撰有《说文解字注》《六书音韵表》《诗经小学》等。严可均（1762—1843），字景文，号铁桥，清浙江乌程（今湖州）人。撰有《说文声类》《说文校议》等，并辑有《全上古三代秦汉三国六朝文》。桂馥（1736—1805），字冬卉，号未谷，清山东曲阜人。撰有《说文义证》《缪篆分韵》等。钮树玉（1760—1827），字蓝田，号匪石山人，清江苏吴县（今苏州）人。著有《说文新附考》《说文解字校录》《段氏说文注订》等。

㉝提要钩元：原作提要钩玄，意为摘其要领，探其精微。此处以康熙帝名玄烨，避讳之故，改为"元"。唐韩愈提出的治学方法。见于《昌黎集·进学解》。原文是："记事者必提其要，纂言者必钩其玄。"

㉞元：通"原"。元本即原本。钩乙，在书中作记号。

㉟赵翼（1727—1814），字云崧，一字耘松，号瓯北，清江苏阳湖（今常州）人。乾隆进士。官贵西兵备道。后辞官归里，主讲安定书院。擅长文史，著有《瓯北诗钞》《廿二史札记》《皇朝武功纪盛》等。

㊱王氏：指王鸣盛（1722—1798），字凤喈，一字礼堂，别字西庄，晚年号西沚，清江苏嘉定（今属上海）人。乾隆进士。官内阁学士兼礼部侍郎等。《商榷》指他的《十七史商榷》。

㊲钱氏：指钱大昕（1728—1804），字晓徵，号辛楣，一号竹汀，清江苏嘉定（今属上海）人。乾隆进士。著有《元诗纪事》等。《考异》指其《廿二史考异》。

㊳王夫之（1619—1692），字而农，号姜斋，世称船山先生，湖南衡阳人。明

清之际思想家。著有《周易外传》《读通鉴论》等。

㊴五子：指宋周敦颐、程颐、程颢、张载、朱熹五位学者。

㊵朱陆：朱即朱熹，陆指陆九渊。陆九渊（1139—1193），字子静，宋抚州金溪（今属江西）人。官至奉议郎知荆门军。后居象山讲学，故世称象山先生。著有《象山先生全集》。朱陆曾会讲鹅湖，论多不合。朱好注经，陆谓"学苟知本，六经皆我注脚"。朱认为理在气先，陆认为心即是理，只须切己反省，理即自然而明。于是理学分为朱陆两家。

㊶谨愿：原意为诚实，引申为迂腐。惝怳，惘然若失的样子。

㊷黄梨洲：即黄宗羲（1610—1695），字太冲，号南雷，学者称梨洲先生，浙江余姚人。明清之际思想家、史学家。学问极博。著有《宋元学案》《明儒学案》《明夷待访录》等。

㊸全谢山：即全祖望（1705—1755），字绍衣，号谢山，清浙江鄞县（今宁波）人。曾主讲浙江蕺山书院、广东端溪书院，补辑《宋元学案》，校《水经注》，笺《困学纪闻》。著有诗文集《鲒埼亭集》。

㊹李尚之、项梅侣、李壬叔：清代三大数学家。李尚之，即李锐（1769—1817），字尚之，号四香，清江苏元和（今苏州）人。著有《天元勾股细草》《弧矢算术细草》《开方说》等。项梅侣，即项名达（1789—1850），原名万准，字步莱。梅侣是他的号。清浙江钱塘（今杭州）人。嘉庆二十一年（1816）中举，为国子监学正。道光六年（1826）中进士，派为知县，不就，专攻数学。著述颇多，但多散佚，仅遗有《下学庵算术》《象数一原》等。李壬叔，即李善兰（1811—1882），字壬叔，号秋纫，清浙江海宁人。撰有《则古昔斋算学》《考数根法》，译著有《几何原本》《代数学》《代微积拾级》《曲线说》《植物学》《重学》等。

㊺黄直卿：即黄榦（1152—1221），字尚质，宋长溪（今福建霞浦南）人，朱熹弟子。因官直学士，故称直卿。撰有《五经讲义》《四书纪闻》等。

㊻张敬夫：即张栻（1133—1180），字敬夫，又字乐斋，号南轩，学者称南轩先生，宋绵竹（今四川）人。后迁居衡阳。著有《南轩易说》《癸巳论语解》《南轩集》等。

㊼吕伯恭：即吕祖谦。韩文指吕祖谦的外舅韩元吉。韩元吉（1118—1187），字无咎，许昌（今属河南）人。南宋大臣，学者。累官吏部尚书、龙图阁学士，封颍川郡公。晚年自号南涧翁。著有《南涧甲乙稿》《桐阴旧话》《焦尾集》等。

㊽《潜夫论》：书名。东汉王符著。内容指陈时政得失，反对谶纬迷信，揭露官吏豪强奢侈浪费和残害人民的罪行。作者隐居著书，不愿彰显自己姓名，故题曰《潜夫论》。"圣为天口，贤为圣译"见于《潜夫论·考绩篇》，原文是："圣人为天口，贤人为圣译。"

评　介

《守约》是张之洞为挽救儒学的危亡而提出的对策。张之洞认为儒学已经出现了危机，这危机主要源于儒学的博而寡要，以及后师群儒对儒家经典说解的纷纭百出。面对圣教儒书的文武道尽之忧，张之洞提出了致用、举要、守约的治学主张，以期儒学"庶几不亡"。

对于原来的儒家学说而言，张之洞的担心不过是杞人忧天，而对于后世的道统儒学来说，张之洞的对策则无异于濡毛救火。儒家经典确实不是绝对真理，如《礼》之用、《孝》之善等，大多已是明日黄花，有些甚至在当时亦难称"黄花"。但是，儒家经典中也确实还有一些值得重视的东西，如《诗》之美蕴、《易》之哲理、《书》之史实、《论语》之教义等，至今不乏借鉴价值。严格地说，在中国哲学、美学、史学、教育学等领域，无儒不成其史，所以，儒学作为一种学说，作为一家之言，其历史地位是不会动摇的，其思想也是难以磨灭的。

儒家思想及其影响虽不会轻易磨灭，但是被后世统治者检作思想统治工具的道统儒学，却必然会伴随着专制统治的垮台而破产。这也是不以某个人的意志为转移的。因为这种道统儒学，尽弃原儒学的灵魂和精华，唯其躯壳和糟粕是举，只是被当作偶像和招牌，以供专制统治者愚民之用而已，其本身已不具有丝毫的生命力和战斗力。在日本，儒学随着德川幕府专制统治的确立而被法定为官方哲学，到明治维新时，便也随着专制制度的垮台而失去其正统地位。正因有此一鉴，张之洞才更切肤地感知儒学的危机，于是千方百计以拯救之。但是，尽管张之洞费尽心机，最终也挽救不了道统儒学的危亡。辛亥革命的炮火，不仅将宣统皇帝赶下了御座，同时也将"大成至圣先师文宣王"轰下了"王位"。而后的袁世凯称帝、张勋复辟、蒋介石独裁，无一不重祭尊孔的破旗，但其专制无一不以失败而告终，其尊孔也无一不以闹剧而收场。总之，革命以后，谁若还想用道统儒学作专制独裁的护身符，那无异饮鸩止渴，只能加速灭亡而已。

不过，张之洞提出的致用、举要、守约的治学方法，却是值得学人重视的。以简驭繁，确是对付烦冗复杂学说的上策。但是，同时也应注意，对于一种学说，繁简只是形式，守约之法，倘能有效，尚在治标，欲治其本，还需知本者开具的药方。

去毒第九

悲哉！洋烟之为害，乃今日之洪水猛兽也。然而殆有甚焉。洪水之害，不过九载；猛兽之害，不出殷都。洋烟之害，流毒百余年，蔓延二十二省，受其害者数十万万人，以后浸淫，尚未有艾。废人才，弱兵气，耗财力（近年进口洋货价八千余万，出口土货可抵五千余万洋药价，三千余万则漏卮①也。是中国不贫于通商，而贫于吸洋烟也），遂成为今日之中国矣。而废害文武人才，其害较耗财而又甚焉。志气不强，精力不充，任事不勤，日力不多，见闻不广，游历不远，用度不节，子息不蕃，更数十年必至中国胥化而为四裔之魑魅而后已。

昔者国家尝严刑峻法以禁之而不效。天祸中国，谁能除之？然而吾意以为不然。《论语》曰："齐之以刑，免而无耻。""齐之以礼，有耻且格。"②是法所不能治者，名得而治之。（顾亭林曰："以法治人，不若以名治人。"）《学记》曰："君子如欲化民成俗，其必由学乎！"是政所不能化者，学得而化之。何也？中国吸烟之始由于懒惰，懒惰由于无事，无事由于无所知，无所知由于无见闻。士之学取办于讲章墨卷，官之学取办于例案，兵之学取办于钝器老阵，如是已足（近日宋学、汉学、词章、百家之学亦皆索之故纸，发为空言，不必征诸实事，考诸万物）。农无厚利，地无异产，工无新器，商无远志，行旅无捷途，大率皆可以不勤动、不深思、不广交、不远行而得之。陋生拙，拙生缓，缓生暇，暇生废，于是嗜好中之。此皆不学之故也。若学会广兴，文武道艺，城乡贵贱无有不学，弱者学之于阅报，强者学之于游历，其君子胸罗五洲，其小人思穷百艺，方且欲上测行星，下穷地隔，旁探南北极，岂尚有俾昼作夜、终老于一灯一榻者？导之且不为，况禁之哉！故曰：兴学者，戒烟之药也。

近日海内志士伤时念乱，怵然有人类灭绝之忧。上海、扬州均有戒烟会，其说大抵各自治其所属之人，如吸烟者，主不以为仆，师不以为士，将不以为兵，田主不以为佣，商贾不以为伙，匠师不以为工，凡以治愚贱之人而已。夫不治富贵智能之人，则将吏、师长、田主、工师不乏吸烟者。彼恃有逃墨归杨③之薮，犹不戒也。且官师皆无常职，彼视其官师如传舍，亦不戒也。吾谓惟在以学治智能少壮之人，愚贱者视吾力所能及者治之，衰老者听之。十年之后，此智能少壮之士大率皆富贵成立，或有位，或有家，因以各治其所属之人，三十年而绝矣。今各省多创立学会，谓宜即以戒烟会附之而行，无论何学会皆列此一条：四十岁以上戒否听其便，四十岁以下者不戒烟不得入会。家训训此，乡约约此，学规规此。剥穷则反④，此其时乎！

孔子曰："知耻近乎勇。"孟子曰："不耻不若人，何若人有？"⑤夫以地球万国鄙恶不食之鸦毒，独我中华乃举世寝馈湛溺于其中，以自求贫弱死亡，古今怪变无过于此。使孔孟复生，以明耻教天下，其必自戒烟始矣。

注　释

①漏卮：原指渗漏的酒器，这里引申为亏空、逆差。

②这两句话均见于《论语·为政》篇，原文是："道之以政，齐之以刑，民免而无耻；道之以德，齐之以礼，有耻且格。"齐，整饬。格，纠正，改。

③逃墨归杨：从墨家逃到杨家去。比喻有回旋余地。墨、杨指春秋战国时期墨家和杨家这两大学派。其观点多有不同，如墨子主张兼爱尚同，而杨子则主张重己贵生等。

④剥穷则反：物穷极必反的意思。典出《周易》。《周易》有卦名《剥》，其卦象为坤下艮上（☷），极为不利。《剥》下一卦为《复》，其卦象为震下坤上（☷），与《剥》卦之象正好相反。故《序卦》曰："《剥》者，剥也。物不可以终尽，剥穷上反下，故受之以《复》。"

⑤语出《孟子·尽心上》。意思是说，不以不如人为耻，哪能像别人一样有成就呢？

评　介

吸毒是一大社会问题。它至今仍困扰着一些国家。张之洞对染毒原因的分析，具有一定道理。他对以法戒毒的否定，表现出了陋儒的偏见。而他之以兴学促戒毒的主张，却不失为一种思路，但如文中所述，也只不过是理论推理而已，若付诸实施，则需有极为重要的先决条件。

国家禁烟，严刑峻法而不能奏效，其实并不是方针不对，也不是法不能治，而是由于清政府吏治的腐败。朝廷禁之，大臣贩之，上有政策，下有对策，一些达官显贵，因烟而富，禁烟主将，如林则徐，竟被革职发配，充军新疆。其官场如此，朝廷哪能轻易作出好的决策？即使偶然制定些利国利民的政策，又怎能贯彻落实？任何政策，都是用来调节人们之间利害关系的，当它有损于推行者的时候，贯彻落实谈何容易！所以清政府严刑峻法不能禁烟，并非"法不能治"，实乃"吏不能治"。张之洞恐怕并非不明于此，而大概是"为同僚讳"吧。若政治清明，官廉吏能，朝廷一呼，天下响应，海关不进，海内不种，烟又何得而不禁！

张之洞认为，鸦片之毒，"废人才，弱兵气，耗财力"，祸国殃民。而"中国吸烟之始由于懒惰，懒惰由于无事，无事由于无所知，无所知由于无见闻"。当时"士之学取办于讲章墨卷，官之学取办于例案，兵之学取办于钝器老阵，如是已足"。至于宋学、汉学、词章百家之学，"亦皆索之故纸，发为空言，不必征诸实事，考诸万物"。如此之学，聊胜于无而已。"陋生拙，拙生缓，缓生暇，暇生废，于是嗜好中之。"——"此皆不学之故也"。所以他就建议以兴学为去毒之策——"若学会广兴，文武道艺，城乡贵贱无有不学，弱者学之于阅报，强者学之于游历，其君子胸罗五洲，其小人思穷百艺，方且欲上测行星，下穷地隔，旁探南北极，岂尚有俾昼作夜、终老于一灯一榻者？导之且不为，况禁之哉！"这是在催人奋发向上中戒去恶习，是在给人以肉体折磨、精神痛苦的同时，也给人以希望，以前途，所以它是一种从积极角度着手的措施，从理论上讲，倒不失为一禁烟上策。但是，严刑峻法尚且禁而不止，"礼""名""学"能那样轻而易举地禁止吗？再说，清政府在严刑峻法的时候，难道就忘记了儒家宗师的教诲，没有讲"名""礼""学"吗？其实，当时的社会障碍有三：一是垂死的封建专制制度，二是腐败的官僚吏胥队伍，三是僵化的道统儒学思想。三者不变，人们的积极性无从调动，兴学不过一句空话而已，更何能去毒？若果欲去毒，一是改革封建专制制度，在政治经济、文化教育、社会生活等各个方面，给全国人民以均等的发展机会，形成一种全方位的竞争机制；二是开放学禁，废除尊孔读经的思想统治，让各家学派百花齐放，自由争鸣；三是整顿吏治，务使廉能者上，贪鄙者下，为去毒提供组织保证；四是严明法纪，凡种毒、贩毒、吸毒者，不管是什么人，一律严惩不贷。这样，给人以竞争机会，人们就会努力向上；有一个好的官吏队伍，则去毒之政令能够推行；以法戒毒，则犯者自惧。果能如此，可以断言，无毒不能去，20世纪50年代吸毒卖淫诸类丑行在中国大陆之绝迹，就是明证。社会问题不革除其社会根源，只是侈谈什么"名"呀、"礼"呀、"兴学"呀，不过是自欺欺人而已，焉能奏效！

劝学篇·下（外篇）

益智第一

　　自强生于力，力生于智，智生于学。孔子曰："虽愚必明，虽柔必强。"未有不明而能强者也。人力不能敌虎豹，然而能禽①之者，智也。人力不能御大水、堕高山，然而能阻之、开之者，智也。岂西人智而华人愚哉？欧洲之为国也多，群虎相伺，各思吞噬，非势均力敌不能自存，故教养富强之政，步天测地、格物利民之技能，日出新法，互相仿效，争胜争长，且其壤地相接，自轮船、铁路畅通以后，来往尤数，见闻尤广，故百年以来焕然大变，三十年内进境尤速，如家处通衢，不问而多知，学有畏友，不劳而多益。中华春秋战国、三国之际，人才最多，累朝混一以后，儳然②独处于东方，所与邻者，类皆陬澨蛮夷③，沙漠蕃部，其治术学术，无有胜于中国者，惟是循其旧法，随时修饬，守其旧学，不逾范围，已足以治安而无患，迨去古益远，旧弊日滋，而旧法旧学之精意渐失，今日五洲大通，于是相形而见绌矣。假使西国强盛开通，适当我圣祖高宗之朝，其时朝廷恢豁大度，不欺远人，远识雄略，不囿迁论，而人才众多，物力殷阜，吾知必已遣使通问，远游就学，不惟采其法，师其长，且可引为外惧，借以儆我中国之泄沓，戢我中国之盈侈，则庶政百能，未必不驾而上之。乃通商用兵，待之道光之季，其时西国国势愈强，中国人才愈陋，虽被巨创，罕有儆悟，又有发匪之乱，益不暇及。林文忠尝译《四洲志》《万国史略》矣，然任事而不终。曾文正尝遣学生出洋矣，然造端而不寿。文文忠④创同文馆，遣驻使，编西学各书矣，然孤立而无助。迂谬之论，苟简之谋，充塞于朝野，不惟不信不学，且诟病焉。一儆于台湾生番⑤，再儆于琉球⑥，三儆于伊犁⑦，四儆于朝鲜⑧，五儆于越南、缅甸⑨，六儆于日本⑥，祸机急矣，而士大夫之茫昧如故，骄玩如故。天自牖⑪之，人自塞之，谓之何哉！

夫政刑兵食，国势邦交，士之智也；种宜土化，农具粪料，农之智也；机器之用，物化之学，工之智也；访新地，创新货，察人国之好恶，较各国之息耗，商之智也；船械营垒，测绘工程，兵之智也：此教养富强之实政也，非所谓奇技淫巧也。华人于此数者，皆主其故常，不肯殚心力以求之。若循此不改，西智益智，中愚益愚，不待有吞噬之忧，即相忍相持，通商如故，而失利损权，得粗遗精，将冥冥之中，举中国之民，已尽为西人之所役矣。役之不已，吸之胶之不已⑫，则其究必归于吞噬而后快。是故智以救亡，学以益智，士以导农工商兵。士不智，农工商兵不得而智也；政治之学不讲，工艺之学不得而行也。大抵国之智者，势虽弱，敌不能灭其国；民之智者，国虽危，人不能残其种（印度属于英，浩罕、哈萨克属于俄；阿非利加分属于英、法、德，皆以愚而亡；美国先属于英，以智而自立；古巴属于西班牙，以不尽愚而复振）。求智之法如何？一曰去妄，二曰去苟。固陋虚骄，妄之门也；侥幸怠惰，苟之根也。二蔽不除，甘为牛马土芥而已矣。

愚民辨

三年以来，外强中弱之形大著。海滨人士，稍稍阅万国公报，读沪局译书，接西国教士，渐有悟华民之智不若西人者，则归咎于中国历代帝王之愚其民。此大谬矣。《老子》曰："有道者，非以明民，将以愚之。"此李斯、韩非之学，暴秦之政也，于历代何与焉！汉求遗书，尊六经，设博士，举贤良，求茂才异等、绝国使才：非愚民也。唐设科目多至五十余，宋广立学校，并设武学，明洪武三年开科，经义以外，兼考书、算、骑、射、律（《日知录》引《明太祖实录》）：非愚民也。自隋以词章取士，沿袭至今，此不过为荐举公私无凭，词章考校有据耳，谓立法未善则可，谓之愚民则诬。至我朝列圣，殷殷以觉世牖民为念：刊布数理精蕴、历象考成、仪象考成，教天算西学也；遣使测经纬度，绘天下地图，教地舆西学也；刊布授时通考，教农学也；纂七经义疏，刊布十三经、二十四史、九通，开四库馆修书，分藏大江南北，纵人入读，教经史百家之学也；同治军务敉⑬平以后，内外开同文方言馆，教译也；设制造局，教械也；设船政衙门，教船也；屡遣学生出洋赴美、英、法、德，学公法、矿学、水师、陆师、炮台、铁路也；总署编刊公法、格致、化学诸书，沪局译刊西书七十余种，教各种西学也。且同文馆三年有优保，出洋随员三年有优保，学堂学生有保奖，游历有厚资。朝廷欲破民之愚，望士之智，皇皇如恐不及，无如陋儒俗吏，动以新学为诟病，相戒不学，故译书不广，学亦不精，出洋者大半志不在学，故成材亦不多：是不学者负朝廷耳。且即以旧制三场之法言之，虽不能兼西学，固足以通中学，咎在主司偏重，士人剽窃，非尽法之弊也。果能经义策问，事事博通，其于经济大端、百家学术必能贯彻，任以政事必能有为，且必能通达事变，决不至于愚矣。譬如子弟不肖，楹有书而不读，家有师而不亲，过庭入塾，惟务欺饰，及至颓废贫困，乃怨怼其父母，岂不悖哉？

　　大率近日风气，其赞羡西学者，自视中国朝政民风无一是处，殆不足比于人数，自视其高、曾、祖、父，亦无不可鄙贱者，甚且归咎于数千年以前历代帝王无一善政，历代将相师儒无一人才。不知二千年以上，西国有何学，西国有何政也？

注　释

①禽：通"擒"。
②儽然：垂头丧气不振作的样子。
③陬澨：山陬海澨的缩略。陬，隅，角落；澨，水滨。
④文文忠：即文祥（1818—1876），满洲正红旗人，瓜尔佳氏，字博川，号文山。文忠是他的谥号。他积极推行洋务新政，是清朝中央政府中的洋务派首领之一。曾任军机大臣兼总理各国事务衙门大臣达十五年之久，后任体仁阁大学士、武英殿大学士等。
⑤指台湾人民的反清武装起义。
⑥指日本吞并琉球。
⑦指沙俄侵占伊犁。
⑧指日本入侵朝鲜。
⑨指法国侵占越南，英国侵占缅甸。
⑩指1894年中日甲午海战。
⑪牖：启发，开启。
⑫咇：这里意为敲诈。朘，剥削。
⑬绥：安抚，安定。

评 介

益智篇的主题，通俗地讲，就是教育救国，用书中的话说，就是"学以益智""智以救亡"。

教育究竟能不能救国？这是一个争论有期的问题。应当承认，教育绝不是万应灵丹。当一个国家处于生死存亡的危急关头，最好诸法并用，不能只靠教育。但这诸法之中，包含有教育。从广义上讲，救国绝对离不开教育。这就是说，救亡不能单靠教育，但救亡绝对需要教育。

至于拯救和振兴因生产落后而逐步衰亡的民族，那教育的意义就更加重大了。因为一个国家的振兴，一个民族的繁荣，最终起决定作用的是生产力。在生产力诸要素中，物要靠人来支配，故劳动者是生产力中的主导因素。而劳动者技能的高低，则主要取决于科研和教育，而科研的基础又在于教育。所以从理论上讲，兴国之本在于教育。而二战后日本等国经济腾飞的事实，则为此作出了最好的证明。

教育对于革命的促成，还起着举足轻重的作用。因为真正的革命，应是超前发展的生产力用以粉碎严重滞后的生产关系及上层建筑的斗争。而生产力的超前发展，则与教育关系甚大。有人嘲讽张之洞，说他督鄂时开学堂，办实业，经营多年，政绩声闻遐迩，而当他死后不久，辛亥革命便在武昌爆发，这对张之洞不啻是当头一棒，是莫大的讽刺。此见此论，实在肤浅。武昌起义之于清政府，无疑是灭顶之灾，但它对于中华民族，却是一次新生。它之所以在武昌而不在其他地方爆发，不正是由于张之洞办实业为其准备了物质条件，张之洞办教育促成了文明开化的结果吗？从历史发展的高度看，这应是张之洞的功绩所在。

在本文中，张之洞为士农工商兵所开列的学习内容，庶无不妥。他所提倡的"去妄""去苟"的"求智之法"，也切中时弊。而他之能看出西方国家发达的原因在于竞争，尤为可贵。遗憾的是，在他的实业生涯中，未能注重于此，多搞官办或官督商办，于纯民办企业重视不够，未能造成一种竞争机制，这恐怕是封建官僚办实业的共同悲剧吧。

从整个人类社会发展的高度看，一个政府的进步与否，首先就表现在它对教育的实际重视程度上。而欲繁荣一个社会，政府当局应着意三大问题：一是重点投资教育，从根本上培植生产力；二是放手人民，搞活经济和文化；三是实行高度民主，加强政权建设，强化社会管理。这是一个三位一体的总体方略，不宜有所偏废。果能实施这个方略，若无大的天灾人祸，将没有不繁荣的社会。相反，若置这三项根本大计于不顾，那么，不管你在其他细枝末节上下多大力气，都难以实现社会的繁荣，甚至连社会的安定都难以维持。这已为大量事实所证明，不容忽视。晚清社会的落后，清政府的垮台，就是因为政府当局把这三者都给忽视了。张之洞试图通过发展教育以挽救清政府的危亡，只是基本抓住了其中之一，可惜他于其他两项认识不够，所以他开具的药方，最终也没能救治清政府的痼疾。

游学第二

出洋一年，胜于读西书五年，此赵营平"百闻不如一见"之说也①。入外国学堂一年，胜于中国学堂三年，此孟子"置之庄岳"之说也②。游学之益，幼童不如通人，庶僚不如亲贵。尝见古之游历者矣：晋文公在外十九年，遍历诸侯，归国而霸③。赵武灵王微服游秦，归国而强④。春秋战国最尚游学，贤如曾子、左丘明，才如吴起、乐羊子⑤，皆以游学闻。其余策士杂家，不能悉举。后世英主名臣，如汉光武学于长安，昭烈周旋于郑康成、陈元方⑥，明孙承宗未达之先周历边塞⑦，袁崇焕为京官之日潜到辽东⑧：此往事明效也。请论今事：日本，小国耳，何兴之暴也？伊藤、山县、榎本、陆奥诸人⑨，皆二十年前出洋之学生也，愤其国为西洋所胁，率其徒百余人，分诣德、法、英诸国，或学政治工商，或学水陆兵法，学成而归，用为将相，政事一变，雄视东方。不特此也，俄之前主大彼得⑩，愤彼国之不强，亲到英吉利、荷兰两国船厂为工役十余年，尽得其水师轮机驾驶之法，并学其各厂制造，归国之后，诸事丕变，今日遂为四海第一大国。不特此也，暹罗久为法国涎伺，于光绪二十年与法有衅，行将吞并矣。暹王感愤，国内毅然变法，一切更始，遣其世子游英国学水师。去年暹王游欧洲，驾火船出红海来迎者，即其学成之世子也。暹王亦自通西文西学，各国敬礼有加，暹罗遂以不亡。上为俄，中为日本，下为暹罗，中国独不能比其中者乎？

至游学之国，西洋不如东洋：一、路近省费，可多遣；一、去华近，易考察；一、东文近于中文，易通晓；一、西书甚繁，凡西学不切要者，东人已删节而酌改之。中东情势风俗相近，易仿行。事半功倍，无过于此。若自欲求精求备，再赴西洋，有何不可？

或谓："昔尝遣幼童赴美学习矣，何以无效？"曰："失之幼也。"又："尝遣学生赴英、法、德学水陆师各艺矣，何以人才不多？"曰："失之使臣监督不措意，又无出身明文也。"又："尝派京员游历矣，何以材不材相兼？"曰："失之不选也。"虽然，以予所知，此中固亦有足备时用者矣。若因噎废食之谈，豚蹄篝车之望⑪，此乃祸人家国之邪说，勿听可也。

尝考孟子所论，圣贤帝王将相，历险难，成功业，其要归不过曰"动心忍性，增益其所不能"而已，曰"生于忧患"而已。夫受侮而不耻，蹙国而不惧，是不动也。冥然罔觉，悍然不顾，以效法人为耻，是不忍也。习常蹈故，一唱百和，惮于改作，官无一知，士无一长，工无一技，外不远游，内不立学，是不增益所不能也。无心无性无能，是将死于忧患矣，何生之足云！

注　释

①赵营平：即赵充国（公元前137—前52），字翁孙，陇西上邽（今甘肃天水）人。西汉大将。因抗击匈奴侵扰有功，任后将军，封营平侯，故称赵营平。他在西北戍边，实行屯田政策，对当地农业发展起了一定作用。"百闻不如一见"，见于《汉书·赵充国传》。

②置之庄岳：典出《孟子·滕文公下》，原文是："'有楚大夫于此，欲其子之齐语也，则使齐人傅诸？使楚人傅诸？'曰：'使齐人傅之。'曰：'一齐民傅之，众楚人咻之，虽日挞而求其齐也，不可得矣。引而置之庄岳之间数年，虽日挞而求其楚，亦不可得矣。'"庄岳，春秋齐都临淄城内的街里名。

③晋文公：春秋晋君，名重耳，公元前636—前628年在位。即位前曾被迫出奔十九年，游狄、卫、齐、曹、宋、郑、楚等国，后由秦送回即位。即位后励精图治，成为春秋时一大霸主。

④赵武灵王微服游秦：赵武灵王为进攻秦国，于公元前298年，装扮为赵国使者入秦，亲自考察了秦国的地形及秦王的为人等情况。

⑤乐羊子：即乐羊，亦作乐阳，战国魏将。

⑥陈元方：名纪，后汉颍川许县（今河南许昌东）人，以德著称，遭党锢，发愤著书数万言，号《陈子》。

⑦孙承宗（1563—1638），字稚绳，明保定高阳（今属河北）人。万历进士。

天启二年（1622）任兵部尚书，后被魏忠贤党排挤去职。崇祯二年（1629）重新起用，四年复罢。崇祯十一年（1638）清兵攻高阳，他率家人拒战，城破自杀。著有《高阳集》。

⑧袁崇焕（1584—1630），字元素，广东东莞人。万历进士。曾单骑出关考察形势，还京自请守辽，屡败后金（清）军。后因崇祯帝中反间计而为其所杀。

⑨伊藤：即伊藤博文（1841—1909），日本长洲（今属本州山口县）周防熊毛郡人。维新志士。曾赴欧学习考察。四任首相，三任枢密院议长，主持起草了《大日本帝国宪法》，创立立宪政友会。1909年在中国哈尔滨被朝鲜爱国志士安重根刺死。山县，即山县有朋（1838—1922），原名小辅狂介，长洲人。维新志士。曾赴欧考察军事，回国后进行了一系列军事改革。两任日本首相，长期左右日本政局。榎本，指榎本武扬（1836—1908），日本政治活动家。曾赴荷兰学习军事、化学和国际法。担任过驻俄、驻华公使和文部、外务、递信、农商务大臣等，著有《西伯利亚日记》。陆奥，即陆奥重光（1844—1897），维新志士。出访过欧美各国，并曾任驻美公使。后任农商大臣、外务大臣等。著有《蹇蹇录》，并有《伯爵陆奥重光遗稿》刊行。

⑩大彼得：即彼得一世（1672—1725），俄国沙皇。曾化名扮一下士随使团出访西欧，考察了荷兰、英国、奥地利等国的经济、政治、军事和文化、科技，参观了工厂，购买了武器，雇用了水手、炮手，聘请了专家，并与波兰国王奥古斯都二世缔约，结成反瑞典同盟。回国后，借鉴西欧经验，进行了一系列改革，使国家实力迅速增强。

⑪豚蹄篝车之望：希望用一猪蹄的祝祷而获得丰年。典出《史记·滑稽列传》："（淳于）髡曰：'今者臣从东方来，见道旁有禳田者，操一豚蹄，酒一盂，祝曰："瓯窭满篝，汙邪满车，五谷蕃熟，穰穰满家。"臣见其所持者狭而所求者奢，故笑之。'"瓯窭，高狭小地；篝，竹笼；汙，此指低平广大之地。

评 介

派留学生出国学习和派考察团出国考察，的确都是向外国学习的重要途径。张之洞之游学主张，其正确性已为中外历史所证明。更为难能可贵的是，张之洞不仅这样主张，而且照样实行。他在督鄂期间，不仅派学生出国学习，派官员出国考察，甚至还在日本举办了一所湖北驻东铁路学堂，以培养专门人才。可见他对于游学，对于学习外国先进经验，重视到了何等程度。

不仅张之洞，晚清其他洋务派官吏也很重视游学事宜，都曾做了大量工作。然而，为什么没有达到他们预期的目的呢？同是注重游学，为什么俄国迅速称霸，日本很快富强，就连小国暹罗也因之得以自立，而清政府却连自身都没保住，终于垮台了呢？其根本原因就在于当时清政府政治的腐败。由于政治腐败，所派之人多为皇亲国戚、公子哥内，这些人只会追名逐利、蝇营狗苟，行大义而惜身，见私利而忘命，出国留洋，不过为观赏风景、捞取外快而已，谁肯潜心苦学？而那些胸怀大志、才华横溢、勤奋好学的平民子弟，又难得有出国机会。由于政治腐败，偶有那学到了真本领、确能适应世界潮流、安邦定国、振兴中华的人才，也往往被遗弃草泽，甚至被当作异己而除掉。俄国的成功，在于彼得一世的变法；日本的强盛，在于明治维新的成功。而清政府的灭亡，则与戊戌变法的失败关系甚大。同是重游学，结果不一样，关键在于国家的政治经济体制。体制适应时代潮流的，其国兴；不适应的，其国衰。当体制严重僵化后，不思变革体制，只在具体办事措施上做文章，那是舍本逐末，敲叶振木，纵然生效，亦必杯水车薪，根本无济于事。当然，如果站在另一个角度看，洋务派的开门政策，其作用还是不容低估的，与顽固的关门主义者相比，要强出千百万倍，因为门窗既开，总会透进些新鲜空气。这对于促进人民的觉悟，极为有益。

　　游学之益，不可不收；游学之事，亦不可不慎。首先慎人选。派出之人应是经过考核证明确有爱国心、事业心，并具备相当学力的，只有这种人才具有培养价值。其次慎专业。所学专业，应是国内社会需要的，这样才能学以致用。最后慎待遇。出国人员在外出期间待遇不宜过高（回国工作后其待遇应视贡献大小而定），这样可免贪利之辈妄争。当然，这些原则，只限于国家派遣者，至于个人自费游学，最好悉听尊便，国家有余力，则予以支援，国家无余力，亦提供方便，韩信将兵，多多益善。人的素质提高了，终究会有益于中华民族，有益于人类社会。

设学第三

　　今年特科之诏下，士气勃然，濯磨兴起。然而六科之目①，可以当之无愧，上副圣心者，盖不多觏也。去年有旨令各省筹办学堂，为日未久，经费未集，兴办者无多。夫学堂未设，养之无素，而求之于仓卒②，犹不树林木而望隆栋，不作陂池而望巨鱼也。游学外洋之举，所费既巨，则人不能甚多，且必学有初基，理已明、识已定者，始遣出洋，则见功速而无弊，是非天下广设学堂不可。各省各道各府各州县皆宜有学。京师省会为大学堂，道府为中学堂，州县为小学堂。中小学以备升入大学堂之选。府县有人文盛、物力充者，府能设大学，县能设中学，尤善。小学堂习四书，通中国地理中国史事之大略、算数绘图格致之粗浅者。中学堂各事，较小学堂加深，而益以习五经，习《通鉴》，习政治之学，习外国语言文字。大学堂又加深加博焉。

或曰："天下之学堂以万数，国家安得如此之财力以给之？"曰："先以书院改为之。学堂所习，皆在诏书科目之内，是书院即学堂也，安用骈枝③为？"

或曰："府县书院，经费甚薄，屋宇甚狭，小县尤陋，甚者无之，岂足以养师生、购书器？"曰："一县，可以善堂之地、赛会演戏之款改为之；一族，可以祠堂之费改为之。""然数亦有限，奈何？"曰："可以佛道寺观改为之。"今天下寺观，何止数万？都会百余区，大县数十，小县十余，皆有田产，其物业皆由布施而来，若改作学堂，则屋宇田产悉具，此亦权宜而简易之策也。方今西教日炽，二氏日微，其势不能久存，佛教已际末法中半之运④，道家亦有"其鬼不神"之忧⑤。若得儒风振起，中华乂安，则二氏固亦蒙其保护矣。大率每一县之寺观，取十之七以改学堂，留十之三以处僧道。其改为学堂之田产，学堂用其七，僧道仍食其三。计其田产所值，奏明朝廷旌奖。僧道不愿奖者，移奖其亲族以官职。如此，则万学可一朝而起也。以此为基，然后劝绅富捐资以增广之。昔北魏太武太平真君七年，唐高祖武德九年，武宗会昌五年，皆尝废天下僧寺矣。然前代意在税其丁，废其法，或为抑释以伸老，私也；今为本县育才，又有旌奖，公也。若各省荐绅先生，以兴起其乡学堂为急者，当体察本县寺观情形，朕名上请于朝，诏旨宜无不允也。

其学堂之法约有五要⑥：

一曰新旧兼学。四书五经、中国史事、政书、地图为旧学，西政、西艺、西史为新学。旧学为体，新学为用，不使偏废。

一曰政艺兼学。学校、地理、度支、赋税、武备、律例、劝工、通商，西政也。算、绘、矿、医、声、光、化、电，西艺也（西政之刑狱，立法最善。西艺之医，最于兵事有益，习武备者必宜讲求）。才识远大而年长者，宜西政；心思精敏而年少者，宜西艺。小学堂先艺而后政，大中学堂先政而后艺。西艺必专门，非十年不成；西政可兼通数事，三年可得要领。大抵救时之计，谋国之方，政尤急于艺。然讲西政者，亦宜略考西艺之功用，始知西政之用意。

一曰宜教少年。学算，须心力锐者；学图，须目力好者；学格致、化学、制造，须质性颖敏者；学方言，须口齿清便者；学体操，须气体精壮者。中年以往之士，才性精力已减，功课往往不能中程，且成见已深，难于虚受，不惟见功迟缓，且恐终不深求，是事倍而功半也。

一曰不课时文。新学既可以应科目，是与时文无异矣。况既习经书，又兼史事、地理、政治、算学，亦必于时文有益。诸生自可于家习之，何劳学堂讲授，以分其才思、夺其日力哉？朱子曰："上之人曾不思量，时文一件，学子自是著急，何用更要你教？"（《语类》卷一百九）谅哉言乎！

一曰不令争利。外国大小学堂，皆须纳金于堂，以为火食束脩之费，从无给以膏火者。中国书院积习，误以为救济寒士之地，往往专为膏火奖赏而来。本意既差，动辄计较锱铢，忿争攻讦，颓废无志，紊乱学规，剽袭冒名，大雅扫地矣。今纵不能遽从西法，亦宜酌改旧规，堂备火食，不令纳费，亦不更给膏火，用北宋国学积分之法，每月核其功课，分数多者酌予奖赏。数年之后，人知其益，即可令纳费充用，则学益广、才益多矣。

一曰师不苛求。初设之年，断无千万明师。近年西学诸书，沪上刊行甚多，分门别类，政艺要领，大段已详。高明之士，研求三月，可以教小学堂矣。两年之后，省会学堂之秀出者，可以教中学堂矣。大学堂初设之年，所造亦浅，每一省访求数人，亦尚可得。三年之后，新书大出，师范愈多，大学堂亦岂患无师哉？

若书院猝不能多设，则有志之士，当自立学会，互相切磋。文人旧俗，凡举业楷书，放生惜字，赋诗饮酒，围棋叶戏，动辄有会，何独于关系身世安危之学而缓之？古人牧豕都养[⑦]，尚可听讲通经，岂必横舍千间、载书兼两[⑧]而后为学哉？始则二三，渐至什伯[⑨]，精诚所感，必有应之于千里之外者。昔原伯鲁以不悦学而亡[⑩]，越勾践以十年教训而兴[⑪]，国家之兴亡，亦存乎士而已矣。

注　释

①六科：此指1898年初准设经济特科的六个专业。具体是：一、内政；二、外交；三、理财；四、经武；五、格物；六、考工。

②仓卒：通"仓猝"。

③骈枝：通常指六指。这里用来比喻多余无用之物。典原出《庄子·骈拇》。

④末法中半：佛教有正、象、末三法之说。其正法五百年，象法一千年，末法一万年。末法中半是说佛法已交末法的中期，意思是即将衰灭。

⑤其鬼不神：语出《老子》第六十章。全句为："以道莅天下，其鬼不神。"不神，不灵。这里是张之洞引之以形容道教的危殆处境。

⑥五要：以下列举了六条，似应为六要才是。

⑦牧豕：放猪。典出《后汉书·承宫传》："（承宫）少孤，年八岁，为人牧豕。乡里徐子盛者，以《春秋经》授诸生数百人。宫过庐下，乐其业，因就听经，遂请留门下，为诸生拾薪。执苦数年，勤学不倦，经典既明，乃归家教授。"都养，为众治炊。典出《汉书·儿宽传》："（宽）以郡国选诣博士，受业孔安国，贫无资用，尝为弟子都养。"

⑧两：通"辆"，这里指车。

⑨什伯：什，通"十"；伯，通"百"。

⑩原伯鲁：姓原，名伯鲁，周大夫。闵子马得知他不爱学习，说："夫学，殖也，不学将落。原氏其亡乎！"后果如其言。于是便有原伯鲁以不悦学而亡的典故。见《左传·昭公十八年》。

⑪春秋时，越曾为吴所败。越王勾践于是卧薪尝胆，立志报仇。经过十年生聚，十年教训，越国空前强大，终于兴兵灭吴。

评　介

本篇的主题是设学。篇中对设学之目的、欲设之种类、解决之办法、学堂之法规，都作了较为清晰的论述。

本篇所倡之设学，乃是为"经济特科"准备人选，而不是为旧式科举准备考生，即此一端，便决定了它的进步性。分级设学之设想，较符合当时实际。而篇中所拟之解决办法，后来亦多有实行。张之洞在本篇所拟，已是一个较为系统的实施计划了。

本篇所倡"学堂之法"，多有可取。设学之初，师不苛求，乃权宜之策，无可非议。不令学生争利，则易于管理。宜教少年，符合心理逻辑。

不课时文，大合时代潮流。而政艺兼学中所谈政艺之功用，政与艺之关系，设学中政艺之安排，亦颇有见地。唯其新旧兼学一条，须予辨析。

新旧兼学，这是一个非常正确的命题。新旧兼收，中外并蓄，本属治学正道。而其中"旧学为体，新学为用"之命题，则使"新旧兼学"大变其味。篇中虽云"不使偏废"，其本身却已偏废。

"旧学为体，新学为用"，一作"中学为体，西学为用"，亦简称"中体西用"。这是洋务派的治学宗旨。其本意是要在不改革和不放弃中国传统的体制和礼教的前提下，把西方先进的科学技术和管理经验吸收进来。与顽固派主张相比，它是进步的，而与革命者和较彻底的改革派相比，它则是保守的。但是如果撇开清政府和洋务派的主观愿望不谈，而单从客观上和本质上讲，从洋务派普遍注重生产和教育看，它应是属于进步的。因为"中体西用"的方针若果真实行，其结果必然是以夷变夏、除旧布新，这是社会发展的规律，也是历史唯物主义的真谛，任何人都改变不了的。不过要真正实行它也是极为困难的。

张氏在本篇最后说："国家之兴亡，亦存乎士而已矣。"他道出了一个真理。国家的兴亡，决定于知识分子，社会的荣枯，决定于知识分子。一个注重知识、尊重知识分子的国家和社会，必然兴旺发达；一个漠视知识、冷落知识分子的国家和社会，必然不能兴旺发达；一个贬抑知识、摧残知识分子的国家和社会，必然会没落衰亡。这也是历史的辩证法，古今中外，概莫能外。

学制第四

外洋各国学校之制，有专门之学，有公共之学。专门之学，极深研几[①]，发古人所未发，能今人所不能，毕生莫殚，子孙莫究，此无限制者也。公共之学，所读有定书，所习有定事，所知有定理，日课有定程，学成有定期（或三年，或五年），入学者不中程不止，惰者不得独少，既中程而即止，勤者不必加多，资性敏者同为一班，资性钝者同为一班，有间断迟误者附其后班，生徒有同功，师长有同教，此有限制者也。无事无图，无堂无算。师无不讲之书，徒无不解之义。师以已习之书为教，则师不劳；徒以能解之事为学，则徒不苦。问其入何学堂，而知其所习何门也；问其在学堂几年，而知其所造何等也。文武将吏，四民百艺，其学无不皆同。小学堂之书较浅，事较少，如天文、地质、绘图、算学、格致、方言、体操之类，具体而微。中学堂书较深，事较多（如小学堂地图则极略，仅具疆域山水大势，又进则有府县详细山水，又进则有铁路、电线、矿山、教堂。余书仿此）。方言则兼各国，算学则讲代数对数，于是化学、医术、政治，以次而及。余事仿此。大学堂又有加焉。小学、中学、大学，又各分为两三等，期满以后，考其等第，给予执照。国家欲用人才，则取之于学堂，验其学堂之凭据，则知其任何官职而授之。是以官无不习之事，士无无用之学。

其学堂所读之书，则由师儒纂之，学部定之，颁于国中。数年之后，或应增减订正，则随时修改之。

其学堂之费，率皆出地方绅富之捐集，而国家略发官款以补助之。入学堂者但求成才，不求膏火，每人月须纳金若干，以为饮食束脩之费，贫家少纳，富家多纳。其官绅所筹学堂之费，专为建堂、延师、购书、制器之用，不为学生膏奖（亦有义学，以教极贫子弟，学生出资甚微。然义学甚少，所教极浅）。来学者既已出费，则必欲有所得而后归。学成之后，仕宦工商，各有生计，自无冻馁。此以教为养之法也。是以一国之内，尝有小学数万区，中学数千，大学百数，由费不仰给于官，亦不尽仰给于绅故也。其善有三：出资来学则不惰，志不在利则无争，官不多费则学广。苏子瞻沮新法学校之说曰："必将发民力以治宫室，敛民财以养游士。"②如西法所为，可无多费之虞矣。王介甫悔新法学校之误曰："本欲变学究为秀才，不谓变秀才为学究。"③如西法所为，可无变为学究之患矣。凡东西洋各国，立学之法，用人之法，小异而大同，吾将以为学式。

注　释

①极深研几：意思是穷极幽深，研核几微。典出《易·系辞》。原文是："夫《易》，圣人之所以极深而研几也。"极，穷尽；深，幽深；研，研究，探讨；几，细微，隐微。

②苏子瞻：即苏轼（1037—1101），号东坡居士，子瞻是他的字。北宋著名文学家。此处引文见《经进东坡文集事略·议学校贡举状》。

③王介甫：即王安石（1021—1086），介甫是他的字。北宋改革家。此处引语初为陈师道《后山谈丛》所引，后顾炎武又把它引进《日知录》科举部"经义论策"条。

评 介

本篇旨在介绍西方新学制，涉及学校的种类和级别、教学的内容和方法、学生的管理和毕业使用、教材的纂行和修订、经费的来源和支出等，几乎囊括了教育制度的所有方面，为而后《奏定学堂章程》，即"癸卯学制"的起草，勾勒出了基本轮廓。这些在今天，因已习以为常，故觉平淡无奇，甚至其中某些内容还显得幼稚可笑，但是在当时，面对沿袭千年的科举制，国内又史无前例，确属标新立异。尤其是篇中对西方新学制的充分肯定，并且大呼"吾将以为学式"，虽有"全盘西化"之嫌，却表现出了作者的胆识。而其中以教为养之说，于今仍不无借鉴价值。

广译第五

十年以来，各省学堂尝延西人为教习矣。然有二弊：师生言语不通，恃翻译为枢纽。译者学多浅陋，或仅习其语而不能通其学，传达失真，毫厘千里，其不解者，则以意删减之、改易之。此一弊也。即使译者善矣，而洋教习所授，每日不过两三时，所教不过一两事。西人积习，往往故作迟缓，不尽其技，以久其期，故有一加减法而教一年者矣。即使师不惮劳，而一西人之学，能有几何？一西师之费，已为巨款，以故学堂虽建，迄少成材，朱子所谓"无得于心而所知有限"者也。此二弊也。前一弊学不能精，后一弊学不能多。至机器制造局厂，用西人为工师，华匠不通洋文，仅凭一二翻译者，其弊亦同。

尝考三代即讲译学，《周书》有舌人，《周礼》有象胥诵训，扬雄录别国方言①，朱酺译西南夷乐歌，于谨兼通数国言语②，《隋志》有国语杂文、鲜卑号令、婆罗门书、扶南胡书、外国书。近人若邵阳魏源③，于道光之季，译外国各书各新闻报，为《海国图志》，是为中国知西政之始。南海冯焌光④，于同治之季官上海道时，创设方言馆，译西书数十种，是为中国知西学之始。迹⑤其先几远瞩，洵皆所谓豪杰之士也。

若能明习中学而兼通西文，则有洋教习者，师生对语，不惟无误，且易启发；无洋教习者，以书为师，随性所近，博学无方。况中外照会、条约、合同，华洋文义不尽符合，动为所欺，贻害无底。吾见西人善华语华文者甚多，而华人通西语西文者甚少，是以虽面谈久处而不能得其情，其于交涉之际，失机误事者多矣。

大率商贾市井，英文之用多；公牍条约，法文之用多；至各种西学书之要者，日本皆已译之，我取径于东洋，力省效速，则东文之用多。惟是翻译之学有深浅：其仅能市井应酬语，略识帐目字者，不入等；能解浅显公牍书信，能识名物者，为下等；能译专门学问之书（如所习天文、矿学，则只能译天文、矿学书），非所习者不能译也，为中等；能译各门学问之书，及重要公牍律法深意者，为上等。下等三年，中等五年，上等十年。我既不能待十年以后译材众多而后用之，且译学虽深，而其志趣才识固未可知，又未列于仕宦，是仍无与于救时之急务也。是惟多译西国有用之书，以教不习西文之人，凡在位之达官，腹省之寒士，深于中学之耆儒，略通华文之工商，无论老壮，皆得取而读之，采而行之矣。

译书之法有三：一、各省多设译书局；一、出使大臣访其国之要书而选译之；一、上海有力书贾、好事文人，广译西书出售，销流必广，主人得其名，天下得其用矣（此可为贫士治生之计，而隐有开物成务之功⑥，其利益与石印场屋书等，其功德比刻善书则过之。惟字须略大，若石印书之密行细字，则年老事繁之人不能多读，即不能多销也。今日急欲开发新知者，首在居官任事之人，大率皆在中年以上，且事烦暇少，岂能挑灯细读？译洋报者亦然）。

王仲任之言曰："知古不知今，谓之陆沈；知今不知古，谓之聋瞽。"⑦吾请易之曰："知外不知中，谓之失心；知中不知外，谓之聋瞽。"夫不通西语，不识西文，不译西书，人胜我而不信，人谋我而不闻，人规我而不纳，人吞我而不知，人残我而不见，非聋瞽而何哉？学西文者，效迟而用博，为少年未仕者计也。译西书者，功近而效速，为中年已仕者计也。若学东洋文，译东洋书，则速而又速者也。是故从洋师不如通洋文，译西书不如译东书。

注　释

①扬雄（公元前53—公元18），一作杨雄，字子云，西汉蜀郡成都（今属四川）人。哲学家、文学家、语言学家。其语言学著作有《方言》一书，记载西汉时

各地方言。

②于谨：北周洛阳人，字思敬，小名巨弥。他由于通晓多种语言，在当时的政治、军事斗争中获益匪浅。历职司空、太傅等，封燕国公。

③魏源（1794—1857），字默深，原名远达，湖南邵阳人。道光进士。主张"师夷长技以制夷"，编有《海国图志》等书。《海国图志》是一部介绍世界各国地理分布和历史政情的书。

④冯焌光（1830—1878），字竹儒，清南海（今属广东）人。咸丰举人。曾任职苏松太道，创求志书院，以实学教育学生，并创设方言馆，译西书多种。

⑤迹：推究，考察。

⑥开物成务：典出《易·系辞》。意为揭露事物真相，使人事各得其宜。

⑦王仲任：即王充（27—约97），仲任是他的字。汉会稽上虞（今属浙江）人。唯物主义哲学家。著有《论衡》一书。这段话引自《论衡·谢短》。陆沈，亦作陆沉，愚昧，迂执。

评 介

书刊互译，是操不同语言的人们之间交流思想、互相学习的一条极为重要的途径。此之广译，是指广泛地将外文书籍译成汉语出版，以便于新学的学习和普及。这个措施是完全正确的，也是非常必要的。篇中所拟解决问题的措施，亦无不妥。如今学习外语的人虽然多了，但真正能够顺利看到、读懂外文原版书籍者，仍然还是少数，所以广译一策，于今仍不过时。

阅报第六

李翰称《通典》之善曰："不出户，知天下；罕更事，知世变；未从政，达民情。"（元文"民"作"人"，乃避唐讳）①斯言也，殆为今日中西各报言之也。吾更益以二语曰："寡交游，得切磋。"

外国报馆林立，一国多至万余家，有官报，有民报，官报宣国是，民报达民情，凡国政之得失，各国之交涉，工艺商务之盛衰，军械战船之多少，学术之新理新法，皆具焉。是以一国之内如一家，五洲之人如面语。

中国自林文忠公督广时，始求得外国新闻纸而读之，遂知洋情，以后更无有继之者。上海报馆，自同治中有之，特所载多市井猥屑之事，于洋报采撷甚略，亦无要语。上海道月有译出西国近事，呈于总署及南北洋大臣，然皆两月以前之事，触时忌者辄削之不书，故有与无等。乙未以后②，志士文人，创开报馆，广译洋报，参以博议，始于沪上，流衍于各省，内政、外事、学术皆有焉。虽论说纯驳不一，要可以扩见闻，长志气，涤怀安之鸩毒，破扪籥之瞽论③。于是一孔之士，山泽之农，始知有神州；筐篋之史，烟雾之儒，始知有时局，不可谓非有志四方之男子学问之一助也。

方今外侮日亟，事变日多，军国大计，执政慎密，不敢宣言，然而各国洋报，早已播诸五洲。不惟中国之政事也，并东西洋各国之爱恶攻取、深谋诡汁，一一宣之简牍，互相攻发，互相驳辨，无从深匿，俾我得以兼听而豫防之。此亦天下之至便也。

然而吾谓报之益于人国者，博闻次也，知病上也。昔齐桓公不自知其有疾而死④，秦以不闻其过而亡。大抵一国之利害安危，本国之人，蔽于习俗，必不能尽知之；即知之，亦不敢尽言。惟出之邻国，又出之至强之国，故昌言而无忌。我国君臣上下，果能览之而动心，怵之而改作，非中国之福哉？近人阅洋报者，见其诋訾中国，不留余地，比之醉人，比之朽物，议分裂，议争先，类无不怫然怒者。吾谓此何足怒耶！勤攻吾阙者，诸葛之所求⑤；讳疾灭身者，周子之所痛⑥。古云"士有诤友"，今虽云"国有诤邻"，不亦可乎？

注　释

①李翰：唐代史官，肃宗时曾任翰林学士，以文称于当时。《通典》，唐代杜佑所撰记载历代典章制度的书。元，通"原"。元文即"原文"。

②乙未：此指1895年。

③扪籥之瞽论，无知妄说。典出苏轼《日喻说》："有人告诉生而眇者说：'日之光如烛。'眇者扪烛而得其形。他日揣籥，以为日也。"后来扪籥遂成为无真知灼见之譬喻。

④齐桓公不自知其有疾而死：此典人所共知，但应注意，这个齐桓公不是因管仲所辅佐而称霸诸侯的齐国之君桓公小白。《史记·扁鹊传》齐桓公作"齐桓侯"。而因"是时齐无桓侯"，故裴骃认为应是"齐侯田和之子桓公午也"。

⑤诸葛亮著有《劝将士勤攻己阙教》，以求将士"勤攻吾之阙"，他认为这样"则事可定，贼可死，功可跷足而待矣"。

⑥周子：即周敦颐。他在所著《通书·过》中说："仲由（子路）喜闻过，令

名无穷焉。今人有过，不喜人规，如护疾而忌医，宁灭其身而无悟也，噫！"所以这里说"讳疾灭身者，周子之所痛"。

评　介

本篇旨在提倡阅报，故极言阅报之益，然亦无过其实。篇中所表现出的对于批评意见的涵容气度，似乎有一点政治家的襟怀，虽然他在实践中不一定能做到。

本篇道出了晚清政治的一大弊端，就是上情不能下达，下情更不能上传。篇中说，"军国大计，执政慎密，不敢宣言，然而各国洋报，早已播诸五洲。"执政不宣，外国何以知晓？洋报何以播传？若只宣诸外国，而唯瞒蒙国民，则是罔民。篇中又说，"一国之利害安危，本国之人"，"即知之，亦不敢尽言之"，甚至官吏向上作报告也是"触时忌者辄削之不书"，这是下情不能上达。上情不能下达，下情不能上达，上罔下，下欺上，而中间的官僚们更乐得借作手脚，当时朝廷之昏庸，已不待言，然而即使不昏庸，又依据什么制定正确的政策？假使偶然制定了一些正确的政策，又怎能真正贯彻落实？晚清政府有政如此，焉能不败？

沟通上下关系，互递确凿信息，乃立国行政一大要事。上下通则国安，上下隔则祸藏，上下悖则国危，执政者于此不可不慎。而在沟通上下、博知内外这一方面，新闻确系一个有效媒介。有鉴于此，在新闻政策上，则以新闻自由为尚。自由的新闻，既可下传上级原意，又可上达下边真情，中间还能起到舆论监督作用，一举三得，其效非他务可以取代。故新闻不可不自由。然新闻又不可绝对自由。真理沿同一方向，向前多迈一步，就会变为谬误。新闻自由强调过分，也会变成祸患。新闻是一种言论，公民既然有言论自由，当然也就有新闻自由。但这自由不是绝对的、无限制的，而是相对的、有限度的。这个度就是国家的法律和法规。合法的，就应是容许的；非法的，就是不容许的。合法的，国家应予以保障；非法的，国家要坚决取缔；触犯刑律的，则要给予处罚。任何人都不可以任何借口来限制新闻自由，同时，任何人也不能借新闻自由而无视法律法规。新闻政策应该体现这一原则。只要坚持了这一原则，新闻就会在国家的繁荣和发展中起到它应有的作用。张之洞提倡阅报，主张发展新闻事业，是具有战略眼光的极为明智的建议。当然，在当时封建专制条件下，要新闻事业顺利地、充分地发展，必定极为困难，甚至简直是不可能的。不过那就另当别论了，我们不能因施行困难而否定建议本身。

变法第七

变法者，朝廷之事也，何为而与士民言？曰："不然。"法之变与不变，操于国家之权，而实成于士民之心志议论。试观曾文正为侍郎时，尝上书言翰林考小楷诗赋之弊矣（《文集》卷一）。及成功作相以后，若力持此议，当可成就近今三十年馆阁之人材。然而无闻焉，何也？大乱既平，恐为时贤所诟病也。文文忠尝开同文馆，刊公法、格致各书矣。以次推行，宜可得无数使绝国、识时务之才。然而曲谨自好者，相戒不入同文馆，不考总署章京。京朝官讲新学者，阒然无闻，何也？劫于迂陋群儒之谬说也。夫以勋臣元老，名德重权，尚不免为习非胜是之谈所挠，而不睹其效，是亦可痛可惜者矣。又如左文襄在闽创设船政，在甘创设机器织呢羽局；沈文肃成船政[①]，设学堂，与北洋合议设招商局；丁文诚在山东、四川皆设制造洋枪枪弹局[②]。此皆当世所谓廉政守道之名臣也，然所经营者皆是此等事。其时皆在同治中年、光绪初年国家闲暇之时，惜时论多加吹求，继者又复无识，或废阁，或减削，无能恢张之者，其效遂以不广。

夫不可变者，伦纪也，非法制也；圣道也，非器械也；心术也，非工艺也。请征之经。穷则变，变通尽利，变通趋时，损益之道，与时偕行：《易》义也。器非求旧惟新：《尚书》义也。学在四夷：《春秋传》义也。五帝不沿乐，三王不袭礼，礼时为大：《礼》义也。温故知新（刘楚桢《论语正义》引《汉书·成帝纪》："诏曰：'儒林之官……宜皆明于古今，温故知新，通达国体。'"《百官表》以通古今备温故知新之义。孔冲远《礼记·叙》："博物通人，知今温古，考前代之宪章，参当时之得失。"[③]是汉唐旧说，皆以温故知新为知古知今），三人必有我师，择善而从：《论语》义也。时措之宜：《中庸》义也。不耻不若人，何若人有：《孟子》义也。

请征之史。封建变郡县[④]，辟举变科目[⑤]，府兵变召募，车战变步骑，租庸调变两税，归余变活闰[⑥]，篆籀变隶楷，竹帛变雕版，笾豆变陶器⑦，粟布变银钱⑧：何一是三代之旧乎？

历朝变法最著者四事：赵武灵王变法习骑射，赵边以安；北魏孝文帝变法尚文明，魏国以治，此变而得者也（若武灵之不终，以嬖幸；魏之不永，以子孙不肖，与变法无涉）。商鞅变法，废孝悌仁义，秦先强而后促；王安石变法，专务剥民，宋因以致乱，此变而失者也。商、王之失，在残酷剥民，非不可变也，法非其法也（西法以省刑养民两事为先务）。

请征之本朝。关外用骑射，讨三藩用南怀仁大炮⑨；乾隆中叶，科场表判改五策，岁贡以外增优贡、拔贡；嘉庆以后，绿营之外创募勇；咸丰军兴以后，关税之外抽厘金；同治以后，长江设水师，新疆、吉林改郡县：变者多矣。即如轮船、电线，创设之始，訾议繁兴，此时若欲废之，有不攘臂而争者乎？

今之排斥变法者，大率三等：一为泥古之迂儒。泥古之弊易知也。一为苟安之俗吏。盖以变法必劳思，必集费，必择人，必任事，其余昏惰偷安、徇情取巧之私计，皆有不便，故借书生泥古之谈，以文其猾吏苟安之智，此其隐情也。至问以中法之学术治理，则皆废弛欺饰而一无所为。所谓守旧，岂足信哉？又一为苛求之谈士。夫近年仿行西法而无效者，亦诚有之。然其故有四：一、人顾其私，故止为身谋而无进境，制造各局、出洋各员是也。此人之病，非法之病也。一、爱惜经费，故左支右绌而不能精，船政是也。此时之病，非法之病也。一、朝无定论，故旋作旋辍而无成效，学生出洋、京员游历是也。此浮言之病，非法之病也。一、有器无人，未学工师而购机，未学舰将而购舰，海军、各制造局是也。此先后失序之病，非法之病也。乃局外游谈，不推原于国是之不定、用人之不精、责任之不专、经费之不充、讲求之不力，而吹求责效，较之见弹求鸮炙、见卵求时夜，殆有甚焉。学堂甫造而责其成材，矿山未开而责其获利，事无定衡，人无定志，事急则无事不举，事缓则无事不废，一埋一揠，岂有成功哉？虽然，吾尝以儒者之论折衷之矣。吕伯恭曰："卤莽灭裂之学，或作或辍，不能变不美之质。"此变法而无诚之药也。曾子固曰："孔孟二子亦将因所遇之时、所遭之变而为当世之法，使不失乎先王之意而已。法者，所以适变也，不必尽同；道者，所以立本也，不可不一。"此变法而悖道之药也。由吕之说，则变而有功；由曾之说，则变而无弊。夫所谓道本者，三纲四维是也。

若并此弃之，法未行而大乱作矣；若守此不失，虽孔孟复生，岂有议变法之非者哉！

注　释

①沈文肃：即沈葆桢（1820—1879），字幼丹。文肃是他的谥号。清福建侯官（今福州市）人。道光进士。历任九江知府、广信知府、江西巡抚、福建船政大臣、两江总督兼南洋通商大臣等职。著有《沈文肃公政书》。

②丁文诚：即丁宝桢（1820—1886），字稚璜。文诚是他的谥号。清贵州平远（今织金）人。咸丰进士。1867年任山东巡抚，镇压捻军起义。以诛慈禧太后宠信太监安德海，名扬于时。1875年在山东济南建山东机器局。1876年调任四川总督，又创办四川机器局。当英国侵占缅甸和侵犯中国西藏时，曾筹划西南边防。有《丁文诚公奏稿》行世。

③孔冲远：即孔颖达（574—648），冲远是他的字，又字仲达，唐冀州衡水（今属河北）人。通经学，善历算。官至国子祭酒。参与编撰《五经正义》《隋史》等。

④封建：这里指秦以前的分封制。秦以后逐渐消失。

⑤辟举：指科举制实行以前的征辟推荐制。

⑥归余：古闰法。

⑦笾豆：古代的两种容器。

⑧粟布：就是普通的粟和布，在古代曾充当过货币。这里用以代指上古实物货币。

⑨三藩：明末李自成率军打进北京，崇祯帝被迫自杀后，福王朱由崧即位于南京，年号弘光；唐王朱聿键即位于福州，年号隆武；桂王朱由榔称帝于肇庆，年号永历。清方称之为三藩。另外，清朝封明降将耿仲明为靖南王，尚可喜为平南王，吴三桂为平西王，亦称三藩。本文所指似应为后者。南怀仁（Ferdinand Verbiest，1623-1688），比利时人，天主教耶稣会传教士。1659年来中国，先在陕西传教，后来到北京。康熙年间曾管理钦天监监务，制造天文仪器，并为清政府监铸大炮，故有"南怀仁大炮"之称。其著作有《教要序论》《康熙永年历法》等。

评　介

本篇通过旁征博引，证明变法乃天经地义之事，并予极力鼓吹，反映出作者思想进步和开明的一面。篇中对于"排斥变法者"的剖析，一针见血，其中对于洋务活动失利原因的探讨，也有一定道理。而断定"伦纪""圣道""心术"等都是"不可变者"，则反映了作者思想落后和保守的一面。当然，张之洞也可能有其难言之隐，但那是另一回事，并不能因之回护文章本身。不过，无论张之洞及其追随的清政府愿意不愿意，在社会生产力这个车头的带动下，不仅生产关系得随之改变，包括意识形态在内的整个上层建筑也一定得随之改变，这是社会发展的必然规律，它从不为个别人的意志所左右。这就是马克思主义关于社会发展规律的基本原理。遵从这个原理，按规律办事，在培植生产力的同时，及时地改革生产关系和上层建筑中不适应生产力发展的因素，以利于生产力的发展，这样，国家就会兴旺，民族就会繁荣，政权就会巩固；倘若不遵从这个原理，与该规律背道而驰，顽固维护阻碍生产力发展的已经过时了的生产关系和已经腐朽了的上层建筑，那社会就难以繁荣，国家也难以兴旺，政权就不会稳固，久之，则将引起革命，生产力就会起来摧毁腐朽的上层建筑，借以改革生产关系，为自己的发展开辟道路。孙中山领导的资产阶级革命和中国共产党领导的无产阶级革命，都是典型的例证。故不断改革，彻底改革，是发展社会、巩固政权的最有效的手段。清政府不愿彻底改革，结果自取灭亡。想要永远立于不败之地，就必须不断改革。当然，改革的方向必须正确，一般说来，就是必须有利于社会生产力的充分发展，必须有利于各族人民的自由幸福，必须有利于国家的繁荣富强。至于本篇中提出的所谓"变法不变道"的提法，因在前言中已予驳辩，故这里不复具体讨论。

变科举第八

朱子尝称述当时论者之言曰："朝廷若要恢复，须罢三十年科举，以为极好。"痛哉斯言也！中国仕宦，出于科举，虽有他途，其得美官者，膺重权者，必于科举乎取之。自明至今，行之已五百余年。文胜而实衰，法久而弊起。主司取便以藏拙，举子因陋以侥幸，遂有三场实止一场之弊（钱晓征语[①]）。所解者，高头讲章之理，所读者，坊选程墨之文，于本经之义、先儒之说，概乎未有所知。近今数十年，文体日益佻薄，非惟不通古今，不切经济，并所谓时文之法度文笔而俱亡之。今时局日新，而应科举者拘牵[②]益甚，傲然曰："吾所习者，孔孟之精理，尧舜之治法也。"遇讲时务经济者，尤鄙夷排击之以自护其短。故人才益乏，无能为国家扶危御侮者。于是诏设学堂以造明习时务之人才，又开特科以搜罗之。夫学堂虽立，无进身之阶，人不乐为也。其来者必白屋钝士，资禀凡下，不能为时文者也。其世族俊才，皆仍志于科举而已。即有特科之设，然廿年一举，为时过远，岂能坐待？则仍为八比、诗赋、小楷而已。救时之才，何由可得？且夫齐衣败紫③，晋曳苴履④，赵文王好剑而士死于相击，越勾践好勇而士死于焚舟：从上所好也。两汉经学，实禄利之途驱之。使乡会试仍取决于时文，京朝官仍絜长于小楷，名位取舍，惟在于斯，则虽日讨国人而申儆之，告以祸至无日，戒以识时务、求通才、救危局，而朝野之汶暗如故，空疏亦如故矣。故救时必自变法始，变法必自变科举始。

或曰："若变科举，废时文，则人不读五经四书，可乎？"于是有献学校贡举私议者曰："变科举者，非废四书文也，不专重时文，不讲诗赋、小楷之谓也。"窃谓今日科举之制，宜存其大体而斟酌修改之。昔欧阳文忠知谏院时⑤，恶当时举人鄙恶剽盗全不晓事之弊，尝疏请改为三场分试随场而去之法，每场皆有去留，头场策合格者试二场，二场论合格者试三场。其大要曰：鄙恶乖诞，以渐先去，少而易考，不至劳昏，全不晓事之人，无由而进。其说颇切于今日之情事。欧公之欲以策论救诗赋，犹今之欲以中西经济救时文也。今宜略师其意，拟将今日三场先后之序互易之，而又层递取之，大率如府县考覆试之法。第一场试以中国史事、本朝政治论五道，此为中学经济。假如一省中额八十名者，头场取八百名，额四十名者，头场取四百名，大率十倍中额，即先发榜一次，不取者罢归，取者始准试第二场。二场试以时务策五道，专问五洲各国之政、专门之艺，政如各国地理、官制、学校、财赋、兵制、商务等类，艺如格致、制造、声、光、化、电等类，此为西学经济。其虽解西法，而支离狂怪显悖圣教者，斥不取。中额八十名者，二场取二百四十名，额四十名者，取一百二十名，大率三倍中额，再发榜一次，不取者罢归，取者始准试第三场。三场试四书文两篇，五经文一篇。四书题禁纤巧者。合校三场均优者，始中式发榜如额。如是则取入二场者，必其博涉古今、明习内政者也。然恐其明于治内而暗于治外，于是更以西政、西艺考之。其取入三场者，必其通达时务、研求新学者也。然又恐其学虽博，才虽通，而理解未纯，趋向未正，于是更以四书文、五经文考之。其三场可观而中式者，必其宗法圣贤、见理纯正者也。大抵首场先取博学，二场于博学中求通才，三场于通才中求纯正。

先博后约，先粗后精，既无迂暗庸陋之才，亦无偏驳狂妄之弊。三场各有取义，较之偏重首场，所得多矣。且分场发榜，下第者先归，二三场卷数愈少，校阅亦易，寒士无久羁之苦，誊录无卷多谬误之弊，主司无竭蹶草率之虞，一举三善，人才必多。而著重尤在末场，犹之府县试皆凭末覆以定去取，不愈见四书五经之尊哉？

惟科举必以生员为基，其学政岁科两考生童，均可以例推之。岁科考例先试经古一场，即专以史论、时务策两门发题。生员岁考正场，原系一四书文、一经文；生员科考正场，原系一四书文、一策，亦照岁考例改为经文，以免荒经之弊。童试一切照生员，惟将正场第二篇四书文改为经文而已。盖生童考试旧章，正与今日所拟科举之法相类。二十年来，经古场久已列算学一门，是尤不劳而理者也。

难者曰："主司不能尽通新学，将如之何？"曰："应试难，试官易。"近年来上海编纂中外政学、艺学之书，不下二十种。闱中例准调书，据书考校，何难之有？且房官中通晓时务者尚多，总裁主考，惟司覆阅，何难之有？至外省主考学政，年力多强，诏旨既下，以三年之功讲求时务，自足以衡文量才而有余。乡会试之外，惟殿试临轩发策，典礼至重，自不可废，然可即据以为授职之等差，朝考似为可省。及通籍⑥以后，无论翰苑部曹，一应职官，皆以讲求政治为主。凡考试文艺小楷之事，断断必宜停免，惟当考其职业，以为进退，则已仕之人才，不致以雕虫小技困之于老死矣。

难者曰："本朝名臣，出于科举者多矣，安见时文之无益？"不知登进限于一途，则英雄不能不归于一彀，此乃人才之亦能为时文，非时文之足以得人才也。且诸名臣之学识阅历，率皆自通籍以后始能大进，然则中年以前，神智精力销磨于应举者不少矣。假使主文者不专以八比、诗赋为去取，所得柱石之臣、干城之士⑦，不更多乎？

窃谓议者之说，意救时而事易行，实本明旨特科岁举讲求经济之意而推阐之，因存其说于此。并将朱子论科举之弊，及欧公论三场以渐去留之疏，节录于左，可知七八百年以上之贤人君子，忧国势人才之不振，疾官人选举之无方，其谋虑固已如此，庶今世士大夫得有所儆悟焉。

《东塾读书记》引朱子论科举

南宋时科举之弊，朱子论之者甚多，其言亦极痛切，今略举数条于此。

《衡州石鼓书院记》云："今日学校科举之教，其害有不可胜言者，不可以为适然而莫之救也。"

《学校贡举私议》云："名为治经，而实为经学之贼；号为作文，而实为文字之妖……主司命题，又多为新奇，以求出于举子之所不意，于所当断而反连之，于所当连而反断之……为经学贼中之贼，文字妖中之妖。"又云："怪妄无稽，适足以败坏学者之心志，是以人材日衰，风俗日薄。"

《语类》云："今人文字全无骨气，自是时节所尚如此。只是人不知学，全无本柄，被人引动，尤而效之。如而今作件物事，一个做起，一个学起，有不崇朝[8]而遍天下者，本来合当理会底事，全不理会，直是可惜。"（卷一百三十九）"时文之弊已极，日趋于弱，日趋于巧小，将士人这些志气，都消削得尽。莫说以前，只是宣和末年三舍法才罢[9]，学舍中无限好人材，如胡邦衡[10]之类，是甚么样有气魄！做出那文字，是甚豪壮！当时亦自然有人。及绍兴渡江之初[11]，亦自有人才。那时士人所做文字极粗，更无委曲柔弱之态，所以亦养得气宇。只看如今是多少衰气。"（卷一百九）"最可忧者，不是说秀才做文字不好，这事大关世变。"（同上）"问：'今日科举之弊，使有可为之时，此法何如？'曰：'更须兼他科目取人。'"（同上）"问：'今日之学校，自麻沙时文册子之外[12]，其他未尝过而问焉。'曰：'怪他不得。上之所以教者，不过如此。然上之人曾不思量，时文一件，学子自是著急，何用更要你教？你设学校，却好教他理会本分事业。'"（同上）

此亦朱子欲救当时风气之弊，使朱子见今日科举时文，不知更以为何如耳！

节录欧阳公论更改贡举事件札子（庆历四年）

伏以贡举之法，用之已久，则理当变更。必先知改弊之因，方可收变法之利。知先诗赋为举子之弊，则当重策论（欧公时之不专重诗赋，意与今日不专重时文同）；知通考纷多为有司之弊，则当随场而去，而后可使学者不能滥进，考者不至疲劳。请宽其日限，而先试以策而考之，择其文辞鄙恶者、文意颠倒重杂者、不识题者、不知故实略而不对所问者、误引事迹者、虽能成文而理识乖诞者、杂犯旧格不如式者，凡此七等之人，先去之，计二千人可去五六百。以其留者次试以论，又如前法而考之，又可去其二三百。其留而试诗赋者，不过千人矣。于千人而选五百，少而易考，不至劳昏，考而精当，则尽善矣。纵使考之不精，亦当不至太滥。盖其节钞剽盗之人，皆以先经策论去之矣。比及诗赋，皆是已经策论，粗有学问，理识不至乖诞之人，纵使诗赋不工，亦可以中选矣。如此，可使童年新学全不晓事之人，无由而进。

注 释

①钱晓征：即钱大昕，晓征是他的字。
②拘瞀：迂腐而愚昧。
③齐衣败紫：齐国人穿质次的紫衣。《韩非子·外储》中说："齐桓公好紫服，一国尽服紫。当是时也，五素不得一紫。"而《史记》也记载说："齐紫，败素也，而贾十倍。"
④晋曳苴履：晋人拖粗劣的鞋。因晋文公好"苴服"（粗劣的衣服），所以晋国人也就跟着仿效。见《墨子·兼爱》。以下"赵文王好剑而士死于相击""越勾践好勇而士死于焚舟"两个典故，分别见于《庄子·说剑》和《墨子·兼爱》。
⑤欧阳文忠：即欧阳修，文忠是他的谥号。知，掌管。
⑥通籍：指进士初及第。
⑦干城：干是盾牌，城是城郭，干城之士在这里指捍卫者。《诗·周南》有"赳赳武夫，公侯干城"句。注云："干也，城也，皆以御难也。"
⑧崇朝：从天亮到早饭之间的一段时间。不崇朝，喻时间短促。
⑨三舍法：宋熙宁新政之一。熙宁四年（1071）制定。其具体内容是分太学为上舍、内舍、外舍三舍。扩大太学生名额。初入学为外舍，人数不限；外舍升内舍，二百人；内舍升上舍，一百人。并规定有一系列有关肄业、考核、出身等各方面的规章制度。这是王安石为实行其以"学校养士"代"科举取士"的主张而制定的新法。
⑩胡邦衡：即胡铨（1102—1180），号澹庵。邦衡是他的字。宋吉州庐陵（今江西吉安）人。曾任枢密院编修官、资政殿学士等。力主抗金。著有《澹庵文集》。
⑪绍兴渡江：绍兴为宋高宗年号。渡江指宋都南迁。
⑫麻沙：地名。南宋时属福建建阳县。该地产榕树，质性松软，易于雕版，当时镌书人多居麻沙一带。所刻之书颇多讹误，不被人重视。

评 介

　　取士制度，乃邦国之大计，它一方面影响着官吏队伍的建设，另一方面又对教育事业起着一定的导向作用。而科举，则是历史上取士制度之一种。

　　如果历史地看问题，那么可以说，科举制曾是比较进步的取士制度。在分封制的奴隶社会中，各级政权的执掌者基本上是世袭的，其各级办事人员之来源也主要是靠"养士"。当时"学在官府"，师氏保氏，教"国子"而已，故平民及奴隶难得参政。秦创郡县，汉承秦制，诸侯王外，郡县长官不得世袭，于是行辟举制，即先让"群众推荐"，然后政府再行征召。如此取士，德才均备的贤者虽然有的也能上去，但由于推举往往为豪绅所左右，故所举之人往往驳杂不一，且极易导致世族统治，旧籍所载"举秀才，不知书；察孝廉，父别居；寒素清白浊如泥，高门良第怯如鸡"之类民谚口碑，这不能说不是辟举制之消极写照。为克服辟举制推荐的"公私无凭"，于是始创科举制。科举之异于和优于辟举的地方，主要就在于它是按科目统一考试，择优取士。其对于下层人民虽尚有诸多限制，但毕竟相对地多了一点平等竞争的机会，较辟举大进了一步。

　　然而，到后来，由于科考的内容越来越僵化，形式越来越呆板，特别是发展到八股取士，科举原有之精义丧失净尽，完全堕入了一条死胡同。张之洞难称改革家，却不失为一个改良主义者。他之所谓变科举，就是要对当时尚在实行的科举制作一些改良。这主要包括：第一，充实西学内容，把西学经济列为必考科目；第二，废除时文诗赋等不急之务，在中学方面强化安邦定国的经济实学；第三，保留但要降低四书五经之类在考试中的地位。他在篇中主张将中、西经济分别放在一、二两场，将经学放在末场，并且实行分场以次去留之法，即实行逐步淘汰制。这样，尽管他一再宣称这是把最终决定权留给了四书五经，以使其更显尊贵，其实不过是瞒天过海、狡吏欺尊而已，因为非常明显，淘汰制下，先者为尊。张之洞这一改良意见，较不准改良的顽固派为开明，较要求彻底废除科举制的改革派为保守。不过，有意思的是，后来奏请废除科举制，最终将科举制送进坟墓的人中，起主导作用的也有张之洞。

农工商学第九

"石田[①]千里，谓之无地；愚民百万，谓之无民。"（《韩诗外传》语）不讲农工商之学，则中国地虽广，民虽众，终无解于土满人满[②]之讥矣。

劝农之要如何？曰：讲化学。田谷之外，林木果实，一切种植，畜牧养鱼，皆农属也。生齿繁，百物贵，仅树五谷，利薄不足以为养。故昔之农患惰，今之农患拙。惰则人有遗力，所遗者一二；拙则地有遗利，所遗者七八。欲尽地利，必自讲化学始。《周礼》"草人掌土化之法"，实为农家古义。养土膏，辨谷种，储肥料，留水泽，引阳光，无一不需化学。又须精造农具。凡取水、杀虫、耕耘、磨砻，或用风力，或用水力，各有新法利器，可以省力而倍收，则又兼机器之学。西人谓一亩之地，种植最优之利，可养三人。若中国一亩所产，能养一人，亦可谓至富矣。然化学非农夫所能解，机器非农家所能办，宜设农务学堂。外县士人，各考其乡之物产，以告于学堂，堂中为之考求新法新器。而各县乡绅有望者、富室多田者，试办以为之倡，行而有效，民自从之（上海《农学报》多采西书，甚有新理新法，讲农政者宜阅之）。

昔者英忌茶之仰给于华也，印度锡兰讲求种茶，无微不至。自印茶盛行，茶市日衰，销路仅恃俄商，大率俄销十之八，英美销其一二。缘茶中含有一质，涩而兼香，西人名曰胆念，印茶惟胆念较华茶略少，故俄尚食华茶。若再数年，印茶日精，恐华茶无人过问矣。此茶户种茶不培，摘芽不早，茶商不用机器，烘焙无法之弊也（光绪二十年，湖北、湖南两省合力，以官款买茶三百二十箱，附俄公司船运赴俄境，自销之。西路水运，销阿叠萨，托出使许大臣交俄行代售。东路陆运，销恰克图，托俄商余威罗福代售。除茶价、运费、关税外，西路赢余得息一分，东路赢余得息五分。若使我自有公司在彼，其利必更饶余可知也）。

丝之为利，比茶尤多。十年以前，西洋各国用华丝者十之六。三年以内，日本丝销十之六，意国丝十之三，华丝仅十之一。且本贵则价难减，价昂则销愈滞。此由养蚕者不察病蚕，售茧者多掺坏茧，茧耗既多，成本自贵之弊也。

外国种棉，分燥土、湿土两种。长茎宜湿地，短茎宜燥地，种植疏阔，故结实肥大（种子三粒为一窠，长至四五寸，留壮者一株，其余拔去，每茎相距，横三尺三寸，纵一尺三寸）。洋布洋纱为洋货入口第一大宗，岁计价四千余万两。自湖北设织布局以来，每年汉口一口进口之洋布，已较往年少来十四万匹。特是洋纱最精有四十号者，而华棉绒短纱粗，以机器纺之，仅能纺至十六号纱止，以故不能与洋纱洋布敌。购洋棉子种之，多不蕃茂，此由农夫见小，种棉过密，又不分燥湿之弊也。

麻为物贱，南北各省皆产，然仅供缉绳作袋之用，川、粤、江西仅能织夏布耳。西人运之出洋，掺以棉则织成苎布，掺以丝则织为绸缎，其利数倍。此由沤浸无术，不能去麻胶，又无掺丝之法之弊也（湖北现设制麻局于省城外，以西法为之，若有效，各省可仿行）。

丝、茶、棉、麻四事，皆中国农家物产之大宗也。今其利尽为他人所夺，或虽有其货而不能外行，或自有其物而坐视内灌，愚懦甚矣（惟种稻，西人谓其勤力得法）。

西法植物学，谓土地每年宜换种一物，则其所吸之地质不同，而其根叶坏烂入土者，其性各别，又可以补益地力。七年一周，不必休息而地力自肥，较古人一易再易三易之法③更为精微，此亦简显易行者也。

工学之要如何？曰：教工师。工者，农商之枢纽也。内兴农利，外增商业，皆非工不为功。工有二道：一曰工师，专以讲明机器学、理化学为事，悟新理，变新式，非读书士人不能为，所谓智者创物也。一曰匠首，习其器，守其法，心能解，目能明，指能运，所谓巧者述之也。中国局厂良匠，多有通晓机器者，然不明化学、算学，故物料不美，不晓其源，机器不合，不通其变，且自秘其技，不肯传授多人，徒以把持居奇鼓众生事为得计，此《王制》所谓"执技事上，不与士齿"者耳④。今欲教工师，或遣人赴洋厂学习，或设工艺学堂，均以士人学之，名曰工学生，将来学成后，名曰工学人员，使之转教匠首。更宜设劝工场，凡冲要口岸，集本省之工作各物陈列于中，以待四方估客之来观，第其高下，察其好恶，巧者多销，拙者见绌，此亦劝百工之要术也。

商学之要如何？曰：通工艺。夫精会计、权子母⑤，此商之末，非商之本也。外国工商两业，相因而成，工有成器，然后商有贩运，是工为体，商为用也。此易知者也。其精于商术者，则商先谋之，工后作之，先察知何器利用，何货易销，何物宜变新式，何法可轻成本，何国喜用何物，何术可与他国争胜，然后命工师思新法，创新器，以供商之取求，是商为主，工为使也。此罕知者也。二者相益，如环无端。中国之商，惟听其自然而已，所冀者亿中之利，如博塞求赢，但凭时运，所分者坐贾之余，如刮毛龟背，虽得不多。虽有积货如阜，日赢千金，犹为西商役也。至劝商之要，更有三端：一曰译商律。商非公司不巨，公司非有商律不多。华商集股，设有欺骗，有司罕为究追，故集股难。西国商律精密，官民共守，故集股易。一曰自治。近年茶市虽弊，然仍是芽嫩无烟者价高而速售，霉湿掺杂者、样盘抵换者价亏而难销。若不求自治之方，而欲设总行以为合群持价之计，西商固必不听，群贩亦必不从。一曰游历。各省宜设商会，上海设一总商会，会中自举数人出洋游历，察其市情货式，随时电告，以为制造贩运之衡。此较设外洋公司为易。夫学问之要，无过阅历，各国口岸，即商务之大学堂也。

大抵农工商三事，互为表里，互相钩贯。农瘠则病工，工钝则病商，工商聋瞽则病农。三者交病，不可为国矣。至如驼羊之毛、鸡鸭之羽，皆弃材也，马牛之皮革，皆贱货也，西商捆载而去，制造而来，价三倍矣。水泥（西人名塞门德土，华名红毛泥）、火砖（以中国观音土和砖屑烧成之）、火柴、火油、洋毡、洋纸、洋蜡、洋糖、洋针、洋钉，质贱用多而易造者也，事事仰给外人，而岁耗无算矣。然而以上诸事，非士绅讲之、官吏劝之不可。荀卿盛称儒效，而谓儒不能知农工商之所知，此末世科目章句之儒耳，乌睹所谓效哉！

注　释

①石田：多石不可耕的田。

②土满人满：土地辽阔，人口众多，然而却不能有所作为，称为土满人满。

③一易再易三易之法：即休耕法。参见《周礼·地官·大司徒》之郑玄注。一易之地为休一年即种之地，再易为休二年，三易为休三年。也有不易之地，即岁耕之地，指那些可以连年耕种、不用休耕的肥沃土地。

④《王制》：《礼记》篇名。"执技事上，不与士齿"，原文为："凡执技以事上者，不二事，不移官，出乡不与士齿。"执技事上，掌握一门技术为统治者效劳。不与士齿，即地位低下。郑玄注曰："贱也。"

⑤权子母：比较利润率。本金名母，利息叫子。一说为衡量货币的轻重。重币为母，轻币为子。

评 介

　　这篇文章很值得一读，特别是从事经济和教育工作的人们，以及准备从事经济和教育工作的人们，还有在中央和地方做领导工作的同志，认真地读一读这篇文章，仔细地深入地体味一下作者的观点，肯定会有所收益。张之洞主张以兴学促农工商各业的发展，进而达富国之目的。篇中所述农工商各自内部的关系，农工商各业之间的关系，农工商诸业与政治的关系，农工商各业之兴学措施，内容具体而思想深刻。例如，张之洞之靠科学技术振兴农业的主张，与现今之科技兴农基本一致，是颇富科学眼光的意见。而张之洞因地制宜办农务学堂的主张，张之洞所建议的通过试验以提倡诱导的新技术新品种推广办法，也都是我们从事农业和教育的同志们所应当借鉴的。在工商方面，张之洞之"商为主，工为使"的主张，已为日本等国家的一些大企业所实施，收到了相当好的效果，足见张氏见识之深远。另外，张之洞所谓的"劝工场"，与我们今天的展销订货会大体相同，是劝工通商的好办法。而张之洞之"学问之要，无过阅历，各国口岸，即商务之大学堂"的议论，不仅毫无腐儒之迂臭，而且颇具实践第一的唯物主义色彩。篇中精义颇多，难以一一议及，还是请读者诸君通过原文去领略吧。

兵学第十

　　或曰："兵必须学。"《论语》曰："以不教民战，是谓弃之。"诸葛忠武曰："八阵既成，自今行师，庶不覆败矣。"是兵有法有教也。或曰："兵不在学。"霍去病曰："顾方略何如耳，不至学古兵法。"[①]岳武穆曰："运用之妙，存乎一心。"是兵无法无教也。此皆圣贤名将之说也，何道之从？曰：吾将以四说通之。

　　盖兵学之精，至今日西国而极。有械不利，利械不习，与无手同；工作不娴，桥道不便，辎重不备，与无足同；地理不熟，测量不准，侦探不明，与无耳目同。聚千万无手无足无耳目之人，乌得为兵？是必先教之以能战之具，范之以不败之法。既成为兵矣，而后可以施方略，言运用。至于方略运用，岂必西法，亦岂必古法哉！《汉·艺文志·兵家》分权谋、形势、阴阳、技巧四类。西人兵学，惟阴阳不用，余皆兼之。枪炮、雷电、铁路、炮台、濠垒、桥道,技巧也。地图、测算,形势也。至攻守谋略,中西所同,因其械精艺多,条理繁细,故权谋一端,亦较中法为密。

陆军之别有五,曰步队、马队、炮队、工队、辎重队(工、辎两队,皆兼有步队之所能),每一军皆兼有之,如四体具而后为人。工队主营垒桥道之事,辎重队主械药衣粮之事。西法以步队、炮队为最重,马队止为包抄及侦探之用。工、辎二队,古人所略。缘火器猛烈,或大队相持,或侦探扼守,必须掘地营,开濠堑,顷刻立就,若遇溪河泥沙,必须应时可渡,故立工队。今日用快枪快炮,所需弹药过多(一装五子十子,连珠而发者为快枪;炮子如枪子式,弹药相连,一分钟可放数十出者为快炮),以及备战各物,至为繁重,故立辎重队,分为数起,层递转运,故进不误用,退不全失(《淮南子·兵略训》言将以五官为股肱手足:一曰尉之官,治军者也;一曰候之官,侦探也;一曰司空之官,空、工古今字,即工程队之官也;一曰舆之官,即辎重队之官也;其一阙。其说舆之官曰:"收藏于后,迁舍不离,无淫舆,无遗辎,舆之官也。"往年辽东之战,多因无此队之为累矣)。

临战之善有三:一、未战先绘图(欲与敌国有战,事先于一两年前详绘敌境地图)。一、马队充侦探(侦探必以马队分途四出,更番归报)。一、前敌有军医(随在阵后,药物皆具。西法有军乐队,以作战士之气,今姑从缓)。

恤兵之善有四:一、饷厚;一、将不发饷,别有官主之;一、兵不自爨,官为供备;一、阵亡者恤其家终身。

教武备学生之法有三:曰学堂,曰操场,曰野操。学堂讲军械理法、地理测绘、战守机宜、古来战事。操场习体操、队伍、火器。野操习分合、攻守、侦探(或于山阜,或于溪谷,或于平地,作两军对敌状,惟将所指挥无定式,不仅在校场排演旧阵也)。

将领教偏裨之法有二:曰兵棋,曰战图。兵棋者,取地图详绘山水道路、林木村落,以木棋书马步各队,将校环坐,各抒所见,商确攻守进退之法。战图者,取西国古来大战事诸图,推究其胜败之故。

其教之程期有三:教兵止在操场,迟者一年可用,速者半年可用。教弁即有学堂(若绿营把总、外委、额外,勇营哨官、哨长,皆为弁),步队、辎重队弁十四月,马队弁十六月,炮队、工队弁十八月,均兼随营操演（其十四岁以前，例入之小学堂，不在此数）。教将官者，学堂五年，随营操演二年（若绿营千总以上至副将，勇营管带以上至分统，皆为官。以下为弁。界限甚严）。教大将者，学堂五年，随营二年，再入大学堂二年（若提镇及大统领）。凡为将官者，虽为官仍不废学，以时受教于本管之将领。必至大将，乃不受学。初入学堂者，年无过二十岁。总之，略于教兵，详于教将，此其要旨也。自将及弁，无人不读书；自弁及兵，无人不识字，无人不明算，无人不习体操，无人不解绘图，此其通例也。

水师之别有二：曰管轮，曰驾驶。管轮主轮机测量，驾驶主枪炮攻战。先教之于学堂，大率五年，复教之于练船，游历各国海口，习风涛，测海道，观战事，大率三年，其事较陆军为尤精（将领之外，又有关涉军事最要之官两项。一曰参谋官，主谋画、调度，考地理，审敌情。国君之参谋，若宋之枢密、明之本兵；将帅之参谋，若今之营务处而较尊。一曰会计官，主一军械物衣粮车马。何物用汽车，一车装若干；何物用马，一马驮若干；何物用马车，一车装若干，皆豫算于平时，若今之粮台。两项官皆出于学堂，参谋尤重。今日固有营务处、粮台，但无豫为此学者耳）。

兵之等差有三：在营者为常备兵，教之三年，即遣之归，名为豫备兵，不给饷，每年调集一操，酌予奖赏。又三年，则罢为后备兵。有大战事，常备不足，则以豫备兵充之。大率每年常备之退为豫备兵者约三之一，补新兵亦三之一。新旧层递蜕换，行之二十年，则举国之人，无不习战者。用饷愈省，得兵愈多，兵技常熟，兵气常新。其法创始于德，欧洲效之，东洋踵之（欧洲大战，动辄用兵二三十万，故兵须多）。然此法所以能行者，外国重武，其民以充兵为荣，为国家效力计，不为一身糊口计（华兵以入伍为生计，故疲老多而裁汰难），且工商多，闲民少，其兵皆有技能，军籍既脱，仍有执业，故可行也。中国若仿为之，则惟有于三年学成之兵，发给凭照，退为预备兵，遣归本籍，酌给半饷，以供本县缉捕之用；改业远出者，不给饷。三年以后，亦照西法退为后备，有事募集，亦可得半。

至其教将士之本务有二：曰知忠爱，曰厉廉耻（西洋将官教武备学生之言曰：汝等须先知自己是中国人，将来学成，专为报效国家，若临战无勇，乃国家之耻，一身之耻。若无此心，虽练成与西兵一律之才能，亦无用也云云。西人武备书所言，意与此略同。东洋将领，人给官书一卷，佩之于身，有来湖北者，取视其本，所载皆中国古来忠义文字，如《出师表》《正气歌》之类）。所以将士皆能知忠爱、厉廉耻者，其道有一，曰尚武功。其国君服提督之服，邻国之君，相赠以武将之衔，临战之饥寒有备，战殁之家属有养。兵之死亡，君亲吊之；兵之创伤，后亲疗之。故将之尊贵过于文臣，兵之自爱过于齐民[2]，强国之由，其在此矣。

今日朝野皆知练兵为第一大事，然不教之于学堂，技艺不能精也；不学之于外洋，艺虽精，习不化也；在上无发愤求战之心以倡导之，兵虽可用，将必不力也。

或曰："使古之孙、吴、韩、岳、戚[3]，近今之江、塔、罗、李、多[4]，与西人战，能胜否乎？"曰："能！""亦学西法否乎？"曰："必学。"夫师出以律，圣之明训也；知己知彼，军之善经也；后起者胜，古今之通义也；兵事为儒学之至精，胡文忠阅历有得之格言也（《孙子·火攻篇》即西法先导；《谋攻篇》"其次伐交"，《九地篇》"不知诸侯之谋者，不能豫交"，争天下之交，养天下之权，皆西国兵争要义；《吴子》"地轻马，马轻车，车轻人，人轻战"，与西法行军修路合；"一人学战，教成十人，万人学战，教成三军"，与西法学堂重在教将领合；畜骑之对，与西法养马合）。知忠爱廉耻则必学，其不学者，必其不知忠爱廉耻者也。使诸名将生今之世，必早已习其器，晓其法，参以中国之情势，即非仿行，亦必暗合，即出新意，亦同宗旨，而又鼓以忠义之气，运以奇正之略，奚为而不可胜哉？若近日武臣，怠惰粗疏，一切废弛，而借口于汉家自有制度，亦多见其无效忠死国之诚而已矣。

方今兵制教法，东洋西洋大略皆同，盖由推求精善，故各国有则效而无改易之者。语曰："不习为吏，视已成事。"况不习兵而又不视成事，岂不殆哉？

注　释

①霍去病（公元前140—前117），西汉名将，河东平阳（今山西临汾西南）人。官至骠骑将军，封冠军侯。曾多次率兵打败匈奴。汉武帝欲为他建造府第，他拒绝说："匈奴未灭，无以家为。""顾方略何如耳，不至学古兵法。"也是在要他读

古代兵书时所作的回答。

②齐民：平民百姓。

③孙、吴、韩、岳、戚：即孙武、吴起、韩信、岳飞、戚继光。

④江、塔、罗、李、多：指江忠源、塔齐布、罗泽南、李侍尧、多铎，都是清朝将领。

评　介

张氏这篇《兵学》，在兵制、兵种、战备、抚恤、军事教育和思想品德教育等许多方面，都提出了相当精到的见解。当时清政府的军队，既有旧式的八旗、绿营和勇营，也已练有新式的海军和陆军，驳杂不一。这篇论文，基本可以作为改造旧式武装、编练新式部队的蓝图。然而，再好的建议，也难以挽救已彻底腐朽的清政府。据史家考证，晚清政府的海军装备，在全世界都能排到前几名，仅北洋一支，其吨位便基本等于日本海军的总数。可是一经接战，便土崩瓦解。先是1884年福建水师败于法国，继则北洋海军于甲午败给日本。可见政治一经腐败，尽管张之洞等有此高见，也练不出必胜之师，挽救不了清政府的危局。

矿学第十一

矿学者，兼地学、化学、工程学三者而有之，其利甚溥①而其事甚难。夫以浑浑土石，略见苗引，而欲测其矿质之优劣，矿层之厚薄，矿脉之横斜，施工之难易，是何异见垣一方人②之神术矣。西国矿师之精者，声价极重，不肯来华，其来者中下驷③而已。方今兴利之法，诚无急于此者。然华商既无数百万之巨资（矿之易开者，一矿亦须数十万），又无数十年之矿学，但凭西师一言，岂能骤集巨股？且无论何矿，非深不佳，水源不止一孔，石隔不止一层，资费耗尽，亦必中作而辍。若略备微资，姑用土法，遇水遇石，即已废然而返，是矿利终不可兴也。是惟有先讲实学、缓求速效之一法。今山东之矿已为他人所笼④，山西之矿亦为西商所觊⑤。若东三省之金，湖南、四川、云南以及川滇边界夷地番地之五金、煤炭，最为丰饶，他省亦尚不少。有矿之省，宜由绅商公议，立一矿学会，筹集资斧⑥，公举数人出洋，赴矿学堂学习，数年学成回华，再议开采。察矿之质性，而后购机。水有开通运道之法，陆有接通大小铁路之法，而后采矿。能不用西师固善，即仍用西师，我亦可辨其是非而不为所欺。如是则得尺得寸，不等于象罔求珠矣⑦。

窃谓今日万事根本，惟在于煤，故煤矿较他矿尤急。而开煤尤非凿井深入不为功。凡近地面之煤，其灰质必较多，其磺气必较重，其煤质必不甚坚结。土法之病，斜穿而不能深入，遇水而不能急抽，或积水淹，或架木圯，或煤气闭，或地火发，是四者皆足以坏井。即使浅尝可得佳煤，而所得无多，其井已废，数月必弃一井，一年必易一山，人力已竭，而佳煤未动，虽凿遍九州之山，而断不能得一可用之煤矿（锅炉气机，止用烟煤、白煤，若炼铁炼钢，必须焦炭。非佳煤不能炼焦炭，非西炉西法，所炼亦不能精。此又煤矿之相因递及者）。尝考英国之富，以煤矿兴，故西人谓煤矿之利国利民，实在五金以上。五金若乏，可以他物代之，煤则孰能代之？煤源一断，机器立停，百举俱废，虽有富强之策，安所措手哉！

大抵西法诸事，皆以先学艺后举事为要义。学将而后练兵，学水师而后购舰，学工师而后制造，学矿师而后开矿。其始似迟，其后转速，其费亦必省。或曰："必待学成而后开矿，如时迫效远何？"无已，则有一变通之策焉。就本省内择取一矿，募西人之曾办矿厂确有阅历者，与议包办。一切用人购器，听其主持，不掣其肘。约定出矿后，优给余利，限满而不得矿有罚。即于局内设矿学堂，矿成获利以后，我之学生及委员工匠，皆已学成，此借矿山为矿学堂之法也（但须严定限制，止开此处，若全省包办，则其害甚大，不可行）。

《记》曰："地不爱其宝，人不爱其情。"⑧若人无湛深之思，专一之志，而欲乞灵富媪⑨，安坐指挥，以徼大利，盖不可得之数矣。

更有一策，与西人合本开采，本息按股匀分，但西本止可十之三四，不得过半，尤为简易无弊。较之全为西人所据，及阙佳矿而不能开者，不远胜乎？此策在前三年，则必梗于时议，此时或可行矣。

注　释

①溥：广大。两湖书院戊戌刊本作"博"。博，意思也是广大。皆通。

②见垣一方人：典出《史记·扁鹊仓公列传》。索隐曰："方犹边也。言能隔墙见彼边之人，则眼通神也。"

③中下驷：原指中下等的马或四马所驾之套车，这里代指中下等的矿师。

④笼：包举。

⑤觊：希图。

⑥资斧：旅费。

⑦象罔求珠：喻无心而得。典出《庄子·天地》："黄帝游乎赤水之北，登乎昆仑之丘，而南望还归。遗其玄珠。使知索之而不得，使离朱索之而不得，使喫诟索之而不得也。乃使象罔，象罔得之。黄帝曰：'异哉！象罔乃可以得之乎！'"据考证，象罔系虚拟人物，意思是似有象而实无。

⑧《记》：《礼记》的简称。语出《礼记·礼运》。爱，吝惜。

⑨富煴：亦作富煴，意思是地富宝藏，烟煴之气上达于天。

评 介

这篇《矿学》很有价值。张之洞在本篇中提出了许多关于矿学、矿业的好意见、好措施。这些意见和措施，体现着较先进的经济和教育思想。在那样的时代，张之洞能提出这一系列意见和措施，是难能可贵的。就是在百余年后的今天，这些意见和措施仍不乏其实用价值，于此亦可见这篇文章的价值和意义了。

铁路第十二

有一事而可以开士、农、工、商、兵五学之门者乎？曰："有。铁路是已。"士之利在广见闻，农之利在畅地产，工之利在用机器，商之利在速行程、省运费，兵之利在速征调、具粮械。三代以道路为大政，见于《周礼》《月令》《左传》《国语》诸书。西法富强，尤根于此。中国道路之政，久已不讲，山行则莘确①，泽行则泥淖，城市芜杂，乡僻阻绝，以故人惮于出乡，物艰于致远。士有铁路，则游历易往，师友易来；农有铁路，则土苴粪壤皆无弃物；商有铁路，则急需者应期，重滞者无阻；工有铁路，则机器无不到，矿产无不出，煤炭无不敷；兵有铁路，则养三十万精兵，可以纵横战守于四海。凡此五学，总之以二善：一曰省日力。一日可治十日之事，官不旷，民不劳，时不失。一曰开风气。凡从前一切颓惰之习，自然振起，迂谬耳食之论②，自然消释泯绝而不作。至于吏治不壅③，民隐不遏④，驿使不羁，差徭不扰，灾欿不忧，皆相因而自善。夫如是，故天下如一室，九州如指臂，七十万方里之地皆其地也，四百兆之人皆其人也。如人之一身，气脉畅通而后有运动，耳目聪明而后有知觉，心知灵通而后有谋虑。耳目者，外国报也；心知者，学堂也；气脉者，铁路也。若铁路不成，五学之开未有日也。至铁路所不到之处，则先多修马路及行手车之小铁路，阜民敏政，亦其次矣。

综观东西洋各国，自三十年来，无不以铁路为急，日增月多，密如蛛网，大国有铁路数十万里，小国有铁路二三万里（东西洋各国公设有铁路会，考求铁路利病新法，三年一举）。今中国干路，北起卢沟，南达广州，已归总公司建造。以后分造支路，工尤省，利尤厚。其尤便者，凡借洋款，皆须抵押，独修铁路一事，借款即以此路作抵，无须他物，商为之则利在商，国为之则利在国。况方今东海之权，我已与西洋诸国共之，门户阻塞，如鲠在喉，若内无铁路，则五方隔绝，坐受束缚，人游行于海上，我痿痹于室中⑤，中华岂尚有生机乎？

昔魏太武讥刘宋为无足之国，以此较两国胜负之数，谓北朝多马，南朝无马也。若今日时势，海无兵轮，陆无铁路，则亦无足之国而已。及今图之，为时已晚，若再因循顾虑，恐尽为他人代我而造之矣。

注　释

①荦确：山路多乱石。
②耳食之论：未加思考的言论。
③壅：障蔽。
④民隐：人民的痛苦。不遏，不阻止上达。民隐不遏即百姓的痛苦能及时上达。
⑤痿痹：肢体不能动作之病。

评　介

这篇文章，尽管对铁路的作用和筑路的意义论证得淋漓尽致，但今天读起来，不仅会觉得平淡无奇，甚至还会觉得有点滑稽可笑，认为这样显而易见的道理，是根本不用讲的。然而在那个时代，能讲出这些道理，就很不寻常了。因为在今天，我们国家的铁路，纵横交错，几遍全国，承担着长途运输的主要任务，国家多获其益，人民深得其便，所以便没有谁再对铁路本身横加非难了。可是在19世纪就远不是这样了。1865年，英国人杜兰德在北京宣武门外修了一条约半公里长的小铁路，想以此使清政府的官员们开开眼界，以达启蒙之目的。谁知那些京官们见到在铁路上飞驰的火车，竟以为是不祥之物，于是这条铁路便被慈禧太后下令拆除了。1874年，英国人狄克松在上海修筑了一条长约15公里的淞沪铁路，也被清政府用28万两白银买回，不仅将铁路拆毁，还将钢轨、机车等统统扔到了海里。直到80年代，才准许李鸿章在唐山和胥各庄之间修了一条长9公里的铁路，并且不准用机器作动力，只许用牲口拉拖。即使这样，还仍然有人上奏清廷，要求禁用。于此可见清政府中的顽固派愚昧到了何等程度！中法战后，海军衙门等军事部门和单位，认识到了铁路对于军事行动的重要性，才从国防的角度，力倡修建铁路。而真正从整个社会的政治经济运行的高度来论证铁路的作用和意义的，就是这位张文襄公了。

张之洞认为，铁路之益，决不止于征兵转饷，它是国之足、人之脉，兴此一事，可开士、农、工、商、兵五学之门，"西法富强，尤根于此"。基于这种认识，他积极主张多修铁路，并建议缓修辅助边防和漕运的线路，先修腹地干线，再由干线向两旁辐射。于是他提出先修卢汉线，并拟出了具体的修筑方案。清廷批准了他的方案，并将他从两广调督湖广，以便兼筹卢汉路南段的修筑事宜。在他第一次暂署两江期间，又奏请筹办江浙铁路，为江浙铁路的修建奠定了基础。晚年，他又参与了粤汉、川汉铁路的筹建。总之，修筑铁路是张之洞实业活动的一个重要方面，尽管张之洞在筑路过程中有些不尽人意之处，但从客观效果看，从京广路迄今还是我国主要的交通干线这一点看，张之洞的见解和主张还是够高明的。而这篇文章，正是集中阐述他的有关见解和主张的。

会通第十三

《易传》言通者数十。好学深思，心知其意，是为通。难为浅见，寡闻道，是为不通。今日新学旧学，互相訾謷[1]，若不通其意，则旧学恶新学，姑以为不得已而用之；新学轻旧学，姑以为猝不能尽废而存之。终古枘凿，所谓"疑行无名，疑事无功"而已矣。《中庸》天下至诚，尽物之性，赞天地之化育，是西学格致之义也（《大学》格致与西人格致绝不相涉,译西书者借其字耳)。《周礼》土化之法,化治丝枲②,饬化八材③,是化学之义也。《周礼》一易再易三易,草人稻人所掌④,是农学之义也。《礼运》货恶弃地,《中庸》言山之广大,终以宝藏兴焉,是开矿之义也。《周礼》有山虞林衡之官,是西国专设树林部之义也。《中庸》来百工则财用足,夫不以商足财,而以工足财,是讲工艺、畅土货之义也。《论语》工利其器,《书》器非求旧惟新,是工作必取新式机器之义也。《论语》百工居肆,夫工何以不居其乡而必居肆,意与《管子》处工就官府同,是劝工场之义也。《周礼》训方氏,训四方,观新物,是博物院、赛珍会之义也。《大学》生之者众,食之者寡,即西人富国策生利之人宜多、分利之人宜少之说也。《大学》生财大道,为之者疾,《论语》敏则有功,然则工商之业,百官之政,军旅之事,必贵神速,不贵迟钝可知,是工宜机器、行宜铁路之义也。《周礼·司市》亡者使有,微者使阜⑤,害者使亡,靡者使微,是商学之义,亦即出口货无税、进口货有税及进口税随时轻重之义也。《论语》教民七年,可以即戎,不教民战,是谓弃之,是武备学堂之义也(《司马法》"虽遇壮者,不校勿敌;敌若伤之,医药归之",与西人交战时有医家红十字会同)。《汉书·艺文志》谓九流百家之学,皆出于古之官守,是命官用人皆取之专门学堂之义也。《左传》仲尼见郯子而学焉,是赴外国游学之义也。《内则》十三年舞勺⑥,成童舞象⑦,学射御,《聘义》勇敢强有力,所以行礼,是体操之义也。《学记》不歆其艺(从郑注),不能悦学,是西人学堂兼有玩物适情诸器具之义也。《吕刑》简孚有众⑧,惟貌有稽(貌,《说文》作䫉,细也),《王制》疑狱,泛与众共之,是讼狱凭中证之义也。《周礼》外朝询众庶,《书》谋及卿士,谋及庶人,从逆各有吉凶,是上下议院互相维持之义也。《论语》众好必察,众恶必察,是国君可散议院之义也。《王制》史陈诗观民风,市纳价观民好,《左传》士传言,庶人谤,商旅市,工献艺,是报馆之义也。凡此皆圣经之奥义,而可以通西法之要指。其以名物文字之偶合、琐琐傅会者,皆置不论(若谓神气风霆为电学,含万物而化光为光学之类)。然谓圣经皆已发其理,创其制,则是,谓圣经皆已习西人之技,具西人之器,同西人之法,则非。

昔孔子有言曰:"吾闻之,天子失官,学在四夷,犹信。"是此二语,乃春秋以前相传之古说。《列子》述化人,以穆王远游,西域渐通也。邹衍谈赤县,以居临东海,商舶所传也。故埃及之古刻,类乎大篆;南美洲之碑,勒自华人。然则中土之学术政教,东渐西被,盖在三代之时,不待畴人分散、老子西行而已然矣[9]。以后西汉甘英之通西海[10],东汉蔡愔、秦景之使天竺[11],摩腾辈之东来[12],法显辈之西去[13],大秦有邛竹杖,师子国有晋白团扇,中西僧徒,水陆商贾,来往愈数,声教愈通,先化佛国,次被欧洲,次第显然,不可诬也。然而学术治理,或推而愈精,或变而失正,均所不免。且智慧既开以后,心理同而后起胜,自亦必有冥合古法之处,且必有轶过前人之处。即以中土才艺论之,算数、历法诸事,陶冶、雕织诸工,何一不今胜于古(日食有定,自晋人已推得之)?谓圣人所创,可也,谓中土今日之工艺不胜于唐虞三代,不可也。万世之巧,圣人不能尽泄;万世之变,圣人不能豫知。然则西政、西学,果其有益于中国,无损于圣教者,虽于古无征,为之固亦不嫌,况揆之经典,灼然可据者哉!

今恶西法者,见六经、古史之无明文,不察其是非损益,而概屏之,如訾洋操为非,而不能用古法练必胜之兵,訾铁舰为费,而不能用民船为海防之策,是自塞也。自塞者,令人固蔽傲慢,自陷危亡。略知西法者,又概取经典所言而傅会之,以为此皆中学所已有,如但诩借根方为东来法而不习算学,但矜火器为元太祖征西域所遗而不讲制造枪炮,是自欺也。自欺者,令人空言争胜,不求实事。溺于西法者,甚或取中西之学而糅杂之,以为中西无别,如谓《春秋》即是公法,孔教合于耶稣,是自扰也。自扰者,令人眩惑狂易,丧其所守。综此三蔽,皆由不观其通。不通之害,口说纷呶,务言而不务行,论未定而兵渡江矣。然则如之何?曰:中学为内学,西学为外学;中学治身心,西学应世事;不必尽索之于经文,而必无悖于经义。如其心圣人之心,行圣人之行,以孝悌忠信为德,以尊主庇民为政,虽朝运汽机,夕驰铁路,无害为圣人之徒也。如其昏惰无志,空言无用,孤陋不通,傲很不改,坐使国家颠□,圣教灭绝,则虽弟佗[14]其冠,神【襌】[15]其辞,手注疏而口性理,天下万世皆将怨之詈之,曰:此尧舜孔孟之罪人而已矣。

注 释

①訾警:诋毁。
②枲:麻。

③八材：古时将珠、玉、石、木、金属、象牙、皮革、羽毛，统称八材。

④草人稻人：都是周官名。草人"掌土化之法，以物地，相其宜而为之种"，稻人则只掌管营种稻田事。

⑤徽者使阜：《周礼》原文为"利者使阜"，"徽"作"利"。

⑥《内则》：《礼记》篇名。十三年，原文作"十有三年"，即十三岁。舞勺，古乐舞名，文舞。

⑦成童：古指十五岁以上的儿童。舞象，古乐舞名，武舞的一种。

⑧《吕刑》：《尚书》篇名。简孚，核实可信。

⑨畴人：历算家。畴人分散，事见《史记·历书》："幽厉之后，周室微，陪臣执政，史不记时，君不告朔，故畴人子弟分散。"老子西行，即指老子出关西去、不知所终之事。

⑩甘英：西汉著名使者，和帝时，奉西汉西域都护班超之命出使大秦国（罗马帝国），至条支的西海（波斯湾），为海所阻，不得至，乃还。其行虽未达最终目的，却大大丰富了对中亚各国的了解。

⑪蔡愔、秦景为东汉明帝时人。天竺，我国古代称印度为天竺。据东汉末牟融所作《理惑论》载，汉明帝夜梦金人飞行殿庭，次日问及大臣，太史傅毅答称所梦金人可能是佛。于是汉明帝就派蔡愔、秦景等西去求法。据说蔡愔等并未到达天竺，而在大月氏遇见迦叶摩腾、竺法兰两位高僧，于是便带他们回到洛阳。

⑫摩腾：即迦叶摩腾，又作摄摩腾、竺摄摩腾，中天竺人，能解大小乘经，东汉明帝时随蔡愔等来华，在洛阳白马寺译出佛教《四十二章经》。这是汉地最早的佛法。

⑬法显（约337—422），东晋僧人，著名旅行家、翻译家。原姓龚，平阳武阳（今山西襄垣）人。他是中国僧人赴天竺留学的先驱。399年，他从长安出发西行，遍历北、西、中、东天竺，后赴师子国（今斯里兰卡）、印度尼西亚的爪哇岛，于412年经海道到达青州长广郡牢山（今山东青岛的崂山）。前后凡十四年，游历三十余国，带回许多梵本佛经。归国后于建康（今江苏南京）翻译佛经，并撰《佛国记》。

⑭弟佗：音 tuítuó，意同颓唐。

⑮神襌，音 chōngdàn，意同冲淡。

评 介

《会通》这一篇，旨在阐述中西学之间的关系以及对中西学所应取的态度，全篇大体上是按三个层次逐步展开论述的。

第一层主要是通过大量实例，以证明"圣经之奥义"，"可以通西法之要旨"。这个结论，基本上是正确的。就自然界的运行规律而言，中西之间是没有多大差异的，在许多方面甚至是完全一致的。中西社会虽有诸多差异，但就社会运行和发展之规律来讲，则必然有其相通处和一致性。正因为有此相通处和一致性，西学才有学习之必要，也正是基于这个相通处和一致性，西学才有学成之可能。

西方的学术治理，是中土之学术政教东渐西被的结果，这是第二层的第一个论断。这个论断值得研究。中西文化交流，古已有之，这已为科学研究所证实，并且其根据还在不断地为考古学者所发现。但是否全世界的学术治理皆源于中国，域外只是流变，委实需要考证。不过这并不太妨事，因为作者并未耽于其中，他在这个论断之后接着说："然而学术治理，或推而愈精，或变而失正，均所不免。且智慧既开以后，心理同而后起胜，自亦必有冥合古法之处，且必有轶过前人之处。"这种见解，应该说还是比较开明的。基于上述论断和见解，作者得出了他的结论：西政、西学，果其有益于中国，无损于圣教者，虽于古无征，为之固亦不嫌，况揆之经典，灼然可据者哉！此结论中之"无损于圣教"一语，实乃蛇足骈枝，因为"有益于中国"者，本身就应"无损于圣教"，不然的话，有益于中国反而有损于圣教，那是中国有问题呢，还是圣教有问题？一国所尊之圣教，如果竟然不能与有益其国一致起来，其教还何圣之有？

本篇最后一层，先批评了当时对于西法的三种不正确的意见，然后提出了自己的主张：中学为内学，西学为外学；中学治身心，西学应世事。其对不正确意见的批评，尚属中肯，而这一内外主张，则瑕瑜互见，须加分析。其首先肯定西学有用、应学，这是好的，但其划中西为内外，则是有问题的。西学能"应世事"，为何就不能"治身心"？不治身心，又如何应世事？中学能"治身心"，为何就不能"应世事"？不能应世事，治其身心又有什么用处？如果中西相通的话，就根本不应有什么内外之别，而如果中西还有不通的话，那么，内外两张皮，身心和肢体不能协调一致，又怎样去"应世事"？这些问题，凡溺于体用论之中者，都难以作出正确回答，因为"中体西用"这一命题，根本就不是一个科学的理论命题。只有在作为洋务派反对顽固派的攻击、为自己的新学新政作辩护的一种策略这一点上，它才具有合理性。一旦超出这个范围，就失去了它的合理性。体用论者硬要把一个本来不科学的命题当作科学的理论命题来尊奉，自然也就难以对它作出正确的解释了。

非弭兵第十四

兵之于国家，犹气之于人身也。肝藏血而助气，故《内经》①以肝为将军之官。人未有无气而能生者，国未有无兵而能存者。

今世智计之士，睹时事之日棘，慨战守之无具，于是创议入西国弭兵会②，以冀保东方太平之局，此尤无聊而召侮者也。向戌弭兵③，子罕责其以诬道蔽诸侯④，况今之环球诸强国，谁能诬之？谁能蔽之？奥国之立弭兵会有年矣⑤，始则俄攻土耳其，未几而德攻阿洲⑥，未几而英攻埃及，未几而英攻西藏，未几而法攻马达加斯加，未几而西班牙攻古巴，未几而土耳其攻希腊，未闻奥会中有起而为鲁连子者也⑦。德遂以兵占我胶州矣，俄又以兵占我旅顺矣。廿年以来，但闻此国增兵船，彼国筹新饷，争雄争长，而未有底止。我果有兵，弱国惧我，强国亲我，一动与欧则欧胜，与亚则亚胜，如是，则耀之可也，弭之亦可也，权在我也。我无兵而望人之弭之，不重为万国笑乎？诵《孝经》以散黄巾，黄巾不听；举驺虞幡以解斗⑧，斗者不止。苟欲弭兵，莫如练兵，海有战舰五十艘，陆有精兵三十万，兵日雄，船日多，炮台日固，军械日富，铁路日通，则各国相视而不肯先动。有败约者，必出于战，不恤孤注，不求瓦全。如是，则东洋助顺，西洋居间，而东方太平之局成矣。《管子》曰："寝兵之说胜，则险阻不守"，"全生之说胜，则廉耻不立"。若弭兵之议一倡，则朝野上下，人人皆坐待此会之成，更不复有忧危图治之心，枕戈待敌之事。各省寥寥数军，裁者不复，存者不练，器械朽败，台垒空虚，文酣武嬉，吏贪民困，忠谏不入，贤才不求，言官结舌，人才消沮。诸国见我之昏愚如此，无志如此，于是一举而分裂之，是适以速亡而已。山行不持兵而望虎之不咥人⑨，不亦徒劳矣乎？

又有笃信公法之说者，谓公法为可恃，其愚亦与此同。夫权力相等，则有公法，强弱不侔，法于何有？古来列国相持之世，其说曰，力均角勇，勇均角智，未闻有法以束之也。今日五洲各国之交际，小国与大国交不同，西国与中国交又不同。即如进口税，主人为政，中国不然也；寓商受本国约束，中国不然也；各国通商，只及海口，不入内河，中国不然也；华洋商民相杀，一重一轻，交涉之案，西人会审，各国所无也。不得与于万国公会，奚暇与我讲公法哉!？知弭兵之为笑柄，悟公法之为謷言⑩，舍求诸己而何以哉！

注　释

①《内经》：中医学书名，《黄帝内经》的简称。其成书年代大约在战国时期，是我国现存较早的一部权威性医学文献。

②弭兵会：即军事同盟。

③向戍：春秋时宋国执政，宋桓公曾孙，官左师。宋平公三十年（公元前546），晋楚争霸，他从中奔走斡旋，邀集晋、楚、齐、秦、宋、卫、郑、鲁等十四国在宋国开"弭兵"大会。会议订立了"晋楚之从相交见"的盟约，即原来晋楚的属国，会后对晋楚两国要尽同样的义务（朝贡）。实际上，是晋楚两国利用这次弭兵会平分了霸权。

④子罕：春秋郑人，穆公的儿子，名喜，子罕是他的字。诳道，欺骗的方法。蔽，蒙蔽。

⑤指19世纪80年代以奥匈帝国为中心的一系列军事同盟，其中包括奥、德、俄三国同盟，奥、德、意三国同盟，以及奥塞同盟、奥罗同盟等。

⑥阿洲：即非洲。因其全称为阿非利加洲，故时人亦有称之为阿洲的。

⑦鲁连子：即鲁仲连，战国齐人，善谋划，然不做官，常游各国，曾多次调停各诸侯间的纷争。这里用以代指调停人。

⑧驺虞幡：标有驺虞的旗帜。与白虎旗相对。白虎威猛主杀，故白虎幡用以督战；驺虞为仁兽，不食生物，故驺虞幡用以止斗解兵。

⑨咥：咬。

⑩謷：虚伪，欺诈。

评　介

本篇之基本思想有其正确的一面。军队是国家的主要成分，谁要想夺取国家政权，首先必须有自己的武装力量，谁要想掌握住国家政权，也必须首先掌握军队。当然，张之洞在本篇所述，主要在于国际方面。他认为，一个国家要立足世界，必须有强大的军队，国际公法是不足为恃的。有一支强大的武装力量，"与欧则欧胜，与亚则亚胜"，那才有发言权，"耀之可也，弭之亦可也"。因此他提出"苟欲弭兵，莫如练兵"的观点。这种止戈为武的见解，不仅是正确的，也是深刻的。几千年来的国际社会，基本是强权政治。公法纵有，也只可利用，不可依赖。要立足世界，唯一可依赖的是自己的实力。若不注重发展自己的实力，只是耽溺于弭兵空谈，那确如诵《孝经》以散黄巾、举驺虞幡以解斗一样荒唐可笑。

当然，强大的军事力量是不能凭空产生的。它不仅需要开明的政治作军魂，强大的经济作后盾，并且还需要高水平的文化教育为其提供高水平的兵员。所以，要想提高国家的国际地位，就必须把军队建设与革新政治、强化经济、发展教育等协调起来，同步进行。这才是上上之策。至于加入国家集团，作为国际斗争的一种策略，是可以的，有时甚至还是必要的，但作为国家发展的根本大计，则是不妥当的。国际斗争的战场是整个世界，但决定胜负的主要因素却在国内，这一点是不容怀疑的。忽略了这一点，则将犯根本性的错误。

非攻教第十五

异教相攻，自周秦之间已然。儒墨相攻，老儒相攻。庄，道也，而与他道家相攻。荀，儒也，而与他儒家相攻。唐则儒释相攻。后魏、北宋则老释相攻。儒之攻他教者，辨黑白；他教之相攻者，争盛衰（欧洲因争新教旧教[1]，连兵相杀数十年，乃教士各争权势，借以为乱，非争是非也）。至今日而是非大明，我孔孟相传大中至正之圣教，炳然如日月之中天，天理之纯，人伦之至，即远方殊俗，亦无有讥议之者。然则此时为圣人之徒者，恐圣道之凌夷[2]，思欲扶翼而张大之，要在修政，不在争教，此古今时势之不同者也。

中外大通以来，西教堂布满中国，传教既为条约所准行，而焚毁教堂又为明旨所申禁。比因山东盗杀教士一案，德国借口遂踞胶州，各国乘机要求，而中国事变日亟[3]。有志之士，但当砥厉学问，激发忠义，明我中国尊亲之大义，讲我中国富强之要术。国势日强，儒效日章[4]，则彼教不过如佛寺道观，听其自然可也，何能为害？如仍颓废自甘，于孔孟之学术政术不能实践力行，学识不足以济世用，才略不足以张国威，而徒诋厉以求胜，则何益矣？岂惟无益，学士倡之，愚民和之，莠民乘之，会匪游兵借端攘夺，无故肇衅，上贻君父之忧，下召凭陵[5]之祸，岂志士仁人所忍为者哉？不特此也，海上见闻渐狎，中西之町畦⑥渐化，若游历内地，愚夫小儿见西国衣冠者，则呼噪以随之，掷石殴击以逐之，一哄而起，莫知其端，并不问其为教士非教士、欧洲人美洲人也。夫无故而诟击则无礼，西人非一，或税关所用，或官局所募，或游历，或传教，茫然不辨，一概愤疾则不明，诏旨不奉则不法，以数百人击一二人则不武，怯于公战、勇于私斗则不知耻，于是外国动谓中国无教化，如此狂夫，亦何以自解哉？

至于俗传教堂每有荒诞残忍之事，谓取人目睛以合药物，以造镪水⑦，以点铅而成银，此皆讹谬相沿，决不可信（光绪十七年宜昌教案，先哄传搜获教堂所蓄幼孩七十人，皆无目者。百口一辞。及委员往，会同府县一一验视，则皆无影响。止一人瞽其一目，眼眶内瘪⑧，其睛尚在。其人及其父母，均言因出痘所伤，群疑始释。又如光绪二十二年江阴教堂之案，乃系劣生向教堂索诈，埋死孩以图栽诬，城乡周知，其人当即服罪讯结。此皆近事之可凭者）。试思西教创立千余年，流行地球数十国，其新教旧教争权攻击则多有之矣，从无以残忍之事为口实者。若有此事，则西国之人早已尽为教堂残毁，无完肤无遗种矣。若谓不戕西人，惟残华民，则未通中华以前，此千余年中之药物镪水银条，安所取之？且方今外洋各国所需之药物镪水，所来之银条，一日之内，即已无算，中国各省虽有教堂，又安得日毙数千万之教民，日抉数千万之眸子，以供其取求耶？语云："流丸止于瓯臾，流言止于智者。"⑨荐绅先生，缝掖儒者⑩，皆有启导愚蒙之责，慎勿以不智为海外之人所窃笑也。

注　释

①新教旧教：基督教两大派别。旧教，在中国又称为天主教；新教，在中国则又称为基督教或耶稣教。基督教在早期曾分为另外两大派别：以希腊语为中心的一派，称正教，后又称东正教；以拉丁语为中心的一派，称公教，又称天主教。天主教以罗马教皇为最高代表。16世纪，欧洲出现宗教改革运动，从天主教中分化出一新的宗派，称"抗议派"或"抗罗派"，与罗马教皇对峙。这新分化出来的教派便称为新教，与此相对，人们便把原来的天主教称为旧教。从教义上讲，新教的特点是不承认"炼狱"、不拜玛利亚为圣母等。但那次宗教改革的实质，乃是新兴的资产阶级反对封建专制的斗争。在那场改革运动中，曾爆发了大规模的有新教下层教

士参加的德国农民战争,所以文中有连兵相杀之说。

②凌夷:通"陵夷",意为衰颓。

③1897年,德国传教士在山东省的一些县唆使教徒压迫人民,激起人民公愤。11月,巨野县农民杀死两名德国传教士,引发一起教案。德国便以此为借口,派军舰侵占胶州湾,清政府被迫与德签订《胶澳租界条约》,允许德国租借胶州湾为军港,期限为九十九年,并给德国以修筑胶济铁路和开采铁路沿线三十里以内之矿产等特权。于是沙俄和美国等也趁机讹诈,从中捞取了大量好处。日亟,一天比一天紧急。

④章:通"彰",显明。

⑤凭陵:侵扰。

⑥町畦:原意为田界,这里引申为界限。

⑦镪水:强酸的俗称。

⑧内瘪:向内凹瘪。

⑨此语转引于《荀子·大略》。瓯臾,古时的一种瓦器。

⑩荐绅:通"搢绅""缙绅",指士大夫做官的人或曾做过官的人。缝掖,宽袖单衣,系古代儒生穿的衣服。缝掖儒者,即穿宽袖单衣的儒者,此指未曾做官的读书人。

评 介

宗教是人民的精神鸦片,宗教又是世俗精神的避难所。毫无疑义,宗教是违反科学的。然而,只要世界上有人需要精神麻醉,有精神受压迫,需避难,那么,宗教就有它存在的土壤。唯物论认为,宗教作为一种意识形态,它深深植根于经济、政治之中,虽然它的灵魂是不结果实的花。宗教是一定经济形态的产物,并且随着经济的发展而变化,也随着经济、政治、军事、文化诸方面的交流而传播。所以,要消灭宗教,最根本的措施便是铲除经济、政治以及社会的不平等。

近代西教的在华传播,主要是伴随西方帝国主义对我国的政治侵略和经济掠夺而来的,所以在传教过程中,在宗教活动中,甚至一些传教士在宗教活动之外,往往出现为帝国主义侵略服务的现象。从这层意义上讲,把西教东渐视作文化侵略、精神侵略,的确不无道理。然而,如果因此就把张之洞之非攻教看作容忍帝国主义的文化侵略、是卖国主张,则是片面的。

我们知道,张之洞是传统的官僚士大夫,根本不信异教。但张氏深深懂得，教之行，靠的是力，"徒诟厉以求胜"，是无济于事的。他认为，弘扬本教、战胜异教的根本措施在于"修政"，在于图强。当"国势日强，儒效日彰"之时，"则彼教不过如佛寺道观，听其自然可也，何能为害"？不图自强，只知攻教，不仅无济于事，尚且招侮致乱，"逞小忿而害大计"。由此可以看出，张之洞之非攻教，不是卖国，而是希图从根本上战胜异教。可惜他所依附的清政府和他所信奉的儒学，已经腐朽和没落，不可能战胜帝国主义的侵略，所以张之洞的主张即使有道理也难以实施。

在近代，我国人民群众的反洋教斗争彼伏此起，但均无成功，而当我们赶走了帝国主义、建立了中华人民共和国之后，西教依然合法存在，并且逐步嬗变为一支爱国力量。这事实，便为张之洞主张的正确与否作出了最好的判断。

跋　张之洞《劝学篇》与福泽谕吉《劝学篇》之比较研究[*]

自1872年（日本明治五年）2月到1876年（日本明治九年）11月，日本著名的思想家、教育家福泽谕吉陆续发表了17篇旨趣相近的论文，在日本引起很大震动，总发行量约达80万册，成为日本近代出版史上一大奇迹。有些文章当时被选作学校教材，有些内容还载入了日本文部省的正式文件，以至当时日本社会出现了"文部省在竹桥，文部卿在三田"（竹桥系当时文部省所在地，三田系福泽谕吉执教的庆应义塾所在地）的议论。这时的福泽谕吉虽然只是一名文教工作者，无任何官方职务。但这些文章的发表，却有力地促进了日本人民的觉醒，对当时的教育乃至整个日本社会的改革，产生了巨大的促进作用。

1880年（日本明治十三年），福泽谕吉把这17篇文章合订为一本，结集出版，取名《学問□□□め》，汉译名为《劝学篇》。

无独有偶，1898年（中国旧历戊戌年，清光绪二十四年）4月，湖广总督张之洞也撰写了一部《劝学篇》。全书分为内外2篇，共含24篇文章，外加篇前有一序言。张之洞的门生黄绍箕将此书呈进朝廷后，光绪皇帝和慈禧太后都十分赏识，认为"持论平正通达，于学术人心大有裨益"，便以圣谕的形式下令军机处，转刊此书，给各省督抚学政各一部，要求各地广为刊布。《劝学篇》以钦定维新教科书的名义，借助朝廷的力量，很快刊行全国，十日之间，三易版本，据估计总刊印量不下200万册。美国南长老会教士武卜力兹（Woodbridge）迅速将它译成英

---

[*] 本文原载《外国教育研究》1989年第4期。原标题是《福泽谕吉〈劝学篇〉与张之洞〈劝学篇〉之比较研究》。载入本书时略有修改。

文，从 1898 年 11 月起在英文《教务杂志》（*The Chinese Recorder*）上按月连续刊载约一年之久。1900 年，纽约出版全书，更名为《中国唯一的希望》。不久，在华的耶稣会教士又把它译成法文出版。可以说，张之洞《劝学篇》的问世，在当时引起了一阵不小的旋风。张之洞是否看过福泽谕吉《劝学篇》后才写自己的《劝学篇》，尚未找到具体根据，故不得而知。但张之洞《劝学篇》的形成，受福泽谕吉教育思想的影响，却是极其可能的。因为在当时中国学者对日本的介绍中，福泽谕吉占有重要位置。

这两部书，虽然出自不同时间、不同国度，但名称相同、内容相类，只是思想认识有同有异。两书都以教育为逻辑起点，但都远远超出了教育范畴，涉及哲学、政治、经济、军事、文化等许多领域。但两书作者又以治学为线索，把这诸多内容极其巧妙地联系了起来，形成了有机整体。这就是说，两书的结构也有其相通之处。对这样的两部书，从其思想内容、客观影响、问世背景、作者身世等方面进行研究和对照比较，鉴别其同异，考察其效应，分析其得失，追寻其根源，探究其宜忌，或许能为现代的教育乃至整个以改革、开放、搞活为主要措施的现代化建设，提供一点可资借鉴的经验和教训。

一

两书都以教育为逻辑起点，用治学结系全篇，便足见两位作者对教育的重视，而在两书的字里行间，更时时渗透出重视教育的信息。

福泽谕吉极其重视教育。他不仅把国家的贫弱归咎于人民的"蒙昧"，甚至把政府的专制也归因于国人的"愚"。因而他对无知文盲的憎恶和哀矜，可以说都到了无以复加的地步，认为"世界上再没有像无知文盲那样又可怜又可恶的了"。同样，他也把社会的变革和国家的进步归功于文明的发展。他说，即如明治维新这样的社会大"变动"，也仅仅是"文明所促成的人心的动荡"，而绝非其他原因如战争等所引起。因此他认为，"欧美的国家富强"，是那里"文明开化"导致了"文事武备"的昌盛，"亚非的国家贫弱"，也是那里"蒙昧还没有开化"，所以导致了"文事武备都落后"。他还认为，有什么样的人民，就会有什么样的政治，政府的严厉，正是"愚民自招的祸殃"，"一国的暴政,未必只是暴君酷吏所为,事实上又是由于人民无知而招致的祸殃",甚至人们的贫富贵贱,也是"有无学问所造成的差别,并不是天命注定的"。于是他号召人们"必须赶快立志向学",通过求学,"提高自己的才德",达到"明白事理",这样才能够"避免暴政",求得"富贵"、"平等"和"自由自在",并进而使国家富强、独立。基于这种认识,福泽谕吉多次回绝政府对他的聘请,一心一意地献身于文化教育事业。

张之洞之重视教育,并不亚于福泽谕吉,他把学问教育提到了与治国理政相表里的高度。他在《劝学篇》的序言中写道:"世运之明晦,人才之盛衰,其表在政,其里在学。"他认为:"印度属于英,浩罕、哈萨克属于俄,阿非利加分属于英、法、德,皆以愚而亡;美国先属于英,以智而自立;古巴属于西班牙,以不尽愚而复振。"他由此推论说:"大抵国之智者,势虽弱,敌不能灭其国;民之智者,国虽危,人不能残其种。"所以,要"救亡"就必须有"智",要益"智"就必须兴"学","学术造人才,人才维国势"。而兴学就离不开知识分子,故"国家之兴亡,亦存乎士而已矣"。

二

19 世纪 70 年代的日本和 90 年代的中国,都曾受制于西方帝国主义列强而没有独立自主的国际政治地位。鉴于此,张之洞和福泽谕吉重视教育,都有着一个远大的目的,并且这目的是基本相同的,那就是通过发展教育,以谋求民族的独立和国家的富强。但是,他二人所设计的达到这一目的的具体途径,却又有着很大的差异。这差异,首先表现在培养目标上。

教育为民族独立和国家富强服务,其根本任务就在于为社会各行业培养有实际工作能力的人才。在这一点上,两书的观点还是一致的。然而,是培养具有自由、平等、民主、独立精神的资产阶级志士,还是培养恪守封建伦理纲常的奴才,在这一点上,两书观点就迥然不同了。福泽谕吉主张前者,张之洞主张后者。

福泽谕吉认为,国与国应该是平等的,人与人也应该是平等的,并且人的平等是国家平等的前提。"如果国人没有独立的精神,国家独立的权利就不能伸张。"他列举了三条理由：第一，没有独立精神的人，就不会深切地关心国事；第二，在国内得不到独立地位的人，也不能在接触外人时保持独立的权利；第三，没有独立精神的人会仗势做坏事。因此，他号召一切有爱国心的人，无论官民都应该首先谋求自身的独立，行有余力，再帮助他人独立：父兄教导子弟独立，老师勉励学生独立，士农工商全都应当独立起来，进而保卫国家。他并且告诫政府："与其束缚人民而独立操心国事，实不如解放人民而与人民同甘共苦。"他认为，如果大家都有了平等意识、民主思想和独立精神，"不分贵贱上下"，都学好"实学"，"各自经营家业，则个人可以独立，一家可以独立，国家也就可以独立了"。

张之洞的主张正好与福泽谕吉相反。他认为："人人亲其亲，长其长，而天下平；人人智其智，勇其勇，而天下强。"培养军民，就是要他们"亲上死长"，而不"犯上作乱"，提倡民主、民权就是不要政府，所以自由、民主、民权等，都是"召乱之言"，"无一益而有百害"。

两家在这方面的正误得失，已由日本的勃兴和清王朝的覆灭作出具体结论，这里我们就不必再费笔墨了。只是对于这个结论我还想补充一句话，就是它为这样一个真理作了注脚，这个真理就是：社会的发展与人的解放是成正比的，凡是束缚人性的东西都是社会发展的桎梏，最终会被淘汰的。

三

教学内容主要表现在课程设置上。课程设置决定于培养目标，要培养哪方面的人才，该方面的课程就应放在首位，其次是与该方面有直接关系的课程，再次是与之有间接关系的课程，依次类推。由于福、张两家在培养目标上有同有异，反映在教学内容即课程设置上当然也就有同有异了。在注重新学实学方面，两书是一致的，而在如何对待传统儒学及和学方面，两书是不同的，尤其在道统、伦纪及思维方式方面，简直形同水火。

在新学实学方面，福泽谕吉主张学生应当"专心致力于接近世间一般日用的实学，如学习伊吕波四十七个字母，练习写信记账，学会打算盘和使用天平，等等"。"地理学介绍日本国内及世界万国的风土情况，物理学考察天地万物性质并探究其作用,历史是详记年代、研究古今万国情况的典籍,经济学是从一身一家的生计讨论到国家世界的生计的学问,修身学则阐述合乎自然的修身交友和处世之道。"这些学科的知识都应很好地学习,"有才能的青年"还"可兼学外文",其目的在于"深切追求真理,以满足当前的需要"。

张之洞也非常注重新学实学。在《劝学篇》中,他对西学是不存在偏见的。他的中西兼学的提法是"旧学为体,新学为用",并明确提出"不使偏废",这是此前"中本西末""中主西辅"等主张所远远不能比拟的。他说:"政刑兵食,国势邦交,士之智也;种宜土化,农具粪料,农之智也;机器之用,物化之学,工之智也;访新地,创新货,察人国之好恶,较各国之息耗,商之智也;船械营垒,测绘工程,兵之智也:此教养富强之实政也,非所谓奇技淫巧也。""华人于此数者",应"殚心力以求之"。张之洞之重西学,并不像一些人所攻击的只学一点修炮补船的皮毛技术而已。他不仅注重西方的自然科学,而且尤其重视西方的社会科学,他不仅号召学习"算、绘、矿、医、声、光、化、电"这些"西艺",而且尤其重视学习"刑狱、立法"及"学校、地理、度支、赋税、武备、律例、劝工、通商"这些"西政"。他说:"大抵救时之计,谋国之方,政尤急于艺。然讲西政者,亦宜略考西艺之功用,始知西政之用意。"这哪里是只主张学习皮毛之技术呢?

至于文字、训诂、吟诗、填词等,福泽谕吉都把它们看成"不切人世实际的学问",他认为"这类学问虽然也能给人们以精神安慰,并且也有些益处,但是并不像古来世上儒学家和日本国学家们所说的那样可贵",应当"视为次要"。张之洞对这些也不大重视,唯独对于小学,因系今人读古文之工具,他主张应通"大旨大例"。

由于张之洞主张培养奴才,福泽谕吉主张培养自由人,所以两书在思想道统纲常伦纪的教育方面,意见是尖锐对立的。张之洞主张"旧学为体,新学为用",他所说的旧学即指"四书五经、中国史事、政书、地图"等。在这诸多学科中,又必须以儒教为正统,尊孔子为圣人,"我孔孟相传大中至正之圣教,炳然如日月之中天,天理之纯,人伦之至",不得有丝毫违背。"'正朝夕者视北辰,正嫌疑者视圣人。'若不折衷于圣经,是朝夕不辨而冥行不休,坠入淤泥,亦必死矣。"这就是说,不仅学生必须读经,而且必须以尊经为准绳。福泽谕吉对这一套是深恶痛绝的，认为这是一种恶习。他说："中体西用，就像以汉学为体披上西洋外衣一样。"他根本不把儒学与和学作为自己的讲授内容。他认为，孔子是根据他"那个时代的风俗人情来施行教化的"，"即令孔子真是圣人，有洞察万世以后的远见卓识"，"后世学孔子的人也不可不考虑时代这一要素而来决定取舍"，要是"把两千多年前的教条原封不动地搬到明治时代来施行，那就是不识时务了"，有些"议论虽然出自孔子，其实是大谬不然的"。

张之洞要为封建统治者培养奴才，就必然把封建的伦理道德作为重要的教学内容。而"三纲"则是封建伦纪的核心。张之洞在《劝学篇·明纲》中说："君为臣纲，父为子纲，夫为妻纲"，乃"五伦之要，百行之原，相传数千年，更无异义。圣人所以为圣人，中国所以为中国，实在于此"，"人君非此不能立国，人师非此不能立教"，所以它是"不可得与民变革者也"。至于民主、民权、平等、自由，自然都是不合中国国情、不可实行的"召乱之言"。

福泽谕吉要培养资产阶级的战士，就必然不会把传统的封建伦纪作为教学内容。在《劝学篇》中，他还对诸如"三纲"之类的封建伦理道德作了尖锐的批判，认为"忠""孝""节""义"扼杀人性，违反天理，都是错误的东西，绝对不宜提倡。他主张发扬资产阶级的自由、平等、博爱、民主、民权等。他说："人生来就是一律平等、自由自在和没有上下之别的。"他解释说，所谓平等，"并不是现实情况上的平等，而是指基本权利上的平等"。就现实情况而论，人间确实存在贫富贵贱之别。他认为这不仅是现实的，而且是合理的和应该的。但是他又认为，这富贵贫贱之别"并不是天命注定的"，也不应由特权来决定，而应当决定于人的后天努力，"唯有勤于学问、知识丰富的人才能富贵，没有学问的人就成为贫贱"。然而，人世间"虽有所谓天壤之别，但从另一角度，就这些人的基本权利而论，则是完全平等，毫无区别的。所谓基本权利，就是人人重视其生命，维护其财产和珍视名誉"。"农民也是人，天皇也是人"，父亲是人，儿子也是人，丈夫是人，妻子也是人，在基本权利上大家一律平等，谁也不应享有特权，谁也不应有所"顾忌"。福泽谕吉用自由自在、独立不羁的精神教育学生，但他绝不是主张恣情放荡，而是教育人们要恪守本分。对此他解释道："人们自降生到自然界以来，本来不受任何约束。生为一个男人就是男人，生为一个女人就是女人,并且是自由自在的。但如仅仅高唱自由自在,而不懂得守本分,则易陷于恣情放荡。"所谓本分,"就意味着基于天理,顺乎人情,不妨害他人而发挥自己的自由。自由与恣情放荡的界限也就在于妨害他人与否"。所谓博爱,就是人与人之间"互相敬爱",互相理解,不应嫉妒和怨尤。他觉得,如果互相理解了,"暗杀者和被害者"也可成为朋友。福泽谕吉主张,应当以民主和民权思想教育人民,其基本源于西方的社会契约思想,即法律应是人民的互相约定,政府应是人民推举出的契约监督,在制定契约时,人民是主人,且人人是主人,而执行契约、受法律约束时,大家又都是客人,谁都必须守法。而当个人利益受到侵犯时,人人有自卫的权利,但应不违犯法律和不反抗、破坏政府。

在两部《劝学篇》中,伦理教育方面还提及了国与国之间的关系。这就涉及了对学生进行爱国主义和国际主义教育的问题。福泽谕吉根据人与人平等的原则,推论出国与国也应是平等的,因为国家只不过是许多个人的集合体而已。国家的贫富强弱,取决于该社会的文明开化程度。但不管贫富强弱,各国在基本权利上应当是平等的。据此他推论说,"拿日本今天的情况来说,虽然有些不及西洋各国富强的地方,但就国家的权利来说,却没有毫厘轻重之别。如果无故受到欺凌,即使与世界为敌亦不足惧","全体日本国民就应当拼着生命来抗争,以期不使国威失坠"。而同时,"我们日本人"也应"从此立志求学,充实力量,先谋个人的独立,再求一国的富强",如果这样,"西洋人的势力又何足惧"?

福泽谕吉反对锁国攘夷,主张对外开放。他说:"日本和西洋各国都存在于同一天地之间,被同一太阳所照耀,观赏同一月亮,有着共同的海洋和空气,要是人民情投意合,将彼此多余的物资相互交换,并进行文化交流,就不会发生耻辱和骄矜的感觉,而能同获便利,共谋幸福,并本诸天理人情而互相友好。"在对外关系上,"只要真理所在,就是对非洲的黑人也要畏服,本诸人道,对英美的军舰也不应有所畏惧"。只"与讲理者建交,对不讲理者则驱除之"。在这方面,福泽谕吉批评中国人"觉得除本国以外似乎没有别国存在,一见着外国人就呼为夷狄,把他们看作四只脚的牲畜,贱视他们,厌恶他们",并且"不计量自己的国力,而妄想驱逐他们",这是"不懂得国家的本分"。

在这方面,张之洞就相形见绌了。二十多年后,他在《劝学篇》中还称中国"其地得天地中和之气,故昼夜适均,寒燠得中,其人秉性灵淑,风俗和厚",是邃古以来"最尊最大最治之国"。他在书中提出爱国主义教育,还只能以同地、同种、同教相号召,实在苍白无力。他在书中嘲讽"吞蚀公款数十万金,存于德国银行,其人死后,银行遂注销其帐"的道员,不无道理。他把"待合西伙,为西商,徙西地,入西籍"的富贵者称为"莠民""昏墨之人",亦不为过。他在书中并未过分苛责平民的被迫逃亡。平心而论,躲水火,奔乐土,趋利避害,乃人之常情,若非硕鼠食黍,谁愿背井离乡?对于平民的逃亡,应该深刻反省的是清政府,确实也不能简单地责骂其人。

四

为达到某个目标,除选择相应的教学内容外,采用相应的教学方法和教育教学管理措施也是很重要的。在这个问题上,两部《劝学篇》都提供了一些可资借鉴的东西。

先说福泽谕吉。福泽谕吉是一个学者,所以他在这方面的论述多侧重于治学方面,在书中他主要阐述了以下措施。

(1)为明理和守分而治学,即不读死书、死读书。他所说的明理,用他的话说,就是指要懂得事物的道理;用我们今天的话讲,就是说为提高分析问题解决问题的能力而治学。他所说的守分,是指思想品德教育方面,其主张在前面已讲明,不再赘述。他在书中嘲笑那些不懂治学的人,一旦把教科书和笔记丢了,也就等于把学问丢了,变为一无所知,那实在是不叫有学问。他的这种主张是完全正确的。

(2)志趣高远,不断向上。他要求学者应有远大抱负,干事业也应有远大理想。做学问不为困难特别是经济困难所屈服,"吃麦饭、喝豆酱汤"也要坚持学习文明事物,不为一得之功所迷惑,小有成绩便沾沾自喜,去沽名钓誉,而是始终与比自己强的人比,永远向上,奋斗不息。即使到干事业时,也是"经商就要经巨商","务农就要务大农",克服小农思想,树立雄图大志。

(3)重行。学者应该读书,但做学问又不只限于读书,做饭、烧水、务工、经商、兴学、办议会，都是学问，不只读日本、中国、西洋的书是学问。当然，他还没提到实用"是更重要的学习"的高度，但注重实践的思想已露端倪。

（4）要有见解，善怀疑。福泽谕吉主张培养有独立精神的人。要有独立精神，就需遇事有独立见解。为此，他反对人云亦云，提倡怀疑事物。他主张对各种事物都不能轻信、盲从，哪怕是领袖和圣人。当然，怀疑不是目的。"怀疑可致真理"，就是说，怀疑是为了更进一步探索，是为了追求真理。有见解，善怀疑，用在学习历史和外国，就是择善而从，吸收对自己有益的东西，既不泥古不化、全盘西化、东施效颦，也不否定一切、排斥一切。

（5）提倡演讲。他说："学问的本旨不限于读书，而在于精神的活动。"学者应当通过观察事物，研讨事物的道理，然后演讲给大家，以便提高人们的见识。他认为"谈话演说在治学上"是非常重要的，学者必须做到既明事理又善言谈，"内心沉潜如深渊，待人接物活泼如飞鸟，律己严谨不苟，待人豁达无边，才能称得起是真正的学者"。

（6）广交朋友。福泽谕吉认为，学者切不可避世脱俗，孤芳自赏，必须"进入活泼生动的境界，多接事物，广事交游"，方能增益才德，提高声望，对"社会人类"有大贡献，否则会导致孤陋寡闻，于"世"无补。

（7）提倡新风尚。福泽谕吉认为，学校是研究学问和培育人才的场所，一所学校，不能"仅凭校风之纯正与管理之严密即获得名誉"，"学校的名誉仅在于学科的进步，教法的精良，人物品质的高尚和议论的不平凡等"。他说："校风好和管理严密，虽不失为学校优点之一，可是这种优点正是学校中最不足挂齿的部分，毫不足夸。"他还说："所谓校风管理，究竟是指哪些事情呢？如果是指校规森严、为着防止学生的放荡无赖而实施周到的管理而言，那就不但不是研究学问之处的好事，还可以说是一种耻辱。"

当然，福泽谕吉并不是容忍甚至提倡让青年学生恣情放荡，相反，他非常厌恶"沉溺于酒色的人"，甚至厌恶酒色之谈。他说："好作酒色之谈的人，不论他是言语中肯，或者论是说非，总而言之，不外是一个下流的论客，人的品行稍臻上流，就不会再说这种低贱的话，否则纵然议论风生，也不过惹人讨厌罢了。"虽然，福泽谕吉并不主张只要求学生"没有沉溺酒色的坏名声,并能谨慎用功"。他说:"学生谨慎用功,乃人之常情,不值得特别表扬","人生的目标本应有更高的要求",那就是始终向比自己"更高明的人物看齐",并"要在后来居上的原则下,立志做个旷古空前、无与伦比的人"。由此可见,福泽谕吉反对用森严的校规把学校搞得死气沉沉,主张创造一种宽松环境把学校搞得朝气蓬勃,使学生奋发向上。

为实现自己的培养目标,张之洞也提出了具体措施。作为一名封疆大吏,他在改革旧教育制度、创建新教育体制方面论述较多。

张之洞于旨在"务通以开风气"的《劝学篇·外篇》中提出了以下一系列教育教学改革措施,这些措施主要是为发展西学服务的。

(1)除普通教育外,农、工、商、路、矿、兵等,行行设学,或先培养人才以兴业,或兴业设学并举,互相促进。

(2)从省、道到府、县,层层设学,形成一个层次分明的全国教育网。

(3)仿照西方,变革现行教育,创建新的学制,划分"专门之学"和"公共之学",确立大学堂、中学堂、小学堂等几个层次,使师有专教,生有专习,"所读有定书,所习有定事,所知有定理,日课有定程,学成有定期",业满有考试,毕业后量才使用。如此等等。

(4)变革现行科举制度,实行"三场分试,随场而去之法",即实行淘汰制。科考内容,废除原来的八股、小楷之类,而把西学作为必考课目,且放置中场,把四书五经放在末场,使不通西学的人无由登进,同时也使中学侧重于实用。

(5)译西书、阅报纸,广泛宣传西洋文明,揭露中国行政弊端,以促进文明建设并改善行政措施。

(6)派遣留学生和考察团出国学习考察,迅速学习西洋科学文化知识、技术技能知识及管理经验。他认为,"入外国学堂一年,胜于中国学堂三年",并提出多向日本派遣留学生,以求"事半功倍"之效。

另外,对于师资培养、各科教学重点等,他也都提出了看法或措施。他的"各国口岸,即商务之大学堂"的提法,颇有点注重实践的意思。不难看出,张之洞的这些措施,不仅比较全面、系统,而且切实可行,对于而后清政府的学制改革,起了一定的指导作用。

但同时,在旨在"务本以正人心"的《劝学篇·内篇》中,张之洞对中国传统学术教学也提出了自己的意见。这主要有：多歌颂朝廷功德，以教育人们忠君；加强纲常教育，促使学者遵从封建伦纪；"种类"教育，让人们确立"爱国"意识；突出儒家教条，以使尊孔崇圣；先中后西，以使学生志趣端正，"读异书不忘圣，处异俗不忘亲"；精选举要，让学生掌握中学精华；通过兴学来戒毒，以增进国人身心健康；等等。这些措施，今天看来多无借鉴价值，但对于当时欲达"中学为体"的目的，却是用心良苦的。其中唯"以兴学促戒毒"为一举数得之善策，而"精选举要"则不失为对付浩如烟海的中学之良法，至今仍有借鉴意义。

五

这两部《劝学篇》都是两国大变革时代的产物，两书的同异也首先取决于时代背景的同异。19世纪中期以前，中日两国都是以自给自足的自然经济为基础、以儒教思想为正统的宗法等级制社会。为抵御西方资产阶级的觊觎，两国都发布过锁国令，所以在国际上，两国虽然对外都有所交往，但执行的基本是闭关锁国政策。

1840年，英国的炮舰轰开了中国的大门。1853年，佩里率领的美国舰队也斩断了日本的关锁。英美的炮舰带给中日两国的"礼物"也是相同的，那就是一系列不平等条约。在中国，以《中英南京条约》为辱始；在日本，则以《日美亲善条约》（又称《日美神奈川条约》）为祸端。帝国主义列强的入侵，给中日两国带来了空前的灾难，同时也促进了两国人民的觉醒，使他们对自己一向奉为神明的统治者，对自己一向至信不疑的儒教信条，不能不产生怀疑。而帝国主义的入侵，也不可避免地把资本主义的文明（包括物质文明和精神文明）带给自己的侵略对象。于是，在这些被侵略的国家，便引起动荡和混乱。面对新的形势，社会各阶级基于自己的社会地位和利益要求，各施手段，各显神通。首先是被侵略者对侵略者的武装抵抗，这在中国有鸦片战争，在日本有萨、长诸藩的攘夷斗争，以及两国民间自发的反侵略斗争等，只是都未成功。清政府和德川幕府发现自己的力量不足以与帝国主义抗衡，便变抵抗为和议，与侵略者互相勾结，狼狈为奸，共同施行对人民的剥夺。这也是一系列不平等条约得以诞生的原因。而任何剥削和压迫，最终都要落在处于社会最底层的贫苦百姓身上，在忍无可忍的情况下，他们便铤而走险，被迫以武装相抗争，于是就爆发了大大小小的农民起义。在中国，有太平天国、捻军起义等；在日本，更是此起彼伏，多达数百起，最终爆发了倒幕运动。一些较开明的官僚和士绅，则主张"师夷长技以制夷"。这在中国，有"以中国之伦常名教为原本，辅以诸国富强之术"（冯桂芬《校邠庐抗议·采西学议》），"当以中学为纲，而以西学为目"（蒋同寅《格致书院课艺丁亥课艺》），"中学其本也，西学其末也；主以中学，辅以西学"（郑观应《盛世危言》），"旧学为体，新学为用"（张之洞《劝学篇》），等等；在日本，有"东洋道德，西洋艺术"（佐久间象山语），"器械艺术取于彼，仁义忠孝存于我"（桥本左内语），"明尧舜孔子之道，尽西洋器械之术"（横井小楠语），等等。新生的资产阶级和下层知识分子，不甘心于自己的无权地位，则要求改变现有的国体和政体，实现资产阶级的议会民主制，于是便有资产阶级改革运动和资产阶级革命。这在日本表现为明治维新，在中国则为戊戌变法。

两部《劝学篇》问世的背景有其相似之处。福泽谕吉《劝学篇》问世的19世纪70年代的日本，维新派经过"王政复古""戊辰战争""奉还版籍""废藩置县"等斗争，已基本完成了政治体制改革，正在进行"废除封建特权，实现四民平等""承认土地私有，实行地税改革""取消对农工商的种种限制，鼓励殖产兴业""改革教育""改革社会习俗"等斗争。这一时期的改革，从表面看，不像前一时期如火如荼的政治斗争那样剧烈，可是如果从本质上看，这些改革的意义远比原来的政治斗争深刻。所以说，福泽谕吉的《劝学篇》，既是改革的号角，也是改革时代的产物。

张之洞的《劝学篇》虽然晚出二十多年，却也是改革时代的产物。因为中国从开国到变法这段历程走得慢了一些。几十年中，大规模的农民战争既没能推翻清政府，也没能赶走西方侵略。洋务派本想"师夷长技以制夷"，而甲午海战的惨败，宣告了其主张的破产。特别是日本的胜利，使人们觉悟到，中国要想独立富强，关键的问题是要改变现行的政治体制。所以学习日本、变法维新的呼声便成了时代的主旋律，到1898年戊戌变法时达到高潮，张之洞的《劝学篇》正是在这个高潮中出版发行的。因此，它也是改革时代的产物。

19世纪70年代的日本，实际是推翻幕府统治后组建的新政权，实权掌握在维新派手中，而1898年的清政府，掌权的是封建统治者，没有任何实质性变更。福泽谕吉《劝学篇》纵情恣肆，严厉抨击日本此前的政治经济和文化教育，大力倡导西方资产阶级的自由、平等、博爱、民主、民权，呈全方位开放的局面，正是因为能见容于政府当局，且为其所支持，而不必担心触犯时忌。再者，日本民族是一个吸收和包容外来文化能力极强的民族。原被奉为正统思想的儒教，就是从中国引进的。就在锁国期间，兰学仍有其合法地位。所以其民众对于知识分子之宣传舶来品，本身也比较容易接受。这就是说，日本民族的传统习性，也为福泽谕吉的引进提供了极大方便。张之洞面对的政权是统治中国两百余年，当时仍操有生杀予夺大权的愚昧而专横的清政府，是以政权的威力、用法律的形式把统治中国人民两千年来的儒教作为正统思想的意识形态，是受过"吾闻用夏变夷者，未闻变于夷者也"思想影响的、具有强烈仇外排外情绪的民众。因此，他的《劝学篇》只能歌功颂德于当朝，顶礼膜拜于圣教，述纲常理直气壮，谈变革战战兢兢，平等自由一概排斥，民主民权统统否定，本来是学西洋创造发明，却得说我祖先古已有之，心欲去而言守，门想开而又关，"千呼万唤始出来，犹抱琵琶半遮面"。

除时代因素之外，两部《劝学篇》的同异相参，与两位作者的出身和经历也不无关系。张之洞出身官僚世家，福泽谕吉出身下级武士，同属统治阶级的下层，这种地位决定了他们对社会矛盾都了解较多，对腐败现象认识较深，对变革现实要求较为迫切。张之洞入仕后曾两放学政，福泽谕吉则长期执教，这决定了他们对教育的熟识。张之洞由科举入仕，自小多受儒教思想熏陶，对西学则接触较少。而福泽谕吉虽曾学习儒学，但青年时便转向兰学，并很快又转向英美，他不仅就职幕府的外事机关，且三度游历欧美，对西方资本主义作过详细考察。这样，由于张之洞对西学、西方社会特别是对西学的精神实质知之不多，认识不深，故倡之乏力。而福泽谕吉则由于对西方学说，甚至西方社会都有较为深刻的了解，所以他贬旧学而中肯，倡新学而有力。

六

　　一部有价值的著作,既是时代的产物,也是作者思想的结晶,而当它一旦问世,就必然又作用于时代,且遗响于后来。福泽谕吉的《劝学篇》,在日本明治维新中起了非常大的促进作用,福泽谕吉成为日本首屈一指的启蒙思想家,而《劝学篇》则成为文明的教科书。1958年,我国学者将它译成汉语出版。20世纪80年代又修订再版,五次印刷皆销售一空,致笔者写此文时都无法购得一部,这可以看出它的生命力。细品全书,平心而论,它远不是白璧无瑕,但它的基本思想,当时属于先进,至今亦未完全过时,说不定在今后一个相当长的时期内仍有其存在价值。张之洞的《劝学篇》虽然晚出二十多年,书中也不无新思想、新观念,但保守的思想、陈腐的观念比比皆是,与福泽谕吉的《劝学篇》相比,其思想远为逊色,甚至没有达到时代的高度。在中国教育史上,张之洞是个典型的过渡型人物。文如其人,其《劝学篇》也实在是一部典型的过渡型著作。对旧学有批评而又保持,于新学提倡而多忌讳。他说:"旧者因噎而食废,新者歧多而羊亡。旧者不知通,新者不知本。不知通则无应敌制变之术,不知本则有非薄名教之心。"他著此书的目的,就是要把"交相为瘉"的新旧两派折中于一,以"旧学为体,新学为用",既"正人心",又"开风气",以救时纾难,富国强兵。正由于其指导思想是折中主义,所以书中观念就必然新旧杂糅,行文中就难免捉襟见肘,自相矛盾,甚至出现只变"法制",而不变"圣道"的迂腐之论。当然,这也可能是他根本不懂"法"与"道"互为表里、一变俱变的辩证关系。不过应当指出,也正因张之洞采取了不偏激的折中主义,所以此书才能被朝廷接受,并"挟朝廷之力"一时刊行全国,对当时的教育改革产生极大影响,甚至当戊戌变法失败之后,有朝臣提出应惩处张之洞时,他也竟因"先著《劝学篇》,得免议"。但因书中守旧思想严重,故当时就受到了激进派的批评。胡礼垣说它"不特无益于时,然大累于世"(《〈劝学篇〉书后》)。梁启超诅咒它"不三十年将化为灰烬,为尘埃,其灰其尘,偶因风扬起,闻者犹得掩鼻而过之"(《饮冰室文集·自由书》)。一些较为推崇此书的外国学者,也看出了张之洞的"旧学为体"是错误的,一针见血地指出,"孔教救不了中国"。而后的历史业已证明,《劝学篇》中的守旧思想是错误的,清廷可以废除,三纲应当摒弃,孔教确实救不了中国,而平等、自由、民主、民权,不仅应该提倡,而且应当实行,它们不仅不是"召乱之言",而恰恰是救亡图存、富国强兵之道,用之则昌盛,弃之则衰亡。

七

儒学是中日教育史上敏感而又棘手的问题。在两部《劝学篇》问世的年代,这个问题不容回避,两位作者的态度却是截然不同的。

福泽谕吉在《劝学篇》中,对于孔子的有关言行,是就说是,非就说非,对的就接受,错的就否定,毫无顾忌,并且他是用资产阶级革命的尺度来评判其是非的。而张之洞在《劝学篇》中,则是把孔子当作圣人、把孔学当作圣教来膜拜的。他主张:中西学中,中学为体,中学之中,儒家为宗。他是用先儒的观点作尺度来评判现世的,并且他还想用儒学的楷模来规范学生,陶铸人才。

孔子在教育史上的贡献和地位是不能抹杀的。他的教育思想和教育实践,都在中国教育史上树起了新的里程碑。他在教育界,乃至在整个社会上,都应该受到应有的尊崇。

儒家学派的形成,证明了孔子办教育的成功。而儒家作为诸子百家中的一个学派,自有其诞生和存在的理由。这是可以研究探讨而不必盲从或诅咒的。

自董仲舒等提出"罢黜百家,独尊儒术",便开始了儒家的一统局面。连备受磨难、一生郁郁的教书先生也逐步加冕成大成至圣先师文宣王,独霸学宫,无敢分庭抗礼者。但是,"福兮祸所伏",每当社会上有风吹草动,孔先生这无冕之王也总随那些有冕之王一起遭受劫难。康有为等组织孔教会,孔子俨然成了教主,但不终朝便被辛亥革命轰出了学宫。袁世凯想当皇帝,又拉孔丘作陪,以招致"打倒孔家店"的宣判。可以看出,两千多年来,孔子的地位貌似很高,其实不过是被人当作工具使用而已,在位就很冤枉,被"打倒"就更冤枉了。而这时的孔学,由玄学而道学而理学,早已面目皆非了,而到康有为把它确定为宗教教条,那无异于宣判了它的死刑。

儒学很早传到日本,到德川幕府执政时被定为官方哲学,成为称霸一时的正统思想体系，其所重为朱子学，后来在日本虽然出现了阳明学、国学、兰学等，但都没能取代朱子儒学的正统地位，直到幕府统治垮台，儒学的正统地位便也随之动摇。从福泽谕吉《劝学篇》中也能看出一些儒学盛衰的蛛丝马迹。其后儒学在日本虽然不无影响，但已是今非昔比了。代之而起的就是福泽谕吉等传播的西方资产阶级文明。后来，明治天皇为巩固自己的统治，授意他的侍讲、宫廷官僚元田永孚发表了一篇题为《教学大旨》的文章，攻击维新思想"专尚知识才艺，追逐文明开化之末端，破坏品行，伤害风俗"，公开主张"以孔子为主"，专讲"仁义忠孝"的"道德之学"。但是马上遭到维新派的反对。维新派领袖伊藤博文发表《教育议》一文，反对宣扬孔孟之道，对《教学大旨》进行了批驳。可见，维新后的天皇也并没放弃通过尊孔来巩固自己地位的手段，只是由于维新志士的反对，未能得逞而已。基于这种情况，儒学的影响在日本一直延续了下来，但再也没有出现像江户时期那样唯我独尊的局面。当然在近现代背景下，它也不可能战胜资本主义的文明思想。可见，日本明治维新的成功，与儒家思想无涉，而二战后日本的经济奇迹，也是日本民族为复兴自己的国家，从发展教育、培养人才入手，博采众长，发愤图强而取得的辉煌成果，根本不是单凭儒家的封建说教而起家。

在中国，人们是很善于打着哲人的招牌来传播自己思想的。康有为宣传维新思想，却打着孔子的旗号，蒋介石搞独裁，其旗号却是孙中山的三民主义，这都是莫大的讽刺。"新儒学"的出现，也只不过是一些人想打着儒学的旗号来宣传自己的主张罢了。"儒学"而"新"，可见就不是原来的儒学，这不是显而易见的道理吗？

当然，我们这样说，绝不是不允许孔子在中国"生存"，也绝不是主张禁止对儒学的研究和传播；相反，我们主张应恢复孔子及儒学的本来面目，给其以应有的历史地位，进行深入的分析和研究，弃其糟粕，取其精华，以为振兴教育，并进而为振兴中华服务。

而后的事实，证明了张之洞在《劝学篇》中所提出的忠清、尊孔、崇圣主张的迂腐，而历史的发展和儒学的兴衰，也告诉我们这样一个真理，即任何一种学说，一旦被教条化、绝对化，便会失去它应有的生命力，而弘扬一种学说的最好的办法，莫过于放手地让人们去研究它，探讨它，甚至批评它，只有这样，它才能在矛盾运动中求得生存、发展和光大。

　　福泽谕吉的《劝学篇》和张之洞的《劝学篇》都已经一百多年了，它们虽然都有过火红的往昔，但其龙钟老态是不能完全适应现代化节奏的。所以现在的比较研究，也只是为了寻觅些有益的借鉴而已，绝不是想选择其中任何一篇来指导我们的教育改革，也衷心盼望新时代的《劝学篇》早日问世。

附　　录

第一篇　智慧小语

　　人人生而平等，因为是否好学肯干，便拉开了社会差距。人们多崇尚自由，但却往往遇上专制政府。在俗人看来，专制源于体制，而在智者看来，政府的专制源自国民的愚昧。只有国民具备了高度的平等、自由、民主的意识和丰富的科学文化知识，才会产生文明优良的政府。为什么呢？一是因为政府组成人员也是国民，所以只有国民素质高了，才会产生文明优良的政府；二是因为只有高素质的国民，才能制约政府，使其不能实施专制政治。所以要想促进人生的发展和社会的进步，最关键的一个字就是"学"。但不仅要"实"学，而且要学"实学"才行。

第二篇　论人与人平等

　　有学问的真谛是能干实事。过日子是学问，理财是学问，能洞察时务是学问，而仅能念诵文字，不能明辨事理，不能干实事，就很难叫有学问。任何学校教育，如果只是黑板上经商，课本上种地，那么，它培养出来的人，不管考多少分，拿到什么学位，都很难说他有了学问。赵括、马谡皆可为证。读书只是致知之一途，而真学问则源自实践。

　　世界上没有绝对的平等。人人生而平等，只是指其基本权利的平等，而不是现实情况的平等。乞丐的儿子与富豪的儿子，现实情况大不相同，但其基本权利是平等的。至于官民关系，我认为以"水—水"关系为最善。古人讲"舟—水"，今人讲"鱼—水"，我认为那其中都是利用和被利用的关系，不足为善。而"水—水"关系是指官不仅源于民，而且同于民，所以它才是真正现代意义上的官民关系。

第三篇　论国与国平等

人与人是平等的,所以作为人的集合体,国与国也应当是平等的。在国际事务中,任何强权和侵略,都是不合理的。但在纷争的国际社会中,要伸张国家的独立权利,绝非易事。国际斗争,表现在国与国之间,而其成败却取决于国内。国民素质高,且在国家事务中地位高者,其国胜;国民素质低,且在国家事务中地位低者,其国衰。这是已被无数事实证明了的真理。秦能打败六国而统一天下,就是因为其有"与子同袍""与子同泽"之国民。所以,一国要伸张国际地位,首先要培养自立自强的优秀国民,并要做到官民平等。如此者兴,违此者衰。

第四篇　论学者的职分

福泽氏所批评的原存于日本的一些不良社会风气,如人不太诚实、政治不太民主、学人趋于做官、报刊谄媚政府等,至今或多或少还在一些国家中存在着,所以,"革除弊政,恢复民权"不仅是当时之急务,而且是当今之急务。针对当时日本学者认为只有去政府当官才能报国的思想,福泽氏号召学者通过创办私人事业去解决个人生计和服务社会、报效国家,这已被证明是正确的。

第五篇　明治七年元旦献词

眼睛能看到的工厂、学校、铁路、飞机等,只是文明的外表,若没有文明的精神做其灵魂,便会变成无用的长物。而这眼睛看不到、耳朵听不到,既不能买卖,又不能借贷的文明的精神,就是人民的自由精神、民主精神、独立精神、爱国精神和主人翁精神。只有国民具备了这种文明精神,社会才能成为真正的文明社会,国家也才能有真正的独立。学者群趋官场,是国家的灾难,社会的悲哀。只有大多数学者去兴办教育或实业、去创造、去发明、去探索的社会,才是有希望达到文明的社会。

第六篇　论尊重国法

"国者，人之积也。"为了国民的有序生活，所以要制定大家共同遵守的契约，这就是国法。国法虽以少数服从多数的原则制定，但它一经通过，便要求全体人民，都必须遵守。为了制定国法、执行国法、监督国法的落实和抵御外侮，所以要组建立法、执法、司法机关和军队。为防止少数人垄断政治，所以其主要负责人要实行任期制，并互相监督和制约。而为解决公共活动之所需，所以国民要交税。这就是构建现代文明社会的基本原则。在这里，法是至高无上的，而为其工作的人不过是国民的雇用而已，所以，国民要守法而不必畏官。只有基于上述原则的社会，才是真正意义上的现代文明社会。

第七篇　论国民的职责

在立法建政时，国民人人都是主人，应充分表达自己的意见，行使自己的权力。而当法立政建之后，国民又人人都是客人，都应当遵守法律，服从管理。如遇政府缺位或越位，国民应当依法提出意见，坚持真理，不屈不挠，甚至不惜舍身力争，但一般不应以实力对抗政府。须知一个政权、一种体制的创建和存续，其社会基础起着决定性作用。当其社会基础没有发生根本性改变时，试图通过推翻政府而改革社会，往往是徒劳的。只有努力促成文明进步，发展社会生产力，培育出更加优秀的国民，社会变革才会是水到渠成的事。

第八篇　勿以自己的意志强制他人

做人的道理，就在于不妨害他人的权利，而自由自在地运用自己的身体。人既要合群，又应独立。但独立不是离群索居、落落寡合，而是与人自由平等地交往。本职以外，无论农民和天皇，男人和女人，父母和子女，老师和学生，大家一律平等，谁都没有权利将自己的意志强加于别人。"对于提倡违反天理，倒行逆施的人，即使是孟子孔子，也不必有所顾虑，仍当视为罪人。"这是日本资产阶级破除封建宗法制的檄文。中国在五四前后，也曾发出过这种声音，只是由于社会条件的不成熟，未能立足便被淹没了，惜哉！

第九篇　分述两种学问的主旨
——赠中津旧友

人若仅以解决个人及家庭生计为满足，那他与禽兽还相差无几。学者应为社会福利而努力，且争取为子孙后代留下生动的事迹，这才高尚。革命，其表现虽为运动甚或战争，但其实质是文明进步促成的人心的动荡。社会的进步，因于生产力的发展。

第十篇　赠中津旧友（续前）

学问有大小，学者亦有不同。仅谋生者，是一身之人；只顾家者，是一家之人；造福一方者，是一方之人；只有胸怀天下利济苍生者，才是伟人。利济天下之途不一，伟人分野亦因之而异：发明一技、创生一器者，为科学家；阐明一理以明人心者，为哲学家；开创善政以造福人民者，为政治家。无论何途，学者皆当立志高远，动心忍性，不畏艰苦，不贪小康而期大成。伟人之所以应当纪念和尊敬，是因为他的事业不仅功在当代，而且惠及后世，让人民累世蒙福。

第十一篇　论名分产生伪君子

社会上流毒最大的是专制压迫，而基于专制压迫的上下尊卑的名分，必然产生伪君子。由于极力维持上下尊卑的名分，一意倡导虚名，以实施专制，遂形成人间社会所流行的欺诈权术。行贿受贿，中饱私囊，均由此而起。解决这一弊端的措施只有一个，那就是建立在自由民主基础上的法制。只有建立健全了这种法制，人们才会只有基于平等人权的职分，而不再有基于上下尊卑的名分。

第十二篇　论提倡演说

印在书上、抄在本上，甚至背在嘴上的，都只是信息，不等于学问。读书是为了使心能明理，学习是为了使身能做事。离开讲义便无措的是"教授"，但不是学者。只有那腹藏千古经史、胸隐"百万甲兵"、眼彻五洲风云、心系天下百姓的人，才是真学者。真学者"内心沉潜如深渊，待人接物活泼如飞鸟"，不鸣则已，一鸣惊人，不飞则已，一飞冲天。而社会也应当允许其鸣，他自己也应当主动去鸣，以启沃人心，社会应当为其提供飞的环境，他自己也应当奋力去飞，以提高民族地位，造福人类社会。

第十三篇　论怨尤之害

怨尤是人生前进的拦路虎，是事业成功的绊脚石。"怨尤恰如'众恶之母'，因为有它，才产生世间的一切坏事。"怨尤的产生，有主客观两方面的原因。其主观原因是人遇事不反求诸己，而对他人多方苛求，以解慰自己的不满。其客观原因是政府专制和社会不开明，不给人民以言行自由。有鉴于此，则政府应当民主，社会应当开明，国民个人则应当不怨天，不尤人，奋发向上，积极进取，在服务社会中实现自己的人生价值。

第十四篇　内心的检查

"为着了解本身的情况，建立今后的努力方向，则须作智德事业的检查。"这是智者给我们的忠告。内心的检查，就是自我反省，自我批评，自我检讨。其范围不仅应包括智德事业，还应包括所处国内外政治经济文化环境及其发展趋势。这是而后事业成功的基本前提。古人所谓"知人者智，自知者明"，"知己知彼，百战不殆"，其中都包含有经常自我检查的意思。我经常给年轻人讲就业四原则：力所能及；社会需要；收入满意；受到尊重。这其中也包含有对自己及社会要有一个清醒认识的意思。

第十五篇　论怀疑事物与决定取舍

轻信使人上当受骗，迷信使人愚昧无知，盲从使人不辨方向，只有怀疑，才可致真理。世界文明的进步，由于人们的科学研究，而研究的前提，则是怀疑。对深信不疑的事物，谁还会去研究？要使社会进步，达到真理，只有通过不同学说争论的方式。而各种异说之所以产生，其根源即在于怀疑。但怀疑亦当有度，被实践证明是正确的东西，在其基本前提未改变之前，则不应轻加怀疑，而应适当相信。最高境界当是"信其可信，疑其可疑"，以智慧和经验科学地决定取舍。然而想要达到这种境界，却绝非轻而易举之事。

第十六篇 论保持本身的独立

人当保持本身的独立，遇事要有主见，不随波逐流，人云亦云。追星族成不了星，赶时髦者必定被时代淹没。只有独立不羁、中流砥柱者，方能引导时代潮流。诚然，人当立志高远，但更当注重实践。只有那具有高尚思想，又肯勤于学习、勇于劳作、坚持不懈的人，才有希望赢得成功。理想过高而缺乏实际行动的人，是不可能成功的。

第十七篇 论人望

人望是因了人的社会声誉而产生的社会对他的信任和期望，应是其智德付诸实践的社会反映。无论对个人还是法人，它都弥足珍贵。它是人的成功之本。人的社会性决定了人必须与他人交往才能生存和发展。而人的声望，正是在这种交往中产生的，并且对而后的交往产生影响。所以，无论个人还是法人，都应注意树立自己的声望，并珍惜它。同时也应注意，有的人会利用社会舆论凭空造望，"盛名之下，其实难副"，就是这种提醒。还要注意，也可能会有人借既有声望以谋取不正当利益，如有的企业借声望推销劣质产品、有的名人为劣质产品代言等，都属此类。故世人于此均不可不防。

河北省志·教育志

（节选）

第六编

师范教育

河北的师范教育初创于清末。

光绪二十八年（1902），直隶师范学堂在保定金线胡同建立，这是省内师范教育的开端。翌年，学堂移到保定北关，分优、初2级，优级学制为3年，培养中学教员，初级学制为5年，培养小学教员，同时开设学制为1年或半年的简易科。光绪三十年，又附设东文专修科。光绪三十一年，学堂改称优级师范学堂，初级班仍予保留。同年，省令所属各府及直隶州、厅设立初级师范学堂，分完全、简易2科，完全科学制5年，培养高小教员，简易科学制2年，培养初小教员。光绪三十年，北洋师范学堂设于天津，光绪三十二年，又在天津设北洋女子师范学堂。宣统二年（1910），因各师范学堂成绩不等，进行整顿，各府州厅所办师范，依据情况，分别改组停办。北洋师范学堂改办为商业学堂。天河师范学堂改为省立第一师范学堂，省又在保定设立第二师范学堂，在滦县设立第三师范学堂，在邢台设立第四师范学堂。清末，省立师范学堂共有优级1处，初级4处，另外在天津尚有北洋女子师范学堂。

除省立师范学堂外，光绪三十一年（1905），省令所属各县开办师范传习所，或称简易师范，招收20岁以上、有一定根底的高小毕业生，培养小学教师，学制分1年、半年或3个月不等。学习内容为普通科学和教育学。这是省内简易师范的开端。

宣统年间，省曾派人赴日本学习单级教法，回国后在天津开办单级师范讲习所，招收各县较有教学经验的教员，学制为1年，结业后回县举办单级教员讲习所。这是省内教师进修学校的开端。

民国时期，省内师范教育有发展，有曲折，有变革。

优级师范学堂民初改称高等师范学校，于民国十二年（1923）并入河北大学。民国十八年，河北省立女子师范学院成立。学院初设国文、家政2系，翌年增设英文、史地2系，嗣后又增设教育、音乐、体育等系科。到民国二十三年，全院高师有8系3科24班383名学生，教职员达85人。

清末之省立初级师范学堂，进入民国后都改称师范学校。原北洋女子师范学堂改为省立第一女子师范学校。到民国二十三年，省立男师发展到9所，女师5所，另加4所男师所设之女师部，共有教职员460名，班级98个，在校生445人。

清末各县所设之师范传习所，民初改办为师范讲习所。民国十八年，省教育厅规定乡村师范简易办法，令每县设师范一处，通名××县立乡村师范学校，学制一般3年，急需师资者仍准其举办1年或2年制的讲习班。民国二十二年，遵部令，县师更名简易师范学校或简易乡村师范学校，学制改为4年。到民国二十三年，全省130个县，共办简易师范学校155所（其中女师28所），教学班210个，在校生7946人，教师640人。

民国二十六年（1937）卢沟桥事变后，省立女子师范学院流亡西北，原十几所省立师范及百多所县立师范学校被迫停办。流亡省外的教育人员逐步办起1所流亡省外的河北师范学校。在沦陷区，日伪政权为推行奴化教育，先后开办师范专科学校1所、中等师范学校8所、简师18所。抗日战争期间，中国共产党领导的抗日民主政府重视师范教育，创办多处师范学校或师资训练班。

抗日战争胜利后，原日伪开办的师范学校大多被国民党政权接收，原被迫停办的也有所恢复，流亡省外的师范院校先后回省复校。随着解放战争的进程，这些院校先后回到人民怀抱。到1949年，全省有师范学院1所，普通中师7所，简师106所，兼招简师班的中师1所。

中华人民共和国成立后的40余年，河北的师范教育有较大发展，但经历了一个曲折的历程。从1949年到1957年，是河北师范教育伴随社会政治、经济而健康、稳定发展的8年。从教育性质上，完成了从新民主主义向社会主义的过渡。从办学规模和层次上，都有较大的发展和进步。原设于天津的河北省立女子师范学院经过扩充，发展为男女合校的河北师范学院。1951年设于北京的河北师范专科学校发展成河北北京师范学院。1955年，石家庄师范学院创办。3所师范学院三足鼎立，布局合理，且各具特色，优势互补。为弥补专科师范教育的不足，又在石家庄、唐山、张家口、保定4个市分别创办了速成师范专科学校。

中等师范教育质的提高和量的发展同步进行。招收小学毕业生的初级师范学校由1949年的106所减少到1957年的9所，而招初中毕业生的中师则由7所发展到36所，兼招初师班的中师由1所发展到4所，初师在校生由1949年的13930人减到3177人，而中师毕业生则由1949年的1423人发展为15702人。

中华人民共和国建立前，省内没有专设的在职教师进修机构。此后的8年中，专设的在职教师进修机构不仅经历了从无到有的转变，并且初步形成了一个体系。省，建立了教师进修学院；专市，建立了分院或指导站；县，建立了教师进修学校、教师业校或辅导站；各师范院校普遍设立了函授部或进修部。另外，北京师范大学等师范院校还在河北开展了本科函授，形成了一个遍布全省的从初师到本科都有的在职教师培训网络，为提高在职教师的政治素质和文化业务水平发挥了巨大作用。

从1958年到1966年，河北的师范教育经历的是冒进—调整—逐步恢复和发展的历史过程。

1958年，在"大跃进"的背景下，河北的师范教育开始出现冒进。除天津市划归河北省带来的正常增加而外，高师院校增设7所，初师由1957年的9所猛增到48所，只招初中毕业生的中师发展到40所，兼招初师班的中师发展到20所，中等师范学校总数由1957年的49所增加到108所，招生数由1957年的5649人猛增到27729人，增加390%。1959年，稍有收敛，但随着"反右倾"的声浪，1960年出现了更大的冒进。中等师范学校又由1959年的100所增加到124所，招生数也由28095人增加到32742人。同时，由于师资水平的不适应和过多的生产劳动，教育教学质量下降。

由于师范教育的发展与社会经济的实际情况严重不协调，从1961年起，在贯彻中共中央"调整、巩固、充实、提高"八字方针的过程中，1958年开办的高师院校全部撤销，全省所有的在职教师进修院校全部停办，所有初师全部停办，中师仅保留24所，中等师范学校的招生数由1960年的32742人锐减到1962年的820人。此后，随着国民经济的逐渐恢复，师范教育也略有恢复。到1965年，中等师范学校恢复到25所，招生4794名，在校生12605人。高师也仅为适应两种教育制度的需要，重新开办了张家口和廊坊2所半耕半读师范专科学校和1所工读师范学院。各级教师进修院校也有所恢复，但省教师进修学院复校不久又行撤并，而由河北工读师范学院的进修部行其职责。这期间，虽然河北北京师范学院和河北师范大学（原石家庄师范学院）有所发展，但由于河北天津师范学院的解体和天津师范大学改建为河北大学，省内本科师范教育随之失去原有合理布局，总体规模也无甚发展。

"文化大革命"十年，河北的师范教育深受摧残：各院校停止招生四五年，许多教师、干部被迫害，许多仪器设备、图书资料被破坏，所有教师进修院校全部停办。1970年后，虽然恢复招生，但所招工农兵学员大多文化程度低，教师又无法名正言顺地抓业务，所以教育质量不高。

中国共产党十一届三中全会以后，河北的师范教育伴随国家政治经济形势的好转，进入了一个全新的发展时期。大中专院校招生考试制度的恢复，使入学新生的质量有了保证，而教师地位的提高和师范优先招生或优先录取等措施，则使师范院校得以吸收了大量优秀学生。教学业务的受重视，教育手段的现代化，更进一步促进了教育教学质量的提高。到1990年，一个较为科学的师范教育体系基本形成。

高师本科院校由2所发展到4所，在校生由1976年的3969人增加到1990年的7338人；由普通高师的单一结构发展为普通高师、职业高师和农技高师并举。河北师范学院由张家口市宣化区迁石家庄市，虽使省内高师本科院校布局不太合理，但毕竟为它提供了一个很好的发展环境。师范专科学校由原来的2所发展到10所，在校生由1976年的948人增加到1990年的13574人，形成了一个强大的初中教师培养基地。

中等师范学校发展亦为可观。校数由1976年的25所发展到1990年的175所，在校生数由1976年的16153人增加到1990年的36842人。省地（市）属师范学校由原来的24所发展到31所。普师之外，办起幼儿师范学校、特殊教育师范学校。始于1983年的县办师范学校，也为中师教育做出巨大贡献。几经调整，由原来的143所压缩为90年代初的50所，数量虽有减少，但质量逐步提高。

发展最好最快的，是在职教师进修院校。这项停办多年的事业，经过十余年的努力，已形成一个结构科学、布局合理的教师培训体系。省教育学院发展成占地百余亩、具有8个教学系、300多名教职工的成人高校，肩负起全省高中教师的培训进修任务。地市级教育学院发展到15所，形成初中教师进修的阵地，县市教师进修学校发展到157所，不仅承担了全部小学教师进修任务，且已逐步成为当地的电化教育和教育科研的中心。

近一个世纪的河北师范教育，不仅培养了大量师资，而且为中国革命培育了大批英才，做出了重大贡献。

早在辛亥革命时期，北洋女师学堂师生白毓昆（雅雨）、刘清扬等就参加了天津共和会，呼应武昌起义。五四运动时期，省内各师范学校多有师生参与斗争，其中以直隶第一女子师范学校最为突出。由该校同学发起，于民国八年（1919）5月25日成立了天津女界爱国同志会，该校学生刘清扬当选为会长，邓颖超、郭隆真、张若茗当选为评议委员，郑季清、王天麟当选为总务委员，出版《醒世周刊》，许广平曾任编辑。

当年9月16日，由邓颖超、郭隆真和南开学校学生周恩来、马骏等共同发起组织了进步学生组织觉悟社，在最初的20名骨干社员中，就有9名是直隶一女师的。觉悟社的成立，有力地推动了爱国学生运动的发展。民国十二年，李毅韬（女师附小教员）和邓颖超等又组织了进步的妇女团体女星社，并出版《女星旬刊》和《妇女日报》，对推动妇女解放运动发挥了重大作用。这些革命先驱有的为革命献出了宝贵生命，有的成长为中国共产党和中华人民共和国的领导人。

在二三十年代，河北师范院校的革命斗争以保定二师最著名。该校民国十一年（1922）便成立学生自治会，同年秋掀起驱逐反动校长刘续曾的学潮。民国十三年，二师建立中共支部，提出"读书自由"的口号，并组建"社会科学研究会""书报贩卖部"，开展反对校长张见庵、驱逐校长刘法曾的斗争。民国十七年，连续开展了驱逐校长梁子青、秦万瑞、张陈卿的斗争。民国二十年九一八事变后，二师进步师生又站在抗日救亡斗争的最前列，组织进步团体，宣传抗日救国。民国二十一年2月，保定市特种公安局扣押宣传抗日的学生刘光宗和苏瑞章，引起二师的罢课和游行示威，迫使当局将学生释放。同年4月，向东北军宣传抗日救国的学生臧金钊、王金荣、胡志平又遭逮捕，二师学生再次开展了营救同学的斗争。这时，河北省教育厅电令校长张腾霄禁止学生的革命活动，开除进步学生。因张不执行，省教育厅派督学鲁清泉查封了二师，宣布二师于4月提前放假，开除学生50多名，勒令休学30多名，撤销张腾霄校长职务，以肖汉三充任校长，将学校改组为乡村师范。面对这种倒行逆施，二师学生展开了护校斗争。6月18日，成立"护校委员会"，杨鹤声任委员会主任，贾良图任总指挥，曹金月任副总指挥，刘光宗任宣传股长，冉志恒任总务股长，刘玉林任纠察队长，提出"反对大批开除学生""反对撤换张腾霄校长""反对改组二师学校""争取抗日救国自由""争取读书自由""反对法西斯教育""誓死保卫红二师"等战斗口号。6月20日，当局调动军警包围二师，切断二师与外界往来，断绝粮源并封锁消息。二师同学则针锋相对，千方百计宣传抗日，争取外援，筹粮筹饭，并曾一度将攻占南操场的敌人轰出校外。当局先是派国民党清苑县党部书记刘俊士前来说服学生离校，阴谋未果，便在墙外通过喊话及由学生家长规劝，试图让学生屈服，但仍然不能动摇二师学生的护校决心。7月6日凌晨3点半，国民党河北省政府和平津绥靖公署竟命令军警对几十名手无寸铁的学生大举进攻。用机枪、步枪向学生开火，用刺刀屠杀爱国学生。学生们坚贞不屈，中国共产党党员王慕桓、邵春江、马善修、张树森、张鲁泉、吕清晰和中国共青团团员赵克泳等7人当场壮烈牺牲，贾良图、边隆基2人亦因伤势过重先后牺牲。杨鹤声、曹金月等30余人被捕。在狱中，学生又进行了狱中斗争。后来，曹金月、杨鹤声、刘玉林、刘光宗等4人被判处死刑，冉志恒、孙韵樵、朱瑞祥、王克己、王慕贤、佟国声、王嘉宾、张锡钧、康光麟、孔德恒等10人被判刑10年，臧伯平、李锡绶、王冀农、郭廷芳、韩宝贵、刘东升、梁春辉等7人被判刑2年零8个月。这就是名垂青史的"二师学潮"和惨不忍闻的"七六"惨案。保定二师的学生用生命和鲜血书写了一页光辉的历史。

在抗日战争时期，有相当一部分师生参加了抗日斗争。卢龙简易师范学校校长高敬之，于民国二十七年（1938）7月13日率300余人在无税庄起义，成立华北人民抗日军，并于8月8日攻占卢龙县城，成立了卢龙县抗日政府。

河北的师范教育，对中国人民的革命事业做出了卓越贡献。

第一章　中等师范教育

第一节　学校设置

一　省、地（市）属师范学校

省内第一所师范学校创办于清光绪二十八年（1902），校名直隶师范学堂，校址初设保定金线胡同，招生不多，学制短而不定。光绪二十九年，学校迁至保定北关，规模扩大到600人。不久将学生分为优、初2级，优级3年毕业，派做中学教员，初级5年毕业，派做小学教员。其初级师范即属中等师范教育范畴。

光绪三十一年（1905），省令所属各府及直隶州、厅设立初级师范学堂，分完全、简易2科，完全科5年毕业，培养高小教员，简易科2年毕业，培养初小教员。宣统二年（1910），因各府、州、厅所办师范成绩不等，进行整顿。当年，除将天河师范学堂改为省立第一师范学堂外，省又在保定设第二师范学堂，在滦县设第三师范学堂，在邢台设第四师范学堂。省属中等师范学堂除这4所外，还有设在天津的北洋女子师范学堂。

民国二年（1913），北洋女子师范学堂改为省立第一女子师范学校。翌年，保定直隶女学堂改为省立第二女子师范学校。民国六年，在宣化设省立第五师范学校。民国十二年，在冀县设省立第六师范学校，在大名设省立第七师范学校。同年，省立第三女子师范学校在邢台设立。翌年，又在宣化设省立第四女子师范学校，在正定设省立第八师范学校。民国十四年，在大名设省立第五女子师范学校，在泊镇设省立第九师范学校。

民国十七年（1928），省名改称河北。宣化等10县划归察哈尔，而原京兆区归并河北。随着行政区划的改变，原设宣化的省立第五师范学校和第四女子师范学校改隶察哈尔省，而原属京兆设于通县的男、女2所师范学校隶属河北，遂将其男师易名河北省立第十师范学校，女师易名河北省第六女子师范学校。

民国十九年（1930），为求全省男女师资平衡发展，省将辖区划分为9个师范区，计划每区设男、女师范各一所。暂无女师之区，可先于区内男师增招女生部。当年，冀县、正定、泊镇的3所省立师范学校先后添招女生，翌年，滦县省立师范的女生部也增招成班。至此，省立师范学校计有男师9所，女师单设校者5所，加上附设于男师的4部，合起来也是9处。

民国二十二年（1933），教育部颁布新的师范规程。根据这一规程，省立男女师范一律将按序名改为按所在地命名。民国二十三年河北省立各师范学校的基本情况如表1所示。

表1　河北省民国二十三年（1934）度省立师范概况一览

校名	校长	班数前期	班数后期	学生人数	教职员人数	经费（元）	备考
河北省立天津师范学校	杨绍思	2	7	402	42	63000	后期有体育科一班
河北省立保定师范学校	萧世钦	6	0	277	19	65200	
河北省立滦县师范学校	武学易	2	6	354	32	55600	外有初中学生144人
河北省立邢台师范学校	孟宪禔	1	7	315	28	57400	
河北省立冀县师范学校	孙文锦	1	7	335	37	57400	
河北省立大名师范学校	郭鸣鹤	2	5	391	31	48200	
河北省立正定师范学校	姚寅顺	2	5	372	35	48200	
河北省立泊镇师范学校	杨玉如	2	5	180	27	48200	外有女中部学生81人
河北省立通县师范学校	万寿坤	2	6	316	39	55600	
河北省立女子师范学院师范部（天津女师）	齐国梁	4	6	476	54	73300	
河北省立保定女子师范学校	王化民	1	3	320	30	27800	
河北省立邢台女子师范学校	张瑄坤	2	3	155	25	33400	外有初中学生94人

续表

校名	校长	班数 前期	班数 后期	学生人数	教职员人数	经费（元）	备考
河北省立大名女子师范学校	刘淑真	4	3	254	26	44600	
河北省立通县女子师范学校	吕云章	1	3	298	35	27800	
总计		32	66	4445	460	705700	中学班经费在外

注：学生数、教职员数系民国二十三年（1934）度上学期数。

民国二十六年（1937）卢沟桥事变后不久，河北省各地先后沦陷，省教育厅流亡省外，省立各师范学校也先后停办。

在沦陷区，日伪政权为推行奴化教育，先将保定师范学校、保定女子师范学校、天津师范学校、天津女子师范学校、通县师范学校、通县女子师范学校、滦县师范学校等恢复开办。

民国三十年（1941）后，日伪又恢复开办了正定师范学校、沧县师范学校、昌黎女子师范学校等。另外，伪政权还在牛栏山、杨村、邢台、邯郸等地开办了简易师范学校。民国三十四年，伪省立师范学校为7所，98班，学生2950人，教职员230人。另有省立简师3所，37班，学生1006人，教职员67人。

抗日战争期间，流亡省外的教育厅曾于省外举办一所流亡省外的师范学校。民国二十九年（1940），创设于河南伊川县白杨镇的河北省立中学，招收师范班1班。民国三十三年，该班随省立中学迁往陕西周至。当年秋，增招师范生1班，第二年又增招师范生2班。于是这4个师范班便独立设置为校，取名河北省立师范学校，校址亦由周至迁往眉县。民国三十四年，抗日战争胜利，河北省教育厅随省府返省，但出于交通原因，该校未能及时回省，于民国三十五年8月迁西安，驻东郊铁炉庙。时有学生一、二、三年级各1班，共69人，其中男生33，女生36，教职员共20人。民国三十六年，学校迁回省境，因其人数太少，不宜单独设校，遂归并于先期收复的省立天津师范学校。

抗日战争胜利后，日伪政权开办的师范学校多数被国民党政权接收。1947年尚被国民党政府掌握的省立师范学校计13所，教职员410

人，班级 129 个，学生 5037 人。但随着解放战争的进展，河北各地逐步解放，这些师范学校也先后回到人民手中。

中华人民共和国成立后，河北把招收初中毕业生的师范学校简称中师，称招收高中毕业生的为高师，称招收小学毕业生的为初师。中师多为省立。1949 年河北省中师只有 8 所（其中 1 所兼招初师班）。但因其较适合当时中小学发展形势，发展较快，到 1955 年发展到 19 所。1956 年小有冒进，一下子增加 25 校，总数达 44 所。由于发展过快，有些学校条件不太具备，所以 1957 年压缩 4 所，保留 40 所。1958 年"大跃进"开始，师范教育随之冒进，中师校数达 60 所，到 1960 年竟达 86 所。但因严重脱离社会经济实际，从 1961 年开始调整，到 1963 年降为 22 所，1965 年恢复到 25 所。"文化大革命"中，中师下放到各地区，由地区革委会领导。"文化大革命"结束后，中师改由省地（市）共管。校数曾由 1976 年的 25 所增加到 40 余所。后几经整顿，到 1991 年，全省地（市）属中师 31 所。另有河北师范学院附属西藏学校师范班及河北邯郸特殊教育师范学校和河北唐山市幼儿师范学校。沧州地区的县办联合师范学校，也属沧州地区教委管辖。这些学校的基本情况如表 2。

二　县办师范学校

光绪三十一年（1905），省令所属各县举办师范传习所，学制 3 个月、半年或 1 年。这是河北省县办师范的开端。

民国三年（1914），各县师范传习所改办为师范讲习所，学制延长到 1—2 年，课程也较前完备。民国十七年，省教育厅制定乡村师范简易办法，令每县设立师范 1 处，通名县立乡村师范学校，学制为 3 年。急需师资的县，仍准招 1—2 年的讲习班。当时有些县还办起了县立女师，除宁河、兴隆 2 县外，其余各县均办起了县立乡村师范学校。全省 130 个县，共办师范学校 150 多所。民国二十二年（1933），教育部颁布简易师范规程，县师更名简易师范学校或简易乡村师范学校，学制延长为 4 年。到民国二十三年，省内县师发展到 155 所（见表 3）。

第一章　中等师范教育

表2　1991—1992学年度河北省省地（市）属师范学校一览

校名	主管部门	校址	毕业生数	招生数	在校学生数	毕业班学生数	教职工数合计	教职工计	专任教师计	高级讲师	讲师	助理讲师	教员	教辅人员	行政人员	工勤人数	校办厂（场）职工	附设机构人员	兼任教师（不在工数中）
河北沧州师范学校	沧地教委	沧州	305	350	1057	356	140	138	77	8	31	26	12	5	33	23		2	
河北石家庄市师范学校	石市教委	石家庄	185	220	622	186	140	126	70	17	24	21	8	11	30	15	14		
河北泊头师范学校	沧地教委	泊头	401	404	1248	401	225	187	101	7	24	53	17	19	30	37	38		
河北唐山市师范学校	唐市教委	唐山	302	346	906	247	123	123	53	10	15	25	3	8	45	17			
河北玉田师范学校	唐市教委	玉田	375	282	998	436	140	140	71	4	12	39	16	5	36	28			
河北高阳师范学校	保地教委	高阳	197	180	580	198	96	96	51	4	20	16	11	8	20	17			
河北涿州师范学校	保地教委	涿州	280	271	811	267	125	111	61	7	18	25	11	9	19	22			
河北保定师范学校	保地教委	保定	431	360	1088	365	159	159	91	14	48	16	13	13	33	22	11	3	
河北衡水师范学校	衡地教委	衡水	287	249	777	286	173	173	77	13	33	18	13	5	45	46			
河北冀县师范学校	衡地教委	冀县	280	240	760	280	137	137	90	5	22	34	29	15	17	15			
河北定州师范学校	保地教委	定州	298	270	815	271	122	117	68	6	34	18	10	5	20	24		5	
河北正定师范学校	石地教委	正定	397	360	1121	399	171	171	87	6	20	35	26	11	39	34			
河北元氏师范学校	石地教委	元氏	397	360	1115	394	153	146	86	6	19	48	13	8	25	27	7		

续表

校名	主管部门	校址	毕业生数	招生数	在校学生数	毕业班学生数	教职工数 合计	校本部教职工 计	专任教师 计	高级讲师	讲师	助理讲师	教员	教辅人员	行政人员	工勤人数	校办厂(场)职工	附设机构人员	兼任教师(不在教工数中)
河北无极师范学校	石地教委	无极	200	180	559	198	62	62	36	2	17	17	13	4	16	6			
河北抚宁师范学校	秦市教委	抚宁	175	180	543	182	106	101	46	1	8	24	32	9	24	22	2	3	
河北威县师范学校	邢地教委	威县	453	410	1312	431	182	182	100	7	21	40	32	16	39	27			
河北隆尧师范学校	邢地教委	隆尧	296	360	1113	343	147	147	81	3	20	30	28	7	45	14			
河北平泉师范学校	承地教委	平泉	316	321	962	318	162	148	81	7	28	24	22	7	35	25	14		
河北承德师范学校	承地教委	承德	318	320	960	320	143	142	83	7	17	24	35	17	24	18	1		
河北柴沟堡师范学校	张地教委	怀安	235	240	724	243	139	131	72	7	23	20	22	10	23	26	8		
河北张北师范学校	张地教委	张北	241	240	720	239	125	125	56	3	14	25	14	7	29	33			
河北宣化师范学校	张地教委	宣化	243	240	720	240	134	129	80	13	28	29	10	8	12	29	5		
河北武安师范学校	邯地教委	武安	349	360	1076	356	146	134	74	3	22	22	27	8	22	30	12		
河北曲周师范学校	邯地教委	曲周	172	180	541	181	104	103	52	2	13	29	8	3	28	20	1		
河北滦县师范学校	唐市教委	滦县	328	362	1054	329	158	148	87	4	25	41	17	6	34	21	10		
河北昌黎师范学校	秦市教委	昌黎	271	270	810	271	156	149	68	8	31	20	9	14	33	34	7		
河北大名师范学校	邯地教委	大名	392	360	1084	364	152	152	74	3	21	19	31	15	31	32			

第一章 中等师范教育

续表

校 名	主管部门	校址	毕业生数	招生数	在校学生数	毕业班学生数	教职工数合计	校本部教职工 计	专任教师 计	高级讲师	讲师	助理讲师	教员	教辅人员	行政人员	工勤人数	校办厂（场）职工	附设机构人员	兼任教师（不在教工数中）
河北廊坊师范学校	廊市教委	廊坊	362	400	1192	377	211	199	101	16	36	41	8	12	50	36	12		
河北定兴幼儿师范学校	保地教委	定兴	214	221	692	225	102	102	66	3	18	10	35	3	25	8			
河北石家庄幼儿师范学校	石市教委	石家庄	81	80	239	79	79	79	34	4	13	12	5	21	13	11			
河北邯郸市幼儿师范学校	邯市教委	邯郸	199	120	348	109	90	88	56	3	12	32	9	4	23	5	2		
河北邯郸特殊教育师范学校	邯市教委	邯郸市		80	260	90													
河北唐山市幼儿师范学校	唐市教委	唐山	158	80	325	163	31	31	31	3	10	15	3						
河北师院附属西藏学校师范班	省教委	石家庄		70	220	73			9	1	1	7							
沧州县办联合师范	沧地教委	沧州		107	208	101	13	13							4				

表3　　　　　　　　民国二十三年河北省县办师范学校概况

校名	校长	教员	经费（元）	班次	人数	备注
天津简师	赵其骏	16	4536.00	3	116	
青县简师	杨丕绩	3	5500.00	1	36	
静海简师	边尧臣	4	2000.00	1	58	
沧县简师	马 茝	7	4000.00	2	77	
南皮简师	张云璞	4	4680.00	1	48	
盐山简师	胡维均	2	3107.00	1	34	
庆云简师	陈梄川	13	11464.00	1	38	有附属中学
河间简师	白恩祐	2	3656.00	1	48	
献县简师	刘德显	8	4802.00	1	50	
阜城简师	张希良	2	2300.00	1	30	
肃宁简师	刘文英	2	2992.00	1	36	
任丘简师	邢忠辅	7	4841.00	2	53	
交河简师	刘藜纯	1	1800.00	1	40	
宁津简师	李荫秋	9	8850.00	3	110	
景县简师	李熙彦	5	5316.00	2	66	
景县女简师	魏树勋	2	2000.00	1	18	
吴桥简师	张殿笏	3	3750.00	1	42	
东光简师	张春煦	4	4448.00	2	92	
故城简师	王其洞	2	2000.00	1	38	
卢龙简师	胡泰和	9	2660.00	2	51	
迁安简师	吴树勋	9	7864.00	1	25	
抚宁简师	贺振兴	2	3358.00	1	28	
昌黎简师	张耀枢	7	7088.00	1	30	
昌黎女简师	田雨春	2	4200.00	1	27	
滦县简师	王大椿	10	14416.00	3	145	
徐水简师	高韵笙	2	3119.00	1	27	
定兴简师	陈炳林	2	3618.00	1	36	
新城简师	王甲第	5	5760.00	2	65	
唐县简师	苑鸣春	3	2600.00	2	63	
博野简师	王凤翔	8	4200.00	1	60	
望都简师	刘廷兰	5	1321.00	1	40	

续表

校名	校长	教员	经费（元）	班次	人数	备注
容城简师	邢鸿藻	3	1968.00	1	30	
完县简师	张廷钧	3	2732.00	1	44	
蠡县简师	崔树棠	4	2000.00	1	64	
雄县简师	郭　镇	1	1660.00	1	47	
安国简师	单云秋	2	3950.00	1	41	
束鹿简师	刘双寅	1	1708.00	1	40	
束鹿女简师	曹敬昭	3	1708.00	1	40	
安新县简乡师	刘荫民	2	2990.00	1	38	
安新代用简师	周树勋	4	1820.00	1	24	
高阳简师	刘企曾	3	900.00	1	47	
高阳女简师	刘伯庭	6	900.00	1	40	
正定简师	韦荫清	2	2732.80	1	44	
正定女简师	何端忱	6	3646.40	1	50	
获鹿女简师	谢殿选	3	1760.00	1	38	男停
井陉简师	赵作梅	2	2800.00	1	43	
阜平简师	陈继祜	2	1200.00	1	36	
栾城简师	马骙达	4	2000.00	1	45	
行唐简师	杨其绂	1	2331.00	1	44	
行唐女简师	崔明祥	1	2000.00	1	26	
乐亭简师	党树本	3	6000.00	2	93	
临榆简师	舒乐民	5	4482.00	2	44	
临榆女简师	范恩庆	6	1468.00	2	45	
遵化简师	鲁凤年	4	3720.00	1	41	
丰润简师	李铭组	13	16746.00	2	79	饬令合并
玉田简师	杨守存	3	9400.00	1	42	
文安简师	董　钢	3	2748.00	1	42	
大城简师	倪尚谦	6	5715.00	1	41	
大城女简师	窦季芬	4	2377.00	1	45	
新镇简师	苑树桐	4	600.00	1	19	
宁　河						未设
清苑简师	王凤池	5	5282.30	2	91	

续表

校名	校长	教员	经费（元）	班次	人数	备注
满城简师	张履新	2	2030.40	1	37	
定县简师	谷葆华	7	6664.48	2	66	
定县女子简师	李秀之	15	12295.00	3	51	
曲阳简师	张士毅	3	3400.00	2	76	
深泽简师	司宝贵	6	2892.00	2	91	
深泽女简师	曹振基	5	1244.48	1	45	
深县简师	焦福庄	4	3080.00	2	80	
深县女简师	赵林章	4	2380.00	2	50	
武强简师	武树祺	5	2664.00	2	60	
饶阳简师	许及第	2	2040.00	1	44	
饶阳女简师	翟浚川	5	500.00	1	25	
安平简师	李俊杰	3	2460.00	1	48	
安平女简师	张国宪	3	3240.00	1	44	
灵寿简师	傅廷畔	1	5176.00	1	31	停止招男生
平山简师	崔炳象	2	1800.00	1	48	
元氏简师	王聘三	7	6980.00	3	119	
赞皇简师	张树金	2	1920.00	1	40	
晋县简师	张凤坪	3	3389.00	1	43	
无极简师	高士瑜	4	2964.00	2	76	男女各一班
藁城简师	张崇蕙	4	4480.00	2	84	
藁城女简师	白玉润	3	6678.00	2	116	
新乐简师	史寄魁	2	2040.00	1	32	
易县简师	魏鸿年	9	6792.00	3	126	女一男二
涞水简师	冀宗和	6	2200.00	1	23	
涞源简师	王文德	3	2100.00	1	29	
涞源女简师	张元庆	3	580.00	1	4	后并入男师
冀县简师	阎海山	6	8100.00	3	121	
冀县女简师	王宪章	5	6000.00	2	45	
南宫简师	阎金声	5	4550.00	2	87	
南宫女简师	赵晋武	2	1920.00	1	34	
新河简师	李玉山	6	2501.00	1	48	

续表

校名	校长	教员	经费（元）	班次	人数	备注
新河女简师	赵云升	3	2004.00	1	30	
枣强简师	李树藩	4	400.00	1	36	
枣强女简师	王昭铎	2	4320.00	1	18	
武邑简师	丁焕文	3	3120.00	1	31	
武邑女简师	李泽	3	2100.00	1	20	
衡水简师	李凤栖	3	2106.00	1	38	
衡水女简师	刘德源	4	2000.00	1	24	
大名简师	马建中	5	2250.00	1	47	
大名简乡师	郭光华	5	4000.00	2	107	
南乐简师	李斐然	3	2252.00	1	65	
清丰简师	王玉书	4	6600.00	2	94	
东明简师	穆芸田	3	3325.00	2	86	
濮阳简师	臣逢安	6	5016.00	2	60	
濮阳女简师	王淑文	8	5955.00	1	33	
长垣简师	张锐	5	3100.00	2	93	
长垣女简师	牛慧芳	3	1200.00	1	23	
邢台简师	高能臣	3	3828.00	1	50	
沙河简师	王安庆	3	2616.00	1	48	
南和简师	李向梅	3	1716.00	1	42	
平乡简师	王延祉	3	880.00	1	42	
广宗简师	王克显	5	2700.00	1	46	
臣鹿简师	徐迁乔	4	2748.00	2	91	
尧山简师	程得铭	3	1236.00	2	68	补习1班
内丘简师	和绍唐	6	3660.00	2	67	
任县简师	王寿恺	2	1716.00	1	30	
永年简师	白玉玺	9	3242.00	2	96	
曲周简师	王启纶	3	2046.00	1	32	
肥乡简师	邵其寿	2	2100.00	1	50	
鸡泽简师	吴佩锴	3	2508.00	1	36	
广平简师	李慈航	4	2028.00	2	55	
邯郸简师	裴德麟	2	2946.00	1	62	
成安简师	王保中	2	852.00	1	38	
赵县简师	曹汉杰	7	2041.00	1	51	

续表

校名	校长	教员	经费（元）	班次	人数	备注
赵县女简师	李俊荣	4	1640.00	1	43	
柏乡简师	魏景星	1	1505.00	1	41	
隆平县简师	宋治田	2	1878.00	1	48	
隆平女简乡师	祁淑芳	3	545.00	1	22	
高邑简师	郭呈荣	2	1220.00	1	35	
阳城简师	李毓桐	3	1898.00	1	53	
宁晋简师	史俊龙	3	1740.00	1	53	
宁晋女简师	耿仪桐	2	675.00	1	24	
大兴简师	安汝常					停办
宛平简师	崔以均	3	3533.00	1	48	
涿县简师	尚 湛	6	3450.00	2	62	男女各1班
良乡简师	赵 权	2	1180.00	1	36	
房山简师	王 绦	2	2744.00	1	52	
通县简师	王振东	6	3368.00	3	101	
三河简师	韩树献	5	2484.00	1	25	
蓟县简师	汪文源	2	2160.00	1	27	
宝坻简师	赵景文	4	5160.00	2	65	
香河简师	侯彭年	3	2040.00	1	36	
固安简师	周 润	3	2700.00	1	41	
霸县简师	郝玉衡	3	2626.00	2	39	
永清简师	李万龄	3	2028.00	1	32	
安次简师	郭鸿群	4	2835.00	1	39	
武清简师	张鸿泽	9	2898.00	2	80	
平谷简师	谢兆祥	2	450.00	1	30	
威县简师	高 贡	5	4500.00	2	89	
清河简师	庄乃佩	2	2760.00	1	38	
磁县简师	赵子璧	17	4512.00	2	98	与初中合
昌平简师	王汝霖	2	2328.00	1	50	
兴 隆						未设
都山设治局						未设
顺义简师	李云阶	2	2298.00	1	34	
密云简师	王善述	2	1164.00	1	52	
怀柔简师	朱荣黻	3	854.00	1	36	

卢沟桥事变后，河北全境先后沦陷，各县所办师范全部停办。日伪政府为推行奴化教育，也曾举办县师十几所。

抗日战争胜利后，国民党政府也曾着意恢复县立简师。至1947年10月，恢复16校，教职工185人，简师32班，师训3班，附设初中23班，合计58班，学生1430人。

中华人民共和国成立后，人民政府为发展小学教育，举办了大批县师。其时的县师多为初师，即招收高小毕业生，相当初中阶段的师范学校。1949年，全省办有106所，1952年发展到127所。从1953年始，河北省将发展重点定为招收初中毕业生的中师，而逐步压缩县立初师。到1957年，全省初师仅剩9所。

1958年"大跃进"开始，县办初师又增加到48所。1961年后，贯彻"调整、巩固、充实、提高"八字方针，到1962年，省内所有初师全部撤销。此后仅廊坊于1970年又举办1所初师，但也只存在了2年。

自从1961年调整后，河北省的中等师范教育几乎20年无甚发展，长期滞后于小学教育的发展。到80年代初，全省小学教师中，民办教师竟占了70%多。由于这些民办教师多未受过师范专业训练，且文化水平参差不齐，严重影响着初等教育的质量。因此，在1983年初召开的全省教育工作会议上，省政府提出每县办一所师范学校的要求。5月20日，中共河北省委、河北省人民政府印发《高扬同志关于办好农村中小学的意见》，其中提出了"每县都应创办师范学校，为小学输送新的高水平的师资"。根据这些精神，省教育厅提出了《关于兴办县师范的意见》。7月15日，省政府发出冀政（1983）106号文件，批转省教育厅关于兴办县师范的意见，决定各县市兴办中等师范学校，由该县市领导，同级教育行政部门管理。省明确要求县师范原则上建在县教师进修学校，个别的可由中、小学改建，一律不得单独搞学校基本建设；两个领导班子一套人马，对外可挂两个牌子，也可只挂县师范一个牌子；教师编制要独立，但可调剂使用。当年，全省办起县师范144所，其中127所建在教师进修学校，15所由中学改建，2所由小学改建。共调配教师1128人，校均7.8人，其中大专毕业者占61.3%，9月底10月初先后陆续开学，共招生9200人。

3年后，由于师资、经费、设备及招生指标等条件的限制，县师范招生规模急剧下降，部分学校每年只能招生十余人，个别的甚至不足10人。鉴于这种情况，省政府决定对县师范进行调整。调整的基本原则是，凡调整下马的县师范，其人、财、物一律并入县教师进修学校，不准挪作他用，以便集中搞好在职教师培训；原县师范招生指标不变，由所在地、市负责协调，并入保留下来的其他县师范代培。为搞好县师范的调整工作，促其健康发展，省教委于1988年2月1日以冀教师字2号文件颁发县师范学校基本条件，其主要内容如下。

1. 领导班子政治过硬，精通业务，作风正派，善于管理。

2. 办学方向端正，能体现成人师范特点，面向小学，培养的学生具有扎实的基础知识和比较全面的基本技能。

3. 有相应的校舍、活动场地和实习、见习基地。

4. 有一支按规定配编的教师队伍。其中本科毕业生不得少于1/2。评职后应有两名以上高级讲师，主要课程由讲师以上教师担任。

5. 能按大纲要求开出70%以上的实验，有基本的艺体器材，有万册以上图书及百种以上报刊。

6. 建有较完整的教学及学籍管理制度，形成了较好的校风。

7. 经费渠道明确，已纳入地方教育事业费计划，能保证教学工作的正常开展。

8. 积极进行教育教学改革，开展教育教学研究，初步成为当地师资培训和教育研究中心，培养的学生受社会欢迎。

根据省教委制定的县师范基本条件，经过对各师范学校的评估，并经上下反复协调，1986—1988年，全省调整下马75所。1989—1990年，调整下马13所。1991年调整下马5所。前后共停办93所。另外，邯郸市师范学校已改建为市教育学院，农垦师范未能办起来。这样，省政府批建的145所县师范，到1991学年度，保留50所。1991年12月28日，省教委发出《关于县办师范调整结果的通知》[冀教师字（91）28号]，公布准予继续开办的50所县师范名单。这50所县师范当时的基本情况如表4所示：

第一章 中等师范教育

表4　1991—1992学年度河北省批准保留的50所县办师范学校一览

单位：人

校名	主管部门	校址	毕业生数	招生数 计	招高中毕业生数	招初中毕业生数	在校学生数	毕业班学生数	教职工数 合计	计	校本部教职工 专任教师 计	高级讲师	讲师	助理讲师	教员	教辅人员	行政人员	工勤人员	校办厂（场）职工	附设机构人员	兼任教师（不在教工数中）
大名县师范学校	县教育局	大名	40	80	80		121	41	15	15	15		8	6	1		8	16			
永年县师范学校	县教育局	永年	42	97	97		140	43	69	65	27		4	11	12	14	8	7	4		
涉县师范学校	县教育局	涉县	29	82	82		111	29	26	26	14	1	7	4	2	1	4	1			
成安县师范学校	县教育局	成安	19	80	80		100	20	11	11	6		1	3	1		4				
武安市师范学校	市教委	武安	36	76	36	40	192	76	34	34	21		7	9	5	1	5	7			
邯郸县师范学校	县教育局	邯郸县	34	34	34		68	34	21	21	14	1	7	5	1		5	2			
沙河市师范学校	市教委	沙河	48	44	42	2	91	47	16	16	9		3	4	2	1	3	4			
巨鹿县师范学校	县教育局	巨鹿	48	82	82		128	46	38	34	20	1	4	13	2	1	9	4		4	
南宫市师范学校	市教委	南宫	49	44	44		94	50	29	29	17		7	8	2	4	4	4			
宁晋县师范学校	县教育局	宁晋	87	90	90		179	89	67	63	32		3	3	26	9	12	10	2	2	
隆尧县师范学校	县教育局	隆尧	46	51	51		97	46	38	38	19	3	8	1		4	8	7			
临西县师范学校	县教育局	临西	37	45	45		82	37	23	23	14		4	6	4	4	5				

续表

校名	主管部门	校址	毕业生数	招生数 计	招高中毕业生数	招初中毕业生数	在校学生数	毕业班学生数	教职工数 合计	校本部教职工 计	专任教师 计	高级讲师	讲师	助理讲师	教员	教辅人员	行政人员	工勤人员	校办厂(场)职工	附设机构人员	兼任教师(不在教工数中)
邢台市师范学校	市教委	邢台		82	82		243	80	51	51	31		9	13	4	12	4	4			
沧县师范学校	县教育局	沧县	35	37	35	2	74	37	21	21	10	5	3	5	2	1	3	7			
青县师范学校	县教育局	青县	25	23	10	13	46	23	12	12	7	2	3		2	2	1	2			
定州市师范学校	市教育局	定州	193	189	189		467	187	53	53	36		7	19	10	2	5	10			
安新县师范学校	县教育局	安新	88	90	90		179	89	43	43	18		2	2	14	5	11	9			
易县师范学校	县教育局	易县	92	85	85		218	133	46	45	27	3	5	12	7	2	12	4	1		
安国市师范学校	市教育局	安国	77	88	88		173	85	30	30	10	1	5	7	3	2	6	6			
唐县师范学校	县教育局	唐县	91	84	84		168	84	44	44	22		7	9	6	4	5	13			
新城县师范学校	县教育局	新城	93	94	94		188	94	24	24	13		8	4	1	1	9	1			
清苑县师范学校	县教育局	清苑	86	128	38	90	346	128	54	54	29	2	7	20		5	7	13		1	
廊坊市安次区师范学校	区教委	廊坊	35	105	101	4	141	36	39	37	17	1	9	6	1	7	7	6	1		
霸州市师范学校	市教育局	霸州市	105	105	100	5	210	105	48	48	27	4	10	11	2	5	5	11			3

续表

校 名	主管部门	校址	毕业生数	招生数 计	招高中毕业生数	招初中毕业生数	在校学生数	毕业班学生数	教职工数 合计	校本部教职工 计	专任教师 计	高级讲师	讲师	助理讲师	教员	教辅人员	行政人员	工勤人员	校办厂(场)职工	附设机构人员	兼任教师(不在教工数中)
三河县师范学校	县教育局	三河	30	32	30	2	62	30	27	27	18		5	6	7	4	3	2			
丰润县师范学校	县教育局	丰润	41	50	50		91	41	66	66	33	6	3	15	9	15	11	7			
邢台县师范学校	县教育局	邢台	112	30	30		60	30	32	27	14	1	5	4	4		4	9		5	
赵县师范学校	县教育局	赵县	125	177	177		352	175	59	59	35	4	7	12	12	5	10	9			
藁城市师范学校	市教育局	藁城	106	157	146	11	282	125	36	36	23	1	6	15	1		11	2			
新乐县师范学校	县教育局	新乐	115	156	156		311	155	57	55	30	5	12	13		10	5	10	2		
井陉县师范学校	县教育局	井陉	73	74	30	44	187	72	40	40	28	2	8	14	4	4	4	4			
获鹿县师范学校	县教育局	获鹿	51	50	47	3	100	50	34	34	13	2	2	4	5	5	3	13			
正定县师范学校	县教育局	正定	50	50	47	3	99	49	49	47	25	3	13	9		3	9	10	2		
衡水市师范学校	市教委	衡水	52	49		49	100	51	33	33	27		11	15	1		5	1			
枣强县师范学校	县教育局	枣强	60	59		59	117	58	26	26	15		6	4	5	6	2	3			
深县师范学校	县教育局	深县	73	77	77		153	76	40	40	21	3	9	4	5		10	9			

续表

校名	主管部门	校址	毕业生数	招生数 计	招高中毕业生数	招初中毕业生数	在校学生数	毕业班学生数	教职工数 合计	校本部教职工 计	专任教师 高级讲师	专任教师 讲师	专任教师 助理讲师	教员	教辅人员	行政人员	工勤人员	校办厂(场)职工	附设机构人员	兼任教师(不在教工数中)
景县师范学校	县教育局	景县	75	75		75	150	75	29	16		5	4	7		4	9			
河间市师范学校	市教育局	河间市	92	114	96	18	229	115	45	23	3	9	10	1		15	7			
黄骅市师范学校	市教育局	黄骅	40	99	99		198	99	38	21	2	7	12			2	15			
迁西县师范学校	县教育局	迁西	84	95	90	5	181	86	30	18	1	4	12	1	5	5	2			
遵化县师范学校	县教育局	遵化	95	100	83	17	195	95	62	46		19	15	12	6	6	4			
丰南县师范学校	县教委	丰南	74	49	39	10	119	70	24	17	2	10	5		3	4				
滦县师范学校	县教育局	滦县	106	108	106	2	216	108	43	26	2	8	5	11	5	7	5			
隆化县师范学校	县教育局	隆化	80	160	60	100	319	159	44	27	1	8	18			14	3			
平泉县师范学校	县教育局	平泉	60	90	90		180	90	44	34		9	24		1	2	5	2		
承德县师范学校	县教育局	承德	72	120		120	279	79	50	30	2	12	12	4	10	7	3			
涿鹿县师范学校	县教育局	涿鹿	95	95	95		183	88	33	17		3	4	8	3	6	7			
沽源县师范学校	县教育局	沽源	108	117	104	13	225	108	28	18	2	4	14		8	2				
蔚县师范学校	县教育局	蔚县	82	108	108		212	104	33	18		5	6	7	2	8	5			
宣化县师范学校	县教育局	宣化	109	110	28	82	310	120	55	30	1	7	19	3	4	6	15			

三 革命根据和解放区的师范学校

抗日战争和解放战争时期，河北境内革命根据地民主政府重视教育，为发展初等教育培养师资，开办了大量的师范学校，并在中学及其他学校附设师范班。民国二十九年（1940）3月，晋察冀边委会颁布《边区中学附设短期师范班暂行办法》，要求边区各中学附设短期师范班，并对师范班的教育方针、学制、课程与教材、教学与实习、经费及领导管理体制等，都做出了明确规定。民国三十五年6月12日边委会颁发了《晋察冀边区师范学校实施办法草案》，对师范学校的方针、任务、组织、领导、教育、教学等，都做了具体规定。各行署及各专、县重视师范教育。冀中行署在关于建立中等学校的指示中，把师范班与干部班、中学班同等看待，师范生还享受公费优待。由于各级政府重视师范教育，到抗战胜利，边区师范学校发展18处，学生达2123人。到民国三十六年，仅冀晋区就有专区师范4所，11个班，学生495人，县立师范15所，18个班，学生934人。冀中区除中学附设师范班外，仅师范学校到民国三十七年就达22所。

表5　　　　河北省境内根据地和解放区所属师范学校概况　　　　单位：人

校 名	班 数	学生数 男生	学生数 女生	合 计
八专区联合师范	7	373	45	418
赵县师范	2	44	14	58
藁城师范	1	42	12	54
晋县师范	2	84	29	113
束鹿师范	1	56	17	73
宁晋师范	1	48	4	52
武强师范	1	71	10	81
栾城师范	1	96	8	104
高阳师范	1	49	31	80
清苑师范	1	35	6	41
肃宁师范	1	50	14	64

续表

校　名	班　数	学生数 男生	学生数 女生	合　计
新乐师范	1	36	13	49
定县师范	2	101	27	128
安新师范	1	40	15	55
安平师范	1	36	16	52
安国师范	1	28	43	71
深泽师范	1	45	18	63
无极师范	1	42	15	57
饶阳师范	1	31	42	73
博野师范	1	39	15	54
蠡县师范	1	37	14	51
十分区师范	1	71	13	84
总　计	31	1454	421	1875

注：以上数字未包括师范附设中学班。

第二节　培养目标

一　清末

清末实行封建专制，忠君尊孔是对学生的基本政治思想要求。其中等师范学校培养目标是效忠清朝皇室、尊奉孔孟之道的初等学校教员。但因当时的中等师范学校即初级师范学堂又分完全科、简易科，故在业务方面目标又不完全一样。

完全科亦称本科，原意是初级师范学堂的正规班次，学制5年，旨在培养合格的小学教员。当时新学初兴，小学与师范同时并举，小学教员缺乏。为快速培养小学教员，开办了大量简易师范或师范传习所，同时在正规的初级师范学堂设简易科，学制一、二年或数月不等。这样，逐渐形成一种大体分工，即完全科重在培养高级小学教员，简易师范或初级师范学堂简易科重在培养初级小学教员。预备科则是为欲入师范学堂而学力未足者补习功课所设，旨在为初级师范学堂培养合格生员。简易科毕业后，虽准任初小教员，却不给予终身执照。如保定初级师范学堂所招学制为 6 个月的简易科生，学习期满，成绩合格者准予毕业，派任初小教员，但仅予以 3 年内任教的文凭。其意在于等 3 年以后，完全科毕业生日多，则对简易科毕业生逐步淘汰，而其欲继续任教者，则需深造后才行。

二 民国时期

中华民国建立后，初级师范学堂改称师范学校，其培养目标仍为小学教员，唯女子师范学校兼负培养蒙养园、幼稚园保姆之职。这期间，对学生的业务要求进了一步，培养目标更加全面。在注重文化知识和教育艺术的基础上，提出兼重社会、实业及生活能力，尤其强调服务农村教育及农民社会。其具体目标是通过各种训练，使学生具有：1. 劳动的身手；2. 军人的体魄；3. 自治的能力；4. 科学的头脑；5. 民族的意识；6. 康乐的身心；7. 农村教育的技术；8. 农村服务的精神。

沦陷区日伪政权所办的师范学校，旨在培养推行奴化教育的小学教员。除文化知识和一般教学能力的业务要求外，还要求能配合日军的侵华行动，宣传效忠天皇，大东亚共存共荣等。

革命根据地和解放区所设师范学校，重在培养高小师资及初级教育行政干部，所设短期师范重在培养初小师资。其具体目标是使所培养的师资具备下述资质：1. 胜任小学教师的文化水平、科学思想和生活能力；2. 了解社会发展规律，懂得中国社会的性质，中国革命的任务及中国和世界的发展前途，具有新民主主义的意识，群众的观点，全心全意为人民服务的人生观和大众化的民主作风；3. 了解新教育观点，掌握新教育方法，具有献身教育事业的精神；4. 身体健康，吃苦耐劳，热心为社会服务。

三 中华人民共和国成立后

中华人民共和国成立后，中师的培养目标基本按中央规定要求办理，但又根据河北的特殊情况，强调了服务农村和山区、坝上等要求。其基本要求是培养具有马列主义、毛泽东思想的初步基础，中等文化水平和教育业务知识、技能，身体健康，全心全意为人民教育事业服务的初等教育和幼儿教育师资。在初、中师并举，初师多于后师的 20 世纪 50 年代前半期，初师主要培养初小师资，中师则侧重培养高小师资。

50年代中后期，初中教育大发展，曾有部分中师毕业生充当初中教师。70年代，中师曾一度将培养中学师资作为主要目标，并曾因此一度文、理分科。到80年代，才又回到以培养小学和幼教师资为主要目标，并明确提出其目标是"培养具有社会主义觉悟、辩证唯物主义世界观、共产主义道德品质，从事小学和幼儿园教育工作必备的文化与专业知识、技能，热爱儿童，全心全意为社会主义教育事业服务，身体健康的小学和幼儿园师资"。

80年代中后期，根据国家教委的有关指示精神，结合河北省的实际情况，在中师培养目标方面，强调了培养学生的共产主义思想、良好师德、献身教育事业的求实创新精神，提出了面向农村办学，培养适合广大农村需要的小学师资的要求。

1986年6月，省举办中师培养目标研讨会，提出河北省中等师范学校的目标是：培养具有共产主义思想、良好师德、献身社会主义教育事业的精神和求实创新的精神，具有从事小学教育工作必备的知识和能力，具有健康体魄的小学教师。

具体要求如下。

（一）思想品德

1. 热爱社会主义祖国，拥护中国共产党的领导，努力学习马克思主义，初步树立辩证唯物主义观点。

2. 树立专业思想，热爱小学教育事业，热爱儿童，服从工作分配。

3. 文明礼貌，团结友爱，遵纪守法，作风正派，勤奋朴实，热爱劳动，艰苦奋斗，能成为小学生的表率。

4. 热情、理智、耐心、诚恳、意志坚强、富有朝气、勇于创新、具有良好的心理品质和个性修养。

（二）文化和专业知识

1. 掌握政治、语言、数学、物理、化学、生物、生理卫生、历史、地理、外语（有条件的学校开设）等学科的基础知识，达到中等科学文化水平，特别要有扎实的语文、数学知识基础。同时，还要有较宽的知识面。

2. 掌握心理学、教育学以及小学各科教材教法的基础知识，初步形成正确的教育思想。熟悉小学各科教学大纲，了解小学教材体系和内容。

3. 掌握从事小学教学必备的体育、音乐、美术等学科的基础知识。

（三）教育教学能力

1. 掌握正确的学习方法，养成良好的学习习惯，具备一定的自学能力。

2. 具有初步教学能力，能独立分析教材，编写教案，能准确清晰地讲授教材，能进行初步的教学研究。

3. 会做学生思想工作，能组织好课堂教学（含复式教学），能管理好班集体，能指导少先队活动和其他各项活动。

4. 会使用一般工具书，有扎实的书写基本功。会说比较标准的普通话，有较强的书面表达能力。

5. 掌握一定的劳动技能，会制作简易教具，会实验操作，会使用一般的电化教具，会指导手工或科技活动。

6. 掌握从事小学教育工作所必需的体育、音乐、美术基本功，并在某一方面有所长。具有初步的审美能力。

（四）体质

有良好的生活习惯和卫生习惯，懂得一般的保健知识，积极参加体育活动，达到国家规定的体育锻炼标准，具有良好的身体素质。

1987年7月，召开全省中师面向农村、山区小学教育座谈会。会上，省教委副主任安效珍讲话，强调中师必须坚持面向农村办学、为农村小学培养合格师资的方向。为此，要求学生热爱农村、热爱农民，有到艰苦地方去的勇气，有扎根农村、献身农村教育事业的精神，有适应农村小学教育的工作能力和生活能力。面向山、海、坝地区的培养对象，尚需具备复式教学的能力。

1988年6月，省召开中师教育工作会议，再次强调中师的培养目标必须是热心农村初等教育的合格的初等教育师资。据此，省内的市属中师，也把为郊区和属县培养师资定为自己培养目标的重点。

第三节　教育教学

一　政治思想和专业思想教育

清末师范学堂的德育，忠君是第一要义。尊孔崇圣，恪守经训，循礼奉法，谨言慎行，服从长上，孝敬恺悌，皆其内容。其旨一在坚其敦尚伦常之心，一在鼓其奋发有为之气。法定课本为陈宏谋《五种遗规》，即《养正遗规》《训俗遗规》《教女遗规》《从政遗规》《在官法戒录》，以及有关经传时事。课堂而外，每逢各种典礼，无不利用。在保定初级师范学堂光绪三十年（1904）的开学典礼上，对学生提出四项基本要求：一、要热爱教育，以普及教育为己任，而不惑于他途；二、要刻苦钻研业务，务以研求有得为止境，而不涉于怠慌；三、要注意团结，要能知互益，教学相长，不可怀轻蔑之心与嫉妒之念；四、要兴居有节，不可染嚣张之习，腾诽谤之谭。

民国建立，废封建专制，行民主共和，以三民主义为本。师范德育亦废除忠君、尊孔、崇圣等内容，而以新的世界观和人生观教育学生，教学生爱国家，遵法宪，敦品格，重自治，爱人道，尚大公，明时事，守职分，独立博爱，为生利之人而勿为分利之人。

日本侵华期间，伪河北省公署所办师范学校的德育，着重在奴化教育，以所谓"中日亲善""大东亚共存共荣"等教育学生，以淡化学生的爱国民族意识和消除学生的抗日救国心理。

革命根据地师范学校的德育，以马克思主义为指导思想，以共产主义为远大理想，以新民主主义革命纲领为指针，教育学生在中国共产党的领导下，结合工农群众，献身教育事业，为推翻帝国主义、封建主义、官僚资本主义三座大山而奋斗。民国三十五年（1946）晋察冀边委会颁行的《师范学校实施办法草案》中，规定边区师范学校的政治常识课，除日常学习、工作、生活中随时教育外，3学年单开324课时，每周3课时，主要内容可分5个方面：1. 解放区建设。进行一年。内容为边区的创立与发展，边区施政纲领，重要政策法令，各项建设，边区各级政权、群众团体、文化团体的组织及民主作风等。尽可能与当时当地工作联系，并及时研究各项新的法令。2. 中国革命问题。进行一年半。内容以《新民主主义论》《论联合政府》《中国革命与中国共产党》为主，阐明中国社会性质、目前革命任务、中国革命前途，介绍中国主要政党及其主张等。3. 社会发展史。进行半年。并联系国际政治动向。4. 时事。课外进行。组织读报、时事座谈、时事报告等。5. 与以上内容相联系，进行青年修养教育，联系到工作立场、工作态度，以确立革命人生观。短期师范的思想政治教育与此内容相近，唯课时减少到108个，并且根据学校环境而决定思想政治教育的比重：在老解放区，重在文化教育，政治常识不再增加；在新解放区，重在政治思想教育，以改造旧知识分子，思想政治课可适当增加。

中华人民共和国成立初期，师范教育曾一度贯彻新民主主义纲领，后随社会主义改造的深入开展和顺利完成，逐步转向以社会主义为基本纲领。其中马列主义基础、中国革命史之类内容仍旧，主要将新民主主义论逐步改为社会主义革命和建设常识。1964年后，"以阶级斗争为纲"，到"文化大革命"中发展到极端，课程设置几乎只学毛主席语录。"文化大革命"后，经拨乱反正，师范学校德育内容主要包括马列主义基础知识、时事政治、日常守则等方面。除政治、时事课而外，其他各课及课外活动均贯彻其精神。除强调教师教学育人外，同时强调后勤人员服务育人，行政人员管理育人。德育之主题是教育学生坚持四项基本原则，做有理想、有道德、有文化、有纪律的社会主义新人。1983年，教育部颁发《中等师范学校学生守则（试行草案）》，使师范生行为有章可循，同时也为师范德育提出具体目标和要求。其主要内容是：

1. 热爱祖国，热爱人民，热爱社会主义，拥护中国共产党的领导。
2. 认真学习马列主义、毛泽东思想，树立共产主义思想。
3. 热爱儿童，努力学习专业知识，立志为小学教育事业服务。
4. 品德高尚，文明礼貌，诚实谦虚，艰苦朴素。
5. 锻炼身体，讲究卫生，积极参与文娱活动。
6. 尊敬师长，团结同学，热爱集体，开展批评和自我批评。
7. 遵守学校纪律，遵守社会公德，遵守国家法令。
8. 关心国家利益，服务工作需要。

为加强政治思想教育，省内各师范学校还成立了与教务处并立的教育处，专门负责对师范生的思想政治教育和思想政治工作。专门机构的设立，使师范生的思想政治教育有了组织保证。

二　文化业务教育

中等师范学校的文化业务教育，不仅要求学生掌握中等文化，要求学生学会初等文化知识的讲授和学习方法，而且要求学生具备相应的生活自治能力和社会组织能力，适应初等教育的需要。

清末，省内初级师范学堂完全科开设修身、教育、读经、中国文学、历史、地理、算学、理化、博物、习字、图画、体操等课程，简易师范或初级师范学堂简易科则只开设修身、教育、中国文学、历史、地理、算学、格致、图画、体操等课,且时数远较本科为少,要求程度亦低。师范学堂初设之时,自然科学和教育科学师资奇缺,故许多学校不能按要求开足全部课程。直隶师范学堂因聘有外籍教师多名,故课程开设较全。简易科学制较短,有的便不再开设中国文学等课,而只重点开设自然科学和教育科学以及史地、体操等课,以求速成。

民国时期,师范学校课程设置日臻完备。师范学校所开课程有党义、公民、国文、英语、历史、地理、数学、理化、博物、图画、劳作、音乐、体育、伦理、教育学、教育心理学、教育史、各科教学法、小学行政、家事等。教学方法上更注重与实际的结合,特色较突出的是博五联立师范学校。该校位于博野先贤颜元故里北杨村,本着颜李文武合一、兵农合一、耕读合一的遗训,培养具有"农工身手,军人体魄,科学头脑,民族意识,团体生活及农村服务精神"的小学教师。其施教方式,分堂内教育和堂外教育,寓教育于整个生活之中。堂内教育,除部颁课程之外,另增设适合农村需要之科目,如合作、卫生等。堂外教育,其施教地点为农场、医院、合作社等乡村服务场所。作息行三八制,堂内8小时,堂外8小时,睡眠8小时。行大段制,每段80分钟,堂内完毕继以堂外,堂外完毕继以堂内,使学生脑力劳动与体力劳动轮息均衡。农忙时节,学生头戴自编草帽,身着土布制服,不履不袜,锄草耘苗,灌溉施肥,在劳动中锻炼出农夫身手。该校重习武,军事训练包括技术训练、实弹演习、军事化管理、武装值夜等项目,以培养军人体魄。该校尤重农村服务精神训练,内容包括农村生活训练及农村实习,使学生在衣、食、住、行诸方面无异农民。毕业生在农村实习3个月,不仅试教,而且办理民教,指导合作、卫生、自治等。革命根据地和解放区的师范学校学制原则上为3年,每年分2—3个学期,教学时间36周,每周26课时,自习、参观每周20课时。课程开设政治、国文、史地、数学、生理卫生、自然与生产、教育学、音乐、体育、美术、参观实习、生产劳动等。其短期师范学制为1年,课程开设政治常识、国语、史地常识、算术、自然常识、新教育实际问题、体育、文娱、参观实习、教材研究等。总课时990个。鉴于当时战争环境,根据地和解放区还办有大量学制仅为数月的师资训练班,以培养初小师资。有的附设在正规师范学校,有的单独设立,其课程,在新解放区主要学习新民主主义教育方针政策，文化课不多；在老解放区以文化教育为主，政治教育为辅，课程内容参照短期师范有关规定灵活掌握。

革命根据地师范教育教学活动极具特色。除紧紧配合当时革命形势而进行适当的思想政治教育外，文化业务教育极重实际，具体的课程内容以实用为准则，如地理首先要讲革命根据地的，历史也主要讲中国革命史，数学也着重地亩、赋税、利息的计算、珠算及会计记账等，其次才是简易代数和几何常识。教学方法注重联系实际。

中华人民共和国成立后，河北中等师范学校的教育教学逐步走向正规，课程设置渐趋完善，教育教学方法强调理论联系实际，教育学和心理学引进苏联教材。1958年"大跃进"中，过多的体力劳动和社会活动冲击了正常教学。1960年至1962年，暂时经济困难时期，教育质量受到影响。1962年后，随着国民经济的调整和生活的改善，特别是正常教育教学秩序的恢复，教育教学质量重新恢复和提高。从1965年始，16所中师实行半耕半读，学生约用2/3的时间学习业务，1/3的时间参加生产劳动。"文化大革命"开始后，所有师范学校全部"停课闹革命"。1970年后，各校先后恢复招生上课。70年代，鉴于大多数中师毕业生被派往中学任教，各师范学校开始文理分科授课。"文化大革命"期间，教育学和心理学被当作伪科学遭批判，美学也被当作资产阶级的专利品被遗弃。

"文化大革命"结束后，特别是中国共产党十一届三中全会后，河北中师的教育教学开始了一个全新的阶段。文理分科授课现象逐步取消，课程设置空前完备，不仅教育学、心理学、美学等课程重获解放，代表现代文明的人口理论、计算机基础等也逐步纳入中师教学计划。20世纪80年代初期，基本执行全国《中等师范教学计划试行草案》。1986年，国家教委对该草案调整后，河北也随之调整了教学计划。1989年，国家教委制定《三年制中等师范学校教学方案（试行）》，河北省教委转发了这一方案，并据此制定了《河北省三年制中等师范学校教学计划（试行）》，于1990年7月25日下发全省参照执行。该计划规定，河北省三年制中等师范学校的教育教学活动，实行以课堂教学为主，必修课与选修课相结合，课堂教学和课外活动相结合，学校教育与社会实践相结合的原则，使教育教学活动成为必修课、选修课、课外活动和社会实践有机结合的整体。必修课教学是培养学生的主要途径，其科目、课时、安排顺序均不得随意变动，如确需变动，须经地市教委审核，报省教委批准。必修课包括思想政治、文化知识、教育理论、艺术、体育、劳动技术等几大门类。其文化知识课开设语文和小学语文教材教法、数学和小学数学教材教法、物理、化学、生物学和少儿生理卫生、历史、地理等7门课程。教育理论开设小学心理学、小学教育学2门。艺术类开设音乐、美术。总课时数为2800多个。选修课是为拓宽学生的知识面、发展学生特长、实现一专多能、根据训练情况而开设的课程，总课时300个左右。分为文化知识、小学各科教材教法、艺术、体育、职业技术教育等几大门类。每个学生每大门类必须选修一科。文化知识类包括语文、数学、政教、史地、自然等科目，选修课时为120个左右。小学教材教法类包括思想品德、自然、史地、音乐、体育、美术等学科的教材教法以及复式教学、电化教学等科目，选修课时为80个左右。艺术类包括音乐、美术、舞蹈等科目，选修课为60个左右。体育类包括各种常见体育运动的常识、组织法、裁判法等，选修课时为30个左右。

为发扬共产主义协作精神，广泛开展中师教育教学研究活动，尽快实现中师教育教学科学化，提高中师教育教学质量，培养合格的小学教师，20世纪80年代，河北省在全省组建了政治、语文、数学、物理、化学、生物、历史、地理、音乐、体育、美术、教育心理等12个中心教研组。其任务职责是，研究和贯彻党和国家发展师范教育的方针政策；探讨中师教学计划、大纲、教材，特别是教学方法的改进意见；根据中师培养目标，研究制定本学科培养学生能力的具体措施；研究教育理论，总结交流推广中师教育教学改革的经验。其活动内容主要有：组织观摩教学和评估教学；交流研究成果和教改经验；组织讲座，沟通教改信息；有计划地编写乡土教材和有关教学参考资料；组织师生开展有关学科的基础知识、基本功训练及竞赛。中心教研组活动方式为集中与分散相结合，以分散为主。建组9年，共组织教研活动92次，编写全省通用教材7本，交流论文1309篇，答复咨询2518次，开展竞赛20多次。

为搞好县办师范的教育教学，省教委根据国家教委三年制中等师范教学方案，结合县师范所招学生大多具备高中毕业文化程度和学制2年的实际，提出了减少与高中课程重复，加强德育教育、专业课教学、音体美教学、劳动技术和教育实践课，着重培养学生实际能力的方针，制定了河北省二年制县师范教学计划。全程时间104周。第一学年上课34周，复习考试2周，劳动技术教育2周，机动2周。第二学年上课24周，复习考试2周，劳动技术教育1周，机动3周，教育实习10周。课程分设必修和选修2种。必修课是主体，主要使用三年制师范教材，允许用自编教材，课程开设思想政治、语文、数学、教育学、心理学、体育、音乐、美术、书法、劳动技术等10种。选修课之应用文、文学简史、人口理论、自然课教法、复式教学、简笔画、体育竞赛裁判法等选用省编三年制中师教材。农村应用数学、小学思想品德教法、班主任和少先队辅导员工作常识等课，可自行编选教材。史地课选修与否，由各校自定。但要求学生2年内选修科目不能少于5种，课时不得低于200个。除课堂教学外，省教委还针对县师的具体情况，对县师范的课外活动提出了原则安排意见。要求各校通过举办报告会、专题讲座、知识和技能竞赛等，激励学生团结奋进。各校参照教学计划，积极组织教育教学，用较短的时间培养出合格的教师。

表6　　河北省三年制、二年制师范学校教学计划（1990年7月）　（单位：个）

科目 \ 学年	一	二	三	授课总课时
思想政治	2	2	2	192
语文 小学语文教材教法	6	6	4 2	516 60
数学 小学数学教材教法	5	5	3	330 90
物理	3	2		165
化学	2	2		132
生物学（包括少年儿童生理卫生）	4			132
历史		2	2	126
地理		2	2	126
小学心理学教程	3			99
小学教育学教程		2	2	126
体育	2	2	2	192

续表

科目 \ 周课时 \ 学年	一	二	三	授课总课时
音 乐	2	2	2	192
美 术	2	2	2	192
劳动技术	2	2		132
必修课周总课时数	33	31	23	1802
选修课时数	1—2	2—4	6—10	
每周上课时数	34—35	33—35	29—33	
教育实践（周）	2	2	6	
复习考试（周）	2	2	3	
机　动（周）	1	1	1	
每学年上课周数	33	33	30	

注：一、二年级语文课每周一节普通话或口语训练。

表7　　　　河北省三年制中等师范学校选修课安排参考

类别	科目 \ 周课时 \ 学年		一	二	三	说明
文化知识	语文、数学、政教、史地、自然	省已编教材 书法、文学简史、应用文、人口理论、微机基础	1	1	3	一年级开书法课，二年级开文学简史、三年级开应用文、人口理论、微机基础
教材教法	小学各科教材教法（语、数除外）、电教、复式教学	自然教法、复式教学			2	三年级开自然教法、复式教学
艺术	音乐、美术、舞蹈	简笔画		1		二年级开简笔画
体育	体育、裁判法、武术	竞赛裁判法			1	三年级开竞赛裁判法

续表

类别	科目 \ 学年周课时	一	二	三	说明
职业技术	农职业技术、木工、电工、缝纫、统计、财会、测绘等				
学生每周选学课时数		1—2	2—4	6—10	
学生选学课总时数		33—66	99—132	138—230	

注：1. 省统一编写的选修课教材列入参考表内；2. 各校可根据实际情况编写部分选修课教材，安排各年级开课。

表8　河北省三年制中等师范学校课外活动安排参考

系列		学年次数	一 1	一 2	二 1	二 2	三
常规教育	主要包括校史、校风校纪、行为规范、培养目标、民主与专制、校友报告等		2	1	1	1	2
学习方法	主要包括课堂和课外学习方法等		1	1			
国内外大事	主要包括时事综述、形势报告等		1	1	1	1	1
名人事迹	主要介绍革命家、教育家、著名文学家、科学家的成就等。		1	1	1	1	1
文　学	主要包括名著介绍、评论、创作方法等		1	1	1	1	1
数　学	包括数学竞赛、游戏等				1		1
美　学	包括自然美、艺术美、社会美等			1		1	
教育学						1	2
各学科	活动小组、社团活动室				1	2	2
其　他							
合　计			6	6	6	8	10

注：各校可根据培养合格小学教师的需要，适当安排专题讲座、报告、演讲会和知识竞赛活动等。

表9　　　　　　　　河北省二年制县师范学校教学计划　　　　　　　（单位：个）

科目	学期周学时	一	二	三	四	总学时	说明
语文	文选与写作	4	4	4	4	232	每学期纯授课17周，机动1周。全学程必修课为1685课时，应予保证；选修课239课时，供参考。音乐美术课也可采取学生选修一门的办法，将课时合并使用。第四学期授课7周，教育实习10周
语文	语文基础知识	3	3	2	2	150	
语文	小学语文教法		2	2	2	82	
数学	小学算术基础理论和教法	3	3	3	3	174	
	政治	3	3	3	3	174	
	教育学		2	4	4	130	
	心理学	3	3			102	
	书法	2	1	1	1	75	
	体育	2	2	2	2	116	
	音乐	3	3	3	3	174	
	美术	3	3	3	3	174	
	劳动技术	2	2	2		102	
	必修课周学时	28	31	29	27	1685	
	选修课	4	3	5	5	239	
	每学期学周数	18	18	18	18		
	周学时数	32	34	34	32		

表10　　　　　　河北省二年制县师范学校选修课安排参考　　　　　　（单位：个）

类别	科目	学年课时	第一学年	第二学年
文化知识	省编：①应用文		30	
文化知识	②文学简史		30	
文化知识	③人口理论			30
文化知识	自编：①农村应用数学		30	
教材教法	省编：①自然课教法			30
教材教法	②复式教学			15
教材教法	自编：①小学思想品德课教法			15
教材教法	②班主任、少先队辅导员常识			15
艺术	省编：①简笔画		30	

续表

类别	科目 \ 学年课时	第一学年	第二学年
体育	省编：①体育竞赛裁判法		15
职业技术	自编：农职业技术、木工、电工、缝纫		

注：1. 省统编选修课教材，用省三年制中师教材。

2. 自编或选用选修课教材，由地市组织编写或选定。

3. 除上述选修科目外，学校可根据实际增加新的篇目。

表 11　　　　河北省二年制县师范学校课外活动安排参考

系　列	内容 \ 学年课时	第一学年	第二学年
常规教育	校风校纪、培养目标、行为规范、民主与法制、优秀教师介绍经验等	3	3
时事政策	时事综述、形势报告、政治理论学习等	2	2
名人事迹	英模报告，介绍革命家、教育家、文学家、科学家及其成就等	2	2
各学科	文学、数学知识，科技竞赛，兴趣小组活动等	2	2

注：1. 上述安排供各校参考。

2. 各校根据实际需要，适当安排专题讲座、报告、调查汇报会等。

三　教育实践

清末河北省师范初设即重实习，如保定初级师范学堂章则便规定有"教授相互学习，学堂参观，实事授业"等。民国时期，实习更受重视。为便于师范生实习，省属各师范均办有附属小学，有的女师还附设了幼稚园。仅省立保定女子师范一校，便设有 3 所附属小学和 1 所附属幼稚园。其附属一校，按复式编制作特殊训练，二、三两校皆行普通单轨制，规模组织完全相同，以分别试验新教育方案。各附小都设教育实习会，以指导、评价师范生的实习。

革命根据地及解放区的师范学校重视教育实习。在艰苦动荡的条件下，千方百计设立附属小学，并选定一中心小学区，作为实习研究问题的场所。实习内容除教育教学外，还兼有宣传群众、组织群众、鼓舞群众参军参战参加边区政权建设等。

中华人民共和国成立后，从1949年到1951年，师范学校对实习工作极为重视，并创造了许多行之有效的具体形式。大体有三种类型：一是一面讲授一面实习，即每单元讲授完毕，便进行试教或见习；二是平时不实习，完全集中在毕业前实行全面实习；三是平时分散的随机的参观实习与毕业前集中实习相结合。在这几种形式中，省教育行政领导认为第三种做法较好，于是便向全省推广。同时对各校的实习工作提出了四点具体要求：1. 事先要做好充分的准备；2. 有关教师必须亲自领队指导；3. 事后要有详细的总结；4. 要加强对实习工作的领导，各校可成立实习指导委员会或参观实习教学研究组，负责研究、计划、检查、指导、总结学生的参观实习工作。

由于省厅领导的重视和师生的努力，各师范学校在教育参观实习方面取得不小成绩，积累了不少经验，质量逐步提高。但1958年后，由于"大跃进"的冲击，一度使教育实习脱离正常轨道。1964年1月29日，省教育厅发出（64）教师字第5号通知，对当年师范学校毕业生集中实习的内容、时间、学校、组织领导等都作了明确规定。提出"集中教育实习应以课堂教学的实习为主，除实习语文、算术及任选一门技能课（1—2节）外，并适当实习班主任以及少先队工作。面向农村的学校应抽出一定时间实习复式教学"，实习时间"以六周为宜"，"不得少于四周"。该《通知》不仅强调"各校必须重视实习班主任工作"，并为此提出了具体可行的参照办法。1965年后，半耕半读师范学校实习提前，时间亦延长到3个月，强调突出政治，大学毛主席著作，时时、事事、处处以毛泽东思想挂帅。到1966年"文化大革命"开始，正常的教学秩序被打乱，学校"停课闹革命"，实习亦随之停止。

"文化大革命"结束后，师范教育逐步恢复正常，实习亦随之恢复。在2—3个学年的时间里，师范学生须经历几个不同形式不同内容的实习阶段。第一阶段，用一周左右时间，初步了解小学概况，初步认识小学教师工作的地位、作用、性质，培养职业感情。第二阶段，用一周左右时间，加深了解小学办学特点，初步了解小学生心理、身体特点，初步了解小学教师工作内容和方法。第三阶段，用一周左右时间，了解小学教学常规，有选择地听课，了解小学各年级的教学特点，批改作业。第四阶段，分年级听课，有选择地听专业课，可进行试讲以体验上课的感受。前后一个学期，用六周左右时间集中实践，语文、数学各实习两周，音体美或其他科目任选一门实习一周，同时要见习班主任和少先队工作。师范生在假期要辅导小学生作业，了解附近小学教育情况，有条件的还可义务代课。通过这样的教育实践过程，学生成为热爱小学教育，熟悉小学教育，并逐步适应小学教育的师资。

第四节　学生

一　招生

师范初创时，因无相应的中小学毕业生，故招收旧学之贡廪增附监生。要求品德端谨，文理优通，身体健全，完全科生须年在18岁以上25岁以下，简易科生须年在25岁以上30岁以下。省立师范由各县考选保送，光绪二十九年（1903）额为大县8人，小县4人，由省复试合格，方准入学。入学后尚有4个月试学期，继续考察，其资性品行不相宜者责令退学。省师在全省范围内招生，州县师范一般限于本州县。光绪三十二年（1906）设于天津的北洋师范学堂招收直隶学生230人；西北各省、旗及山东、山西、河南、东三省学生120人；各省自费生50人。共400人。

民国初年，中师预科招生对象主要是身体健全、品德端正的高等小学毕业生或年在14岁以上有同等学力者。由县行政长官保送。高小毕业生考试国文、算术两科，同等学力者加试历史、地理、理科等。预科毕业生或年在15岁以上有同等学力者，可升入本科第一部，中学毕业生及17岁以上有同等学力者可入本科第二部。

民国二十二年（1933），鉴于初中毕业生日多，师范生修业年限过长，教育部通令中师一律改招初中毕业生。由于直隶省师范规模宏大，初中毕业生不敷其数，经请准教育部，特许在开办三年制后师的同时，仍可继续举办招收高小毕业生的六年制师范。而县立简师、乡师或简易乡师，仍以招收高小毕业生为主。为快速培养小学教师而设的一年制特别师范科，则招收高中毕业生。

抗日战争和解放战争时期，革命根据地的师范学校，由于战争环境，经历了一个由不正规向正规的发展过程。民国二十九年（1940），晋察冀边委会颁发《边区中学附设短期师范班暂行办法》，规定该种班次的招生对象为16岁以上30岁以下初中毕业生或有同等学力（曾充小学教师3年以上者亦得与考）、坚持为抗战建国事业努力而又长期担任教育工作者。民国三十五年，边委会颁发《晋察冀边区师范学校实施办法草案》，规定边区师范"招收25岁以下，高小毕业生或具同等学力，品德端正，身体强健之学生。最低入学年龄，短期师范为17岁，初级师范为15岁。经试验合格，始得入学。男女兼收，但妇女录取标准较宽，以更多的培养女师资。民校教师、义务教师、教育行政干部、青年干部及荣誉军人，有愿入师范学校学习者，得通过一定系统，保送投考，年龄不限，录取标准从宽。现任小学教师，经县政府保送，得免试入学。短期师范学校每期招生，保送现任教师不得少于总人数的1/6。为争取教育平衡发展，由行政公署或专署设置者，录取学生应照顾各专区或各县之需要"。鉴于当时的战争环境，师范招生以地方保送为主，考试语文、算术、常识，并要口试和体检，但文化考试不甚严格。

中华人民共和国成立后，中等师范学校之前期师范招收高小毕业生，后期师范招前师或初中毕业生，经考试、体检、政审合格后，方准入学。

1964年，中师招生有较大改变。一是格外注重政治表现。烈士子女及贫下中农子女等出身好的考生受照顾，优先录取，而"直系亲属因反革命罪被我处死或者现在被我判刑、管制的"，以及"地主、富农、反革命分子、坏分子及资产阶级右派分子的子女，本人与家庭没有划清政治思想界限，没有显著进步表现的"考生，均"不予录取"。二是注重招收社会知识青年。当年河北省中师招收应届初中毕业生2200名，社会知青2300名。知青报名条件是：具有初中毕业或同等学力，政治思想好，劳动表现好，学习努力，工作积极，身体健康，年龄在22周岁以下。其范围限于：1.在农村人民公社，国营农、林、牧、渔场或工矿企业参加体力劳动1年以上的农村青年，在上述场合劳动2年以上的城市青年。2.在中国人民解放军服役期满的复员军人。3.具有3年以上的教龄或工龄，能坚持学习的国办、民办小学在职教师（包括代课教师）或教育行政干部。三是招收高中毕业生。其范围包括应届高中毕业生，具有高中毕业学历参加劳动1年以上的知青，前几年被压缩回乡的中师二、三年级学生，相当高中文化程度的小学代课教师和退伍士兵等。年龄要求不超过25周岁。采用保送与考试相结合的选拔办法。保送与录取的数额比一般要求不低于2∶1。此种学生当年全省招收5350名，其学制为1年，在校期间待遇同其他中师生，毕业后派充小学或农中教师，享受中师毕业生待遇。

1966年"文化大革命"开始，中师停止招生。1970年开始招收有2年以上实际工作经验的社会知识青年，即"工农兵学员"，采取"自愿报名，群众推荐，领导批准，学校复审"的办法。

从1977年起，中师开始招收高中毕业生或具有同等学力的考生，允许条件相当的民办、代课教师参加考试。考生经过统一的考试、政审、体检、面试，合格后方予录取。但考生多数不愿从事教育工作，致使中师录取的学生质量偏低。1979年，全省有24所中等专业学校录取新生的分数在220分以下，其中21所是师范学校。在8所条件较好的师范学校中，新生第一志愿报师范的仅占34%，"超志愿"录取的占25%，录取后不报到的有101人，有8人入学后又退学。为扭转这种局面，1980年，中师招生采取了新措施：一是实行提前单独招考，二是将指标的50%用于招收民办教师。民办教师报考条件是：高中毕业或具同等学力，年龄在35岁以下，教龄在5年以上，教学效果好，身体健康，能坚持学习。

1981年，省内中师开始招收初中毕业生，民办教师班也初、高中毕业者兼招。1983年，县师大量开办，其招生对象只限于在编的民办教师。二年制的考生，要求具有初中毕业以上文化程度，3年以上连续教龄，年龄不超过35周岁，通过语文、数学、政治3科的地、市统考，择优录取。一年制的考生，要求必须是"文化大革命"前（含1966届）中师、高中毕业或60年代初下放的国办教师，具有高中毕业文化水平，5年以上教龄，年龄不超过45周岁的民办教师。一年制考生实际并不参考，只验明证件，进行体检、政审，经目测合格后，按综合情况排队择优录用。民办教师考生婚否不限，但孕期及不断乳的女教师不予录取。

此后，省地（市）属中师便只招收应届初中毕业生。

1988年，为解决山区教师"招不来，派不去，留不住"的问题，省制定了在山、老区定向招生的办法。其主要措施如下。

1. 从当地选拔优秀初中毕业生报考中师，参加统考，降低分数录取，毕业后回当地乡村任教。

2. 实行保送加测试的招生办法。从山区乡中应届毕业班选拔志愿从事山区小学教育工作的优秀学生，由乡推荐，经县教育局出具保送证明，地（市）教委审查，有关师范学校单独测试，在语文、数学两科基本达到初中毕业程度的条件下，委托县办初中培养1年，列入年度中师招生计划，合格者可直接升入中师学习。

3. 中师为山区招收预科班。为期半年，寒假招生，在学期间按中学生对待，主要补习初中文化课，成绩及格者，在下年度招生时，列入计划免试入中师班学习。

自1977年起，家庭出身及社会关系情况不再作为考生能否录取的条件。1982年，省教育厅规定县级三好学生或模范教师，录取时照顾1个分数段，地（市）级三好学生或模范教师，录取时可照顾2个分数段。

二 学生待遇

清末，直隶师范生实行公费制。民国建立，重订学制，但师范额内学生仍行公费制。其公费内容为：

1. 免收学费、宿费及图书、体育、医药、卫生等杂费。
2. 膳食全部由学校供给。
3. 各科教科书由学校供给。
4. 制服由学校供给。每3年每生发单制2套、棉制服1套。
5. 劳作、美术、理化、生物等科实习材料费由学校供给或酌予补助。
6. 学校依规定组织外出参观，其费用由学校供给。
7. 新生报到及毕业生派遣之旅费由学校发给或补助。
8. 贫寒优秀生尚可得奖学金。

省师经费由省款开支，县师由县款开支，唯奖学金除公款外尚可社会集资。

师范生虽不缴费，但须交一定数额的保证金。若中途退学或服务不满规定年限，要追缴修业期间所享受之一切公费，并没收保证金。

抗日战争和解放战争时期，沦陷区和国统区的师范学校，公费制虽未更改，但物价暴涨，致使师范生陷于啼饥号寒之悲惨境地，不少学生出于经济原因而中途退学。而当时中国共产党领导的边区师范学校，学生以公费和半公费为主，兼收自费生。困难虽多，但因有广大群众的支持，有上下一致的生产自救措施，故虽生活艰苦，然都能战胜困难，安心向学。

中华人民共和国成立后，师范学校一直实行公费制，费用数额随物价涨落而调整，使师范生基本享受到：

1. 不缴学费、宿费、实验费及其他杂费。
2. 膳食由学校供给。
3. 教科书由学校供给。
4. 毕业派遣旅费由学校供给。

另外，还有部分助学金，依学生家庭经济状况分等级发放。而近年设有奖学金的学校，其奖学金则只发给品学兼优的学生。

中华人民共和国建立前，师范学校可招自费生，该生之学、书、膳、宿等费用由个人负担。中华人民共和国建立后，仅在1984年后，部分师范学校开办过自费班或招收过部分自费生，其学、书、食、宿等费用亦由学生自理。

三　学籍管理

清末，师范学堂对学生管理极为严格。各学堂，甚至同一学堂的各科，都定有各种章则，其中不少封建礼仪，如三跪九叩、谒圣等。也有些规范学生行为的正当要求，如奖优罚懒、禁吸鸦片等。保定初级师范学堂简易科，在学堂一般章则之外，对该科学生尚作了如下规定。

1. 下列两种学生，随时皆可令其退学：①学业之进步不足，无毕业之望者；②品行不适为教员者。
2. 令退学之学生如有下述行为，要追缴在学期间之费用：①故意懒惰及不敦品行；②破廉耻及害学生本分之行为。

这些处分，由教员认定，教务处裁决，且不许学生本人及同僚争诉。

光绪三十一年（1905）八月，该堂曾开除学生6名。九月，又因不良嗜好开除2名，甄别清退8名。但对于全勤生、单科满百分生，则记功、登报刊，以资奖励。

民国初建，废忠君祀孔之仪，但仍允许校长在"不得已时，得儆戒学生"。后国民党搞独裁专制，中师校规森严，致使不少革命青年被开除学籍。

革命根据地的师范学校，施行全新的民主管理，有益学生健康成长。中华人民共和国成立后，制度更趋规范，管理亦更趋民主。"文化大革命"时期，原规章制度被摧毁，提出"上师范，管师范，用毛泽东思想改造师范"，呈极端民主化。"文化大革命"结束后，中师生的学籍管理逐步走向民主化、科学化、规范化。1983年，教育部制定《中等师范学生守则》（试行草案）下发全国试行。1987年12月，省教委制定《河北省中等师范学校学生学籍管理暂行规定》，下发全省师范学校实行。该《规定》对中师生的入学与注册、纪律、考勤、成绩考核、升留级与毕业、休学、复学、退学、转学及转专业、奖励和处分等，都依据中师学校的培养目标，结合河北的具体情况，做了具体而明确的规定。该《规定》的颁行，使中师生的学籍管理有了具体的遵循章则，标志着河北中师生的学籍管理步入了制度化的新阶段。

四 毕业分配与服务

清末，初级师范学堂学生学完规定课业，经考试、考核、实习，品学合格者准予毕业。毕业后到小学堂任教。官费本科生须从教6年，简易科生须从教3年；自费本科生须从教3年，简易科生须从教2年，方准他就或升学。不遵者撤销凭照，追缴学费。而期满后继续从教者有奖。

民国建立，仍行此制，服务教育年限改为第一部公费生7年，半费生5年，自费生3年，第二部生2年；女生为公费5年，半费4年，自费3年，第二部生2年。允许在服务期限内入高师深造。

抗日战争和解放战争时期，革命根据地的师范生学习期满成绩合格者即可毕业。毕业生由组织统一分配，大部分派做教育工作，亦有派做党政军或文化工作者。

中华人民共和国建立初期，一般初师毕业生派往初级小学任教，中师毕业生派往高小任教。初师毕业生尚可升中师深造，中师毕业生亦许升高师。当时还举办大量师资训练班，招收社会上的文化青壮年，学制或1年，或半年，或几个月，视考生文化程度而定。训练班的学员学习期满，成绩合格者，亦由组织分配到小学任教。自20世纪50年代中后期开始，由于初级中学发展较快，部分中师毕业生分配到初中任教师。

从"文化大革命"中到70年代末，中师毕业生有相当部分不到教育界服务，而到教育界的，大部分到初、高中任教，到小学任教的只占少数。这种状况直到进入80年代才逐步改变。省统一规定，中师毕业生一律分配小学任教，幼师生毕业后从事幼教工作，为山区、坝上地区定向培养的学生，毕业后不许截留，一律到定向地任教。特别优秀的普通中师毕业生，可保送入高师深造，毕业后回原毕业师范学校任教。

1980年后，中师所招民办教师班，曾分为小学教师班和初中教师班。小学教师班招收的是具有初中毕业文化程度的民办教师，2年学习期满，成绩及格准予毕业，分配作小学教师。初中教师班招收的是具有高中毕业文化程度的民办教师，2年学习期满，成绩合格准予毕业，分配作初中教师，两不相混。

河北高阳师范学校对毕业生工作实行改革。学生学习期满，成绩合格，便分配小学任教，做见习教师；见习期满，能胜任工作者，方发给毕业证书。这样，一方面给在校生以学习压力，保证了教育质量，另一方面避免了师范毕业生的外流。

自中华人民共和国成立以来，普通师范毕业生均行见习制。见习期为1年。见习期满，能胜任工作者转正定级，不能胜任工作者或延期见习，或低定工资。到1988年，为鼓励学生在校努力学习，省教育委员会和省劳动人事厅共同制定了《关于中师毕业生实行优生优待的意见》。明文规定，优秀毕业生可从分配之日起直接转正定级并享受相应的工资待遇，不再有见习期，且允许在原定分配计划范围内自愿选择任职学校。优秀毕业生条件如下。

1. 拥护中国共产党十一届三中全会以来的路线、方针、政策，坚持四项基本原则。

2. 思想进步，品德高尚，关心集体，团结同学，尊敬师长，助人为乐，身体健康，两年以上被评为三好学生或优秀学生干部。

3. 模范遵守《中等师范学校学生守则》《河北省中等师范学校学生学籍管理暂行规定》和各项规章制度，没有违纪行为和无故旷课行为。

4. 树立忠于人民教育事业的崇高思想，专业思想牢固，立志献身于小学教育事业。

5. 学习成绩优秀，全面发展，在校学习期间各科成绩平均85分以上，单科成绩不低于70分。会说比较标准的普通话，基本知识扎实，从事小学教育教学的专业能力强。

6. 教育实习成绩优秀。

优秀毕业生的评选办法是个人总结讲评，班级民主评议，提出名单报教导处，在广泛征求各方面意见的基础上，确定人选，由校务委员会讨论批准，报地、市教委备案。数量不许超过毕业生人数的10%，且不按班平均分配，要求严格按照条件好中选优。

1984年前后所招的自费生，国家不要求毕业后必须服务教育，然亦不包分配工作，只承认学历，择优向用人单位推荐。该项毕业生大都得到妥善安置。赵县师范学校1984年经严格考试，招收150名具有高中文化程度、热爱教育事业的社会青年，举办二年制师范自费班。这些学生，学习劲头足，到期全部合格毕业，1986年全部受聘任教。据1987年底学校所做追踪调查，绝大多数胜任工作，有的已成为骨干教师。

第二章 高等师范教育

第一节 学校设置

一 本科

光绪二十八年（1902）创办于保定的直隶师范学堂，第二年分为优、初2级。其优级旨在培养中等学校教员及管理人员，属高等师范范畴。而与当时的师范专修科和师范选科相对，又属本科。开设优级第二类、优级第三类、优级第四类3类专业。光绪三十一年易名优级师范学堂。民国元年后易名直隶高等师范学校。民国十年（1921），学校并入河北大学。民国十二年，原师范生全部毕业，学校奉令停办。至此，省内高师本科教育遂告中断。

民国十八年（1929），河北省立第一女子师范学校校长齐国梁（璧亭），鉴于河北高等师范教育中断多年，省内中等学校师资缺乏，请准河北省政府，就省立第一女子师范学校创办起河北省立女子师范学院，并被聘兼任院长。当年暑假后开学，设国文学和家政学两系，各招生1班。而后相继增设史地学、英文学、教育学、音乐学、体育学等系，并将第一女师学校与女师学院合并。合并后对外总称河北省立女子师范学院，内设学院、师范、中学、小学、幼稚园等5部。到民国二十六年，学院部班次达20个，学生292名；师范部6班，学生230名，附设劳作师资班1班，学生37名；中学部6班，学生240名，另有初级职业班1班，学生41名；小学部12班，学生600名；幼稚园3组，学生100名；学生总数1500余名。

民国二十六年，天津失陷，院长率员转徙于西安、城固、兰州等地，与他校联合办学。抗日战争胜利后，在天津天纬路原址复校，学院部设国文、教育、家政、体育、音乐等系。民国三十七年，学院在校生又恢复到1500余人。

民国三十八年1月，天津解放。暑假，原国立国术体育专科学校并入，始招男生，易名河北师范学院。1949年取消家政系，教育系增招幼教专业，音乐系增设戏剧组，更名音艺系。1950年，增建理化系，国文系增加历史组，改称文史系。1951年，理化系一分为三，分建为数学系、物理系、化学系，音艺系分建为音乐、美术2系，同时筹建地理系。1952年，文史系分建为中文、历史2系。1954年，增设政治教育系和外语系。至此，全院发展到12个系。

1956年，河北省高等师范本科院校增加2所，发展到3所。其变化情况是：设在北京的河北师范专科学校升格为师范学院，称河北北京师范学院，设1系2科：数学系、物理科、化学科。河北师范专科学校的生物科和河北师范学院的数学、物理、化学、地理、体育5系迁石家庄，组建石家庄师范学院。原河北师范学院留津7系继续在津办学，易名河北天津师范学院。

1958年，天津市划归河北。当年，河北天津师范学院解体。其中文、历史2系迁京，并入河北北京师范学院。其教育、外语、政教3系并入原天津师范学院，同时原天津师范学院易名天津师范大学，由市属改省属。原河北天津师范学院的音乐、美术2系就地改建为河北艺术师范学院。天津市又在天津教师进修学校和天津速成师范专科学校的基础上重建一所天津市属的天津师范学院。在"大跃进"中上马的保定、唐山、张家口、天津沧州等4所师范学院，除招收五年制专科生外，也招收了部分本科生。至此，河北省内招收本科生的高等师范学校发展到9所。它们是：石家庄师范学院、河北北京师范学院、天津师范大学、天津师范学院、河北艺术师范学院、保定师范学院、张家口师范学院、唐山师范学院、天津沧州师范学院。

1959年，保定师范学院、唐山师范学院、张家口师范学院及天津沧州师范学院都易名师范专科学校，并下放给各有关专区管理；河北艺术师范学院的音乐系调天津音乐学院，河北艺术师范学院更名河北美术学院，设绘画、工艺美术、师范3系，后又增雕塑系；石家庄师范学院增设外语系。

1960年，石家庄师范学院增设中文、历史2系，改名石家庄师范大学；天津师范大学改建为综合性的河北大学；河北政治师范学院在津创建并招生；保定、唐山、张家口、天津、沧州等4所师范专科学校复名师范学院，并重新收归省属；河北北京师范学院增建政治系，后改为政教系。

1961年，河北政治师范学院并入河北大学。

1962年，石家庄师范大学易名河北师范大学；原河北艺术师范学院并入天津音乐学院的音乐系调回，河北美术学院又复名为河北艺术师范学院；保定、唐山、张家口、沧州等4所师范学院下马。

1965年，为贯彻中共中央"两种劳动制度与两种教育制度相结合"的指示精神，河北省在石家庄市裕华路成立半工半读师范学院，学制4年，设文史、数理、机电、化工4系，当年招生8个班。1966年"文化大革命"开始，招生即告停止。1970年，该校改建为河北化工学院。

1966年，天津市重新直属中央管辖，天津师范学院随之划出河北，河北省又将河北艺术师范学院也划给了天津市。

1969年，河北北京师范学院奉命由北京迁宣化洋河滩办学，易名河北师范学院。由于办学条件太差，人才严重外流，8名院级干部、18名处级干部、47名教学骨干先后调离。中文系75名教师调离24名；政教系调出1/3，8名教研室主任调出7名；外语系57名教师，仅剩下25名；20多名教育理论课教师只剩下3人，教育教研室基本解体。搬迁的损失难以数计。1970年，该院增设文体系，设体育、音乐、美术3个专业。至此，省属高师本科院校仅剩这所大伤元气的河北师范学院和河北师范大学。

从"文化大革命"结束到1990年，河北高师本科院校稳步发展。河北师范学院从宣化迁至石家庄市，虽与师大同处一市，使布局显得不大合理，但学院本身却得以恢复元气。到1990年，全院计有中文、政教、历史、数学、物理、化学、音乐、美术、外语等9个系，在校研究生30人，本科生2912人，专科生637人，教职工增至1263人，其中专任教师达540名。专任教师中，有教授11人，副教授116人，讲师212人，助教201人。图书馆面积8705平方米，藏书112.7万册，订有期刊1224种。成为省属6所重点高校之一。河北师范大学同时发展成为设有数学、物理、化学、生物、地理、体育、中文、政教、外语、音乐、美术、教育、历史等13个系，占地626亩、建筑面积为18万多平方米的省属重点高校。其在校研究生95人，本科生4267人，专科生

600 人，教职工 1966 人，其中专任教师 854 名。在专任教师中，教授 26 人，副教授 173 人，讲师 406 人，助教 249 人。教研室多达 110 个，并设有电教技术研究中心、科技开发中心、人口研究所、教育科学研究所、资源地理研究所、代用燃料研究所以及数学、物理化学、有机化学、应用化学、细胞学、遗传学、太行开发、心理学、理论物理、国土信息系统、人文地理、资本论、运动生物力学、应用物理、电子技术、未来学、法学、文艺理论等 18 个研究室，专职研究人员 145 名。省高师师资培训中心也附设于该校，使其兼负培训高师师资之责。

在 80 年代改革开放的大潮中，河北各地相继办起了农业技术中学。但农业的专业课师资极为短缺。1984 年 7 月，省人民政府向国家教育部请示，请求将河北农大昌黎分校改建成为河北农业技术师范学院。1985 年 1 月 16 日，教育部发出（85）教计字 008 号文件，同意在河北农大昌黎分校的基础上，建立河北农业技术师范学院，为河北省农职培养专业课教师，最大规模为 3000 人。经 5 年的努力，到 1990 年，该校已成为初具规模的农中专业课教师培养基地。学院设有农学、园艺、牧医、农业工程等 4 系，开设作物、果树、畜牧、兽医、农业机械化、农产品贮藏与加工、农村家庭经济、农村财会等 8 个专业，设有 49 个教研室和 45 个实验室。在校生 1411 人，教职工 578 人。专任教研人员中，有教授 4 名，副高职人员 42 名，中级职称的 172 名。学院还设有农学实验站、果树实验站、畜牧实验站、农机实习工厂、印刷厂等。

为培养既有专业理论知识又有较强动手能力的合格的技工学校、中等职业技术学校专业课和实习课教师，1988 年 10 月，经国家教委同意，河北省人民政府批准河北职业技术师范专科学校改建为河北职业技术师范学院，亦称河北师大职业技术师范学院，规模 3000 人，近期 2000 人。该校自 1985 年在石家庄市东南破土动工以来，已建有教学楼、住宅楼等共 19036 平方米。配备教职工 150 人，专任教师 80 人。专任教师中，有教授、副教授、高级工程级 26 人，讲师 25 人。已开设电子、机械、服装 3 系，正筹设烹饪、食品工程、装饰艺术、旅游管理、汽车管理、行政管理等专业，办有机械厂、电子工厂等。1987 年机械、电子专业开始招生（专科）。

二 专科

（一）清末师范选科、专修科

河北省专科师范教育发轫于清末。此所谓专科，是其高于中等学校而低于高师本科，在当时称专修科或选科。开办过这类班次的学校在清末共有4所。

一是设于保定的直隶师范学堂。该堂曾开设东文专修科。

二是设于保定的直隶高等学堂。该堂初创于光绪二十四年（1898），重建于光绪二十七年，光绪二十八年开学。其毕业生都升入北洋大学堂，类似北洋大学堂的预科学校。该学堂民国二年（1913）并入北洋大学。光绪三十三年《学部官报》第二十期所载的《光绪三十年直隶高等学堂调查总表》中表明，当年该校有师范科，学生42人。光绪三十三年《东方杂志》第十一期所载《直隶高等学堂调查意见》中，有"至北洋既设优级选科，此堂师范班毕业后，亦宜停止"之语。而到宣统元年（1909）《直隶教育统计图表》中所载《宣统元年直隶高等学堂概况》中，该校已无师范科，可见该科停办于光绪三十三年至宣统元年之间。

三是北洋大学堂优级师范选科。北洋大学堂从光绪三十二年开始附设优级师范选科，学制1年，共招生两届。

四是天津两级师范学堂。该堂始建于清光绪三十一年，初名天河师范学堂，地址在天津城内西北角，设完全科、本科、简易科，旨在为天津、河间两府培养小学师资。光绪三十三年废简易科，增设优级理化选科，为中学堂和初级师范学堂培养理化教员，校名也随之改为天津两级师范学堂。宣统三年（1911）的统计表中尚有此校的记载，而民国二年（1913）1月的统计中高师已不复存在。

（二）民国时期招师范专科的学校

民国期间，招收高师专科的学校有河北省立女子师范学院、河北省立师范专科学校、华北联大、冀东建国学院等。女师学院、华北联大、冀东建国学院等只是兼招师专班。河北省立师范专科学校成立于民国二十八年（1939），由伪河北省公署创办，聘赵祖欣为校长，于6月1日开始筹备，9月19日开学。主校址在保定市公安局后街，系前省立保定高职东校旧址，有地12.5亩，校舍242间；分校址在保定市南门里启圣庵12号，系前同仁医院旧址，有地6.2亩，校舍104间。该校分男女2部。第一届各招收文、理、工艺3科，计6班。第二届男部招文、理各1班。民国三十年（1941），经伪公署修改组织大纲，男生部分文、理2科，其文科又分教育、史地2组，理科分理化、农学2组；女生部分体育、家事2科。当年招生6班。民国三十一年春，奉伪省公署令，男生部设文、理、体育3科，其文科仍为教育、史地2组，理科改设理化、博物2组；女部体育、家事2科不变。民国三十二年8月，男部文科之教育组停止招生，而增设国文、日语2组。此时共有学生19班，120人。抗日战争胜利后，学校由中华民国河北省政府接收，任命段喆人为校长，科组设置调整为：

1. 文史学科（设国文、英语、史地3学组）。
2. 数理学科（设数学、理化2学组）。
3. 教育学科（设教育、公民训育2学组）。
4. 音艺学科。
5. 体育学科。
6. 家政学科。

民国三十四年（1945）度在校9班，毕业4班，招生10班。民国三十五年又达15班。民国三十六年，该校并入国立北平师范学院，省内师范专科即告中断。

（三）中华人民共和国成立后的师范专科学校

中华人民共和国成立后，省内各本科师范院校多曾招收专科班，但大量的师范专科生还是靠师范专科学校培养的。而师范专科学校也经历了一个从无到有、从小到大、从少到多的曲折的发展过程。河北师范专科学校是中华人民共和国成立后河北省第一所高等师范专科学校。该校成立于1951年，是经教育部批准，就设在北京地安门外北皇城根59号的河北北京高中增建的。初设数学、理化、生物3科，学制1年。教职工一部分来自河北北京高中，一部分从外部调入，同时聘请部分兼职教师。开学时，师专有教师8人，其中讲师7人，助教1人；聘兼职教师5人，其中副教授1人，讲师4人。另有职员14人，工勤9人，当年招生134人。同年举办教师进修班，招学员320人。翌年开学时，理化科分为物理、化学2科，全校招生551人，学制仍为1年。到第3年暑假后招生时，专职教师已发展到75人，其中副教授 1 人，讲师 29 人，助教 45 人。同时仍聘有兼职教师 5 人。职员和工勤亦分别发展到 46 和 33 人。学校初具规模。且因河北北京高中迁到交道口原河北师范学校旧址去办学，校舍较前宽裕。当年招生413 人，学制改为 2 年。经过几年建设，学校越办越好，到 1956 年，经批准改建为河北北京师范学院。

1956 年，河北省在唐山、保定、石家庄、张家口 4 市就原工农速成中学，各设速成师范专科学校一所，学制均为 1 年。由省教育厅直接领导，当年开始招生。但在 1957 年下达招生指标时，又决定全部撤销。后为照顾张家口地区文化落后、教师缺乏的特殊情况，应张家口之请，允其 1957 年继续招生。1958 年，该校亦并入张家口师范学院。

1958 年，在"大跃进"中，又办起了保定、天津沧州、唐山、石家庄、邢台、张家口、承德等 7 所师范学院，招收五年制专科生 2803 人。其中保定、唐山、张家口、天津沧州等 4 院还同时招收本科生 728 名。1959 年，学院下放给各专区，校名也都改为师范专科学校。但随着"反右倾"的声浪，1960 年又易名师范学院，且于 1961 年增加杨村 1 所。1962 年前后，贯彻"调整、巩固、充实、提高"八字方针，这些院校全部撤销。省内师专又一次中断。

1964 年，根据刘少奇两种劳动制度和两种教育制度相结合的思想，河北省在张家口和廊坊两地办起了 2 所半农半读师范专科学校，1965、1966 两年各招生两届。"文化大革命"初期停止招生，"文化大革命"中后期招"工农兵学员"，并变成普通师范专科学校。

"文化大革命"结束后，河北的师范专科学校长足发展。1977 年，高考制度恢复。在 77 级招生时，省决定在张家口、廊坊以外的邯郸、邢台、石家庄、保定、衡水、沧州、唐山、承德等 8 个地区增设师范专科班，分别挂靠在河北师范大学和河北师范学院。学制 2 年，当年招生 2000 人。此后，经过几年的努力，这些师专班先后扩建成独立的师范专科学校。1990 年，全省师范专科学校共 10 所，专任教师 1686 名，在校生 11434 人，形成一个强固的布局大体合理的初中教师培养基地。基本情况如表 6－2－1：

表 6-2-1　1990—1991 学年度河北省师范专科学校一览

(单位：人)

校名	主管部门	校址	毕业生数	招生数	在校学生数	毕业班学生数	合计	教职工数 计	校本部教职工 专任教师 计	教授	副教授	讲师	助教	教员	教辅人员	行政人员	工勤人员	校办厂场职工数	附设机构人员	科研机构人员
张家口师范专科学校	省教委	张家口市	338	375	938	242	326	307	136		12	67	52	5	38	79	54		19	
廊坊师范专科学校	省教委	廊坊市	380	490	1236	351	453	412	189		18	85	66	20	59	112	52	16	14	11
保定师范专科学校	保地教委	保定市	832	830	1662	827	463	436	220		30	78	94	18	58	86	72	12	15	
承德师范专科学校	承地教委	承德市	434	430	1146	425	355	315	144		22	58	58	6	43	75	53	11	29	
唐山师范专科学校	唐市教委	唐山市	665	683	1343	660	518	501	250		40	102	106	2	69	115	67	7	10	
衡水师范专科学校	衡地教委	衡水市	333	410	840	430	299	288	126		24	39	63		32	51	79		11	
石家庄师范专科学校	石地教委	石家庄市	492	500	991	489	319	302	134		16	46	72		40	76	52		17	
邢台师范专科学校	邢地教委	邢台市	615	560	1169	606	357	341	157		27	47	81	2	39	98	47		16	
邯郸师范专科学校	邯地教委	邯郸市	440	500	940	436	272	266	159		18	66	75		23	42	42		6	
沧州师范专科学校	沧地教委	沧州市	530	550	1169	554	363	330	171		21	76	74		43	55	61	19	14	
合计			5059	5328	11434	5020	3725	3498	1686		228	664	741	53	444	789	579	65	151	

第二节 培养目标

高等师范院校的培养目标是合格的中等学校教师和教育行政管理人才。但在不同时期及同一时期的不同学校，要求往往各有不同。

清末，统治者要求高师培养出来的是忠君尊孔、体格健全的封建奴才，在学业上，要求具有高等文化及从事中等教育的技能。具体说来，直隶高等师范学堂培养一般中学及中师教员和管理人员，其东文专修科旨在培养日语教师及翻译；直隶高等学堂师范科是为北洋大学储备生员，而北洋大学之师范选科则是为中学培养英语教师；天津两级师范学堂的理化选科旨在为中等学校培养理化教师。

民国初年，直隶高等师范学校的培养目标仍是中等学校教师及教育行政人员，但不再要求学生忠君尊孔，而是要求学生信仰三民主义，具有自由、平等、博爱的资产阶级意识。日伪政权之河北省立师范专科学校，旨在为沦陷区培养中学教员和初级教育管理人员。政治上要求学生信奉"中日亲善""大东亚共存共荣"。华北联大的教育学院，其培养目标为中学教师及教育行政干部，要求学生具有马列主义基础知识，懂得新民主主义革命的理论、方针、路线、政策，热心为新民主主义教育服务，为人民服务。

中华人民共和国成立后，高师本科的培养目标是高级中学教师和教育行政干部，高师专科的培养目标是初级中学教师和教育行政干部。对学生的一般要求是，拥护中国共产党的领导，拥护社会主义制度，热爱中华人民共和国，坚持马克思主义、列宁主义、毛泽东思想，坚持人民民主专政和民主集中制，具有高等文化知识及从事中等教育的业务技能，身体健康，热爱教育事业。在不同时期，对学生又有不同的政治要求。中华人民共和国成立初期要求学生拥护过渡时期的总路线，1958年后要求拥护"三面红旗"，1966年后要求拥护"文化大革命"。"文化大革命"后，国家实行改革开放，要求学生坚持四项基本原则——坚持中国共产党的领导，坚持社会主义道路，坚持人民民主专政，坚持马列主义、毛泽东思想。半耕半读师范专科学校旨在为农中培养教师，半工半读师范学院旨在为中等技工学校培养教师，80年代成立的农业技术师范学院的培养目标是农职业中学的专业教师，河北师范大学职业技术师范学院的培养目标则是城市技工学校和职业中学的专业课、实践课教师。

第三节　教育教学

清末，直隶优级师范学堂设优级第二类、优级第三类、优级第四类3个专业及东文专修科。其优级第二类开设伦理、经学、教育、国文、心理、法制、理财、英文、体操、地理、历史等课程，优级第三类开设伦理、经学、教育、国文、体操、算学、物理、化学等课程，优级第四类开设伦理、经学、教育、国文、体操、植物、动物、农学、生理、矿物等课程，东文专修科开设博物、几何、化学、三角、代数、英文、物理、体操、国文、东文等课程。国文、伦理等课程由原举贡人员任教，而英文、东文、代数、理化等课程，则多由外籍教师任教，少数由回国留学生及其他新学人才担任。光绪三十三年（1907），学部派员视察该校，评语是"此堂开办最早，学科与教员均尚合宜，成绩甚佳，附属小学，成绩亦良"。

北洋大学堂附设之优级师范选科学制为1年，开设国文、国史、英文（兼习法文和德文）西史、地理、物理、代数、平三角、算术、平面几何、化学、伦理学、教育学、英文地理教授实习、兵操等课程。

这些课程以外，尚有为忠君尊孔而开设的封建规条和时事。

民国初年，沿用清末所设课程，废尊孔读经，增设公民类和美学类课程。袁世凯搞复辟时，曾一度重倡读经尊孔，但不久即废。

齐国梁先生创办的河北省立女子师范学院，荟萃了大批教育人才，教育教学有声有色，其家政系颇具特色：除开设基础课外，还开设了儿童保育、儿童心理、家庭管理、家庭布置、定性分析化学、定量分析化学、食物分析、营养学、烹调学、服装设计和缝纫、染织学、园艺学等，并且重视实际操作，进行各种实习。其体育系也很有特色。当时女子读书尚不受重视，女子体育更难开展，但该系却坚持办了下来。该系开出技术课、理论课、公共课和选修课四大类。技术课开球类、田径、技巧（包括体操、武术、舞蹈等）、游戏等，理论课开体育史、体育概论、游戏理论、生理解剖学等，公共课开设中文、外语、教育学、心理学等等。不仅培养出众多体育教师，还培养出不少的运动员。国文系主开课程有中国文学史、中国戏剧史、文字学、音韵学、新闻学、外国文学、大学语文、英语等。曹禺、冯沅君、李何林、董鲁安等著名文学家、教授都曾任教该系。1945年复校后的女师学院，教育系发展较好。该系除开设国文、外语、体育、生理解剖、学校卫生等基础课外，尚开出教育概论、儿童心理、中国教育史、教育行政、乡村教育、普通心理学、师范教育、中学教育、安全教育等多种专业课程。

日伪政权开办的河北省立师范专科学校，政治上对学生灌输"中日亲善""大东亚共存共荣"等思想，扼杀学生的民族思想，但其业务教学还是认真的。如该校第一届学生的第二学期就开出了数学、修身、日语、国文、物理、化学、生物学、音乐、图画、劳作、体育、教育学、文字学、声韵学、史地、英语、家庭医学、营养学、家事等19门课程。其特别注重的是日语和农业课程，不仅将农业课程定为男女各科之必修课，注重农业实习及园艺实习，经常灌输农业教育及乡村教育常识，还租用民地建立了学校农场，并将校内空地开垦种植，以备学生实习之用。另外，该校还在学生中组织了国学、史地、自然科学、教育、日语、音乐、家事、增产等8个研究会，由各科教员指导活动。

华北联大的教育学院，在院长于力、丁浩川等领导下，积极贯彻中国共产党的新民主主义教育方针，在对学生进行普通高等文化教育的同时，积极开展党的教育方针政策的教育，并在极其艰苦的条件下，带领学生在无极、正定一带进行教育实习，使学生在实践中增长才干。

中华人民共和国成立后，河北高等师范院校的教育教学内容大体可分为思想政治教育、文化知识教育、专业技能教育及实践教育等几大类。思想政治教育包括马列主义基本理论知识、时事政策等；课程一般开设马克思主义哲学原理、马克思主义政治经济学、科学社会主义理论、中共党史等；施教机构除各校大都设有马列主义教研室外，校、系领导和班级辅导员皆负其责，学校还经常聘请有关人士作这方面的报告，以期不断提高高师学生的思想政治觉悟；教学时间也都予以保障。80年代，许多院校还成立了思想政治教育研究室，以促进思想政治方面的教育教学。

以教育学和心理学为主体的教育理论课程的教学，40年中经历了一个曲折的发展历程。50年代，各校搬用苏联教育学和心理学，后苏联的一套又当作修正主义来批判；到"文化大革命"中，教育学和心理学被当作伪科学遭受批判；直到"文化大革命"结束后的十几年，教育学和心理学的教学才被放到相应的位置，不仅成为高师学生的必修课，且逐步形成了具有中国特色的社会主义教育学和心理学的体系。

专业知识教学，许多院校也有各自的特色。50年代的河北师范专科学校，前2年所招学生学制为1年，且有相当的一部分学生学历较低而经验丰富，于是该校就将课程分为两种：一种为基础课，一种为进修课。基础课教材结合初中教材编写，全体学生必修，以达短期培养初中教师之目的。进修课教材水平较高，是为文化水平较高的学生开设的，以使他们有提高业务水平的机会。实践证明，这种策略达到了快速培养初中教师的目的。

50年代的河北师范学院，极重业务教学。仅从1949年到1952年，就先后聘进数十名教授、学者。1954年，全院所开课程120门，其中119门编写了自己的教学大纲。同时学院重视理论联系实际，制定了实习制度，内容包括见习、试教、总结等，时间为本科5—6周，专科4周半。在1954—1955学年度第一学期，本科四年级的10个系，有162名学生分赴石家庄、保定、唐山等地实习。第二学期，本科三年级、专科二年级11个系科的508名学生分别到张家口、通县、唐山、昌黎等地实习，都取得很好的效果。到1956年，发展到12个系13个专业。

1956年办起的速成师专，在1年的教学中，以研究中学教材为主，兼顾高文化水平学生的发展，其教学与中华人民共和国成立初期的河北师专一年制班次相类似。

为适应两种劳动制度和两种教育制度而办起的耕读师专和工读师院，其教学安排是将全部时间分解为三部分，一部分用于理论知识的学习，一部分用于实际技术的操作学习，一部分用于工农业生产劳动。只是没坚持多久，到"文化大革命"，这一制度也随之告终。

"文化大革命"初的4年，全省高师院校停课。1970年后，工农兵学员进校，专业知识教学经常受到冲击。

粉碎"四人帮"以后，特别是中国共产党十一届三中全会以后，河北省高师院校的教育教学出现了全新的面貌。专业越设越全，课程越开越全，专业课、基础课、技能课、实践课齐头并进，教学质量空前提高。同时，科研水平的提高又对教学活动产生着巨大的促进作用。河北农业技术师范学院根据自己刚刚转轨为师范院校的情况，及时强化教育学、心理学课程和教育实习，利用第二课堂增开语文、书法、普通话、演讲、写作等培养师资素质的课程，确定迁安农中为附属中学，并在本省及京、津二市都建立起较稳定的教学和实习基地。同时，该院还举办科技科普培训班，大力推广普及科研成果，使之尽快转化为生产力，开发面达1地2市8县，受到国家教委和省政府嘉奖。他们举办的农村应用技术、军地两用人才、农中教师、农民技术教育、全国农中校长及职教干部等培训班，培训近千人。各师专也紧紧围绕教改中心作文章，大力抓好教育教学改革。邢台师范专科学校改革的定时不定点的实习方法，在各市县确定19所中学为固定实习点，而将实习时间科学地分散在第三、四两个学期进行，取得较好收效。《高等教育》杂志对其经验作过详细介绍。

第四节　学　生

一　招生

清末，新学初兴，高师与中学、中师几乎同时并举。起初，无高中或中师毕业生，招生对象多为旧学生员，由省属各县考选，按省定指标送省复试，经甄别录取后方准入校。除文化考核外，对考生的身世品格要求也极为严格。直隶师范学堂的东文专修科招生时，明令须"年在15岁以上20岁以下、文理精通、身家清白、素行修饬、不染嗜好者为合格"，"年过二十者"及"吸食洋烟者"等均不收录。因直隶高师声誉较好，考生报名踊跃。该校在招收第二批东文专修科学生时，20个录取名额，报名者竟达341名，经甄审，准予208人参加考试。后来随着高中和中师毕业增多，高师的招生对象才实际转为招收高中或中师毕业生。

民国时期，河北省立女子师范学院招生方法无异他校，唯对象只限于女性高中或中师毕业生。抗日战争期间，伪河北省公署所办之河北省立师范专科学校招生对象为高中毕业生及同等学力者，男女均收，经考试及格方能入学。革命根据地的华北联大教育学院的招生对象除根据地自己培养的中学毕业生外，还有那些从国统区奔赴革命的青年知识分子，亦须经适当的考试考核方准入学。

中华人民共和国成立后，河北省立女子师范学院改建为河北师范学院，开始男女生兼收。但初始仍规定女生须占半数以上，后来此限才予取消。1951年建立的河北师范专科学校的脱产学生，采取保送与考试相结合的方式招生，既招收部分高中、中师毕业生，也招收部分调干生（在职干部、教师）。如1953年招收的413名新生中就有调干生100人。而该校所办的初中教师培训班，招生则只限于优秀的高小教师，完全由各地保送入学。

为使工农大众早日获得文化翻身，五六十年代学校招生时对工农子女多有照顾。1958年分布在7个专区的新建高师学校，招收初中毕业生，学制5年，称为五年制专科。1964年办起的张家口和廊坊2所半农半读师范专科学校和1965年办起的河北半工半读师范学院，其招生对象则是省内在乡或在工厂劳动过一二年的高中毕业生，由推荐单位保送，经过考核考试录取，未参加暑期全国普通高校招生通考。

"文化大革命"中，河北高师院校招收工农兵学员，招生对象是参加过2年以上劳动锻炼的城乡知识青年。招生办法是"自愿报名，群众推荐，领导批准，学校复审"。

1977年恢复高考制度，河北高等师范院校招生遂与全国普通高校同时改为通过招生统考录取新生。77级招生时，招生对象包括从66届高中毕业生到78级高中在校生，唯新办师专班2000名额基本限招66、67届高中毕业生。78级招生时，对象条件基本未变，唯政治审查宽松了许多。79级以后，招生对象主要变为应届高中毕业生，兼招部分往届高中毕业生及社会青年，同时招收少数成绩特别优秀的中师毕业生。

80年代，省属高师院校招生面向全省；地市主管的师专主要面向本地市，个别专业省内互相调配。由于高考制度的严格执行，新生质量获得基本保证。

二 毕业

清朝末年，直隶高师行公费制，学生在校期间，免收书、学、杂费，日常生活也基本由学校供给。学生学习期满，经考试考核合格，准予毕业，分配工作，且有必须服务教育三五年之规定。直隶优级师范学堂的毕业生，一般分配作中学和中等师范教员及教育管理人员。直隶高等学堂师范科的学生毕业后全部升入北洋大学堂。北洋大学堂的师范选科学生毕业后分配作中学英语教师，直隶师范学堂东文专修科学生毕业后或充东语教师，或任翻译。天津两级师范学堂的理化选科毕业生毕业后一般任中学理化教师。

民国时期，河北省立女子师范学院实行公费制，毕业也实行服务期制。伪河北省公署立师范专科学校的毕业生则由伪政权安排到沦陷区的学校任教或做管理工作。革命根据地和解放区的毕业生，则由组织统一安排，不加服务限制。

中华人民共和国成立后，省内高师均行公费制，毕业生均由政府统一分配工作。初期的河北师范学院毕业生一般分配到中等学校任教。河北师范专科学校的毕业生分配到初中任教。"文化大革命"中，打乱了高师毕业生任教的限制，许多高师毕业生分配做了行政管理工作。"文化大革命"结束后，国家重申高师毕业生必须从事教育事业的政策，本科生大部分分配到高中任教（小部分任教高校），专科毕业生大多分配到初中任教，但也有部分分配到高中任教，甚至有少量到高校任教者。其中也有个别人员，通过种种途径，脱离教育界，进入党政机关或其他企事业单位。

第三章　在职教师进修教育

宣统元年（1909），因各县乡村小学多系单级复式编制，而教员却不懂单级复式教学法，教学不免发生困难，于是便派员赴日本学习单级教法。宣统二年学成回国，遂在天津开办单级师范讲习所，召集各县教学素有经验之人，来津讲习，毕业回县，再分别在各县举办单级教员讲习所。学制虽定为1年，但各县情形不同，实际学制长短不一。这次系统地逐级培训，乃河北省在职教师有组织集体进修之发轫。清末师范学堂准许塾师随课学习，亦属在职教师进修之举。

民国年间，曾定师范学校辅导地方教育办法，帮助教师提高教学水平。中华人民共和国成立以后，50年代许多县便设立了教师进修学校，省成立了教师进修学院，并在专区设立了分院，利用函授、轮训等形式，培训在职教师。到1966年"文化大革命"开始后中断。"文化大革命"中后期，广大教师干部顶着压力，想方设法搞在职教师进修。如柴沟堡师范学校在所在地搞巡回辅导，保定地区3所师范学校举办为期半年的师资培训班，定县教育局举办为期3个月的民办教师培训班。

中国共产党十一届三中全会后，全省在职教师进修教育得以恢复并进一步发展。由于基础教育的发展，大量在职教师不胜其任而亟须提高，故十余年来的在职教师进修教育着重在学历达标和专业合格等方面。继续教育虽提了出来，尚未及全面实施。这十多年间，省重新恢复河北省教师进修学院，后改称河北教育学院。省属18个地市中，有14个办起了教育学院，华北石油管理局也办起了教育学院。其余4个省辖市也办有教师进修学校。全省县和县级市以及部分市辖区都办起了教师进修学校。同时，河北大学、河北师范大学、河北师范学院、河北电大等院校也举办了教师进修教育。县办师范学校，从其招生对象只限于民办教师而言，其实质亦不失为在职教师进修教育。80年代，河北省在职教师进修教育，形成了一个较为完整合理的体系。

第一节　学校设置

一　省教育学院

1952年10月，创设了河北省教师进修学院，同时在各专区设立了指导站。省教师进修学院院址设在当时的省会保定市，编制为48人。

1953年，省教师进修学院首先在保定市成立中学教师业余进修班。1954—1955年，唐山、石家庄、张家口等市的中学教师业余进修班也先后成立。1956年，原热河省教师进修学院并入河北省教师进修学院，改建为河北省教师进修学院承德分院。同年8月，唐山、石家庄、张家口等市的中学教师业余进修班也改建为分院，只有保定市的中学教师业余进修班未改为分院，仍保持原建制。各分院（班）普遍开设语文、数学2个专业，唐山、石家庄2个分院还开设了地理、历史专业。到1957年，由省教师进修学院领导和指导的教师进修机构有5个分院（班）、12个函授专科指导站、14个师范函授部（包括2个函校）、155个县级函授辅导站，7个市小学教师进修学校。当年，全省小学教师参加初级师范进修的有55738人，参加相当中师进修的6109人，专门进修教育学的3.7万人，中等学校教师参加文化进修的4391人，参加政治学习的7036人，总计参加进修学习的中小学教师达11万人次。

1957年，为充分发挥省和各专市两个积极性，在当年6月份举行全省教师进修工作会议之后，原由省教师进修学院直接领导的各专区指导站和各市分院，分别划归有关专、市直接领导，省教师进修学院只负指导之责。

1960年10月4日，省人委通知，河北省教师进修学院与河北大学教育系、河北省教育行政干部学校、河北省教育厅教育研究所合并，改建为河北教育学院。20日，省人委颁发"河北教育学院"印章。

1961年，根据"调整、巩固、充实、提高"八字方针和中共河北省委批准的省大专院校调整方案，河北教育学院被撤销。但因当时河北省10775名高中、中师、中技教师中，有7305人不及本科毕业水平，占67.8%，7063名高校教师中，有1674人不及本科毕业水平，师资培训提高的任务还相当艰巨，所以省教师培训机构未彻底解散，而是改建为河北省教师进修学校，保留编制 60 人。1962 年 7 月，又压缩到 40 人，其中教学人员 30 人，分为中文、数学、外文、政教 4 个教研组，每组 6—8 人。

1963 年 3 月，省人委决定，河北省教师进修学校改建为河北省教育干部学校，负责培训全省各级教育行政干部和学校负责干部；在原保定师专的基础上，恢复河北省教师进修学院。3 月 20 日，第一期培训班开学。

1965 年，省人委又发出通知，决定将河北省教师进修学院与河北工读师范学院合并，教师进修工作由河北工读师范学院设置适当机构负责。于是，河北工读师范学院设一进修部，负责全省教师进修工作。

"文化大革命"结束后，为适应新时期教师培训工作的需要，根据中共中央关于建立或恢复各级教师培训机构的指示精神，1978 年 2 月 28 日，中共河北省教育局党组呈送《关于恢复河北省教师进修学院的请示报告》。1979 年 7 月 20 日，省革委批准恢复河北省教师进修学院。1980 年 11 月 28 日，省政府同意省教育局的请示，将河北省教师进修学院更名为河北教育学院。同时，学院开始在石家庄市新石南路 47 号建设新校舍。1984 年，国家教育部准予备案，学院定名为河北教育学院。

河北教育学院现址占地 110 余亩，建筑面积 4 万多平方米，建有行政楼、教学楼、实验楼、电教综合实验楼、图书馆楼，学员宿舍楼 2 幢，教工宿舍楼 4 幢，馆藏图书 14 万余册，订有期刊 760 余种。学院批准建设规模为脱产学员 1200 人，函授 2400 人。设教育管理、政教、中文、外语、数学、物理、化学、生物等 8 个系，除外语系只招专科外，其余 7 系本专科兼有。全院 1990 年度有教职工 326 人，其中专任教师 143 人。专任教师中，具有高级职称的 39 人，中级职称的 51 人，初级职称的 53 人。近几年还聘请了外籍教师。

学院现行党委领导下的院长分工负责制。党委系统设有纪律检查委员会、组织部、宣传部、办公室（与院长办公室合署）、各总支及直属支部。行政系统设有院长办公室（与党委办公室合署）、教务处、总务处、人事处、函授处、干训处、外事办公室、监察室、学生工作办公室、开发办公以及保卫、财务等直属科。此外，河北省中小学教师考核办公室、河北省卫星电视函授师范教育办公室、河北省教育史志编纂委员会办公室、河北省教育干部培训中心等也附设在该院。

二 地市教育学院

河北省现有地市属教育学院14所。另外，华北石油管理局所属华北石油教育学院设在河北省任丘市，规格与地市属教育学院一样，同属专科级成人高等师范院校。这些学院都定名于80年代中期。其前身多系教师进修学院或教师进修学校，大多始建或恢复于70年代末，有些尚可追溯至50年代。

1952年，省教师进修学院成立后，为方便工作，在各专区设立了指导站，并从1953年开始，陆续在保定、唐山、石家庄、张家口市开设了中学教师业余进修班。1956年，原热河省教师进修学院并入河北，改建为河北省教师进修学院承德分院。同年，各市中学教师业余进修班也改建为省教师进修学院的分院（保定市除外）。当年，各专区小学教师进修指导站撤销，工作移交给各师范学校函授部，各专区改设中学教师进修辅导站。这些分院和中学教师进修辅导站，多是今天地市教育学院的前身。1957年，为发挥省和专市两个积极性，各专市的分院和辅导站，由原来的省教师进修学院直接领导划归各专市直接领导。于是，各专市分别将其改建为教师进修学院或教师进修学校。1958年，有的专区将其所属的教师进修院校合并到了师院或师专，成为其中一个负责教师培训的部门，仅业务上仍受省教师进修学院指导。1961年国民经济调整时，各专市教师进修院校全部撤销，每专市仅保留12—18人的编制，继续负责教师进修工作。1963年10月，省人委决定，各专区（市）建立教师进修学校或教师函授专科学校，受同级教育行政部门领导。"文化大革命"开始后，各专、市教师进修学校或教师函授专科学校全部停办。

"文化大革命"结束后，基于教师培训工作需要，根据中共中央有关指示，河北省各地区的教师进修学校陆续复校。80年代初期，10个地区和石家庄市的教师进修学校升格为教师进修学院。1983、1984两年，这11所教师进修学院获准教育部备案，先后改建为教育学院。同时，华北石油教育学院、邯郸市教育学院、张家口市教育学院、秦皇岛市教育学院也先后成立，并先后获准国家教育行政部门备案。至此，河北省地市级教育学院已达15所。到1990—1991学年度，其基本情况如表6-3-1。

表6－3－1　1990—1991学年度河北省地、市（华北石油）教育学院一览　　　　（单位：人）

学校全称	主管部门	校址	本专科学生数					教职工数								
^	^	^	毕业生数	招生数	在校学生数	预计毕业生数	合计	计	校本部教职工						科研机构人员	校办工厂农场职工数	附设机构人员数	兼任教师数
^	^	^	^	^	^	^	^	^	计	专任教师				助教	教辅人员	行政人员	工勤人员
^	^	^	^	^	^	^	^	^	^	教授	副教授	讲师	教员	^	^	^	^
华北石油教育学院	华北石油管理局	任丘市	114	67	209	63	252	252	115		27	70	6	12	20	47	70			
邯郸地区教育学院	邯地教委	邯郸市	440	246	816	320	127	124	62		6	19	4	33	23	22	17		3	12
邢台地区教育学院	邢地教委	邢台市	492	320	1092	292	152	152	74		10	18	5	41	12	52	14			
石家庄地区教育学院	石地教委	石家庄市	368	291	943	302	112	112	63		8	30	25	11	28	9				
石家庄市教育学院	石市教委	石家庄	394	111	543	223	238	227	119		24	46	6	43	42	33	33		11	1
河北唐山教育学院	唐山市教委	唐山市	395	193	916	413														
衡水地区教育学院	衡地教委	衡水市	341	420	1327	403	95	91	55		15	15	5	20	3	25	8		4	
廊坊市教育学院	廊坊市教委	廊坊市	325	156	810	393	105	105	63		22	20	1	20	17	12	13			

续表

学校全名称	主管部门	校址	本专科学生数				教职工数										
^	^	^	毕业生数	招生数	在校学生数	预计毕业生数	合计	计	校本部教职工							科研机构人员数	校办工厂农场职工数	附设机构人员数	兼任教师数
^	^	^	^	^	^	^	^	^	计	专任教师				教辅人员	行政人员	工勤人员	^	^	^	^
^	^	^	^	^	^	^	^	^	^	教授	副教授	讲师	助教员	^	^	^	^	^	^	^
张家口地区教育学院	张地教委	张家口市	311	201	820	412	146	143	75		13	25	37	10	31	27			3	
保定地区教育学院	保地教委	保定市	392	214	887	298	99	98	47		9	14	22	9	22	20			1	6
承德地区教育学院	承地教委	承德市	325	104	585	286	142	142	63		5	21	36	17	39	23				
沧州地区教育学院	沧地教委	沧州市	835	397	1177	390	109	109	63		12	20	7	13	20	13				
邯郸市教育学院	邯郸市教委	邯郸市	119	76	495	203	150	146	87		11	34	35	14	27	18		4		
张家口市教育学院	张家口市教委	张家口市	168	18	145	81	178	175	95		14	22	49	16	42	22		3		
秦皇岛市教育学院	秦皇岛市教委	秦皇岛市	244	116	475	189	114	114	61		8	15	36	13	31	9				
总计			5263	2930	11240	4268	2019	1990	1042		184	369	416	220	431	296		25	4	19

三　县（市）教师进修学校

中华人民共和国成立之初，省教育厅便着手抓小学教育的普及工作。由于师范教育跟不上小学教育的发展，大量未受师范训练人员进入教师队伍。这些人不仅教育理论知识缺乏，且大部分文化水平偏低。1949年，在全省55843名小学教师中，具有师范或初中毕业水平者仅占31.5%，小学毕业程度者占56.5%，其余不足小学毕业的文化水平。提高他们的文化水平和业务能力，已成为当务之急。省教育厅号召在职的小学教师积极参加业余进修，并指示各级教育行政部门和学校领导要组织好这一工作。当年建起教师进修学校14所（指批准在册的），在校学员1988人。1952年，教师进修学校发展到59所，在校学生达19358人。同年，省教师进修学院成立，对各市县教师进修学校负起领导之责，使之更进一步普及和发展。1956年，各市县小学教师进修机构改办为各师范学校的函授站。1957年，又下放给各市县管理。1958年，省内市县教师进修学校发展到122所，在校学生达61234人。1961年教师进修学校全部撤销，每县仅保留5—7人的编制，以负责小学教师的进修和函授工作。1963年10月，省人委决定，各县市建立函授师范学校，受同级教育行政部门领导，负责小学教师进修及函授工作。此后全省函授师范学校恢复到150余所，在学人员曾高达9万多人。"文化大革命"开始后，各市县教师进修学校或者函授师范学校全部停办。

1978年1月，省教育局转发教育部《关于加强中小学在职教师培训工作的意见》，提出各县市可建立教师进修学校。各县市教师进修学校普遍得以恢复或建立。1980年，教育部又发出《关于进一步加强中小学在职教师进修工作的意见》，明确县市教师进修学校相当于中等师范学校，与中师享有同等地位与待遇。这就更进一步激励和促进了教师进修学校的发展。河北省不仅各市县均办起了教师进修学校，一些市辖区及个别大企业也举办了教师进修学校。1985年，省教委指示，将县市教研室、电教室、仪器站以及不再招生的县办师范学校，一律合并到教师进修学校，以加强师资培训的力量。同年，省教委制发《县教师进修学校基本条件》（试行稿），要各地、市据以对教师进修学校进行评估，以促进其发展。

进入90年代，小学在职教师的教材教法过关、专业合格证书考试及中师学历达标任务均已基本完成。在教师进修学校向何处去的关键时刻，省教委于1992年及时制定并颁发了《关于加强县（市、区）教师进修学校建设和管理的意见》，对教师进修学校的工作任务、领导体制、组织机构、建设规划、规模编制、经费、教师队伍建设、教育教学工作等，都提出了明确而具体的要求。因此，原经省政府批准设立的158所教师进修学校，无一撤销或削弱。

第二节 培训任务

一 省教师进修学院——省教育学院

1952年，河北省教师进修学院创建伊始，主要工作任务是：负责全省教师进修的行政组织工作；指导各专、市、县教师进修机构的业务工作；直接担负中师、中技、高中及重点初中教师的业务文化培训；指导函授；组织学术专题讲座；配合各时期教育教学任务，举办上述中等学校教师的脱职训练和学习讲座；举办教育行政干部的脱职训练。1957年，学院工作任务改为：起草全省中小学教师进修规划、教学计划及各种规章制度，指导教学工作，编选教材，编写自学指导材料，研究总结交流先进经验，开办教师轮训班，视察各地有关工作。1958年，由于省高校剧增，高校教师质量亟待提高，于是河北省重新调整各级教师进修院校的工作任务，把培训中等学校教师的工作下放给各专、市，省教师进修学院除视导工作外，专负培训高校教师之责。1960年办起的河北教育学院，因集教师进修学院、教育干部学校、教育科学研究所、河大教育系于一体，所以其任务也就扩大到师训、干训、教育科研等有关领域。只是数月间学校便调整下马，改建为河北省教师进修学校，只保留几十个人的编制，工作任务同时改为：1. 开办各种函授进修班；2. 对广大教师及学校干部进行各种短期的专业训练；3. 组织各种讲习会；4. 聘请各方面专家到各地进行短期讲学；5. 指导各种师范院校的函授部工作。

1963年，根据省人委的决定，河北省教师进修学校改为河北省教育干部学校，负责培训全省各级教育行政干部和学校负责干部，而在原保定师专基础上建立起来的河北省教师进修学院，则负责对高中、中师、重点初中主要课程的现任教师的训练，直到 1965 年停办。

1979 年，省教师进修学院恢复（1980 年改称河北教育学院），主要任务仍在于培训中学教师和教育行政干部。1986 年后，河北省中小学教师考核办公室、河北省函授卫星电视师范教育办公室、河北省教育史志编纂委员会办公室等附设该院。学院负起中小学教师考核、中小学教师培训、河北省教育史志编纂等责任。

二 地市教育学院

1952 年，省教师进修学院成立后，在各专区设立了指导站，其主要任务是指导属县的小学教师进修工作。1953 年后，省教师进修学院在保定、唐山、石家庄、张家口等市设立的中学教师业余进修班，主要任务是通过业余培训，使业务不合格的在职中学教师成为合格的中学教师。1956 年，各专区的指导站撤销，工作移交各中师函授部，同时省教师进修学院在各专区设中学教师函授辅导站，主要任务是组织和辅导中学教师的函授学习。1957 年，这些辅导站以及各市的分院或进修班，下放给各专市直接领导，成为各专市直属的中学教师进修机构，负责中学教师的进修和属县小学教师进修指导。1958 年，省教师进修学院专负高校教师进修之责，而把所有中等学校教师的进修任务交给了各专区的教师进修机构。1961 年，各专市教师进修机构全部撤销，仅留下十几个人继续维持中小学教师的函授及其他进修工作。1963 年，省人委批准设立的各专市教师进修学校或教师函授专科学校，主要任务是负责本区初中教师的轮训函授工作，并对县中学教师进修工作进行业务指导。

"文化大革命"后恢复建立的各地市教师进修学校以及后来改建的教师进修学院、教育学院，主要任务是负责中学教师的进修工作。1980 年前后，主要任务是辅导中学教师过教材教法关，80 年代中期，辅导中学教师达到专业合格。而后，培训任务逐步转向学历达标。在学历达标教育中，各地市教育学院主要负责初中教师的学历达标培训，即专科级培训。地市教育学院还负责教育行政干部及学校教育干部的培训。

三 县教师进修学校

中华人民共和国成立初期，各县自发建立的小学教师业余进修学校，主要任务是辅导业务不合格的小学教师达到业务合格。1952年省教师进修学院成立后，兼做省教师进修学院小学教师函授的辅导工作，主要目标是使有关小学教师达到初师毕业水平。1956年后，改建为各中师的函授辅导站，主要任务也改为配合有关中等师范学校培训小学教师，使之达到中师毕业水平。这个目标一直坚持到"文化大革命"开始前。"文化大革命"结束后恢复建立的各县、市（区）教师进修学校，起初的主要任务是帮助小学教师过教材教法关。到80年代中期，改为对不合格小学教师的专业合格培训。80年代中后期，发展为对学历不达标的小学教师的学历达标培训。进入90年代，这一任务也基本完成，县教师进修学校的任务发展为，在学历达标任务已完成的地方，开展继续教育，使教师进修学校成为当地师训、干训的基地和小学教育教学、资料信息、电化教育、科学研究等方面具有指导作用的教育中心。有条件的学校，还可与教育学院或其他高校合作，承担部分初中在职教师和教育行政干部的培训任务。

第三节 教育教学

清末的单级教师讲习所及传习所，主要是传授单级教学法，兼授一些新学知识。民国时期的进修教育，则主要是对那些学历不合格教师补授文化、业务知识。中华人民共和国建立初期，省内教师进修工作的重点仍在于学历不合格、文化程度又偏低的小学教师。培训内容以初师文化业务知识为主，目的在于使他们尽快适应小学的教育教学工作。当时，沙河县的小学教师进修工作组织得力，成效显著，省文教厅不仅予以通报表彰，并奖给500万元奖金。

1952年省教师进修学院成立后，迅速在全省组成一个培训网络，教育教学工作得以有组织有计划有步骤地进行，教学方式以函授为主，以脱职集训为辅。在小学教师进修方面，教学内容仍以初师课程为主，省负责制订计划、编选教材及教学参考资料，由各专区指导县教师进修学校进行直接辅导，中学教师进修的教育教学工作则由省市联合进行。

1956年，因小学教师大多已达初师毕业程度，进修内容改为以中师课程为主，辅导工作主要由各中等师范学校负责。同时，大力开展中学教师进修，各专区成立中学教师进修辅导站，各中学也成立进修小组。1958年，教师进修由于"大跃进"背景下过多的生产劳动，业务进修未能很好地开展。从1960年始，因国民经济困难和国民经济进行调整，教师业务进修开展不力。1963年，省人委决定恢复省、专、县三级教师培训机械。当年，新恢复的省教师进修学院便积极开展培训活动，举办语文、数学2个培训班。语文班学期4个月，数学班学期3个月。各专县进修学校也积极开展工作。1966年开始的"文化大革命"使各级培训机构的教育教学工作完全停顿。

"文化大革命"结束后，特别是80年代，省内三级教师进修机构的教育教学工作逐步走上正规化道路。

县教师进修学校的教育教学工作内容以中师课程为主，方式以在职业余函授为主。具体说，经过了三个阶段。第一阶段，从70年代末到80年代初，辅导那些尚未掌握所任课程教材和教法的小学教师，使其熟悉所任课程的教材，初步懂得教育学和心理学，学会使用科学的教育教学方法。这时的教学内容以有关小学教材和粗浅的教育学、心理学为主，方式以业余辅导为主。第二阶段，当大部分不合格的小学教师过了教材教法关之后，80年代中期，各进修学校又接着开始小学教师的专业合格培训，方式仍以在职业务辅导为主，但课程内容较前丰富，水平较前提高，已不再限于所任课程，而是兼顾相近课程。第三阶段，80年代后期，当大部分小学教师都已专业合格之际，进修学校的教育教学工作内容便转为学历达标，即开始辅导不足中师毕业文化程度的小学教师系统进修中师课程，方式仍以函授为主，使用卫星电视中师的教材和大纲。80年代末90年代初，这一工作也大体完成。

80年代，学历相当中师水平的258019名小学教师中，有99336名是高中毕业生，没有受过师范教育。教师进修学校为这些人补授了师范课程。学习时间为脱产1年或函授2年。开课900学时，设教育学、心理学、政治、语文基础知识、小学语文教材教法、算术基础知识、小学数学教材教法、自然、普通话、音乐或美术（选一）、口语训练等课程，经过培训，使其掌握这些知识、技能，达到中师毕业水平，成为合格小学教师。

进入 90 年代，鉴于小学教师的绝大多数已取得中师以上学历或专业合格证书，省教委不失时机地决定，开展小学教师的继续教育。这是一种带全员和全程性质的再教育，是每位小学教师从参加工作到退休都必须参加的培训。现阶段，河北省小学教师继续教育的对象是已取得中师以上学历或专业合格证书和虽无以上学历或证书但到 1986 年教龄已满 20 年的小学教师。目的是通过培训，全面提高小学教师的政治、文化和业务素质，工作能力较前提高，同时加强骨干教师培养，培训一批教学骨干，使之成为学科带头人和小学教育专家。通过培训，小学教师队伍达到结构合理、质量合格，适应本省小学教育发展的需要。其类型有新教师培训、职务培训、骨干教师培训、高层次学历培训等，其中职务培训是主体，骨干教师培训是重点。现以石家庄市为例，简介继续教育的一些实施办法。

关于新教师教训。对象是分配到小学工作的见习教师，时间为 1 年，目的是通过培训，坚定他们做小学教师的决心，加强自我修养，强化教育教学实践，加快成熟过程，尽快胜任教育教学工作。学习内容包括职业道德、班队管理工作、新教学大纲、优秀教师的经验等。教学方式有自学、讲座、报告、听课、看录像、个别辅导等。经过 1 年培训，最终进行考核，成绩优秀、良好及合格者可正式上岗，不合格者需要重新培训，延长见习期 1 年。

职务培训。其对象是有职称的教师，目的是 5 年培训，使之能履行现任职务职责和达到高一级职务的任职要求。课程分政治课、教育理论课、专业必修课和选修课，分初（二、三级教师）、中（一级教师）、高（小学高级教师）三个级别，教师按自己的评职学科和级别参加培训。其教育理论课开设学校教学心理学、教育科学研究方法、教育统计学、教育评价、中外教育思想介绍等，专业课开设语文、数学、英语、自然、音乐、美术、体育等学科，各科都有各自的必修和选修课目。其语文科的教学计划表摘录于下（见表 6-3-2）：

表6-3-2　　　河北省教师职务培训语文科教学计划

课的类型	课程名称	计划课时 面授	计划课时 自学	班别 初级	班别 中级	班别 高级
专业必修课	小学语文教学大纲研究	20	20	20	10	10
	小学语文教材分析与实践训练	110	80	110（实践30）		
	小学语文教学法	40	40	40		
	小学语文教材信息	20	20		20	
	语法修辞逻辑	60	60		60	
	小学语文教学专题选讲	40	40			40
	小学语文教学评价	20	20			20
	小学语文优秀课评析	60	60			60
	初中级教师教学的实践指导	12	12（实践中）			40（含实践28）
	作品赏析	60	60			60
专业选修课	字词研究与教学	20	20	每级各选修60课时		
	读写概论	30	30			
	文学概论选讲	30	30			
	小学作文教学改革	20	20			
	小学语文教材传统篇目赏析	20	20			
	应用文	20	20			

骨干教师培训对象是热爱小学教育工作、有创造精神、基本素质好、有培养前途的中青年教师，目的是通过培训，逐步成为各科教学骨干，其中的一部分成长为小学教育教学的专家。培训内容是在学完职务班课程后，再学300课时的高一级课程，并且每个参训教师都必须参加一项教育或教学试验研究工作，在教改实践中增长才干。其各科课程安排如表6-3-3：

表6－3－3　　　　　　　　　骨干教师培训内容安排

公共课		专　业　课								
政治理论课	教育理论课	语文学科	数学学科	音乐学科	美术学科	体育学科	社会学科	自然学科	英语学科
教育法令法规选读20	小学生年龄特征与教育20	小学语文教学大纲和教材分析60	小学数学大纲和教材分析60	小学音乐教学大纲与教材分析30	小学美术教学大纲与教材分析30	小学体育教学大纲与教材分析30	社会常识教学大纲与教材分析30	自然常识教学大纲与教材分析30	英语教学大纲与教材分析30
马克思经典作家论教育20	小学教育心理学40	小学语文教学心理学40	小学数学教学心理学40	小学音乐教法20	小学美术教法30	小学体育教法30	社会常识教学方法30	自然常识教学法30	英语教学法30
	教学论40	小学语文优秀课评析60	小学数学优秀课评析40	小学音乐优秀课评析40	小学美术优秀课评析30	小学体育优秀课评析30	社会常识优秀课评析60	自然优秀课评析30	英语优秀课评析60
	教育统计与教育质量评估60	小学语文教学专题研究40	小学数学教学专题研究40	小学音乐教学专题研究20	小学美术教学专题研究20	小学体育教学专题研究20	社会常识教学专题研究20	自然教学专题研究20	英语教学专题研究20
	教育科研20	小学语文教改信息20	小学数学教改信息20	小学音乐教改信息10	小学美术教改信息20	小学体育教改信息20	社会常识教改信息30	自然教改信息30	英语教改信息20
	电化教育20		小学数学教学与逻辑思维50	乐理20	绘画基础120	小学生体育卫生保健30	中国历史60	自然常识课外活动30	英语语音及语法常识60
	班主任工作30	语文基础知识与教学60		视唱练耳40	手工60	小学体育游戏60	中国地理60		中级美国英语选讲60
				唱歌30		小学体育理论60		理化实验与教具制作60	
				指挥10					
				唱游20					
				儿童歌曲简易伴奏20					

注：表中数字为面授课时数。

70年代末80年代初，省、地、市教师进修学院以办短期培训班为主，时间短则几天十几天，长则月余到数月。但不论长短，一般每期一个主题内容。1984年后，省地市教师进修学院改建为教育学院，教育教学方式也改为以正规学历班为主，继续兼办短训班。地市教育学院的正规学历班一般为大学专科级，执行教育部颁发的教学计划，分脱职进修和在职函授进修两种。脱职班学制为2年，授课、实验的总学时数为1400个左右，开设思想政治、教育理论、专业基础、地方选修等四大类课程，并于第二学年安排3周左右的教育实习或教育考察。思想政治课开设哲学和中国社会主义建设以及时事政策等课程。教育理论课则针对学员多系后师毕业生，学过《教育学》《心理学》，改开《中学教育学》和《中学心理学》，着重讲授教育学和心理学基本理论在中学教育工作中的应用。专业基础课安排所开专业的基本理论和基本技能课程，比重最大，占总课时的70%左右。此外，还开设有关初中学科的教材教法课程和体育课等。自卫星电视师范开播大专课程后，省教委规定全省参加大专进修的教师一律选用卫星电视师专教材，并统一安排进度，还对一些主要科目进行了全省统考。参加在职函授进修的大专班学员，学制为3年，每年面授时间不低于30天，每天不低于6课时，其余时间个人自学。函授开课基本与脱职班同，只是不开体育课，思想政治教育也随所在学校进行。

省教育学院专科班的教育教学基本与地市教育学院相同。河北教育学院的本科班也分脱职和在职函授两种，脱职班学制2年，安排1400~1700课时，并有3周左右的教育实践或考察，课程也分为思想政治、教育理论、专业基础、地方选修等几大类。函授班学制3年，以自学为主，每年集中辅导月余，同时进行考试考查。课程设置与脱产班大体相同，唯体育、时事政策等课程不再面授。各系都开设有关高中课程的教材教法课，以增强学员教学技能。

第四节　学员

河北省教师进修院校的招生对象是在职教师和教育行政干部。非学历短期培训班学员由各有关学校、机关按要求选送，一般不进行入学考试。而参加学历培训的学员，则须具备一定资格，个人提出申请，经任职学校、机关及有关领导部门批准，还需参加入学考试。80年代参加中师学历培训的学员，须已过教材教法关，达到专业合格方可。各地市教育学院及省教育学院的专科级培训班，招生对象是原为中师毕业或具有同等学力的具有3年以上教龄的中学教师或具有5年以上工龄的教育行政干部。省教育学院及河北大学、河北师范大学、河北师范学院所招本科培训班，对象是原专科学校毕业或具有同等学力的具有3年以上教龄的中学教师或具有5年以上工龄的教育行政干部。各县市教师进修学校中师培训班招生命题考试，由各地市负责。省及地市教育学院的专科级学员，则须参加全国成人高校招生统考。省教育学院、河北大学、河北师范大学、河北师范学院所招本科培训班，1992年前是全省统一组织命题考试，1993年后是参加全国专科升本科招生统考。参加考试后，经德、智、体全面考核，择优录取。

学员一经有关学校录取，便取得相应学籍。脱职班学员须离开工作岗位，全力以赴进行学习，期间一般由原单位发给工资，奖金及其他福利则视原单位情况发给与否各有不同。函授学员不离开工作岗位，边工作边自学，只是在寒暑假期间参加每年月余的面授辅导。学员学习期满，经考试考核合格，由各有关学校发给相应级别的毕业证书，国家承认学历，并享受相应待遇。学员毕业后，国家不做统一分配，原则仍是回原单位或原地区工作。但也有部分学员毕业后不回原单位或原地区，而是通过种种关系或途径，落籍别的单位或别的地区，个别的甚至脱离教育界，致使一些县市不再愿意选送进修学员。

第十一编

教师队伍

两千多年来，河北地域内，教育发达，人才荟萃，名师辈出。战国时期的赵国荀况，汉代董仲舒，唐代孔颖达，明清之际的孙奇逢，皆成就辉煌。至颜元、李塨，既返儒学正本，又开实学先河。清末南皮张之洞，为官数十年，视教育为立国根本，识远业大，在中国近代教育由旧而新的嬗变过程中，起了举足轻重的作用。中华民国时期，齐国梁（璧亭）倡办河北省立女子师范学院，功绩卓著。抗日战争中，胥各庄小学校长潘润之于民国二十七年（1938）7月在原籍潘家峪率众起义，队伍发展到700多人。同月13日，卢龙简师校长高敬之在卢龙无税庄（今属滦县）率300余人起义，成立华北人民抗日军，并于8月8日攻下卢龙县城。杨秀峰教授从戎，兼任冀中建国学院院长，名冠华北。解放后，杨秀峰出任中央人民政府教育部长，为中华人民共和国的教育事业做出重大贡献。其他如丁浩川掌教北京师范大学、东北师范大学，牛满江教授海外执鞭。无论寄寓乡贤，古往今来，河北的教师队伍及在河北大地成长起来的教师，可谓群星灿烂。

以上所述，仅是出类拔萃的佼佼者，同时还有千百万人在为人类知识的传播和发展默默地耕耘在三尺讲台。

中华人民共和国成立前，由于社会历史原因，河北教师队伍状况难有精当统计。中华人民共和国成立初的1949年，河北省专任教师总数为58276人，其中高校355人，中等学校2078人，小学55843人。随着国民经济的恢复和发展，教育事业迅速发展，教师队伍逐年发展壮大，1953年达101604人，其中高校1163人，中等学校7639人，小学92802人。1958年"大跃进"开始，教育也盲目大上，教师队伍急速扩大，到 1960 年，总数为 184798 人。1961 年，国民经济开始调整，教师队伍也做了适当压缩，总数降到 173806 人，1962 年再度压缩为 153457 人。之后随着民国经济的恢复，教育事业重新发展，教师人数也逐年增多，到 1965 年达 231545 人，其中高校 6266 人，中等学校 32734 人，小学 192545 人。"文化大革命"中，农村中小学急剧发展，教师队伍也急剧膨胀，1971 年总数达 338287 人，1972 年又猛增 356872 人。到 1976 年，总数达 505341 人，其中普通高校 7247 人，七二一大学 1707 人，五七大学 2393 人，五七学校 492 人，中等专业学校 4042 人，中学 175348 人，小学 248354 人，幼儿园 22939 人，盲聋哑学校 105 人，业余教育 42714 人。中国共产党十一届三中全会后，教育事业进行调整，农村中学教育实行压缩数量、提高质量的方针，到 1985 年，教师总数降至 467059 人。1986 年后，随着教育事业的发展，教师队伍数量又逐步上升。到 1990 年，全省专任教师总数为 524229 人，其中普通高校 13585 人，成人高校 4232 人，中等专业学校 12159 人，普通中学 155925 人，普通小学 269890 人，农业、职业中学 11312 人，幼儿园 39616 人，特殊教育学校 353 人，工读学校 6 人，成人中专 5025 人，成人中学 1225 人，成人技术培训学校 5850 人，成人初等学校 5051 人。

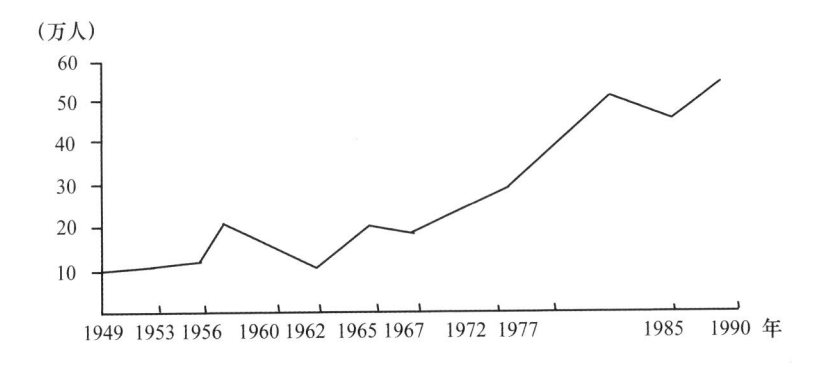

图 11-1　河北省教师队伍发展曲线（1949—1990）

第一章　来源任用

第一节　初等学校师资的来源与任用

清末，新学初兴，初等教育师资虽应由初级师范毕业生充任，但由于师范亦属初设，毕业生不敷应用，故省令各县举办简易师范或师范传习所，招收旧读书人，经过 3 个月、6 个月或 1 年的培训，然后派充小学教员。为应急需，亦有未经师范培训者。官办小学教师，由学校校长聘任，报州县地方政府长官批准，私立小学教师，由校长聘请并报请地方长官认可。

民国时期，省内中等师范教育发达，校数占全国 1/6 强，毕业生供过于求，多有出省任教者，故省内实行教育师资，几乎全是师范学校毕业生。官办学校教师由校长选聘，报县级政府长官批准。私立学校教师由校长聘请并报当地教育行政部门批准。沦陷区小学师资由伪政权委派。因师范学校少，故兼用其他学校毕业生。革命根据地小学，因战争环境及初创等，其师资来源系各种学校毕业的革命知识分子，由抗日民主政府委任。

中华人民共和国成立初期，除中等师范毕业生外，省内曾吸收部分其他知识分子直接委任为小学教员。后来改为举办师资短期训练班，招收社会知识分子，经过 3 个月到 1 年的短期培训，原高小毕业者，一般派充初小教员，原为中学毕业者，派充高小教员。50 年代中期，中等师范教育逐渐发展，初小教员多由前师毕业生派充，后师毕业生则多派充高小教员。试教期一般为 1 年，1 年试教期满，经考核合格后，由中心学校校长报请县教育行政机关批准，转为正式小学教员。

1962 年国民经济调整时，省内中师只保留 22 所，直到"文化大革命"结束，没有大的发展。这期间，中师毕业生远不敷小学教育需要，再加上有相当一批中师毕业生被派到中学任教，还有部分改务他业，省内小学不得不大量吸收民办教师任教。1955年，全省民办小学教师1801人，约占小学教师总数97724人的1％强；到1965年，全省民办小学教师猛增至76614人，约占小学教师总数192545人的40％。到1972年，小学民办教师发展到152699人，约占小学教师总数226826人的67％。这些民办教师极少数是师范毕业生或肄业生，少数为高中毕业生，多数是初中毕业生，还有部分小学文化程度者。师范生多系1962年前后下马师范的学生或精简回乡的原国办教师，其他均为中小学毕业后回乡的社会知识青年。起初，民办教师与其他社员一样，只挣工分，其任用办法是学校所在生产大队党支部、队委会或革委会委派。60年代末70年代初，因国家开始给民办教师每月数元的补贴，此时新任民办教师便须经教育行政部门备案。

到80年代，开始对小学教师队伍进行整顿。严把来源关，即整顿措施之一。河北省决定，大力发展原有中等师范，并一律以培养小学教师为目标。同时要求各县办中师招收原在职民办教师，经培养，待其毕业后分配为公办小学教员。并要求一般不再录用民办教师，个别确实需要者，也要严格限制数量，严格要求质量。短期需要者可招聘代课教师充任。

第二节　中等学校师资的来源与作用

中等学校之教师，自清末至今，均要求具备高等学校毕业之学历或具同等学力。然清末新学伊始，大中小学一齐上，缺乏相应师资，中等学校旧学（国文、国史、经学等）教师，多由科举制下之士子充任，新学（理化、西文等）教师，则多由早期新学堂毕业生或留学生充任，也有聘用外籍教师的。本国教师，由校长选聘，报地方长官批准；外籍教师则需省级长官出面聘任。

民国期间，国内高等教育已有一定规模，故中等学校教师多数来自国内高校毕业生，少数来自留学生。除私立学校、教会学校以外，极少聘用外籍教师。民国十九年（1930），河北省中等学校教员总数为1995人，其中男1853人，女142人；完中520人（男460人，女60人），初中525人（男511人，女14人），师范学校883（男815人，女68

人），职业学校67人（全系男性）。其来源情况为：留学国外得有博士学位者，专任教师1人，兼职教师2人；留学外国得有硕士学位者，专兼职各5人；留学外国得有学士学位者，专职13人，兼职7人；一般留学外国者专职10人，兼职6人；师范大学毕业者，专职23人，兼职15人；大学毕业者，专职46人，兼职58人；高等师范毕业者专职62人，兼职51人；专门学校毕业者，专职38人，兼职31人；其他学历，专职492人，兼职40人。其任用办法是，公立学校由校长选聘，报地方行政长官批准。如在省立师范的265名教员中，留外学生1人，普通留学生9人，师范大学毕业者77人，大学毕业者66人，高师毕业81人，专门学校毕业者31人，无一中等学校及以下程度者。

私立学校教师由校长选聘，亦须到地方长官处备案，并接受稽查。革命根据地中等学校之师资，起初均系来自投奔革命的知识分子，后来才逐步增加了根据地自己培养的知识分子。任用办法一般都是由抗日民主政府安排。

中华人民共和国成立后，省内中等学校教师一般要求是高等学校毕业生充当，由政府统一分配，试用期1年，经考核合格后，报政府教育行政部门批准，转为正式成员。

1952年，随着经济建设高潮的到来，教育也开始大发展。当年，河北省中等学校增设309班，须增教师800多名，靠本省师范院校远不能完成任务。根据中共中央有关"劳动就业"问题的决定，经华北行政委员会文教局、中央劳委会批准，省教育厅组成中等学校教师招聘团，由河北师范专科学校（北京）和河北师范学院（天津）配合，到北京、天津二市招聘高中毕业以上文化程度失业或半失业人员来省任教。经过2个月的工作，共招聘326人，其中北京157人，天津169人。这些人大部分是旧官吏、旧军官、旧司法人员，小部分是小职员、店员和家庭妇女。由本人持学历证明及地方政府有关部门介绍信和失业求职证件，自愿报名，参加所报专业单科考试，然后根据对年龄、性别、出身不限的劳动就业精神，予以录取。被录取者中，男303人，女23人；留学生1人，大学毕业肄业者156人，高中毕业者122人，相当于高中文化程度者47人；25岁以下者52人，26—45岁者182人，46—60岁者87人，60岁以上者5人。录取后即分配到河北省各市、县中学任教，月薪150分至350分不等。省供给全部到职路费并补助携眷路费和安家费。这期间，除在京、津招聘外，省教育厅还派员到南方一些省市招聘了部分中学教师。

同时，为解决初中教师缺额问题，河北省曾委托河北师范专科学校举办短期培训班，招收优秀高小教师，经过数月培训，重点吃透相关专业初中教材，然后分配到初中任教。

但是，由于河北省高师教育长时期没能适应中等学校的发展要求，所以也有相当一部分中师毕业生被分配到中学任教，这种拔高现象，到"文化大革命"中达到极点。当时的队办初中，其师资基本都是中师毕业的国办教师或高、初中毕业的民办教师，极少有大专毕业者。这种局面一直延续至70年代末。

80年代初，省内师范大学、师范学院及师范专科发展到12所，新开办的8所开始有学生毕业，原有4所规模亦有发展，同时，对初中、高中设置的调整、压缩，使中学教师需求量相对降低，因而中学教师之来源，开始转为师范院校毕业生及其他大专院校毕业生，中师毕业生则只占很小比例。

80年代中期，中学教师开始试行聘任制，教师经考核，合格者发给资格合格证，但合格证仅能证明具备任教资格，并不等于聘任。尚须由校方发聘书方可就职。此制目的在于优化组合，调动广大教师的积极性。

起初，省内中等职业技术学校，其专业课之师资，主要来源于普通高校相关专业及中等职业技术学校本身，基础课师资则主要来源于普通师范院校毕业生。80年代，省内办起农业技术师范学院1所，为中等农业职业技术学校培养专业课师资；办起职业技术师范学院1所，为城镇技校和职中培养专业课师资。自此，省内职业技术学校之师资，开始来源于相应的师院系科。其作用办法，亦与普通师范院校毕业生同。

第三节　高校师资的来源与任用

清朝末年，高校初设，其师资来源约有三个：一是旧式文人，一是外籍教师，一是留外学生或国内早期新学堂毕业者。国文、国史、经学等课程，多由旧式文人充任，西文、西史、理、化等新学课程，其教师则多由后二种人员充任。

因当时新学初兴，国内人才奇缺，故聘请外籍教师较多。仅直隶师范学堂一处，在20余名教员中就聘有日籍教师11人。其聘事由省布政使和学务处总理办。聘书中将应聘人员的责权利一并开列。如当时聘用关本幸太郎的合同：

大清国奏派总理直隶全省营务处兼学校事宜布政司杨、总理直隶学务处严，募订大日本国东京高等师范学校教谕关本幸太郎为直隶师范学堂高等教员。所有合同条款，开列如下：

第一条 直隶学务处总理聘得关本幸太郎为直隶师范学堂教员，由光绪三十年九月二十八日起，至光绪三十二年十二月十五日止。于期限内，每月支给薪水湘平银二百两，所有佣工、养马、火食、一切杂费均在内。

第二条 该员于合同期内，在师范学堂承教理化学科，每星期授业时间不逾二十四小时。但本条所不记载之学科，而该员能胜任者，亦可随学堂之便宜，嘱托该员教授，该员须以好言承诺。

第三条 该员应听监督及教务长之指挥。

第四条 该员已教授之学科，苟有意见，可直陈于师范学堂监督及教务长，惟采纳与否，仍听监督及教务长之决定。

第五条 若学务处或师范学堂有所咨询，或开教员会议，或研究教育事项，该员须以诚意陈述己见，以期为中国教育尽力。

第六条 学堂分配教授时间及裁定课程，其权由监督及教务长会商主持，该员有忠告之义，无干涉之权。

民国时期，高校教员由校、院长选聘，但公立高校须报上司批准，私立高校须报政府备案。因国内人才渐多，外籍教师转少。如省立农学院民国二十四年（1935）有教员26人，皆本国籍人士。其中教授共9人，有8人是留外学生，只一人是南通农科大学毕业。8名讲师中，有5人是留外学生，1人国立中央大学毕业，2人直隶高师毕业。而其余教师、教官、助教等，全部是国立或省立高等学校毕业者。

革命根据地之高校教员，来自投奔革命的知识分子，他们中的许多人是著名学者、专家，他们的工作由民主政府安排。随着事业的发展，各校也自行培养或互相培养教师，如华北联大在转战中自行培养教师20多名，解决了师资不足问题。

中华人民共和国成立初，省内高校教师除接收留用人员外，还接收了部分社会高级知识分子。同时，接收了少数从国外辗转回国的爱国知识分子。根据团结、教育、改造的方针，经过短期思想政治教育，经组织审查合格的，都统一安排了教职。嗣后，曾选派一批学生留学苏联，回国后部分在高校作了教员。这些留学回省人员，为河北的高教事业做出了重大贡献，有的成为博士生导师，有的成为高校负责人，有的成为省教育行政负责人。

高校教员中的绝大多数来自高校的优秀毕业生。从50年代到80年代中期，基本上是根据各校需要，由省教育行政机关会同省人事、计划部门，统一安排分配。从80年代中期始，各校先后改行聘任制，即根据工作需要，由校、院长在具备任职资格的人员中择优聘任。同时，普通本科院校师资开始由以本科毕业生为主转为以毕业研究生为主。专科学校及成人高校等也开始向这一目标发展。1987年，在河北普通高校12754名教员中，有博士学位的15人，硕士学位483人，无学位毕业研究生266人，学士学位4493人，研究生肄业11人，无学位本科毕业生5762人，专科毕业及专科肄业二年以上者1370人，专科肄业未满二年的354人。到1990年，博士学位人员为30人，增长100%，硕士学位人员为1416人，增长近200%，而普通本科毕业生则降为4730人，下降18%，专科肄业以下者降为245人，减少30%。

第二章 培训 考评

第一节 资格考核

清末,政府对各级各类学校教师虽有资格要求,但因新学初兴,师资奇缺,故很难整齐划一。

民国时期,中央政府在颁布学校法及学校规程中,对各级各类学校教师的资格做出了明确规定,并颁布了教员检定办法。河北省政府教育厅组织过以厅长为主任的"省中学及师范学校教员检定委员会"。其检定办法主要分实验检定和无试验检定两种。小学教员原为中等师范以上毕业生,初中教员为师专以上毕业生,同等其他学历又受过师范专门课程诸如教育学、心理学训练者,任教满5年(小学为3年)、成绩优良受过表彰、有专门著述发表者等,可享受无试验检定,只呈交相应文凭即可。不符合上述学历或条件者,要参加试验检定,即接受相应的考试,成绩合格者,方能通过检定。只有通过检定者,方准聘任相应的教职。但由于民国时期河北一带战乱频仍,政治腐败,其办法未能彻底施行。而从各级各类学校所配师资的学历情况看,省属高校、中学及师范学校之教师,大多有相应学历,而县立师范及中小学教师相对差些。

中华人民共和国成立后,中国共产党各级党委和政府注重发展教育,关心教师成长,注重对教师的考核。考核范围主要分政治思想、学识水平、业务能力、工作态度等几个方面。普遍施行的考核有:1. 岗前考核。无论是师范院校还是其他院校毕业生,凡分配到学校任教员而以前又无教龄者,均经过1年的试用,然后进行考核,合格者定为正式教师。民办教师或代课教师转为国办教师时,亦须经过同样考核,合格者方予转办。2. 经常性考核,即学期末或不定时的考核。不称职者降级使用,实在不能任教员且无培养前途的调做其他工作。优秀的小学教师，经过培训可升作中学教师；优秀的中学教师，经过培训可升作高校教师。第一种考核，由个人总结，群众评议，校领导签署意见后，上报主管教育行政机关。第二种考核，主要由组织掌握，兼亦征求群众意见。

河北省教师队伍任职资格，50年代，初小教师多由前师（初师）毕业生充任，高小教师多由后师（中师）毕业生充任，高中教师多由高校毕业生充任，唯初中教师中，因初中发展快而师专学校少，除有大专毕业生充任外，尚有相当数量之中师或高中毕业生充任。高等学校的教师，因研究生和出国留学生少，主要由本科毕业生补充。到六七十年代，由于中师学校的减少，全省中小学都涌进了大量的未经师范培训的教师，其中有高、初中毕业生，也有小学毕业者，程度参差不齐。

进入80年代，河北省对各级各类学校教师规定了严格的学历要求。要求小学教师须具备中师毕业学历，初中教师须具备专科学校毕业学历，高中教师须具备高校本科毕业学历，高校教师则须具备毕业研究生的水平。对不具备相应学历的教师开展了不同层次的培训和考核，其中重点是中小学教师。对中小学教师的考核，由低到高分为三个层次。第一个层次即最低层次的考核，为过"教材教法关"。

过"教材教法关"的基本要求是：1. 基本能按教学大纲规定的学科、学段的教学目的、任务和对各年级的具体要求，进行教学。2. 熟悉所教学科、学段的教材，能理解和掌握教材的重点、难点，基础知识和基本技能，要求学生做的习题、练习题、思考题、作文、实验等作业，教师都能首先会作。3. 能正确向学生传授知识，教低年级能为高年级打基础，教高年级能与低年级所学知识衔接，教学不出现知识性错误。4. 懂得与教学有关的心理学、教育学、学科教学法常识，能独立地备课、写教案、上课、批改作业、命题考试，教师讲得清楚，学生听得明白。

过"教材教法关"的对象是，教不满15年的男50岁、女45岁以下的中小学教师，凡小学教师不足中师（高中）毕业，初中教师不足大专毕业，高中教师不足大学本科毕业，以及1971年至1976年入学的大中专毕业生，经考试小学一至五年级及初、高中所任学科一至三年级教材，平均成绩不足80分的在职教师。

具体办法是，让"过关"对象经过学习，然后进行文化知识考试和教学业务考查。文化知识的考试是，小学教师考试一至五年级的语文、数学现行教材，初、高中教师考试所任学科一至三年级的现行教材。命题范围不超出有关教学大纲的规定要求。考试可按单元或分段进行，平均成绩在80分以上，视为过了"教材教法关"。教学业务的考查主要是看教师的教学实践，包括查阅教案、临堂听课、抽查批改的作业、听取师生对教学效果的反映及考查学生等，同时考核教育学、心理学理论常识，平均成绩在60分以上，方为合格。对第一次考试考查不合格者，允许补考一次，但不允许降低要求。过了"关"的中小学教师，由教育行政部门发《教材教法考试合格证书》。这项工作由省统一领导，各地市具体安排，从1982年正式开始，到1986年基本完成，全省绝大部分中小学教师参加了过"教材教法关"的考核。

1986年6月16日，省教委又通知各地市教育行政部门，对中小学教师过"教材教法关"工作进行一次检查验收。凡考试合格并由地、市教育部门统一颁发合格证书的承认有效；凡考试合格由县颁发合格证书的可换发地、市的合格证书。凡考后新补充进教师队伍中来的在编教师和原过关考试未及格的在编教师，由地、市教育部门统一命题进行教材教法过关考试，合格者由地、市教委（教育局）发给合格证书。上述工作要求各地市于当年10月底完成。11月，省教委对教材教法过关考试和发证工作情况进行了抽查验收。

对中小学教师考核的第二个层次要求是取得《专业合格证书》。1986年9月6日，国家教委颁发《中小学教师考核合格证书试行办法》。1987年1月13日，省教委颁发《河北省贯彻〈中小学教师考核合格证书试行办法〉的试行意见》，并于同年在河北教育学院设立"河北省中小学教师考核办公室"，负责全省中小学教师专业合格证书考试考核和颁发证书的工作。中小学实行考核合格证书的目的，是建设一支合格的中小学教师队伍。考核对象是不具备合格学历而从教不足20年，年龄在男50周岁、女45周岁以下，工作二年以上并取得《教材教法合格证书》者。考试内容包括思想品德、文化专业知识和教学能力等三个方面。考核办法分考查和考试两种。思想品德和教学业务能力两个方面使用考查评分的办法，由县教育行政部门具体组织施行。其步骤是：个人总结，民主评议，实际考察，查看有关资料，市县直属学校教师由学校领导写出鉴定意见，其他学校教师由学区领导写出鉴定意见，汇总报县。其标准是如下。

思想品德要求：1. 坚持学习马列主义、毛泽东思想及党和国家的有关文件；2. 拥护四项基本原则，拥护中国共产党十一届三中全会以来的路线、方针、政策；3. 忠诚于人民的教育事业，对教育教学工作认真负责；4. 服从领导，团结进步，坚持改革，勇于创新；5. 以身作则，为人师表，关心和爱护学生，作风正派，秉公办事，遵纪守法。

教学能力和效果要求：1. 教育思想端正，坚持教书育人，培养学生德、智、体、美、劳全面发展，面向全体学生，不偏爱、不歧视，不搞体罚；2. 坚持超周备课，教案和教学笔记整齐、清楚、内容正确；3. 授课无知识性错误，讲解清楚，生动形象，板书工整，能运用启发式进行教学；4. 批改作业认真、及时、细致；5. 所教学生成绩较好，领导、群众、家长、学生比较满意。

教学态度要求：1. 坚持出勤，不迟到、早退，不无故旷工；2. 积极参加有益的政治、科研、学术、进修等集体活动；3. 虚心好学，积极进行教育教学改革。

符合上述要求者，视为合格。

有下列情况之一者，视为思想品德不合格：1. 在近3年内违犯国家政策、法令，在政治上、经济上或道德品质上犯有严重错误者。2. 有违背四项基本原则和中国共产党十一届三中全会以来的路线、方针、政策的言行，经批评教育坚持不改者。3. 有严重违犯组织纪律或学校规章制度者。4. 不安心教育工作，不服从工作分配，完不成教学任务者。5. 弄虚作假，行为不端，作风不正，打骂体罚和变相体罚学生，造成严重后果者。

有下列情况之一者，视为教学能力不合格：1. 不履行教师岗位职责，不好好教学者。2. 不备课，不写教案，不认真批改作业，不开展课外辅导者。3. 教学基本功差、组织课堂教学混乱、知识性错误较多者。4. 教学效果差，校内外反应较大者。

专业文化知识采用考试的办法，由省教委统一命题，各地市教委组织考试、阅卷等具体工作。考试内容为高师、中师学校相应级别的教育理论课、专业课及与专业相近相关的课程，具体如表11-2-1。

表11-2-1　中小学教师《专业合格证书》文化专业知识考试科目

顺序	学科\学校	中学 初中	中学 高中	小学
1	语文	中国古代文学作品选读、中国现代文学作品选读、现代汉语、写作	中国古代文学、中国现代文学、古代汉语、文学概论、外国文学	每位教师考试三门课程，即（1）教育学、心理学基本原理（合卷）；（2）语文、数学任选一门；（3）其他学科（自然、地理、政治、历史、音乐、美术、体育）任选一门
2	政治	马克思主义哲学、政治经济学、法学概论	马克思主义哲学、政治经济学、中共党史、科学社会主义	
3	历史	中国古代史、中国近代史、中国现代史、简明世界史	世界古代史、世界近代史、世界现代史、简明中国史	
4	英语	精读、泛读、听说、实用语法	精读、泛读、听说	
5	音乐	视唱练耳、乐理与声学初步、声乐、钢（风）琴、音乐欣赏		
6	美术	美术理论知识、美术简史、绘画、应用美术		
7	数学	数学分析、高等代数、解析几何	复变函数、高等几何、概率论与数理统计、近世代数基础	
8	物理	力学、热学、电磁学、光学	力学、热学、电磁学、光学、近代物理基础	
9	化学	无机化学、有机化学	无机化学、有机化学、分析化学、物理化学	
10	生物	动物学、植物学、人体解剖生理学	生物化学、遗传学、植物生理学	
11	地理	地学概论、中国地理、世界地理	自然地理、人文地理	
12	体育	体育理论、运动生理卫生、体育专业技术	体育理论、运动生理学、体育专业技术	
13		教育学、心理学基本原理		

考试和考查工作完成之后，各地市对合格者进行审核，统一报省中小学教师考核办公室，经审查批准后颁发由省统一印制的中小学教师《专业合格证书》。

1986年底，河北全省共有中学、小学、幼儿教师46万人，其中不具备合格学历的17万人，应参加《专业合格证书》考核的10万多人，从1987年到1991年，每年有5万多教师参加考试，考高中、初中、小学、幼儿园教师四个档次268科次，单科及格130366人次。经过品德、能力考查后共颁发《专业合格证书》31330个，其中高中1318个、初中6329个、小学5899个、幼教17784个。

中小学教师考核的第三个层次要求是学历达标。这种考核，主要是在职教师通过脱产或不脱产的进修或自学，经过有关学校或部门考试，成绩合格者，发给大中专学历证书，视为学历合格，享受相应待遇。省教委规定，自1986年9月1日以后到中小学任教的不具备合格学历的教师，不得参加《教材教法合格证书》和《专业合格证书》的考试。

第二节　培训

注重在职教师培训，是河北教育的优良传统。宣统元年（1909），省派人赴日本学习单级教法，第二年回国，在天津开办单级师范讲习所，召集各县教学素有经验之人来津讲习，使回县后办理单级教员讲习所。此为省内正式培训在职教师之始。

民国时期，遵教育部令，全省划为九个师范区。由区内省立师范学校辅导地方教育，就地培训小学教师，并利用师范生实习的时间，抽调不具合格学历的教师脱产到师范学校培训。较大规模的培训多安排在假期。培训成绩作为资格考核的内容。

革命根据地正规师范学校不多，上岗教师多无师范毕业学历，故重视对在职教师的培训。在极艰苦的情况下，各专、县、各中学想方设法举办师资训练班。其时间多者半年，少则一两个月或数周。培训内容主要是思想政治和文化业务等方面。形式有脱产、不脱产两种。教学方式有讲授、自学、讨论等，多种多样。

中华人民共和国成立之初，教师培训工作主要是岗前培训、升级培训和在职培训。岗前培训，主要是省教育厅把从社会上招聘来的知识分子，经过短期的思想政治教育和业务培养，然后根据其水平，分配到大中小学任教。对于文化水平较高，侧重于政治思想改造，而对于水平较低者，则侧重于文化知识和业务能力的培养。中华人民共和国建立之初的一二年，对旧知识分子以及从京津招聘的数百名中学教师培训，则侧重于政治思想方面，而1952年举办的小学教师短期培训班，则侧重于文化知识和业务能力的培养，其时间少则两三个月，多则半年到一年。升级培训，是指选拔优秀的初小教师，经过培养，提到高小任教；选取优秀的高小教师，经过培训，提拔到中学任教。河北师范专科学校50年代初举办的培训班即属后者。这种培训基本是让学员根据教什么学什么的原则进修，培训出来的教师，既有一定的教学经验，也系统学习了本门课程的教材教法，基本胜任工作。唯因知识面较窄，底子薄，发展潜力不大，后劲小。在职培训，是指让在职的学历不合格、业务能力较差的教师利用业余时间如假期等，通过培训和自学，提高业务能力。其中也注意思想政治培训，不断提高在职教师的思想觉悟。

50年代中后期到60年代初中期，教师培训主要是在职培训。其政治培训基本是根据当时政治运动需要，学习马列主义、毛泽东思想及时事政治。业务培训主要是培养提高学历不合格的在职教师。当时负责业务培训的机构，在省有教师进修学院，各专区、市设辅导站或分院，在县有教师进修学校，培训形式分离职进修和在职函授以及利用假期进行轮训等。

"文化大革命"开始后，省内教师培训工作受到严重冲击，省、地、市、县教师进修机构或撤销或瘫痪。教师政治学习虽占用了大量时间和精力，但却只是学"语录""老三篇"及时事文件，进行思想改造以适应运动而已。70年代，教师培训工作有所恢复，各地、市、县举办辅导站、进修班等，培训在职教师。

中国共产党十一届三中全会后，河北省教师培训工作进入了一个崭新的阶段，到80年代达到高潮，并形成体系。这一时期的特点，从培训对象看，是全方位、多层次。其中既包括中小学教师，也包括高校教师。中小学教师结合业务考核，教材教法不过关的，先参加过关培训；过了关的，参加专业合格证书的培训；取得专业合格证书的，参加学历达标培训。高校教师中，不具备本科学历的，要进修本科；本科毕业生，要进修研究生课程。所有未学过教育学、心理学的中青年教师，不管是中小学教师还是高校教师，都要进修教育学、心理学等，掌握基本的教育理论知识。

这一时期建立与健全了教师培训和管理机构。省建有中小学教师考核办公室、函授卫星电视教育办公室（均设在河北教育学院）、师范院校教师培训中心（附设在河北师范大学）等，分别负责有关教师的培训考核工作。

在培训渠道方面，1979年，省恢复教师进修学院（1984年改为河北教育学院），随后各地市县的教师进修学院和进修学校及市、县属师范学校亦相继恢复和创建。到80年代中期，专门负责教师在职培训工作的机构有：省教育学院1所，负责全省高、初中教师培训；地市级教育学院14所，主要负责初中教师培训；县市教师进修学校157所，专门负责小学教师培训；县师范143所，主要负责将民办教师培养为正式国办教师。1986年，卫星电视师范开课，培训小学和初中教师。另外，河北大学、河北师范大学、河北师范学院等还利用函授形式，培训在职高中教师，河北广播电视大学也建立起以培养培训教师为目标的师范部。

第三节 职称评聘

中华人民共和国建立后的30多年，省内中小学教师只有级别，没有职称。唯高校教师沿用旧制，设教授、副教授、讲师、助教等职称，同时也与级差挂钩。（其职称与工资级别关系如下表）

表11-2-1　　　　　职称与工资级别关系示意

级别	1	2	3	4	5	6	7	8	9	10	11	12	13
职称	教 授												
			副教授										
					讲 师							
							助 教					

1960年3月5日，国务院颁发《关于高等学校教师职务名称及其确定与提升办法的暂行规定》，3月7日，教育部颁布关于此《暂行规定》的实施办法。据此，河北省在各高校中开展了职称评定工作。

而后出于政治运动等原因，河北高校教师职称评定工作中断十多年，直到1978年3月7日，国务院批转了教育部《关于高等学校恢复和提升教师职务问题的请示报告》后，省内高校教师职称评定工作才得以恢复，仍基本执行1960年国务院颁发的《暂行规定》。执行意见较前不同的是将原件中的由"校务委员会"审批改为由"校党委"审批。1981年底，教育部召开高等学校教师提职工作座谈会，总结了3年来的工作，讨论确定了《关于当前执行〈国务院关于高等学校教师职务名称及其确定与提升办法的暂行规定〉的实施意见》，并于1981年12月29日颁发全国，要求于1982年1月起贯彻执行。根据这个新的《实施意见》，河北省又一次为高校教师评定了职称。

1986年，河北省教师职务评聘实行改革。1月24日，中共中央、国务院转发中央职称改革工作领导小组《关于改革职称评定、实行专业技术职务聘任制度的报告》。2月18日，国务院发布《关于实行专业技术职务聘任制度的规定》。3月3日，中央职称改革工作领导小组转发国家教育委员会《高等学校教师职务试行条件》《关于〈高等学校教师职务试行条例〉的实施意见》《高等学校教师职务评审组织章程》，紧接着又先后批转了国家教委关于中等专业学校及中小学教师职务的《试行条例》和《实施意见》等。根据这一系列文件精神，河北省制定了有关实施细则，其基本做法如下所述。

由主管部门根据各校教学工作需要，确定其各级各类教师编制。此编制数，即该校要聘任的各级各类教师数。

制定各种职务的岗位职责及履行此职责的必备条件，此条件即该种职务的任职资格。

组织各级各类教师职务任职条件的评审机构，对申报者进行评审，确定申报人具备哪种职务的任职资格，或不具备何种资格。但评审对象必须是带职务编制指标的聘任对象（评退者例外）。由有关领导给具备任职资格的教师发聘书或任命书，一般实行任期制，但可连聘连任。被聘任者上岗后履行相应职责，享受相应待遇。

新的教师职务评聘制度中，高等学校教师仍设助教、讲师、副教授、教授4种职务。中等专业学校设教员、助理讲师、讲师、高级讲师等职务；技工学校文化和技术理论课教师职务分为高级讲师、讲师、助理讲师、教员诸种，其实习课教师职务定名为高级实习指导教师、一级实习指导教师、二级实习指导教师、三级实习指导教师；中学教师职务设中学高级教师、中学一级教师、中学二级教师、中学三级教师；小学教师职务设小学高级教师、小学一级教师、小学二级教师、小学三级教师。其中教授、副教授、高级讲师、中学高级教师、小学高级教师、技工学校高级实习指导教师为高级职务，讲师、中小学一级教师及技工学校一级实习指导教师为中级职务，其余为初级职务。

初级职务的任职资格，由县级评审委员会审定，中级职务的任职资格，由地区或省辖市级评委会审定，高级职务的任职资格，由省级评审委员会审定，教授须报国家教委备案。

至1990年，河北省普通高等学校累计评聘教授227人，副教授2291人，讲师5689人；中等专业学校累计评聘高级讲师和讲师4207人。

第三章　社会地位与经济待遇

第一节　社会地位

省内旧学塾师，多由穷困未仕之读书人充任，比起居官者，地位明显低下，不太被人看重，故民间传有"家有三斗粮，不当孩子王"之谚语。但畿辅为首善之区，再加"唯有读书高"之影响，塾师往往系一村镇文化水平最高之人，或服务乡里出色，或培育桃李有成，亦多为乡民敬重。官学教员，名在官列，自有品级，虽不如行政长官之权势炙手可热，其地位却远在平民之上。

清末，教师地位较前提高，但较之官、吏，尚远不及。法定师范毕业生必须尽教职若干年后方可他就，即从一个侧面反映了教师地位。

迨至民国，革故鼎新，教师地位又有所提高，但未根本改善，故教师队伍仍不稳定，政府仍不得不限制师范生他就。特别是到后期，货币急贬，物价飞涨，广大教师啼饥号寒中，朝不保夕，更无社会地位可谈。日伪统治沦陷区之教师处境更糟，国格人格，均不敢言，只被侵略者视为奴化河北人民的工具而已。

中国共产党领导的革命根据地和解放区的教师，才真正得到当家作主人的地位。他们与革命干部享受同等待遇，颇受领导关怀和群众的尊敬。其时，大部分革命教师既是教书育人、培养革命后代的师长，同时也是教育群众、发动群众、组织群众革命斗争的战士。

中华人民共和国建立后，教师地位进一步提高，成为中华人民共和国的主人。1950年，河北省教育厅副厅长纪之就撰文指出，教师作为知识分子，是工人阶级的一部分，是学校的主人，是革命者，是依靠对象。中华人民共和国成立41年里，河北省教师和教育工作者队伍中，参加中国共产党全国代表大会21人次，中共河北省代表大会146人次，有103人次当选为全国人大代表，505人次当选为河北省人大代表，45人次当选为全国政协委员，664人次当选省政协委员。其间尚有多人被直接提拔为各级党政领导。这些人士，参政议政，为中共中央及各级党政机关制定大政方针出谋献策，发挥着主人翁的作用。当然，由于"左"的错误干扰，在历次运动中，也有许多教师受冲击、遭迫害。如1957年开始的"反右"斗争中，仅赵县一县就有132名教师被错划为右派，其中绝大多数被开除公职。在"文化大革命"中，教师被称为资产阶级知识分子，许多人遭冲击、挨批斗，有些甚至被迫害致死。中国共产党十一届三中全会以后，教师的社会地位才逐步得以恢复和提高。

由于"文化大革命"的遗毒难以一时肃清，社会上轻视教育、歧视教师，甚至侮辱、打骂、迫害教师的事情仍时有发生。1981年8月21日，武强县立志中学教师宋庚怀等被打骂，同年10月12日，东光县张彦恒公社碱场郑大队小学教师张淑珍遭打且被逼自杀；1982年1月17日，秦皇岛市北戴河一中教导主任白振生被原曾受过学校处分的学生开汽车撞伤致死。党和政府对这些事件及时做了处理，表彰了教师，惩办了凶手，处分了责任者，并大张旗鼓作了宣传。河北省政府于1982年8月17日在秦皇岛举行表彰大会，追认白振生为"模范教育工作者"。1983年4月23日，教育部、全国教育工会又在石家庄联合召开表彰大会，授予白振生"模范教育工作者"的光荣称号。

鉴于侮辱、殴打、伤害教师事件时有发生，为维护教师尊严，使全社会都尊重教师，教育部、公安部、司法部、最高人民法院、最高人民检察院于1983年8月4日联合发出《关于坚决煞住侮辱、殴打、伤害教师邪风的紧急通知》，要求各地坚决保障教师的人身安全和人格尊严不受侵犯，对杀害、侮辱、殴打、伤害教师的犯罪分子，要依法作出严肃处理；要求各级党政干部特别是政法公安人员必须秉公办事，不徇私情，不袒护纵容侮辱、殴打、伤害教师的肇事者和凶手；要求各级领导和有关部门对学校、教师与农村、城镇基层干部、群众的纠纷，应立即查明情况，分清是非，及时妥善处理，不要不闻不问，拖延不决，以防止矛盾激化造成不可弥补的损失，同时要求各级教育部门及学校领导干部要认真负起搞好学校内秩序的责任。接此通知后，省内各级政府、教育部门和政法公安机关一致行动，对各地发生的侮辱、殴打、伤害教师的案件进行了严肃认真的处理。教师的地位进一步得到巩固和提高。

为形成全社会尊师良好风气，表彰献身教育事业的老教师，1982年，河北省政府为从教30年以上的中小学教师颁发了中小学教师30年教龄纪念证书，并于11月7日至9日在省会石家庄召开了代表会，举行隆重的发证仪式。

为进一步提高教师地位，在全社会形成尊师重教的良好风尚，1985年1月21日，第六届全国人民代表大会常务委员会第九次会议同意国务院提出的关于建立教师节的议案，决定9月10日为教师节。

1985年2月8日，省委科教部、省教育厅、省教育工会和石家庄市委、市政府在石家庄市工人文化宫隆重召开春节慰问教师大会，省委、省政府负责人吕传赞、王祖武等出席大会并讲话。

3月2日，省委、省政府表彰第一批优秀园丁，在省会石家庄举行颁奖仪式。

7月10日，省委宣传部、科教部、省教育厅、团省委、省教育工会联合发出"尊师重教多办实事，庆祝第一个教师节"的通知。7月29日，省委办公厅、省政府办公厅发出通知，进一步要求各地各部门扎扎实实地搞好庆祝教师节活动。

各地党委和政府纷纷作出决定，庆祝教师节，为解决一些实际问题。邢台市政府拨专款建了一栋教师宿舍楼，拨平价木材30立方米为教师做家具。丘县等县经过扎扎实实的工作，教师节前夕，将拖欠民办教师的工资发到民办教师手里。教师入党难问题得到初步解决，仅遵化一县就有101名优秀教师光荣地加入了中国共产党。承德市将240张名牌自行车购买券发给中小学教师。

教师节前夕，中共河北省委书记邢崇智到唐县山区慰问小学教师，仔细察看校舍，详细询问教师的工作情况，为教师排忧解难。

9月10日，省委、省政府、省人大，省政协隆重举行大会，庆祝第一个教师节。省委书记邢崇智、省长张曙光等出席大会。同时，守卫祖国边防的河北籍全体战士寄来《给全省老师的一封信》，致以节日的祝贺。

从1985年起，每逢教师节，全省各地都举行不同形式的庆祝活动，各级党政部门也为教师办实事、好事，使教师的社会地位显著提高，尊师重教的社会风尚初步形成。

第二节 经济待遇

一 工资

旧时塾师，薪给无定制，悉由雇用双方协议。充任者多系穷困落魄之文人，待遇菲薄。官学教谕、教授，虽纳入国家官制序列，以品级定俸，但因俸禄不丰，生活亦多清贫。唯著名书院山长，多系硕儒，家资月给，不致穷乏，但亦有穷苦自持者，如颜元等人，从教终身，勤苦不辍。

清末，新学初兴，能胜任教职之人才极为缺乏，故教师待遇尚可。省内中学，初级及高小教师年薪白银大多在30—50两，高校教师月薪数十两至百两，外籍教师多者则达200两。

民国时期，河北小学教员之薪俸极为微薄，民国二十三年，专任教师最高薪额每月不过55元，最低者每月仅4元。其基本情况如下。

省立小学教师最高者55元，最低者22元，人均36元。县立小学最高者36元，最低者14元，人均25元。市立小学最高者55元，最低者34元，人均45元。乡立小学最高者24元，最低者4元，人均11元。

兼课教师薪俸按课时计，多少不一，大约每周任课一小时者，月薪在2—4元之间。

民国十九年（1930）前后，省内中学教师月薪低者六七十元，高者百数十元，多数在90元左右，兼课教师每小时4—8元不等。当时高校教职员全国最高月薪为1500元，最低10元，人均138.26元。河北高校教师待遇在全国属于中等水平。以民国二十四年省立农学院为例，当时该院教授月薪260—350元，周课时在6时以上之讲师月薪为120—200元，助教月薪50—85元。

民国初年，省内教师工资标准虽低，但因政局相对稳定，尚能及时发放。后因北洋军阀混战，教师工资毫无保障。30年代初中期，政局虽相对安定，但因省财政不景气，故教师待遇偏低，特别是小学教师，连养家糊口都不能实现。当时国民政府虽有养老抚恤年薪加俸等指示，但河北省均未能实行。后日本侵华，省境先后沦陷，后方物价飞涨，故流亡省外之教员虽有政府接济，生活亦无保障。而留省在日伪所办学校教书者，不仅生活困窘，且无人格尊严，动辄受日人训诫，稍有爱国情绪流露，就身家性命不保。解放战争时期，国民党当局为筹集军政费用而滥发纸币，造成通货膨胀，发给教师的些许工资，不足糊口。革命根据地之教师，一律享受干部待遇，或行供给制，或行米薪制，均能保障生活，即使在最艰苦的年代，也有党政领导生产自救，战胜困难。

中华人民共和国建立初，教师行米薪制。1952年改行工资分制。1956年工资改革，实行分级工资制。小学教师月工资最低24.5元，最高97.5元，省内小学教师实际工资大多在24.5—58.5元之间。中学教师月工资规定最低为39元，最高为169元，省内中学教师实际在39—79.5元之间。中专、中技学校教师略高于此。高校教授138—390元，讲师82.5—169元，助教57—101.5。有特殊成就的教授，还可享受"特定津贴"。河北省内高校教授大多在141.5—345元之间。1963年，工资级别有所调整，高校教师工资下限降至51.5元，中学教师工资下限降至29元，小学教师下限则提高到26.5元。当年，河北省为各级公办学校教职工调整、提高了工资。全省平均长级面为：小学46%，中学41.2%，中等师范39.4%，中等技术学校38.8%，高等学校38.3%。调资后与调资前比较，小学每人每月增加2.80元，提高7.6%，平均工资达到39.85元；中学平均每人每月增加3.30元，提高6.8%，平均工资达到53元；中等师范学校平均每人每月增加3.20元，提高5.6%，平均工资达到60.51元；高等学校平均每人每月增加3.50元，提高5.5%，平均工资达到67.57元。

此次工资调整后，总体水平虽有提高，但与其他部门比较，省教育系统特别是小学教师的工资水平，仍明显偏低。如灵寿县同时期同学历参加工作的小学教师与到其他系统的人员比较，平均工资要低1—2级。沧州专区的农村小学教师，工作10年左右的一般工资为34—38元，而商业系统工作不满3年的售货员一般都提到40元，最低的33元，而同时期该专区南皮县尚有157名小学教师工资在29.5元以下，占该县小学教师总数的37%。1972年，政府又为部分参加工作时间较长、工资偏低的教师调整了工资。粉碎"四人帮"后，省内教师工资得以迅速提高。1977年，为40%的教师增加了工资，1979年，又为40%的教师增加了工资。1981年，为全省教师普增一级工资，1985年又普增一级。在1985年增资的同时，教师工资制度改行结构工资制。把工资分成基础工资与职务工资两部分。高校教师基础工资不分级别，六类工资区为40元，五类工资为39元。教授、副教授、讲师、助教按等级定职务工资。教授职务工资最高315元（指六类工资区，下同），最低120元；副教授最高190元，最低82元；讲师最高110元，最低57元；助教最高57元，最低30元。中学教师基础工资40元，职务工资共分14级，最高为一级，130元，最低为十四级，24元。小学教师基础工资40元，职务工资分十二级，最高一级91元，最低为十二级，12元。中等专业学校教师基础工资40元，职务工资为：高级讲师最高190元，最低82元；讲师最高110元，最低57元；助理讲师最高57元，最低30元；教员最高42元，最低18元。省技工学校文化技术理论课教师基础工资40元，职务工资为：高级讲师最高150元，最低82元；讲师最高100元，最低57元；助理讲师最高57元，最低30元；教员最高42元，最低18元。省技工学校生产实习课指导教师基础工资为40元，职务工资为：高级实习指导教师最高130元，最低73元；一级实习指导教师最高91元，最低49元；二级实习指导教师最高57元、最低24元；三级实习指导教师最高42元，最低18元。

新结构工资除基础工资和职务工资外，还有工龄工资，即满1年工龄月发工龄工资0.5元。中小学教师（含中专、中技、中师、技师）另有教龄津贴，任班主任的同时有班主任津贴。教龄津贴为满5年不满10年者月3元，满10年不满15年者月5元，满15年不满20年者月7元，满20年以上者10元。从1985年1月1日起发给。班主任津贴为达到教学工作量每标准班小学5元，中学6元。而评为特级教师的中小学教师，每人每月补贴标准为中学教师30元，小学教师20元。

二　福利

中华人民共和国成立前的教师，不仅工资收入微薄，生老病死更无保障。民国中央政府虽曾有过年薪加俸养老抚恤条例等，但因当时河北省财政拮据，未曾施行。唯革命根据地之教师，完全按革命干部待遇，除平时供应优先外，其他福利待遇亦与党政军干部一视同仁，受到良好保护。中华人民共和国成立后，教师福利待遇明显提高，不仅衣食住行有保障，生老病死有照顾，甚至对探亲等都给予补贴。兹仅将主要福利分述如下。

(一) 婚假

国家给教师 3 天婚假，晚婚者，即超过法定结婚年龄 3 年者，追奖婚假 15 天，总计可休 18 天。

(二) 产假

早在 50 年代初，因国家对女教师的生育待遇做出了规定，其基本原则是：身为教师的产妇，产假期间工资照发。正常生产，产前产后共给假 56 天（1988 年增为 90 天），难产或一胎多胞时，加 14 天，怀孕不足 7 个月之小产者，可根据医生意见，给假 30 天。产假期满，身体病弱仍不能工作者，享受病假待遇。80 年代，为推行计划生育，省对晚育及终身只要一个孩子的实行奖励政策，晚育奖产假 45 天。产假中领取独生子女证者，再奖 60 天。对只要一个孩子的，发给独生子女费。男女双方都给，分别发放，超初每方每月 2—2.5 元（一次性双方各 200 元），1989 年改为每方每月 5 元，发到孩子满 14 周岁为止。不领取独生子女费的产妇，可享受 1 年的育儿假。

(三) 医疗及病假

从 1952 年 7 月起，国家便对教师预防和治疗疾病实行公费制，患者所需医、药、手术、治疗等费用，均由公费开支。到外地就医者，尚予报销往返车船费。

患病期间不能坚持工作的教师，还能享受到病假待遇。从 1956 年 1 月 1 日起施行的教师患病休假期间的待遇是：病假在 6 个月以内的，头 1 个月工资照发，从第 2 个月开始，按下述标准发：工作年限满 2 年的发 70%，满 2 年不满 5 年的发 80%，满 5 年不满 10 年的发 90%，10 年及 10 年以上的发 100%。病假超过 6 个月者，从第 7 个月起按下述标准发放：工作年限不满 2 年的，发给本人工资的 50%，满 2 年不满 5 年的，发 60%，满 5 年不满 10 年的，发 70%；10 年及以上者发 80%。直到恢复或退休时为止。对长期从事教育事业、有突出贡献者，经批准，还可酌量提高。

1981 年 4 月，教师病假期间生活待遇又有提高。新规定是：病假在 2 个月以内的，工资照发。超过 2 个月后，工作年限不满 10 年的，发 90%，满 10 年的，发 100%。超过 6 个月后，从第 7 个月始，按下述标准发放：工作年限不满 10 年的，发给本人工资的 70%，满 10 年的发 80%。1945 年 9 月 2 日前参加工作的，发 90%。荣获省部级以上荣誉称号并保持荣誉者，可适当提高。同时，还规定：病假期间，工资低于 30 元的，按 30 元发给，原工资低于 30 元的，发给原工资。

教师患病休假期间，家庭生活确实特别困难者，尚可获得适当补助。

（四）探亲假及探亲路途补助

从 1952 年 2 月起，公办教师工作年限满 1 年未和妻子、父母起在一起，又不能利用公用休假日团聚的，国家给予探亲假。每年 1 次，每次 2—3 周，其间工资照发。1962 年改定为在寒暑假自行安排。1981 年，探望配偶延长为每年 30 天，未婚探望父母，每年 20 天，已婚探望父母，每 4 年 1 次，每次 20 天。凡有假期的，一般要求安排在假期。路途过远的，国家尚依一定标准予以路费补助。

（五）离退休

1954 年，教师开始实行退休制。男教师年满 60 岁，女教师年满 55 岁，或工作年限满 10 年而身体因病不能坚持工作的，都可享受退休待遇。退休费根据工作年限长短划段计算：抗日战争期间参加工作的发 90%；解放战争期间参加工作的发 80%；中华人民共和国成立后参加工作，工作年限满 20 年的发 75%，满 15 年不满 20 年的发 70%，满 10 年不满 15 年的发 60%；退休费低于 25 元按 25 元发给。

因公致残的教师，不需护理扶助的发 80%，需护理扶助的发 90%，另外，发给一定数额的护理费。退休费总数低于 35 元的，按 35 元发给。

1988 年，经省政府批准，省教委发出冀教人字（88）8 号文件，规定教龄满 30 年的中小学教师，退休后退休金补助到原工资的 100%。1949 年 10 月 1 日前参加工作符合离休条件的老教师，享受离休待遇，根据工龄长短，年增发 1—2.5 个月的工资。家住农村的教师，离退休时国家还发给一定数额的安家费。

（六）丧葬费和抚恤金

1988 年前，教师去世，国家发给丧葬费 300 元，1988 年增至 400 元。对于无工资收入的遗属（配偶）及未成年子女（含虽已成年但尚在读中学的），发给生活补助费。其标准根据城市乡村的不同而异。原为 8—20 元，1986 年增为 13—25 元，1988 年增至 21—35 元。

除上述福利外，在吃粮、副食、取暖、乘车、书报等许多方面，国家都给教师以适当补贴。

第四章 表彰与奖励

第一节 特级教师

一 基本条件

"文化大革命"结束后,为了贯彻中共中央关于提高人民教师地位的指示精神,表彰在普教战线做出突出贡献的教师,国家计委和教育部联合制定了《关于评选特级教师的暂行规定》。遵照这一规定,河北省自1978年至1990年,先后三次评选特级教师,其基本条件如下。

拥护中国共产党,拥护社会主义,忠诚党的教育事业;认真贯彻执行党的教育方针,热爱学生,工作一贯认真负责,勤勤恳恳,刻苦努力;努力学习马列主义毛泽东思想,理论联系实际,自觉改造世界观,不断提高政治觉悟和共产主义道德品质修养;政治历史清楚,无重大政治历史问题,思想作风好,在教师中、在教育界有威望。对所教学科具有较丰富的理论知识和教学经验,能够熟练地胜任所教学科的教学工作,使学生正确地、系统地、牢固地掌握基础知识和基本技能,积极培养学生自学能力和分析问题、解决问题的能力,教学效果好,教学质量高,有创新精神,成绩显著;刻苦学习和钻研业务,在改革教学中勇于创新,在某一学科或一门学科的某一阶段的教学上确有专长,作出了具有较高水平的成果或著述;在思想业务上关心和帮助新教师,具有相应的学历水平。

二 评选办法和待遇

评选办法是由各地市县先进行自下而上、自上而下的反复酝酿,提出初步名单,经省教育行政部门汇总、审查、平衡,然后报省政府审批,并报国家教育行政部门备案。

获"特级教师"荣誉称号的教师,由省颁发特级教师证书。中学特级教师每月给予30元补贴,小学特级教师每月给予20元补贴。

三 评选结果

1978年,第一次评选特级教师,全省批准李彩1人。李彩,汉族,河北省阳原县人,在阳原县任小学教师。他首创的高初复式教学班,为山区、坝上农村普及小学教育闯出一条新路,在阳原县推广后,收效甚佳。1964年被中共中央树为教育战线上的一面红旗。1965年出席全国农村教育工作会议,受到教育部表彰,刘少奇、邓小平等党和国家领导人亲切接见了他。著有《怎样进行复式教学》等书。曾先后被选任张家口地区教育学会副会长,河北省教育学会常务理事,中国教育学会理事,第五、六届河北省人大常委,第七届全国人大代表。

1979年,河北省第二次评选特级教师,有10名教师被批准为特级教师。基本情况如表11-4-1。

表11-4-1　　　　　河北省特级教师一览（1979）

姓　名	性别	出生年	民族	政治面貌	工作单位	任教学科	专业技术职务
刘汉鼎	男	1923	汉		秦皇岛市青云里小学	小学	
李世龙	男	1939		中共党员	沽源县新民村小学	小学	
阎士贞	女	1923	汉	中共党员	河北师大附属小学	数学	中学高级教师
徐　易	男	1924	汉	中共党员	井陉县中学	语文	中学高级教师
张孝纯	男	1926	汉		邢台第一中学	语文	中学高级教师
陈甫林	男	1933	汉	中共党员	邢台第一中学	物理	中学高级教师
王培甫	男	1935	汉	中共党员	邯郸市第十四中学	数学	
栾亦民	男	1927	汉	中共党员	衡水中学	语文	
马国勋	男	1921	汉		唐山市开滦二中	体育	
王玉琦	男	1934	汉	中共党员	蔚县城关第一中学	地理	

1990年,河北省第三次评选特级教师,有121名教师被批准为特级教师。其基本情况如表11-4-2。

表 11-4-2　　　　　　河北省特级教师一览（1990）

姓名	性别	出生年月	民族	政治面目	文化程度	参加工作时间	工作单位	任教学科	专业技术职务	行政职务
房肇基	男	1932.5	汉	中共党员	大学本科	1954.8	石家庄市第一中学	英语	中学高级教师	
刘明远	男	1930.10	汉	中共党员	中师	1949.2	石家庄市第二中学	语文	中学高级教师	
黄清洲	男	1932.9	汉	中共党员	大学本科	1953.2	石家庄市第四中学	历史	中学高级教师	
杨继生	男	1933.8	汉	群众	大学本科	1952.7	石家庄市第二中学	物理	中学高级教师	
徐必成	男	1940.11	汉	中共党员	大学专科	1968.12	石家庄市第一中学	化学	中学高级教师	
袁崇贤	男	1933.11	汉	中共党员	大学本科	1961.10	石家庄市第一中学	生物	中学高级教师	副校长
谷艳玲	女	1943.12	汉	中共党员	中师	1962.8	石家庄市中山路小学	小学	中学高级教师	教导主任
马凤梅	女	1941.12	回	中共党员	中师	1961.7	石家庄市四中路小学	小学	小学高级教师	副校长
王荣莲	女	1937.3	汉	中共党员	中师	1957	石家庄五十四所幼儿园	幼教	小学高级教师	
胡中柱	男	1938.7	汉	中共党员	高中	1959.9	遵化县第一中学	语文	中学高级教师	
张瑞东	男	1939.2	汉	群众	大学本科	1964.9	丰南县第一中学	物理	中学高级教师	教导主任
田印玉	男	1934.1	汉	群众	高中	1952	唐山市第二中学	体育	中学高级教师	教导主任
吴炳华	男	1938.11	汉	群众	大学本科	1959.9	唐山市第十中学	体育	中学高级教师	教导主任
李士文	男	1930.2	汉	中共党员	大学本科	1948.12	唐山市第十六中学	生物	中学高级教师	副校长
王淑英	女	1944.7	汉	群众	高中	1963.12	唐山市东新街小学	小学	小学高级教师	
续庆珠	女	1942.7	汉	中共党员	中专	1961.8	唐山市新城道小学	小学	小学高级教师	
江文彦	女	1945.12	汉	中共党员	中师	1963	唐山市实验小学	小学	小学高级教师	副教导主任
刘博	男	1932.10	汉	中共党员	中学	1949.3	玉田县实验小学	小学	小学高级教师	
马素勤	女	1939.4	汉	中共党员	中师	1962.7	丰南县第二实验小学	小学	小学高级教师	

续表

姓名	性别	出生年月	民族	政治面目	文化程度	参加工作时间	工作单位	任教学科	专业技术职务	行政职务
岳娅亚	女	1937.1	汉	中共党员	高中	1951.9	遵化县实验小学	小学	小学高级教师	
肖作文	男	1957.5	汉	中共党员	中师	1974.9	滦南县实验小学	小学	小学高级教师	
李梦得	男	1944.7	汉	中共党员	中师	1959.10	滦南县实验小学	小学	小学高级教师	副校长
刘俊龙	男	1930.3	汉	中共党员	大学本科	1950.1	秦皇岛市第一中学	语文	中学高级教师	
王培育	男	1943.4	汉	群众	大学本科	1964.8	抚宁县第一中学	数学	中学高级教师	
刘守勤	男	1937.2	汉	中共党员	大学专科	1958.9	秦皇岛市山海关第一中学	物理	中学高级教师	副教导主任
刘景学	男	1937.7	汉	中共党员	大学专科	1957.7	卢龙县中学	物理	中学高级教师	副校长
胡孟军	男	1938.11	汉	中共党员	大学本科	1964.7	昌黎县第一中学	物理	中学高级教师	
张榆	男	1943.11	汉	群众	大学本科	1968.10	卢龙县中学	物理	中学高级教师	
寥现英	女	1937.12	汉	中共党员	中师	1959.8	秦皇岛市青云里小学	小学	中学高级教师	
张云霞	女	1942.7	满	中共党员	中师	1962.7	青龙县前庄中心小学	小学	小学高级教师	教导主任
王安然	男	1938.2	汉	中共党员	大学本科	1954.7	邯郸市第三中学	语文	中学高级教师	
籍大成	男	1936.2	汉	中共党员	大学本科	1960.8	武安市第一中学	历史	中学高级教师	
樊苏	男	1935.2	汉	中共党员	大学本科	1957.8	邯郸市第四中学	地理	中学高级教师	
崔寅生	男	1932.1	汉	中共党员	大学本科	1954.9	邯郸市第十四中学	地理	中学高级教师	
白余宝	男	1940.7	汉	中共党员	中专	1961.5	峰峰矿务局第一中学	数学	中学高级教师	
杨洪信	男	1945.9	汉	中共党员	高中	1965.9	邯郸市曙光路小学	小学	小学高级教师	校长
靳秋荣	女	1942.10	汉	中共党员	中师	1963.7	武安市上站村小学	小学	中学高级教师	
陈臣仲	男	1934.8	汉	中共党员	大学本科	1960.8	邢台市第一中学	语文	中学高级教师	副教务主任

续表

姓名	性别	出生年月	民族	政治面目	文化程度	参加工作时间	工作单位	任教学科	专业技术职务	行政职务
马秀芹	女	1936.9	汉	中共党员	中师	1954.9	邢台台马路街小学	小学	中学高级教师	副校长
杨淑君	女	1936.12	汉	中共党员	中师	1953.8	邢台市南长街小学	小学	中学高级教师	副校长
朱理璇	女	1943.4	汉	中共党员	大学本科	1969	保定市第十七中学	英语	中学高级教师	副校长
刘在进	男	1932.11	汉	民进会员	大学本科	1951.2	保定市第一中学	数学	中学高级教师	
吴昌国	男	1933.6	汉	中共党员	大学本科	1955.9	保定市第二中学	物理	中学高级教师	
王绍符	男	1931.2	汉	群众	大学本科	1952.6	河北大学附中	物理	中学高级教师	
王庆丰	男	1937.12	汉	中共党员	中师	1954	保定市向阳小学	小学	中学高级教师	校长
高俊龙	男	1931.12	汉	中共党员	大学本科	1955.10	张家口市第一中学	历史	中学高级教师	副校长
高一峰	男	1930.4	汉	中共党员	大学本科	1952.8	张家口市第四中学	数学	中学高级教师	
赵恒忠	男	1931.9	满	中共党员	大学本科	1955.8	张家口市第一中学	物理	中学高级教师	副教导主任
李爱兰	女	1945.7	汉	中共党员	中师	1964.7	张家口市桥西区东营小学	小学	中学高级教师	
陈培航	女	1938.12	汉	民进会员	高中	1956.8	张家口桥东区宝善街小学	小学	中学高级教师	副校长
鄂朝让	男	1930.12	汉	中共党员	大学本科	1951.3	承德县第一中学	语文	中学高级教师	副教导主任
李蔚文	男	1935.7	汉	民进会员	大学专科	1952.3	承德市第二中学	语文	中学高级教师	
张继先	男	1933.8	汉	中共党员	大学专科	1952.8	承德市第二中学	数学	中学高级教师	
董秀静	女	1938.8	汉	中共党员	初师	1955	承德市实验小学	小学	小学高级教师	
吴蕴宇	女	1931.3	汉	中共党员	大学专科	1952.3	固安县第一中学	语文	中学高级教师	
张承骞	男	1938.9	汉	中共党员	大学专科	1959.7	大城县第一中学	语文	中学高级教师	
马春辉	男	1941.10	汉	中共党员	大学本科	1967.9	河北文安中学	政治	中学高级教师	

第四章　表彰与奖励　575

续表

姓名	性别	出生年月	民族	政治面目	文化程度	参加工作时间	工作单位	任教学科	专业技术职务	行政职务
刘世瑛	男	1940.10	汉	中共党员	大学本科	1962.9	廊坊市第一中学	物理	中学高级教师	副校长
杨伯臣	男	1942.9	汉	中共党员	初中	1959.10	永清县李黄庄小学	小学	中学高级教师	
刘森林	男	1936.7	汉	中共党员	中师	1955.7	三河县城关第二小学	小学	小学高级教师	
宋桂英	女	1942.6	汉	中共党员	中师	1963.8	固安县城内小学	小学	中学高级教师	
路鸿娴	女	1939.7	汉	中共党员	大学本科	1964.7	沧州市第二中学	政治	中学高级教师	
韩铁铮	男	1938.9	汉	群众	大学本科	1961.7	青县第一中学	历史	中学高级教师	
张忠厚	男	1939.8	汉	中共党员	大学本科	1962.10	沧县中学	数学	中学高级教师	副教导主任
张秀茹	女	1941.10	汉	群众	中师	1959.7	沧县职工子弟学校	小学	小学高级教师	
李冬雪	男	1936.1	汉	中共党员	大学本科	1961.9	成安县第一中学	语文	中学高级教师	
左文	男	1940.5	汉	中共党员	大学本科	1964.3	魏县第一中学	地理	中学高级教师	
马秉钺	男	1940.4	汉	中共党员	大学本科	1961	临漳县中学	数学	中学高级教师	副校长
陈汉祥	男	1937.7	汉	中共党员	大学专科	1957.9	永年县第二中学	数学	中学高级教师	校长
滕佑昌	男	1940.4	汉	中共党员	大学本科	1963.9	丘县第一中学	物理	中学高级教师	
于希明	男	1940.2	汉	中共党员	大学本科	1962.11	鸡泽县第一中学	物理	中学高级教师	
靳英君	男	1935.7	汉	中共党员	大学专科	1959	磁县第一中学	化学	中学高级教师	
许先传	女	1935.10	汉	中共党员	大学本科	1958.7	涉县中学	生物	中学高级教师	
刘增印	男	1936.1	汉	中共党员	大学本科	1960.10	任县中学	语文	中学高级教师	
时泰	男	1931.11	汉	中共党员	大学本科	1952.8	南宫中学	地理	中学高级教师	
朱连桂	男	1929.11	汉	群众	大学本科	1953.8	柏乡中学	地理	中学高级教师	
邓联璧	男	1934.8	汉	中共党员	大学本科	1952.8	隆尧县第一中学	语文	中学高级教师	教导主任

续表

姓名	性别	出生年月	民族	政治面目	文化程度	参加工作时间	工作单位	任教学科	专业技术职务	行政职务
任长林	男	1936.7	汉	中共党员	大学专科	1958.8	南和县第一中学	数学	中学高级教师	
杨家楣	男	1940.3	汉	中共党员	大学本科	1965.9	临西县第二中学	数学	中学高级教师	
杨增祥	男	1941.10	汉	中共党员	大学本科	1969.8	河北宁晋中学	物理	中学高级教师	
苏盛才	男	1937.3	汉	中共党员	大学专科	1958.8	河北新河中学	物理	中学高级教师	
王泮述	男	1935.11	汉	中共党员	大学专科	1952.7	河北辛集中学	语文	中学高级教师	
张正瑞	男	1934.10	汉	中共党员	大学本科	1954.7	河北灵寿中学	语文	中学高级教师	副校长
李清林	男	1939.3	汉	中共党员	大学本科	1963.7	河北藁城中学	数学	中学高级教师	
赵建勋	男	1937.9	汉	群众	大学专科	1959.9	河北正定中学	数学	中学高级教师	
胡宝琛	男	1931.12	汉	中共党员	大学专科	1952.7	河北安国中学	语文	中学高级教师	
张绍武	男	1938.9	汉	群众	大学本科	1959.9	定兴县北河中学	历史	中学高级教师	
戍敬仁	男	1942.1	汉	中共党员	大学本科	1963.9	河北定州中学	数学	中学高级教师	副校长
刘万通	男	1938.2	汉	中共党员	大学本科	1961.9	河北高阳中学	化学	中学高级教师	
李牧	男	1935.7	汉	群众	大学本科	1959.9	新城县高碑店二中	化学	中学高级教师	
马胜奎	男	1934.8	汉	中共党员	中师	1952	徐水县大寺各庄学校	小学	小学高级教师	
江文蔚	男	1942.5	汉	群众	大学本科	1964.9	沽源县第一中学	语文	中学高级教师	
包年丰	男	1931.9	汉	中共党员	大学专科	1951.8	涿鹿县涿鹿中学	语文	中学高级教师	副校长
张益功	男	1938.9	汉	中共党员	大学本科	1962.9	阳原县第一中学	政治	中学高级教师	副教导主任
孟仪	男	1939.5	汉	中共党员	中师	1955.7	蔚县西合营中心校	小学	小学高级教师	副校长
邵秉和	男	1939.11	汉	群众	中师	1966.3	康保县小七顶小学	小学	小学高级教师	
张廷模	男	1937.12	汉	中共党员	中师	1954	尚义县安宁街小学	小学	小学高级教师	

续表

姓名	性别	出生年月	民族	政治面目	文化程度	参加工作时间	工作单位	任教学科	专业技术职务	行政职务
王雄	男	1943.2	汉	中共党员	中师	1962.7	怀安县柴沟堡民主街小学	小学	小学高级教师	副教导主任
张显明	男	1940.2	汉	中共党员	大学本科	1962.9	丰宁县第一中学	语文	中学高级教师	教导主任
张绍文	男	1932.2	汉	中共党员	大学本科	1961.10	河北省隆化存瑞中学	英语	中学高级教师	
张廷	男	1930.12	汉	中共党员	大学本科	1948.2	兴隆县第一中学	地理	中学高级教师	
张文娴	男	1934.8	汉	中共党员	大学本科	1955.9	承德第一中学	生物	中学高级教师	
梁振河	男	1931.7	汉	中共党员	大学本科	1956.8	平泉县第一中学	美术	中学高级教师	
焉曰阳	男	1935.7	汉	中共党员	大学专科	1954	河北省隆化存瑞中学	数学	中学高级教师	
李春生	男	1930.8	汉	中共党员	大学专科	1953.8	围场县第一中学	数学	中学高级教师	副教导主任
刘志学	男	1925.12	汉	群众	大学专科	1952.2	承德第一中学	物理	中学高级教师	
李遵福	男	1934.2	汉	民盟盟员	大学专科	1958.8	河北省隆化存瑞中学	化学	中学高级教师	
张在良	男	1935.9	汉	中共党员	中师	1953.9	丰宁县大阁第一小学	小学	中学高级教师	校长
王凤珍	女	1955.4	满	中共党员	高中	1975.8	滦平县第三小学	小学	小学高级教师	副校长
丁元	男	1934.9	汉	无党派	大学本科	1958.9	任丘市第一中学	历史	中学高级教师	副校长
刘观宁	男	1937.11	汉	群众	大学本科	1962.9	任丘市第一中学	数学	中学高级教师	
韩允增	男	1941.12	回	中共党员	大学本科	1965.9	河间县中学	物理	中学高级教师	副校长
刘瑞芝	女	1940	汉	中共党员	中师	1958.8	泊头市河东南小学	小学	中学高级教师	
孙天佐	男	1931.8	汉	中共党员	大学专科	1948.2	河北郑口中学	语文	中学高级教师	
朱太喜	男	1937.12	汉	中共党员	大学专科	1957.8	河北交河中学	物理	中学高级教师	教导主任
韩立泉	男	1939.8	汉	中共党员	大学本科	1962	河北冀县中学	语文	中学高级教师	

续表

姓名	性别	出生年月	民族	政治面目	文化程度	参加工作时间	工作单位	任教学科	专业技术职务	行政职务
解欣	男	1933.7	汉	中共党员	中师	1952.7	河北枣强中学	体育	中学高级教师	
姚泽生	男	1936.4	汉	中共党员	大学专科	1961.2	河北郑口中学	物理	中学高级教师	
王振山	男	1938.9	汉	中共党员	大学专科	1962.9	河北武邑中学	化学	中学高级教师	
李业文	男	1929.7	汉	中共党员	大学专科	1950.9	河北衡水中学	化学	中学高级教师	
王曼莉	女	1950.4	汉	中共党员	高中	1968.6	阜城县城关小学	小学	中学高级教师	校长

第二节 园丁奖

1984年，省政府根据中共河北省委第一书记高扬的建议，决定设立"园丁奖"。从1984年开始，省政府每年拨出专款100万元，作为"园丁奖"奖金，奖励在初等教育中作出优秀成绩的教师和教育工作者。

为做好这一工作，当年在省委、省政府的领导下，全省各级人民政府积极努力，教育行政部门和有关学校都建立了"园丁奖"评选委员会，在广泛进行宣传的基础上，采取自下而上、层层评选的方法，最后全省共评出"园丁奖"受奖者2200余人：一等奖500人，二等奖700人，三等奖1000人。其中小学教师1854人，幼儿教师183人，教育行政干部163人。受奖者中，有81人原是全国优秀班主任，240人原是省模范教师，1181人原是地市县级模范教师。另外，驻河北的部属单位的学校、幼儿园，也评出"园丁奖"受奖者22人：一等奖5人，二等奖5人，三等奖12人。

1985年3月2日，省委、省政府在石家庄市工人文化宫隆重举行发奖大会。省委、省顾委筹备组、省人大、省政府、省政协的负责人莅会祝贺。省委第一书记高扬及省委常委科教部长吕传赞讲了话。吕传赞宣布，为进一步搞好河北省的"园丁奖"，省政府决定，从1985年起，扩大"园丁奖"的受奖范围。除幼儿教师、小学教师外，对初中、高中、农中、县师范等学校的优秀教师也要进行奖励。每年9月10日教师节，省里要召开"园丁奖"发奖大会，隆重表彰优秀教师，这要形成一项制度。

1985年度，河北省"园丁奖"获奖人数扩大到3000名，其中一等奖300名，二等奖400名，三等奖2300名。另外，驻冀中央直属单位的中小学、幼儿园，也同时评出"园丁奖"受奖者34名。9月10日，在省委、省人大、省政府、省政协及石家庄市委、市政府、市人大、市政协于石家庄市工人文化宫礼堂举行的我国第一个教师节庆祝大会上，举行了颁奖仪式。

1986年度，省"园丁奖"获奖人数增加到5000名，中央驻冀单位的学校、幼儿园的"园丁奖"获奖人数也增加到91名，并准时在教师节予以表彰颁奖。

第三节 其他表彰奖励

为提高教师的社会政治地位，鼓励广大教师奋发向上，党和政府曾多次表彰奖励优秀教师。

1956年，河北省人民委员会和河北省总工会表彰"河北省第一届先进生产者"。有60多名教师和教育工作者受到表彰。

1960年，全省有672名教师和教育行政干部被省总工会和省人民委员会批准为"社会主义建设先进工作者"。同年，河北省有邢台县第一中学等139个先进单位、晋桂香等92名先进工作者，出席了"全国教育和文化、卫生、体育、新闻方面社会主义建设先进单位和先进工作者代表大会"（俗称全国文教群英会）。

1979年9月8日，省革命委员会在石家庄举行命名大会，授予李爱兰等42个同志"模范教师"光荣称号，授予高庠玉等6人"模范教育工作者"光荣称号。

1981年，84名教师被河北省总工会命名为"河北省劳动模范"。

1982年，省人民政府决定，授予陈英才、李新和等328人"河北省中小学模范班主任"光荣称号。8月17日，在秦皇岛市召开命名大会，副省长徐瑞林到会给模范班主任代表颁发证书，并作了重要讲话，省教育局负责人宣读了省政府有关决定。

同年10月31日至11月5日，省政府在石家庄召开省中小学勤工俭学会议，表彰了216个先进单位、32名先进个人。

当年，《光明日报》、《文汇报》和《体育报》联合举办千名优秀体育教师奖活动，河北省有50名中小学体育教师获奖，省教育局、省体委在石家庄召开颁奖大会，为获奖者颁发了证书、证章和纪念品。

同年，省教育局还表彰了45个自制教具的先进集体和39名自制教具的先进个人。

1983年，有277名教师被河北省教育厅和河北省教育工会批准为"五讲四美为人师表活动优秀教师"。其中杨久霖、康树珍等34人被国家教育部、全国教育工会批准为"全国五讲四美为人师表活动优秀教师"。有78个单位被评为省"五讲四美为人师表活动先进集体"，其中青县李家镇小学、固安县城内小学、束鹿县辛集中学、正定县解放街小学、衡水地区第一幼儿园、定兴县实验小学、丰宁县大阁小学等7个单位被定为"全国五讲四美为人师表活动先进集体"。6月10日，在省会石家庄召开先进代表会议，省委、省人大常委会、省政府、省政协的领导同志到会为代表发了奖。会议还代表教育部和全国教育工会向出席全国"五讲四美"为人师表先进代表会议的代表颁发了奖状、证书及奖品。

1986年，有38名教师被河北省总工会命名为"河北省劳动模范"，杨文衡、苑书义、林方路、李素兰、朱理璇、吕勋、苗志勋、孙利、孙秋月、王爱香、陈汉祥、尹志英、张榆、张谦、袁崇贤、景光明、李文延、高一峰、刘瑞芝、郭云臻、王曼莉、马笑冰、肖作文、陈志敏、张法安、平庚宣、李希法、苏立忠、徐淑敏、胡书芬、李振夫、庞艳玲、张廷模、靳秋荣、杨伯臣、韩英珍、杜金锁、毕冀还、苑书田、张陶、张存湵、焦呈祺、杨继文、关维玉、薛子华等45名教师被全国总工会命名为"全国教育系统劳动模范"，获人民教师奖章。

当年，省教委表彰高校实验室工作先进集体20个，先进个人54名。张家口农专、河北工学院半导体实验室、河北医学院电镜实验室、河北地质学院物理实验室等4个先进集体和河北师大生物系讲师刘淑卿、唐山师专化学系工程师杨仁柱等2名先进个人，受国家教委表彰。

同年，有160人被省教委命名为"河北省教学仪器系统先进个人"。

1987年，有8名教师被省总工会命名为"河北省劳动模范"。魏立、张国成、孙波、吕兴亚等4人被国家教委命名为"全国中小学校实验室和仪器工作先进工作者"。

1988年,国家教委表彰全国中小学德育先进工作者。河北省辛集中学、石家庄市第二中学、巨鹿县育红小学、宽城县教育局等4个单位被命名为"德育先进集体"。孙树元、徐化洲、周炳惠、孙志明、李素兰、陈锡庚、赵秉谦、尹凤英、王联英、刘京淑、刘晓斌、岳书环、高荣娥、崔静如、胡铸、叶志鸿、陈桂琴、赵桂兰、王芳、刘广林、曹梅林、张建青、王德明、王庆丰、邵宝利、白栋民、董跃进、田雅雯、刘占霞、刘淑芳、马世芹、刘秀芬、杨慧珍、张美红、胡桂枝、武梅英、孙兰云等37人被命名为"德育先进工作者"。

同年,有3名教师被省总工会命名为"河北省劳动模范",有74个单位被省委命名为"河北省中小学实验室和仪器设备工作先进集体",有78人被省教委命名为"河北省中小学实验室和仪器工作先进工作者"。

1989年,表彰优秀教师和教育工作者,有874人被定为省级优秀教师和教育工作者,吴振德、邢君纯、滕大春、徐木侠、刘素莲、申竹箴、顾守乙、吴让利、丁荣秀、阎泽泉、刘建双、史淑莲、刘素芬、籍大成、张福萌、王增田、薛文秀、杨景旭、武金云、时泰、郑雪珍、杨绍秋、刘虎林、李振芳、杨桂英、段荣军、王学臣、王泮述、王淑英、李玉华、杨洪山、李万岭、仇倩华、薛文成、张宝贵、王墨森、郭宗、杨重功、王永华、李宣、陈金生、冯秀云、李国荣、凌雪朋、王同刚、谢德润、周长柳、郑艾玉、刘景川、常希平、马新江、路满金、王增林、徐景新、任淑梅、江铁英、文瑞泽、董金成、李玉梅、齐鹤堂、魏玉兰、黄树茂、王宪军、张田、王兴国、王凤珍、胡东池、程玉忠、乔淑彩、廉润昶等70人被国家教委、人事部、全国教育工会命名为"全国优秀教师和教育工作者"。

同年,有32名教师被省人民政府命名为"河北省劳动模范";有42人被省教委命名为"河北省中小学卫生工作先进个人",其中王腊梅、杨子臣等8人被国家教委命名为"全国中小学卫生工作先进个人",石家庄市第四中学被国家教委命名为"全国中小学卫生工作先进集体";有212人被命名为"河北省中小学勤工俭学先进工作者"。

当年,河北省评选普通高等学校优秀教学成果,共104个项目获奖,其中一等奖27项,二等奖77项。具体获奖项目如表11-4-3。

表11－4－3　　1989年河北省普通高等学校优秀教学成果获奖项目

一等奖（27项）

序号	项目名称	完成人（集体项目主要完成人）
89101	坚持社会主义办学方向　实行教学、科研、生产三结合	河北农大教学科研生产三结合课题组 杜怡斌　徐海光　王如英
89102	坚持以马列主义指导治学、执教、育人	河北大学 漆　侠
89103	实行教学、科研和社会服务三结合　逐步建立起适应农村经济变革的教育机制	河北农技师院三结合教改课题组 赵瑞堂　李文光　付兴国
89104	教学过程整体优化改革的研究与实践	河北工学院化学系教学研究组 张留成　董伟志　任宝山
89105	微机化生理实验系统在教学中的开发应用	华北煤炭医学院 李亚平
89106	遵循专科教育规律　进行综合配套改革	张家口农专 白秀玉
89107	坚持体育教学改革　努力提高教学质量	河北农大体育教研室 黄　燮　任国平　鲍振国
89108	电力系统继电保护课程建设与改革	华北电力学院电力系统继电保护教学组 高中德、沈有昌、杨奇逊
89109	外语教育技术课程的建设及教学实践	河北师大 戴正南
89110	发挥文科知识优势　创造性地教书育人	河北师大 陈　慧
89111	计算化学教育的开拓及建设	河北师院结构化学教研室 郑世钧　蔡新华　孟令鹏
89112	不断深化教育改革　努力提高教学质量	河北师院历史系教改讨组 苑书义　孟繁清　王　珂
89113	在高师创建汉语口语表达课	沧州师专 万　里
89114	电化教育的发展与教学方法的改革	河北医学院电化教研室 张国动　庞仁春　汤士珍
89115	创办双学科专业　面向山区实际育人	承德师专教务处 高仁鹤　杨振芳　韩宗凡
89116	运动医学课能力培养的系统工程	河北师大基础理论课教研室 孔庆龄　赵　斌
89117	遗传学课程的整体建设和改革	河北师大生物系遗传学教研室 刘植义　刘淑卿　周金树
89118	探究学生心理　改革教学方法　提高教学质量	河北轻化工学院 王坤玉
89119	无机化学主族元素教学体系改革	河北轻化工学院 许荣玉

续表

序号	项目名称	完成人（集体项目主要完成人）
89120	化工工艺类专业机械系统课程的改革	河北工学院 董大勤
89121	魏晋南北朝诗文教学内容与教学方法的改革	河北大学 詹锳
89122	引进和建立新学科——热经济学	华北电力学院 王加璇
89123	物理课程系列化建设与改革	河北地质学院基础部物理教研室 马清原、张道明、刘立品
89124	改革课堂教学方法的实验研究和理论性探讨	河北医学院 张富荣
89125	加强师资队伍建设 培养教学科研相长人才	石家庄铁道学院数学教研室 米建民 陈欣城 司德祯
89126	水电站计算机辅助设计教学与实践	华北水利水电学院计算机辅助教学课题组 陈德新 赵林明
89127	教学科研相结合	河北商业专科学校 朱永茂

二等奖（77项）

序号	项目名称	完成人（集体项目主要完成人）
89201	学导式教学法与现场教学	河北医学院 王慧贤
89202	药理学专业化实验教学的实施与实践	河北医学院药理教研室 傅绍萱 王永利 杨小平
89203	外科专业课堂教学法对比研究	河北医学院 李乐天
89204	排球八程序教学初探	河北体育学院 孙东升
89205	在兽医微生物及免疫学课程中建立教学科研生产三位一体化教学途径	河北农技师院 房海
89206	学生预分到现场 实行毕业实习设计答辩一条龙	石家庄铁道学院学生预分配试点组 张声波 汪春生 刘乃生
89207	教学毕业设计与科研相结合 拓宽专业面 提高学生分析问题解决问题能力	石家庄铁道学院钢结构教研室 贾士升 张罗溪 张家旭
89208	关于学科建设的实践和体会	石家庄铁道学院固体力学研究室 姜稚清 袁宝栋 李自俊
89209	植物生理实验室建设和实验室改革	河北林学院植物生理实验室 裴保华
89210	哲学教学改革和哲学教学研究	石家庄师专 张永昌

续表

序号	项目名称	完成人（集体项目主要完成人）
89211	原子物理教学改革与探索	石家庄师专 冀美林
89212	教育管理改革成果	唐山工程技术学院 孟庆才
89213	建立教学新体系　强化能力培养教学改革成果	唐山工程技术学院机械设计课程改革小组 裴宏昌　徐凤禄　时少锋
89214	外国文学教学方法探索与实践	石家庄大学 王太丰
89215	医学教育三段统考法	华北煤炭医学院教务处 王禹勋　周济桂　赵长海
89216	手术基本操作课的更新与改革	华北煤炭医学院外科教研室 张文杰　张书申　任继宽
89217	加强物理实验改革　提高教学质量	华北电力学院物理教研室 顾礼霞　仝合振　李琦
89218	因材施教　分层次教学 ——数学教学改革成果	华北电力学院数学教研室 陈维曾　曾闻问　王贵保
89219	形象化教学资料库和实验基地的建设	华北电力学院工程流体力学泵与风机学科组 吴民强　刘志昌　李晓芸
89220	怎样把课讲的生动活泼	河北医学院邯郸分院 高庆荣
89221	体现地方院校的地方特色　结合实际培养人才 ——工民建专业教学计划的改革	河北建工学院工民建专业教改组 骆长理　汪霖祥　张庆泽
89222	学导式教学及其实践	河北建工学院 俞达卿
89223	开发新课程教书育人教学改革	河北地质学院 李昌静
89224	教学改革和教材建设　教书育人关心学生全面成长	河北地质学院 刘建勋
89225	基础力学课的教学研究	河北水利专科学校 沈养中
89226	动物的结构与类群 ——脊椎动物部分教学内容与方法的改革	河北大学 王所安
89227	国际共运史与政治学教学内容与方法的改革	河北大学 崔云鹏
89228	公共英语教学内容与方法的改革	河北大学 李杰灵
89229	高等数学教学内容与方法的改革	河北大学 郭豫敏

续表

序号	项目名称	完成人（集体项目主要完成人）
89230	逻辑学科教材改革	河北大学 沙 青
89231	大学教育系统分析方法及在系级教学管理中的实践	河北大学 李星文
89232	公共政治课教学改革成果	河北中医学院 王 非
89233	改革病理解剖学教学方法 培养学生智能	石家庄医专 王松鹤
89234	优化育人环境培养合格人才	衡水师专外语系综合英语教研室 胡长龄 赵永强
89235	因材施教严格要求积极探索不断提高教育质量	河北师范学院 丁锐猛
89236	重新认识资本主义、发展马克思主义经济理论 ——关于政治经济学（资本主义部分）教学改革	河北师范学院 刘永瑞
89237	坚持改革探索 为实现科学化管理不断提高教学质量而努力	河北师范学院教务处 谢伯华 陈玉洁
89238	在翻译教学中进行改革的尝试	河北师范学院 张震久
89239	坚持教学科研推广三结合 不断提高养禽教学质量	张家口农专 朱元照
89240	努力提高教学质量	河北机电学院材力教研室 张德风 刘志刚 杨彦西
89241	分卷式考试	河北机电学院 顾承裕
89242	案例教学法是由注入式转向启发式教学的一处改革	河北机电学院 刘济光
89243	电工实验室的教改工作	邢台师专物理实验室教改组 李夫至 孟冬至 刘永利
89244	我们是怎样上好心理学教育学公共课的	石家庄市师资专科班心理学教育学公共课教法研究室 曹朝阳 董丽屏 冯军梅
89245	积极稳妥地搞好马克思主义理论课的教学改革	河北工学院马列主义教研室 于锡三 陈玉玲 王绍臣
89246	电子技术基础课教学法研究	河北工学院 吴子亮
89247	从实际出发改革金工实习 强化学生能力培训	河北工学院机一系生产处 许礼培 任尊志
89248	教务管理数据库应用系统	河北工学院教务处 胡长庆 任木辰 郝荣华

续表

序号	项目名称	完成人（集体项目主要完成人）
89249	思想政治课教学法 教学改革与课程建设	唐山师专中学政治课教学法研究组 何长玉　孙启元
89250	以法治校 加强科学管理 突出师专的师范性	唐山师专教育改革研究组 郑　河　金逸人
89251	全方位综合治校法及其在校风校纪建设中的应用	河北煤炭建工学院学生工作领导小组 李　斌　秦庚仁
89252	材料力学课程建设	河北煤炭建工学院材力教研室 张静宜　王继宗　黄道生
89253	在教学中加强能力培养的初步研究	河北农大邯郸分校 傅玉珊
89254	全方位教学法——探讨规律教导结合全面提高教学质量	河北轻化工学院 林继宗
89255	教学管理全面改革	河北轻化工学院机械工程系教学管理改革小组 彭泽田　全铁军　王泰升
89256	承德医学院学生德智体美综合测评试行办法	承德医学院学生处 吴泗龙　王　岩　韩素华
89257	写作教学理论与实践的系列化改革	张家口师专 姜宇清
89258	改革教学方法提高教学质量教书育人	保定金融专科学校 杨　森
89259	课堂上下结合对大学生进行法制教育	河北财经学院工商经济法教研室 史　珈　李进章
89260	直接实践外语口语教学法	河北财经学院 高文志
89261	搞好电化教材建设 深化普通体育武术课的教学改革	河北师大体育部教学组 王玉春　杨连村
89262	纲要式教学法	河北师大 周季生
89263	加强教材建设 更新教学内容 改进教学方法	保定师专 王利群
89264	努力提高研究生培养工作水平	河北师大 陈藻平
89265	锐意改革 切实工作 努力开创教学管理新局面	河北师大教务处 顾嘉昌　马素琴　辛彦怀
89266	在教学改革中坚持教学科研生产三结合	廊坊师专 阎玉基
89267	师范院校的教学科研应紧密联系中学实际	廊坊师专 陈　涛
89268	改革体育教学与运动训练	华北水利水电学院体育教研室 田英之　杨玉泉

续表

序号	项目名称	完成人（集体项目主要完成人）
89269	综合积分法	华北水利水电学院学生处 陈自强　石怀伦
89270	提高教学质量	河北农大 张建光
89271	改革教学方法提高教学质量的探讨	河北农大果树专业84级果树栽培学课程组 郗荣庭　阎桂军　张玉星
89272	改革教学手段　提高教学质量	河北农大植物教研室 李丽云　杜怡斌　申瑞田
89273	化学实验课教学改革	河北农大化学教研室化学实验课教学小组 佟义昭　刘约权　李贵深
89274	在探索中前进　在改革中发展	邯郸大学 宋玉杰
89275	贯彻大纲精神　提高外语教学水平	华北航天工业学院外语教研室 李永伟　封鹏山
89276	引进职教因素　深化教学改革的实验	保定师专教学改革研讨组 马耳　田其绶　刘炳麟
89277	在病理生理教学中培养学生能力	张家口医学院 张　静

以上获奖项目中，89101和89102两项荣获国家教委优秀教学成果特等奖，89104—89114等11个项目荣获国家教委优秀奖。

1990年，表彰农村优秀体育教师，河北省教委和省体委表彰了100名，称"河北省百名农村优秀体育教师"，其中吴忠毅、邵计书、王书禄、傅聚勤、张启江、张林森、袁得利、刘士林、刘凤权、李乃杰、阎宝成、黄立新、蒋洪民、高月平、薄文耀、白凤海、郭振邦、段荣军、孔书彦、高臣海、谢茂生、马美灵、马兰明、文天佑、刘成有、于敬路、张俊京、邢密芬、殷树明、杨锁成、李振杰、李厚福、杨秉成、张昌根、于昌胜、武喜、徐世清、付德元、焦怀志、刘秀杰、张文良、王如全、傅丙厚、王福根、吴国昌等45人被推荐为"全国千名农村优秀体育教师"，受到国家教委和国家体委表彰。

同年，有278人被命名为"河北省勤工俭学先进工作者"。

史志作品拾零

· 思想史 ·

义利之辨与董仲舒的不白之冤

在中国思想史上，义利之辨经历了一个由实趋虚又由虚返实的演变过程。这个过程，是否定之否定的认知规律在义利观领域的反映。而在这个演变过程中，作为思想家的董仲舒，却因一段被迫而发的言论，蒙受了近两千年的不白之冤，且至今未见有人为其洗雪。本文试图在解析义利关系的基础上，谈一谈董仲舒所受的冤屈。

一 中国思想史上的义利之辨

中华民族的祖先，不仅勤劳智慧，而且是非常注重实事求是的。他们创造和使用的"利"字，从"禾"从"刀"，没有丝毫的虚浮，就是他们创造和使用的"義"字，从"羊"从"戈"从"手"，同样没有丝毫的虚浮。羊是古代重要的衣食之源，且曾在流通领域充当过货币，在这里，它就是财富的象征。以手持戈，守护本人或本集团的财富，这就是"義"。这个概念，至今仍在使用。我们把保家卫国的事业称为正义的事业，就是最典型的例证。到文王系《易》之时，他提出了"利者，义之和也"[①]的命题。应当说，在这个判断中，文王将"利"和"义"视为相互关联的一对范畴，是很有见地的，而且在这个判断中已经透露着一些重义的端倪。

时至春秋战国，在诸子百家之中，以墨家的义利观较近情理。墨家重义，认为"万事莫贵于义"[②]，但是，墨家重义而不轻利，他们清楚

---

① 《李塨集》，陈山榜等点校，人民出版社2014年版，第13页。
② 孙诒让：《墨子间诂》，《诸子集成本》，中华书局1954年版，第265页。

地认识到了义和利的对应关系，明确提出了"义，利也"①的命题。儒家中，孔子虽有"君子义以为上"②"放于利而行，多怨"③之语，但他并不十分轻利，而是希望人们能"见利思义"④，且主张"因民之所利而利之"⑤。孟子则是较为典型的重义轻利者。孟子见梁惠王，王曰："叟不远千里而来，亦将有以利吾国乎？"孟子却回答说："王何必曰利，亦有仁义而已矣。"⑥ 他是这样推论的：王曰何以利吾国，大夫曰何以利吾家，士庶人曰何以利吾身，上下交争利，则国危矣。所以他主张不谈利，只谈仁义就可以了。只谈仁义，不谈利，就不会有人争利？国就可以不危？这是典型的避实就虚的手段，也是他无法解决上下交争利问题而找的托词。儒家中，倒是务实的荀子对这个问题有着比较清晰的认识，提出了"义与利者，人之所两有也"⑦的判断。同时，他也认为，"一之于礼义，则两得之矣；一之于性情，则两丧之矣"⑧，所以他主张要以义养利、以义制利。

到汉武帝时，社会贪利忘义之风甚盛，董仲舒欲矫其偏，遂著《身之养重于义》一文。其文开宗明义曰："天之生人也，使之生义与利。利以养其体，义以养其心。心不得义不能乐，体不得利不能安。义者，心之养也。利者，体之养也。体莫贵于心，故养莫重于义，义之养生人大于利。"⑨

很明显，这与孔子的重义而不能不言利的思想是基本一致的。然而，班固修《汉书》，作《董仲舒传》，在讲义利关系时，不仅未录董子专门讨论义利关系的这段话，反而将"正其谊不谋其利，明其道不计

---

① 孙诒让：《墨子闲诂》，《诸子集成本》，中华书局1954年版，第191页。
② 何晏集解，邢昺注疏：《论语注疏》，十三经注疏本，中华书局1980年版，第2526页。
③ 何晏集解，邢昺注疏：《论语注疏》，十三经注疏本，中华书局1980年版，第2471页。
④ 何晏集解，邢昺注疏：《论语注疏》，十三经注疏本，中华书局1980年版，第2511页。
⑤ 何晏集解，邢昺注疏：《论语注疏》，十三经注疏本，中华书局1980年版，第2535页。
⑥ 赵岐注，孙奭疏：《孟子注疏》，十三经注疏本，中华书局1980年版，第2665页。
⑦ 王先谦：《荀子集解》，《诸子集成本》，中华书局1954年版，第330页。
⑧ 王先谦：《荀子集解》，《诸子集成本》，中华书局1954年版，第233页。
⑨ 钟肇鹏编：《春秋繁露校释》，河北人民出版社2005年版，第589页。

其功"这样的话诬加董仲舒之口（具体论证见下节），致使后世重义轻利之徒引为口实。到宋代，白鹿洞书院将此话列入其"揭示"之中，成为要求弟子遵行的"处事之要"。其实是宋儒借汉儒之口，将义利之辨推到了虚浮的极致。并且宋儒还将义利对立起来，认为"出义则入利，出利则入义"①，说明他们不仅义利思想虚浮，而且不明义利关系之本质。

义利之辨由虚返实的一大转折发生在清朝初年。其时，唯物主义思想家颜元以其超人的智慧和气魄，大胆地提出了"正其义以谋其利，明其道而计其功"的命题。他在其《四书正误》中写道：

> 以义为利，圣贤平正道理也。尧舜"利用"，《尚书》明与"正德""厚生"并为三事。"利贞""利用安身""利用刑人""无不利""利者，义之和也"，《易》之言利更多。孟子极驳利字，恶夫掊克聚敛者耳。其实，义中之利，君子所贵也。后儒乃云："正其谊不谋其利。"过矣。宋人喜道之，以文其空疏无用之学。予尝矫其偏，改云："正其谊以谋其利，明其道而计其功。"②

而颜元与郝公函的一场对话，则更进一步阐述了他的上述思想：

> 郝公函问："董子'正谊明道'二句，似即'谋道不谋食'之旨，先生不取，何也？"
> 曰："世有耕种而不谋收获者乎？有荷网持钩而不计得鱼者乎？抑将恭而不望其不侮、宽而不计其得众者乎？这'不谋''不计'两'不'字，便是老无释空之根，惟吾夫子'先难后获''先事后得''敬事后食'三'后'字无弊。盖'正谊'便谋利，'明道'便计功，是欲速，是助长，全不谋利计功，是空寂，是腐儒。"
> 公函曰："悟矣。请问'谋道不谋食'。"
> 曰："宋儒正从此误，后人遂不谋生。不知宋儒之道全非孔门

---

① 《河南程氏遗书》卷十一，商务印书馆1939年版，第137页。
② 颜元：《四书正误》，陈山榜、邓子平主编《颜李学派文库》，河北教育出版社2009年版，第151页。

之道。孔门六艺，进可以获禄，退可以食力，如委吏之会计、简兮之伶官可见。故耕者犹有馁，学也必无饥。夫子申结不忧贫，以道信之也。若宋儒之学不谋食，能无饥乎?"①

可以说，颜元从实用的层面，对义利关系作出了正确的解释。他的义利观，已突破了中世纪的羁绊，确实具有启蒙的意义。而从理论上将义利之辨彻底由虚返实的，是以马克思主义为指导思想的中国共产党。她明确宣布，其最终奋斗目标是实现共产主义。而共产主义的核心无疑是"共产"。"产"，非"利"而何？只是她之"共产"，不是为一人一家一党一集团之私利，而是为天下人之公利，所以，与之相呼应的"义"，也就必然是古往今来最大之义。

但是，由于重义不言利思想在中国根深蒂固，故极少有人著文直接从义利关系上阐述重利思想。这或许是因为认识不到位，也或许是因为怕犯众怒，被斥为"小人"。

公开直接讨论这个问题，大胆地在义利之辨中把利放在第一位的，本人算是一个。2001年，笔者在《河北师范大学学报》（教育科学版）第3期上发表《利育：一个亟待开设的课题》一文，认为在义利这对范畴中，利是基础，是第一位的，义是利的呼应。不是"利者，义之和也"，而应当是"义者，利之和也"。利是什么？利是一切社会化了的物质财富，没有它，任何人都不能生存，更何谈发展？还能讲什么义？而义则是利的社会反映，是因利而产生的思想意识和社会规范。虽然如此，义又是绝对不可轻的，只有重义，只有解决好了义的问题，才能最终解决好利的问题。所以，笔者建议要抓紧进行正确的义利观教育。要教人敢于讲利，善于谋利，而其中最重要的就是要教人见利思义，以义为利。

笔者认为，人很难做到无我，但绝对不可自私。见利忘义，唯利是图，自私自利，只能害己，只有多利，才能共赢。一个自私自利之徒，无论其有无才华，都不会成器，只有善于利他之人，才能成就宏伟事业。

---

① 《颜元集》，中华书局1987年版，第671页。

二　董仲舒的不白之冤

自班固在《汉书》中将"正其谊不谋其利,明其道不计其功"记为董仲舒的言论始,近两千年,少有人质疑。然而,班固的这个记载是有问题的。班固在《汉书·董仲舒传》中是这样记述的:

> 天子以仲舒为江都相,事易王。易王,帝兄,素骄,好勇。仲舒以礼谊匡正,王敬重焉。久之,王问仲舒曰:"粤王句践与大夫泄庸、仲、蠡谋伐吴,遂灭之。孔子称殷有三仁,寡人亦以为粤有三仁。桓公决疑于管仲,寡人决疑于君。"仲舒对曰:"臣愚不足以奉大对。闻昔者鲁君问柳下惠:'吾欲伐齐,何如?'柳下惠曰:'不可'。归而有忧色,曰:'吾闻伐国不问仁人,此言何为至于我哉!'徒见问耳,且犹羞之,况设诈以伐吴乎?由此言之,粤本无一仁。夫仁人者,正其谊不谋其利,明其道不计其功,是以仲尼之门,五尺之童羞称五伯,为其先诈力而后仁谊也。苟为诈而已,故不足称于大君子之门也。五伯比于他诸侯为贤,其比三王,犹武夫之与美玉也。"王曰:"善。"①

这段记述的问题,在于它与董仲舒的原话有着明显的不同。《春秋繁露》卷九《对胶西王越大夫不得为仁第三十二》是这样记述的:

> 命令相曰:大夫蠡,大夫种,大夫庸,大夫睪,大夫车成,越王与此五大夫谋伐吴,遂灭之,雪会稽之耻,卒为霸主。范蠡去之,种死之,寡人以此二大夫者为皆贤。孔子曰:"殷有三仁。"今以越王之贤,与蠡、种之能,此三人者,寡人亦以为越有三仁,其于君何如?桓公决疑于管仲,寡人决疑于君。
>
> 仲舒伏地再拜,对曰:仲舒知褊而学浅,不足以决之。虽然,王有问于臣,臣不敢不悉以对,礼也。臣仲舒闻:昔者,鲁君问于柳下惠曰:"我欲攻齐,何如?"柳下惠对曰:"不可。"退而有忧

---

① 班固:《汉书》,中华书局1962年版,第2523—2524页。

色。曰:"吾闻之也:谋伐国者,不问于仁人也,此言何为至于我?"但见问而尚羞之,而况乃与为诈以伐吴乎!其不宜明矣。以此观之,越本无一仁,而安得三仁?仁人者,正其道,不谋其利,修其理,不急其功,致无为而习俗大化,可谓仁圣矣,三王是也。《春秋》之义,贵信而贱诈。诈人而胜之,虽有功,君子弗为也。是以仲尼之门,五尺童子,言羞称五伯,为其诈以成功,苟为而已矣,故不足称于大君子之门。五伯者,比于他诸侯为贤者,比于仁贤,何贤之有?譬犹珷玞比于美玉也。臣仲舒伏地再拜以闻。①

不难看出,班固《汉书》的那段记载,与《春秋繁露》中的这段文字,是大体相同的。东汉人修《汉书》,他必然要依据西汉人的文字资料。而我们并未见到其他类似资料。那么,他的依据应该就是《春秋繁露》的这段文字。

《春秋繁露》的这段文字,笔者翻阅了几个比较权威的版本,如苏本、凌本,都基本相同,无大出入。而如果前面我们的推论是有道理的,那么《汉书》的那段引文至少存在两个方面的问题。

其一,《春秋繁露》的这段文字收在该书的第九卷。而该书的第九卷,是因为"武帝时,亡义而有财者显于世,欺谩而善书者尊于朝,俗皆曰:'何以孝悌为?多财而光荣。何以礼义为?史书而仕宦。'谓居官而置富者为雄杰,处奸而得利者为壮士。兄劝其弟,父勉其子,俗之坏败,乃至于是"②,故董子痛切言之,欲以义、仁、德、礼以拯救之。该卷共四章,其中第三十一章,即该卷之首章,专讲义利关系,明确提出"身之养重于义,"即"义大于利""义重于利",但因为身之养必须以利,故绝无不谋利之言。其中第三十二章,即该卷之第二章,也就是我们所摘录的《对胶西王越大夫不得为仁》,主要讲的是"仁",而不是"义"。以下两章,即第三十三章和第三十四章,分别讲"德"与"礼"。可见作者的逻辑是很清晰的。而班固讲义利关系却不引该卷首章,显然是一大失误。

其二,王问仲舒,要其决疑的是"雪耻""攻国"与"称霸"。这

---

① 钟肇鹏编:《春秋繁露校释》,河北人民出版社 2005 年版,第 599—603 页。
② 苏舆:《春秋繁露义证》,中华书局 1992 年版,第 263 页。

一问，在七国之乱之后，是很凶险的。而仲舒以尊王贱霸的"仁"来解决这一提问，应当说也是很策略的。所以文中并没有班固所记的"谊"字。文中出现了一个"义"字，也是专指"《春秋》之义"，讲的是《春秋》一书的思想倾向，而非义利之辨的"义"。所以班固将专讲义利关系的"正其谊不谋其利，明其道不计其功"这一原文所无的话夹杂在他的引文中，当作董仲舒的原话写出，是极不妥当的。

综上所述，如果班固别无所据，而今《春秋繁露》不伪无错，那么，将"正其义不谋其利"的义利观加诸董仲舒是不妥的，董子是冤枉的，因为他的原本的义利观是重义而不放弃谋利。

讲到这里，不能不顺便说一下，董仲舒在三次对策之后，汉武帝是很器重他的。但自从有了与诸侯王的"正其谊不谋其利，明其理不计其功"这一"对策"之后，董仲舒的日子就不好过了，降级，入狱，还差点被借刀杀掉，致使战战兢兢的董仲舒不得不称病弃官，老死家中。是不是因为"明其理不急其功"的主张太为险恶，亦未可知。但吴楚七国之乱以后，各诸侯的相由中央指派，实为要对诸侯王加以监督和制约。而当诸侯王提出要雪耻、攻国、称霸的问题时，董子竟以"明其理不急其功"以对，则确实是犯了一个天大的忌讳。他的遭遇怕与此不无关系。

（载《衡水学院学报》2018年第5期）

·文学史·

《诗经·葛覃》的主人公和主题

《诗经·葛覃》原诗如下：

> 葛之覃兮，施于中谷，维叶萋萋。
> 黄鸟于飞，集于灌木，其鸣喈喈。
>
> 葛之覃之，施于中谷，维叶莫莫。
> 是刈是濩，为絺为绤，服之无斁。
>
> 言告师氏，言告言归。薄污我私，
> 薄浣我衣。害浣害否，归宁父母。

这首诗的主人公是什么人？它的主题又是什么？这些问题，《诗经》时代的其他书籍没有提供出什么旁证。两千年来，许多学者和专家对此进行过分析、探讨，做出过种种推测和猜想，但众说纷纭，莫衷一是，并且由于多未切中原诗本意，所以皆不能贯通全诗。下边，我们先举几种较有代表性的意见分析一下。

《诗序》是这样讲的：

> 《葛覃》，后妃之本也。后妃在父母家，则志在女功之事，躬俭节用，服浣濯之衣，尊敬师傅，则可以归安父母，化天下以妇道也。

宋人朱熹在《诗集传》中是这样解释此诗的：

> 此诗后妃自做，故无赞美之词。然于此可见其已贵而能勤，已富而能俭，已长而敬不弛于师傅，已嫁而孝不衰于父母：是皆德之厚而非人所难也。《小序》以为"后妃之本"，庶几近之。

清朝学者姚际恒，对本诗进行了认真的探讨，同时也对前代的注释做了详细的分析研究。他认为，《诗序》中"《葛覃》，后妃之本也"的"本"字用的"鹘突""在父母家"一语与原诗的"归宁"相矛盾。他又指出，朱熹说"此诗后妃所自作"是"武断"的。这些批评都很中肯。但可惜的是，姚氏的结论却未能超出两家之外，而只是两家解说的混合体。他认为，"此亦诗人指后妃治葛之事而咏之，以见后妃富贵不忘勤俭也"。（《诗经通论·葛覃》）

以上三家之说，虽然互不雷同，但在基本点上是一致的。他们都认为《葛覃》的主人公是后妃，并且都认为诗的主题是歌颂后妃勤俭之美德。持这种意见的还很多，这可以说是一种传统的看法，但却是不可靠的。

原诗中没有后妃的影子。其他古籍又没有提供有力的佐证。试想，在那中下层统治者都"不稼不穑""不狩不猎"（《诗经·伐檀》）的社会，最高统治者的后妃怎么会穿着"浣濯之衣"去山谷中收割葛藤和治葛织布呢？《诗序》为了避开这个矛盾，用了"在父母家"一语，但这的确与"归宁父母"相冲突，不能贯通。所以，把《葛覃》的主人公认定为"后妃"，只不过是主观臆断而已，此诗的主人公不可能是后妃，它的主题也不会是歌颂后妃勤俭之美德。

今人对《葛覃》的解释已有明显的进步。余冠英先生认为"这诗写一个贵族女子准备归宁的事"（《诗经选·葛覃》）。金启华先生则认为本诗写"女子做完工后，准备回家看她的父母"。（《国风今译·葛覃》）马持盈说《葛覃》"是女子婚后回娘家省亲之诗"（《诗经今注今译》台湾商务印书馆本）。

这三家的意见有一个相同之处，就是他们都摘掉了原来加在主人公头上的"后妃"的桂冠，保留了主人公的"女子"身份。但三家的意见又不尽相同，我们不妨将其得失鉴别一下。

原诗中没有关于主人公婚否问题的交代，也没有回娘家省亲之行的叙写，由此看来，说这诗是"女子婚后回娘家省亲之诗"，根据不足。相反，因为诗不叙"归宁"之事而只是最后才提到"归宁"，所以"准备归宁"和"准备回家看父母"的说法倒是稍合诗意。再者，从诗的内容看，说主人公是贵族，缺乏根据，而说主人公是做工的却与诗的内容相合。这样看来，金启华先生的观点比其他两家较为切合诗意。但这个"切合"，也只不过是一部分而已，并未切中原诗的主旨。因为《葛覃》一诗，不是仅仅写"准备回家看父母"的，并且，把诗的主人公认定为"女子"，也是值得商榷的。

那么，《葛覃》的主人公究竟是什么人？它的主题到底又是什么呢？这些问题，我们还是通过对原诗的具体分析来解答吧。

原诗首章的后三句——"黄鸟于飞，集于灌木，其鸣喈喈"，是理解本诗的关键。历来人们之所以不能正确理解《葛覃》全诗，重要原因之一，就是没弄清这三句诗的真正含义。我们要正确理解全诗，就必须首先搞清这三句诗的真正含义。对这三句诗，有着几种不同的见解，归纳起来，可以这样分为两种。

一是把它看作"赋"的。朱熹就是其中的一个。他认为这是"盖后妃既成絺绤而赋其事，追叙初夏之时，葛叶方盛，而有黄鸟鸣于其上也"（《诗集传·葛覃》）。持这种观点的还有姚际恒等人。姚氏干脆就说这是"借景点缀"，以"足成一章六句"而已。（引文见《诗经通论·葛覃》）

首章的前三句——"葛之覃兮，施于中谷，维叶萋萋"已是即景起兴，如果把后三句也看成单纯景物描写，那么，原诗的整个第一章简直就成了与主题联系不紧并且思想内容贫乏的虚设品了。这种虚设一章的情况在《诗经》中，特别是《国风》部分是不存在的。当然，复唱和重叠是不属虚设的，然而本章即非复唱亦非重叠。所以，这种望文生义的解释不合本诗的逻辑，是欠妥当的。

再就是认为这三句是"兴"的。余冠英先生是其中之一。他在《诗经选·葛覃》篇下写道："黄鸟三句自然是借自然景物起兴，似乎与本旨无关，但也未必是全然无关，因为群鸟鸣集和家人团聚是诗人可能有的联想。"

古代也有很多认为这三句是"兴"的。如《十三经注疏·诗经·葛覃》篇写道："笺云：'葛延蔓之时则抟黍飞鸣，亦因以兴焉。飞集

丛木兴女有嫁于君子之道,和声远闻兴女有才美之称达于远方。"(引语中的"笺"为郑玄笺。抟黍是黄鸟的别称)

这三句诗是兴"女有嫁于君子之道"呢,还是兴贵族的"家人团聚"呢,还是有其他更准确的解释呢?我们不妨通过对这三句诗的具体探讨来回答这个问题。

从全诗的内容和逻辑来看,把这三句诗看作"比"才更恰当。但由于它所喻的本体在诗中没有直接写明,所以就容易引起仁者见仁智者见智的不同解释。不过,只要我们深入分析一下,它的合理内核就昭然若揭了。

灌木是棘、杞、楚、桑、栩、穀等丛生小木的通称。因为它们是丛生的,故有时也称为"苞棘""苞杞""苞桑""苞栩"等。这些灌木,细小低矮而且丛集,许多的还有刺。鸟在这里,止则不宜稳身,宿则不宜垒巢,飞则不宜奋翅。所以这些地方不是鸟所向往的乐园,而是它们望而生畏的怵地,非万不得已,它们是不去的。这种情况,是不便用来兴"女有嫁于君子之道"或"家人团聚"的,所以《诗经》中一个这样的例证都没有。相反,由于劳动人民为统治者服役,是受苦受难甚至送死卖命,都特别不愿意去。因此,《诗经》中就常用鸟集于灌木来兴喻之。这种例子在《诗经》中很多。例如:

　　翩翩者鵻,载飞载下,集于苞栩。王事靡盬,不遑将父。(《小雅·四牡》)
　　翩翩者鵻,载飞载止,集于苞杞。王事靡盬,不遑将母。(《小雅·四牡》)
　　肃肃鸨翼,集于苞栩。王事靡盬,不能蓺稷黍。父母何怙?悠悠苍天,曷其有所?(《唐风·鸨羽》)
　　肃肃鸨羽,集于苞棘。王事靡盬,不能蓺稷黍。父母何食?悠悠苍天,曷其有极?(《唐风·鸨羽》)
　　肃肃鸨行,集于苞桑。王事靡盬,不能蓺稷黍。父母何尝?悠悠苍天,曷其有常?(《唐风·鸨羽》)

以上无疑都是比喻劳动人民被迫服役的,而且同《葛覃》中这三句诗一样,都是借喻手法。所不同的仅仅是,以上诸例用的都是具体的灌木名，而《葛覃》中却是用的"灌木"这个通称。这是因为以上诸例都是多层叠用，为避免重复和适于押韵，故用具体的灌木名以便更替，而《葛覃》中这种情况只出现一次，所以用此通称。

根据以上的道理和例证，根据《葛覃》中的具体情况，我们完全可以推断：这里的"黄鸟于飞，集于灌木"既不是兴"女有嫁于君子之道"，也不是兴贵族"家人团聚"，而是比喻"劳动人民被迫集中为统治者服役"（治葛）。而"其鸣喈喈"一语，则活化出了服役者被迫离开家庭和父母，刚刚集合在一起时的那种怨天尤人、嘘寒问暖的情形。这应是首章后三句的真正含义。

解决了这个关键问题，我们再回头通观《葛覃》全诗。诗的首章写服役者被迫集中准备治葛，写得生动而惨凄。二章写治葛的具体过程，写得紧凑而有规律。末章分为三层，每两句一层。先写要去请求准予回家，再写要浣洗衣服，最后却笔锋一转：洗不洗有什么关系，快回家看父母吧。这就把完工后服役者急于回家的情形表现得淋漓尽致。全诗写服役治葛者的活动，从集到散，结构完整，循序渐进，脉络清晰。它是一首很好反映劳动人民被迫为统治者服役治葛的诗。

最后再单独谈一下本诗的主人公。对于认为《葛覃》的主人公是"后妃""贵族""嫁娘"的说法，前边已经谈过，这里不再重复。唯独剩下"女子"一说，尚未具体讨论。那么本诗的主人公是不是"女子"呢？正确的回答应当是：其中可能有女子，但不一定只能是女子。因为纺线、织布、缝衣之类的事固然多为女子所做，但刈葛濩葛之类的重活却不一定都是女子做的。当然女子也可以做，但怎能证明做的都是女子呢？葛是蔓藤长二三丈的略含木质的草本豆科植物，割它和濩它是很用力气的活。这类活与其让女子做，还不如让男子做更为合适。所以，我们认为把本诗的主人公狭定为"女子"，是欠妥当的。

"女子"说脱胎于"后妃"说。两千年来，封建文人多把本诗的主人公臆断为"后妃"。后来，革命了，人们的思想进步了（也可以说是有所解放），大家都看出诗的主人公不是"后妃"了。可是，由于没有看出本诗是写劳动人民服役治葛的诗，而仍然看作"准备归宁"的诗，所以就只是摘掉了"后妃"的帽子，留下了"女子"的容貌。这样，本诗的主人公便被称为"贵族女子"或"女子"，直到今天，未有异议。从这里可以看出，"女子"说并不是对原诗的正确理解得出的结论。

也有些人根据原诗末章中的"师氏"和"归宁"二语来确定本诗的主人公是"女子",这是站不住脚的。"师氏"就是"师",这同《诗经》中的"母氏""伯氏"就是"母""伯"一样,"氏"在这里只是一个词缀。据《周礼》记载,当时舞有舞师,医有医师,族有族师,贾有贾师。"师,犹长也。"(《十三经注疏·周礼》)。《葛覃》中的"师",就是指治葛作坊中的"长",而不是教"国子"的"师氏""保氏"之类的"师"。因为治葛的劳动人民是不会有"师氏""保氏"来教导扶养的,而那些有"师氏""保氏"的天子、王公和诸侯的"国子"却根本不会来治葛。

"归宁"也不能成为"女子"说的根据。的确,《康熙字典》《辞海》《辞源》甚至《现代汉语词典》中都说"归宁"一般是指"女子回娘家省视父母"。但这不能成为"女子"说的根据。因为前代注释误解了本诗,而这些字典辞书的根据恰恰只是前人对本诗的误解。所以,用"归宁"的这个注释来证明《葛覃》的主人公是"女子",实际上等于自己给自己当证明,是毫无说服力的。再说,"归宁"的本义是"回家省视父母安否",其主动者并不只限于女子,而是男女皆可。并且用于男子的于书也有,宋人赵湘的《南阳集》中就有先例一则,道是:"《送周湜下第归宁序》。"

基于以上理由,我们不同意"女子"说。我们根据原诗中的"集"字和工作之繁复,断定主人公不是一人而是一群人;根据末章中的"归宁父母"断定他们一般还比较年轻,而根据被迫服役这一点,则确定他们是劳动人民。因此,我们认为,《葛覃》的主人公是一群比较年轻的被迫集合起来为统治者服役治葛的劳动人民。

不揣鄙陋,粗陈管见,求正于诸师友。

[载《河北大学学报》(哲学社会科学版) 1981年第2期]

《离骚》"替"字辨

屈原的长诗《离骚》，在目前常见的版本中共出现了两个"替"字，这两个字都出现在这一段中：

> 长太息以掩涕兮，哀民生之多艰！
> 余虽好修姱以鞿羁兮，謇朝谇而夕替。
> 既替余以蕙纕兮，又申之以揽茝。
> 亦余心之所善兮，虽九死其犹未悔！

从这几句诗的逻辑关系看，很显然，后一个"替"字紧承前一个"替"字，前一个"替"字的当否，也就直接决定了后一个的当否，因此，只需重点研究前一个，前一个解决了，后一个也就迎刃而解。

那么，这个"替"字在这里有什么疑问呢？

笔者认为，关于这个字的疑问有两点：一是从音韵学角度看，于韵不合。《离骚》通篇用韵，唯独这里的"替"和"艰"其韵不合。二是从语义学角度看，于义不通。古"替"字释作"废也""灭也"。此"废也""灭也"不同于"贬也""降也"，不宜"既替余以蕙纕兮，又申之以揽茝"，即不宜接连地废灭而又废灭。

对这个问题，历代有许多学者提出过疑问，进行过探讨，归纳起来，大致有以下几种观点。

一、认为"替"和"艰"是"脂文借韵"。持这种观点的有江有诰等。(见江有诰编《楚辞韵读》)以前就有人批评过这种观点，直截了当地说它"非是"。依笔者看来，"替"与"艰"相谐也确属牵强。

二、训"艰"读如"姬"，以与"替"叶。持这种观点的有江永(见《古韵标准》)和戚学标(见《汉学谐声》)等。他们根据籀文

"艰"从"喜"作"囏",所以认为"艰""有基音","读如'姬'"。

"艰"从"喜"读如"姬",那应是《诗经》时代以前的事。从《诗经》到《说文》这段时间内,"艰"是以"艮"取声的。如《诗经·北门》:"出自北门,忧心殷殷。终窭且贫,莫知我艰。"又如《诗经·何人斯》:"彼何人斯,其心孔艰。胡逝我梁,不入我门?伊谁之思,维暴之云。"可见当时的"艰",是与"云""门""殷"等同韵的。朱熹认为这里的"艰""叶居垠反"是很有道理。直到《说文》,还认为"艰"是"艮"声字,而"艮",《说文》曰:"古恨切。"其音略如现今的 gen。而《离骚》正是《诗经》后《说文》前的作品,所以其中的"艰"应取"艮"声而不应取"喜"声,不宜"读如'姬'"。

三、认为"替"字为"才淫切"(见《韵补》)或"它因反"(转见《楚辞集注》),故可与为"居垠反"或"音勤"(《韵补》)的"艰"字叶韵。朱熹在《楚辞集注》中引用了这种见解,但他是这样引用的:"或云,艰,居垠反;替,它因反。"故这可能是宋或宋以前就出现了的一种见解。但朱熹本人就不同意这种见解,可朱又未能拿出自己的见解,于是就实实在在地在自己的书中写道:"替与艰叶未详。"的确,至今笔者亦尚未见到支持这种观点的得力论辩和可靠佐证。

四、认为是上下错简的。持这种观点的有沈祖绵、姚鼐、郭沫若等。他们认为,"长太息以掩涕兮,哀民生之多艰"是错文,两句互倒,"当上下互易",而"兮"字则当在"多艰"下,句作"哀民生之多艰兮,长太息以掩涕"。这样使"涕"和"替"叶韵。

说这两句是上下互倒,其互倒的痕迹在历代版本中均无发现,更无地下的发掘提供佐证,特别是"兮"字不随之相错,更是个疑问。

五、认为"替"当为"綟",从而"綟""艰"叶韵。这是闻一多先生的见解。闻先生曾对这一问题做过深入研究,结果独树一帜。他认为,"'谇'当为'絓',两'替'字并当为'綟',皆字之误也"。他说,"絓綟并训缚束,'朝絓夕綟'谓朝夕取芳草自束缚其身以为佩饰也"。"既綟余以蕙纕"兮犹言束我以蕙草之纕带也。他认为,"綟"之所以演变为"替",是因为篆书"自"(𦣹)与"心"(㣺)略近,故"綟"或为"緈",而"替"则是"緈"字之省。"綟,起辇切","读若茧","与上句'艰'字正相叶"。

闻先生的见解,的确不失为一家之言。但其中亦似有两点不妥:一是认"谇"为"綷"有些牵强。"替"是"字之误也",这有根据,因为它在这里,"既失其音,又失其义",可是说"谇"也是"字之误也",却没有如此充分的依据。但闻先生若不把"谇"改为"綷",而只是改"替"为"繱",就无法把原句讲通,于是他就只好把"谇"字也换掉,以通其说。二是"读若茧"的"繱",并不能和"艰"叶韵,因为"艰"在当时,是以"艮"取声的字,"艰"读音 jian,最早也应是汉朝《说文》以后的事了。

当代著名古汉语专家王力先生没有赞同任何人的观点,也未拿出自己的见解。在他主编的颇具权威的《古代汉语》一书中,把《离骚》的韵都标了出来,唯独对"艰"和"替"的押韵未予标明,留下了一个空白。这种慎重态度令人敬佩!

总之,对于这个问题,千百年来,众说纷纭,莫衷一是。这种情况之所以会出现,愚意为,可能是因为没有出现一个能令人折服的结论。基于这种考虑,才不揣鄙陋,也对这个问题,用了长达二十年的时间,做了一点探索,现将拙见提出,以求正于大家。

笔者认为,在"替"字地方,原来当是"朁"字。"替"是"朁"的误字。而"朁"则是"譖"的假借字。

先谈"替"与"朁"的相误关系。"替"原不作"替",而是作"暜""朁"或"朁",篆书作"朁"、"朁"或"朁",上部作二"立",或二"先",下部从"白"或从"曰"。《说文》徐铉曰:"今俗作替,非是。"可见是从宋或宋以前不久才写作"替"的。而"朁",篆书作"朁"上部作二"旡",下部从"曰"。可见"朁"与"朁"即"替"与"朁",原来还是有区别的。但因其区别甚微,形近而误,故容易被人们误写误读,后来实际成了混写混读。这种混写混读的痕迹至今还有,对此我们可以举两个实例来证明。最有意思的一个例证,便是有部名为《楚辞灯》的书,其中就把"替"写作了"朁",然而却注道:"朁,叶梯","朁,废也",可见是本想写"替",却无意中写成了"朁",正是写出了该处的原字。但由于是无意中写的,所以写的人及大多数读的人都没有想到"朁"应读 zen 音,是"譖"的假借字,作"诉也"解,却反而把它读为 ti 音,当"废也""灭也"解,以至于舍弃了真谛而提取了谬误,实在可惜!

再一个例证便是"潜水"的"潜"字。它本是与"簪""僭"等字一样,是从"朁"得声的,应写作"濳",然而通常却写作"潜",并且为大家所公认,不仅上了字典和辞书,还堂而皇之地成了正统,而"濳"却成了或形。当然,有的仍有意识地把它写作"濳",但就当前而言,"濳"与"潜"之间已没有了是非之别。

这些例子都说明,"朁"和"替"混读混写由来已久。正因为如此,人们在这里也就误把与"譖"通假、不能与"替"混通的"朁"同样误作了"替"。再加上"替"字在这里,乍一看也勉强能讲通,细推究才知其不通,一般人不去究它,而究它的人又没能究出个令人折服的结果来,所以"替"就在这里"鹊巢鸠居",以讹传讹,一直"替"到现在。

再看"朁"与"譖"的假借关系。譖,《说文》曰:"诉也,从言,朁声。"而朁,《集韵》曰:"音譖,与僭同假也。"可见"朁"与"譖"古音悉同,只从古代同音假借的一般规律看,认为"朁"与"譖"系同音假借便无甚不妥。不但如此,"朁"与"譖"不仅音同,根据汉字发展演变的一般规律推究,"朁"尚应是"譖"的本字。朁从曰,朁声,《说文》训为"曾也"。而"曾"则是从"八""曰"取义、以"囟"取声的。"八"即今之"背"字,"八""曰"取义为"相背之言",与"譖"义略近。据此,推认"朁"即"譖"的本字当不无道理。由于"朁""曾"用法的转移,人们才又在本字旁加一意符"言"以志区别,这就是"譖"字。这种例子很多。如"悬",本作"县",乃一倒首象形。后加一意符"系",写作"縣"。可是后来由于"縣"的用法的转移,人们又在"縣"下加一意符"心"以志区别,这就是"懸",今简化为"悬"。再如"云",本是云之象形,但由于用法的转移,人们又在其上加一意符"雨"以志区别,表明是云雨之云,这即是"雲"。而"县"与"縣"、"云"与"雲"又通假。朁之与"譖"通假,当属类似情况。

还"替"为"朁"(通"譖",下同)妥当与否,很重要的一条标准,就是看还原后原诗在音韵、语义、语法、逻辑诸方面通与不通。下面,我们就来做这些检验。

先看音韵方面。前面已经说明,"艰"字在当时是以"艮"取声的,其基本韵母略近似于现代汉语拼音中的 en,而"朁"以"旡"取声，时音"子林切"，其基本韵母亦略近似于现代汉语拼音中的 en，所以"艰"和"譖"叶韵是没有问题的。至于"艰"读音 jian，前已说过，那最早也是汉朝《说文》以后的事，与《离骚》一诗不相干。

"譖"，通"譛"，训"诉"，"谇"训"让"，属近义词。"朝谇而夕譖"这种句式，乃近义反复，与同诗中"理弱而媒拙"之类仿佛，在屈赋中屡见不鲜，于语法无碍，无甚不妥。复"替"为譖，后句即成为"既譖余以蕙纕兮，又申之以揽茞。"意思是，既把"蕙纕"作为罪名来攻击我，又重给我加以"揽茞"的罪名。不难看出，不仅语无瑕疵，而且文通理顺。可见，复"替"为"譖"，原诗在语义、语法方面是通的。

再看逻辑方面。此段之前，诗人写了"我"的质美、德重、志忠、心贞，也写了小人的下劣、卑鄙、争贪、妒忌，并表明自己决不与他们同流合污、争脏逐臭，而欲独树一帜。这样的矛盾交代，正好构成了"譖"的前奏，"譖"是矛盾发展的必然。而面对小人的谗毁，此段之后，便是诗人强烈的自我辩白，以及对君主信谗的怨怼和对谗佞小人的愤怒控诉。可见"譖"的复原，原诗在逻辑上也是顺理成章的。

总之，复"替"为"譖"，原诗无论在音韵、语义、语法方面，还是在逻辑方面，都是通的。由此看来，"替"当为"譖"，应是毋庸置疑的。

[原载《河北师范大学学报》（哲学社会科学版）1999 年第 2 期]

《张协状元》之我见

《张协状元》是目前所能见到的出现最早、保存最完整的南戏剧本，有中国第一戏和戏曲活化石之称。多数专家们认为它是宋人的作品。钱南扬先生在《永乐大典戏文三种校注》中标明为九山书会编撰，周贻白先生则认为是九山书会根据前人的作品改编而成。该剧长达五十三出，主要通过状元张协的婚姻问题，深刻暴露封建婚姻制度的本质，无情地揭露和批判骤致高位的封建知识分子的丑恶灵魂。剧中虽也有宿命论思想和一些不太必要的细节，但在情节和语言方面均有可取之处，并且它的戏剧"表现方法比较丰富"[①]。可是时至今日，专门讨论它的文章还很少见到。搞戏剧研究的专家学者或有论及，多数也说它是"翻案文章"[②]"不真实"[③]"脱离现实"[④]"掩盖阶级矛盾、粉饰封建婚姻制度"，说它的结尾是"画蛇添足，狗尾续貂"[⑤]等等。对于这些观点，笔者实在不敢苟同。所以本文余皆不论，只打算就一些人针对《张协状元》的否定观点，提出自己不成熟的看法，供大家批评。

一 基本一致，不能算翻案之作

周贻白先生认为《张协状元》是"翻案文章"。他根据该剧第一出

---

① 张庚、郭汉城：《中国戏曲通史》，中国戏剧出版社1980年版，第84页。
② 周贻白：《中国戏剧史讲座》，中国戏剧出版社1958年版，第67页。
③ 王卫国：《〈西厢记〉的结尾是歪曲了历史的真实吗?》，《河北大学学报》（哲学社会科学版）1980年第3期，第107页。
④ 钱南扬：《永乐大典戏文三种校注》，台北华正书局1980年版，"前言"第2页。
⑤ 王卫国：《〈西厢记〉的结尾是歪曲了历史的真实吗?》，《河北大学学报》（哲学社会科学版）1980年第3期，第107页。

中的"《状元张协传》,前回曾演,汝辈搬成,这番书会,要夺魁名。占断东瓯盛事,诸宫调唱出来因。厮罗响,贤们雅静,仔细说教听"①等语,认为"这本《张协状元》"并非创作,而是就原有的《状元张协传》加以翻改而成②。然而,《状元张协传》到底是怎样一个结构,周先生也无从得知,于是他推断说:"从现存的《张协状元》里的唱白看来,至少是对初期的温州杂剧《蔡伯喈》和《王魁》两种,是一种事出有心的翻案文章,想替当时那些'衣冠人物'作一辩护。"③接着他又说:"《张协状元》戏文里,没有提到'蔡伯喈'。但'蔡伯喈'这一故事,在后世也有人替他作了翻案。这是元末明初那一个时期的事,以后是要讲到的。"④后来,周先生是这样讲的,"《琵琶记》的故事取材,显然是根据'温州杂剧'初期作品《赵贞女蔡二郎》而改编",也和"《张协状元》的作者一样,是想替原来的故事情节来打一场翻案官司"⑤。

由此可知,周贻白先生认为《张协状元》是如同《琵琶记》之于《蔡伯喈》(又名《赵贞女蔡二郎》)一样的替"衣冠人物"作辩护的翻案文章。

如果说《张协状元》是对于《状元张协传》的翻案文章,那因后者已佚,无从辩论,但如果说《张协状元》是对《王魁》《蔡伯喈》一类作品的翻案文章,那我们却是有话要说的。

从周先生在《中国戏剧史讲座》中所叙述的《张协状元》的故事情节和有关引文来看,他所依据的剧本与钱南扬先生《永乐大典戏文三种校注》中的《张协状元》是基本一致的。果然如此,则周先生的观点就有些不妥当了。因为从《张协状元》的内容看,它不是如同《琵琶记》之于《蔡伯喈》一样的翻案文章,而恰恰相反,它正是《王魁》《蔡伯喈》之类对"衣冠人物"进行谴责的戏剧的一种。

所谓翻案文章,应该是指新戏在对旧戏的改编过程中,根本改变了剧中主要人物的思想性格,根本改变了戏剧的主要情节和主题思想。

---

① 钱南扬:《永乐大典戏文三种校注》,台北华正书局1980年版,第2页。
② 周贻白:《中国戏剧史讲座》,中国戏剧出版社1958年版,第64页。
③ 周贻白:《中国戏剧史讲座》,中国戏剧出版社1958年版,第67页。
④ 周贻白:《中国戏剧史讲座》,中国戏剧出版社1958年版,第68页。
⑤ 周贻白:《中国戏剧史讲座》,中国戏剧出版社1958年版,第1123—1124页。

《琵琶记》确实是对于《蔡伯喈》的翻案文章。在主题思想方面，它把《蔡伯喈》对骤致高位而忘恩负义的封建知识分子的谴责变成了对那些平步青云的封建知识分子的歌颂；在主要的戏剧情节上，它用蔡伯喈的辞试父不从、辞官君不从、辞亲相不从的"三不从"，代替了他的背亲弃妇的罪行，用蔡伯喈一夫二妇大团圆、一门节义受旌表的结局，代替了赵五娘遭马踏而死、蔡伯喈被暴雷震死的结局；在人物形象上，把蔡伯喈由一个忘恩负义的无耻小人变成了一个全忠全孝的正人君子，使有贞有烈的赵五娘到后来变得有贞无烈。这样，就从根本上减弱了原故事的暴露精神，削弱了原故事的人民性，大大强化了它的封建色彩，使它基本成为维系封建教化的谀辞媚品，仅仅保留了对赵五娘悲惨生活的真实描写，才使它的价值尚未彻底化为乌有。而《张协状元》则不然，它不是对《王魁》《蔡伯喈》等的翻案文章。为了说明这一点，我们不妨将《张协状元》和《王魁》《蔡伯喈》的主题思想、基本情节和主要人物形象做一分析比较。

根据目前所能见到的材料看，《王魁》的剧情大致是这样的：王魁应试不第，遇敫桂英。得其资助，才得专心攻读。在再次应试之前，彼此曾在海神庙设誓，约为夫妇。但王魁进京得中状元后，认为桂英系烟花贱质，不堪作为匹偶，乃另娶崔氏女为妻。桂英闻王得中，曾托人寄信，王置之不理。桂英知其负心，于是自刎而死。以后王魁在南都试院供职，见桂英之魂前来索命，由是遂死。

《蔡伯喈》的剧情大致是这样的：蔡伯喈进京应试，得中状元后，背弃父母妻室，在相府另自招亲，致使父母饿死陈留原籍。其原妻赵五娘吃糠咽菜，为他奉养父母；祝发买棺，为他安葬老人。后来，蔡伯喈却不认千里进京来寻夫的赵五娘，赵五娘被马踏而死，蔡伯喈也被五雷轰顶而亡。

《张协状元》的剧情是：张协在赴试途中，于五鸡山（书中亦作五矶山）被劫身伤，投宿古庙。原依栖古庙中的贫女收留了他，还供他衣食被物，并与他正式结为夫妻。婚后，贫女断发筹资，助他进京应试。可是当他中状元后，不再认进京寻夫的贫女，反而让门子把她打了出去。并且当他再过五鸡山时，竟然要斩草除根，亲手把贫女杀死，后来果然把她砍下山崖。贫女仅被砍伤一臂，并未曾死，由李大婆夫妇救回古庙。张协中状元后，当朝宰相王德用的女儿王胜花要招张协为婿，张协因有贫女在没有答应，致使王胜花羞愧而死。王德用为报此仇隙，请判梓州，当了张协的顶头上司。由于贫女和胜花相像，所以当王德用路过古庙时，贫女被王夫人收为养女，随到任所。这时，有人为张协再次议亲王府，张协认为贫女已死，慨然允诺。"新婚"之夜才知又是贫女，经一番口角，夫妻团圆。

从以上所述可以看出，《张》剧和《王》《蔡》二剧的主要人物形象基本相同。它们的女主人公都是嫁给了读书人，后来都遭到了丈夫的遗弃，一被马踏死，一自刎身亡，一遭自己丈夫剑砍；形式不同，而她们受欺侮遭迫害的性质却是相同的。各剧中的男主人公都是高中后遗弃发妻、招赘高门的忘恩负义者，而其中罪大恶极者当属张协。他不仅遗弃，并且还要亲手将人杀死，所以我们说张协不仅与王、蔡同类，而且有过之而无不及。

《张》的剧情与《王》《蔡》二剧基本相似，所不同的是它的大团圆结局。这乍看起来差别很大，其实只是一种不同的表现手段而已，其主题还是一样的。《张协状元》的大团圆，绝不同于《琵琶记》的大团圆。《琵琶记》的大团圆，是蔡伯喈认下了原来的妻子赵五娘，而《张协状元》的大团圆，却是张协另娶了王府的千金小姐。他娶的虽然还是贫女，但他是不自觉的，并且贫女也已不是原来貌陋身卑、家贫世薄、为人佣织的古庙贫女，而是已经变为有权有势王府之义女，成为能使张协平步青云的天梯了。原来的贫女不远千里进京来找张协，张却命人打出。五鸡山再遇时，贫女谴责他，张就要把贫女杀死。还是这同一个人，一旦成为王府小姐，他就情愿和她重续鸾胶，这难道不是更进一步暴露了张协攀高结贵、寡廉鲜耻的势利小人的丑恶嘴脸和卑鄙心理吗？所以我们说，《张协状元》的大团圆不同于《琵琶记》，它不是对主人公的歌颂，而是更深刻的揭露和更辛辣的批判。它的主题思想同《王魁》《蔡伯喈》是一致的，都是对骤致高位而忘恩负义的知识分子的谴责，没有丝毫替衣冠人物作辩护的意思。

根据以上分析，我们认为，《张协状元》不是对《王魁》《蔡伯喈》之类的翻案文章。一些资料记载，《王》《蔡》二戏因公开谴责得势者，当时曾经遭到禁演。若果真是那样的话，《张协状元》也不是对它们的翻案，而可能是作者为了掩人耳目所采取的一种较为隐蔽的谴责手段而已。

二 破镜重圆，更显出封建本色

对于《张协状元》的基本情节和大团圆结局，有人说是掩盖阶级矛盾，粉饰封建婚姻制度，是对当时社会生活本质的歪曲的反映。甚至说这个戏是"不真实的"[1]。我们认为，《张协状元》并没有脱离现实、掩盖阶级矛盾、粉饰封建婚姻制度，不是对当时社会生活本质的歪曲的反映；它不是不真实的，恰恰相反，它是封建婚姻关系的真实写照，它深刻揭示了当时人们之间的阶级关系，是符合历史的真实的。

一个文学作品是否真实，要看它是否准确反映了当时社会的有关生活，准确反映的就真实，不准确反映的就不真实。《张协状元》是通过婚姻关系来塑造人物、表现主题、反映社会的，它的真实与否，就只能依表现在剧中的婚姻关系是否反映了封建婚姻关系的本质而定。

婚姻关系作为两性关系来讲，是无论在什么社会中都没有区别的。然而，因为婚姻本身是人与人的结合，而每一个人又都是作为一个社会成员而存在的，所以婚姻关系与财产关系是密不可分的。正因为如此，才使得婚姻关系在不同的社会制度下呈现出不同的形式。在阶级社会中，人们之间最根本的关系是阶级关系，阶级社会的婚姻关系始终受阶级关系所制约，实质上是财产和权力的一种继承和再分配形式。中国的封建婚姻关系，表面上讲的是"父母之命，媒妁之言"，骨子里讲的还是门第高低和财产多寡的相称，用通俗的话说，就是"门当户对"，用《张协状元》里的话说，就是"花对花，柳对柳"[2]，"罗绮相随罗绮去，布衣逐着布衣流"[3]，而《张协状元》正是极巧妙地反映了这种封建婚姻关系。

先看张协和贫女最初的结合。当时的贫女是处于这样的困境："幼失怙恃，又没弟兄。远亲房族更无一人，诸姊妹又绝一个。祖无世业，全没衣装，白日三餐，勤苦村庄机织，黄昏一觉，【足弯】跧古庙荒

---

[1] 王卫国：《〈西厢记〉的结尾是歪曲了历史的真实吗?》，《河北大学学报》（哲学社会科学版）1980年第3期，第107页。
[2] 钱南扬：《永乐大典戏文三种校注》，台北华正书局1980年版，第169页。
[3] 钱南扬：《永乐大典戏文三种校注》，台北华正书局1980年版，第213页。

芜。"① 而当时的张协也是遇强人劫掠，衣食全无，还"一查打得皮肉破损鲜血满"②，更加上他在家原是一个春不知耕、秋不知收的娇子，所以连谋生的手段都没有，只好靠贫女供衣食被物。两个人，一个是贫女，一个是贫哥，穷和穷，两相逢，正是在这种同是天涯沦落人的情况下，张协和贫女结成了夫妻。

再看张协和贫女的离异。张协得到贫女的资助，进京赴试，"桂子高攀第一枝"③，中了状元，这是何等的春风得意！"引领群仙上紫微，云间相逐步相随"④，"阆苑更无前去马，杏园唯有后题诗"⑤，真是满袖馨香，天下知名。他不仅一跃而进入统治者的行列，而且成为其中的佼佼者。皇帝爱怜，宰相拉拢，就连相府的千金小姐也瞩目垂涎，并且还因嫁不得状元而羞死：状元郎在当时人们心目中的地位和影响，是可想而知的了。而这时的贫女却仍然是"钱又没撩丁，米又没半升"，饿了，"只得往大公家去，绩麻缉苎，胡乱讨些饭吃"⑥，穿衣则是"欲买春衣典夏衣，待成衣着又过时。恰才撰得春衫着，是处山头叫子规"⑦，困苦贫贱，依然故我，与张协比来，真是势若天渊。所以当她进京找到张协时，张协嫌她"貌陋身卑、家贫世薄"⑧，并说："吾乃贵家，汝名贫女，敢来冒渎，称是我妻！闭上衙门，不去打出。"⑨ 张协又说贫女"身无寸缕，裹没分文，纵有鸾胶，危弦怎续？"还发誓要在赴任途中路过五鸡山时，"剪草除根，与她烧了古庙"⑩。在五鸡山再遇贫女时，他恬不知耻地说："吾今与汝不是姻缘。"理由呢？那就是"我荣贵伊恁贫"⑪。当贫女谴责他忘恩负义时，他竟然趁前后左右无人，一剑把她砍下山崖，并且还说："一剑教伊死了休，黄泉路上必知羞。"⑫ 他以

---

① 钱南扬：《永乐大典戏文三种校注》，台北华正书局1980年版，第39页。
② 钱南扬：《永乐大典戏文三种校注》，台北华正书局1980年版，第57页。
③ 钱南扬：《永乐大典戏文三种校注》，台北华正书局1980年版，第134页。
④ 钱南扬：《永乐大典戏文三种校注》，台北华正书局1980年版，第134页。
⑤ 钱南扬：《永乐大典戏文三种校注》，台北华正书局1980年版，第134—135页。
⑥ 钱南扬：《永乐大典戏文三种校注》，台北华正书局1980年版，第119页。
⑦ 钱南扬：《永乐大典戏文三种校注》，台北华正书局1980年版，第119—120页。
⑧ 钱南扬：《永乐大典戏文三种校注》，台北华正书局1980年版，第161页。
⑨ 钱南扬：《永乐大典戏文三种校注》，台北华正书局1980年版，第162页。
⑩ 钱南扬：《永乐大典戏文三种校注》，台北华正书局1980年版，第165页。
⑪ 钱南扬：《永乐大典戏文三种校注》，台北华正书局1980年版，第177页。
⑫ 钱南扬：《永乐大典戏文三种校注》，台北华正书局1980年版，第178页。

为贫女已死，便扬长而去。据此，我们不难看出，张协之与贫女离异，没有任何其他原因，完全是因为张协中状元后，他们的社会地位有了显著差别，阶级不同了。而这时张协与贫女的矛盾，正是阶级关系的形象表现。张协的剑砍贫女，正反映了统治阶级对下层劳动人民的残酷无情的欺压和随心所欲的迫害。

最后看张协和贫女的破镜重圆。张协和贫女虽然在最后又重新团聚了，但并不是状元张协认下了前来寻夫的古庙贫女，如果是那样的话，可就真有掩盖阶级矛盾、粉饰封建婚姻制度的意思了。然而事实并不是那样。张协之所以与贫女团聚，完全是因为当时的贫女已经由一个为人佣织的卑下贱人变成了赫赫王府的高贵小姐，他们有了相同的阶级地位。这就是她能和张协危弦重续的基础。没有这个基础，破镜重圆是不可能的。

同一个张协，同一个贫女，当贫女为人佣织，张协流落古庙，他们都位卑身贱、一无所有时，共同的社会地位使得他们能够结为夫妻，并且结成了夫妻。一旦张协飞升，贫女依旧，他们的社会地位有了显著差别，分属了互相对立的两个阶级时，不仅夫妻离异，而且出现了你死我活的斗争。而当贫女一跃成为王府千金与张协又有了相同的社会地位时，其二人便又破镜重圆、夫妻团聚。《张协状元》就是通过这样的分聚离合，极巧妙、极深刻、极典型、极真实地反映了封建社会婚姻关系的本质，活现了封建社会人与人之间的关系，将其刻画得入木三分，暴露得原形毕现。这怎么能说是掩盖阶级矛盾、粉饰封建婚姻制度呢？又怎么能说是对当时社会生活本质的歪曲的反映呢？

三　剧情发展，符合主人公性格

周贻白和钱南扬二位先生还认为《张协状元》的剧情发展不符合主人公的性格。其实不然。《张协状元》的剧情发展并没有违迕主人公的性格，而是与主人公的性格特征基本相符的。

《张协状元》重在塑造张协的形象，并通过他来表现主题和反映社会。不管作者的创作意图如何，作品客观上通过张协的婚姻问题反映了当时社会的人际关系，谴责了骤致高位而忘恩负义的知识分子。张协始终是作为被谴责的形象而在作品中出现的，尽管作者有时对他进行表面的美化和歌颂，但从情节中流露出来的思想倾向，对他却是无情的鞭挞。张协具有一般封建知识分子的那些死盯住功名利禄不顾廉耻往上爬的性格，但没有普通知识分子那种酸臭迂腐的特点，却有着见利忘义、深通世故、随风转舵、能伸能屈的奸猾性。他的形象在作品中是始终如一的。

为了功名，他可以置二老于不顾。爹妈听他说要进京应试，便"托地两行泪下"①，他用花言巧语哄住双亲，狠心地弃之而去。在五鸡山遇到强人，他自知不是对手，便百般地讨饶求赦。

他遭劫身伤、一无所有时，为了骗得贫女的供养，开始表现得何等驯良！为以后"钓鳌施大手"，他能够"诗书暂溺沦"。为保住性命，"宿食图温饱"②，在天寒又举目无亲的情况下，主动向贫女求婚，信誓旦旦地作出一副假象，而心里想的却是"乱与伊家相娶"③。本系中山狼，得志便猖狂。当他一经和贫女结为夫妻，便立即摆出男子汉大丈夫的臭架子来毒打无辜的贫女。

在大大小小的问题上，无一不表露着他的性格。有人说他拒婚胜花与其性格不符，也有人说他砍杀贫女理由不充分，说他对王府亲事，先拒后诺，互相矛盾。其实，这些行为都是其性格的必然表现。

张协中状元后，确实曾拒接相府小姐王胜花的丝鞭，推却了王府的婚事。但这是出自不得已。"自古及今招驸马，没妻底，定接鞭。"④ 这是规矩。他已有妻室，当然不能接取。不过，他的不接，仅仅是不敢接，而不是不想接。有贫女在，"谩接丝鞭成何用？思之贫女，要成鸾凤，近日浑如梦"⑤。谙于世故的张协深知，如果贸然接取了丝鞭，就可能有身败名裂之虞，那后果是不堪设想的。为明哲保身，他才没接那丝鞭。但他又不是不想接。他若是不想接，干脆答复已有妻室，岂不简单？事实说明他是想接的。因为他清楚地知道，中了状元，"才着绿衫"，万人瞩目，显赫一时，然一"出东华门外，便是破荷叶"⑥，一文

---

① 钱南扬：《永乐大典戏文三种校注》，台北华正书局1980年版，第2页。
② 钱南扬：《永乐大典戏文三种校注》，台北华正书局1980年版，第123页。
③ 钱南扬：《永乐大典戏文三种校注》，台北华正书局1980年版，第215页。
④ 钱南扬：《永乐大典戏文三种校注》，台北华正书局1980年版，第209页。
⑤ 钱南扬：《永乐大典戏文三种校注》，台北华正书局1980年版，第159页。
⑥ 钱南扬：《永乐大典戏文三种校注》，台北华正书局1980年版，第136页。

不值。此身虽入桂枝景,平步须乘帘幕风,要官路亨通,裙带关系远比珠玑文章重要。再加上胜花小姐貌美异常,又怎能不动心呢?"楼头有女颜如玉,自度此生悭分福"①,这是多么深切的怀恋啊!正是由于想与王府联姻的思想所支配,他才隐瞒了自己已经有妻的事实,而只是讲"是则无妻我身自不由己,须有爹妈在家乡尤未知"②,要"随爹妈心意转"③,即搬出父母之命来搪塞。这样,就为以后找机会逞野心留下了活路。可是,张协要通过联姻这条路上天,则贫女是他天梯上最难以逾越的障碍。张协要上天,就必须先除去这个障碍。更得个人离眼底,卑怀无处不从容。正因升官心切,他才不认前来寻夫的贫女,叫人把她打了出去,并且计划在赴任途中要把她杀掉,"剪草除根,与它烧了古庙"④。"这回划草不除根,惟恐萌芽春再发",要"一剑教死"⑤,剪草除根。后来果然如法施行,一剑把贫女砍下了山崖。

王德用成为张协的顶头上司,挟制张协,张协请谭节使为之和解,谭节使便采用了议亲的手段。张协这时满以为贫女已死,障碍已除,王府议亲,则升官有路,正是求之不得,所以也就不再说"有爹妈在家尤未知""随爹妈心意转"了,而是慨然允诺:"今番定作风流婿,今番且免鸳鸯拆。"⑥张协之为张协,具有不同寻常的典型性,突出的表现就是他在处理事情上比一般知识分子奸诈圆滑。他不像陈士美、王魁、蔡伯喈之流,刚刚得中,前妻尚未处理,便匆忙另行招亲,以致惹出许多麻烦来。他是自以为已亲手把贫女杀死了,才答应王府婚事。当然,他万万没料到他的贫女不仅没死,而他再娶的恰恰就是贫女。

从以上分析可以看出,张协的拒婚、杀妻、应亲,无一不是他性格的表现,剧情的发展与其性格始终是一致的。

贫女的性格比较复杂。她勤劳善良,却又不无剥削阶级思想;她既相信命运,又熟谙世事,很有心计;她不忘昔日豪奢,希望未来幸福,顽强地同苦难的现实抗争。这复杂性格的产生是有它的基础的。由于她

---

① 钱南扬:《永乐大典戏文三种校注》,台北华正书局1980年版,第159页。
② 钱南扬:《永乐大典戏文三种校注》,台北华正书局1980年版,第135页。
③ 钱南扬:《永乐大典戏文三种校注》,台北华正书局1980年版,第136页。
④ 钱南扬:《永乐大典戏文三种校注》,台北华正书局1980年版,第165页。
⑤ 钱南扬:《永乐大典戏文三种校注》,台北华正书局1980年版,第174页。
⑥ 钱南扬:《永乐大典戏文三种校注》,台北华正书局1980年版,第212页。

出身富室豪贵，所以思想打上了剥削阶级的烙印；但因她的家庭遭水火盗贼破产，自己被迫流落古庙六七年，为人缉麻缉苎，所以她又有了勤劳善良的一面；原来家庭生活的奢华，古庙生活的凄凉，相比之下使她不能不深深地怀恋旧日生活而希望旧梦重温；长期的生活磨炼，使得她既相信命运，万事不容人计较，算来只是命安排，又熟谙世事，饱有心计。贫女在戏中的行为，也都是她这种性格的必然表现。

由于勤劳，她能在艰难困苦中生存下去，而她能生存下去的精神支柱，却是她对未来所抱的希望："每甘分粗衣布裙，寻思另般格调。"① 她执着做人，逆来顺受，是因为她坚信"终有通时"② ——"黄河尚有澄清日，岂可人无得运时"——她觉得总有一天会摆脱困境，重新过上好日子的。但她也明白，要改变自己的地位，单凭双手佣织是不行的，最好的甚至唯一的出路就是找个合适的丈夫。"若要奴家好，遇得一个意中人，共作结发，夫妻偕老。"③ 恰巧张协闯进了她的生活。她流落生涯而养成的善良性格，使得她勇敢地收留了张协，并慷慨地供他衣食被物。她也知道，像张协这种穷书生，"不飞则已，一飞冲天；不鸣则已，一鸣惊人"的可能性是有的。这种人一经"高考"得中，便会飞黄腾达。所以她"觑着"张协"貌美"，以后"须有个荷衣着体"④，再加上张协花言巧语、信誓旦旦的煽惑，便答应了与他的婚事。但她是熟谙世事的。她也知道这种人容易负心，所以不肯与他"乱"来，而是要有媒有证，并且还要在"神前拜跪"，"觅一个圣杯"⑤，做名正言顺的夫妻才行。由于她对此寄予很大希望，又勇于追求，所以在张协高中后，她进京寻夫的决心大得很，万水千山也要去寻。她想的是"马（蚂）蝗丁住鹭丝脚，你上天时我上天"⑥。但她又相信命运，从不寻短见。张协的遗弃，对她来说应是致命的打击，可是她却能自我宽慰："自古道，花对花，柳对柳，奴家貌既丑，家既贫，如何招得状元。如

---

① 钱南扬：《永乐大典戏文三种校注》，台北华正书局1980年版，第24页。
② 钱南扬：《永乐大典戏文三种校注》，台北华正书局1980年版，第66页。
③ 钱南扬：《永乐大典戏文三种校注》，台北华正书局1980年版，第24页。
④ 钱南扬：《永乐大典戏文三种校注》，台北华正书局1980年版，第66页。
⑤ 钱南扬：《永乐大典戏文三种校注》，台北华正书局1980年版，第78页。
⑥ 钱南扬：《永乐大典戏文三种校注》，台北华正书局1980年版，第149页。

今谢天地，得归故里。只说与公婆道，寻不见张状元便了。"① 王德用见她长得不错，要收作"养娘子"②，但"妈妈终朝怕寂寥"③，刚丧失了独生女儿的王夫人见她"活脱似胜花娘子"④，"精神磊落"，便要"讨做养女"⑤。这意外的相遇给贫女带来了新的希望。于是她隐瞒了自己已是状元妻子的身份，做了王府义女。能嫁一个状元郎，对于当时的女子来说，自然是非常惬意的事，能与张协重新团聚，也是她盼望已久的了。所以当她听到王德用夫妇答应了谭节使的议亲时，高兴地唱道："感得提携谢英贤，状元注定与奴团圆。深拜蒙爱怜，前世已曾成姻眷。"⑥ 喜悦之情，溢于言表。由上可见，剧情的发展和大团圆的结局，都是与其性格相符的。

《张协状元》的剧情发展。完全符合其主人公的性格特征。

四　团圆结局，是剧情发展的必然结果

文学作品的情节，既是社会生活的反映，又是作家审美观点的体现和艺术手法的结晶。由于社会生活的纷繁复杂，作家审美观点和艺术手法的千差万别，文学作品的情节丰富多彩。但由于情节表现主题思想，所以它又受主题思想的制约，不同的主题思想需要通过不同的情节来表现。再者，因为作家生活经历和艺术手法的不同，同一主题思想由不同的人来写，也往往会用各自不同的情节来表现。这是很自然的。在这方面，不可能也不应该有什么固定的绝对不变的模式。戏剧的结尾，是整个剧情结构的一部分，它应具备其他部分所共有的特点，如应当符合生活的真实，符合主题思想的要求和主要人物的性格以及互不雷同等。但又因为它是一出戏的结尾，是矛盾冲突最终解决的地方，所以它也应具有自己的独特性，这就是它应该是此前矛盾发展的必然结果。戏剧的结尾在戏中的地位应如鸟翅兽足，非有不可，而不应该是跂趾蛇足，多此

---

① 钱南扬：《永乐大典戏文三种校注》，台北华正书局1980年版，第169页。
② 钱南扬：《永乐大典戏文三种校注》，台北华正书局1980年版，第190页。
③ 钱南扬：《永乐大典戏文三种校注》，台北华正书局1980年版，第191页。
④ 钱南扬：《永乐大典戏文三种校注》，台北华正书局1980年版，第189页。
⑤ 钱南扬：《永乐大典戏文三种校注》，台北华正书局1980年版，第190页。
⑥ 钱南扬：《永乐大典戏文三种校注》，台北华正书局1980年版，第210页。

一举。

对于《张协状元》的大团圆结局，很有些人不以为然。有的说它是套式、雷同化现象，也有人说《张协状元》的大团圆结局，是"画蛇添足，狗尾续貂"①，向来没有人明确肯定过它。其实呢，《张协状元》的大团圆结局，既非套式，亦非蛇足，而是全剧不可分割的一个有机的组成部分。

《张协状元》的团圆结局，符合主题要求，符合生活真实，符合人物性格，这些在前三节实际上已经论及，这里不再重复。本节只准备谈以下两点。

第一，《张协状元》的大团圆结局，是戏剧矛盾发展的必然结果，是全剧的有机组成部分。团圆之前的张协不接丝鞭，王胜花因羞死去，贫女活了下来并成为王府义女，这些主要情节都是大团圆的基础和伏笔，而大团圆正是这些矛盾发展的必然结果，没有丝毫的衍生味道。试想，如果没有这个团圆，那么这个戏岂不就成了真正的断尾巴蜻蜓了吗？

第二，我们通过比较不同结局的不同作用，来分析一下这种团圆结局的存在价值。还是拿《王魁》《蔡伯喈》来和《张协状元》比较吧。它们都有着基本相同的主题思想，即谴责高中后忘恩负义的封建知识分子。《王魁》的结局是敫桂英自刎而死，然后让她的鬼魂把王魁捉去。《蔡伯喈》的结局是赵五娘被马踏死，然后蔡伯喈五雷轰顶而亡。质言之，这两种情况都是因为受迫害者无法对那些已致高位而忘本的封建知识分子进行报复，才不得不借助雷电鬼神来惩罚他们。如果说神话是借助想象以征服自然力的话，那么，这种浪漫主义的艺术处理则是借助想象来征服当时自己所无法征服的社会恶势力。神话会随着自然力的实际被支配而消失，这种浪漫主义的艺术处理也会随着社会恶势力的能够直接被人民惩罚而变为现实主义。《铡美案》又有不同。它不是再借助鬼神雷电，而是造出人间的"清官"来铡掉陈世美，替受迫害者报仇泄愤。如果说前两种的处理不免有点迷信色彩的话，那么《铡美案》的处理就很有点清官戏的味道了。不过，这两种处理，与其说是为了刻画

---

① 王卫国：《〈西厢记〉的结尾是歪曲了历史的真实吗？》，《河北大学学报》（哲学社会科学版）1980 年第 3 期，第 107 页。

人物和表现主题，倒不如说是为了迎合读者和观众的心理。但是，不管怎么说，它们确实都不同程度表达了人民的心愿，能够给富有正义感的读者和观众以精神安慰，并且也可以鼓舞他们的情绪。不过，无可讳言，这些处理方法也可能出现相反的作用，它可能使有些深受传统观念束缚的人多想到天地鬼神和清官，把希望寄托在他们身上，而无意中忘记了自己，看不到人民的力量，甚至可能出现麻醉作用。你看，正义伸张了，邪恶铲除了，清平世界，荡荡乾坤，多么和平，又多么美好。看完戏后，心也满了，意也足了，同时也可能把自己所受的损害、侮辱、压迫、剥削给忘得差不多了。

但是，《张协状元》与前二者不同。它没有通过大的转折去直接显露地表达人民的心愿、迎合人民的心理。它是按照事物的本来面目给以真实的艺术刻画。它不让贫女死去，张协另娶，而是让他们经过一番离异后重新团聚，而就这个分合离聚的过程来刻画人物，表现主题。由于没有大的转折，所以它的谴责主题是始终如一的。它尽情地让张协去团圆，却通过团圆去进一步暴露他见利忘义、攀高结贵而不顾廉耻的丑恶本质。它比前二者暴露得更充分，谴责得更有力。人们也可能被团圆迷惑，可是只要一分析琢磨，就会发现，原来那些位高名显、衣冠赫赫的封建头面人物，却是一伙言行不一的丑类。这种表现手法，是用蜜糖裹胡椒，表面上是甜蜜蜜的团圆，实质上却是极辛辣的讽刺。它很能深化作品的社会认识意义。所以对这种团圆结局是不应该轻易否定的。

中国古典戏曲的剧本，是我们民族文学的一大宝贵遗产。深入研究、科学评价、批判继承这一遗产，对于繁荣和发展我们今天的社会主义民族文学，有着重大意义。相反，如果对这笔遗产不是进行深入研究、科学评价和批判继承，而只是去简单地肯定或轻易地否定，那就不能有利于我们今天的文学事业，所以那就不是正确态度。像《张协状元》这样时代久远、结构宏伟的戏文，在中国文学史上还是屈指可数的。在文学反映生活、情节表现主题以及情节构思等方面，它对于我们今天的戏剧创作，也有一定的借鉴意义。20世纪末和21世纪初，《张协状元》获重新排演，并在国内外的演出中俱获成功，这不仅再次展示了此剧的魅力，并且证明了它的强大生命力。

［载《河北师范大学学报》（哲学社会科学版）2019年第1期］

·教育史·

严复教育改革思想探析

19世纪末20世纪初,面对中华民族的内忧外患,著名思想家、教育家严复提出了振兴教育,以使炎黄种类文明自立的主张,这被许多史家称为"教育救国论"。但是,严复并不认为任何教育都能救国,他强调,中国旧的传统教育不仅不能救国,而且恰恰是亡国灭种的重要根源,唯有科学的新式教育,才能够富民强国,拯救炎黄种类。基于此,他针对中国旧教育的弊端,在教育目的、培养目标、教育内容、教育方法等方面,都提出了一系列改革思想。探析严复的这一思想,不仅于教育史研究有益,于教育改革的现实也当有所裨益。

一 崇高的目的:振兴教育,使炎黄种类文明自立

严复坚决主张,只有教育,才能从根本上振兴中华民族。面对轰动朝野的变法维新,他公然提出:"民智不开,不变亡,即变亦亡。"①"民智不开,则守旧维新两无一可。"② 1905年,孙中山在伦敦拜访严复,讨论革命事宜。严复说,以中国民品之劣,民智之卑,即有改革,害之除于甲者将现于乙,泯于丙者将发之丁。为今之计,唯急从教育上着手,庶几逐渐更新乎!③ 针对当时洋务派的实业救国论,严复认为,"救贫之方"固然离不开发展农、工、商,但"是三者,非能徒修也,

---

① 《严复集》,中华书局1986年版,第539页。
② 《严复集》,中华书局1986年版,第525页。
③ 《严复集》,中华书局1986年版,第1550页。

其体在于学"。① 如果没有教育，虽力讲百年实业也不能进步。严复指出，"中国之弱，其原因不止一端，而坐国人之暗、人才之乏为最重"。② 正是"民智闭塞，学术空疏，无乘时竞进之能力"，才导致了国家的衰微破败。如果"振兴其教育，专门普通分程并进，则拙者可巧，蠢者可灵，其转移尚非无术也"。③ 他说，"中国不治之疾尚是在学问上，民智既下，所以不足自立于物竞之际"。④ 他指出，中国的百姓，正是因为没有普及教育，才缺乏生计之常识，而贫穷无以自立。无自立之民，便无自立之国。因此，只有大力普及对国民的教育，才是"自存之命脉"。⑤ 在这里，严复将教育看得比革命、维新、实业等更重要，但他未了然于革命、维新、实业等反过来对教育的促进作用，故其认识就难免偏颇。但是，他的只有整体提高国民素质，才能使我中华民族自立于世界民族之林和永处于不败之地的观点，则无疑抓住了事物的根本。

也正是基于上述原因，严复才被一些史家称为"教育救国论"者。的确，在严复的有关言论中，除经常使用"种""吾种""炎黄种类"等词语外，也经常使用"国""中国""吾国"等词语。但是对于"国"这个概念，严复自有他的理解。他曾说过这样的话："一姓一党之利害存亡，均不足道，而祸之所中者，必在吾国，深恐求瓦全而犹难。"⑥ 从古昔到严复时代，在神州大地所建之国，哪一个不是一姓一党之国？严复将"国"与"一姓一党"相对立而言，则可知其所谓国者，实是指我们今日所谓之中华民族。他所要救的、要强的，是整个中华民族，既不是清国，也不是清政府内的满族统治集团，更不是洋务派所重的后党或康、梁等所重的帝党。他希望通过发展教育，振兴我中华民族，使之卓立于世界民族之林。我们说，严复的教育目的论崇高，主要原因也在这里。

不过，严复主张振兴中华民族，却决不赞成狭隘的民族主义。对当

---

① 《严复集》，中华书局1986年版，第149页。
② 《严复集》，中华书局1986年版，第623—624页。
③ 《严复集》，中华书局1986年版，第342页。
④ 《严复集》，中华书局1986年版，第733页。
⑤ 《严复集》，中华书局1986年版，第592页。
⑥ 《严复集》，中华书局1986年版，第637页。

时的所谓"民族主义",严复有其独到的且极有见地的认识。他一针见血地指出:"民族主义非他,宗法社会之真面目也。"① 并说:"民族主义将遂足以强吾种乎?愚有以决其必不能者矣。"② 严复认为,只有勇敢地融入世界文明,自强不息,发展教育,提高全民素质,才能使"炎黄种类未必遂至沦胥;即不幸暂被羁縻,亦将有复苏之一日也"③。夜郎自大的狭隘的民族主义,是自塞文明之路,且终为文明之大梗。对于文明自立与意主排外的关系,严复有着极为深刻的见解。他说:"当此之时,徒倡排外之言,求免物竞之烈,无益也。与其言排外,诚莫若相勖于文明。果文明乎,虽不言排外,必有以自全于物竞之际;而意主排外,求文明之术,傅以行之,将排外不能,而终为文明之大梗。二者终始先后之间,其为分甚微,而效验相绝,不可不衡量审处以出之也。"④ "期于文明可,期于排外不可。期于文明,则不排外而自排;期于排外,将外不可排,而反自塞文明之路。"⑤ 近百年来,一些闭关自守的所谓独立民族的日渐落后和一些勇于融入世界文明的战败国的迅速崛起,从正反两方面证明了严复的卓识是完全正确的。

二 改革培养目标:变学古入官为培养德、智、体全面发展的真国民

严复认为,只有以作育新国民为目标的科学的新式教育,才能拯世救亡强国富民。至于唯仕是育的旧式传统教育,不仅不能救亡,相反,是亡国灭种的重要根源。他说,"中国前之为学,学为治人而已。至于农、商、工、贾,即有学,至微谫不足道"⑥。"中国自古至今,所谓教育者,一语尽之曰:学古入官已耳!"⑦ 而正是"官之众",才导致了"国之衰"⑧。他看到,"宋以来之制科,其防争尤为深且远",这是

---

① 《严复集》,中华书局1986年版,第148页。
② 《严复集》,中华书局1986年版,第926页。
③ 《严复集》,中华书局1986年版,第525页。
④ 《严复集》,中华书局1986年版,第558页。
⑤ 《严复集》,中华书局1986年版,第561页。
⑥ 《严复集》,中华书局1986年版,第292页。
⑦ 《严复集》,中华书局1986年版,第281页。
⑧ 《严复集》,中华书局1986年版,第294页。

"圣人牢笼天下，平争泯乱之至术"。然而，"民智因之以日窳，民力因之以日衰"，到头来，"至不能与外国争一旦之命"。① 据此，他下结论说："救之之道当何如？曰：痛除八股而大讲西学，则庶乎其有瘳耳！"并断言："东海可以回流，吾言必不可易也。"② 在议及废科举的意义时，他说："言其重要，直无异于古者之废封建，开阡陌。"③

当然，严复也不一概反对通过教育来培养官吏，他只是主张教育应把培养农、工、商人才放在主要地位，应当以作育国民为主。他笃信："农工商之学人，多于入仕之学人，则国治；农工商之学人，少于入仕之学人，则国不治。"④ 这一观点，在百年后的今天，仍值得我们回味。

教育重在育民，那么应该培育什么样的民呢？为解答这一问题，严复考求了五洲之历史。他发现，凡国种之灭绝，抑为他种所羁縻者，不出三事：必其种之寡弱，而不能强立者也；必其种之暗昧，不明物理者也；终之必其种之恶劣，而四维不张者也。据此，他提出，教育必须兼重体育、智育和德育，三者不能偏废，只能审当时之时势而为之轻重。⑤ 他强调体育的重要性，因为身体不仅是体力的载体，同时也是智力和道德的载体。他认为，教育的目的在能以康强之体，贮精湛之心。如果身体不行，皮之不存，毛将焉附？面对民贫国弱的局面，他认为最急的是智育，智育不能只重"增长知识，而不重开瀹心灵"⑥，应当用科学的方法传授科学的知识，使受教育者在增广知识的同时，开启心灵，锻炼心能。这可视为今之培养能力说的滥觞。严复认为，最重要的则是德育，因为"国以民德分劣优"⑦。德、智、体三者之外，严复还颇重美育。他认为，美育不仅有助于道德的养成，而且有助于智育，因为"科学之中，大有感情"，且"美术之功，半存思理"。他倡言：后此之教育，尚于美术一科，大加之意焉可耳。⑧ 严复的结论是：教育应当培养德、智、体全面发展的"真国民"。一旦国民的德、智、体"三

---

① 《严复集》，中华书局 1986 年版，第 1—2 页。
② 《严复集》，中华书局 1986 年版，第 43 页。
③ 《严复集》，中华书局 1986 年版，第 166 页。
④ 《严复集》，中华书局 1986 年版，第 89 页。
⑤ 《严复集》，中华书局 1986 年版，第 166—167 页。
⑥ 《严复集》，中华书局 1986 年版，第 281 页。
⑦ 《严复集》，中华书局 1986 年版，第 689 页。
⑧ 《严复集》，中华书局 1986 年版，第 988 页。

者诚盛，则富强之效不为而成"①，并且，"及其至也，既强不可以复弱，既盛不可以复衰"②。

三　改革教育内容：变空疏乏用为皆以有用为宗

要培育德、智、体全面发展的新国民，旧的教育内容必须改革。严复说："往者通国之人，舍士无学，而其所以教士者，又适足以破坏其才，此所以重可痛也。"③"夫使一国之民，二千余年，非志功名则不必学，而学者所治不过词章，词章极功，不逾中式，揣摩迎合以得为工，则何怪学成而后，尽成奴隶之才，徒事稗贩耳食，而置裁判是非，推籀因果之心能于无所用之地乎。"④严复认为，要救亡，就必须改革。不仅八股制艺应当废除，"举凡宋学汉学、词章小道，皆宜且束高阁也！"新的教育内容，"皆必以有用为宗"。⑤"学不仅以治人也，自治其身之余，服畴懋迁，至于水火工虞，凡所以承天时、出地宝、进人巧、驱百昌以足民用者，莫不于学焉，修且习之。"⑥

严复主张，实用知识的教育应从小学就开始。"成童入学之顷，不宜取高远之书授之，而以识字、知书、能算三者为目的。十二以上，则课以地理诸书，先中国而后外邦；再进则课以粗浅最急之养生、格物、几何、化学之类。"他说："如是而至十六，即辍而就工商之业，亦有毕生受用之乐，其功效过于媲青配红者，殆相万也。"⑦

在教育内容方面，严复极重自然科学。他认为，自然科学不仅为实业所必需，且对于改变中国人唯书唯上唯古不唯实的心习大有裨益。他说："一切物理科学，使教之学之得其术，则人人尚实心习成矣。呜呼！使神州黄人而但知尚实，则其种之荣华，其国之盛大，虽聚五洲之压力以沮吾之进步，亦不能矣。"⑧

---

①　《严复集》，中华书局1986年版，第514页。
②　《严复集》，中华书局1986年版，第253页。
③　《严复集》，中华书局1986年版，第278页。
④　《严复集》，中华书局1986年版，第281—282页。
⑤　《严复集》，中华书局1986年版，第43页。
⑥　《严复集》，中华书局1986年版，第292页。
⑦　《严复集》，中华书局1986年版，第908页。
⑧　《严复集》，中华书局1986年版，第282页。

当然，严复也主张学好社会科学。对于中国传统文化，严复认为这是一大宝藏，不仅不能轻弃，而且必须学习研究，不过应当用新的方法。其目的主要有二：一是通过学习研究，继承优良传统；其二则是通过学习研究，知古通今，以了解中国问题的症结所在。总之，亦不离"有用"二字。

四 改革教育方法：变不离言词文字为实体而躬行

严复说，"吾国所谓学，自晚周秦汉以来，大经不离言词文字而已"，"夫言词文字者，古人之言词文字也，乃专以是为学，故极其弊，为支离，为逐末，即拘于墟而束于教矣"。"求其仰观俯察，近取诸身，远取诸物，如西人所谓学于自然者，不多遘也。"① 他又说，吾教育学界，极重之弊，"莫若所考求而争论者，皆在文字楮素之间，而不知求诸事实。一切皆资于耳食，但服膺于古人之成训，或同时流俗所传言，而未尝亲为观察调查，使自得也"。严复认为，这种教育方法，不仅危害了教育本身，而且危害了整个国家社会。"是以社会之中常有一哄之谈，牢不可破，虽所言与事实背驰，而一犬吠影百犬吠声之余，群情汹汹，驯至大乱，国之受害，此为厉阶。"② 正是由于教育"未得其方，是以民智不蒸，而国亦因之贫弱"，③ 所以，教育方法非改革不可。改革的出路何在？严复的回答是：亦变其心习而已。而变其心习的方法，就在于"必使学者之心，与实物径按，而自用其明，不得徒资耳食，因人学语"。④

当然，严复绝不是不要学生读书。相反，他主张首先要教育学生"学于言词文字"。读书学习的目的，在于"收前人之所已得者"，⑤ 即吸收前人所创造的真知，以增加自己的知识和增长才干。即使是这种学习，严复主张也要尽量结合观察和实验进行。"学几何、三角者，必日

---

① 《严复集》，中华书局1986年版，第237页。
② 《严复集》，中华书局1986年版，第281页。
③ 《严复集》，中华书局1986年版，第285页。
④ 《严复集》，中华书局1986年版，第285页。
⑤ 《严复集》，中华书局1986年版，第238页。

事于测高仞深，学理、化、动、植者，必成业于冶铸树畜也。"① 不过，严复认为学习决不能到此为止，还必须进一步"读无字之书"，"读大地原本书"。② 要学于自然，创造新知。只有这样，才能使天演不断进化，而世亦无转退之文明。

严复在实业教育方面的论述，则可视为其教育方法论的代表。他说："实业教育，其扼要不在学堂，而在出堂后办事之阅历。以学堂所课授者，不过根柢之学，增广知识，为他日立事阶梯云耳。若夫扼要之图，所以陶炼之使成真实业家，则必仍求之实业之实境，作坊商店，铁路矿山，此无疑义者也。"③ "实业之家，不受学堂教育，而一切悉由于阅历者，其入理必粗，不能有开物成务之盛业也。但受学堂教育，而不经事业之磨砻，又程功不实，而无甘苦疾徐之自得。必其人受益于学堂者十之四，收效于阅历者十之六，夫而后为真实业家。"④

在这里，严复的四六开未必绝对科学，但其所主张的必须与实践相结合的教育方法，则无疑是正确的。这正契合了严复对上古教育的考求结论：古圣贤人所讲学而有至效者，其大命所在，在实体而躬行。⑤

（载王炳照、闫国华主编《中国教育思想通史》，湖南教育出版社1994年6月第1版。改写本载《教育评论》1999年第1期，并被《新华文摘》摘目）

---

① 《严复集》，中华书局1986年版，第280页。
② 《严复集》，中华书局1986年版，第93页。
③ 《严复集》，中华书局1986年版，第206页。
④ 《严复集》，中华书局1986年版，第207页。
⑤ 《严复集》，中华书局1986年版，第605页。

清初以来河北（直隶）省教育行政机构之置革及教育行政长官之任替

为给省内教育志编修人员搜集资料提供线索，同时也为河北省教育志之教育行政篇的编写提供一点稍具系统性的资料，现将清初迄今河北省（含原直隶省）教育行政机构之置革，以及教育行政长官之任替做一概述。为保持资料的完整性，扩大参照系，本文没有将上限断自1840年，而是上溯到了清初的顺治元年，即1644年。三百多年间，特别是最近一百多年，战乱频仍，社会动荡，现存资料，残缺不全，且亦难悉收毕览，故疏漏讹误在所难免。勉强为之，以就教于知者。

一

清初，各省设提督学政一人，由中央简派，衔称学道，无一定品级。就职者各带任职前原衔品级，任间升降亦按原衔。其职责是掌学校政令、岁科两试，巡察辖区师儒优劣、生员勤惰，升其贤者能者，斥其不帅教者。凡有兴革，须与该省督抚协商办理。直隶省因地处畿辅，设官较常省为高，学官为督学御史，后改称顺天学政，衔称学院，其人选一般是有协办大学士衔的京朝官或地方官。自顺治元年至康熙末年，其任（含署理。下同）替顺序如下：

姓名	学政任职时间	附注
曹溶	顺治元年（1644）六月二十二日	
张鸣骏	顺治二年（1646年2月）十二月二十四日	

续表

姓名	学政任职时间	附注
王昌允	顺治四年（1647）二月初二	
朱鼎延	顺治六年（1649）四月十一日	
宗敦一	顺治九年（1652）六月初八	
程芳期	顺治十年（1653）闰六月十二日	
姜元衡	顺治十三年（1656）七月十八日	
熊伯龙	顺治十四年（1657）十月十一日	
汪炼南	顺治十八年（1661）三月初九	
萧惟豫	康熙三年（1664）正月二十九日	
蒋超	康熙六年（1667）正月二十八日	
胡简敬	康熙九年（1670）二月初八	
王泽宏	康熙十一年（1672）正月二十五日	
吴国对	康熙十五年（1676）二月十二日	
吴珂鸣	康熙十七年（1679年1月）十二月十四日	
董讷	康熙二十一年（1682）正月十九日	
王顼龄	康熙二十三年（1685年1月）十二月初九	
李应荐	康熙二十五年（1686）四月二十五日	
顾藻	康熙二十九年（1691年1月）十二月初四	
李光地	康熙三十三年（1694）正月二十六日	
朱阜	同年五月十五日	
杨大鹤	康熙三十七年（1699年1月）十二月初八	
杨名时	康熙四十一年（1702）正月二十六日	
梅之珩	康熙四十四年（1706）十二月二十一日	
戴绂	康熙四十八年（1709）正月二十五日	
周起渭	康熙四十九年（1710）五月初一	
李凤翥	康熙五十一年（1712）正月二十四日	
陈璋	同年三月	
查嗣瑮	康熙五十三年（1714）七月二十五日	
张逸少	康熙五十四年（1715）十一月初二	
张逸少	康熙五十五年（1716）十一月十一日	革职
吴士玉	康熙五十六年（1717）二月初一	
陈世倌	康熙五十九年（1720）九月初二	

自雍正元年（1723）始，全国省级学官俱称提督学政，于是，顺天学政一般也就不再由协办大学士等充任。到雍正四年（1726），全国省级学衔统称学院，学道之称遂废。从雍正元年至光绪二十六年（1900），顺天学政任替顺序如下：

姓名	学政任职时间	附注
吴襄	雍正元年（1723）二月二十六日	
刘于义	雍正四年（1726）六月初六	
孙嘉淦	同年十月初五	
杨超曾	雍正六年（1728）六月初七	
吴应棻	雍正九年（1731）八月十二日	
钱陈群	雍正十三年（1735）正月二十一	
崔纪	乾隆元年（1736）三月	
刘吴龙	同年十一月	
钱陈群	乾隆三年（1738）十月十一日	
林会旭	乾隆六年（1742年1月）十二月十九日	
赵大鲸	乾隆八年（1743）二月二十三日	
叶一栋	乾隆九年（1744）九月初六	
吕炽	同年十一月初七	
张泰开	乾隆十五年（1750）八月十六日	
徐以烜	乾隆十八年（1753）九月十六日	
庄存与	乾隆二十一年（1756）九月二十七	
金德瑛	乾隆二十三年（1758）二月十九日	
张泰开	乾隆二十六年（1761）五月十一日	
程岩	乾隆二十八年（1763）六月十六日	
德保	乾隆三十年（1765）九月初七	（满）
蔡新	乾隆三十二年（1768年1月）十二月初二	
倪承宽	乾隆三十三年（1768）八月十七日	
李宗文	乾隆三十六年（1771）九月初二	
罗源汉	乾隆三十九年（1774）九月初一	
汪廷	乾隆四十二年（1777）八月十九日	
罗源汉	乾隆四十四年（1780年1月）十二月二十四日	

续表

姓名	学政任职时间	附注
金士松	乾隆四十五年（1780）三月十四日	
沈初	乾隆五十年（1785）八月初十	
金士松	乾隆五十一年（1786）九月初一	
刘墉	乾隆五十四年（1789）八月十六日	
吴省钦	乾隆五十六年（1791）正月二十三日	
吴省兰	同年四月初九	
吴省钦	乾隆六十年（1795）八月十八日	
赵佑	嘉庆三年（1798）八月十一日	
童凤三	嘉庆四年（1799）十月十七日	
曹城	嘉庆六年（1801）正月初八	
王懿德	嘉庆八年（1804年1月）十二月初二	
陈嵩庆	嘉庆十年（1805）五月十六日	
周兆基	嘉庆十一年（1806）正月二十八日	
刘镮之	嘉庆十二年（1807）八月二十一日	
戴均元	嘉庆十四年（1809）二月十六日	
吴芳培	同年五月初一	
吴烜	嘉庆十五年（1810）八月二十二日	
戴联奎	嘉庆十八年（1813）八月初九	戴联奎接任的第二天便与山东学政吴芳培互调，吴芳培再任顺天学政
杜堮	嘉庆二十年（1815）六月初二	
吴其彦	嘉庆二十四年（1819）九月初五	
毛谟	道光元年（1821）七月二十一日	
毛式郇	道光二年（1822）正月初八	
彭邦畴	道光五年（1825）八月初三	
沈维鐈	道光八年（1828）八月初三	
刘彬士	道光十一年（1831）八月初二	
帅承瀚	道光十二年（1832）正月二十日	
吴文镕	道光十四年（1834）八月初二	
潘锡恩	道光十六年（1836）六月	
冯芝	道光二十年（1840）八月初二	

续表

姓名	学政任职时间	附注
王广荫	道光二十三年（1843）八月初二	
徐士芬	道光二十六年（1846）八月初四	
朱嶟	同年十月初八	
程廷桂	道光二十九年（1849）八月初一	
龚文龄	咸丰二年（1852）八月初六	
张祥河	咸丰五年（1855）正月二十日	
李清凤	咸丰六年（1856）正月十九日	
万青藜	咸丰八年（1858）八月初三	
杨士毂	咸丰十年（1860）九月初四	
汪元方	同治元年（1862）六月十九日	
庞钟璐	同治三年（1864）八月初一	
贺寿慈	同治六年（1867）八月初一	
鲍源深	同治九年（1870）八月初一	
夏同善	同治十年（1871）九月初七	
钱宝廉	同治十二年（1873）八月初一	
何廷谦	光绪二年（1876）八月初一	
祁世长	光绪四年（1879年1月）十二月十三日	
徐致祥	光绪五年（1879）四月三十日	（满）
孙诒经	光绪七年（1881）四月	
许应骙	光绪十一年（1885）八月初一	
周德润	光绪十四年（1888）八月初一	
李文田	光绪十七年（1891）八月初一	
徐会沣	光绪二十年（1894）八月初一	
张英麟	光绪二十三年（1897）八月初一	
陆宝忠	光绪二十六年（1900）九月初十	

陆宝忠是最后一任顺天学政。光绪三十一年（1906年1月）十二月十二日，陆迁左都御史，顺天学政一职此后未再委派。光绪三十二年（1906）四月，清政府决定裁汰提督学政，改设提学使，衙称提学使司。直隶提学使任替顺序如下：

姓名	学政任职时间	附注
卢靖	光绪三十二年（1906）四月二十日	
傅增湘	光绪三十四年（1908）九月初八	宣统三年（1911）十月，傅增湘奉命赴南京会议南北议和事宜。十一月，直隶总督陈夔龙派观察林葆恒暂时代理。十一月十七日，傅增湘正式辞职。十二月，简派北洋大学蔡儒楷补授直隶提学使。蔡为清王朝最末一任直隶学官

清末新学之兴以直隶较盛。因原提督学政大多只管旧式教育，即应付科举的教育，基本不管新式学校，故直隶总督袁世凯于光绪二十八年（1902）四月奏设直隶学校司于保定，管理全省新学事宜。司内分专门、普通、编译三处，外附支发、稽查两处。其主要负责人任替顺序如下：

光绪二十八年（1902）四月，胡景桂任督办。

光绪二十九年（1903），杨士骧任总理。

光绪三十年（1904）三月，严修任督办，随后改任总理。

同年四月，改直隶学校司为直隶学务处。

光绪三十一年（1905）二月，以随时请示直督之便，乃迁直隶学务处于天津。总理以下设会办三人。处内分总务、普通、专门、实业、图书、会计、游学七课，以会办兼课长。

同年十月，总理严修升调学部侍郎，卢靖以学务会办驻处办公。

光绪三十二年（1906），因科举停废，清政府裁汰管理旧教育的提督学政，改设提学使以管理新式教育。各省设提学使司，受辖于督抚。至是，直隶学务处改为提学使司，由卢靖署理提学使一职。

二

1912 年，中华民国成立，设中央教育部。各省设教育司，隶于省民政长之下，在行政公署与各司同署办公。

民国二年（1913）1 月，蔡儒楷任直隶教育司长。

民国三年（1914）2 月，蔡儒楷升署教育总长，直隶教育司由普通科科长李金藻代行司务。

同年五月，省民政长改称巡按使，改直隶教育司为直隶教育科，附属于巡按使之下。李金藻任科主任。

民国五年（1916）12月，李金藻去职，顾德保代理科主任。

民国六年（1917）5月，刘骏书继任直隶省政务厅教育科主任。

同年10月25日，直隶教育厅成立，署设天津黄纬路。教育部参事王章祐来任厅长。

民国九年（1920）9月，王章祐升任教育部次长，马邻翼任直隶教育厅厅长。而后厅长的任替顺序如下：

民国十年（1921）9月孙凤藻。

民国十一年（1922）10月3日张谨。

民国十三年（1924）12月张佐汉。

民国十四年（1925）12月张谨。

民国十五年（1926）2月张佐汉。

民国十七年（1928）3月刘春霖。

同年6月20日，直隶省改称河北省。废京兆区建制，将其辖区并入河北省。同时将宣化等10县改隶察哈尔。改北京为北平。天津设特别市，直属中央。严智怡任河北省教育厅长。10月11日，教育厅随省政府由天津迁北平。

同年9月，中央公布北平大学区组织条例。以河北、热河两省及平、津两市为辖境。12月河北省教育厅撤销。

民国十八年（1929）1月，北平大学区成立，李煜瀛任大学校长，李书华副之。

同年7月，废止大学区制，恢复河北省教育厅。第二年，厅署随省政府由北平迁回天津。民国二十六年（1937）"7·7"事变后，河北省逐步沦陷。9月，教育厅迁邯郸，接着由邯郸而濮阳，而大名，而东明，而开封，而郑州，而新安，而西安。民国二十七年（1938）6月，厅内仅剩5人，经改组，移回省境。民国二十九年（1940）1月，又随省府移驻洛阳。民国三十三年（1944）4月，复随省府移驻陕西郿县。

抗日战争胜利后，河北省教育厅自郿县迁往北平。民国三十五年（1946）7月，随省府迁回保定。

从1929年7月开始，中华民国河北省教育厅行政长官任替顺序如下：

民国十八年（1929）7月沈尹默。

民国十九年（1930）10月张见奄。

民国二十年（1931）9月1日陈宝泉。

民国二十三年（1934）6月11日周炳琳。

同年12月3日郑道儒。

民国二十四年（1935）7月何基鸿。

民国二十五年（1936）1月李金藻。

民国二十七年（1938）6月王承曾。

民国二十九年（1940）4月许重远。

民国三十二年（1943）3月贺翊新。

1938年1月，晋察冀边区临时行政委员会成立，设教育处。处长为刘奠基。

1943年1月，召开晋察冀边区第一届参议会，选举出边区行政委员会，仍设教育处。处长为刘皑风。

1948年9月26日，华北人民政府正式组成，设教育部。晁哲甫任部长。原晋察冀边区教育处随其行政委员会一同撤销。

1949年6月1日，华北高等教育委员会成立。董必武任主任委员。

三

1949年7月28日，华北人民政府决定成立河北省行政机构。8月，河北省人民政府成立，省会设保定。河北省教育厅作为省政府的一个职能部门亦随之组建，负责全省教育行政工作。其主要负责人称厅长。只一任。厅长孙文淑（女）

1950年9月27日，省政府撤销教育厅，组建河北省文教厅，作为省政府的一个职能部门，负责全省的教育、文化工作。其主要负责人称厅长。只一任。厅长孙文淑（女）

1952年7月31日，省政府撤销文教厅，重建河北省教育厅，作为省政府的一个职能部门，负责全省教育工作。其主要负责人称厅长。任替顺序如下：

1952年7月31日孙文淑（女）。

1952年11月李继之。

1955年2月，河北省人民政府撤销，改设河北省人民委员会。省人民委员会设河北省教育厅，作为省人民委员会的一个职能部门，统管全省教育工作，其主要负责人称厅长。任替顺序如下：

1955年2月李继之。

1956年10月12日娄平。

1958年，河北省教育厅随省会变化，由保定迁天津。

1960年8月1日，省人民委员会增建河北省高等教育厅，于是便出现两厅管教育的局面。高等教育厅主管全省的高等教育、中等技术教育和师范教育，教育厅主管全省的中小学教育、业余教育及幼儿教育。两厅都是省人民委员会的一个职能部门。其主要负责人都称厅长。各有一任。具体是：

河北省高等教育厅厅长石虹。

河北省教育厅厅长傅学周。

1963年1月30日，撤销河北省高等教育厅，由河北省教育厅负责全省全部教育行政工作。仍然为省人民委员会的一个职能部门。其主要负责人称厅长。只一任。厅长石虹。

1967年1月，天津市直辖，河北省会再由天津改为保定。河北省教育厅由天津迁定兴县。

1968年2月3日，河北省革命委员会成立。省会由保定改为石家庄。原河北省教育厅随同原河北省人民委员会一起自然撤销。省革命委员会设政治部，政治部设文教组，组长为宋连科（军人）。另外，还有一文教业务组，与文教组呼应工作，该组负责人为吴中泳。

1971年8月，建立河北省革命委员会教育局，属省革命委员会的一个职能部门，负责全省教育行政工作。（1977年10月河北省革命委员会高等教育组成立后，教育局不再管理高教事宜，只负责高教以外的教育行政工作。）其主要负责人称局长，任替顺序如下：

1971年8月路光（军人）。

1973年9月傅学周。

1977年1月李锋（未到任）。

1978年5月傅学周。

1979年12月续树伟。

1977年10月，建河北省革命委员会高等教育组，作为河北省革命委员会的一个职能部门，负责管理全省高等教育工作。其主要负责人称组长。只一任。组长石虹。

1978年11月，河北省革命委员会高等教育组改为河北省革命委员会高等教育局，其职能及隶属关系不变，主要负责人称局长。只一任。局长石虹。

1980年2月，河北省人民政府成立，设河北省教育局，作为省政府的一个职称部门，管理全省普教、幼教等教育工作，设河北省高等教育局，作为省政府的一个职能部门，管理全省高教工作。原河北省革命委员会教育局及河北省革命委员会高等教育局随河北省革命委员会一同撤销。

河北省教育局主要负责人称局长，只一任。局长续树伟。

河北省高等教育局主要负责人亦称局长，共二任。顺序为：

1980年2月石虹。

1981年5月纪之。

1978年8月28日，建立河北省工农教育委员会，张承先任主任。

1981年6月，建立河北省职工教育办公室，作为省人民政府的一个职能部门，省工农教育委员会是指导全省职工教育工作的局级办事机构，管理全省的职工教育工作，主持日常工作的是办公室副主任宋军武。

1983年3月，原河北省教育局、河北省高等教育局、河北省职工教育办公室均予裁撤，组建河北省教育厅，作为省政府的一个职能部门，负责全省教育行政工作。其主要负责人称厅长。只一任。厅长祝庆理。

1985年11月，撤销河北省教育厅，成立河北省教育委员会，作为省政府的一个职能部门，负责全省教育行政工作。其主要负责人称主任。迄今只一任。主任由副省长王祖武兼任。因王祖武不能驻委办公，省教育委员会日常工作由副主任周治华主持。

资料主要来源：

① 《清史稿》。

② 《清代职官年表》。

③ 《河北近代大事记》。

④ 《河北省教育概况》。

⑤《教育年鉴》。
⑥河北省档案馆馆藏档案。
⑦河北省教育史志研究室资料室室藏资料。

［载《河北师范大学学报》（教育科学版）2017年第6期］

前言、后记和随笔

·前言、后记·

张之洞教育文存·前言

张之洞（1837—1909），直隶南皮（今河北省南皮县）人，是中国近代史上著名的政治家、军事家、实业家，同时更是勋绩卓著的教育家。他进士及第前，曾做过家庭教师，考取过觉罗馆教习。及第后，先后出任过浙江乡试副考官、湖北学政、四川乡试副考官、四川学政、山西巡抚、两广总督、湖广总督等，并曾两度署理两江总督。晚年升大学士，入枢军机，并分管学部。从其履历看，他不是一位终身职业性的教育工作者，他对中国近代的政治、经济、军事等都有着杰出贡献，但教育事业却伴随了他的一生，他对中国近代的教育，不仅贡献巨大，而且影响深远。

一 整顿、改造传统教育

时至清末，由于政治的腐败，科举考场积弊丛生，枪替、冒籍、通关节等现象屡禁不止。世风不清导致考风不正，而考风不正更使世风日下。在考官、学政任上，张之洞对此大加整治。他不仅严查舞弊，对冒名顶替等作弊者严加惩治，还对有关负责人予以严肃的纪律处分，使管区内考风有所好转。同时，他还亲自参与阅卷，注意录取那些有真才实学的士子。如他在浙江考官任上录取的孙诒让、陶模、袁昶、许景澄等人，后来或在学界或在政界都有相当成就。张之洞也因此获极佳口碑，说由他来浙主考乃此乡之幸。

不过，科考仅属取士范畴，其虽对教育有大影响，具导向性作用，但与施教终属有别。张之洞清醒地认识到，整治计较一日之短长的选士不是根本，而养士才是根本所在。欲要养士，就须兴学。所以他每到一地，都把兴学作为大事来抓，除对属区原有教育机构进行督察整治外，还特别注意在省会创办新的书院，既收养士之效，又收示范之功。在湖北学政任上，他办有经心书院；在四川学政任上，办有尊经书院；在山西巡抚任上，办有令德书院；在两广总督任上，办有广雅书院；在湖广总督任上，办有两湖书院，等等。特别是广雅书院，由于办出了规模和特色，再加上广雅书局的相互彰显，产生了相当影响，人们一时竟称张之洞为张广雅。张之洞亦不愧此名。直到调任湖广总督以后，他还亲自命题给广雅书院课考诸生，并亲自评阅试卷，甄别名次。对于一个公务繁忙的封疆大吏而言，此举实属不易。

张之洞在扩大教育规模的同时，还特别注意对教育活动本身加以改造。当时，由于科举制的诱导，大多数教育机构成为科举的附庸。教师为科考而教，士子为应试而学，塾内坊间，时文泛滥，而极少有人认真研读经史子集。针对这种弊端，张之洞反复强调他办学的目的是砥士品，储人才，既反对空谈心性以沽名钓誉，也鄙视唯科举为是而徒为功名。他教育学子要把经世致用作为学习目的——读书是为了明理，而明理是为了做事。他认为，学子一旦能知义明理，贯通古今，则出可以为名臣，处也可以为名儒，皆有益于世，即使只有小成，日后亦可做成些小事，于人于己于社会亦都有益。为此，在他兴办的书院里，不要求学生习时文，考试也不课八股制艺。特别是在广雅书院，他曾试图设"经济"一科，后因师资和教材都不具备而只好作罢。为达到他的教育目的，他还特别注意广延名师来院任职任教，如经心书院的刘恭冕，令德书院的杨深秀，广雅书院的梁鼎芬，两湖书院的杨锐、汪康年，等等，皆一时名士。张之洞本人也时常抽暇到书院讲学。另外，为指导诸生读书和应试，张之洞还撰写了《书目答问》和《輶轩语》两书，教育学子如何养德，为何读书，如何读书，读什么书，并明示科考之注意事项。这两部著作，在当时产生了很大影响。梁启超说，他是在读了这两本书之后，才知道天地间有所谓学问的。时至今日，二书中的一些内容对研究国学仍具参考价值。

二　创办新式学堂

　　张之洞在整顿、改造传统教育方面，下了不小的工夫，取得了不少成绩，培养选拔出了一批务实人才。然而，清末的中国，内忧渐炽，民不聊生，列强环伺，外患日亟，清王朝摇摇欲坠，朝不虑夕。任封疆大吏的张之洞，特别在参与组织和指挥了中法战争之后，对此感受尤深。他认为，要挽救这种颓败的局面，唯一的出路便是富国强兵。而要富国强兵，则要努力发展实业和编练新式军队。他在千方百计发展实业、编练陆海新军的过程中，越来越感受到旧的传统教育培养出来的人不懂现代科学技术，空疏乏用。于是他同时也就千方百计地办起了新式学堂。这就是在史家所谓的洋务运动中张之洞对教育的重大贡献。

　　在两广总督任上，张之洞办有鱼雷学堂、电报学堂和广东水陆师学堂，后又在广东水陆师学堂内添设矿学、化学、电学、植物学、公法学等五所西艺学堂，通称"洋务五学"。在湖广总督任上，他办有方言商务学堂、自强学堂、矿业学堂、工艺学堂、农务学堂、湖北武备学堂、湖北陆军小学堂、湖北陆军特别小学堂、湖北师范学堂、两湖总师范学堂、湖北师范传习所、湖北女学堂、湖北敬节学堂、湖南育婴学堂等一大批专业学堂以及大量的普通学堂。到20世纪初叶，仅湖北一省就办有各种新式学堂3700多所，在校生12万多人，规模领全国之先。其中湖北幼稚园、女子师范学堂等都是国内首创。甲午战争期间，两江总督刘坤一暂时北调主持军务，清政府派张之洞署理两江总督。就在这十几个月的暂署期间，他也在那里创办了储才学堂、陆军学堂及铁路学堂，并批准江西绅商在高安县创办了蚕桑学堂。1902年，刘坤一去世，张之洞再署两江，为期虽仅两三个月。但就在这两三个月的时间里，他又在那里创办了三江师范学堂。张之洞还把学堂办到了国外，在日本东京开办了湖北驻东铁路学堂。

　　张之洞创办的新式学堂，除普通学堂外，专业学堂涉及了工农商学兵各行各业，门类是比较齐全的。在这些学堂里，教学内容中西学兼顾。所谓中学，主要是指中国经史及当朝律例时事，以培养学生忠君尊孔意识和种族归属感。所谓西学，主要是指现代化的科学知识和工艺技术等，以培养学生的科学意识和工艺技能。教育教学方法上，基本上采用的是西式的班级授课制。教师来源，传统学教师主要聘请国学根底较深的宿儒授课，西学师资的来源则有外教、归国留学生以及先期新式学堂的毕业生等。学生来源，起初主要是旧学生员及相关专业的工作者，普通中小学堂兴办之后，其毕业生便成为各专业学堂的主要生源。而张之洞办学，有时还特别具有开放性和独创性。如他创办的湖北陆军特别小学堂，招生名额不作限制，学生入学年龄也不作严格限制，因此其学生多达数千人，其中既有少年学子、青壮军人，也有白发长者，真可谓老少咸集、群贤毕至。故在当时社会上既有"学堂特别小，学生特别老"的戏称，又有"六千君子共学堂"的美誉。

当然，这些所谓新式学堂，不仅其规模小得可怜，其中有些东西可能还显得幼稚可笑，然而在当时，其规模已领全国之先，且具有开创性质，其作用、价值和意义是不容低估的。首先，它们为当时的洋务运动输送了大批实用人才，推动了工业、农业、商业、军事等由传统向现代化的迈进。其次，它们不仅使西方先进的科学、技术得以在中国传播，同时也使西方先进的教育思想、教育制度和教育教学方式得以在中国传播。再次，它们为中国近代新学制的确立提供了实践基础。站在历史的高度看，它们是中国近代教育由旧而新的转折点，是中国近代教育的奠基石，是点燃中国教育近代化的星星之火。

三 参与创立新学制和废除科举制

张之洞晚年，位高望重，其对教育的注意也随之增大。除继续开办新式学堂外，其比较突出的贡献有二：一是参与制订并向全国推行新学制，一是参与废除科举制。

1902年，管学大臣张百熙、荣庆等拟有新学制，史称"壬寅学制"，即《钦定学堂章程》，但其自身的不甚完备，再加上张百熙稍显激进的思想不太被清廷王公大臣接受等诸多原因，始终不能在全国推行，于是张百熙、荣庆等便奏请添派重臣会商学务。鉴于张之洞在办理新式教育方面成绩卓著，经验丰富，深得世人赞许，上谕派张之洞会同张百熙、荣庆等，重新厘定学堂章程。此前，张之洞已在湖广搞出了一个地方学制系统，在辖区推行后在全国也产生了较好的影响。接上谕后，张之洞根据自己多年办教育的经验，并参考东西方先进国家的学制系统，对壬寅学制进行了大刀阔斧的修改增删，与张百熙、荣庆等一起，制定出了新的学制，并在全国推行，这就是中国教育史上著名的"癸卯学制"，即《奏定学堂章程》。这是中国教育史上第一个推行全国的新学制。这个学制，对于教育宗旨、施教方针、各级各类学堂的设置和衔接、各级各类学堂的课程设置及课时安排、学堂的内部管理和政府的教育行政管理等，都作了极为详备的论述和规定，以至在辛亥革命后，主要对其中意识形态方面的内容进行修改，面对它的基本体系，原则上继承了下来，可见这个学制确实具备着一个较为合理的机制。

到清朝末年，由于大量新式学堂的设立，科举不仅已成为束缚中国教育发展的最大桎梏，而且已成为阻碍中国社会发展的最大障碍之一。19世纪末，张之洞就曾多次呼吁变革科举。进入新世纪的1901年，他又会同两江总督刘坤一联名上奏，直接要求变革科举。是后，他又与袁世凯联名上奏，请求废止科举。然而，废止科举，不仅一些守旧大臣从思想上难以接受，实际上还涉及数以万计的考生的自身出路和朝中一些王公大臣的切身利益。于是，张之洞一面向朝廷建议，一面游说朝中大臣，同时联络地方上一些颇具实力的督抚等联名会奏，要求立停科举以推广学校。在多方的努力之下，清政府才被迫下诏，停止科举，著即自丙午科为始，所有乡、会试一律停止，各省岁、科考试亦即停止。至此，在中国历史上延续了一千多年的科举取士制度宣告废除。

新学制的确立实行和科举制的停罢废止，是中国教育史上的一次深刻变革。它标志着中国传统教育体系的终结和新的现代教育体制的确立。而在这场历史性的大变革中，张之洞功莫大焉。

四 "中体西用"教育思想的集大成者

论及张之洞的教育生涯时，有一个令论者不容回避的问题，这就是他的"中学为体，西学为用"的教育纲领。

客观地讲，对"中体西用"这一命题，当时许多洋务人士都曾提出过这种思想，或曰"中本西末"，或曰"中主西辅"，或曰"中体西用"，提法各异，内涵也未必完全相同，但其基本思想是大体一致的。而我们说这是张之洞对中国近代教育的一大贡献，其理由有二：其一是他人虽提出过这种主张，但没有作出全面而深刻的论述，是张之洞对它进行了详备而深刻的论述,从理论上把它发展到了一个较高水平。他的著作《劝学篇》,把这一命题讨论得淋漓尽致,以至于人们一谈张之洞的教育生涯,就离不开"中体西用",而一谈"中体西用",更是离不开张之洞。其二是他人虽提出了这种命题,但其实践成绩稍显逊色,而张之洞则把这一思想付诸教育实践,取得了辉煌业绩,充分实现了这一命题的实践价值。

张之洞认为,当时图救时者言新学,虑害道者守旧学,莫衷于一。旧者因噎而食废,新者歧多而羊亡。旧者不知通,新者不知本。不知通则无应敌制变之术,不知本则有菲薄名教之心。旧者病新,新者厌旧,交相为瘉,而使学者摇摇,中无所主。所以他大力提倡"中学为体,西学为用",就是要兼容中西,调和新旧,要以中学为内学,西学为外学,中学治身心,西学应世事。说白了,就是要借用西方先进的科学知识和工艺,达到富国强兵之目的,捍卫清王朝的正统和儒家学说的道统。当清王朝最高统治者见到论述这一思想的《劝学篇》后,认为持论平正通达,于学术人心大有裨益,于是便以圣谕的形式,下令军机处刊发此书,给各督抚学政各一部,并要求各地广为刊布。西方也很快以英、法两种文字翻译出版此书。美国在出版此书时,将书名改为《中国唯一的希望》。

"中体西用"是一个新旧杂糅的教育改革纲领。但唯其有新,才使得改革具有实际价值,而因其有旧,才使得改革能获准实行。若不能获准实行,那么再好的改革措施也将无济于事。这就是改革。"中体西用"的实践价值,对于当时的教育改革而言,是较为重要的,而张之洞的贡献,就在于他促使了其价值的实现。

张之洞的教育生涯在清末,然而其影响却远远超出了清末。他创办的大量新式学堂,应是整个中国教育近代化大厦的奠基石,而新学制的确立和科举制的废除,则开创了整个中国教育史的新纪元。在这个意义上,如果我们说张之洞是中国教育近代化的奠基人,似不为过。岂止如此,其影响更远远超出了教育本身,影响到整个中国社会的进程,推动了中国社会的发展。

众所周知,戊戌变法是中国近代史上颇具影响的带有资产阶级改良性质的维新运动。从史料看,在参与变法的主要人物当中,康有为、梁启超、谭嗣同等曾不同程度地受到过张之洞的影响,杨深秀曾受聘于他的书院，而杨锐本身就曾是他的学生。变法失败后，张之洞本人还曾因此遭到弹劾。而有意思的是，他免于处分的原因竟是曾著有《劝学篇》。

1909年，张之洞去世。1911年，辛亥革命爆发，推翻了清王朝的统治，同时也结束了中国历史上长达两千多年的封建专制制度，建立了资产阶级性质的民主共和国——中华民国，开创了中国历史的新纪元。而辛亥革命首义成功就在武昌。于是就有人说，张之洞在湖广苦心经营多年，而辛亥革命就在这里爆发，这是历史对张之洞的讽刺。但我们认为，辛亥革命首义成功于武昌而不是其他地方，这绝不是偶然的，而是历史的必然。张之洞的实业活动为辛亥革命提供了经济和社会基础，张之洞的教育活动为辛亥革命提供了思想文化氛围，而辛亥革命的领袖人物中，有许多本身就是张之洞办教育培养出来的学生，如黄兴先就学两湖书院，后被派赴日本留学；吴禄贞先入湖北武备学堂，后被派赴日本留学；宋教仁为湖北文普通中学堂学生；唐才常肄业于两湖书院；蔡锷曾学于长沙时务学堂；黎元洪曾三度被派往日本学习考察。他们都是辛亥革命时期叱咤风云的人物。可见辛亥革命受张之洞影响确实很深。孙中山先生说，"以南皮造就楚材，颠覆满祚，可谓不言革命之大革命家"。这才是真知灼见。

陈山榜

2007年11月20日

于河北师范大学

（陈山榜编《张之洞教育文存》，人民教育出版社2008年5月第1版）

颜元全集·前言

2015 年是颜元诞辰 380 周年。《燕赵文库》编委会与河北教育出版社联手，隆重推出《颜元全集》，这无疑是对这位著名思想家、哲学家和教育家的最好的纪念。

颜元（1635—1704），字浑然，号习斋，博野县北杨村人。因出生在其父义养于蠡县刘村朱九祚家时，故曾属籍蠡县，姓朱，名邦良，字易直，号思古人。

颜元曾入蠡县学为庠生，但终生却劳作不辍，其职业有三：耕田种地、行医卖药、设学执教。他把前二者视为养家糊口的手段，而把后者视为自己的事业。他作为一个秀才级别的塾师，不仅教出了实学人才，也教出了举人，如李塨等，甚至一些已是举人的学者也来拜师，如王源等。他的学生，迄今仅有姓名可考的就多达百人。

颜元学曾数变。十四五岁时，沉迷于道家，甚至为学仙而娶妻不近。后知其非，遂弃之。二十四五岁时，笃信陆、王。二十六岁以后，服膺程、朱。随着阅历的增加，到三十四五岁，他终于认识到，周公之六德、六行、六艺，孔子之四教，方是正学。静坐读书，乃程、朱、陆、王为禅学、俗学所浸淫之习，皆非正务。于是，他著作了《存性编》和《存学编》，系统地阐述了自己的哲学和教育思想，开始了对程朱理学和陆王心学的批判。

颜元主张实文实行实体实用，目的在于为天地造实绩，为生民谋福祉。承传道统，康济民命，是其设学立教之宗旨。他将那些实际有用的自然科学、人文社会科学等各方面的知识，与当时社会所提倡和流行的章句之学相对，称之为"实学"，所以后人也就将他开创的这个学派的学问与程朱理学、陆王心学并论，称之为"颜李实学"。

颜元在政治、经济、军事、哲学、教育等诸多领域都提出了自己的主张。在政治方面，他提出了乡举里选和初步的地方自治思想。在经济方面，他不仅提出了垦荒、均田、兴水利的富民思想，而且还提出了极有利于社会发展的"正其义以谋其利，明其道而计其功"的经济伦理思想。在军事方面，他提出了"民皆兵，官皆将"的全民皆兵思想。在哲学方面，他不仅提出知识源自实践的认知思想，而且在对许多具体问题的分析中，还隐含着辩证的思维方法。颜元对教育的改革，更是前无古人的。

在教育理念方面，他提出了"学者，学成其人"（《存学编》卷一。陈山榜、邓子平主编《颜李学派文库》，河北教育出版社 2009 年版，第 52 页。以下凡只标页码的引文均引自此书）的全新理念。他从其性善论出发，认为所有的人都是可教的，并且教育并不是要改变人的本质，而是要开发人的潜能。他说："人心中具有仁义、位育，但得活理养之，则学成具全体大用，否则血肉腐朽而已矣。如鸡卵中具有羽肉冠距，但得暖气养之，则化成而飞鸣走食，否则青黄死水而已矣。"（《颜习斋先生言行录》卷上，第 529 页）这种学成其人的教育理念，在今天亦属先进。

关于办学目的，在颜元之前的古代社会，几乎都是要巩固统治阶级的统治。这在官办学校，本属题中应有之义，不难理解，然而就是一些民间所办学校，其办学目的也基本是为统治阶级服务的。其间偶有对民众的教育，也多是教化，即教他们服从统治而已。颜元则一改这种"治人"教育为"民命"教育，即为解决广大民众的生计问题而办教育。在这方面，颜元还提出了"教以济养，养以行教，教者，养也，养者，教也"（《存治编·井田》，第 97 页）的主张。

在培养目标方面，颜元提出了培养"转世人"的思想。他说："但抱书入学，便是作转世人，不是作世转人。"（《存学编》卷四。第 87 页）他所说的世转人，就是被社会牵着鼻子走的人，而他所说的转世人，则是遇事有自己的主见，立志改造社会的人。他要培养的是儒者，而不是书生和文人。他认为，那些幼而读书、长而解书、老而著书的人，只是书生，而不是儒者，那些幼而读文、长而学文、老而刻文的人，也只是文人，而不是儒者，只有那些处也唯习行、出也唯经济，准备任君相百职，为生民造命、为气运主机的人，才是真正的儒者。

为培养经济士、干济才，颜元对学校教育的课程进行了彻底改革。

他认为当时的士子唯业八股，殊失学教本旨。他说："八股行而天下无学术，无学术则无政事，无政事则无治功，无治功则无升平矣。故八股之害，甚于焚坑。"（《颜习斋先生言行录》卷下，第588页）于是，他把时文与僧、道、娼一起，并列为社会四秽，直言道："为治去四秽，其清明矣乎，时文也，僧也，道也，娼也。"（《颜习斋先生年谱》卷上，第652页）当然，颜元也清楚地知道，八股制艺是当时国家的定制，他虽然反对，却无权取消。所以，在他所设的学校里，是"愿学八股者听"。也就是说，是允许的。

颜元反对学习八股，他认为，一切社会科学、军事科学、人文科学、自然科学方面的知识，只要是能提高自身才德、有利于宇宙和人类的，都可以学习。他说："夫文，不独《诗》《书》、六艺，凡威仪、辞说、兵、农、水、火、钱、谷、工、虞，可以藻彩吾身、黼黻乾坤者，皆文也……君子无方以学之，则事物洞达，措办有方……虽未必德即进于中和，功即臻于位育，亦可以弗畔于道矣。"（《四书正误》卷三，第172—173页）他在主教漳南书院时，为学校设计了四主斋：文事、武备、经史、艺能，而将当时国家定制的理学和帖括，作为附斋，视为临时科目。

对于德育，颜元也有自己的独特见解。他认为，"世宁无德，不可有假德。无德犹可望人之有德，有假德则世不复有德矣"。（《颜习斋先生言行录》卷下，第584页）而他所提倡的实德，则是智仁勇三达德，而其最高的理想境界，则是"成己必兼成物，致中和必期位育"，"万物一体，天地为徒"。他认为，只有具备这种道德的人，才能"撑持气运，砥柱人群"。（《四书正误》卷四，第201页）而实德的形成则是在进业中，"六德是成德事，急难作成，六行是施为处，急难如法，先之以六艺，则所以为六行之材具，六德之妙用，艺精则行实，行实则德成矣"。（《四书正误》卷三，第176页）

智德而外，颜元对学校开设体育课也不遗余力地加以提倡。在他的教条中，十天中就有两天习射。而举石、超距、拳术、技击等，都是常课。针对宋儒提倡的静坐读书，他总结道："三皇、五帝、周、孔，皆教天下以动之圣人也，皆以动造成世道之圣人也。五霸之假，正假其动也，汉、唐袭其动之一二，以造其世也。晋、宋之苟安，佛之空，老之无，周、程、朱、邵之静坐，徒事口笔，总之皆不动也。而人才尽矣，圣道亡矣，乾坤降矣。"有鉴于此，他断言："一身动则一身强，一家动则一家强，一国动则一国强，天下动则天下强，益自信其考前圣而不谬矣，后圣而不惑矣。"（《颜习斋先生言行录》卷下，第568页）

毛泽东对颜元注重体育的思想特别赞赏，他在其《体育之研究》一文中写道："清之初世，颜习斋、李刚主，文而兼武。习斋远跋千里之外，学击剑之术于塞北，与勇士角而胜焉。故其言曰：文武缺一岂道乎？"（《新青年》，中州古籍出版社1999年版，第186页）

另外，颜元还公然在学校进行性教育。虽然他的性教育内容并不完全科学，但是，仅此一举，已经具有破天荒的意义了。

在教和学的方式方法方面，颜元更是多有创新。首先，他提出了远其志而短其节的思想。他说："学贵远其志而短其节。志远则不息，节短则易竟而乐。"（《颜习斋先生言行录》卷上，第529页）这是一种非常深刻且极具远见的教学思想。学贵有志，非志无以成学。远大志向是激励学生进步的原动力。而分节授课，则让学生能时时看到自己的进步，"易竟而乐"。

其次，他提出了科学的因材施教思想。他说："吾于孟子之论治而悟学矣。人之质性各异，当就其质性之所近、心志之所愿、才力之所能以为学，则易成。""人之质性近夷者，自宜学夷，近惠者，自宜学惠。今变化气质之说，是必平丘陵以为川泽，变川泽以为丘陵也，不亦愚乎！"（《四书正误》卷六，第205页）这种因材施教的思想无疑是正确的。尤其是他所主张的三原则，更是缺一不可。"就其质性之所近"，是因其天赋，"就其心志之所愿"，是因其志向，而"就其才力之所能"，则是因其现有之知识能力。天赋是物质基础，且极难改变，改变人之天赋，确实如同变丘陵为川泽、变川泽为丘陵一样难。所以因材施教，首先要以其天赋为基础。而"心志之所愿"，则是学生学习的动力之所在，是使学生乐之、好之的基础，违背心志之所愿的原则，则将失去学习动力。一旦学生不乐之、好之，甚至不情愿时，教育的效果将黯然失色。而"才力之所能"，则是学生进步的基础。人的进步，只能在已有的基础上进步，这已为建构主义所证明。

最后，颜元还提出了少讲读而多习行的教学方法。少讲读而多习行，是颜元教学思想的基点，也是其教育思想的最典型的特征。他之所以将自己的学塾称"习斋"，且以"习斋"自号，就是因为他特别专注于这个"习"字。他说:"仆妄谓性命之理不可讲也,虽讲,人亦不能听也,虽听,人亦不能醒也,虽醒,人亦不能行也。所可得而共讲之、共醒之、共行之者,性命之作用,如《诗》《书》、六艺而已。即《诗》《书》、六艺,亦非徒列坐听讲,要惟一讲即教习,习至难处来问,方再与讲。讲之功有限,习之功无已。"于是,他强烈呼吁:"惟愿主盟儒坛者,远溯孔孟之功如彼,近察诸儒之效如此,而垂意于习之一字,使为学为教,用力于讲读者一二,加功于习行者八九,则生民幸甚,吾道幸甚。"(《存学编》卷一,第42页)颜元当然是正确的。当时的讲读教学,对于帖括八股而言,或有其效,而如果是培养扶世济民的经济士、干济才,则非习行不为功,因为讲读过程,其实只是一种信息传递,而要想将知识转化为分析事物和解决问题的能力,不通过习行是不行的。

颜元对传统学校教育的改革,是全方位的,其创新之处,不胜枚举,以上所述,摘要而已,所以蔡尚思称他为明清之际教育改革的"突出代表"。(《中国文化史要论》,湖南人民出版社1981年版,第90页)

颜元的思想,具有明显的平民性、务实性、批判性和创新性,为大家所推重。梁启超说:"有清一代学术,初期为程朱陆王之争,次期为汉宋之争,末期为新旧之争。其间有人焉,举朱陆汉宋诸派所凭借者一切摧陷廓清之,对于二千年来思想界,为极猛烈极诚挚的大革命运动。其所树的旗号曰'复古',而其精神纯为'现代'的。其人为谁?曰颜习斋及其门人李恕谷。"(《中国近三百年学术史》,天津古籍出版社2003年版,第121页)"他们是思想界的大炸弹,于汉以后二千年所有学问一切否认……总括起来,他们的学说,和现代詹姆士、杜威等所谓之'唯用主义'十二分相像,不过他们所说早二百多年罢了。"(《明清之交中国思想界及其代表人物》,收《饮冰室文集》之四十一,载《饮冰室合集》,中华书局1989年版,第33页)

钱穆说:"习斋,北方之学者也。早年为学,亦尝出入程朱陆王,笃信力行者有年,一旦幡然悔悟,乃并宋明相传六百年理学,一壁推翻,其气魄之深沉,识解之毅决,盖有非南方学者如梨洲、船山、亭林诸人所及者。"(《中国近三百年学术史》,中华书局1986年版,第159页)"以言夫近三百年学术思想之大师,习斋要为巨擘矣。岂仅于三百年!上之为宋元明,其言心性义理,习斋既一壁推倒,下之为有清一代,其言训诂考据,习斋亦一壁推倒。开二千年不能开之口,下二千年不敢下之笔,(王昆绳语。见《居业堂集》卷八《与婿梁仙来书》)遥遥斯世,'前不见古人,后不见来者,念天地之悠悠,独怆然而涕下',可以为习斋咏矣。"(《中国近三百年学术史》,第179页)

侯外庐将颜元视为早期启蒙人物,也是很有见地的。他说:"他是中国十七世纪思想界中的一支异军。他在当时启蒙的人物中,对于理学的批判,比王、顾、黄三人更加彻底,毫无保留……王、顾、黄三人在时代精神上是宋明道学的异端,但都在形式上还对理学抱有保留的态度。王、顾形式上左袒程朱,黄宗羲形式上左袒王守仁。颜元不然,对于宋以来的道学家,一齐推翻,没有一丝形式上的保留态度。"(《中国思想通史》第五卷,人民出版社1956年版,第324页)

颜元不赞成过分读著,而且自己身为垂范,故其留下的著作不是很多。但浓缩的往往是精华,此语正合颜元之著作情况。其著作思想深邃,语言淳朴而隽永。其出版情况大体如下。

清康熙四十年(1701),曹乾斋为刊《存学编》。康熙四十四年(1705),温益修为刻《存性》《存治》《存人》三编。晚清,定州王氏刻《畿辅丛书》,收《习斋记余》"四存编"以及李塨所撰《颜习斋先生年谱》和钟錂所撰《颜习斋先生言行录》、《颜习斋先生辟异录》。

20世纪20年代初,曾任民国大总统的徐世昌,不仅亲撰《颜李师承记》,倡导成立了四存学会,创办了《四存月刊》,创建了四存中学,而且还出资3000元,资助四存学会刊刻了《颜李丛书》,对于传播颜李之学,功莫大焉。《颜李丛书》增收了颜元的《四书正误》《朱子语类评》《礼文手钞》和《习斋先生记余遗著》,是20世纪收录颜元著作最多的一个版本。之后商务印书馆和中华书局在其所出丛书中,都收有颜元的著作,且作了初步点断,但其数量均不及《颜李丛书》。

1987年,中华书局出版了由王星贤、张芥尘、郭征点校的《颜元集》,繁体竖排,收文大体与《颜李丛书》同。2009年,河北教育出版社出版由陈山榜、邓子平主编的《颜李学派文库》,其收文虽大体同于《颜元集》,但全部改成了简体横排,且补加了四锄子的一些评语。

这次出版的《颜元全集》,与此前的版本相比,除全部采用简体横排外,还有两大变化:一是增加了内容,二是调整了结构。

此次增加的内容有二:一是《颜元诗钞》,一是《三字书》。《颜元诗钞》是笔者在作《颜元评传》时，将散在各处的颜元诗作，集中在一起，总称《颜元诗钞》。这次编辑《颜元全集》，我们将其视为一个独立部分，放在了颜元的散文集《习斋记余》之后。

《三字书》原是颜元对当时社会上流行的《三字经》经删补后而成的一部通俗读物，由定兴人刘棻（字旃甫）刊刻于清康熙三十六年（1797）。但此书散佚，我们至今未能收集到这个刻本。而这里我们所找到的《三字书》，原收在李塨的《评乙古文》中。此《三字书》系颜元所作，确定无疑，但根据颜元所作《删补三字书序》，则能断定收在《评乙古文》的《三字书》，只是颜元所作《三字书》的一小部分。为便于读者学习和理解，我们将此《三字书》附在了颜元散文《删补三字书序》之下。

对于此前一些版本结构的调整也有两处：一是将《习斋先生记余遗著》放在了《习斋记余》中，附在第十卷以后。这样似乎从逻辑和体例上看都比让其独立于《习斋记余》之外更为合适。二是将《习斋记余》位置前提，晋至"四存编"之后。《习斋记余》所收，皆系颜元手著，而《礼文手钞》，不过是三十岁时的颜元抄录的他人礼文，虽有颜元部分按语，但与《习斋记余》内容相比，其价值远为逊色。所以，我们思考再三，还是觉得将《习斋记余》前置为好。

这次出版，我们之所以取书名为"颜元全集"，是因为我们确实将现今所能见到的颜元的诗文全都收了进来。但是我们也清楚地知道，颜元一生撰写了大量的日记，而这些日记迄今从来没有人整理出版过，只有李塨和钟錂从中摘录出了《颜习斋先生年谱》和《颜习斋先生言行录》等。三百多年过去了，不知这些日记手稿还有无存世者，如有存世者，我们真诚地希望其早日面世。

陈山榜
2015 年 3 月写于河北师范大学寓所

（陈山榜、邓子平主编《颜元全集》，河北教育出版社 2017 年 4 月第 1 版）

李塨全集·前言

明末清初，中国社会剧烈动荡，催生了一批思想家，如顾炎武、黄宗羲、王夫之、颜元等，而李塨则是这时期稍晚一些的一位思想家。明王朝的悲惨结局，百姓生活的水深火热，为他们提供了思想的动力和思考的内容，而刚刚入主中原的清朝统治者，为政权维稳，正千方百计拉拢汉族知识分子，还没来得及对广大知识分子进行全面的思想控制和政治打击，这就为这些思想家思想的产生和传播，留下相对自由的时空。正是在这样的背景下，李塨与其师颜元一起，创立了一个以实文实行实体实用为基本宗旨、以传承道统康济民命为根本目标的学术流派，史称颜李学派。

一

李塨祖上本是小兴州人。明初，迁蠡县西曹家蕞村（今河北省蠡县西曹佐村）。经过近十代人的艰苦努力，李家不仅成为村上的田产大户，而且李塨之曾祖父李应试、父亲李明性还都考取县学生员，堪称蠡东望族。清初，因其田宅被圈占，遂家道中落，致衣食不继。

李塨出生于清顺治十六年闰三月二十四日（1659年5月14日），乳名四友。入学时取名曰"塨"，命名之义，盖"恭欲其谦，土欲其实也"（陈山榜、邓子平：《颜李学派文库》，河北教育出版社2009年版，第4卷，第1211页。以下只标页码的，均出自本书）。为戒其流于柔弱，又字之曰"刚主"。中年后，自号"恕谷"。

李塨的第一位老师是其父李明性。李明性虽只是个县学生员，但经学功底颇深。他学宗孔孟，主敬循礼，笃志潜修，尤重孝悌。因对李塨寄望甚厚，故课子极严。李塨四岁时，便教他一些古诗等。八岁正式入学，教之习幼仪，读经书。李塨亦不孚众望，勤奋学习，经过十多年的刻苦努力，十九岁便考进县学，列生员第一名。时任地方教育长官是《儒林外史》作者吴敬梓的曾祖父吴国对。他深喜李塨的文章，将之开雕问世。青少年时期的李塨，由于其父的教育，奠定了坚实的经学基础。

李塨的第二任老师，是颜李学派的创始人颜元。颜元，字浑然，号习斋，祖籍博野。因出生在其父义养于蠡县刘村朱家时，故曾姓朱，名邦良，字易直。颜元二十四岁开始尊崇陆、王，二十六岁始服膺程朱，皆诚心诚意。但长期的社会历练和生活磨难，使他逐步认识到，程朱所主张的理先气后的认知思想、理纯一善而气质有恶的人性论、半日静坐半日读书的治学方法等，既有违人之性情，又不合先儒之教，更无益国计民生，于是在三十五岁那年，他著作了《存性编》和《存学编》，开始对程朱理学进行系统性批判。他提出了自己的理气一元论，认为性形一体，知识来源于实践，学教应服务于民命，人性纯为一善，只要践行尽性，人皆可以为圣人。同时，他还将自己的学斋由"思古斋"更名为"习斋"，教学内容由时行的八股制艺改为以礼、乐、射、御、书、数、兵、农、钱、谷、水、火、工、虞等实用学问为主，教学方法也由以讲读为主改为以习行讨论为主。这些，无论对当时的学术思想还是教育教学，都称得上是根本性变革。李塨正是在颜元实学思想成型后开始受教于颜元的。

李家与颜元交往有素。李明性长颜元二十岁，虽不是颜元的业师，颜元却尊之如师如父，不时前往求教和慰问。颜元长李塨二十四岁，当颜元实学思想成型以后，李塨也进入有自我思考能力的青年时期，于是他便经常到颜元处听其讲实学。然而颜元并无收徒之意，他对李塨说："尊君先生老成寡言，仆学之而未能，内方而外和，仆学之而未能。足下归求之而已。"（第652页）但李塨之学却因颜元而转移，逐步由经学和八股制艺转向实学，"深以习斋学习六艺为是，遂却八比，专正学"（第1214页）。他不仅仿颜元立日谱课品行，分日研习礼、乐、射、御、书、数等六艺之学，经常赴习斋听颜元讲授兵、农、钱、谷、水、火、工、虞等，他还仿照颜元的《习斋教条》，为自己的学塾订立了类似的《学规》，以使自己的弟子也受同样的教育。他还发愿说："咫尺习斋，天成我也。不传其学，是自弃弃天矣。"（第1219页）不难看出，青年时期的李塨，受颜元影响之深。

康熙二十二年（1683），李明性去世。弥留之际，对颜元和李塨说："进斯道于吾子，须有始有终。"（第407页）康熙二十八年（1689）二月，李塨"斋戒沐浴，至习斋，投门人刺，以《瘳忘编》《恕谷集》为贽"。（第1244页）至此，二人师生关系确立。翌年，李塨参加乡试，中举。其实，李塨拿作拜师的《瘳忘编》，也是因受颜元《存治编》影响而作的——"塨与文升推衍《存治》，文升著《存治翼编》，塨著《瘳忘编》，先生订正之"（第664页）。

李明性、颜元而外，李塨还曾学乐于毛奇龄，学数于刘见田，学琴于张而素，学书于王五公、彭通，学射于赵思光、郭金城。其中唯曾向毛奇龄投过门人刺。另外，每遇有专长之人，他都虚心求教，力求尽学其长。例如，吴子淳精通西洋数学，李塨就向他请教西洋三角与勾股定理之异同，于是便知道了西洋三角能解决直角三角形以外的三角问题；冯敬南精通天文地理，李塨就向他请教所谓"星官分野"问题，于是便知道了"星官分野"之非；王源善文，李塨就向他请教为文之道，于是李塨才有了文宗六经思想，文章水平有了质的提高，致使他将先前之作大多放弃，这就是李塨散文只有《恕谷后集》而无前集的原因；等等。李塨后来在总结自己的学习经验时说："吾少年读书，强记四五过始成诵。比时同学者多如此。而予迤后阅书几万卷者，好故也。故学只在好，不在质高。"（第1213页）又说："人知学之美，而不知问之益。海内学者穷年所学者，吾一问而得之，其益岂不大哉！"（第1213页）这应是至今仍具借鉴意义的学习经验。李塨勤学好问，终于使自己成为一个大学问家。

二

满腹才学的李塨，虽然在仕途上仅仅作过不足三个月的通州学正，没有多少作为，但他一生的事业，还是十分可观、颇值一书的。

道行天下谓之事业。李塨"志欲行道"，"如不能行"，他则要"继往开来"（第1281页），将其传之久远。

李塨虽为官不久，但在"行道"方面还是做了很多事情。他曾在桐乡、郾城和富平三县，共六次出任幕僚。在幕期间，他总是劝导县令宽刑省法，轻徭薄赋，安民兴教。有时他还同县令一道，并辔下乡，访民情，劝农桑。在富平，他设计施行了"飞票催科法"，即将全县各户当缴税银，以书面形式逐级转发，令其主动上缴，只对不及时上缴者施行催征。这既节约了征缴成本，又避免了地方豪强将赋税向普通百姓转嫁，实为良策。而在奉命捉拿"变民"时，他辅助县令，不仅机智地擒住了"匪首"，而且宽大了众多"胁从"，这样既维护了地方治安，应付了上差，还避免了滥杀，所以在一定意义上也保护了民众。李塨因此而深得当地绅民的拥戴。

李塨才学出众，致使许多官员都想将其招致幕中，佐政辅学。有此意愿的，不仅有省、府、州、县级官员，一些皇室成员及阁僚廷臣，如皇三子、皇十四子、明府、索府等，都曾表示招揽之意，皇十四子甚至连迎接李塨的车马都曾派出。对于这些权贵的延揽，李塨都婉言谢绝，而只在三个县作了六次幕僚。其结果，自然是使李塨失却了多个展示自己才华的机会，但却因没有攀龙附凤，而未陷入皇亲国戚的权势纷争，得免罹党祸。这似乎与李塨的远见卓识和高度的政治敏锐性不无关系。

李塨晚年，朝中曾拟招他去修《明史》、教皇子，但均被方苞以李塨老病不能出为由予以阻拦。闻讯后，李塨对方苞的做法保持了沉默，而其弟子则对方苞的做法表示了强烈的不满。的确，朝廷拟议之延聘，与权贵私自之招揽，是大不相同的两回事。方苞从中阻拦好友出山，是爱护，是无知，还是嫉妒，我们不好妄议，或许兼而有之，亦未可知。总之，因为方苞的阻挠，李塨两度痛失展示其才华的机会。后来虽有直督请李塨主修《畿辅通志》，但这与修《明史》和教皇子的意义及价值已不能同年而语了。

既然社会没有给李塨提供更多的行道平台，那么，李塨也只好将自己的主要精力放在明道和传道上了。于此，他干成了三件大事。

第一是从教，成就了他的教育家的地位。

首先，李塨从二十二岁便开始教弟弟培、埈以学，二十三岁开始招收外姓学生，并仿照颜元的《习斋教条》，订立了大体与之类似的《学规》。他曾在京、直多处设馆，直到七十多岁，仍不断有人前来拜师求学，甚至有不远千里从大西北跋涉而来的。其教育生涯历五十余年，弟子遍及多省，迄今尚有姓名可考者就多达百人。李塨既教他们六艺实学，也教他们时文制艺，所以其弟子中，既有人成了传承颜李实学思想的学者，也有人科考中式。另外，李塨还经常接待前来问学的"访问学者"。根据他们的不同情况，李塨总是因人因时予以指导，其中有的后来甚至成为督、抚级官员。

其次，为传授颜元所主张的六艺之学，李塨编撰了大量教材，其内容涵盖了礼、乐、射、御、书、数等各个方面。除《学御》散佚外，《学礼》《学乐录》《学射录》等迄今尚存，而书、数之类则收录在其《小学稽业》中，而《小学稽业》本身就是一部相当优秀的可供小学阶段使用的教材。这些教材在当时都颇具实用价值。

再次，李塨还对教育进行了深入的理论探讨。除散见于他的书信和其他著作者外，仅相关专著就有《大学辨业》《圣经学规纂》《论学》等。他所反复提倡的"所学即其所用""所用即其所学"的实用、专业教育主张，与当时盛行的时文帖括相比，其实践价值有天渊之别。

最后，李塨还对学制问题进行了探索，提出了一套从里学、邑学、乡学、县学、府学、藩学直到太学的学制系统，并对其招生、教学、考试以至学生的升降和毕业生的录用等都作了规划，这在中国教育史上颇具创新意义。

综上所述，不难看出，李塨称得上一位名副其实的教育家。

第二是传道，最终使颜李学派得以形成。

颜元的实学思想，具有鲜明的平民性、务实性、批判性和创新性，其先进性在当时可以说是无与伦比的。但因其批判时为"国学"的程朱理学，反对时为"国策"的八股取士，故其思想既不被官方首肯，也不被那些醉心科举功名的士子接受，再加上他不交权贵的耿介性格及不尚著述的朴实学风，其实学思想传播不广。尽管他也曾努力地去京师，下关东，游中原，终归影响有限。李塨清楚地看到了这一点，他既然把承传颜元实学思想视为自己的天职，就不再拘守小节，而是师师之意，不泥师之迹，甚至大胆采取与颜元完全不同的策略，以实现其战略意图。如，颜元少出间里，而李塨则极重游历；颜元不交权贵，李塨则交无贵贱；颜元耿介，非其所有，一介不取，而李塨则当食则食，当收就收，只求"归洁其身"；颜元不尚著述，李塨则只要有意义，有需要，能著就著。对于以上行为，颜、李的一些好友都有点看不下去了，而颜元却不仅不指责李塨，反而对此倍加赞赏。这就是莫逆之交！正是师生的这种相互理解，正是李塨的聪明和大胆，最终成就了颜李学派。

对此，李塨做了两种非常重要的工作。

一是积极探索深入阐发颜元的实学思想。颜元的实学思想，广涉政治、经济、军事、文化、教育、哲学等诸多方面，其见解往往深刻而独到。但越是这种情况，就越难以引起时人共鸣，更何谈接受！为解决这一困境，李塨就对颜元的实学思想积极地进行探索，然后深入浅出地予以论证和阐发，以便世人的理解和接受。如，他推衍《存治》，著作《瘳忘编》，为褒《存学》，编撰《未坠集》（可能已佚），为颜元著作作序跋，为习斋先生修年谱，等等，都属此类。在具体的思想理论上也是如此。如，颜元主张"人皆兵，官皆将"，李塨就释之以"兵农合一"；颜元主张均田，李塨就探索可行之方案；颜元主张兴水利，李塨就提出治淮治河的具体方案；颜元主张废除八股取士，李塨就和之以"所学即其所用""所用即其所学"；颜元提出形性不可分的理气一元论，李塨就向人解释道，理就如同木之纹理，无木，其纹理安存？等等。这都是李塨明道的最好例证。

二是广事交游，积极传播颜元的实学思想。

李塨认为，颜元的实学思想需要广泛传播，而这种传播，须在人口密集文化发达的通衢都市才会有更好的效果，"僻谷引吭"是不行的。于是他数十次赴京师，多次下江南，游中原，赴关中，足迹遍及京、直、豫、皖、鲁、晋、陕、江、浙等地。每到一地，他不仅结交文人学士、专家学者，同时也结交官吏及其幕僚。与他交往的官吏，不仅有府、县级的，也有省、部级的，甚至还有廷臣阁僚。而当时的知名学者和专家，如孔尚任、方苞、万斯同、阎若璩、费密、梅定九、冯敬南等，皆与有往来。颜元实学思想的魅力，加上李塨之大力宣扬，使不少人为之倾倒。有的不惜重金为颜李刊刻著作，如颜元的"四存编"，李塨的许多著作，皆因此而得以出版。有的官员因李塨而仰慕颜元之学，称私淑弟子，如御史郭金城、县令温益修等。有些已颇有声望的人亦因李塨而转慕颜元之学，前来拜师颜元，如王源、恽皋闻等。正是因为有了李塨的努力，才使颜李之学，四方响和，海内之士，靡然相从，一个以实文实行实体实用为基本宗旨、以传承道统康济民命为终极目标的学术流派得以成型。

而李塨为明道传道干成的第三件大事，就是他为中华思想文化的宝库，增添了一批如珠似玉的著作。

三

　　李塨的一些著作，如《恕谷集》《未坠集》《运心编》《四书言仁解》《与斯集》《学御》等，今未见到，可能已佚。现今所能见到的有关著作共30种，计109卷。其中28种为李塨自己撰著。另外两种，一是《恕谷中庸讲语》，是其弟子听其讲《中庸》的笔录，已经李塨审阅认可，并且书名亦依李塨之建议而命；一是《李恕谷先生年谱》，系其弟子在其指导下，主要据其《日记》而修纂。因为这两书与李塨关系至密，故收附本《集》中。

　　颜元倡习行，重事功，不尚著述，故其遗著不丰。现存李塨著作，几三倍于颜元。对此，李塨有两次解释。一是康熙三十四年（1695），李塨在桐乡幕僚任上，多有刊刻。好友郭金城致书，规其刊书无关经济。李塨复信道："吾友恐予蹈书生文士之习，诚为雅意。然天下无经济，由学术差，辨学，正经济天下万世之事也。"（第1255页）一是雍正三年（1725），六十七岁的李塨在回忆自己著述历程时写道："思颜先生以天下万世为己任，卒而寄之我，我未见可寄者，不得不寄之书，著书，岂得已哉！"（第1355页）李塨秉颜元之教，志欲行道，然道"不能行"，于是他便决心继往开来，将道传之久远，这或许是李塨著述之根本动力。

　　李塨之著述，前期因主要受颜元之影响，故多教养之具，中年游江浙之后，受江南文士影响，转多考辨、传注类作品。但是，从血管里流出的总是血，就是在其考辨、传注类作品中，也不无实学思想的流淌，亦不同于俗士之作。直到他生命的最后一天，他仍在诗中写道："九京若遇贤师友，为识滔滔可易方。"（第1371页）这种执着地对改善国计民生之道的追求，正是李塨著述的思想价值之所在。

　　李塨的著作，具有重要的史学价值。这些著作本身，就是以李塨的视角，对当时社会的一个写照，而李塨所撰《颜习斋先生年谱》，被公认为谱牒史上之名著，而他提出的修志主张，即使对于今天的修志工作，仍不乏借鉴意义。

　　李塨的著作，还具有极高的艺术美学价值。起初，李塨文宗唐宋八家，稍有浮华之气，后受王源启发，改宗六经，浮华顿无。其为文，平实沉稳,看似信笔写来,实则浑然天成,深为大家称道。河南主事李汝懋说:"吾遍阅闻人集,钱牧斋、吴梅村犹是宋明遗习,汪文苕弱,侯朝宗亦涉摩拟,方灵皋练或伤气,王昆绳主奇变,而乃有唐陈,若夫渊源圣经,旁罗百氏,雄洁奥化,不名一家,其《恕谷后集》乎!"(第709页)王源亦赞道:"恕谷之注经,超轶汉宋,连篇片语,皆古文也。"(第709页)而定州王灏在《畿辅丛书》中亦盛赞李塨文章"恢奇变化,不可方物"(第852页)。总之,李塨的著作,不仅具有深刻的思想性,具有重要的历史文化价值,而且具有极高的艺术美学价值,是中国思想文化宝库中的一颗璀璨明珠。

李塨著作在其生前之刊刻情况,李塨在其自作《李子恕谷墓志》中有一记述:前在都,徐少宰秉义、吴都宪涵,为刻《大学辨业》《学规纂》。至是,同人为刻《论语》《学》《庸》传注及《传注问》,又刻《易经传注》《学礼》《小学稽业》,门人又刻《恕谷后集》,毛河右开雕《李氏学乐录》于浙。(第851页)

但这只是他晚年回顾之概述,尚有遗漏。据《李恕谷先生年谱》及诸书序跋等资料记载,康熙三十四年(1695),郭金汤曾为其刊刻《圣学成法》《与酉山先生书》及《讼过则例》三种。这三种著作,《讼过则例》今仍单独成书,《与酉山先生书》后收入《恕谷后集》,而《圣学成法》今未见到。其后六年,徐秉义、吴涵又为其刻《圣经学规纂》。由此看来,《圣学成法》与《圣经学规纂》当不是一书。李塨曾辑诸儒论学之语为《未坠集》,颜元还曾为之作过一篇序言,名《未坠集序》,其文今收《习斋记余》。《圣学成法》是否与《未坠集》有关,或者就是该书,因未见,不敢妄定,仅提示存疑,以作后人寻觅研究之线索。该书之散佚,是否与颜元在《未坠集序》中之批评有关,亦未可知。

康熙四十年(1701),徐秉义、吴涵为其刊刻《大学辨业》和《圣经学规纂》时,同时还刻有《论学》一种。

康熙四十六年(1707),门生郑若洲为其刊刻《习斋年谱》。翌年,再为刻《恕谷古文》。

雍正九年(1731),刻《拟太平策》。此书未记何人捐助,或为李塨自刻。

雍正十年(1732),白任若弟子共出分资,为刻《评乙古文》。

这样算来，本书所收李塨著作，在其逝前已有 18 种刊刻出版。

道光二十四年（1844），李氏后人李桓、李枢发起集资，刻《诗经传注》，蠡县学人刘化南为其校刊。

同治八年（1869），高阳李继曾为刻《春秋传注》。

至此，今存李塨著作有 20 种刊行问世。李塨的著作，以其价值非凡，历来为丛书编者所重。

清廷编《四库全书》，收有李塨《李氏学乐录》和《周易传注》两种，并有多种存目。王灏刻《畿辅丛书》，收李塨著作 12 种，为《颜习斋先生年谱》《圣经学规纂》《论学》《小学稽业》《大学辨业》《学礼》《学射录》《阅史郄视》《评乙古文》《拟太平策》《恕谷后集》《平书订》，同时收有《李恕谷先生年谱》。1930 年前后，商务印书馆出版《丛书集成》；1980 年前后，中华书局出版《丛书集成初编》：其所收李塨著作都基本与《畿辅丛书》同。所不同的是，这两种丛书都对相关著作做了初步点断。20 世纪末到 21 世纪初，齐鲁书社出版《四库全书存目丛书》，收李塨著作 10 种，为《郊社考辨》《学礼》《论语传注》《大学传注》《中庸传注》《传注问》《大学辨业》《圣经学规纂》《论学》《小学稽业》。而其《四库全书存目丛书补编》则补收李塨之《恕谷后集》十卷，《续刻》三卷，也就是现在一般所见的《恕谷后集》十三卷。上海古籍出版社出版《续修四库全书》，收李塨著作 13 种，为《郊社考辨》《春秋传注》《大学辨业》《中庸传注》《中庸传注问》《恕谷中庸讲语》《阅史郄视》《颜习斋先生年谱》《平书订》《圣经学规纂》《论学》《小学稽业》《恕谷后集》。

民国以后，专为颜李学派出版的大型丛书有两种。一是 1923 年由四存学会编刊的《颜李丛书》。它是迄今为止收录李塨著作最全的一种丛书。本《集》所收之 30 种著作，该《丛书》全部收有。1965 年，台湾广文书局将其影印再版，并于 1989 年再次印行。一是 2009 年河北教育出版社出版的由陈山榜、邓子平主编的《颜李学派文库》，这是迄今最新的简体横排本。其中收录李塨著作 9 种，为《颜习斋先生年谱》《恕谷后集》《恕谷诗集》《大学辨业》《论学》《阅史郄视》《瘳忘编》《平书订》《拟太平策》，同时收有《李恕谷先生年谱》。

2011 年，河北人民出版社出版由邓子平、陈山榜主编的《李塨文集》。这是迄今为止，第一套专门收录李塨著作的文集。《文集》在

《颜李学派文库》所收李塨著作基础上,添加《圣经学规纂》一种,格式亦基本与《文库》同。

2006 年,国家清史编委会立项《李塨集》,以支持李塨著作的整理点校。主点人为陈山榜,参加点校的有王志梅、霍红伟、苏文珠、王春阳、张圣洁、吴洪成、李瑞芳、赵娟、张华等。该次点校,所采用的底本、校本及参阅本,如下表所示。

作品名	底 本	校 本	参阅本	备 注
《周易传注》	文渊阁本	《颜李丛书》本		底本《四库全书》
《诗经传注》	道光廿四年刻本	《颜李丛书》本		底本静穆堂刻本
《春秋传注》	同治八年刻本	《颜李丛书》本		底本《续修四库》
《论语传注》	清康雍间刻本	《颜李丛书》本		底本《四库存目》
《大学传注》	清康雍间刻本	《颜李丛书》本		底本《四库存目》
《中庸传注》	清康雍间刻本	《颜李丛书》本		底本《四库存目》
《传注问》	清康雍间刻本	《颜李丛书》本		底本《四库存目》
《小学稽业》	《畿辅丛书》本	《颜李丛书》本	《丛书集成》本	
《大学辨业》	《畿辅丛书》本	《颜李丛书》本		
《圣经学规纂》	《畿辅丛书》本	《颜李丛书》本	《丛书集成》本	
《论学》	《畿辅丛书》本	《颜李丛书》本		
《学礼》	《畿辅丛书》本	《颜李丛书》本	《丛书集成》本	
《学射录》	《畿辅丛书》本	《颜李丛书》本		
《李氏学乐录》	文津阁本	《颜李丛书》本	《丛书集成》本	底本《四库全书》
《学乐录》	《颜李丛书》本	(三、四卷)		
《平书订》	《畿辅丛书》本	《颜李丛书》本	清抄本(南图藏)	抄本《续修四库》
《阅史郄视》	《畿辅丛书》本	《颜李丛书》本	《丛书集成》本	
《拟太平策》	《畿辅丛书》本	《颜李丛书》本		
《瘳忘编》	《颜李丛书》本			
《评乙古文》	《畿辅丛书》本	《颜李丛书》本	《丛书集成》本	
《宗庙考辨》	《颜李丛书》本			
《郊社考辨》	《颜李丛书》本	清抄本(北大藏)		抄本《续修四库》
《禘祫考辨》	《颜李丛书》本			

续表

作品名	底　　本	校　　本	参阅本	备　注
《田赋考辨》	《颜李丛书》本	爱如生古籍库本		
《讼过则例》	《颜李丛书》本			
《天道偶测》	《颜李丛书》本			
《恕谷后集》	雍正间刻本	《畿辅丛书》本	《颜李丛书》本	底本《续修四库》
《恕谷诗集》	《颜李丛书》本			
《颜习斋先生年谱》	康熙卅六年刻本	《畿辅丛书》本	《颜李丛书》本	底本《年谱丛刊》
《恕谷中庸讲语》	《颜李丛书》本			
《李恕谷先生年谱》	道光十六年刻本	《畿辅丛书》本	《颜李丛书》本	底本《年谱丛刊》

注：《四库全书》和《丛书集成》中的《李氏学乐录》均只前两卷，故与后二卷分开列目。

2012年，点校完成。2013年初，通过验收结项。2014年，人民出版社出版《李塨集》。这是李塨著作的第一个全新的点校本。

四

2014年，《燕赵文库》编委会决定出版简体横排的《李塨全集》，并于同年将编订整理工作交由山榜来做。

这次编订整理，山榜主要做了以下四个方面的工作。

一是将文津阁《四库全书》本、文渊阁《四库全书》本、《续修四库全书》本、《畿辅丛书》本、《颜李丛书》本等，与人民出版社《李塨集》本合校，以择善而从为原则，对李塨著作的个别语言，进行了推敲改订，使之更为精当。

二是将繁体字改成了简体字，并将异体字、俗体字等改成了现行规范的简体字。

三是增补了新发现的李塨逸文。

四是对《李塨集》的结构作了适当调整。

可以说，这次出版的《李塨全集》，是李塨著作问世三百多年来收文最全，最便于后人阅读的集成本。她对颜李学派实学思想的传播，必将起到可喜的促进作用。

在这次编订整理过程中，《燕赵文库》编委会的周振国、刘浏、陈旭霞、李远杰、杨久信、张建军、盖伯真、魏轩等同志，给予了鼎力支持，河北人民出版社的同志，为本书的出版付出了大量心血，而河北师范大学的朱振琪先生更是精心审读了全部书稿，谨此一并致以诚挚的谢意。

尽管编订整理者和审读人等都尽心尽力做了工作，但限于时间和水平，书中不妥之处在所难免，恳祈大家不吝指正。

陈山榜

2016年6月

（陈山榜编《李塨全集》，河北人民出版社2017年5月第1版）

颜李丛书·整理说明

颜李学派是中国历史上一个颇具特色的学术流派。该学派力倡实文实行实体实用，旨在为天地造实绩，为生民谋福祉，在中国哲学史、中国教育史和中国思想史等领域具有极高地位。其思想已经远播东洋和欧美，有成为国际显学之势。其创始人颜元和李塨，都是清初著名思想家。

颜元（1635—1704），字浑然，号习斋，博野人。李塨（1659—1733），字刚主，号恕谷，蠡县人，颜元弟子。他师徒二人经过数十年艰苦努力，终于成就了中国思想史上唯一一个被人以"实学"命名的学术流派。这一学派，在清中期的思想文化专制氛围中，曾一度不被重视。到晚清和民国初年的东西文化大交融中，人们再次认识到其高度的学术价值，于是得到戴望、刘师培、梁启超、胡适、徐世昌等的充分肯定和弘扬。其中尤以徐世昌提倡最力。在他的支持下，成立了四存学会，创建了四存中学，创办了《四存月刊》，还汇刻了《颜李丛书》。

《颜李丛书》，四存学会汇刻于1923年。它不仅收录了其前已经出版的颜元和李塨的全部著作，而且补录了其前从未出版过的一些颜李遗作，如《瘳忘编》等，故其学术价值颇高。但是，因为当时战乱频仍，加之其他条件的限制，该书的编校质量很差。例如，其《总目》中就将《大学传注》和《中庸传注》误为《学大中庸传注》，将《恕谷诗集》误为《谷诗集》，并将《讼过则例》和《天道偶测》的次序搞颠倒了。虽然编校者在书中加了31处、103面、纠错1000余个的勘误表，但仍有许多讹误未能校出，甚至其勘误表中还有讹误。自此书问世，迄今已近百年，中国大陆从未整理出版过，只有台湾地区广文书局曾于1965年将其影印出版，并于1989年再版一次。该书的学术价值，决定了出版它的重要性，而原书编校质量的粗糙性，则决定了出版点校整理本的必要性。

我们这次整理，以1923年四存学会校刊本为底本，以《四库全书》《畿辅丛书》所载颜李著作以及其他清刻本颜李著作为校本，并且参考了此前已经出版的多种颜李著作。因为我们已将原书的讹误予以纠正，其所有勘误表已经没有存在必要，所以我们将其全部删去。

原书的编排结构，有些似乎不太合理，如，在颜元的著作中间加排了钟錂的《颜习斋先生言行录》和《颜习斋先生辟异录》，但因为不属于原则错误，我们还是保留了原来的排序，以求尽量保持原书的整体面貌。

原书目录，无论是总目还是分目，多有不规范者，我们依据现代出版规范，本着便于翻阅的原则，对其进行了适当调整。如，原书总目中有"四存编"和《四考辨》，但是在内文中，这些字样并不存在，所以我们依据内文，将总目中的这两个名称改成了八个具体书名。而《传注问》之四个部分，虽然在内文中似乎各自独立成书，但因为其前有一个概括这四个部分的总序，所以我们就依据《四库全书存目丛书》所载清康熙雍正间刻本，将《传注问》视为书名，而将其四个部分按四卷处理。这个改动，应当说，既是无可奈何的，也是顺理成章的。而《总目》中书名与正文不同的，我们一般按正文书名对其进行了改订。鉴于题目和目录的严肃性，在这些地方，我们没有一一给出校记。

原书的一些著作，在刊刻时未安排一个独立书名，而只是在卷次上方列有书名，整部书既像群龙无首，又似三军无帅，更不符合现代出版惯例，对此，我们依现代出版惯例，都设立了独立的书名，以统全书。同时，为使卷次名称不再重复书名部分，则将原排在卷次上方的书名予以了删除。对于作者署名，我们也依据现代出版惯例，统一排在了书名下方，原来排在各个卷次下方的作者署名，因为没有了存在必要，也给予了删除。至于书中作者署名的形式，虽然各有不同，但只要没错，我们就未加改动，这既是为了最大限度地保留底本的原貌，同时也是为了保存和重现清代、民国时期著作者署名的一些风格，以利于读者对中华文化史的了解。

对于原书中因形近而误的个别错字，如己与已、未与末之类，我们均予以径改，未出校记。而对于一些大多数人误以为不错，而实际是原则性错误的地方，我们则出校记指出其错误，并解释其错在哪里。例如，在《礼文手钞》题记的落款中，有"康熙三年岁次甲辰八月戊寅后学颜元谨识"字样。这看似没有任何问题的落款，其实隐藏着一大问题，因为颜元在当时，既不姓颜，也不名元，而是姓朱，名邦良，字易直，号思古人。这个朱邦良改为颜元，那是多年以后的事了。所以，这个落款，肯定是后来的改易，而不是当时的原书。这个改易，是颜元自己改易，还是他人所为，现在没有资料证明，不敢胡乱下结论，可以留待后人考证。但是，如果这个落款是后人所加，那加这个落款的人就犯了原则性错误。所以，我们出了校记加以说明。

为利于颜李学说的普及，我们这次采用了简体横排的形式，并且添加了标点符号。但对于原书的风貌，我们则尽最大努力给予了保留，以期达到"修旧如旧"的效果。因为我们觉得，虽然原书编排有不少不尽人意处，但如果我们改变过多，就不是民国版的《颜李丛书》，而是变成《新编颜李丛书》了。

这次整理《颜李丛书》，虽然是由山榜一人执笔，但是有大批同人为此次整理做了奠基性工作，他们是：霍红伟、王志梅、孙文阁、李靖、苏文珠、王春阳、李瑞芳、张圣洁、吴洪成、赵娟、赵志伟、姜惠莉、许婉璞、邓子平、张华等。

虽经多人多年艰苦努力，但限于水平，书中讹误在所难免，尚祈方家指正。

陈山榜

2017 年 7 月 22 日书于河北师大寓所

（陈山榜整理《颜李丛书》，四存学会汇刻，河北人民出版社 2018 年 7 月第 1 版）

颜李师承记·点校说明

一

颜李学派是中国历史上颇具进步色彩的一个学术流派。尤其是其创始人颜元的思想，具有鲜明的平民性、务实性、批判性和创新性。他提倡实文实行实体实用，主张为天地造实绩，为生民谋福祉。这种思想，不仅因为影响了毛泽东等人，进而影响了中国社会的发展，而且对于落实当今实干兴邦的战略决策，仍然有着相当的借鉴价值。而《颜李师承记》一书，对于颜李学派的研究，则具有举足轻重的资料价值。

《颜李师承记》，署名徐世昌纂。徐氏在其《颜李师承记序》中说：

> 予既辑《语要》二卷，使学者知习斋恕谷之学纲领所在。既又念习斋恕谷为圣道传人，其渊源所渐被，师友弟子所讨论，必有存绝学于不坠、惠区夏于无穷者，爰复踪迹所与往还及一传再传之闻风兴起者，为《颜李师承记》九卷，仍属赵君湘帆校而梓之。

其所说《语要》二卷，是指其所辑《习斋语要》卷上下和《恕谷语要》卷上下。他在其《颜李语要序》中说：

> 予喜读习斋、恕谷书。二先生之学最晚出，得孔门教学之正。其为学也，不择地，不择时，不择人，即学即行，随在可致于用，绝无虚骛悠远之谈。间尝取其说之尤精者，随笔记录，以励昕夕，久之积成卷帙，检畀赵君湘帆排比付梓，为《语要》二卷，各分上下篇，上篇问学工力，下篇推行作用。虽未足以穷其阃奥，庶或资为涂辙者焉。

据上可知，徐世昌是先辑录《颜李语要》而后才编纂《颜李师承记》的。并且，他将《颜李语要》和《颜李师承记》合而为一，称之为《颜李学》，将《习斋语要》上下称为"《颜李学》卷一之一"和"《颜李学》卷一之二"，将《恕谷语要》上下称为"《颜李学》卷二之一"和"《颜李学》卷二之二"。将《颜李师承记》九卷分别称为"《颜李学》卷三之一"至"《颜李学》卷三之九"，若以目次形式排出，则应为：

颜 李 学

卷一　习斋语要（上、下）
卷二　恕谷语要（上、下）
卷三　师承记（一——九）

在《语要》和《承师记》前，各有徐氏自序一则。

然而，我们今天见到的、以上述《颜李学》为全部内容的刊本，既不名《颜李学》，也未按上述目次之顺序排印，而是名为《颜李师承记》，其顺序也是卷三在前，卷一卷二在后。也就是说，刊本将卷次位置做了调整，而其卷次序号却未做更改。这就是初读该书的人往往对该书的目次开头便是"卷三"而感到一头雾水的原因。而一旦厘清了上述关系及其变化，对开头便是"卷三"的谜团自然也就解开了。值得注意的是，该刊本的排序也正好反映出其编者对《师承记》和《语要》重视程度的不同。

二

从两个《序》中，可知《颜李师承记》撰编人为徐世昌，而负责刊刻出版者为赵湘帆。但撰写和出版时间均未标出。根据梁启超在其《中国近三百年学术史》中对此书已有评议看，此书之出版时间当早于梁书，但具体时间难以确定，须考订。梁氏言："近人徐菊人（世昌）亦提倡之，属其门客为颜、李《语要》各一卷，《颜李师承记》九卷。"（《中国近三百年学术史》，天津古籍出版社2003年版，第157页）据此看来，则具体作者应为徐氏门客，而世昌本人则是总其成者。

三

梁启超说:"《语要》破觚为圆,诬颜李矣,不逮《学记》远甚。《师承记》搜采甚勤,可观也。"(《中国近三百年学术史》,天津古籍出版社 2003 年版,第 157 页)区区几万字的《颜李语要》,实不足全面正确地映出颜李思想,与近二十万言的戴子高之《颜氏学记》相比,确实有天渊之别,而近二十万字的《颜李师承记》,将与颜李学有关系的七百余人,一一分门记出,其史料价值,实属珍贵,的确可以视为《颜氏学记》的姊妹篇。且《颜氏学记》重在记学,而《颜李师承记》重在记人,两者正好交相辉映,成为颜李学研究史上的一双奇葩。

四

《颜李师承记》自民国期间出版后,迄今未曾有人点校整理过。中华人民共和国成立六十余年,甚至连影印本都未曾出版过,只有台湾地区文海出版社于 1971 年出版了其影印本。这次点校整理,以民国刊本为底本,参校以《颜李丛书》和《颜李遗书》等,也对书中一些不妥之处适当做了改订。主要工作为:

1. 将繁体字改为简体字。
2. 将竖排改为横排。
3. 添加了新式标点。
4. 适当进行分段。
5. 为清眉目和便于检索,在卷下增加了一级目次。
6. 对原书中确系错误的个别文字,参照《颜李丛书》和《颜李遗书》等予以改正,并出了校记。

但鉴于该书是民国期间的作品,作者又是清朝晚期成长起来的文人,故行文时,多处使用同音假借字等,因这属古代汉语常识,所以基本保持了原貌,未予更改。

五

《颜李师承记》的点校整理工作由陈山榜主持,具体工作由陈山榜、霍红伟、孙文阁、赵志伟、李瑞芳等五人集体完成。先由陈山榜选定题目,置办资料,拟出"点校说明",然后由赵志伟编审(序、一、二)、霍红伟博士(三、四、八、九)、孙文阁博士(五、六)、李瑞芳博士(七)、陈山榜(《颜李语要》)分头进行电子录入和标点,在各自初校的基础上,霍红伟、孙文阁二位博士又分头对点校稿的《师承记》部分做了校对,最后由陈山榜统改定稿。书中细目为陈山榜所加。

六

《颜李师承记》的点校整理,既是河北师范大学燕赵文化研究中心的立项课题,也是河北师范大学古籍整理研究所的立项课题,同时还是我们颜李学派研究的一个子项目。我们的颜李学派研究,得到了社会的广泛支持,包括从国家到市县的各级党政机构、诸多的图书馆和资料室等文化机构、大量专家学者和党政领导同志,谨此致以诚挚的谢意。

《颜李师承记》的《习斋语要》《恕谷语要》和《师承记》三大部分,都曾在《四存月刊》连载,但都因为该刊的停刊而未终。而《师承记》部分,则因为纳入河北师范大学燕赵文化研究中心编辑的《燕赵文化研究系列丛书》,而曾委托北京师范大学出版社于2013年出版,出版时亦取名《颜李师承记》。

现在,《燕赵文库》负责同志又决定将《颜李师承记》的全本整体收入《燕赵文库》,这既是《颜李师承记》之幸,也是颜李学之幸,更是我们研究者之幸。所以,受命之后,我们对全书又做了仔细的加工。但由于水平所限,虽已尽心尽力,但错误在所难免,诚望方家指正。

陈山榜
2016年12月2日书于《燕赵文库》编辑部办公室

颜氏学记·点校说明

颜元（1635—1704），字浑然，号习斋，博野县北杨村人，因出生在其父义养于蠡县刘村朱九祚家时，故曾属籍蠡县，姓朱，名邦良，字易直，号思古人，是国际知名的教育家、思想家、哲学家，颜李学派创始人。其学术思想一反宋明理学的空疏乏用，极重实践实习，提倡实文实行实体实用，故有人将他与美国的杜威相提并论，实属的见。他是中国现代教育的开创者，也是中国早期启蒙思想的创立人之一。因为颜元反对空谈，不崇尚著述，所以他留下的著作不多，只有"四存编"《习斋记余》《四书正误》《朱子语类评》等薄薄几种，但就是这总共不过几十万字的著述，使其思想广传海内外，且历久弥新，致使研究他的著作远远多于其原著，这大约就是思想的价值。

颜元的思想具有鲜明的平民性、务实性、批判性和创新性。这些个性注定不为清朝统治者和那些追名逐利的无聊文人所喜欢，所以颜氏之学再传之后，便告落寞。直到清朝后期，内忧外患，国事日非，人们才又想起这种颇具实用价值的学术思想，于是颜氏之学得以重光。而开此之先的，就是戴望和他的《颜氏学记》。

戴望（1837？—1873），字子高，浙江德清人，晚清诸生，学问博洽，未仕，著有《颜氏学记》《论语注》《管子校正》《谪麟堂遗集》等。此《颜氏学记》是近代第一部系统介绍颜元学说和颜李学派传承关系的开山之作。它对清末民初颜李学说的复兴和光大，起到了奠基性作用。刘师培对戴望颇为赏识，作有《戴望传》。

《颜氏学记》有冶城山馆清同治十年刻本，藏湖北省图书馆，其影印本收入《续修四库全书》。中华书局1958年12月出版刘公纯标点本，为繁体竖排。2009年，河北教育出版社出版陈山榜、邓子平主编的《颜李学派文库》，收录了此书。但因急于向60周年国庆献礼，该书从文字到标点，校对都不够精良。本次点校，以《续修四库全书》影印的冶城山馆刻本为底本，参考了中华书局和河北教育出版社的两个版本，不仅对这两个版本多有纠正，而且对冶城山馆刻本的失误，（其实也是作者的失误，如道传祠的位置等）也作了校正。

　　《燕赵文库》对本书的收录，体现出其负责人对学术的真知灼见。我们相信，这不仅对于本书的流传会起到重要的作用，而且对颜李学派思想的传播，也会起到巨大的助推作用。所以，我们在点校时，格外地尽心尽力。但因水平所限，失误在所难免，诚望大家不吝指正。

2016年11月30日夜书于河北师范大学寓所

· 随　笔 ·

教师课堂赘语琐议

在日常讲课时，有的教师干净利索，非关系当堂教学内容的话不说，而有的教师则喜欢说点超出教学内容范围甚至是与当堂教学内容关系极为疏远的话。在这里，我们把这些超出当堂教学内容范围甚至与当堂教学内容关系极为疏远的话，称之为"教师课堂赘语"。对于这种"课堂赘语"，学术理论界研究不多，成果鲜见，而这种现象在教学实践领域，不仅大量存在，而且认识极不一致，褒贬不一。笔者试图根据自己五十年来在学与教生涯中的见闻，对这一现象进行剖析，以期引起教学人员的关注，使之注意采取适当的方法，提高课堂教育教学效果。同时也希望这篇短文能起到一个抛砖引玉的作用，引起教育学术研究领域的关注，以期对这一现象做出更为深入的探讨。

下面我们对这种现象做一分类探讨。

一　不需装潢的精彩

美学领域有一种特殊的审美境界，是为清水出芙蓉，天然去雕饰，讲的是敷粉则太白、施朱则太赤的不需装潢而恰到好处的境界，唐诗中所谓"却嫌脂粉污颜色，淡扫蛾眉朝至尊"，[①] 所写也是这种境界。在教师的课堂教学中，这也是一种极美的艺术境界：不用修饰，不需多言，只用精练的语言和严密的逻辑就引人入胜，出色完成教学任务。这种案例并不鲜见。

[①] 张祜：《集灵台》。见喻守真《唐诗三百首详析》，中华书局1957年版，第306页。

我在读中学时，有一节数学课堪称此中范例。那位数学老师在上课之初，在黑板上出了一道数学题，他让一位成绩较好的同学前往讲台做这道题，而让全体同学注意该同学的解题过程。有十来分钟，该同学将题做出，回归座位。这时老师走上讲台，和同学们一起评议解题方法、步骤及结果。恰巧该同学之解题，方法正确，步骤合理，结果正确，而该题之结果，正是前节课所学定理之推论，且就是当节课需要学习和掌握的内容。于是那位老师在和同学们逐步评议完该题后，简单宣布：这就是我们本节课要讲的内容，这道题的结果就是上节课所学定理的推论。然后，老师就让同学们当堂做练习题，以加强同学们对该推论的理解和巩固对该推论的认知。整节课，包括同学上台解题和教师讲解，所用时间不过三分之一，而同学们大多用剩余时间完成了练习题。一节课干净利索，至今回忆起来还历历在目。

其实，这种不用装潢的精彩教学的案例是很多的。我在读大学时，古代文学教研室有位老师，主讲元明清文学。可以说，元明清文学并不太好讲。这时段除有大量诗词散文以外，更有大量的杂剧小说等鸿篇巨制。然而那位老师以其渊博的学识、严密的逻辑、犀利的语言，将课讲得生动活泼，且不夹带任何题外之音。每当这位老师讲课时，不仅本班同学没有缺课的，就连教室的过道上都坐满了自带座位的外系甚至外校的听课者。

每当回忆这些没有装潢的精彩，我总觉得其之所以精彩，是因为其具有一种内在的美，而一旦不具备这种内在美，那么，它就要变成一种缺少装饰的悲哀了。

二　缺少装饰的悲哀

没有赘语的讲授可以精彩，但却不等于一定精彩。而这种讲授一旦失之于平淡无味，便会成为缺少装饰的悲哀。此类案例，也不少见。

在我读中学时，一位历史课老师的讲课即属此类。

那位老师当年应在 50 岁上下，看上去极其谨慎。他的每一节课，从上课到下课，除师生间的基本问候外，就是他缓慢地把历史课本上的相关内容在讲台复述一遍。偶有剩余时间，他就让学生再读课本。他的每一节课，基本都是这样"干净利索"地完成。其效果当然不会太理想。后来得知，这位老师出身于一个大地主家庭，并且其家离我读书的中学不远，这在那个"以阶级斗争为纲"的年代，这位老师身上的政治压力是可想而知的。后来每忆及此，对于那位老师的处境和做法，我是同情和理解的，然而对于那样的教学，我却是不太满意的。

这种干巴巴的教学，在中小学存在，在高校也存在。大学毕业后，我听过一种政治理论课。那是在一所干部学校。那种学校是专门用来培养党政干部的，所以对老师的讲义要求极其严格，一般要经校领导审定后印出，政治理论课的讲义尤其如此。也正因为其过于严肃，有的老师在课堂上基本是照本宣科地朗读讲义。而听课的学员一般是具有大专毕业学历或工作多年的党政干部，他们的文字水平都相当不错，面对他们朗读讲义，实在显得有点不妥。当然，如果没有相当水平，在那样的讲堂要有所发挥是难以做到的，但这种照读讲义的教法也的确值得商榷，尽管教师一堂课下来基本没有多余的话。

三　未能引申的无奈

没有赘语，依托教材，圆满完成了教学任务，有时这样的课也会给人留下一些遗憾。我读中学时的两节课，就是这样的案例。

一次是化学课。老师通过实验手段，很直观地让同学们明白了"燃烧是一种发光放热的氧化反应"。另一次是地理课，老师用一种月亮绕着地球旋转，地球同时带着月亮围绕太阳旋转的仪器，让我们清楚地知道了太阳、地球和月亮之间的运行关系。平心而论，当时我对这两节课还是很满意的。然而随着知识的增加，特别是后来学了一点科技史后，才逐步觉得当年的这两节课似乎缺少了点什么。我想，如果当时的化学老师在验证了燃烧的"氧化说"后，再提及一下这种科学结论之前的"燃素说"，讲一下由"燃素说"到"氧化说"的历史发展，当时的地理老师在演示了月亮围绕地球旋转、而地球带着月亮围绕太阳旋转的仪器后，顺便讲一下从托勒玫"地心说"到哥白尼"日心说"的历史发展，那对同学们的启迪效果该是多么的不一样啊！实验和演示让我们掌握了知识，如果再加一点上述有关科技史的"花絮"，那将对同学们的科学思维产生巨大的启迪。可惜的是，不知是因为当时的老师缺乏相关知识，还是具有相关知识而虑未及此，留下了这么一些似乎不是遗憾的遗憾。至今每当忆及这些课程，总觉得当时的老师少了几句很应该说的"多余的话"。

四　启人心扉的培栽

上述两个案例，意在证明"课堂赘语"有时也有价值，甚至是有极大的价值，而一旦这种有价值的"赘语"使用适当时，可能出现怎样的效果呢？请看以下两种案例。

案例之一是我大学老师的老师的课。那位先生姓顾名随，堪称一代名师。我的老师对我讲，顾先生上课，从来不读讲义。他讲课，除提示一下相关重点难点外，主要讲讲义未写进去的新的相关科研成果及他对该成果的认识。因为不读讲义，所以课堂时间便非常富裕，于是顾先生便给同学们讲一些有关做人、治学方面的东西。我的老师告诉我，顾先生讲课时，不仅喝茶，有时甚至还吸烟，然而，就是他的这种拉家常唠嗑式的讲学，成就了大批人才，诸如著名汉学家叶嘉莹、著名红学家周汝昌等，都是顾先生的嫡传弟子。当然，我绝不是要提倡教师在课堂上吸烟、品茶，而只是想以此来证明，适当的课堂"赘语"，有时是极具教育价值的。

案例之二是许多人都知晓的，在这里不妨重叙一下。

中华人民共和国成立前，由于社会动荡，清华大学的航空系主任流落到福建的一所中学去任教。他教中学数学。课堂上，在讲课之余，他竟然对一群中学生讲起了数论，还大讲什么"哥德巴赫猜想"。这些，对那群幼稚的中学生而言，该是多么的遥远，多么的陌生！这应是名副其实的"多余的话"，是典型的"课堂赘语"。然而，正是这一席"多余的话"，却激起了一个小中学生的雄心壮志，他从此下决心要研究"哥德巴赫猜想"，要摘取这颗"数学王冠上的明珠"。这个小中学生就是后来发明了"陈氏定理"的著名教学家陈景润，而那位老师则是后来出任北京航空学院副院长、全国航空学会会长的沈元先生。[1] 从中不难窥知，沈元先生当年对中学生所说的那几句"多余的话"，是多么的有分量，多么的该说！

---

[1] 徐迟：《哥德巴赫猜想》，人民文学出版社1978年版，第52—54页。

五　胼枝赘疣的破坏

　　适当的"课堂赘语"有时极具教育价值，却决不等于所有的课堂赘语都具有教育价值，一旦赘语失当，它就不仅不具价值，甚而至于还会产生负作用。这方面的案例应当也是不少的。下面仅就我的见闻试举两例。

　　记得也是在读初中时，教授数学的老师在初涉点、线、面、体概念时，反复强调点没有面积、体积，而只有位置。而讲开平方时，则反复强调负数不能开平方。当时像我这样的学生还都非常佩服这位老师对概念解释之清晰。但后来学了点哲学，再回忆那位老师的讲课，就觉得有些不妥了。点再小，它也有面积，甚至有体积，不然，它怎么存在呢？只是在几何学的一些范畴，尤其是在平面几何的一些范畴，其面积和体积是不被关注的，或者说是为了研究和教学的方便而被有意识忽略的。但这决不等于点"没有面积""没有体积"。同样，负数不能开平方也应该是有条件限制的，超出了有关限制，负数也就可以开平方了。那位老师的进一步解释显然是不严密的。不仅不严密，而且很有点束缚思想的感觉。只要将这类讲课与上述沈元先生的讲课稍作比较，可以说是高下立显。

　　赘语不仅在学术上有时因其不严密而失误，在育人上，有时也会因其不当而往往产生不良后果。"文化大革命"期间，我在一所中学教书。当时出于社会形势的原因，有许多同学不太注重业务知识的学习。我的一位同行对此非常焦急。为鼓励同学们认真努力学习知识，他在课堂上给同学们讲，大家应该努力学习科学知识，学会了，知识是自己的，而且是难以剥夺的，就连兄弟分家时，他人也分不走你的知识。

　　这位老师的这几句话，遭到了同学们的告发，理由是向同学们传输不正确的思想，鼓励学生自私自利。这在那个以"斗私批修"为思想工作主旨的年代，实是一大忌讳。此事当时在学校引起一场轩然大波，直到那位老师反复做了检讨才算了事。可以说，这位老师鼓励同学们努力学习文化科学知识的用心是可以理解的，但他所讲的道理，未必是可以被接受的，就是放在改革开放后的今天，他所讲的道理也未必值得提倡。我认为那些思想意识不太健康的话，应是教师课堂讲语之大忌。以自私自利为动机启发诱导学生，不是教育之良策。

以上两例，可以说都是课堂赘语之败笔。

六　凝神引人的关怀

出于种种原因，有些同学在课堂上不能做到聚精会神，而精神不专注，乃学习之大忌。于是老师在上课时就不得不及时地提醒同学们要精力集中。这种提醒，虽不在授课内容之范畴，却是非常必要的。不过，提醒的方法，却有着艺术与不艺术之别。我读小学五六年级时的一位杨姓老师和读初中时的一位赵姓老师，他们在这方面就做得非常好。他们在课堂上一旦发现有走神的同学，不仅不予训斥，甚至为维护同学的尊严，连个别提醒都不做，而是用几句异常幽默的语言，把分神的同学从走神中拉回来，同时也让大家轻松一下。那种幽默，真可谓是对同学的一种慈母般的人性关怀。那种幽默，既使走掉的神回到了课堂之上，又使课堂上的紧张神经获得轻松快感，这样就使得大家都有收益。这样的"课堂赘语"有时也是必需的。

通过对上述六类有无课堂赘语教学案例的分析，我们至少可以有以下几点体会。

一、没有课堂赘语的教学，可以精彩，也可能不理想，而课堂赘语，以其本质和情境，又有着优劣之分，优秀的可以启人心扉，而糟糕的则可能坏人心志，所以，不能以课堂教学有无赘语来判定老师教法得当与否。教师课堂讲语的赘与不赘，赘的程度如何，实际上是相对的，因而只能根据课堂情境和是后效果来判定老师课堂赘语得当与否。

二、课堂赘语的研究，毫无疑问应属教法范畴。而上述之多种类型的存在，也正好证明，教法应当研究，但研究的结果，即便是优秀成果，也决不应成为"成法"或"定式"。这就如同兵法一样。水无常形，兵无常势，所以，依兵书条文去指挥战争，胜的概率是很少的，赵括、马谡都是明证。教学也是一样，再优秀的教法著作，也只应成为一种指导，在教学实践中，本本主义也是会误事的。只是军事上的本本主义，一经实践，其弊立彰，而教学上的本本主义，其危害却不会立刻现形，也正因为其危害的这种隐蔽性，才更需要我们加以重视。

三、上述案例告诉我们，不管你愿不愿意承认，就一般而言，教学就是一门技术，这也如同其他技术一样，而只有当其到了出神入化的境界，它才能成为艺术。上述案例也告诉我们，这出神入化的前提，是教师要有高尚的情操、开放的意识、渊博的学识和丰富的经验。所以，不管教法课本多好，背课本是背不出大师来的。教学大师只能产生在学与教之中。中国的教育，迫切需要大批真正掌握了教学艺术的大师。从幼儿教师到博导，大家都应当向这个方向努力。

以上拉杂谈来，是笔者在五十年学与教生涯中有关课堂赘语的一点思考，不妥之处，尚望方家指正。

（载《教育理论与实践》2007 年第 9 期）

编辑是谁？

编辑是"贫女"，编辑是"哥伦布"，编辑是"杨显之"。

编辑是"贫女"。"贫女"是谁？"贫女"是唐诗中的人物。唐人秦韬玉有《贫女》诗一首，诗云："蓬门未识绮罗香，拟托良媒益自伤。谁爱风流高格调，共怜时世俭梳妆。敢将十指夸针巧，不把双眉斗画长。苦恨年年压金线，为他人作嫁衣裳。"毫无疑问，编辑作为一种职业，其天职就是要"为人作嫁"，即为作者编辑稿件，故酷似此诗中之贫女。所以，若不习惯"为人作嫁衣"或不甘于"为人作嫁衣"，你最好不要来当编辑。在这里，不仅"苦恨"不行，连"无所谓"都不行，一个称职的编辑对这个问题的态度必须是"心甘情愿"，且"无怨无悔"，因为只有乐于"为人作嫁"的人，才能成为一名称职的合格的编辑。甘为"贫女"，是对编辑的最起码的职业道德和职业心理要求。

在市场经济条件下，尤其是在"编方市场"环境中，让编辑甘为"贫女"不是易事。面对作者的名利双收，置身滚滚物欲波涛之内，要编辑"妾心古井水，波澜誓不起"，谈何容易！所以，面对诸多诱惑，能把持自己，是对编辑的严峻考验。当然，编辑，其中的任何一个个体，都不是不食人间烟火的仙佛，他们都有七情六欲，也有自己的物质诉求。编辑也应有编辑的社会地位、经济收入和人格尊严，但同时，编辑也不能做"贪编"，不能觊觎分外的东西。编辑一旦出卖自己的职业灵魂，其职业绩效就会迅速滑落。

在某省的同一个单位，有两种社科类刊物。几年前，甲刊成为"核心期刊"，乙刊却极不引人注目。此后，甲刊借自己的"核心"之名，大肆高价出卖版面，致使大量低水平的稿件充斥刊中。不过几年，甲刊被从"核心"期刊中剔出。而乙刊经过编辑们几年的卧薪尝胆，苦心经营，后来不仅成为"核心"期刊，而且成为有口皆碑的出色刊物。

可见在市场经济条件下，在"编方市场"环境中，编辑的编德是何等重要！所以，编辑应是"贫女"，而且应是无怨无悔的"贫女"，心甘情愿的"贫女"。编辑一旦变为"贪女"，她就失去了最起码的职业道德，且会导致相关事业的败落。

编辑又是"哥伦布"。

哥伦布是伟大的航海家，是"新大陆"的发现者，而编辑不过是为人作嫁衣裳的贫女，在一般人看来，这两者岂能相提并论。其实不然。编辑这个职业虽然只是"为人作嫁"，替别人编辑稿件，但这个职业的重要性却远非一般"贫女"可比，她不仅要传承文明和传播文化，而且肩负有发现先进文化的历史使命。这种新文化的发现，与哥伦布发现"新大陆"具有同样的"发现性"作用。诚然，哥伦布不是"新大陆"的开垦者，更不是"新大陆"的创造者，而只是"新大陆"的"发现者"。但就是这一发现，已是惊天动地，对人类社会的发展起到了巨大的促进作用。

编辑也是一样，无论多么优秀的编辑，作为编辑，他都不是稿件中新文化新思想的发明人、创造者，但他可以成为这种新思想新文化的发现者。他应从浩如烟海的稿件中，去发现、撷取那些最富新意、最具先进文化内涵的优秀稿件，这与哥伦布的探索有着完全类似的性质。一个称职的编辑，应当像哥伦布一样，去勇敢地艰难地探寻那些未被发现的"新大陆"，而不应当只顺着别人已开辟的航线，亦步亦趋地随人前行。我想，是否可以这样来评定编辑的品位：连航线都找不到的编辑，是蹩脚的；亦步亦趋的编辑，是平庸的；只有那勇敢地去探寻"新大陆"的编辑，才是优秀的。

编辑还应是"杨显之"。

杨显之是元朝人，著名杂剧作家，写有《临江驿潇湘秋夜雨》等杂剧八种。尤其是这部《秋夜雨》，堪称是脍炙人口的杂剧精品。杨显之平生并未作过编辑。我之所以认为编辑应是杨显之，是因为杨显之还有一个非常著名的特长，那就是他极善于对别人的杂剧作品提出中肯的修改意见。正是因为这一特长，人称他为"杨补丁"。就连位列元杂剧作家之首的关汉卿，也经常拿着自己的作品请杨显之予以推敲。编辑的"为人作嫁"，其实不也是这样为人修修补补吗？

做"杨显之"着实不易。除了需要具有一般意义上的编辑学功底外，还需要具有较高的特定专业的学术素养。这种素养，对于学术书刊的编辑而言，意义尤为重要。当然，我们不能要求编辑都成为相关专业的学术高手、学术名家，但是编辑应当具备一定的学术素养，却是必需的。并且，相关学术素养的高低，会直接影响编辑的绩效。这是因为以下几点。

一、只有具备了较高的相关学术素养的编辑，才能把握相关的学科动态，才能更方便地与相关专家交朋友，组织到高学术层次的稿件。这就如同关汉卿把杨显之看作"莫逆之交"一样，如果杨显之不是知名杂剧作家，具有补苴罅漏、点石成金的神来之笔，很难想象牛气冲天的关汉卿会屈尊向他求正。一般情况下，学者总是愿意把自己的佳作交给内行编辑的。

二、只有具备了较高的相关学术素养的编辑，才能准确判断相关稿件的学术价值。所以我们同样很难想象，一个看不到珠宝光彩、不懂珠宝质地的学术盲人能发现"和阗之玉"。

三、只有具备了较高的相关学术素养的编辑，才能很好地对相关稿件进行加工修订，而不至于把人家正确的东西给改成错误的。这里可举个例子。漳南书院因经清初著名教育家颜元的改造，具有了新型学校的性质，而著称于中国教育史。此书院院址在今河北省广平县城东偏北六公里处的屯子堡村。此村清初就叫屯子堡，今仍叫屯子堡。人民教育出版社出版的李国钧先生的《颜元教育思想简论》，称该书院院址在今河北省肥乡县。这虽然错了，但错得让人可以理解。因为屯子堡在清朝确曾辖于肥乡县，只是由于行政区划的变更，"今"已不属肥乡县而属广平县了。这里的失误，属因循而误。而由上海某出版社出版的李桂林先生主编的《中国教育史》，却说颜元是去"漳州"主持"漳南书院"，这就太想当然了。"漳南"之名系因该书院时在漳河南岸而得，与漳州何干？

（本文发表于《编辑学刊》2007年第1期）

夏的赞礼

在布谷鸟的叫声中，骄阳把夏送到了身边。

夏虽然没有春的明媚、秋的高爽、冬的冷静，但她有自己的性格，她是热烈的。阴雨天，她有隆隆滚动的惊雷；晴朗天，她有唧唧不断的鸣蝉；夜阑人静，远远的池塘里，正是蛙们对歌的高潮，使人情不自禁地想起"稻花香里说丰年"的佳句来。

人们把春比作人的青年，把老来有收获比作丰硕的金秋，那么，夏就是人的中年。她虽然以生长为主，但也不乏收获和播种。

春嫩绿，秋金黄，冬素洁。夏也有自己的颜色，她是青翠的，这是蓬勃旺盛的象征。

春有兰，秋有菊，冬有梅。夏也有自己的花：枣花、榴花、棉花、荷花……夏花不仅有着自己的香和色，更有着多实的特点。我爱兰、爱菊、爱梅，更爱那两头结实的绿荷。

我对春有些留恋，对秋着实向往，但更深深地爱着的还是夏。我想在夏天找到那些遗落的春，我想在夏天拥抱那向我招手的秋。我要在夏天继续成长，我要在夏天辛勤耕耘，我要永远保持夏天一样火热的性格。

（载于《学习生活》1983年6月15日第4版）

诸葛亮经济管理得失谈

经济是社会的基础。经济是国家的支柱。国务活动虽然首先表现在政治、军事和外交等方面,但其根本还是深植于经济之中的。经济问题解决得如何,直接或间接地影响甚至决定着政治、军事的命运。因此,研究探讨诸葛亮经济管理方面的得与失,对于全面认识诸葛亮其人,对于研究蜀汉政权甚至魏、蜀、吴三国的历史发展,都是非常必要的。并且,诸葛亮有关经济管理的经验和教训,对于新时期的社会主义建设,也有一定的借鉴意义。

一

东汉末年,社会经济已经崩溃。《后汉书》记载,由于吃光了所能得到的可以填腹充饥的东西,全国许多地方出现了"民相食"即人吃人的现象。到三国前夕的军阀混战期间,已到了"白骨露于野,千里无鸡鸣。生民百遗一"[1]的凄惨地步。《三国志》上记载,"自遭荒乱,率乏粮谷。诸军并起,无终岁之计","无敌自破者不可胜数"[2]。由此可见,汉末及三国的军阀角逐,不仅是政治、军事和外交的对抗,而且也是一场经济政策的较量。

诸葛亮是该时期一位颇富经济头脑的政治家。在诸葛亮辅政之前,刘备南征北战东拼西杀戎马疆场二十多年,只落得一个无立锥之地的军事流浪汉。自诸葛亮辅政之后,刘备取荆州,夺益州,成为雄踞一方的赫赫霸主,这不仅得力于诸葛亮的政治、军事和外交才能,更得力于他

---

[1] 《乐府诗集》卷二十七。
[2] 裴松之注《三国志》卷一,中华书局1982年版,第14页。

的经济才干。可以说,自从应聘从政的那一天开始,直到陨落星辰五丈原,诸葛亮始终展示着超群逸伦的经济才能。经济活动贯穿于他的整个政治生涯,在他的仕途及业绩中占有极其重要的地位。陈寿评价诸葛亮,说他"理民之干,优于将略"①,而经济活动就是这"理民"的一项重要内容。

未出茅庐,在隆中和刘备谈话时,诸葛亮建议刘备夺取荆州和益州,其理由之一,就是因为荆、益二州具有优越的经济条件。赤壁战后,刘备取得多半个荆州,任命诸葛亮为军师中郎将,但主要任务不是让他统武行师和参与军事,而是"使督零陵、桂阳、长沙三郡,调其赋税,以充军实"②。刘备打下成都,夺得益州,升诸葛亮为军师将军,但其主要任务仍然是留守后方,"署左将军府事"。诸葛亮不负所望,总是做到"足食足兵"③,使刘备无后顾之忧。

刘备兵败夷陵,身丧白帝,临终托孤于诸葛亮。这时候,国主新丧,继主幼弱,宿敌曹魏虎视眈眈,孙吴大军逼在峡口,兵力财力损耗严重,国内尚有数郡反叛。面对这种内忧外患的危急形势,诸葛亮一方面"遣使聘吴,因结和亲"④,减轻外部压力,一方面"务农殖谷,闭关息民"⑤,使形势很快就稳定了下来。自此,诸葛亮便一手抓政治、军事、外交,一手抓经济建设,使蜀汉社会出现了政治安定、经济繁荣的大好形势。直到临终前与司马懿对峙于五丈原时,诸葛亮还在前线实行"分兵屯田"的政策,以"为久驻之基"⑥。

总之,诸葛亮的经济思想和经济管理实践,对于蜀汉政权的建立、巩固和发展,起了极其重大的作用。

二

诸葛亮之经济管理有几条成功的经验。

---

① 《三国志》卷三十五,中华书局1982年版,第930页。
② 《三国志》卷三十五,中华书局1982年版,第915—916页。
③ 《三国志》卷三十五,中华书局1982年版,第916页。
④ 《三国志》卷三十五,中华书局1982年版,第918页。
⑤ 《三国志》卷三十三,中华书局1982年版,第894页。
⑥ 《三国志》卷三十五,中华书局1982年版,第925页。

（一）注重发展生产

生产是经济活动的中心环节，在自然经济占主导地位的社会中尤其是这样。诸葛亮注重发展生产，抓住了经济问题的关键，这是蜀汉经济成功的一条重要经验。

诸葛亮最重视农业生产。他知道，军以粮为本，民以食为天。当时社会，"躬耕者少，末作者多"，致使"民如浮云，手足不安"①。诸葛亮认为，要解决这一问题，使国富民安，就必须实行重本抑末、劝民务农的政策，"唯劝农业，无夺其时"②，"劝分务穑，以阜民财"③。为此，他不仅安抚百姓，让他们专心"务农殖谷"，劝那些"末作之民"返归农业，而且还抓时机"休士劝农""分兵屯田"。

为了发展农业生产，诸葛亮很重视水利建设。柏河在汛期，经常发生水害，淹没农田。诸葛亮组织修筑了九里长堤，控制了洪水的泛滥，消灭了水害。人们亲切地将这九里长堤称为"诸葛堤"。诸葛亮对有"金堤"之称的都安堰（即今之都江堰）极为重视，他认为此堰是"农本，国之所资"。为提高它的灌溉能力，充分发挥它的灌溉作用，诸葛亮不仅设置了专门的"堰官"，并且"发征丁千二百人"，专事此堰的保护和维修④。兴利治害的结果，是使沃野千里的成都平原大大减少了水旱之忧。

重农政策的推行，使蜀地农业生产得以恢复和发展，为蜀汉政权的巩固和发展打下了基础。

在重农的同时兼重工商，是诸葛亮重本抑末政策的一大特色。

我们知道，扬本抑末、劝民务农的政策并非诸葛亮首创，而是在先秦就已提出。但诸葛亮的重本节末与先前的重本节末既有相同之处，又有差别。在认为农业是根本、注重农业生产、劝民甚至驱民务农这一点上基本一致，但在对于"末"的认识上，诸葛亮就有超越前人之处。如先秦韩非的"末"是包括工、商业在内的，他甚至把工、商之民列

---

① 《三国志》卷三十三，中华书局1982年版，第64页。
② 《三国志》卷三十三，中华书局1982年版，第64页。
③ 《三国志》卷三十三，中华书局1982年版，第2页。
④ 事见郦道元《水经注》。

为危害社会的五蠹之一。诸葛亮则不然,他是兼重工、商的。他要抑的"末",只是指珠玉翡翠之类"难得之货""无用之物",即所谓奢侈品的生产和交换。对于事关国计民生的工和商,他不仅不节不抑,而且关心和支持。他设作部以司器械制造,设司盐校尉管理盐业,设司金中郎将管理冶金,首设锦官管理织锦。他还亲往临邛视察火井——天然气的开发和利用。诸葛亮每平定一个地方,都让百姓"翌日而市"——第二天就去立市交易,自由买卖。他还亲自过问蜀锦的外销,并题以"决敌之资,唯仰锦耳"的注重之语①。由于诸葛亮的关心和支持,蜀汉地区的工商业不仅得以恢复而且较前发展,这样既满足了社会需要,又"有裨国用"——增加了国家的财政收入。

就是对"末"的节抑,诸葛亮也非常注意灵活掌握。因为器之有用无用,货之有益无益,消费品奢侈与必需,并无绝对界限。诸葛亮也因此就不机械划一,而是灵活掌握。如酒的酿造,因其涉及用粮大事,诸葛亮就采取丰年不多限制、荒年严格禁止的灵活措施。这是较为妥帖的。

注重技术革新和发明创造,是诸葛亮管理生产的高明之处。诸葛亮本人"长于巧思",亲自参加革新实践,他还任用"性多巧思"的蒲元作他的西曹掾(属官的一种),负责器械研制。诸葛亮"损益连弩,谓之元戎,以铁为矢,矢长八寸,一弩十矢俱发",被称为"神弩"②。蒲元用"特异常法"铸造的三千大刀,砍铁"若锥水刍,称绝当世,因曰神刀"③。他们发明创造的木牛流马,为交通运输事业作出了贡献。而诸葛亮的"鸡鸣枕",其原理和作用颇似我们今天的闹钟。而我们今天所谓包子之类食品,亦是当年诸葛亮为改变南中人用人头祭祀而发明的代用品,那时称为馒头——"杂用羊豕肉,而包之以面,象人头以祀","后人由此为馒头"④。当然,处于那个时代,诸葛亮不可能懂得科学技术本身就是生产力、科学技术的发展就是生产力的进步等这些马克思主义原理,但他注重技术革新和发明创造,无疑会对蜀汉的经济发

---

① 《三国志》卷三十三,中华书局1982年版,第33页。
② 《三国志》卷三十五注引《魏式春秋》,中华书局1982年版,第928页。
③ 《三国志》卷三十三,中华书局1982年版,第202页。
④ 《三国志》卷三十三,中华书局1982年版,第207页。

展起到积极作用。

关心少数民族地区的生产，也是诸葛亮经济管理中值得一提的地方。此前，云贵高原一带的居民，特别是一些少数民族，大多还处于穴居狩猎或刀耕火种的阶段。诸葛亮平定南中之后，立即将中原先进的生产手段引渡过去，教他们牛耕、盖房和制作器皿，给他们带去优良稻种并传授栽培技术。至今那里的一些少数民族还称诸葛亮为"孔明老爹"，说稻种是汉地传入的，种稻、牛耕、盖房等技术是汉地传入的。先进生产手段的引进，使西南少数民族地区的经济得以迅速发展，既改善了当地人民的生活，也为蜀汉政权开辟了一个经济来源——"军资所出，国以富饶"。

（二）薄赋轻敛

赋税是社会财富分配形式的一种，它是国家把农、工、商等所有者、生产者或经营者手中财富的一部分，按照一定的标准和程序，转变为国家所有，使之成为国家财政收入，以满足国家财政开支的重要手段。可以说，赋税是国家的血液。无赋税无以立国，但重赋税必然伤民。民伤则财源竭，财源竭则国家危，欲富国安民，最好的措施就是薄赋轻敛，"唯薄赋敛，无尽民财"[①]。诸葛亮认为，厚赋重敛，虽多一时之财货，但是，这样做，打击了劳动群众的生产积极性，抽挖了再生产的物质基础，使生产的规模不能扩大，甚至出现萎缩，这是竭泽而渔的下策拙计。另外厚赋重敛必然会降低国家政权在人民心目中的地位，造成政治损失，苛政猛于虎，重敛毒于蛇，当赋敛苛毒到超出人们的忍耐限度时，还会激起各种形式的反抗，甚至引起暴乱。而薄赋轻敛，既保护甚或调动劳动群众的生产积极性，也为再生产留下了较为充分的物质条件，同时还能维护和提高国家政权在民众中的威望。而一旦生产得以扩大，那就等于为国家财政增加了源泉。而财源越广，就越不需要厚赋重敛。这样的良性循环一经形成，就必定会促进经济繁荣、社会进步。蜀汉的经济成功，是与诸葛亮的薄赋政策分不开的。

在有关赋敛的问题上，诸葛亮还有一个英明之处，就是诸葛亮深知百姓受那些不法官吏的荼毒之苦，所以对此也就倍加关心。他说"明君

[①] 《三国志》卷三十三，中华书局1982年版，第64页。

之治，务知人之所患皂服之吏、小国之臣"以及那些害民的"长吏"，因为这些人"因公为私，乘权作奸，左手执戈，右手治生，内侵于官，外采于民"，或"因赋敛，傍课采利，送故待新，贪缘征发，诈为储备，以成家产"①。国家的赋敛，或轻或重，一般说来，总有一定的标准和限度，而这些官吏的贪酷，却是"无所不克，莫知其极"，无法无天，无尽无休。他们的克贪，往往导致民众的"饥乏之变"，甚至发生"乱逆"②。

诸葛亮把民众的反抗视为"乱逆"，是其地主阶级立场所必然，但他把百姓的反抗归因于官吏的压榨，则表现了他的清醒，亦难能可贵。诸葛亮把这些克剥百姓的行为，划到侵扰百姓的"五害"之中，作为考察官吏的重要内容，凡"有如此者，不可不黜"③。也正因有这一措施相配合，他的薄赋政策才得以真正实行。不然的话，所谓薄赋政策就会成为一纸具文。

（三）提倡节俭和反对官吏营治私产

提倡节俭和反对官吏营治私产是一个问题的两个方面。因为一般说来，国家的俸禄是足够其官吏过较为优裕的生活的，但要过分地奢侈享乐是远远不够的。而官吏们要想过奢侈腐化的生活，就必须另辟"财源"。这财源除贪污勒索之外，就是营治私产。在一般情况下，贪污勒索都是不容许的，而营治私产却往往能获得认可。其实，国家官吏营治私产，不仅不利于社会经济的发展，还往往会严重干扰社会经济秩序。因为官吏治产，大多不是依靠自己的生产经营能力，而是凭借手中的权力来发家致富。再说，身为国家命官，应全身心地为国家效力，"鞠躬尽瘁，死而后已"，若一旦分心经营私产，不仅会影响政务，渎职误事，而且会导致同国家离心离德。诸葛亮把经济生活的节俭同政治品德的培养联系起来，提出"俭以养德"的著名命题，确是很有见地的。

"先理身，后理人"是诸葛亮提出的重要行政准则之一。诸葛亮提倡节俭，反对官吏营治私产，也首先从自身做起。他生活节俭，从不营

---

① 《三国志》卷三十三，中华书局1982年版，第66页。
② 《三国志》卷三十三，中华书局1982年版，第64页。
③ 《诸葛亮集》，中华书局1960年版，第66页。

治私产。他把"金银璧玉，珠玑翡翠"之类的"奇珍异宝"视为"无用之器，无益之货"。从政期间，他"随身衣食，悉仰于官，不别治生，以长尺寸"。在那富者田连阡陌，动辄成百上千顷的汉末、三国时期，诸葛亮身为蜀汉丞相，家仅有"桑八百株，薄田十五顷"以供子弟衣食，致使"妾无副服"。诸葛亮曾向后主刘禅保证，当他弃世之日，不使"内有余帛，外有赢财，以负陛下"。到他死的时候，"果如所言"。对自己后事的料理，他遗嘱要求"因山为坟，冢足容棺，殓以时服，不须器物"[①]。这种以身作则的精神难能可贵。

在诸葛亮的提倡和带动下，蜀汉政权的上层中出现了几位注重节俭和不治私产的人物。如掌军中郎将董和，"躬率以俭，恶衣蔬食""外牧殊域，内干机衡，二十余年，死之日家无儋石之财"[②]。尚书令刘巴，"躬履清俭，不治产业"[③]。邓芝为大将军二十余年，"身之衣食资仰于官"，"终不治私产，妻子不免饥寒，死之日家无余财"[④]。大将军姜维"宅舍弊薄，资财无余"，"衣服取供，舆马取备，饮食节制"，"清素节约"[⑤]。大将军费祎"家不积财，儿子皆令布衣素食，出入不从车骑，无异凡人"[⑥]。俗话说，上行下效，这些上层人物的节俭和不治私产，势必会影响一批中下层官吏，其结果，既减少一部分社会消费，又有利于正常的经济秩序，这对于发展生产、繁荣经济是有一定作用的。

诸葛亮注重生产、薄赋轻敛、提倡节俭和反对官吏营治私产的经济措施，确实是"合乎四时之气"[⑦]的经济管理之道。这套措施的推行，使得蜀地出现了"田畴辟，仓廪实，器械利，蓄积饶，朝会不华，路无醉人"[⑧]的大好经济形势，并促使社会风气好转，达到了"吏不容奸，人怀自厉，道不拾遗，强不侵弱，风化肃然"[⑨]的境界。

[①]《三国志》卷三十五，中华书局1982年版，第927页。
[②]《三国志》卷三十九，中华书局1982年版，第979页。
[③]《三国志》卷三十九，中华书局1982年版，第981页。
[④]《三国志》卷四十五，中华书局1982年版，第1073页。
[⑤]《三国志》卷四十四，中华书局1982年版，第1068页。
[⑥]《三国志》卷四十四注引《别传》，中华书局1982年版，第1062页。
[⑦]《诸葛亮集》，中华书局1960年版，第65页。
[⑧]《三国志》卷三十五注引《袁子》，中华书局1982年版，第935页。
[⑨]《三国志》卷三十五，中华书局1982年版，第930页。

三

　　诸葛亮的经济管理也有过重大失误,并对蜀汉政权的发展起了一定的妨碍作用。蜀汉政权之所以拓宇不广、国祚不永,有一重要原因,就是在历史发展的关键时期,因大规模的基本建设而贻误了军机。

　　纵观蜀汉发展史,不难看出,它由盛而衰的转折点是失荆州。关于失荆州,古今论者多归过于关羽。诚然,关羽对此有着直接的不可推卸的责任,但是,在这荆州得失攸关的问题上,笔者以为诸葛亮、刘备有上中两策可以选择。其上策是,以汉中得胜之师,继续北进,主动出击,同时驰使孙权,重申盟好,约其举兵北向进击合肥。刘备北进,曹操若想确保秦、陇,必须以重兵猛将与之抗衡,断不敢将西线主力东调荆州前线,否则他将有失去秦、陇半壁江山的危险。而孙权若在东线挑起战事,则夏侯惇、张辽两支大军也就不能调往荆州方面了。这样,曹军主力不能前来,孙权不"蹑其后",以关羽对曹仁,从实战情况看,还是有取胜希望的。而且,如果孙、刘并力伐曹,东西策应,钳形攻势中另加关羽一把尖刀,直刺曹方心脏许都。这样迫使曹操在相距几千里的地方数处应战,尽管其用兵"仿佛孙吴",怕也胜负难料,三国的发展将是别一番光景。所以这是上策。

　　如不行此上策,或联吴之策难成,亦当行其中策,即在曹操主力向荆州前线集结的同时,刘备也将主力调往荆州。在向孙权重申盟好的前提下,用兵一部加强东线江防,另用一部直援樊城前线,余部驻扎荆益间要塞处,以为策应。这样背靠根据地,联络一体,进退攻守,相机而动,虽不敢说荆州必保,却决不至于覆败如彼。

　　然而,从曹操五月放弃汉中撤回长安,到十二月关羽被杀,刘备、诸葛亮既没发一兵一卒支援荆州前线,也未派一差一使交好盟邦孙权,他们干什么去了呢?一条信息,揭破了这个谜,原来刘备"还治成都"、大搞基本建设去了。在诸葛亮的帮助下,"备于是起馆舍,筑亭障,从成都至白水关,四百余区"①。史称诸葛亮"好治官府、次舍、

---

① 《三国志》卷三十二注引《典略》,中华书局1982年版,第887页。

桥梁、道路"①，这些当然不一定都是坏事，在政治、经济和军事条件允许的情况下，有些还是非常必要的。但是，在强敌压境、边关危急的关头，置前线于不顾，而投入大量人力、物力醉心于大规模的基本建设，这就大错而特错了。

刘备王冠加顶，关羽人头落地，诸葛亮蜀中起亭障馆舍，关云长蜀外失荆州土地，这是多么沉痛的教训啊！

从以上分析可以看出，对于失荆州，关羽虽负有直接责任，但诸葛亮、刘备的责任尤为重大。当时蜀汉政权的最高领导人和决策者虽然是刘备，但一身兼"参谋长"和"秘书长"二职的诸葛亮，在那风云变幻的当口，随时对形势都应有一清醒的认识，拿出适当的应对策略来。在刘备称王之后，应帮助他冷静头脑，运筹全局，巩固成果，积极进取。谁知诸葛亮不仅没能如此，却恰恰相反，糊里糊涂地帮助刘备搞了一场莫名其妙的基本建设，而对保有荆州则一策未进，这责任无论如何是推不脱的。这场基本建设对蜀汉政权的发展起了难以弥补的副作用，甚至可以说决定了它的败亡。如果说诸葛亮真有千古"遗恨"的话，那么，"遗恨"不应是"失吞吴"②，而应是"因大搞基建而贻误了军机"。

诸葛亮的经济管理，功勋卓著，经验丰富，可资借鉴者不少。因大搞基建而酿成荆州之失，严重影响了蜀汉政权的发展，是一沉痛教训。

[载《河北师范大学学报》（哲学社会科学版）2000 年第 3 期]

---

① 《三国志》卷三十五注引《袁子》，中华书局 1982 年版，第 935 页。
② 杜甫《八阵图》。

诸葛亮的政治品德修养

任何社会的政治家，不仅要有雄才大略和远见卓识，而且要有高尚的政治品德修养，才能有大影响于民族，有大影响于人类。诸葛亮作为一位封建统治阶级的政治家，其才识历来为多数人所钦仰，而他的政治品德，却并不是大家都知道得很清楚的。他的政治品德，虽然包含"忠君"等封建糟粕，但值得我们借鉴之处也还不少。

诸葛亮政治品德的一个高尚之处，就是不贪名位，不争利禄。

人们常说，丞相者，一人之下，万人之上。其权势之大可想而知。而刘备永安病笃托孤时又对诸葛亮说："君才十倍曹丕，必能安国，终定大事。若嗣子可辅，辅之；如其不才，君可自取"。(《三国志》卷三十五，新版本918页)，还对其子刘禅说："汝与丞相从事，事之如父。"（同上）刘备死后，刘禅不仅父事诸葛亮，而且干脆来了个"政由葛式，祭则寡人"（《三国志》卷三十三，裴松之注引《魏略》，新版本894页）。"政事无巨细，咸决于亮"（《三国志》卷三十五，新版本918页）。当时，外有强敌压境，内有数郡反叛，加之新遭夷陵之败，国家元气大伤，又值国主之丧，民心严重不安。真是内忧外患，困难重重。诸葛亮没有辜负刘备的期望，以其非凡的政治才能，安抚百姓，发展生产，亲冒疫疠，平定诸郡，然后又话兵讲武，多次北伐曹魏，其于刘蜀政权的功勋，是无与伦比的。

诸葛亮秉此绝世之功，蜀汉重臣李严劝他"受九锡，进爵称王"。诸葛亮却回答说："吾本东方下士，误用于先帝，位极人臣，禄赐百亿，今讨贼未效，知己未答，而方崇齐、晋，坐自贵大，非其义也。若灭魏斩睿，帝还故居，与诸子并升，虽十命可受，况于九邪！"（《诸葛亮集》，第20页）诸葛亮有国君之劳，操一国之政，而爵不过封侯，尽其力而不谋其位，有其功而不受其禄，这在封建士大夫中，是很难得的。

诸葛亮政治品德的另一个高尚之处是能虚心接受意见,还主动号召下属"勤攻吾之缺",并勇于自责,不文过饰非。

诸葛亮以逸群之才,秉一国之政,但从来不以才骄人,以功傲物,而是谦虚谨慎,从善如流。他经常对参军掾属等群下说,自己"任重才轻,故多缺漏",望能"集众思广忠益",要求大家"勤见启诲","每言则尽",并说自己"虽性鄙薄,不能悉纳",但到底"可以少过"(以上六处引文均见《诸葛亮集》,第32页)。

街亭失败后,他主动自责,请自贬三等,并"引咎责躬,布所失于天下"(同上)。同时对下属却"考微劳,甄壮烈"(同上),细心做好善后工作。为避免重犯类似的错误,他还特地发了一通《劝将士勤攻己缺教》,说:"大军在祁山箕谷,皆多于贼,而不能破贼为贼所破者,则此病不在兵少也,在一人耳,今欲减兵省将,明罚思过,校变通之道于将来;若不能然者,虽兵多何益!自今已后,诸有忠虑于国,但勤攻吾之缺,则事可定,贼可死,功可跷足而待矣。"(同上)

君子之过,如日月之食。过也,人皆见之,更也,人皆仰之。这话是有道理的。诸葛亮虽遭街亭失败,但他不文过饰非,而是主动承担责任,认真检讨错误的原因,终于厉兵图强,重振军威,使"民忘其败",以至于后来数次出师北伐,士、民皆无惧色。总之,诸葛亮"闻恶必改,而不矜过",这是大有裨益于他的事业的。

诸葛亮政治品德的再一个高尚之处是持法公平。亮常以"吾心如秤,不能为人作轻重"(《诸葛亮集》,第55页)自勉。同时也劝谏后主刘禅说:"宫中府中,俱为一体,陟罚臧否,不宜异同。"(《三国志》卷三十五,新版本第919页)在处理具体问题时,他也确实做到了这一点。蜀汉大臣李严,权高势重,并且同诸葛亮一样,是曾受刘备托孤的元老,也是诸葛亮的老同事。可是自刘备死后,李严却治家求名,不忧国事,论狱弃科,导人为奸,甚至弄虚作假,贻误军机。于是诸葛亮便联合群臣弹劾他,将他削职为民。马谡兄弟与诸葛亮私交甚深,情同手足,但当马谡违背节制,失败于街亭之后,诸葛亮毅然秉公执法,留下了挥泪斩马谡的动人故事。而当时的王平不过是一个地位低下的牙门将、裨将军,且原是曹魏降将,但在街亭之战时他能提出正确的意见,并在马谡大败、"众皆星散"之时临阵不慌,不仅使自己的一千人马未受损失,还"收合诸营遗迸",救助了许多将士,为蜀汉保住了一支生力军，表现出了优秀的军事才能，因此，诸葛亮在斩马谡、张休、李盛的同时，给王平以重奖——"平特见崇显，加拜参军，统五部兼当营事，进位讨寇将军，封亭侯"（《三国志》卷四十三，新版本1050页）。这正如当时人张裔所称道的，"赏不遗远，罚不阿近，爵不可以无功取，刑不可以贵势免"（《三国志》卷四十一，新版本第1012页）。就连祖上曾受过诸葛亮处分的陈寿也慨然评曰："诸葛亮之为相国也，抚百姓，示仪轨，约官职，从权制，开诚心，布公道，尽忠益时者虽仇必赏，犯法怠慢者虽亲必罚，服罪输情者虽重必释，游辞巧饰者虽轻必戮，善无微而不赏，恶无纤而不贬；庶事精练，物理其本，循名责实，虚伪不齿，终于邦域之内，咸畏而爱之，刑政虽峻而无怨者，以其用心平而劝戒明也。可谓识治之良才，管、萧之亚匹矣。"（《三国志》卷三十五，新版本第934页）

诸葛亮政治品德的高尚之处还在于他躬行清俭，不治私产，且能严格要求子女。

诸葛亮提出了"俭以养德"的戒子条款（见《诸葛亮集》，第28页），他不仅教育别人这样做，而且自己身体力行，做出表率。他把为官而治私产看作对事业不忠的表现。如他弹劾李平的第一条罪状就是"自先帝崩后，平所在治家"（《诸葛亮集》，第9页）。在这方面，诸葛亮对自己提出了很高的要求。为了让君臣上下一致监督自己，他上表后主说："臣家成都，有桑八百株，薄田十五顷，子弟衣食，自有余饶。至于臣在外任，无别调度，随身衣食，悉仰于官，不别治生，以长尺寸。若臣死之日，不使内有余帛，外有赢财，以负陛下。"（《三国志》卷三十五《诸葛亮集》，第13页）他是这样说的，也是这样做的。他生前常是"蓄财无余，妾无副服"（《诸葛亮集》，第20页）。及其离世，果然内无余帛，外无赢财。在遗命中，他还对自己的丧事提出了节葬的要求："因山为坟，冢足容棺，殓以时服，不需器物。"汉末以来，土地兼并是相当厉害的，占地数百顷，田连阡陌的大地主比比皆是。蜀中又是富饶之地，据史书记载，"蜀土富实，时俗奢侈，货殖之家，侯服玉食，婚姻葬送，倾家竭产"（《三国志》卷三十九，新版本979页），在封建统治阶级龌龊奢靡、骄奢淫逸的污浊之中，诸葛亮不同流合污，而且在他的影响下，刘蜀政权出了几位临财不贪的大员，如掌军中郎将董和，尚书令刘巴、吕乂，大将军邓芝、姜维、费祎等，史书皆赞其躬行清俭，不治私产。

值得一提的是，诸葛亮还能严格要求子女。他教子"修身""养德"，博学广才，为国分忧，从来不给儿辈谋求分外之利。诸葛亮驻军汉中，其子诸葛乔随往。乔拜附马都尉，本来应当回成都了，但因"诸将子弟皆得传运，思惟宜同荣辱"，所以仍派他"督五、六百兵，与诸子弟传于谷中"（《诸葛亮集》，第27页），而不让他先回成都。亮子瞻，为行都护卫将军。邓艾入蜀，以封琅邪王诱之投降。瞻情知不敌，但坚决不降，斩艾使，结果战败，与其子尚同殉国难。这是与诸葛亮的教育分不开的。

"历览前贤国与家，成由勤俭败由奢。"（李商隐《咏史》）这是真理。真正的开国君臣，没有以奢侈腐化起家的，而亡国的君臣，则少有不豪奢的。正因为诸葛亮带头躬行节俭，才能"用民尽其力而不下怨"，蜀中出现了"田畴辟，仓廪实，器械利，蓄积饶"的繁荣景象。也正因这样，一个仅有区区二十八万户籍、九十四万多人口的小国，才能够养兵十多万，吏员四万，多次兴兵出击九倍于己的魏国，且"恒踞其上"。唐吕温在其《诸葛武侯庙记》中说，诸葛亮治蜀是"土虽狭，国以勤俭富；民虽寡，兵以节制强"。这个评价是符合事实的。

由于诸葛亮政治品德高尚，"为君臣百姓之心欣戴"（《三国志》卷三十五，裴松之注引《袁子》，新版本934页），他死后，"百姓巷祭，戎夷野祠"（《三国志》卷三十五，裴松之注引《襄阳记》，新版本929页），蜀汉朝廷不得不破格为之立庙。

当然，诸葛亮的政治品德，有其阶级和历史局限性。我们说他高尚，也仅仅是与其同阶级政治家相比较而言。但是，在当时，诸葛亮能做到克己奉公，虚心纳谏，公平执法，躬行清俭，也确属凤毛麟角，难能可贵。这些品德即使在今天，也仍有一定的借鉴意义。

（载《河北教育学院学报》（社会科学版）1996年第2期）

《红楼梦》的思想内容和艺术成就

18世纪中叶，在中国的文苑里，一枚鲜艳夺目的奇葩绽开了。这奇葩，就是超绝千古的长篇小说《红楼梦》。

18世纪的中国，正值清王朝的所谓"康乾盛世"。

但在这个"盛世"的幌子下，掩盖着的却是中国封建社会的本质的危机。统治阶级奢靡腐化，贪婪放纵，挥霍无度，广大农民不得不卖儿鬻女，流离失所，饥寒交迫，在死亡线上挣扎，所谓"康乾盛世"，不过是中国封建社会总崩溃前的回光返照而已。整个封建社会，已"忽喇喇似大厦倾，昏惨惨似灯将尽"，日薄西山，不可救药了。

《红楼梦》就是这样一个时代的产物，而《红楼梦》中所反映的社会生活，也正是这个时代的活的标本。鲁迅先生说，悲凉之雾，遍被华林，而呼吸领会者，独宝玉一人而已。这不仅概括了大观园的园情，当时的整个中国社会又何尝不是如此呢？其实，再进一步，贾宝玉对大观园的领会，又何尝不是本书作者曹雪芹对当时中国社会的"领会"呢？

贾宝玉和林黛玉，是书的男女主人公。为使二者形象更加鲜明，作者还塑造了一个具有高度典型意义丰满的人物形象薛宝钗。作品主要就是通过对这三人性格刻画和三角爱情关系的描写，来展开矛盾冲突，反映社会生活的。

贾宝玉是贯穿全书的最主要的人物。此人生长在一个锦衣玉食的封建官僚家庭，受着传统的封建教育和管束，思想上不免或多或少地带有封建纹章。但由于他在贾府中的特殊地位，得到贾府最高统治者、老祖宗贾母的溺爱和王夫人的宽容，他不仅能在内帏厮混，而且能够旁收杂揽，接受一些非正统的思想。久而久之，这个贵族公子就形成了一系列反封建主义的叛逆思想，形成了他的与封建道德相冲突的乖僻性格。当然，出于历史的原因，他的这种思想性格不可能十分彻底。但正是这些不十分彻底的反封建主义的思想性格,也仅仅是这些反封建主义思想的性格,才是该人形象光彩照人的一面。

贾宝玉叛逆性格的一个重要方面就是向往自由。封建的等级制度,封建的伦理道德以及封建的思想意识,是摧残人生的枷锁,是扼杀人性的刽子手,是自由本性的天敌。贾宝玉对自由的向往,就是对封建主义的一种叛逆。贾宝玉在生活上虽然很优裕,但他的行为,他的思想性格的发展,却深受封建礼法的束缚。对此,他经常发出自己惆怅怨恨之情:

我只恨我天天圈在家里,一点儿做不得主,行动就有人知道,不是这个拦就是那个劝的,能说不能行,虽然有钱,又不由我使。

这位贵族公子痛感他缺少的是自由,于是他就在他力所能及的范围内争取这自由——他想自由地来去,他要自由地和志同道合的人交往、结合。这一切,虽然因为有贾府高墙的阻隔,有封建铁栅的封锁,难免要碰壁,要失败,但他都作了一定的努力去争取。对于贾宝玉这样的封建子弟来说,这已经是难能可贵的了。

贾宝玉叛逆性格的另一方面是向往平等。他对封建主义的上下有节、长幼有序、男尊女卑等伦理道德,给予了一定范围和一定程度的大胆否定。他不在奴仆面前摆主人的架子,也不要弟弟怕他。在如何对待女子的问题上,他更有一番高论:

女儿是水作的骨肉,男子是泥作的骨肉。我见了女儿便清爽,见了男子,便觉浊臭逼人。

天生人为万物之灵,凡山川日月之精秀,只钟于女儿,须眉男子,不过是些渣滓浊沫而已。

这对男尊女卑,不啻当头一棒!

反对科举,无视"仕途经济",厌恶封建官僚,是贾宝玉叛逆性格的又一方面。他否定时文八股,把科举视为沽名钓誉之途,把举子骂作"国贼禄鬼""须眉浊物",不愿同封建官僚会面,而甘心与蒋玉函、秦钟、柳湘莲一流的人为伍，以纵情诗酒，逃世避俗。借中分魁以却尘缘，更是对科举的莫大讽刺。

对封建文化的否定，是他叛逆性格的又一表现。他说，除明明德外无书，"除四书，杜撰的太多"。而对那些不上经史的外传，如飞燕、则天、玉环等的传奇故事却视如珍宝，甚至打着看《中庸》《大学》的幌子偷看《会真记》，还极口称赞这"真是好文章！"。

贾宝玉的叛逆性格，在许多方面都表现出来了，以上不过略举几例而已。但同时也必须看到，他的叛逆并不是在各方面都表现为决裂，而在许多方面是不彻底的。这一方面当然与其身世有关，但找不到真正的出路，才是更重要的原因。

关于贾宝玉是不是一个民主主义者，有人称是，也有人说否。如果说他是一个纯粹的民主主义者，似乎未免太过；但如果说他的思想和行为具有一定的民主主义色彩，恐怕还是事中确有之义。中国社会到明朝就有了资本主义的萌芽。贾宝玉作为一个清朝的产儿，具备些资本主义的思想意识，是完全可能的，顺理成章的。

在塑造贾宝玉形象的同时，作者还塑造了另一个稍具叛逆性格的鲜明的人物形象，这就是林黛玉。这林黛玉，出身世袭侯爵的书香门第，受过一定的封建教育。但因自幼父母双亡，寄人篱下，再加之自尊心极强，便形成了其独特的性格。她一方面矜持、任性、孤高自许，另一方面又多愁善感，常常泪湿香腮。但我们说她稍具叛逆性格，绝不是单指这些而言，而是指她有不合封建闺范的思想和行为。这主要表现在同宝玉的爱情关系上，她敢于爱，敢于泄示爱。当然，林黛玉的叛逆也不是十分彻底而坚强的，所以当贾宝玉向她公然表示爱情时，她又板起面孔，认为这是欺负她。而她自己不肯也不敢公然表示爱情，公开地大胆地去争取爱情的成功，只是寄希望于封建家长们的裁断。而封建家长对其不合封建闺范的孤傲脾性早已十分反感，哪会选她来充当"接班人"呢？所以不仅不肯成其美事，反而用"掉包儿"的毒计，摧残了林黛玉纯贞的爱情，也就摧毁了这个天真无邪的少女。当然，薛宝钗这个八面玲珑的封建主义的忠实信奉者，也不可能从颇具叛逆性格的贾宝玉处获得真正的爱情。由于二人志异道悖，尽管是门当户对，并且取得封建家长的支持，贾宝玉还是果决地弃之而去，遁入空门，薛宝钗沦落为一个惨惨凄凄的活寡妇。

薛宝钗也是作者精心雕琢出来的一个典型人物，此人饱有机心，老于世故，八面玲珑，会作人情，随分从时，装愚守拙，在错综复杂的环境中，能博得上下左右的共同赞赏。其为人，表面热情，实则冷酷，作者在书中用冷香丸来喻其为人，委实得体。例如，当金钏儿被王夫人逼得投井自杀后，连寡淡少情的刽子手王夫人都感到心里不安，而薛宝钗却面带笑容地劝王夫人："不过多赏她几两银子发送她，也就尽主仆之情了。"这是多么冰凉的语言。

薛宝钗的冷酷寡情，正是其腐朽没落的封建主义思想的表现，薛宝钗的进京，并不是像林黛玉一样因无依无靠而寄人篱下，她是为了待选进宫去当"才人赞善"。她对于贾宝玉，喜的是富贵荣华，忧的是不务"正业"，所以屡次劝他留心"仕途经济"，以备将来"立身扬名"。正因贾宝玉不听她这一套，其对贾宝玉的爱情根本不像林黛玉那样热烈、坚定、专一。贾宝玉也正是看到了这一点，最后才以冷对冷，撒手悬崖，遁入空门，使薛宝钗这个喜剧人物终于悲剧化了。

因为《红楼梦》的主体故事是写宝、黛、钗的爱情关系，所以就有人说它是爱情小说，不过同时也有人说它是政治历史小说，莫衷一是。但不管怎么说，贾宝玉、林黛玉、薛宝钗三人之间的爱情关系是全书的主体故事和基本线索，却是无可置疑的。而《红楼梦》也确实在爱情描写中蕴含了深刻的社会政治意义。此前的许多作品描写爱情，大多超不出郎才女貌、才子佳人的窠臼。往往是高门绣户的具备德言工貌的阔小姐，慧眼结识，爱上了满腹经纶、才华卓绝的落魄书生，经过一番曲折，最后达到夫贵妻荣、皆大欢喜。其间虽不免带出些违反封建礼教的情事来，但终于还是一个封建式的大团圆。《红楼梦》打破了这种局限，突破了这个框框。书中的男主人公，面对的是两个同样容貌出众、才华横溢的佳丽。一个是"温柔贤淑"的典型的封建大家闺秀，一个是稍具叛逆性格的傲世雅女。一个如艳冠群芳的富贵之花牡丹，一个则如出淤泥而不染的风清露愁的芙蓉。贾宝玉对二者，起初并无偏爱，往往是"见了姐姐就忘了妹妹"。可是后来，随着时间的积累，性格的表现，对二者的本质面貌逐渐看清之后，他毅然不顾来自社会各方的压力和舆论，否定了"金玉良缘"，而倾心于"木石前盟"，选择了和自己志同道合的林黛玉。但这种选择本身就是对封建礼教的一种叛逆，自然不能见容于封建家长，不能见容于当时的社会，酿成悲剧是必然的。然而，封建统治者们的如意算盘也打错了。专制只能制服争名逐利的无耻小人，对于叛逆精神逐渐强烈起来的贾宝玉，那只不过是激起反抗情绪的诱因罢了。贾宝玉宁愿去寺院守清苦，也不愿同这超群逸伦的封建佳人比翼双飞。这就说明《红楼梦》中的爱情选择，是两种思想、两种性格、两种生活道路的选择。贾宝玉对薛宝钗的否定，又怎能不是作者对腐朽的封建制度、封建礼教和封建思想的否定呢？

《红楼梦》除了宝、黛、钗的爱情婚姻之外，还写了许多的各种类型的爱情婚姻关系，上至帝王，下至吏仆，五花八门，简直可以说包罗万象。这些爱情婚姻关系的描写，与书中的人物塑造一样，都是对腐朽没落的封建社会的无情的鞭挞和严厉的批判。而揭露，就是作者使用的最有力的尖锐武器。

首先，《红楼梦》揭露了封建统治阶级的寄生性。书中的贾府，上下几百口，其中的主子们不做工、不务农、不经商，也不从事教、科、文等活动，甚至连社会管理也不参加，完全靠其贵族地位、靠压榨百姓过日子，这种寄生虫，整天想的只是享乐，吃、穿、住、用，无所不尽其极。当他们入不敷出时，就一方面贪污受贿，一方面加紧压榨百姓："这一、二年里赔了许多，不和你们要，找谁去？"

其次，揭露了剥削阶级的腐化堕落。这些寄生虫，时时处处讲排场，摆阔气，挥霍浪费，铺张奢侈。买一口棺材用三千两银子。几个人一顿小餐的费用，就"够庄稼人过一年"。大观园的修建，连身为贵妃的元春也慨叹说："太奢华了。"在生活作风上，这些人更是淫靡不堪。老态龙钟、行将就木的贾赦，还要逼娶贾母的使女鸳鸯。贾琏不仅偷娶尤二姐，还依仗权势奸污仆人之妇。即使贾府自家也是乌烟瘴气，"爬灰的爬灰，养小叔子的养小叔子"。

再次，揭露了统治阶级的残暴阴鸷。如王夫人逼死金钏和晴雯，王熙凤逼死尤二姐，贾赦逼死鸳鸯，不仅统治者与被统治者之间是如此，就连统治者内部也是如此。赵姨娘之与王熙凤和贾宝玉，惑奸谗抄检大观园等，例不胜枚举。就连伴君如伴虎的君臣关系作者也没有放过。

最后，揭露了官场的黑暗。官场是社会的核心，揭露官场的黑暗，也就是从本质上暴露社会的黑暗。曹雪芹的笔下，未见一个好官。贾雨村原想作一清正之官，有所作为，结果不到一年，便被革职为民。后来找到贾府作靠山，不仅官复旧职，并且"不上两月，便选了金陵应天府"。之后，贾雨村便与贾、王、史、薛四大家族狼狈为奸，坑害良善，竟无人过问。薛蟠打死了人，贾雨村便"徇情枉法，胡乱判断"了事。为了给同党夺取几把扇子，他竟不惜把扇主害得家破人亡。贾府一张字条，长安节度使云光便拆散一对情人，致死两条人命。正如葫芦庙内小沙弥所说，正理，在"如今世上是行不去的"。这一句话，既精辟地概括了当时官场的黑暗，也概括了当时社会的黑暗。

《红楼梦》不仅具有巨大的思想成就，而且有着巨大的艺术成就。正因为作者有高度的艺术水平，才使作品的思想内容表现得如此深刻，如此充分。鲁迅先生说："自有《红楼梦》出来以后，传统的思想和写法都打破了。"这是极中肯的评语，《红楼梦》确实不仅在思想内容方面突破了许多封建主义的传统观念，而且在艺术上也有许多突破，有许多发展和创新。

《红楼梦》的艺术成就，首先就在于它极善于刻画人物，塑造出了一大群栩栩如生的人物形象。《红楼梦》的作者，从理论上反对"千人一面"的陈腐习气，他在实践上也确实打破了这个局限，破除了这种习气。《红楼梦》中塑造出来的人物，血肉饱满，性格鲜明，生动传神，呼之欲出。有人说世界上没有完全相同的两片树叶，那么在现实生活中也就难有完全相同的两个人了。《红楼梦》的作者认识到了这种差别，在他着意刻画的人物中，找不出两个完全相同的来，元春、探春、迎春、惜春四姐妹各不相同，尤氏二姐妹各不相同，李纨和王熙凤妯娌不同。同为封建官僚，贾政迂腐，雨村狡诈。贾府两位出色的女"政治家"中，熙凤自私狠毒，而探春则公平正直。黛玉和宝钗同是聪颖的秀闺佳丽，但在孤高与随和上，却一句话便可以辨出其人。黛玉和妙玉都孤高自许，但读者会感到黛玉的孤高中有烈火般热情，而妙玉的孤高中则是寒冰般的冷酷。黛玉和晴雯都很任性，但黛玉的任性中包含高雅，而晴雯的任性中则充满朴素。这种例子，在书中比比皆是，致使该书中的人物，同大千世界的人物一样，丰富多彩，互不雷同。

《红楼梦》在刻画人物和批判社会中之所以能取得如此成就，关键在于作者能天然无饰地反映生活，而不是机械地图解一个概念。生活在《红楼梦》中的再现，大到贵妃省亲、婚丧嫁娶，小到一餐一晤，仿佛皆未经过作者加工，而是自然流进去的一样，丝毫没有斧凿痕迹，宛然一派绮丽的自然风光，而不是秀美的人工园林。在创作中，没有高度的现实主义表现艺术，没有炉火纯青的技巧，没有匠心独具的天才，没有惨淡经营的功夫，是难以达到这个地步的。

《红楼梦》刻画人物的超人之处，就是重在写神。当然，《红楼梦》中的许多人物，都有不同程度的绘形描写，但使我们能够把一个个人物极鲜明地分辨出来的，主要还是他的思想性格，而不是他的外形。

《红楼梦》塑造人物的独到之处，就是多用人物对话。这些人物语言，文野、雅俗、长短、轻重，无不毕合其人。书中许多章节，就是用极简洁的描写和叙述联缀人物对话而成的。

讲到《红楼梦》的艺术成就，其结构艺术也是令人折服的。现实生活的整体性，在《红楼梦》中得到了充分反映。书中大小事件，参差错杂，千头万绪，但无不有自己的来龙去脉。有人用"草蛇灰线，伏脉千里"来评价《红楼梦》的这一特点，实不为过。生活在《红楼梦》中是多方面次第展开的。生活的各个方面，书中的各个情节之间，互相照应，互相贯通，都是有机整体不可缺少的一部分，而绝没有可有可无的衍指。书的情节就像现实生活一样，各方面互相制约着、联系着，一环扣一环地沿着一个确定的方向向前发展着、运动着。

《红楼梦》以其丰富深刻的思想内容和精湛独具的艺术魅力，一经问世，便惊动了社会，大家争相阅读传抄，甚至不惜重金购求。人们不仅对它"爱玩鼓掌""谈而艳之"，有的甚至被感动得"呜咽失声，中夜常为隐泣"。尽管当时的封建统治者曾把它列为淫书，"严行禁止"，但却"率不能绝"，而且越传越广，风靡社会，竟至出现"开谈不说《红楼梦》，谈尽诗书也枉然"的口碑，可见其流传之广和影响之大。

［载《河北电大教学》（文科版）1985 年第 3 期］